考古学专刊
甲种第三十号

中国考古学

两周卷

中国社会科学院考古研究所　编著

中国社会科学出版社
2004

图书在版编目(CIP)数据

中国考古学·两周卷/张长寿,殷玮璋主编;中国社会科学院考古研究所编著. —北京:中国社会科学出版社,2004.12(2021.4重印)

中国考古学(九卷本)

ISBN 978 – 7 – 5004 – 4871 – 6

Ⅰ. ①中… Ⅱ. ①张…②殷…③中… Ⅲ. 考古—研究—中国—周代 Ⅳ. K87

中国版本图书馆 CIP 数据核字(2004)第 114768 号

出 版 人	赵剑英
责任编辑	郭　鹏
特约编辑	张　静
责任校对	李小冰
责任印制	李寡寡

出　　版	中国社会科学出版社
社　　址	北京鼓楼西大街甲 158 号
邮　　编	100720
网　　址	http://www.csspw.cn
发 行 部	010 – 84083685
门 市 部	010 – 84029450
经　　销	新华书店及其他书店
印刷装订	北京君升印刷有限公司
版　　次	2004 年 12 月第 1 版
印　　次	2021 年 4 月第 5 次印刷
开　　本	787×1092　1/16
印　　张	37.5
插　　页	16
字　　数	854 千字
定　　价	380.00 元

凡购买中国社会科学出版社图书,如有质量问题请与本社营销中心联系调换
电话:010 – 84083683

版权所有　侵权必究

MONOGRAPHS OF CHINESE ARCHAEOLOGY
SERIES A   NO. 30

CHINESE ARCHAEOLOGY

Western Zhou and Eastern Zhou

Compiled by

The Institute of Archaeology
Chinese Academy of Social Sciences

China Social Sciences Press
Beijing
2004

《中国考古学》（九卷本）为

国家"九五"社会科学基金资助重点项目

中国社会科学院重点研究课题

"十五"国家重点图书规划项目

内 容 简 介

自公元前1046年武王伐纣、建立周王朝，至公元前221年秦始皇统一六国、建立秦王朝，这一时期在中国历史上称为周代。周武王建都于今陕西西安附近，公元前770年周平王将都城迁至今河南洛阳，由此，史家又以西周、东周称之。在本卷——《中国考古学·两周卷》中，介绍了我国考古工作者在20世纪中对两周遗址进行的一系列考古发掘及其研究成果。这些发现在许多方面填补了文献的空白。本卷从不同视角阐述了周王朝存在的八百余年间，周代先民创造的青铜文明。从中，可以看到它比商代文明更加灿烂，还可洞察到东周时期出现社会变革并向封建制度转化的必然趋势。

在中国近两千年的青铜时代中，两周时期处于巅峰时期。铜矿的大量开采与冶炼，铸造工艺的改进与创新，使青铜业获得很大发展，生产了大量青铜制品。这些青铜制品不仅用于社会生产与生活的各领域，而且推动了商业与贸易的发展。青铜制品中还有许多惊世之作，在人类文明史上占有特定地位。在青铜业发展的基础上，出现了人工冶铁业。尤其重要的是，生铁冶铸技术在春秋时期出现后，推进了铁器在农业与手工行业中广泛应用，从而进一步促进了经济的发展和社会的进步。

本卷依据目前所见的考古材料，分列各章从多个方面进行阐述。读者可从西周与东周时期的都城遗址的规模、布局与出土物的介绍中，了解到它们的社会政治与经济状况；还可观察到宗周与诸侯国势力的消长。从众多墓地资料中可以看到周公所制的"礼制"及走向"礼崩乐坏"的过程。从反映农业、手工业发展水准的各种遗存中，可以感受到古代先民的聪明才智与卓越的创造能力。从一件件精工雕琢的工艺制品、长篇铜器铭文到成编、成组的钟磬与管弦乐器，以及一幅幅极富诗意的绘画作品中，可以追寻古人精神生活的方方面面。从周边地区发现的不同遗存中，人们可以看到各少数族群居民身处特定环境，在与中原居民的频繁交往中创造了富有特色的地方文化。凡此种种，都相当全面地勾勒出两周时期的社会风貌，从中可领略到有周一代先民们在两千年前创造的辉煌。进而可意识到两周时期的文明成果，对后世的文明发展所产生的巨大而深远的影响。

本卷引用的资料十分丰富，各章中涉及的内容相当宽泛，对从事考古学、历史学、民族学、艺术史、文物与博物馆等相关学科的研究工作者，均有较高的参考价值。

《中国考古学》编辑委员会（按姓氏笔画排名）
王　巍　王立邦　王仲殊　乌　恩　卢兆荫　白云翔　任式楠
刘庆柱　齐肇业　安志敏　张长寿　张显清　杨　泓

《中国考古学》编辑出版工作组
组　长　白云翔
副组长　李健民　张　静　李　淼
组　员　张孝光　韩慧君　刘　方　张　蕾　季连琪

《中国考古学·两周卷》主编
张长寿　殷玮璋

《中国考古学·两周卷》撰写者（按姓氏笔画排名）
王　巍　牛世山　乌　恩　印　群　冯　时　许　宏
李健民　辛爱罡　张长寿　张良仁　施劲松　柴晓明
徐良高　殷玮璋　唐锦琼

《中国考古学》总序

20世纪是考古学传入、诞生于中国的时代，是中国考古学的形成、发展和继续发展的时代。20世纪90年代中期，中国社会科学院考古研究所的领导和学者们，曾经就20世纪中国考古学的发现、研究及其在21世纪的进一步发展，进行过多次讨论，大家认为：中国社会科学院考古研究所及其前身——中国科学院考古研究所，是中国考古学学科历史发展的主要参与者、见证者。在世纪之交，中国社会科学院考古研究所作为当今中国国家级惟一的考古科研机构，将百年来考古学在中国的发展历史作一回顾、总结和研究，并对新世纪的中国考古学作一瞻望，是我们义不容辞的学术责任。基于上述考虑，1996年我们考古研究所审时度势，提出编著《中国考古学》计划，通过充分论证，这一计划先后被批准为国家社会科学基金项目和中国社会科学院重点课题项目，以及"十五"国家重点图书规划项目。

《中国考古学》各卷分别对不同时代中国考古学发展历程，进行了回顾、研究。从总体来看，20世纪以来的中国考古学发展，大致划分为近代考古学传入时期和中国考古学诞生时期、形成时期、发展时期与继续发展时期等几个阶段。

1. 近代考古学传入时期（19世纪后半叶至20世纪20年代）

19世纪后半叶至20世纪初，随着外国殖民者对中国的政治、经济侵略，文化渗透也接踵而来。这种文化渗透的表现之一，就是外国人到中国的"寻宝"活动。他们采取的形式大多是以探险队、考察队名义进行活动，其中欧美国家的探险队或考察队多在我国新疆、甘肃、内蒙古等西北地区活动，日本的探险队、考察队多在我国东北地区和台湾等地活动。上述活动，一方面使大量中国古代珍贵历史文物被劫掠到国外，另一方面考古学作为一门科学也随之传入中国。

这一时期近代考古学传入中国和"殷墟甲骨"、"汉晋简牍"、"敦煌文书"的重大发现，成为中国学术史从传统学术向近代学术转变、从传统史学向现代史学转变的重要契机；使从"层累地造成的中国史"走出的"疑古"学者们，看到了"释古"（历史文献与考古资料结合的"二重证据法"）、"考古"的科学曙光。考古学成为学术界备加关注的新科学。

2. 中国考古学诞生时期（20世纪20年代至30年代）

从学术发展史来看，近代考古学传入中国促使中国传统的"金石学"发展为"古器物学"，继之"古器物学"又发展为考古学。

考古学在中国的诞生有着深层次的历史原因。辛亥革命推翻了清王朝，埋葬了两千多年的封建专制统治，1919年的五四运动又给中国带来了科学与民主的思想，这为此前传入中国的考古学的诞生奠定了重要的思想基础。

从科学史来看，考古学是在近代科学发展的基础之上诞生的，更具体地说考古学的出现是近代地质学、生物学等自然科学发展的产物。在当时"科学救国"思想影响下，近代中国科学，尤以地质学、古生物学成就最为突出。由于地质学、古生物学与考古学学科之间的密切关系，当时已有一批在国外学有所成，在国内业绩卓著的中国地质学家、古生物学家，成为了最早涉足中国考古学的科学家；还有一批中国学者，虽然其学术背景不尽相同，但他们都积极投身中外合作考古活动或中国人独立主持的考古发掘。这些都为考古学在中国诞生创造了人才条件。同时，一些受聘于中国科研机构或政府管理部门的国外著名地质学家、古生物学家、考古学家等，通过与中国学者合作开展的田野考古工作，把西方考古学的方法和理论介绍、传播到中国，从而为考古学在中国的诞生创造了科学条件。

这一时期的考古发现众多，如旧石器时代北京周口店遗址的发掘和北京猿人头盖骨的发现，山西西阴村、河南渑池仰韶村、山东历城龙山镇等史前遗址的发掘，河南安阳殷墟遗址的大规模勘探与发掘等。1928年由中国国家学术机构负责、中国学者独立主持的河南安阳殷墟遗址的考古发掘，成为中国考古学诞生的标志。通过大量田野考古工作的开展，西方考古学中的地层学、类型学在中国考古学中得到运用和发展，一些自然科学技术在考古发掘和研究中得以应用。由于当时中国境内的不少考古工作采取了国际合作的方式，使刚刚在中国诞生的考古学获得了"跨越式"发展。

3. 中国考古学形成时期（20世纪30年代至40年代）

20世纪20年代考古学在中国诞生之后不久，中国学者就成为了本国考古学的主力军。这一时期开展的北京周口店遗址、河南安阳后岗遗址（小屯文化、龙山文化、仰韶文化三叠层遗址）、安阳殷墟宫庙基址和王陵区的大规模考古发掘，获得重大学术成果，为建立黄河中下游史前文化和早期国家的考古学文化框架奠定了基础。从学术的时空两方面来说，它们为中国考古学向早晚两方面的拓展和由中原向周边地区的发展，寻找到科学的支撑点。中国考古学家在安阳殷墟的长时期、大规模的成功的考古发掘，为东亚和东北亚地区古代都城遗址、大型建筑遗址的考古发掘，探索出一条成功经验。

中国考古学在其幼年时期取得的成果，成为中国马克思主义史学诞生的科学基础。马克思主义历史学家郭沫若，正是利用安阳殷墟考古资料和两周金文资料，完成了中国第一部马克思主义历史学著作《中国古代社会研究》。

4. 中国考古学的发展时期（20世纪50年代至70年代）

1949年新中国的成立，使中国考古学的发展面临极好的机遇。在以历史唯物主义和辩证唯物主义为基石的马克思主义指导下，中国考古学坚持以田野考古为基础，使学科得到健康发展。中央政府设立了专门的文物考古行政管理机构，成立了国家考古科研学术机构——中国科学院考古研究所（1977年更名为中国社会科学院考古研究所），在北京大学设立了考古专业。中国科学院考古研究所、文化部文物局与北京大学应全国考古工作急需，联合举办了四届全国考古工作人员训练班，为新中国考古事业的发展提供人才保证。作为中国考古学学术园地的"三大杂志"——《考古》、《文物》开始创办，《考古学报》更名复刊，它们为中国考古学的发展提供了重要的学术平台。

全国各地的考古工作者主动配合国家大规模的基本建设，积极开展文物保护、考古勘探与发掘，积累了极为丰富的考古资料，为此后中国考古学学科时空框架的建立，考古学方法、理论的发展，奠定了坚实的科学基础。

这一时期旧石器时代的云南元谋人和陕西蓝田人等考古发现，使古代人类在中华大地上的活动历史上溯了百万年，活动地域大大扩展。新石器时代半坡遗址、姜寨遗址的发掘，丰富了仰韶文化内容，成为中国考古学史上史前聚落考古方法、理论的最早的成功探索；山东大汶口文化的发现，找到龙山文化源头；冀南、豫北的磁山—裴李岗文化，河南的庙底沟二期文化，山东的北辛文化、岳石文化的发现，使黄河中下游的新石器时代文化向早晚两方面延伸。长江下游河姆渡遗址、良渚遗址的发掘，引发了中国考古学文化多元理论认识上的飞跃。河南偃师二里头遗址、郑州二里冈遗址等中国早期国家都城遗址的考古勘察与发掘，使以殷墟遗址为代表的晚商文化以前的早商文化和夏文化，得以确认。春秋战国时代和秦汉至元明时代的都城、王陵的考古调查与发掘，连同先秦及新石器时代考古发现，再现了绵延数千年的中国古代文明，构建起了中国考古学学科的基本框架。

夏鼐领导的中国科学院考古研究所，率先积极、主动地将科学技术应用于考古学，其中尤以碳十四实验室的建立和年代学的成果最为突出，在体质人类学、古动物学等方面也取得了令人瞩目的成就。与此同时，考古学家与冶金、陶瓷、古植物学等方面的科学家合作，在古代遗存的物质结构分析、古代作物的研究等诸多方面多有收获。

十年"文化大革命"，使朝气蓬勃发展的新中国考古学受到严重挫折。但是，人类发展的历史往往是在遭到巨大的破坏之后，人们对过去认识得更深刻，对未来审视得更清晰，人类社会将出现更大、更快的进步。20世纪70年代后半叶的中国考古学，在学科建设、考古学方法和理论发展等诸多方面，为中国考古学其后的"起飞"准备了条件。

5. 中国考古学的继续发展时期（20世纪80年代至今）

20世纪70年代末80年代初，中国的改革开放带来了中国科学技术发展的春天，同样也吹响了中国考古学继续发展的号角。尊重科学，尊重人才，科学工作者的聪明、智慧和创造性得到空前的发挥，国家对科学的经济支持力度大大增强，国际科学文化合作与交流的良好环境已经出现。这一切为中国科学的发展，自然也包括为中国考古学的发展，提供了前所未有的历史机遇。

这一时期的重要考古发现主要有：在安徽、重庆、河北等地，早期旧石器时代文化发现了更多的石器出土地点，个别地点还出土了人骨化石。这使中国境内的旧石器时代可望上推到距今200万年左右。广西、湖南、江西、河北、北京等地的距今1万年左右的早期新石器时代文化的发现，使中国境内的早期新石器时代推进至距今10000~12000年。内蒙古敖汉旗兴隆洼、河南舞阳贾湖等新石器时代中期一些大型史前聚落遗址的发现或发掘，极大地丰富了对这一时期考古学文化的认识。辽宁、浙江、湖北、四川、安徽、河南、山西、湖南等地的新石器时代晚期聚落遗址、祭祀遗址或城址的考古勘察和发掘,对探索中华民族的多元考古学文化和中国古代文明形成有着重要意义。早期夏文化的探索,偃师商城遗址的发掘,四川三星堆遗址的发现,夏商周断代工程的开展等,使20世纪80年代、90年代的"三代考古"学术成果异彩纷呈。秦汉至元明时期的考古发现,如帝王陵墓及陵寝建筑遗址、历代都城遗址、石窟寺与佛教寺院遗址、古代瓷窑遗址等勘察与发掘,使秦汉至元明时代的考古学内容更为充实,学科框架更为完整。这一时期中国境内周边地区广泛进行的考古勘察、发掘,使不少地方的考古学文化序列得以初步建立。一些周边省区已经建立了较完整的考古学文化谱系,学科框架得以基本构建。

20世纪80年代以来,中国考古学家们在总结了半个多世纪考古工作的基础之上,在中国考古学学科框架、谱系基本建立起来的情况下,以考古学的地层学、类型学为基本方法,吸收国际考古学界的先进方法、理论,大规模地开展了聚落考古、城址考古、祭祀遗址群考古以及与经济活动密切相关的手工业遗址考古和古代大型建设工程遗址考古等。与此同时,考古学广泛利用现代自然科学技术,如多种测年手段的使用,DNA遗传技术的应用,食性分析的探索,环境考古学的引进与创立,计算机技术在考古学研究中的普及等,这些又使田野考古发掘和研究更加"微化"、更加"细化"、更加"量化"、更加"深化",也就是考古学的更加科学化、现代化。考古发掘与研究向"大"和"小"、"广"和"深"两极的发展,使考古学从宏观和微观两个方面,在科学研究的学术舞台上充分地确立了中国考古学的重要地位。

通过《中国考古学》对20世纪中国考古学发展的回顾、研究,使我们看到考古学百年来在中国的发生、发展,看到考古学在中国所取得的辉煌学术成就,看到年轻的中国考古学的发展为世界所备加关注的现实。中国考古学已成为我国人文社会科学领域中最具影响力的学科之一。但是我们还应该看到,新世纪的中国考古学任重道远。本书进一步指出,中国考古学在21世纪要取得更大发展、进步,我们还必须全面、准确、科学地把握21世纪中国考古学的发展方向,必须明确新世纪我们的学术使命。

中国是世界上惟一的具有数千年延续不断的古代文明国家,中国有着丰富的历史文化遗产,已有的考古发现只是我国历史文化遗产中的很小的一部分,还有更多、更重要的考古工作等待着我们去开展。已经进行的考古工作在各地区的发展也不平衡,不同时代的考古学学科进展也不一样。至于自然科学技术在考古学中的应用方面,我们与世界发达国家的考古学相比,还有一定的差距。多年来,由于考古工作者把主要精力投入到配合国家大规模基本建设的考古发掘工作,相应的考古学理论、方法的研究也有待进一步加强。

加强中国考古学学科理论建设是目前及今后中国考古学学科继续发展的重要条件。学科的发生、发展是与学科理论建设密切相关的,学科成熟的前提是其理论的完备与彻底。学科在发展,学科理论也在发展,因而学科的成熟、理论的完备与彻底也都是相对而言的。学科的存在和发展,决定了学科理论的存在与不断发展。理论是对学科科学规律的探索,对学科过去而言是学科的科学总结,对学科未来而言是学科的科学假设。学科理论涉及学科的诸多方面问题，如人类起源的一元与多元问题，人类起源一元说与基于传统的地层学、类型学研究所形成的考古学文化的科学整合问题，古代文明形成、国家出现模式问题，早期国家功能问题，人类社会发展与环境关系问题，社会生产分工问题，考古学文化与血缘集团（血缘社会单位）、民族、国家关系问题等。

学科的发展离不开方法论的创新，所谓"工欲善其事，必先利其器"。考古学要不断发展，就要不断创新其学科"方法论"。地层学、类型学是近代考古学将当时的地质学、生物学学科基本方法"移植"过来的，一百年多年来，它们对于考古学的发展功不可没。但是，正如现代地质学、生物学的发展是伴随着碳十四、热释光、古地磁和DNA等现代科学技术的应用而获得进步一样，地质学、生物学的科学研究，如果至今仍然仅仅停留于使用地层学、类型学方法上，现代意义上的地质学、生物学则无从谈起。既然考古学的地层学、类型学是源于地质学、生物学的，那么借鉴现代地质学、生物学的发展经验，对于当今考古学的发展，学科方法的现代化、科学化、多样化同样是至为重要的。

21世纪，现代科学技术在考古学中的更加广泛应用，将使基于"考古学文化"提出的"相对"时空框架、谱系，加速向"绝对"的时空框架、谱系发展。诸如碳十四断代及AMS、古代树木年轮、古地磁法（PM）等断代技术，生物遗存分析和物理、化学对古代遗物的物种、物质成分的分析技术等，都使考古学资料的时空研究提高到更高的科学层次，其中不少是传统考古学方法所无法解决的。我们应看到各种自然科学技术在考古学中的应用所带来的考古学研究的革命性变化。考古学作为一门交叉学科、边缘学科，其进一步深入发展还必须加强与其他相关人文社会科学的结合。对于21世纪中国考古学而言，多学科结合、多种方法应用是新世纪中国考古学学科发展的基础和方向。

考古学文化主要以"特定类型的器物"——陶器与相关物质遗存所构成的"特定关系组合遗存"，体现人们的生产活动、物质生活。自然环境和地理是考古学文化形成、发展的主要条件和背景。马克思曾针对这种由于自然环境、条件的不同而导致的差异指出："不同的共同体，是在各自的自然环境内，发现不同的生产资料和不同的生活资料的。所以，它们的生产方式、生活方式和生成物是不同的。"（《资本论》第一卷，人民出版社，1957年版）我国国土广大，各地自然环境、地理条件不同，有的差别很大。在这种背景下形成了各地不同的考古学文化。从这个角度来看，自然地理环境的多样性决定了考古学文化的多元性。因此，对于21世纪中国考古学而言，在考古学研究方法上必须更加关注环境与人的关系以及"人地关系"。

20世纪以后的中国考古学发展，还涉及许多考古学理论、方法问题，都是极具时代挑战性的，有的已在本书中进行了探讨。至于以田野考古为基础的中国考古学学科的自身发展，要做的工作就更多了，如学科在时空两方面都存在着一定的发展不平衡性问题，即不同地区的考古工作开展的不同，不同时代考古学研究的情况不同，等等，在本书的相关部分也会谈到，此处不再赘述。

《中国考古学》共设九卷，包括《绪论卷》、《旧石器时代卷》、《新石器时代卷》、《夏商卷》、《两周卷》、《秦汉卷》、《魏晋南北朝卷》、《隋唐卷》和《宋辽金元明卷》，各卷分之可独立成书，合之为一有机整体。参加撰写的学者多达五十多位，其中大多为中国社会科学院考古研究所的科研人员，同时我们还聘请一些所外专家，参与了本书的部分撰写工作。作为一项集体性项目，本书涉及全国的考古发现与研究，因此我们要求作者在现有的考古资料和研究成果基础之上，在撰写中要突出科学性、全面性、客观性，同时更要有创新性。鉴于考古学著作编写出版的复杂性和难度，我们专门设立了编辑出版工作组，协助编委会负责有关技术性和事务性工作，以求把本书编写出版为精品。尽管如此，对于这样一部几十人参与撰写，又涉及时代如此之长、地域如此之广、内容如此之泛、问题如此之复杂的庞大著作，其中的不足或错误是在所难免的，我们诚挚地希望得到大家的批评、指正。

《中国考古学》的编写出版，是在本书编委会的直接领导下进行的。在编写出版过程中，我所的老领导、老专家自始至终给予了我们亲切的关怀、热情的鼓励和悉心的指导，全国各地的考古、文博单位以及中国社会科学出版社给予了我们无私的帮助、大力的支持。在《中国考古学》付梓之际，我们向所有在本书编写出版期间，关心、支持、帮助过我们的同志们，向全国各相关兄弟单位的朋友们表示衷心感谢！

刘庆柱
2003 年 10 月 8 日

目　　录

《中国考古学》总序 ··· 刘庆柱（1）

绪论 ·· （1）
第一章　先周文化探索 ·· （17）
　第一节　课题的提出 ··· （17）
　第二节　先周文化及其渊源的推断 ······································· （20）
　　一　先周文化 ·· （20）
　　二　先周文化的来源 ··· （26）
　第三节　先周文化的分期及分布地域 ···································· （27）
　第四节　聚落形态和社会生活 ··· （33）
　　一　居住址 ·· （34）
　　二　墓地和葬俗 ·· （37）
　　三　社会生活 ·· （40）
　第五节　先周文化与周边青铜文化的关系 ······························ （40）
　　一　先周文化与商文化 ·· （40）
　　二　先周文化与寺洼文化 ··· （42）
　　三　先周文化与辛店文化 ··· （44）
第二章　西周文化的分期、年代和都邑 ································ （45）
　第一节　西周考古的主要工作 ··· （45）
　第二节　西周考古学文化的分期 ·· （49）
　第三节　碳十四测定的西周考古学的年代框架 ······················· （54）
　第四节　都城和聚落形态 ··· （56）
　　一　建筑基址 ·· （56）
　　二　铜器窖藏 ·· （62）
　　三　手工作坊遗址 ·· （64）
　第五节　墓葬制度和习俗 ··· （67）
　　一　家族墓地 ·· （67）
　　二　带墓道的大型墓葬 ·· （68）
　　三　中小型竖穴墓 ·· （70）

		四　殉葬人和车马坑	(72)
		五　洞穴墓	(75)

第三章　西周时期的诸侯国墓地 (78)

第一节　燕国墓地 (78)
第二节　晋国墓地 (86)
第三节　虢国和应国墓地 (98)
一　虢国墓地 (98)
二　应国墓地 (106)
第四节　卫国、邢国和管国墓地 (108)
一　卫国墓地 (108)
二　邢国墓地 (110)
三　管国墓地 (111)
第五节　鹿邑太清宫长子口墓 (112)
第六节　鲁国故城墓地和刘台子墓地 (116)
一　鲁国故城墓地 (116)
二　刘台子墓地 (118)
第七节　虤国、㵪国和戈国墓地 (119)
一　虤国墓地 (119)
二　㵪国墓地 (125)
三　戈国墓地 (126)

第四章　江南地区的西周文化 (129)

第一节　长江中游的西周聚落遗址 (129)
一　蕲春毛家咀遗址 (129)
二　蕲春新屋塆铜器窖藏 (132)
三　黄陂鲁台山西周墓葬 (136)
四　望城的西周遗址与墓葬 (138)
五　长江中游西周聚落遗址的特点 (141)
第二节　长江下游的土墩墓 (142)
一　土墩墓的分区 (143)
二　宁镇地区土墩墓的分期 (144)
三　宁镇地区土墩墓的年代 (152)
四　宁镇地区土墩墓出土的青铜器 (153)
五　屯溪地区土墩墓的陶瓷器与墓葬年代 (154)
六　屯溪地区土墩墓出土的青铜器 (158)

第五章　西周时期的农业和手工业 (166)

第一节　农业和养殖业 (166)
一　农业 (166)

二　养殖业 …………………………………………………………………… (169)
第二节　金属冶铸 ……………………………………………………………… (170)
　　一　青铜冶铸 …………………………………………………………… (171)
　　二　冶铁术的兴起 ……………………………………………………… (179)
第三节　陶器和原始瓷器的烧造 ……………………………………………… (182)
　　一　陶器的烧造 ………………………………………………………… (182)
　　二　原始瓷器的烧造 …………………………………………………… (183)
第四节　玉器和漆器的制作 …………………………………………………… (185)
　　一　玉器的制作 ………………………………………………………… (185)
　　二　漆器的制作 ………………………………………………………… (187)
第五节　骨器、蚌器、牙器和角器的制作 …………………………………… (191)

第六章　西周时期的文化 ………………………………………………………… (194)
第一节　新发现的西周甲骨文 ………………………………………………… (194)
第二节　新出金文所见史实 …………………………………………………… (196)
　　一　克商营洛邑 ………………………………………………………… (196)
　　二　封建诸侯 …………………………………………………………… (197)
　　三　西周王世与微史家族 ……………………………………………… (199)
　　四　土地的纠纷与转让 ………………………………………………… (201)
　　五　征伐与贡纳 ………………………………………………………… (202)
　　六　册命与赏赐 ………………………………………………………… (204)
　　七　执驹与射礼 ………………………………………………………… (206)
第三节　金文历谱与西周王年 ………………………………………………… (207)
　　一　用金文历日资料推求西周王年的条件 …………………………… (207)
　　二　金文月相词语的解释 ……………………………………………… (208)
　　三　推求王年的若干支点 ……………………………………………… (210)
第四节　音乐与艺术 …………………………………………………………… (214)
　　一　音乐 ………………………………………………………………… (214)
　　二　艺术 ………………………………………………………………… (220)

第七章　东周时期城市的发展 …………………………………………………… (227)
第一节　东周时期城市特点 …………………………………………………… (227)
第二节　东周王城 ……………………………………………………………… (230)
第三节　晋国与韩国、赵国、魏国都城 ……………………………………… (231)
　　一　晋国都城新田 ……………………………………………………… (231)
　　二　郑国、韩国都城 …………………………………………………… (235)
　　三　赵国都城邯郸 ……………………………………………………… (238)
　　四　魏国都城安邑 ……………………………………………………… (241)
第四节　燕国都城与中山国都城 ……………………………………………… (242)

一　燕国都城蓟和武阳 …………………………………………………………… (242)
　　二　中山国都城灵寿 ……………………………………………………………… (245)
第五节　齐国与鲁国都城 …………………………………………………………… (248)
　　一　齐国都城临淄 ………………………………………………………………… (248)
　　二　鲁国都城曲阜 ………………………………………………………………… (252)
第六节　秦国都城 …………………………………………………………………… (255)
　　一　雍城 …………………………………………………………………………… (255)
　　二　栎阳 …………………………………………………………………………… (259)
第七节　楚国都城 …………………………………………………………………… (259)
　　一　纪南郢城 ……………………………………………………………………… (259)
　　二　寿春故城 ……………………………………………………………………… (263)
第八节　东周时期的其他城址 ……………………………………………………… (263)
　　一　邾国故城 ……………………………………………………………………… (263)
　　二　滕国故城 ……………………………………………………………………… (264)
　　三　薛国故城 ……………………………………………………………………… (264)
　　四　黄国故城 ……………………………………………………………………… (266)
　　五　蔡国故城 ……………………………………………………………………… (266)
　　六　蒋国故城 ……………………………………………………………………… (266)
　　七　蓼国故城 ……………………………………………………………………… (267)
　　八　宋国故城 ……………………………………………………………………… (267)
　　九　宜阳故城 ……………………………………………………………………… (268)
　　十　大马古城与赵康古城 ………………………………………………………… (268)
　　十一　登封阳城 …………………………………………………………………… (268)
　　十二　鄢陵古城 …………………………………………………………………… (269)
　　十三　季家湖古城与"楚皇城" …………………………………………………… (270)
　　十四　武进淹城 …………………………………………………………………… (271)
第九节　东周长城 …………………………………………………………………… (271)
　　一　齐国长城 ……………………………………………………………………… (272)
　　二　楚国长城 ……………………………………………………………………… (272)
　　三　秦国长城 ……………………………………………………………………… (272)
　　四　魏国长城 ……………………………………………………………………… (273)
　　五　赵国长城 ……………………………………………………………………… (273)
　　六　燕国长城 ……………………………………………………………………… (274)

第八章　东周时期中原地区的墓葬 ………………………………………………… (275)
　第一节　中原地区的东周墓葬 …………………………………………………… (275)
　　一　中原地区东周墓葬的分布与分类 …………………………………………… (275)
　　二　中原地区主要东周墓地和墓葬 ……………………………………………… (275)

三　中原地区东周墓葬的埋葬特点 …………………………………………… (289)
第二节　齐鲁地区的东周墓葬 ………………………………………………… (299)
　　一　齐鲁地区东周墓葬的分布与分类 ………………………………………… (299)
　　二　齐鲁地区主要东周墓地和墓葬 …………………………………………… (300)
　　三　齐鲁地区东周墓葬的埋葬特点 …………………………………………… (311)
第三节　东周秦墓的埋葬制度 ………………………………………………… (320)
　　一　秦墓的分布与分类 ………………………………………………………… (320)
　　二　典型的秦墓墓地 …………………………………………………………… (320)
　　三　秦公陵园 …………………………………………………………………… (324)
　　四　秦墓的形制 ………………………………………………………………… (325)
　　五　秦墓随葬铜器、陶器组合的特点 ………………………………………… (328)
第四节　东周燕墓的埋葬制度 ………………………………………………… (334)
　　一　燕墓的分布与分类 ………………………………………………………… (334)
　　二　主要的燕墓墓地 …………………………………………………………… (335)
　　三　燕墓的形制 ………………………………………………………………… (338)
　　四　燕墓随葬铜器、陶器组合的特点 ………………………………………… (340)
第五节　东周中山王墓 ………………………………………………………… (344)

第九章　东周时期南方地区的墓葬 ……………………………………………… (348)
第一节　东周楚墓 ……………………………………………………………… (348)
　　一　楚墓的分区 ………………………………………………………………… (348)
　　二　楚墓的分类 ………………………………………………………………… (357)
　　三　大中型楚墓的埋葬制度 …………………………………………………… (359)
　　四　小型楚墓的埋葬制度及其演变 …………………………………………… (378)
　　五　楚墓的特点 ………………………………………………………………… (384)
第二节　蔡侯墓与曾侯墓 ……………………………………………………… (387)
　　一　蔡侯墓 ……………………………………………………………………… (388)
　　二　曾侯墓 ……………………………………………………………………… (389)
第三节　吴越地区的东周墓 …………………………………………………… (396)
　　一　春秋早中期大型墓葬 ……………………………………………………… (397)
　　二　春秋晚期至战国早期大型墓葬 …………………………………………… (399)

第十章　东周时期的生产技术 …………………………………………………… (406)
第一节　东周时期的铁器 ……………………………………………………… (406)
　　一　中国人工冶铁技术的开端 ………………………………………………… (406)
　　二　春秋时期的铁器 …………………………………………………………… (407)
　　三　战国时期的铁器 …………………………………………………………… (409)
　　四　冶铸铁遗址 ………………………………………………………………… (411)
第二节　东周时期铜矿的开采和铸铜技术的革新 …………………………… (414)

一　矿冶遗址 …………………………………………………………………… (415)
　　　二　铸铜遗址和铸造技术 ………………………………………………… (421)
　　　三　铜器的装饰工艺 ……………………………………………………… (424)
　第三节　东周时期的制玉工艺
　　　一　春秋时期的玉器 ……………………………………………………… (427)
　　　二　战国时期的玉器 ……………………………………………………… (432)
　第四节　东周时期的丝绸织物 ………………………………………………… (435)
　　　一　春秋时期的丝绸 ……………………………………………………… (436)
　　　二　战国时期的丝绸 ……………………………………………………… (437)
　　　三　东周时期丝绸工业的发展 …………………………………………… (440)
　第五节　东周时期的漆器制作 ………………………………………………… (441)
　　　一　春秋时期的漆器 ……………………………………………………… (442)
　　　二　战国时期的漆器 ……………………………………………………… (444)

第十一章　东周时期的社会生活 …………………………………………… (451)
　第一节　东周时期的金属货币 ………………………………………………… (451)
　　　一　齐国、燕国的铜刀币 ………………………………………………… (451)
　　　二　三晋地区的铜布币 …………………………………………………… (457)
　　　三　秦国及其他各国的铜圜钱 …………………………………………… (461)
　　　四　楚国的铜贝和金版 …………………………………………………… (462)
　第二节　东周时期的度量衡器 ………………………………………………… (463)
　　　一　尺度 …………………………………………………………………… (463)
　　　二　量器 …………………………………………………………………… (465)
　　　三　衡器 …………………………………………………………………… (470)
　第三节　东周时期的青铜钟 …………………………………………………… (473)
　　　一　青铜钟的发现 ………………………………………………………… (474)
　　　二　青铜钟的组合 ………………………………………………………… (486)
　第四节　战国时期的简帛 ……………………………………………………… (487)
　　　一　简帛的发现 …………………………………………………………… (488)
　　　二　先秦简牍制度 ………………………………………………………… (493)
　第五节　战国时期的绘画 ……………………………………………………… (495)
　　　一　帛画 …………………………………………………………………… (496)
　　　二　漆画 …………………………………………………………………… (497)
　　　三　镶嵌及针刻图像 ……………………………………………………… (498)
　　　四　壁画 …………………………………………………………………… (499)

第十二章　两周时期周边地区的考古学文化 ……………………………… (500)
　第一节　辛店文化 ……………………………………………………………… (500)
　　　一　典型遗址 ……………………………………………………………… (501)

二　文化特征 …………………………………………………………………… (501)
　　三　文化类型 …………………………………………………………………… (502)
　　四　年代与族属 ………………………………………………………………… (505)
第二节　寺洼文化 …………………………………………………………………… (507)
　　一　典型遗址 …………………………………………………………………… (507)
　　二　文化特征 …………………………………………………………………… (508)
　　三　年代与族属 ………………………………………………………………… (510)
第三节　沙井文化 …………………………………………………………………… (510)
　　一　典型遗址 …………………………………………………………………… (511)
　　二　文化特征 …………………………………………………………………… (511)
　　三　年代与族属 ………………………………………………………………… (514)
第四节　夏家店上层文化 …………………………………………………………… (515)
　　一　类型与分期 ………………………………………………………………… (515)
　　二　文化特征 …………………………………………………………………… (518)
　　三　社会生活 …………………………………………………………………… (521)
　　四　与相邻文化的关系 ………………………………………………………… (521)
　　五　渊源和族属 ………………………………………………………………… (523)
第五节　玉皇庙文化 ………………………………………………………………… (524)
　　一　分布与分期 ………………………………………………………………… (524)
　　二　文化特征 …………………………………………………………………… (525)
　　三　与相邻文化的关系 ………………………………………………………… (528)
　　四　族属和渊源 ………………………………………………………………… (529)
第六节　桃红巴拉文化 ……………………………………………………………… (530)
　　一　分布与分期 ………………………………………………………………… (530)
　　二　文化特征 …………………………………………………………………… (531)
　　三　与相邻文化的关系 ………………………………………………………… (533)
　　四　族属 ………………………………………………………………………… (535)
第七节　毛庆沟文化 ………………………………………………………………… (536)
　　一　分布与分期 ………………………………………………………………… (536)
　　二　文化特征 …………………………………………………………………… (536)
　　三　与相邻文化的关系 ………………………………………………………… (540)
　　四　社会生活与族属 …………………………………………………………… (540)
第八节　杨郎文化 …………………………………………………………………… (541)
　　一　分布与分期 ………………………………………………………………… (541)
　　二　文化特征 …………………………………………………………………… (543)
　　三　与相邻文化的关系 ………………………………………………………… (546)
　　四　族属 ………………………………………………………………………… (547)

第九节 巴蜀文化 …………………………………………………………（548）
  一 西周时期的聚落遗址 ………………………………………………（548）
  二 东周时期的墓葬 …………………………………………………（551）
第十节 云南地区的青铜文化 ………………………………………………（558）
  一 洱海地区 ……………………………………………………………（558）
  二 滇池地区 ……………………………………………………………（561）
  三 滇西北和滇南地区 …………………………………………………（562）
后记 …………………………………………………………………………（564）

插 图 目 录

第一章　先周文化探索
　　图 1-1　关中地区先周文化类型分布示意图 ……………………………………（20）
　　图 1-2　关中地区商文化遗物 ……………………………………………………（22）
　　图 1-3　扶风刘家类型陶器 ………………………………………………………（23）
　　图 1-4　淳化黑豆嘴类型遗物 ……………………………………………………（24）
　　图 1-5　凤县龙口类型遗物 ………………………………………………………（25）
　　图 1-6　先周文化第一期陶器 ……………………………………………………（29）
　　图 1-7　先周文化第二期陶器 ……………………………………………………（30）
　　图 1-8　先周文化第三期陶器 ……………………………………………………（30）
　　图 1-9　先周文化第四期陶器 ……………………………………………………（31）
　　图 1-10　先周文化第五期遗物 ……………………………………………………（32）
　　图 1-11　长武碾子坡先周文化房址 H820 平面、剖面图 ………………………（35）
　　图 1-12　先周文化陶窑平面、剖面图 ……………………………………………（36）
　　图 1-13　先周文化墓葬及随葬品 …………………………………………………（39）

第二章　西周文化的分期、年代和都邑
　　图 2-1　西周主要遗存分布示意图 ………………………………………………（46）
　　图 2-2　长安张家坡西周早期居住址出土陶器 …………………………………（49）
　　图 2-3　长安张家坡西周晚期居住址出土陶器 …………………………………（50）
　　图 2-4　长安张家坡和客省庄先周、西周墓葬随葬陶器分期图 ………………（51）
　　图 2-5　长安马王村 97SCMT1 西壁剖面图 ……………………………………（52）
　　图 2-6　长安马王村 97SCMT1H18 出土陶器 …………………………………（53）
　　图 2-7　长安客省庄西周夯土基址分布图 ………………………………………（57）
　　图 2-8　岐山凤雏西周甲组建筑基址平面图及复原示意图 ……………………（58）
　　图 2-9　扶风召陈西周建筑基址群局部平面图 …………………………………（59）
　　图 2-10　扶风云塘西周建筑基址群局部平面图 …………………………………（60）
　　图 2-11　扶风云塘出土西周陶瓦 …………………………………………………（61）
　　图 2-12　扶风庄白西周铜器窖藏平面图 …………………………………………（63）
　　图 2-13　长安张家坡西周铜器窖藏平面图 ………………………………………（64）
　　图 2-14　洛阳北窑出土西周陶范残块 ……………………………………………（65）
　　图 2-15　长安张家坡 M157 平面、剖面图 ………………………………………（69）

图 2-16　长安张家坡 M152 平面图 ·· (70)
图 2-17　长安张家坡 67M87 平面图 ··· (71)
图 2-18　长安花园村 M17 平面图 ·· (72)
图 2-19　扶风齐家 M19 平面图 ··· (73)
图 2-20　长安张家坡 67M115 平面图 ······································· (73)
图 2-21　长安张家坡西周墓葬中的殉人 ···································· (74)
图 2-22　长安张家坡 57M168 车马坑平面图 ······························· (76)
图 2-23　长安张家坡 M367 随葬轮舆平面、立面图 ······················· (77)
图 2-24　长安张家坡 M285 平面图 ··· (77)

第三章　西周时期的诸侯国墓地

图 3-1　房山琉璃河燕国墓地 M1193 平面图 ······························· (80)
图 3-2　房山琉璃河燕国墓地 M1193 出土铜器 ···························· (81)
图 3-3　房山琉璃河燕国墓地 M1193 出土铜饰和铜泡 ···················· (82)
图 3-4　房山琉璃河燕国墓地 M251 出土铜器 ······························ (83)
图 3-5　房山琉璃河燕国墓地 M253 出土铜器 ······························ (83)
图 3-6　房山琉璃河燕国墓地 M1100 车马坑平面图 ······················· (84)
图 3-7　曲沃天马—曲村晋侯墓地墓葬分布图 ······························ (87)
图 3-8　曲沃天马—曲村晋侯墓地 M93 平面、剖面图 ···················· (88)
图 3-9　曲沃天马—曲村晋侯墓地 M113 椁内随葬器物分布图 ·········· (89)
图 3-10　曲沃天马—曲村晋侯墓地 M8 棺内随葬玉器分布图 ············ (90)
图 3-11　曲沃天马—曲村晋侯墓地 M64 组随葬铜器 ······················ (91)
图 3-12　曲沃天马—曲村晋侯墓地出土缀玉覆面 ·························· (93)
图 3-13　曲沃天马—曲村晋侯墓地出土玉佩饰 ···························· (94)
图 3-14　曲沃天马—曲村晋侯墓地 M114 出土铜器 ······················· (95)
图 3-15　曲沃天马—曲村晋侯墓地 M8 出土铜器 ·························· (96)
图 3-16　三门峡上村岭虢国墓地 M1052 墓底平面图 ····················· (100)
图 3-17　三门峡上村岭虢国墓地 M2001 墓底平面图 ····················· (101)
图 3-18　三门峡上村岭虢国墓地 M2001 出土玉器 ························ (102)
图 3-19　三门峡上村岭虢国墓地 M2001 随葬铜器 ························ (103)
图 3-20　平顶山滍阳岭应国墓地 M84 出土铜器 ··························· (107)
图 3-21　浚县辛村卫国墓地出土有铭铜泡 ································· (109)
图 3-22　郑州洼刘管国墓地出土铜器 ······································· (112)
图 3-23　鹿邑太清宫长子口墓平面图 ······································· (114)
图 3-24　鹿邑太清宫长子口墓随葬铜器 ···································· (115)
图 3-25　曲阜鲁国故城西周墓葬甲组、乙组随葬陶器对比图 ············ (117)
图 3-26　济阳刘台子 M6 出土铜器 ··· (119)
图 3-27　宝鸡竹园沟㢀国墓地 M7 墓底平面图 ···························· (120)

图 3-28　宝鸡茹家庄𢏑国墓地 M1、M2 打破关系图 …………………………………（122）
图 3-29　宝鸡竹园沟𢏑国墓地 M1 随葬陶器 ……………………………………………（123）
图 3-30　宝鸡竹园沟、茹家庄𢏑国墓地出土铜兵器和工具 ……………………………（124）
图 3-31　宝鸡茹家庄𢏑国墓地出土人形铜饰 ……………………………………………（125）
图 3-32　灵台白草坡潶国墓地 M1 出土铜器 ……………………………………………（126）
图 3-33　泾阳高家堡戈国墓地出土铜方鼎 ………………………………………………（128）

第四章　江南地区的西周文化

图 4-1　蕲春毛家咀遗址木构建筑西组遗迹平面图 ……………………………………（130）
图 4-2　蕲春毛家咀遗址出土铜器和漆器 ………………………………………………（132）
图 4-3　蕲春新屋垸出土铜器 ……………………………………………………………（134）
图 4-4　黄陂鲁台山 M30 平面、剖面图 …………………………………………………（137）
图 4-5　黄陂鲁台山 M30 出土铜器 ………………………………………………………（138）
图 4-6　望城高砂脊出土铜器 ……………………………………………………………（139）
图 4-7　宁镇地区土墩墓随葬陶器、硬陶器和瓷器分期图 ……………………………（148）
图 4-8　屯溪 M1 立面图 …………………………………………………………………（155）
图 4-9　屯溪 M1 随葬原始瓷器 …………………………………………………………（156）
图 4-10　屯溪土墩墓随葬铜器 ……………………………………………………………（160）

第五章　西周时期的农业和手工业

图 5-1　西周农业工具 ……………………………………………………………………（167）
图 5-2　信阳孙砦西周养殖业遗迹平面、剖面图 ………………………………………（170）
图 5-3　瑞昌铜岭铜矿 J20 西周矿井支架示意图 ………………………………………（172）
图 5-4　瑞昌铜岭铜矿西周溜槽选矿设施平面、剖面图 ………………………………（173）
图 5-5　平顶山滍阳岭应国墓地 M242 出土铜器 ………………………………………（174）
图 5-6　平顶山滍阳岭应国墓地 M50 出土铜器 …………………………………………（175）
图 5-7　长安马王村 H10 出土陶范 ………………………………………………………（176）
图 5-8　洛阳北窑西周铸铜遗址出土遗物 ………………………………………………（177）
图 5-9　宝鸡竹园沟𢏑国墓地 M7 出土伯各卣 …………………………………………（178）
图 5-10　三门峡上村岭虢国墓地出土铁器 ………………………………………………（181）
图 5-11　长安马王村西周陶窑 Y4 平面、剖面图 ………………………………………（182）
图 5-12　洛阳北窑出土西周原始瓷器 ……………………………………………………（184）
图 5-13　三门峡上村岭虢国墓地 M2001 出土玉器 ……………………………………（186）
图 5-14　长安张家坡出土漆器 ……………………………………………………………（188）
图 5-15　西周漆木器及铜构件 ……………………………………………………………（189）
图 5-16　西周象牙器 ………………………………………………………………………（192）

第六章　西周时期的文化

图 6-1　岐山凤雏出土西周刻辞甲骨 ……………………………………………………（195）
图 6-2　西周利簋、何尊铭文 ……………………………………………………………（196）

图6-3　西周宜侯夨簋铭文 ································ (198)
图6-4　西周墙盘铭文 ····································· (200)
图6-5　西周五年卫鼎铭文 ································ (201)
图6-6　西周晋侯稣编钟铭文 ····························· (203)
图6-7　西周多友鼎铭文 ··································· (204)
图6-8　西周永盂铭文 ····································· (205)
图6-9　西周盠方彝铭文 ··································· (206)
图6-10　西周盠驹尊、长甶盉铭文 ······················ (207)
图6-11　西周吴虎鼎铭文 ································· (211)
图6-12　西周铜编铙和编钟 ······························ (216)
图6-13　三门峡虢国墓M2001出土虢季编钟 ········· (218)
图6-14　西周铜器纹饰 ··································· (221)
图6-15　西周铜牺尊 ······································ (223)
图6-16　西周玉器纹饰 ··································· (225)
图6-17　西周玉人 ··· (226)

第七章　东周时期城市的发展

图7-1　东周主要遗存分布示意图 ······················ (228)
图7-2　洛阳东周王城平面图 ···························· (230)
图7-3　侯马晋国都城平面图 ···························· (232)
图7-4　新郑郑韩故城平面图 ···························· (236)
图7-5　邯郸赵国都城平面图 ···························· (239)
图7-6　夏县魏国安邑故城平面示意图 ················· (241)
图7-7　易县燕下都平面图 ······························· (243)
图7-8　平山中山国灵寿故城平面图 ···················· (247)
图7-9　临淄齐国都城平面图 ···························· (249)
图7-10　曲阜鲁国都城遗迹分布示意图 ················ (253)
图7-11　凤翔秦国雍城及秦公陵园平面图 ············· (256)
图7-12　凤翔秦国雍城马家庄三号建筑遗址平面图 ··· (258)
图7-13　江陵楚国纪南城平面图 ························ (260)
图7-14　滕州薛国故城平面图 ··························· (265)
图7-15　商丘宋国故城平面图 ··························· (267)
图7-16　登封阳城平面图 ································· (269)
图7-17　宜城"楚皇城"平面图 ························ (270)

第八章　东周时期中原地区的墓葬

图8-1　陕县后川M2040椁室平面图 ··················· (278)
图8-2　陕县后川M2040随葬铜礼器 ··················· (279)
图8-3　辉县固围村M2平面、剖面图 ·················· (281)

图 8-4	辉县固围村 M1 出土玉器和铜器	(282)
图 8-5	侯马上马墓地 M2146 及随葬品	(283)
图 8-6	侯马上马墓地葬式	(283)
图 8-7	侯马上马墓地 M5218 平面图	(284)
图 8-8	长治分水岭 M269 平面、剖面图	(286)
图 8-9	长治分水岭 M269 随葬铜礼器	(287)
图 8-10	太原金胜村晋国赵卿墓平面图	(288)
图 8-11	太原金胜村晋国赵卿墓出土铜礼器	(290)
图 8-12	中原地区春秋墓葬随葬陶器	(296)
图 8-13	中原地区战国墓葬随葬陶器	(298)
图 8-14	曲阜鲁国故城乙组 M58 平面图	(301)
图 8-15	曲阜鲁国故城甲组东周墓葬随葬陶器	(302)
图 8-16	曲阜鲁国故城乙组东周墓葬随葬陶器	(303)
图 8-17	临淄郎家庄 M1 平面、剖面图	(305)
图 8-18	沂水刘家店子 M1 平面、剖面图	(306)
图 8-19	莒南大店 M1 平面图	(307)
图 8-20	临淄商王墓地 M3 平面、剖面图	(308)
图 8-21	临淄商王墓地 M1 随葬铜礼器	(309)
图 8-22	章丘女郎山 M1 平面、剖面图	(310)
图 8-23	长清仙人台 M5 平面图	(311)
图 8-24	齐鲁地区春秋早期墓葬随葬铜器	(314)
图 8-25	齐鲁地区春秋中晚期墓葬随葬铜器	(315)
图 8-26	齐鲁地区春秋墓葬随葬陶器	(316)
图 8-27	齐鲁地区战国墓葬随葬铜器	(318)
图 8-28	齐鲁地区战国墓葬随葬陶器	(319)
图 8-29	咸阳塔儿坡 M17396 平面、剖面图	(321)
图 8-30	咸阳塔儿坡 M25104 平面、剖面图	(322)
图 8-31	凤翔八旗屯 CM2 平面图	(322)
图 8-32	凤翔秦公陵园分布示意图	(324)
图 8-33	咸阳塔儿坡秦墓屈肢葬葬式	(326)
图 8-34	春秋秦墓随葬铜器	(329)
图 8-35	战国秦墓随葬铜器	(330)
图 8-36	春秋秦墓随葬陶器	(332)
图 8-37	战国秦墓随葬陶器	(333)
图 8-38	易县燕下都九女台 M16 平面图	(336)
图 8-39	易县燕下都九女台 M16 随葬陶器	(337)
图 8-40	东周燕墓随葬铜器	(341)

图 8-41　东周燕墓随葬陶器 …………………………………………………… (343)
图 8-42　平山中山王䁷墓（M1）平面、剖面图 ……………………………… (346)
图 8-43　平山中山王䁷墓出土"兆域图"铜版 ………………………………… (345)
图 8-44　平山中山王䁷墓出土有铭铜器 ………………………………………… (346)

第九章　东周时期南方地区的墓葬

图 9-1　淅川下寺墓地墓葬分布示意图 ………………………………………… (360)
图 9-2　荆门包山墓地墓葬分布图 ……………………………………………… (362)
图 9-3　淅川下寺 M2 平面图 …………………………………………………… (363)
图 9-4　淅川下寺 M2 随葬铜礼器 ……………………………………………… (364)
图 9-5　信阳长台关 M1 平面、剖面图 ………………………………………… (366)
图 9-6　信阳长台关 M1 椁室平面图 …………………………………………… (368)
图 9-7　江陵天星观 M1 棺椁结构图 …………………………………………… (369)
图 9-8　荆门包山 M2 平面图 …………………………………………………… (370)
图 9-9　荆门包山 M2 随葬铜礼器 ……………………………………………… (371)
图 9-10　长沙浏城桥 M1 椁室平面、剖面图 ………………………………… (373)
图 9-11　长沙浏城桥 M1 墓室平面图 ………………………………………… (374)
图 9-12　江陵望山 M1 平面、剖面图 ………………………………………… (375)
图 9-13　江陵望山 M1 随葬陶礼器 …………………………………………… (377)
图 9-14　江陵雨台山 M555 平面、剖面图和结构图 ………………………… (382)
图 9-15　江陵雨台山 M420 平面、剖面图 …………………………………… (383)
图 9-16　当阳金家山 M183 平面、剖面图 …………………………………… (384)
图 9-17　随县曾侯乙墓平面、剖面图 ………………………………………… (390)
图 9-18　随县曾侯乙墓出土铜编钟 …………………………………………… (392)
图 9-19　随县擂鼓墩 M2 平面图 ……………………………………………… (394)
图 9-20　丹阳大夫墩墓平面、剖面图 ………………………………………… (398)
图 9-21　丹徒粮山 M2 平面、剖面图 ………………………………………… (398)
图 9-22　丹徒北山顶墓平面、剖面图 ………………………………………… (400)
图 9-23　苏州真山 D9M1 平面、剖面图 ……………………………………… (401)
图 9-24　苏州真山 D9M1 出土玉器 …………………………………………… (402)
图 9-25　绍兴坡塘 M306 出土铜屋 …………………………………………… (403)
图 9-26　绍兴印山 M1 平面、剖面图 ………………………………………… (404)

第十章　东周时期的生产技术

图 10-1　宝鸡益门出土金柄铁剑 ……………………………………………… (408)
图 10-2　宝鸡益门出土金环首铁刀 …………………………………………… (408)
图 10-3　东周铁器 ……………………………………………………………… (408)
图 10-4　易县燕下都 M44 出土铁器 …………………………………………… (410)
图 10-5　兴隆寿王坟出土铁质铸范 …………………………………………… (413)

图 10-6　登封阳城出土陶质铸范 ··· (413)
图 10-7　大冶铜绿山矿冶遗址木质框架支护结构 ··· (416)
图 10-8　大冶铜绿山矿冶遗址一组井巷平面图 ··· (417)
图 10-9　大冶铜绿山矿冶遗址出土采掘工具 ··· (418)
图 10-10　大冶铜绿山矿冶遗址炼铜竖炉结构复原示意图 ··· (419)
图 10-11　随县曾侯乙墓出土铜甬钟的铸造工艺示意图 ··· (422)
图 10-12　东周铜器铸造工艺和陶范 ··· (423)
图 10-13　东周铜器的装饰工艺 ··· (426)
图 10-14　春秋玉器 ·· (430)
图 10-15　战国玉器 ·· (433)
图 10-16　东周丝绸织物的图案 ··· (437)
图 10-17　春秋漆器的彩绘图案 ··· (443)
图 10-18　战国漆器 ·· (446)
图 10-19　江陵天星观 M1 出土漆器 ·· (448)

第十一章　东周时期的社会生活

图 11-1　海阳汪格庄窖藏出土铜齐刀 ··· (452)
图 11-2　临淄安合村铸钱遗址出土"齐法化"陶范 ·· (453)
图 11-3　易县燕下都出土铜尖首刀 ··· (454)
图 11-4　凌源三十家子村窖藏出土铜明刀 ·· (456)
图 11-5　伊川富留店窖藏出土铜空首布 ·· (458)
图 11-6　阳高天桥窖藏出土铜平首布 ··· (459)
图 11-7　铜圆足布和陶、石布范 ··· (460)
图 11-8　东周秦国铜圜钱 ·· (461)
图 11-9　东周楚国铜贝范和金版 ··· (462)
图 11-10　天水放马滩秦墓出土木尺 ··· (464)
图 11-11　上海博物馆藏商鞅铜方升 ··· (464)
图 11-12　东周齐国量器 ·· (466)
图 11-13　东周楚国量器 ·· (468)
图 11-14　东周邾国"廪"陶量及铭文 ··· (470)
图 11-15　东周齐国、秦国衡器 ··· (471)
图 11-16　东周楚国衡器 ·· (472)
图 11-17　中原地区春秋中期铜钟 ··· (474)
图 11-18　中原地区春秋中期铜钟 ··· (475)
图 11-19　中原地区春秋中期铜钟 ··· (476)
图 11-20　中原地区春秋晚期铜钟 ··· (478)
图 11-21　中原地区战国早期铜钟 ··· (479)
图 11-22　中原地区战国中期铜钟 ··· (480)

图 11-23　中原地区战国晚期铜钟 …………………………………………………（481）
图 11-24　南方地区春秋中期铜钟 …………………………………………………（482）
图 11-25　南方地区春秋晚期铜钟 …………………………………………………（483）
图 11-26　南方地区战国早期铜钟 …………………………………………………（484）
图 11-27　南方地区战国中期铜钟及附件 …………………………………………（486）
图 11-28　战国楚简《老子》…………………………………………………………（490）
图 11-29　战国秦简《编年记》………………………………………………………（490）
图 11-30　战国帛书 …………………………………………………………………（492）
图 11-31　战国漆画 …………………………………………………………………（497）

第十二章　两周时期周边地区的考古学文化

图 12-1　临夏莲花台 M8 及随葬陶器 ……………………………………………（502）
图 12-2　辛店文化姬家川类型陶器 ………………………………………………（503）
图 12-3　辛店文化张家咀类型陶器 ………………………………………………（504）
图 12-4　临夏莲花台 M10、M11 打破关系及随葬陶器 …………………………（505）
图 12-5　庄浪徐家碾 M80 平面、剖面图 …………………………………………（508）
图 12-6　庄浪徐家碾寺洼文化墓葬出土遗物 ……………………………………（509）
图 12-7　金昌三角城 F4 平面、剖面图 ……………………………………………（512）
图 12-8　金昌蛤蟆墩 M16 平面、剖面图 …………………………………………（512）
图 12-9　金昌沙井文化遗物 ………………………………………………………（513）
图 12-10　夏家店上层文化房址和石椁墓 …………………………………………（516）
图 12-11　敖汉周家地 M43 平面、剖面图 …………………………………………（518）
图 12-12　夏家店上层文化遗物 ……………………………………………………（519）
图 12-13　夏家店上层文化铜兵器和车马器 ………………………………………（520）
图 12-14　延庆玉皇庙 M156 平面、剖面图 ………………………………………（526）
图 12-15　玉皇庙文化遗物 …………………………………………………………（527）
图 12-16　杭锦桃红巴拉 M1 平面图 ………………………………………………（531）
图 12-17　桃红巴拉文化遗物 ………………………………………………………（532）
图 12-18　凉城毛庆沟 M6 平面图 …………………………………………………（537）
图 12-19　毛庆沟文化遗物 …………………………………………………………（538）
图 12-20　凉城毛庆沟 M5 及随葬品 ………………………………………………（539）
图 12-21　固原马庄Ⅰ M2 平面、剖面图 …………………………………………（544）
图 12-22　杨郎文化遗物 ……………………………………………………………（545）
图 12-23　成都十二桥遗址出土陶器 ………………………………………………（548）
图 12-24　成都金沙遗址"梅苑"地点出土遗物 …………………………………（550）
图 12-25　彭县竹瓦街窖藏出土铜罍 ………………………………………………（551）
图 12-26　新都木椁墓平面、剖面图 ………………………………………………（552）
图 12-27　新都木椁墓出土铜器 ……………………………………………………（553）

图 12-28　什邡战国墓出土铜器 …………………………………………………… (554)
图 12-29　茂县牟托 M1 平面、剖面图 ………………………………………… (556)
图 12-30　茂县牟托 M1 出土遗物 ………………………………………………… (557)
图 12-31　楚雄万家坝墓地出土铜器 ……………………………………………… (559)
图 12-32　祥云大波那出土铜棺 …………………………………………………… (560)
图 12-33　祥云大波那铜棺墓出土铜器 …………………………………………… (561)
图 12-34　曲靖八塔台与横大路墓葬出土铜器 …………………………………… (562)

图 版 目 录

1　长安先周文化遗迹
2　扶风云塘西周建筑基址
3　房山琉璃河西周燕国墓地
4　宝鸡竹园沟西周㢴国墓地
5　辉县琉璃阁战国车马坑
6　平山战国中山王𬮕墓
7　随县擂鼓墩战国曾侯乙墓
8　大冶铜绿山东周矿冶遗址
9　长安张家坡西周墓地
10　西周墓葬出土的青铜器
11　西周窖藏出土的青铜器
12　洛阳北窑西周墓地出土的原始瓷器
13　曲沃天马—曲村两周晋侯墓地
14　曲沃天马—曲村晋侯墓地出土的西周青铜器
15　三门峡虢国墓地西周墓葬 M2001 全景
16　宝鸡㢴国墓地出土的西周青铜器
17　房山琉璃河燕国墓地出土的西周漆器
18　两周墓葬出土的铁剑
19　长安张家坡墓地出土的西周玉器
20　易县燕下都东周建筑遗迹
21　平山中山王𬮕墓出土的战国青铜器
22　淅川下寺墓地出土的春秋青铜器
23　荆门包山战国墓葬 M2 和漆棺
24　随县曾侯乙墓出土的战国青铜器
25　绍兴印山春秋越王陵
26　江南地区出土的两周青铜器
27　江南地区出土的春秋青铜兵器
28　侯马铸铜遗址出土的东周陶范模
29　江陵马山战国墓葬 M1 出土的绵袍和绣纹

30 长沙楚墓出土的战国帛画
31 延庆玉皇庙文化墓地和敖汉夏家店上层文化墓葬
32 杨郎文化和桃红巴拉文化的遗物

1-1 客省庄83SCKM1（由西向东）

1-2 马王村97SCMT1西壁剖面（H18. 先周晚期堆积）

1　长安先周文化遗迹

2-1　建筑基址群和围墙（由南向北）

2-2　F1散水及砌花石子路（由北向南）

2　扶风云塘西周建筑基址

3-1　M1193 全景（由南向北）

3-2　M202 墓室和北墓道（由南向北）

3　房山琉璃河西周燕国墓地

4-1　M13全景（由西北向东南）

4-2　M13随葬的青铜器

4　宝鸡竹园沟西周𢐗国墓地

5-1　车马坑局部（由南向北）

5-2　车马坑全景（由东向西）

5　辉县琉璃阁战国车马坑（M131）

6-1 墓室全景（由北向南）

6-2 墓内积石（由东北向西南）

6 平山战国中山王䰠墓

7-1 椁室全景
（由南向北）

7-2 中室的随葬器物
（由南向北）

7 随县擂鼓墩战国曾侯乙墓

8-1 采矿遗址全景

8-2 Ⅳ号矿体采矿遗址发掘现场

8 大冶铜绿山东周矿冶遗址

9–1　M157全景（由北向南）

9–2　M170的椁室和头厢（由北向南）

9　长安张家坡西周墓地

10-1 房山琉璃河墓地出土的克盉（M1193:167）

10-2 长安张家坡墓地出土的弄仲牺尊（M163:33）

10 西周墓葬出土的青铜器

11-1 扶风庄白出土的墙盘
（76FZH1:5）

11-2 临潼零口出土的利簋

11 西周窖藏出土的青铜器

12-1 罍（M202:3）

12-2 尊（M442:1:1）

12 洛阳北窑西周墓地出土的原始瓷器

13-1　M91墓室全景（由南向北）

13-2　M93椁室的随葬器物（由南向北）

13　曲沃天马—曲村两周晋侯墓地

14-1 猪尊（M113:38）

14-2 兔尊（M8:20）

14 曲沃天马—曲村晋侯墓地出土的西周青铜器

15　三门峡虢国墓地西周墓葬 M2001 全景（由南向北）

16-1　井姬貘形尊（茹家庄 M2:16）

16-2　象尊（茹家庄 M1 乙:23）

16　宝鸡㢵国墓地出土的西周青铜器

17-1　觚（M1043:14）

17-2　罍（M1043:68）复制品

17　房山琉璃河燕国墓地出土的西周漆器

18-1　玉柄铁剑（三门峡虢国墓地M2001:393）　　18-2　金柄铁剑（宝鸡益门村M2:1）

18　两周墓葬出土的铁剑

19-1 龙凤人物透雕玉饰（M157:104）

19-2 玉饰（M157:104）的局部

19-3 兽面玉饰（M17:01）

19 长安张家坡墓地出土的西周玉器

20–1　老姆台宫殿建筑夯土台基（由南向北）

20–2　武阳台宫殿建筑夯土台基（由北向南）

20–3　燕下都西城南垣西段（由南向北）

20　易县燕下都东周建筑遗迹

21-1　错金银四龙四凤方案（DK:33）

21-2　方壶（XK:15）

21　平山中山王𰯼墓出土的战国青铜器

22-1　王子午鼎（M2:38）

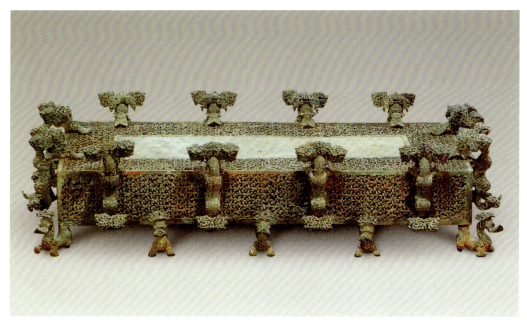

22-2　透雕云纹禁（M2:65）

22　淅川下寺墓地出土的春秋青铜器

23-1 包山 M2 全景（由西向东）

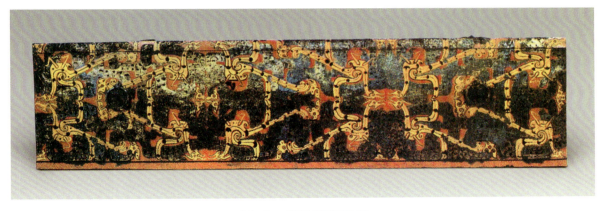

23-2 彩绘漆棺正视

23-3 漆棺的西挡板（左）和东挡板（右）

23 荆门包山战国墓葬 M2 和漆棺

24-1　鉴缶（M1∶C139）

24-2　尊盘（M1∶C38）

24　随县曾侯乙墓出土的战国青铜器

25-1 墓室全景（由东向西）

25-2 独木棺（由东向西）

25 绍兴印山春秋越王陵

26-1　武进淹城出土的双兽三轮盘

26-2　丹阳司徒窖藏
　　　出土的凤纹尊

26　江南地区出土的两周青铜器

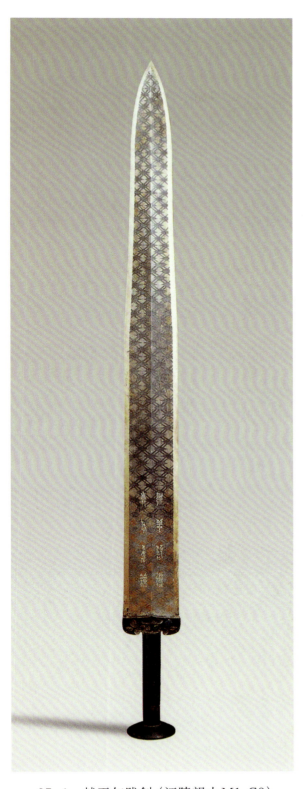

27-1　越王勾践剑（江陵望山 M1:G9）　　27-2　吴王夫差矛（江陵马山 M5 出土）

27　江南地区出土的春秋青铜兵器

28-1　人形纹范（ⅡT13⑤:10）

28-2　四龙纹当卢模
　　　（92H4T9H79 出土）

28　侯马铸铜遗址出土的东周陶范模

29-1　对凤对龙纹绣浅黄绢面绵袍（N14）

29-2　素纱绵袍（N1）

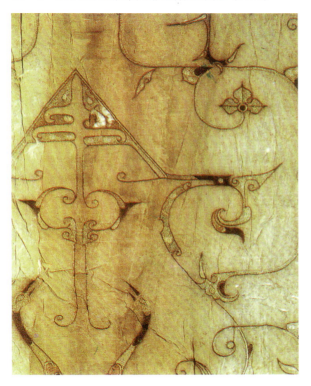
29-3　浅黄绢衾面的三角形绣纹（N7）

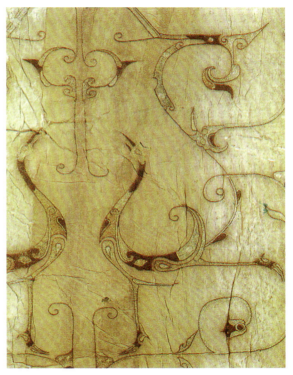
29-4　浅黄绢衾面的凤鸟形绣纹（N7）

29　江陵马山战国墓葬M1出土的绵袍和绣纹

30-1 "女子升仙图"(陈家大山楚墓出土)

30-2 "男子升仙图"(子弹库楚墓出土)

30 长沙楚墓出土的战国帛画

31-1　延庆军都山玉皇庙文化墓地全景（由东向西）

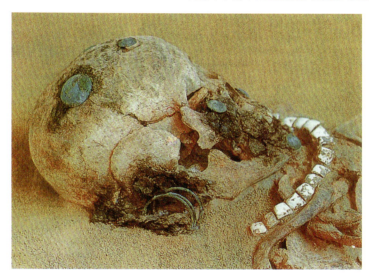

31-2　敖汉旗周家地夏家店上层文化M45局部

31　延庆玉皇庙文化墓地和敖汉夏家店上层文化墓葬

32-1 固原杨郎出土的铜带饰

32-2 杭锦旗阿鲁柴登出土的金冠饰

32 杨郎文化和桃红巴拉文化的遗物

绪 论

以田野勘探和发掘为基础的近代考古学，于20世纪20年代传入中国后不久，我国的考古学家即着手对两周时代的遗存进行调查和发掘。1949年以前开展的考古工作中，发掘的地点主要有：河北易县燕下都遗址、河南浚县辛村卫国墓地、陕西宝鸡斗鸡台墓地、河南汲县山彪镇及辉县琉璃阁战国墓地等；并对陕西长安、岐山等地的一些遗址作了调查。老一辈考古学家对这些遗址的调查、发掘，初步揭开了黄河流域西周和东周时期考古学文化的面貌。在发掘方法、资料整理、报告编写等方面，积累了宝贵的经验。虽然当时的两周考古尚处在初创阶段，但这些基础性工作，为以后两周时期的考古发掘与研究工作，创造了良好的条件。

金石学是中国考古学的前身。对商周青铜器铭文的研究，是金石学的重要组成部分。金石学的出现，可以上溯到宋代。新中国成立以前，我国的金石学家用传统的研究方法，对青铜器铭文的研究取得了很大进展。特别是清代出土了毛公鼎、散氏盘、大克鼎、虢季子白盘、大盂鼎、小盂鼎等一批铸有长铭文的铜器，引起金石学家的浓厚兴趣。他们结合文献资料和历代传世的有铭铜器，考释金文资料，研究器铭中所记的史事。加之河南安阳小屯村出土大批甲骨卜辞，人们对殷墟出土的甲骨卜辞和传世商周铜器及其铭文的研究，一时成为史学界研究的热点。就金文而言，在1949年以前的半个世纪中，学者们在金文资料的汇集、文字的释读、与文献典籍的互证等方面，都取得了丰硕成果。商周时期的有铭铜器，以两周时期最多，商代铜器铸铭者相对较少。有了这一基础，研究者主要依据铭文内容，开始对有铭铜器进行分期断代的探索与研究。郭沫若于1931年完成的《两周金文辞大系》一书，首次改变了过去以器分类的著录形式。它的上编所收西周铜器"仿《尚书》体例，以列王为次"，下编所收东周铜器，"仿《国风》体例，以国别为次"。这种方法在金石学研究中是一大创新。该书在1934年增订时，郭氏提出了中国青铜时代大致可分为四期：滥觞期（约当商代前期）、勃古期（晚商至周初昭穆之世）、开放期（恭懿以后至春秋中叶）、新式期（春秋中叶至战国末年）。1945年，他又将后三期改称鼎盛期、颓败期、中兴期，并将战国末叶以后称作衰落期。新中国成立以后，随着新资料的不断出土，一些学者除了对西周铜器进行分期断代外，还在铜器断代的基础上，利用有纪年的铭文资料对西周列王的在位年代进行探索。

诚然，这时的铜器断代研究，无论在资料的数量方面，还是在研究的手段方面，都不能与后来的考古分期相比。但是，借铜器铭文的内容推定王世，用"标准器断代法"对青铜器进行分期断代研究，与传统的金石学研究相比，的确是一大突破。它反映了学术界已不满足于对一器一字的释读与考订，试图通过分期断代的研究，把大量传世铜器置于特定的时空框架之内。他们从铭文所记的史事、涉及的人物及其他相关内容中，认识到相关铜器之间存在内在联系，从而提升了对这些资料的重要性的认识。同时，在正确释读铭文的基础上，借铭文的内容进行分期断代的研究，确实取得了很有价值的成果。这一成果，使铭文的释读与两周历史的研究更加紧密地结合起来。虽然，对两周文化遗存的分期断代工作，最终是在田野考古中解决的，但这一时期对两周铜器及其铭文的研究取得的成果，对中国古文字学和商周青铜器作为学科分支的出现，起到重要的促进作用。

新中国成立以后，两周考古进入了飞速发展的新时期。国家对历史文化遗产十分重视，在政府机关中设置专司文物事业的行政管理部门；考古研究机构的建立，把两周考古的研究列为重点课题；在高校中设置考古专业，为考古事业培养了一批批专业人才；凡此种种，为两周考古的发展创造了极为有利的条件。特别是大量两周时期的遗址在基本建设项目中陆续被发现，为两周考古的发展，创造了千载难逢的大好机会。同时，考古工作者在对这些遗存进行发掘和研究的同时，出于学科发展的需要，以积极主动的精神，在田野考古工作中不断提出新的课题。正是在不间断的发现与研究中，逐步架构起两周考古的研究框架，并且推进了两周考古的研究进程。例如：20世纪50年代在陕西长安丰镐遗址和河南洛阳中州路墓地的发掘中，考古工作者分别提出了对西周和东周文化遗存进行分期断代的课题。在自然科学的测年手段对历史时期的文化遗存还不能提供准确的绝对年代的情况下，对两周文化遗存进行分期研究，成了一项十分重要的基础性研究。因为，只有在分期断代的研究中取得合理而准确的成果以后，才能将发掘工作中获得的物质文化遗存，在两周时期的时空框架中找到一个比较合适的位置。

考古学的研究对象，是古代先民在各种活动中遗留下的各类实物资料。于是，通过田野发掘获取尽可能多的资料，成为考古工作者的首要任务。在上个世纪中，我国的两周考古，主要围绕中原地区的都城遗址和大型墓地开展了一系列勘探与发掘。考古工作者严格按照科学规程操作，将主动发掘与配合基本建设工程有机结合起来，使两周考古走上了良性发展的道路。两周考古以周人控制的实地——中原地区为研究重点，并逐步向周边地区推进。在长期不间断的工作中，随着中原地区考古工作的深入开展，对两周文化的认识也在不断加深。有了这一基础，在向周边地区开展考古工作时，为确认不同地区、不同时段的各考古学文化提供了可以比较的基础材料。这使人们在对周边地区的考古学文化进行研究时，易于获得比较客观、准确的认识。在这个过程中，分布在不同地区的两周时期的文化遗存，不断地被发现并被正确地加以识别；它们的文化面貌及其特征，也得以比较全面地被揭示出来。所以，本卷中反映的不仅仅是周人创造的灿烂文化，还包括了目前已经认识的、活动在不同地区的各族人民创造的古代文化。

在对丰镐遗址、周原遗址和洛阳北窑等遗址进行的考古勘探与发掘中，发现了多种形制的大型建筑基址；数量可观的大、中、小型墓葬以及贵族死后陪葬的车马坑；颇具规模的铸铜作坊、制骨作坊及烧陶、制玉作坊遗址；还有祭祀遗迹、窖穴及其他用途的各种遗迹。同时，还出土了数以千万计的各类遗物，包括青铜铸造的礼器、乐器、兵器、车马器、其他实用器具与装饰艺术品；用各色玉料制作的礼玉、用具与装饰艺术品；各种用途的成组陶器与原始瓷器；精美的木雕彩绘漆器；反映当时在土木建筑、丝绸纺织、冶金铸造、陶瓷烧造等不同行业的工匠们制作的各种遗物；此外，在各地发现了居民聚落、采矿遗址、冶炼遗址、养殖业遗址、祭祀遗址以及反映与外界交通、交往等方面的遗存等等。这些遗存的出土，不仅使人们对这些遗址的文化内涵有了进一步了解，而且对西周时期的社会历史文化也有了相当丰富的认识。

这一期间又发现了一批窖藏青铜器，其数量之多和铭文内容之丰富，进一步推动了对西周青铜器及其铭文的研究。许多铜器上铸刻的长篇铭文，叙事记史，内容丰富，可补文献资料之不足，大大促进了对古文字的释读和史事的考证，廓清了一些过去混沌不清的问题。对西周金文的深入研究与发掘揭露的考古遗存相结合，使人们在对西周历史的研究与探讨方面，有了可以互证、互补的宝贵素材。

周原及其他几个地点发现的西周甲骨文，其数量虽不如安阳殷墟出土的甲骨卜辞那样丰富，却也填补了一个空白。

河南三门峡市上村岭虢国墓地、北京房山区琉璃河燕都遗址、山西曲沃天马—曲村遗址、山东曲阜鲁故城及其他诸侯国遗址与墓地的发掘，证实了周初实行的分封制度。这些遗址或墓地出土的各种遗迹、遗物，使人们对诸侯国的文化面貌及其特点有了较深的认识。在长江流域、南方地区进行的考古工作中，可以看到生活在长江流域与南方地区的居民，在西周时期与中原地区的居民有着广泛、密切的交往；周人的势力与影响随之不断向南方深入。在对北方地区进行的考古勘察与发掘中，也可看到这一地区的古代少数族居民，在与中原居民的密切交往中，创造了极富特色的地方性文化。凡此种种，突出地反映了学术界对西周时期历史文化的认识，较前有了根本性的变化。

在上一世纪中，考古工作者对东周时期的秦、晋、楚、齐、鲁、燕及韩、赵、魏等国的都城遗址，都作过勘察或规模不等的发掘。通过这些工作，使人们对这些都城的规模、文化内涵、它们的形制与特点等有了初步认识。将这些城址与西周时期的城址进行比较，可以看到两周时期在社会政治方面发生的一些变化；也可了解到列国在经济、文化方面发生的变革与进步。这些都城不仅是列国的政治中心，而且成了经济、文化乃至商贸的中心。

湖南长沙、湖北江陵、河南淅川、安徽寿县和其他一些地点发掘的楚墓，陕西咸阳等地发现的秦国墓葬，三晋地区与齐、鲁、燕等国发现的墓葬，以及湖北随州曾侯乙墓、河北平山中山王墓等等，以其丰富的内容而使人们对这些国家的社会状况有了许多新认识。对生活在江南地区和北方草原地区各族居民创造的文化遗存，也有了远比过去深刻得多的了解。一些地点发现的采矿、冶炼遗址；众多城址内发现的铸铜、铸铁作坊及制陶、制玉等各种手工业遗址；各地出土的大量铜器、铁器、金银器、玉石器、陶器、原始瓷器、漆木器以及丝织品；一些大、中型墓中出土的竹简以及帛书、帛画；反映各行各业采用新技术、新工艺后所获成果的其他遗物等等，大大充实了人们对东周时期居民在物质生活与精神生活乃至科技发展方面的认识，为研究东周时期的政治、经济、文化及社会形态等方面的问题，提供了相当丰富的素材。

上述成果，使学术界同仁对两周时期的文化面貌的认识不断深入，并使两周时期的考古研究向深、广两个方向正常地推进。

在这种情况下，对武王克商、建立西周王朝以前，周人先祖创造的文化遗存——先周文化的探索，也适时地被提上考古工作的日程。考古工作者依据历史文献提供的线索，在传说周族发祥的地域内进行调查与发掘。经过近20年的探索，现已积累了不少资料。虽然目前对哪一种考古学文化是先周文化，在学术界尚未获得一致认识，但积累的这些资料，为最终解决这个问题创造了一些必要的条件。

从这个意义上说，上个世纪中两周考古取得的成果是丰硕的。因此，本卷撰写者将客观地论述两周考古的发现与研究的情况，并从若干方面对20世纪中取得的成果与存在的问题作一总结性回顾。

诚然，由于不同地区间开展的考古工作很不平衡，所以各地区在两周考古中提出的问题，在探索研究中获得的认识，还存在不同程度的差异。从学科发展的角度看，两周考古在许多方面还需在进一步积累资料的基础上，强化研究的进程和探索的力度。

撰写者在本卷的撰写过程中，往往受到资料不足的限制，又有对第二手资料如何消化等问题，在作回顾与总结时，遇到了一定困难。本卷中提出的一些看法，只反映撰写者目前对相关资料的认识，这些认识在未来的岁月中将经受检验。有些看法将随新材料的发现而被修正。但是，本卷的编撰，记录了中国考古学从初创到发展过程中人们对两周时期的考古发现与研究状况，这是很有意义的。科学的价值在于求真。两周考古学承担的复原两周历史的研究任务，需要一个很长的探求过程，不断地获得真知。从探求真知的长过程观察，本卷中的一些观点或许很不成熟。若因未来的新发现而使一些观点得以修正，正说明两周考古在不断发展。这将是一种可喜的现象。

回顾20世纪两周考古的发现与研究，还可以让人们认识到，在逝去的岁月中，几代考古学家在创业中曾经走过的艰辛历程和不懈努力。展望未来，今天考古工作者进行的总结，可以对后人的进一步探求起到铺垫的作用。目前已经积累的资料，研究中取得的成果，考古实践中积累的经验，对我们在新世纪中深入开展两周考古的发掘与研究，具有重要意义。它使我们进一步明确了今后的研究方向；认识到在推进田野工作时，应该主动地提出问题以推进研究；认识到多学科协作对考古学发展的重要性；所有这一切，都将促使两周时期的考古研究，按学科发展的客观规律有序地发展下去，并在深入研究中争取更大的成绩。

回顾20世纪两周考古的发展历程，以下几个方面需特别予以强调。

一

考古学基础理论与方法的建立与应用，为两周考古的良性发展提供了有效的手段。

考古学和历史学一样，是"时间"的科学。因而，在对文化遗存进行发掘与研究时，对它的年代作出准确的判定，成为首要的任务。在自然科学的测年技术还不能对历史时期的文化遗存提供准确的年代以前，用正确的方法对文化遗存进行分期断代的研究，成为两周考古研究的基础性工作。

新中国成立以前的两周考古，尚处于初创阶段。那时对两周遗址进行科学发掘的地点较少，研究资料的积累也不够丰富。人们对两周文化遗存进行分期断代的工作，虽已引起重视，终因条件不成熟而未能取得预期成果。在这种情况下，20世纪50年代开始的两周考古工作，其研究重点之一，就放在对两周文化遗存的分期断代方面。人们在发掘遗址或墓地时，注重按科学规程操作，依据层位关系明确、又有共存器物出土的典型单位，对各层的出土物进行分析排比。他们将地层学与器物类型学很好地结合起来，在分期断代工作中作了卓有成效的探索研究。以后，又将一个地点中获得的分期断代的结论，在其他考古遗址的发掘工作中进行检验，使有关认识得以深化。经过多次检验与修正，有关结论更加合理与准确。这种做法的优点在于它改变了以往单纯地寻找器物间的"演变"途径，严格地依据地层叠压关系或遗迹间的打破关系，在分层的基础上探寻器物组合与形制变化的规律。对两周考古的文化分期与断代研究，坚持在实际工作中提出问题，又在实践中不断检验的做法，使分期断代工作中揭示的器物形制的变化规律更具有客观性。实践证明，这一研究成果，对两周遗址的考古发掘与研究，起到了积极的推动作用。

器物与生物不同，它们是无生命的。无论是动物还是植物，它们在自然界生存，必须适应自然界的客观环境与各种条件的变化。这些生物依据"适者生存"的法则，会随客观条件的变化而发生适应性变化。因而，人们从生物进化的漫长过程中，可以找到生物演变的轨迹或规律。器物自身则不存在这样的"演变"，因为每一件器物的形制乃至纹样装饰，都是依据人们的特定需要而被制作出来的。它既然受人们的意识支配，那么，同一功能的器物，在不同的制作者手中可以做出不尽相同的形制。考古发现证明：生活在不同时期或不同地区的人们，由于他们的意识存在差异，即使同一用途的器物，却被人们制成不尽相同的器形。事实是：无论是器物的形制、组合，还是在纹样装饰等方面，它们的制作与改变，均是由人们的意愿与需要决定的。这里，人的意识是第一位的、起主导作用的。

不过，人的意识又具有社会性。所以每个时期人们的需求与爱好，也存在共性。这种共性，决定了同一社会中的居民群体，他们制作的同类器物，其形制、组合、纹样装饰等方面往往也会表现出许多共性因素。若从较长的一个过程进行考察，不同时期器物上出现的变化，不论是它的形制、组合，或是纹样装饰，都会随人的意愿与需要的改变而发生变化；有的还反映了制作技术的改进。因此，在分期中看到的器物形制、组合或装饰纹样的变化，都会在纵、横两个方面有所反映。横向方面可以看到共存器物间存在的共性特征；纵向方面则可以看到与前一时期器物间存在若干差异。这样，人们可以将这些共性特点，概括为各期的特征。这样的分期研究，因揭示了器物在不同时期的变化规律而被人们接受。这样做的结果，使人们在分期研究中避免了因单纯寻找"演变"途径而陷入形而上学的泥淖，确保了文化分期的结论具有客观性。

对两周时期物质文化遗存的分期研究，是20世纪50年代在长安的丰镐遗址和洛阳中州路墓地的发掘中展开并取得初步成果的。1957年在沣河西岸遗址区的发掘中对西周遗存进行的分期，最初分为早、晚两期。1962年在沣河东岸的遗址区发掘中，进而将西周遗存分为早、中、晚三期。同时，将墓地发掘的墓葬分为五期。东周遗存的分期，则是在1959年出版的《洛阳中州路（西工段）》发掘报告中正式提出的。报告依据墓葬中随葬陶器的形制、组合的差异，将东周遗存分为七期。上述分期研究的成果，在对其他两周遗址的考古发掘中经过检验，证明是合理、可信的，因而成为两周文化分期的标尺。

例如房山琉璃河、曲沃天马—曲村等西周遗址在发掘中提出的三期六段的划分，虽与丰镐遗址的分期略有差异，但总体来说仍颇为一致。

同时，人们基于地层叠压及各层中出土遗物的形态学排比，结合有铭铜器中可以推断王世的铜器，与西周文化遗存所分的早、中、晚三期对应起来，进而推定各期所涵的王世：早期遗存约当武、成、康、昭诸王世；中期约当穆、恭、懿、孝、夷诸王；晚期为厉、宣、幽三王。

在洛阳中州路（西工段）东周墓地的发掘中，考古学家将东周时期文化遗存分为七期。就陶器组合而论，洛阳东周墓中看到有鬲、盆、罐；鼎、豆、罐；鼎、豆、壶；鼎、盒、壶这四种组合。基于上述组合，结合陶器的形制变化而提出的七期说，在许多地点发现的东周墓葬的出土物中都得以验证，从而证明这一分期成果是合理的。

就青铜礼器而论，鼎的使用与数量多少，在西周时期有严格规制。中州路墓地中第一期大型墓中使用的铜鼎，在二期的中型墓中也出现了。至第三期以后，即使小型墓中也普遍使用鼎随葬。这种组合变化，在其他地点也能见到。这种变化，折射出当时的社会政治与意识形态发生了深刻变化。从总体上看，尤以第三、四期之间，即春秋、战国之间的变化为大。由此可见，上述七期说不仅反映了各期之间的相对年代早晚，而且对揭示春秋、战国时代出现的社会变革，也具有重要价值。

此外，人们在对诸侯国遗存进行发掘时，也立足于对基本材料进行文化分期的研究。由于地区间居民生活方式不尽相同，各地的器物组合存在一些差异。但它们的分期序列，与上述结论大体上是一致的，没有明显的抵牾。有了这一基础，对东周时期青铜器的分期研究也取得了重要成果。目前，一般将春秋与战国时期的青铜器各分为早、中、晚三期。

1996年启动的"夏商周断代工程"，是我国第九个五年计划中被列为国家重点攻关计划的项目之一。它的目标在通过多学科协作、联合攻关的形式，建立夏、商、周三代的年代学年表。在西周时代的年代学研究中，西周文化分期的研究成果，为建立西周的年代框架，推定部分王年的研究，提供了良好的条件。

中国古代的历史纪年，过去只能上推到西周晚期的共和元年，即公元前841年。"夏商周断代工程"为解决共和元年以前的西周早、中期的年代及西周列王在位的年代，设置了"西周列王年代学研究"的课题。课题组依据丰镐、琉璃河、天马—曲村等西周遗址的文化分期研究成果，按分期序列分别采选含炭样品，用碳十四测年方法进行测年，所得的年代数据经树轮校正曲线拟合、换算成日历年代后，获得了与西周文化分期序列一致的西周年代序列。由于这几个地点测得的年代序列与分期序列大体一致，并与商末的年代相衔接；有的年代还得到天文学研究成果的支持，因而西周年代学研究取得了预期的结果。在"夏商周断代工程"实施四年后，于2000年底公布了西周时期的年代框架和武王至厉王这十代周王的年表。

应该说，"西周列王的年代学研究"课题的实施，对考古学家提出的西周文化分期的研究成果，是一次很严格的检验。但三个碳十四实验室分别进行的测年结果表明，上述几个地点测得的年代序列不仅与分期序列一致，而且几个地点测得的各期年代也比较接近。这说明，考古学家对这几个地点的西周遗存所作的文化分期是合理的。同时，也说明依据分期研究的成果提供的年代信息，经碳十四测年方法得到的年代，在年代学研究中可以发挥重要作用。"夏商周断代工程"公布的西周年代框架,是多学科研究成果的产物,因而说明是可信的。从这个意义上说,西周考古的文化分期成果,为西周年代框架的建立奠定了基础。

此外,课题组利用西周时期有铭铜器中"年、月、干支、月相词"齐全的60余件铜器,在分期基础上进行了天文学计算,推定了一部分周王的年代。对这些王年自不可作出绝对化的理解(因为在缺乏直接证据的情况下,有的年代是推算或估定的),但需指出的是:有一些年代是可以信从的。例如,晋侯墓地M8中出土的晋侯苏钟,所刻铭文记录了晋侯苏随周王东征的事迹,铭文中还刻有"唯王三十又三年"的纪年。那么,它究竟是哪个周王的纪年?当时人们的看法颇不一致。后用该墓采集的含炭样品,经常规碳十四方法进行测年,得到的日历年代为公元前808±8年。据文献记载,晋侯苏死于周宣王十六年,即公元前812年。显然,碳十四测年给出的墓葬年代与文献所记晋侯苏的死亡年代是一致的。这一结果不仅解决了学术界围绕该墓究竟是厉王还是宣王时期的遗存而出现的争论,可以认定晋侯苏钟上所刻的"唯王三十又三年"为厉王的纪年;同时,也说明厉王在位至少有33年。课题组依据文献中厉王在位37年的说法,进而推定厉王元年为公元前877年。这一结果还说明了这样一个事实:"夏商周断代工程"建立的西周年代框架与共和元年为公元前841年的纪年是一致的,二者是自然衔接的。

又如,古本《竹书纪年》有"懿王元年天再旦于郑"的记载,有学者在1975年提出"天再旦"是黎明时发生日全食的天象记录。按这一说法,"天再旦"是指某一日清晨天刚放明,后因出现日全食而一度变黑,日食过后天空复又放明的现象。经天文学计算,在公元前1000年至公元前840年间发生的日食中,丰镐附近的"郑"地能看到"天再旦"现象的,应是公元前899年4月21日。为了验证"天再旦"是日全食的天象,"夏商周断代工程"利用1997年发生的一次日食,在新疆地区可在天明后观测日全食的机会,验证"天再旦"是日全食说的合理性,组织天文学家在新疆布点观测。结果证明:日全食确能形成"天再旦"的天象。这也说明:推定懿王元年为公元前899年是有一定道理的。

再如,用琉璃河M1193中保存良好的椁木,按年轮取样组成系列样品,经常规碳十四测年,获得的日历年代为公元前1000±15年。该墓为西周早期康王时期的遗存。碳十四提供的这个年代,可以推知成王在位年的下限,当不会晚于公元前1015年。

在这次多学科协作、联合攻关中,研究者采用的研究方法尽管很不一样,但得出的结论却颇为一致。有了这样一些比较准确的绝对年代作支点,表明现在公布的西周年代框架,具有相当的可信度。

"夏商周断代工程"经过四年时间的多学科联合攻关研究,已经取得了阶段性成果。2000年公布的西周列王的年代为:

武王　公元前1046年至公元前1043年

成王　公元前1042年至公元前1021年

康王　公元前1020年至公元前996年

昭王　公元前995年至公元前977年

穆王　公元前976年至公元前922年

恭王　公元前 922 年至公元前 900 年

懿王　公元前 899 年至公元前 892 年

孝王　公元前 891 年至公元前 886 年

夷王　公元前 885 年至公元前 878 年

厉王　公元前 877 年至公元前 841 年

共和　公元前 841 年至公元前 828 年

宣王　公元前 827 年至公元前 782 年

幽王　公元前 781 年至公元前 771 年

诚然，"夏商周断代工程"中提出的上述西周列王的年代，是现阶段取得的成果。随着科学技术的进步和年代学研究的深入开展，不排除有的王年会有修正的可能。但是"夏商周断代工程"提出的西周年代框架，因有几个遗址的材料为基础，经碳十四测年提供了数量可观的年代数据为依据，又有天文、历史等学科的研究成果支持，并与共和元年和商末的年代自然衔接，当不会有大的变动。

这个年代框架的提出，对西周考古与西周历史的研究，具有十分重要的意义。它改变了过去借用分期研究的成果推断遗存的相对早晚、缺乏绝对年代的状况。高精度碳十四测年方法与考古学分期研究相结合，使西周考古的年代判断更科学、更准确。事实证明，依据分期研究的成果，采选系列含炭样品，作高精度碳十四测年，经树轮校正曲线校正，可以获得相当准确的日历年代。今后在考古工作中继续采用这种方法测年，将使西周年代的研究不断朝精细化的目标推进。这方面的成果，将会进一步推动两周考古的研究进程。

二

对两周遗址开展的大规模科学发掘，使两周时期的各种遗存大量被人们发现。各地出土的各种遗迹、遗物，作为原始素材，为研究两周时期的历史积累了宝贵而丰富的资料。地层学的运用，将一个个遗址中不同层位的遗存准确地区分出来，使这部"无字地书"一页页地被打开，供人们细细研读。文化分期的研究成果，使众多遗址中包蕴的丰富内容，得以串联起来。这就为人们全面、正确地研究两周时期不同阶段的社会形态、政治制度、科技成果以及文化、艺术等方面的问题提供了便利，也为揭示其前后发展的轨迹创造了条件。这样，通过对这些不同地点、不同时段的遗存的分析研究，将湮没了二三千年的两周历史，真实而颇为生动地逐步予以恢复。

必须指出的是，与半个世纪前相比，今天对两周时期历史文化的认识不再是支离破碎的了。在对西周时期的丰镐遗址和东周王城遗址的发掘中，发现了大型宫殿、宗庙遗址，居民聚落，各种手工作坊遗址，大型墓地及其他遗存。东周王城还发现宏大的城垣。丰镐遗址虽未发现城垣，但遗址面积之广，内涵之丰富，使人们认识到这个都城规模之恢宏。出土的大量文化遗物，包括青铜、玉石、骨角、陶瓷、漆木等不同质料的制品，以其数量之多、质量之精，反映了两周时期的社会生产能力比商王朝时期有了明显提高。加之对诸侯国都城与墓地的发掘清理，相当充分地反映了各级贵族与平民的生活状况与埋葬习俗，从而揭示了两周社会的阶级关系和等级划分。各地发现的采矿、冶炼、铸造遗址及反映各种手工行业水准的其他遗存,从另一侧面反映了两周时期社会经济的发展状况。养殖遗迹的发现,表明我国至少在西周时期已出现了人工养殖鱼虾的行业。祭祀遗迹及相关遗存的发现,为研究周人的宗教信仰与意识形态等方面的课题提供了宝贵素材。对周边地区少数族的文化遗存进行的勘探,将两周时期各族居民创造的多姿多彩的文化面貌呈现在人们的面前,并使人们对其生产方式、社会形态等也有了较多的了解。这些发现使人们对两周社会及其文明的发展状况,各地考古学文化的多样性,周人与周边地区族群间因互动而产生的相互影响等等,有了比过去更多的认识。这些认识促使人们对两周时期的政治、经济、科学、文化、艺术、社会生活等方面的问题,作更深层次的思索与探究。

诚然,诸如要搞清丰镐遗址、东周王城乃至列国都城的布局,还需作长期的勘探与发掘。有关洛邑成周地望的勘查,揭开周代王陵之谜团等等,也要做大量艰苦的工作。中原与周边地区在文化方面的互动,对社会进步产生了哪些深刻的影响?两周文明对后世文明的发展产生的影响有多深多远?凡此种种,都需在进行大量工作之后,才能不断地充实或推进已有的认识。有关西周历史的不少问题,诸如围绕西周的社会形态、两周之际出现的社会变革等重大课题,也有待作更深入的研究与探索。

但是,已经取得的一些研究成果,是突出的、值得充分肯定的。

由于文献中明确记载西周初年曾经进行分封,建立了许多诸侯国,所以在田野考古中寻找并确认诸侯国遗存的存在,就是一项很有意义的工作。20世纪50年代在江苏丹徒发现宜侯夨簋,因铭文记录了原处西部的虞侯,在康王时改封至江南宜地而引起学术界的重视。近半个世纪以来,河南三门峡虢国墓地和平顶山应国墓地、陕西宝鸡茹家庄与竹园沟等地的弓鱼国墓地、甘肃灵台白草坡潶伯墓、山东曲阜鲁国故城、北京房山琉璃河燕都遗址、山西曲沃天马—曲村晋国遗址、河北邢台葛家庄邢国墓地,以及东周列国的城址、墓葬等一批诸侯国遗存的发现与发掘,不仅使人们对周代分封制的内容有了明确认识,而且从出土的大批文物中,对诸侯国的社会、经济、文化等等有了许多新认识。例如,晋侯墓地发掘的9组19座晋侯及其夫人墓葬,从它们的早晚关系及有关铭文可与《史记·晋世家》记述的晋侯世系大致对应起来,这是很重要的发现。又如,20世纪50年代在河南陕县上村岭虢国墓地发掘的200余座墓葬,以其规模大小、随葬品的多少,反映了虢国社会的阶级关系与等级差别。大、中型墓中随葬的青铜礼器中出现七鼎、六簋,五鼎、六簋,三鼎、四簋及一鼎或二鼎等与其他器物配置的差异(一般小墓则不见青铜器随葬)。其中,随葬三鼎以上的墓中有车、马附葬;七鼎墓中还有乐器等随葬。由青铜器铭文可知,七鼎墓为虢国的公侯及虢太子。天马—曲村墓地中发现的大、中型墓中也有类似现象,只是晋侯墓有用五鼎者,并有乐器随葬。这些情况表明,当时诸侯国间的埋葬制度并不一致;即使当时实行的礼制,在不同国家间也存在一些差异与变化。

从两周时期的大小都邑入手,对它们进行勘察与规模发掘,无论对研究周王朝的社会历史,还是研究诸侯国的社会历史,甚至对周边少数族的社会历史的研究,都具有重要的意义。因为这些都邑是各国及各族的政治、经济或文化中心。这里各种遗存相对集中,而且具有典型性。对它们进行发掘与研究,对于探寻周代及诸侯国、各少数族的社会历史,可谓是最直接、有效的途径。

无论是秦、楚、齐、燕、晋（或韩、赵、魏）等大国，还是像中山这样的小国，它们的都城都颇具规模。城址的形制因地形地貌的差异而不尽相同，可分为几类，但共同的功能需要，又使它们具有若干共性。诸如依山傍水而建；都有高高的城墙与护城壕等防御设施；王室大贵族的居址选择在地势较高的地点，建有高台建筑，并与平民居住区分隔；城址内外有各种手工作坊及墓葬区等等。但因各个城址所在地区的自然条件不同，所以各个都城中居民的生产方式、生活习俗也存在一定差异，反映在物质文化方面，各自有其不同的特点。考古学家在对诸侯国文化遗存的内涵进行分析时，既注意其共性的方面，又注意其差异性，这有特殊意义。由于共同性寄寓于差异性之中，所以只有深入揭示其间的差异性，才能更好地认识其共性。这种差异除了表现在日常使用的器皿外，还涉及建筑、葬俗、艺术乃至度量衡等许多方面。诚然，要想全面了解诸侯国在各个方面的差异特点，还需要做许多工作。

过去对列国的都邑均作了一些勘察与发掘，但其工作量远不能适应课题研究与学科发展所提出的要求。对中、小城市的考古勘察与发掘尤为薄弱，应加强对它们的勘察与发掘。今后，若从了解城市的布局入手，将两周时期都邑考古作为大课题而列为两周考古的重点，组织各地、各方面的力量进行协作与研究，并与墓地、各种手工作坊及其他遗存的发掘与研究结合起来，对涉及社会生产与居民生活的各个方面作出更全面的揭示，相信会将两周考古的研究推上一个新的平台。

三

在充分运用地层学的基础上，对器物或遗存作形态学分析，无论对文化分期的研究，还是对考古学文化及其类型的划分，都发挥了特定的作用。由于一个个考古学文化被确认，它们的文化特征被人们认识，所以用文化因素分析的方法对遗址中出土的遗存进行分析与梳理，可有效地把包蕴其中的不同文化因素区分出来。应该说，运用文化因素分析的方法，在这方面已经发挥了很好的作用。

随着对诸侯国遗存的认识不断深化，对它们的历史文化的认识也在趋于深入。同时，考古工作者在对诸侯国周边一些少数族地区的发掘中，也发现了各种遗迹、遗物，使人们对它们的文化面貌及其历史的认识在不断加深。从这个意义上说，对诸侯国文化遗存的确认，促进了对周边地区少数族居民创造的物质文化的认识。

资料的积累，由少及多需要一定时间；人们对它们的认识也有一个由浅入深的过程。在过去的工作中，因文化因素分析法的运用，使人们对不同地区、不同国族的遗存及其特点的认识，也随着田野考古的不断发展而扩展与提升。上面提到的诸侯国遗址的发掘中，人们很注意这些地点的遗存中是否存在其他文化因素。如有些西周遗址的出土物中除了有周文化因素外，还有商遗民留下的商文化因素，当地原住民创造的土著文化因素，甚至还有从周边地区少数族传入的文化因素等等。这些情况反映了遗址内当时居住的民众，他们的构成成分可能并不单一。有的则反映了不同族群之间存在交换与交往的情形；有的还因不同国、族间的实力有消有长，使考古学文化在遗址分布地域方面出现相应变化，同时其文化内涵也会出现某些新的变化。通过这些分析与研究，从静态的遗存中可以窥见因人们的交往而出现的文化交流；可以找到族群间出现融合的一些迹象；甚至可以寻觅因种种原因而出现人群流动的轨迹。这方面的探索与研究是极有意义的。

考古工作者对周边地区的考古勘察与发掘工作的开展，使人们对少数族居民创造的文化的认识不断深化。本卷中所列的周边地区诸文化的内容，反映了目前对所获资料进行分析后提出的初步看法。现有的考古资料表明：这一期间，中原地区的居民与周边地区的居民间的联系已相当密切。在长江流域，当地居民与中原居民之间的交往一直在频繁进行。或许与周王朝对铜金属的需求量不断增长有关，周人对这一地区十分重视。在两周时期，交往与争战在交替进行，周人的势力及周文化的影响在数百年间不断向南方扩展。伴随着这一地区铜矿资源的大量开发和社会经济的发展，生活在这一地域的居民们创造了丰富多彩的物质文化与精神文化。例如建造了大型干栏式木构建筑；堆筑起颇具规模的土墩墓群；铸造了许多富有特色的青铜器具；烧造出数量可观的原始瓷器；织造了各种丝绸产品；制作了精致的漆木器和极富想像力的装饰艺术及绘画作品等等。这些文化遗存的出土，从不同侧面反映了该地区居民在社会生产领域中不断取得进步，并使社会得以较快发展，文明程度也随之提高。就北方草原地区而论，现有的出土物向人们揭示了这样的情景：创造了不同考古学文化的各个族群，有的过着居无定所，逐水草迁徙的游牧生活；有的虽以游牧生活为主，但也驯养家猪，反映了这部分居民过的是半定居生活；有的经营农业兼畜牧狩猎，已过上定居生活；还发现有从事农业的中原居民与从事游牧的少数族居民埋在同一墓地的现象，反映了游牧民族与农耕民族交错杂居的传统由来已久。这些族群的居民与燕、赵、晋、秦等国的居民频繁交往，使他们很快接受了中原文化中一些先进的科技成果。例如在这些族群的战国时期遗存中，出土了不少从中原传入的铁质工具。这表明中原居民制作的铁工具很快被这些族群的居民所接受，并将这些先进的工具应用于生产领域，给北方地区的农牧业生产及人们的生活带来了明显好处。这些情况还说明，各族群间的交往与交流，既促进了地区经济的发展，也有助于族群间的融合。

四

随着两周考古发掘工作的不断扩大，出土的各种资料日益丰富，使我们看到两周时期社会经济较前有了很大发展。特别是将自然科学技术应用于考古学和多学科协作研究的开展，使我们看到了两周时期因科学与技术的进步，社会生产力获得发展，促进了经济的繁荣，也推动社会在变革中前进。

如果说西周社会是在相对平稳中获得发展的话，那么东周社会是在社会发生动荡的态势下前进的。社会的动荡引发了巨大的社会变革。这一时期发生的社会大变革，其原因与条件应该是多方面的。虽然，目前对这一社会大变革的过程与途径，还不能究其穷尽；但是科学技术的进步、生产力的发展、社会经济的繁盛，应是起主导作用的动因。当社会的生产关系不能适应生产力的发展时，人们只有改变与生产力不相适应的生产关系，才能摆脱它的束缚。考古发现的许多材料表明，这一期间因科学技术的进步，在农业与各种手工业领域中都出现了一些新技术、新工艺。这些新技术、新工艺，不仅促使社会生产有了较大发展，文明的程度有所提升，而且促使一种全新的生产方式的出现。

两周时期的青铜业，与商王朝时期相比又有新的发展。无论是铜矿开采与冶炼技术，还是青铜器具的铸造技术，都出现了许多创新，使青铜业生产的品种和产量大幅增长。铜资源的大量开采和青铜铸造业的不断发展，使中国的青铜时代出现了又一个高峰。铸造的青铜器具不仅广泛地运用于社会生活的各个方面，而且在社会生产、日常生活、商业贸易乃至大规模的战争中，都发挥了十分重要的作用。它的基础则是采矿与冶炼技术的进步。

对各地的古铜矿进行的发掘与研究表明，两周时期的采矿业，除有露天开采的作业外，主要的作业形式是坑下开采。人们开凿垂直的竖井，挖到矿脉后再开拓平巷或斜巷，为了从深处采掘矿石，又从平巷向下开拓盲井。他们用这种方法，从地下数十米的深处掘取矿石。为了保证坑下采矿人员的安全，工匠们在掘进过程中，采用了在采空区内预留矿柱的做法。为了从两种岩体的接触带中采掘富矿石，他们在井巷中架设了木质支护，以防止井巷周围的岩石塌落，伤及人身。工匠们在地面预制统一规格的方形木质支护用料，运到坑下后，按榫卯结构一节节组装，于井巷内的预定位置架设、固定。采掘过程中，人们用金属工具和石器开拓竖井和平巷。为了省力和提高功效，已使用辘轳提升矿石。为了排干井巷中的积水，人们用半圆形木槽组成排水系统或铺设专用排水巷道。他们利用井口高低不同形成的气压差来调节坑下的空气，以确保工匠们在坑道中采矿时对氧气的需求。他们利用矿石所含成分的比重不同，用重力选矿的方法判别贫矿、富矿，并从富集带中大量采掘高品位铜矿。这一整套采矿作业系统和在富集带中揭露的一组组完整的井巷及其木质支护，不仅反映了采矿前的设计合理，而且在实施中证明安全可靠，说明古代工匠们当时掌握的坑采技术，已经达到相当高的水准。春秋以前的采掘工具，主要用青铜的斧、凿等工具，一般井巷的内径在70厘米上下。战国时期改用铁质工具后，锐利的铁工具使开凿井巷的工效提高了，井巷内的空间也随之增大，直径可达120厘米；同时，木质支护的加工技术也有了改进，如竖井中采用的"密集搭口式"木质支护，使竖井形成密闭的井筒，更加安全可靠，从而使井巷掘进的深度进一步提高，可以从更深的矿带中采掘铜矿石。所以，战国时期的铜产量较前有了进一步增长。

当时已掌握了用竖炉冶炼铜矿石的技术，改变了早期冶铜时一次只炼一炉的"杀鸡取卵"的冶炼方式。这种竖炉由炉基、炉缸和炉身三部分组成，炉基下设有防潮沟，炉缸部设有排放渣、铜的"金门"。经模拟实验证明，这种竖炉的性能优越、操作简便；只要风量充足，即可确保炉内温度，并进行长时间冶炼。冶炼时可以持续加料、持续排渣、间断放铜。当时还掌握了配矿技术，即在冶炼时加入溶剂，以降低炉渣的黏稠度。经检测，湖北大冶铜绿山地表的古炉渣中的含铜量只有0.7%，且酸碱适度，表明当时的冶炼工艺已达到相当高的水平。这种竖炉可以长时间进行冶炼的性能，为硫化矿的冶炼创造了条件。湖北、江西、安徽、辽宁、新疆等省、区的一些遗址中发现的冰铜锭和大量冰铜渣，反映了当时用硫化矿冶铜的事实。由于自然界赋存的硫化铜矿的资源，远大于氧化铜矿，所以硫化铜矿资源的开发，使铜金属的产量大幅提高。工匠们将采掘的矿石，就地进行冶炼，既减少了采矿、冶炼过程中为运送原料、燃料的投入，节省大量人力、物力、财力，也避免了在都城冶铜时可能造成的污染。长江流域的铜矿资源十分丰富，至今仍是我国主要的有色金属产地。在长江沿岸已发现许多古代铜矿，地面均有大量古炉渣堆积。例如仅铜绿山一地的古炉渣,约有40万吨之多,估计冶炼的铜金属当在4万吨以上。

东周时期的青铜业生产达到前所未有的程度,为上层贵族的生活中大量使用青铜器具提供了条件。贵族生活中钟鸣鼎食、琴瑟喧嚣的奢华场面,因大型陵墓的发掘而得以再现。一座不大的曾侯乙墓中,埋放的青铜礼器、乐器及其他用具、兵器等等,用铜量达10吨之多,反映了大贵族们的穷奢极侈的生活情景。这时还将铜金属大量用于货币与铜镜的铸造,在作坊中生产后推向社会,被人们广泛使用。这也需要大量铜金属为原料。大批青铜器具的出土,反映了铜金属的大量消耗和社会对铜资源的大批量需求,但也说明当时的铜矿开采与冶炼业,已经向社会提供了充足的铜金属原料。

为了提高青铜器的生产效率,工匠们除了用传统的浑铸、分铸技术外,还创造了叠铸技术、蜡模熔铸(失蜡法)等新技术。此外,还出现了鎏金、错金银及焊接技术等等,使青铜制造业更加兴旺,其产品也呈现出多姿多彩的新面貌。

冶铜技术的进步,客观上促进了冶铁业的发展。

中原地区迄今发现的最早人工冶铁制品,是三门峡虢国墓地中一座西周晚期大墓出土的铜柄玉茎铁剑。与西方相比,它的年代明显偏晚。这是用铁矿石在较低温度(约1000℃)的固体状态下用木炭还原法炼成的比较纯净的铁,称为"块炼铁"。这种块炼铁的结构疏松、性质柔软,只有经过锻造,提高其性能后才能制成用具。但我国在春秋时期已出现了生铁。这是在高温(1146℃)下用木炭还原法得到的冶炼制品。生铁含碳2%以上,性能良好,能直接铸造各种器具。所以,生铁的出现,在历史上具有重要意义。西方从发明块炼铁到使用生铁,用了2500年,但我国出现生铁的时间却比西方早了1800余年。这一发现,表明中国古代冶铁业的发展,同青铜业一样,也走出了一条与西方不同的发展之路。

生铁的出现,与青铜冶炼业中使用竖炉冶铜有密切关系。竖炉是近代高炉的雏形。用这种竖炉进行冶炼,不仅能较长时间进行冶炼,而且在增大风量后,炉内木炭充分燃烧,温度即可提高。当炉内温度达到足以使铁矿石熔化时,进行高温炼铁的条件就具备了。用高温冶炼得到的生铁,可以直接铸造器件,还使大量生产和铸造较复杂的器件成为可能。生铁的这一优越性能,使它出现以后很快被人们认识,因而铁工具在战国中期已被广泛使用于农业生产领域。为适应社会对铁工具的需求,还出现了用生铁制作模具,用于铸造铁器。同时,工匠们还掌握了渗炭、脱炭和淬火技术。铁制品的优良性能一旦被人们接受,社会对铁制品的需求量也不断增大,促使冶铁竖炉越造越大。如登封告城战国遗址中发现的熔铁炉,其仅存的炉底部分直径就达1.4米。

冶铁业的发展,大量铁工具被用于农业,使农业的产量大幅提高。在农耕社会中,农业生产为社会提供的剩余劳动产品愈多,促使手工业生产与商贸活动愈加发展。各行各业的兴盛,有力地促进了城市的繁荣。考古发现的东周遗存中,无论是漆木器、玉石器、原始瓷或釉陶器,还是土木建筑、车辆制作、纺织加工等工艺,其水准与产品质量都有很大提高。当时的丝绸纺织、乐器制作等技术,都有长足的进步。此外,科学技术的进步,还使农学、数学、地学、音乐学、绘画乃至天文学、医学等等,都得到了较快发展。在这一时期的出土物中,有关这些学科的成就,都有不同程度的反映。其中,有不少出土物以其卓绝的创造性和工艺的先进性而引起世人的震惊！

这些信息提示人们：东周时期的社会大变革，是与生产力的提高、社会生产的发展密不可分的。金属工具的运用，特别是铁工具的广泛运用，使人们在与自然界的斗争中，进一步赢得了主动。铁工具的出现，有力地促进了犁耕农业与水利灌溉的发展，并使一家一户独立进行农耕生产成为可能。新型自耕农的产生，标志了一种新型生产关系的出现。

指出这一点并非没有意义，因为周王朝在上古史中居于重要的位置。它以实行分封制开创了在当时看来甚为有效的统治格局，但最终以秦始皇统一六国而宣告结束。从更深的层面进行分析，统一是各国、各地区社会经济获得发展的必然趋势。因为封邦建国的分封制度，必然导致政治割据格局的出现；实行的世卿世禄制度，也因阻碍了社会生产力的发展而受到冲击。随着先进生产力的出现，社会经济的发展，必然将不适应生产力发展的生产关系摧垮。社会在经历了较长一段时期的阵痛之后，一种新的生产关系就会出现。这样，当群雄割据、国与国间的壁垒严重阻碍经济发展时，只有打破这些桎梏，创造统一的局面，才能满足民众的企盼和历史发展的总趋势。虽然，这些方面因受资料的限制，目前还不能作比较深刻的分析与阐述。本卷中对这些方面的问题也很少涉及。但西周时期实行的分封制，因一些诸侯国的经济发展、国力强盛而导致大国争霸局面，最终在战争中实现了统一。这是一个不争的事实，也反映了分久必合的历史发展总趋势。在未来的岁月中，若能着眼于宏观，又从微观入手，围绕两周时期历史上一些深层次的问题进行探索，将是一个很重要的任务。

五

对两周时期历史文化的研究进行到一定程度，必然涉及对周人的起源及其发展轨迹的探寻。在这种情况下，对周人入主中原前的文化遗存的探索工作，也在20年前被提上考古工作的日程。经过20多年的探索，已经积累了不少材料，并在学者中展开讨论，发表了不少意见。如有人认为以宝鸡斗鸡台出土的高领袋足鬲为代表的遗存是先周文化；有人提出陕西长武碾子坡发现以高领袋足鬲为代表，包括刘家墓葬和瘪裆鬲等的遗存是先周文化；有人主张以陕西武功郑家坡遗址出土的联裆鬲为代表的遗存是先周文化等等，意见甚为分歧。在缺乏实证的情况下，目前提出的各种看法，均属推论，当然不可能形成学术界同仁的共识。所以，有关先周文化的探索还将继续进行下去。

考古工作者探寻的先周文化，是指周武王建立周王朝之前周族在其发祥地创造的物质文化遗存。因此，探索工作必须在周族的发祥地区内，在早于武王克商的，其文化内涵与周文化存在密切联系的考古学文化中去探寻。如果这一地区内同时存在两个以上考古学文化，那么就要对这些考古学文化进行区分、考辨，并寻找充分的证据，进而论证其中的某一个考古学文化为周族先民创造的先周文化。这里，对周族发祥地的论证；对武王克商前某个特定年代的论定；对探索对象的文化属性的证论，都是一个复杂的过程。诸如周族的发祥地究竟在山西还是陕西，以及在其中的哪个地区？在这一地区内年代早于武王克商的考古学文化有一个还是几个？若有两个以上考古学文化，那么，它们之间存在何种关系？其中的某一个考古学文化若是先周文化，又有哪些证据证明它是周文化的直接前身？凡此种种，都应提出有说服力的证据，并逐一予以论证。只有这样做了，有关论点才能被学术界同仁所接受。目前，虽然积累了不少资料，提出了一些问题，但要解决先周文化，还有许多工作要做。

基于目前的研究状况，在探索工作中应该特别注重科学的方法论。

提出探索先周文化的目的，既然是从考古领域内探寻周人的族源及其在早期发展时创造的物质文化遗存，那么作为考古学的一个研究课题，必须用考古方法进行探索。为此，必须立足于对西周文化的分析，并遵循由已知达于未知的原则。探索的途径应以已经认识的西周文化为起点。所以，首先要确认哪些遗存是西周初年的物质文化遗存，并由此向前探寻。如果年代比周初更早的考古学文化不只是一个，而是几个考古学文化时，那就需要对它们进行分析与鉴别，尤应以某个考古学文化的面貌与西周文化的关系最为密切而予以重视。

当然，探索过程中允许提出假说。但是一个假说是否合理、正确，取决于它与提出的相关条件是否吻合和是否具备强有力的证据予以支持。如果没有寻找到有力证据，那么它也仅仅是个假说或推论。在这种情况下，自然不可能被学术界同仁们认可。对于研究者来说，应该客观地思考与审视这种假说的合理性。一旦发现这一假说不甚合理，就应及时修正，必要时应另辟途径，寻找新的探索对象。若想证明某个考古学文化是先周文化，只能靠证据并通过论证才具有说服力。所以，只有遵循由已知达于未知的原则，一步步地往前推进，才能确保结论的合理与正确。如果抛开由已知达于未知的原则，认为在周族发祥地内发现的遗存，只要它的年代与商代晚期相当，再加上一些解释性的推断，就认定它就是探寻中的先周文化，显然难以服人。特别是在一些遗存与周初文化遗存还存在缺环的情况下，既缺乏有力的证据，又不能严密地进行论证，结果只能是各执己见，出现众说纷纭的局面。

回顾以往20年间先周文化的探索与研究，从发表的文章看，或与周人发祥地的地望不合；或因探索的对象与周文化的面貌差异较大；或它们的年代与周初的年代不能衔接；尤因缺乏有力的证据证明它是先周文化，所以至今未能形成共识。1997年在陕西长安马王村发现的先周晚期——西周早期——西周中期的文化层堆积，在一定程度上填补了探索对象与周初文化在年代上的缺环。但在周原、丰镐地区发现的先周晚期遗存，其数量仍相对较少，特别是缺乏有力物证，所以探索工作还需继续进行。今后应加强探索的力度，积累更多资料，深入分析研究，力争找到有力证据，使探索工作取得突破。

在先周文化的探索中，有的文章借陶鬲的形制特点推定姬周文化与姜戎文化的做法，很富创意。只是考古学文化与族属的关系，是个十分复杂的问题。长期以来学者们在这方面做了不少探求，迄今还没有见到考古学文化与族属结合成功的实例。说到陶鬲，它在考古断代方面确能起到重要作用。但它的形制能否提供族属的信息，考古学目前的研究手段还不能回答这个问题。运用现代科技手段能否破解这个难题，还有待今后的科技进步方可回答。

在先周文化的探索中，提出姜戎文化的问题是很有意义的。只是，无论是先周文化还是姜戎文化，它们的确认都需要证据。若能先确定姜戎文化，对确定先周文化来说，无疑缩小了探索的范围，在学术上有它特定的价值。但在没有证据的情况下，最好先不予冠名，仍沿用已经命名的考古学文化称谓为好，以免形成混乱。

把复杂的问题简单化是研究工作的大忌。先周文化的探索与夏文化探索、先商文化探索一样，都需要获取必要的一个个证据（确切地说是证据链）并作充分论证，才能论定某一个考古学文化是先周文化。因此，有关周人族源的探索工作，有必要在总结前段工作的基础上，对思路与方法作些必要的调整。

总之，在20世纪中对两周考古的发现与研究，已经取得了一系列重要成果。近代考古学在中国出现并获得发展，不仅将金石学家借有铭铜器研究两周历史中某个点或某个断面的状况，提升到全面恢复两周历史的高度，而且在长期开展的田野考古中，从理论与实践的结合上，为两周考古的良性发展奠定了坚实的基础。这就为在未来的岁月中推进两周考古的发掘与研究，创造了良好的条件。

人类社会的发展包括人与自然的关系和人与人的关系两个方面，其中，人与自然的关系是最基本的关系。人类社会的发展始终依存于自然。在史前时期和历史时期的早期，人类对自然的依赖尤为突出。当然，人类的活动也影响自然，反过来又会影响人类自身。科学是社会实践的产物。随着人类社会实践的不断发展，形成了自然科学和社会科学及其庞大的学科体系。它们在漫长的社会发展中发挥了各自的作用。但是，科学的发展又要求自然科学工作者与社会科学工作者之间，实现协作或交叉结合。在今天，社会科学与自然科学相结合，已成为学科发展的必然。

为此，考古工作者在从事研究时，不仅要注重人与人之间的关系，还要注意并加强对人与自然的关系的研究。考古在社会科学各学科中，是最易于跟自然科学结合的一个学科。在过去的岁月里，考古工作者与自然科学工作者的协作已有良好的基础。诸如考古工作者提供的各种样品，在自然科学家手中用自然科学的手段对遗存的年代作了测定，对古人的食谱、农作物品种、古代的气候、古代先民的人种族属、环境对人类社会发展的影响等方面的研究，也都取得了很大的成果。同时，在复原古代建筑，研究古代冶金技术、纺织工艺，推算天文历法等方面，因自然科学家的参与，也获得了令人瞩目的成绩。这些成果，使两周考古中一些靠单一学科难以解决的难题，因与自然科学家的合作而得以解开。有了这种协作，也使一些看似普通的遗存，如陶瓷器、金属制品及其他一些工艺制品等，因它们蕴含的科技内容被揭示而大大提升了它们的研究价值。所以，今后应进一步加强与自然科学家的协作，并在协作中促使学科之间相互渗透，提升研究的质量，使两周考古的研究领域更加开阔。

客观地说，目前在两周考古中提出的问题，比解决的问题要多。所以，带着问题去从事考古勘探；有目的地选择一些重要遗址或墓地进行规模发掘；在实践过程中不断发现问题与解决问题；以多学科协作、联合攻关的方式，有目的地解决发掘中提出的一些关键性问题，就显得十分重要。这样做的结果，将有助于有关研究课题向前推进，不断地将两周考古的研究引向深入。

随着研究进程的不断推进，相信21世纪的两周考古，必将开创一个全新的局面，取得更多重要的成果！

第一章　先周文化探索

第一节　课题的提出

先周文化，是指武王克商建立周王朝以前周人创造的文化。有的学者称之为早周文化。

据《史记·周本纪》记载，周人始祖是弃。其父为帝喾，其母为有邰氏女，名叫姜嫄。尧时，弃因善于耕稼，被授以农师之职。舜时，封他于邰，号曰后稷。后稷死后，其子不窋继位。在他的晚年，夏王室腐败，不关心农事，不窋因此失官，逃窜于戎狄之间。公刘继位后，继承后稷的事业，重视农事，周人遂开始强大。其子庆节在豳建立都邑。至古公亶父时，周人常常受到戎狄的侵袭，于是越过沮水、漆水，翻过梁山，迁徙到岐山脚下定居下来，称岐周。周人遂逐步摆脱戎狄的习俗，开始营建城郭宫室，建立官制。文王之世，周人征伐西戎，交结诸侯，势力迅速壮大。在他去世的前一年，他迁都到丰京。武王继续文王的基业，11年之后，推翻商朝，建立了周王朝[1]。

文献中周人灭商以前的历史大体如此。其中所提到的活动地域，丰和岐周的位置已经得到考古学的证实，分别位于今陕西的长安县马王镇和扶风、岐山之间的周原。此前庆节所居的豳则因缺少史料至今没有定说。其地望，有三水[2]、旬邑或彬县[3]等多种说法，但总体而言，不出关中的泾渭流域。有的学者认为，豳即汾，周人源于山西南部的汾水[4]。但此说至今尚无考古学上的证据。至于邰则更加难以确认。

关于先周时期周人史迹的考察，肇始于北平研究院史学研究会于1933年的调查[5]。其后苏秉琦在陕西宝鸡斗鸡台发掘了一批周墓，分辨出一组先周时代的周人墓葬[6]。20世纪40年代，中央研究院历史语言研究所的石璋如到关中地区调查周人都邑[7]。1950年以后，考古工作大规模展开，随着陕西丰镐、河南洛阳以及其他地区西周遗存的大量发

---

[1]　《史记·周本纪》。
[2]　丁山：《由三代都邑论其民族文化》，《中央研究院历史语言研究所集刊》第5本，1935年。
[3]　白寿彝总主编，徐喜辰、斯维至、杨钊主编：《中国通史》第三卷上册，上海人民出版社，1994年。
[4]　钱穆：《周初地理考》，《燕京学报》第10期，1931年。
[5]　徐炳昶、常惠：《陕西调查古迹报告》，《国立北平研究院院务汇报》第4卷第6期，1933年。
[6]　苏秉琦：《斗鸡台沟东区墓葬》，北京大学出版部，1948年。
[7]　石璋如：《传说中周都的实地考察》，《中央研究院历史语言研究所集刊》第20本下册，1949年。

现，西周时期的周文化遗存为人们认识，先周文化也逐步受到关注。80年代以后，关中地区武功郑家坡[1]、扶风刘家[2]、长武碾子坡[3]、彬县断泾[4]、扶风壹家堡[5]、礼泉朱马嘴[6]、武功岸底[7]、长安沣西[8]等一批先周时期墓地与居住遗址的发掘，为探索先周文化提供了重要的资料。

郑家坡遗址位于武功县武功镇以东半公里的漆水河北岸。1981～1983年宝鸡市考古工作队在此发掘2000平方米，获得灰坑和陶窑等一批居住遗迹。发掘者根据器物形态将遗存分为三期，认为早期的年代相当于二里头晚期至二里冈下层，中期的年代在太王迁岐前后，晚期的年代在文王作丰之时。

碾子坡遗址位于泾河上游的支流黑水北岸，遗址面积较大，分为居址和墓地两部分。1980年以后，中国社会科学院考古研究所泾渭工作队在此作了大规模的发掘，发掘居址5000平方米，清理墓葬300多座，是居址和墓葬齐全的一批发掘资料。发掘者依据地层关系将遗存分为两期，并推定早期相当于殷墟第二期，晚期则可能是周人迁岐前后。

断泾遗址位于泾河南岸，面积约56万平方米。1992年中国社会科学院考古研究所泾渭工作队在此发掘200平方米，发现灰沟1条、墓葬4座和若干灰坑。根据地层关系及陶器形态将遗存分为二期，分别与碾子坡二期遗存大体对应。

壹家堡遗址位于渭水支流沣河北岸，面积约25万平方米。1986年北京大学考古系在此发掘140余平方米，发现了房址和灰坑等居住遗址。根据地层关系和器物变化规律，发掘者将遗存分为四期，各期的年代分别与殷墟第一至四期相当。

岸底遗址位于漆水河东岸，面积12万平方米。1991～1992年北京大学考古系与陕西省考古研究所在此发掘400平方米，发现陶窑与灰坑等遗迹。发掘者将遗存分为三期，年代大致从殷墟第一期延续至四期。

为配合"夏商周断代工程"，1997年中国社会科学院考古研究所丰镐工作队在沣西遗址进行发掘，获得了一组先周晚期至西周早期的叠压地层（图版1-2）。其中先周时期的灰坑H18堆积较厚，出土有丰富的文化遗物。先周与西周文化的分界问题至此趋于明朗。

1963年，夏鼐提出了西周文化的祖型大概是客省庄第二期文化的假说，从此揭开了先周文化探索的序幕。20世纪70年代，随着考古资料的日益丰富，有关先周文化的探讨逐

---

[1] 宝鸡市文物工作队：《陕西武功郑家坡先周遗址发掘简报》，《文物》1984年第7期。
[2] 陕西周原考古队：《扶风刘家姜戎墓葬发掘简报》，《文物》1984年第7期。
[3] 中国社会科学院考古研究所泾渭工作队：《陕西长武碾子坡先周文化遗址发掘记略》，《考古学集刊》第6集，中国社会科学出版社，1989年。
[4] 中国社会科学院考古研究所泾渭工作队：《陕西彬县断泾遗址发掘报告》，《考古学报》1999年第1期。
[5] A. 北京大学考古系：《陕西扶风壹家堡遗址发掘简报》，《考古》1993年第1期。
　　B. 北京大学考古系商周组：《陕西扶风县壹家堡遗址1986年度发掘报告》，《考古学研究（二）》，北京大学出版社，1994年。
[6] 张天恩：《关中西部商文化研究》，北京大学考古系1997年博士论文。
[7] 陕西省考古研究所：《陕西武功岸底先周遗址发掘简报》，《考古与文物》1993年第3期。
[8] 中国社会科学院考古研究所丰镐工作队：《1997年沣西发掘报告》，《考古学报》2000年第2期。

步展开，人们提出了许多见解，并将探索工作逐步引向深入。

探讨是围绕先周文化的内涵展开的。有的学者认为以高领袋足鬲和联裆鬲为代表的考古遗存是先周文化[1]；有的学者认为以郑家坡遗址出土的联裆鬲为代表的遗存是先周文化，以宝鸡斗鸡台、长武碾子坡遗址出土的高领袋足鬲为代表的遗存是姜戎文化[2]；有的学者认为以长武碾子坡的高领袋足鬲为代表的遗存包括刘家墓葬以及瘪裆鬲均为先周文化，并认为先周文化的源头为甘青地区的寺洼文化[3]；有的学者认为以扶风刘家墓地出土的高领袋足鬲为代表的遗存为先周文化[4]；也有学者认为以宝鸡斗鸡台出土的高领袋足鬲为代表的遗存是先周文化，而刘家墓地一类遗存属于辛店文化的一个类型[5]。

就研究方法而言，大多数学者是从周人的活动地域和现已确认的丰镐遗址西周文化入手的。之所以有如此多的分歧，原因在于对文献和考古学材料的使用各有倚重。部分学者以考证豳的地望为指引来追寻先周文化。其地望难以确认，其活动年代也很宽泛，无从与考古学遗存相契合。目前只能笼统地说，周人早期的活动范围在泾渭流域。可是，这个地域内的青铜时代的文化遗存复杂多样，我们只能运用考古学的手段去探索先周文化。考古学材料中也存在不少引发争议的地方。袋足鬲与联裆鬲的文化归属就是一个焦点。由于丰镐遗址的西周陶鬲中以联裆鬲为主，因此有的学者以为郑家坡遗存出土的以联裆鬲为代表的遗存是先周文化。不过，丰镐遗址西周文化中也出有不少分裆鬲。有学者指出这种鬲为袋足鬲的延续，只是吸收了新的制作工艺，才显得有所差别[6]。反过来说，有的学者排除联裆鬲，认为只有高领袋足鬲为代表的一类遗存，才是先周文化，也走向了另一个极端。不过我们可以看到，无论联裆鬲多的遗址，还是分裆鬲多的遗址，与其他器类（如簋、豆、盂）的组合和形态都是相近的。在现有的资料较为丰富的遗址中，要找出只有分裆鬲或联裆鬲一种陶器的一个文化区域，可能性都不大。有些学者将袋足鬲归入寺洼文化或辛店文化，这就牵涉到文化交流的问题。应当考虑到，周人从兴起到推翻商朝是一个漫长的历史过程，不可避免地与周围部落接触并发生文化上的融合，先周文化也因此呈现出纷繁复杂的面貌。过去考古学材料严重缺乏，文化划分难免简单化，分期断代也很粗略。随着材料的积累，我们能够更加清楚地认识一种文化的内涵，准确地进行分期断代，同时也认识到，一种或几种器物出现于几个文化有可能是文化交流的产物。

---

[1] A. 邹衡：《论先周文化》，《夏商周考古学论文集》，文物出版社，1980年；《再论先周文化》，《夏商周考古学论文集（续集）》，科学出版社，1998年。
　　B. 王巍、徐良高：《先周文化的考古学考察》，《考古学报》2003年第3期。
[2] A. 尹盛平、任周芳：《先周文化的初步研究》，《文物》1984年第7期。
　　B. 孙华：《陕西扶风县壹家堡遗址分析——兼论晚商时期关中地区诸考古学文化的关系》，《考古学研究（二）》，北京大学出版社，1994年。
[3] 胡谦盈：《试谈先周文化及相关问题》，《中国考古学研究——夏鼐先生考古五十年纪念文集（二）》，科学出版社，1986年。
[4] 卢连成：《扶风刘家先周墓地剖析——论先周文化》，《考古与文物》1985年第2期。
[5] 张长寿、梁星彭：《关中先周青铜文化的类型与周文化的渊源》，《考古学报》1989年第1期。
[6] 王巍、徐良高：《先周文化的考古学考察》，《考古学报》2003年第3期。

第二节 先周文化及其渊源的推断

一 先周文化

要探索先周文化,首先要分析关中地区在先周时期亦即商王朝时期有几种文化遗存,然后从两个方面入手对他们进行分析:一是在文化面貌上与西周文化相延续;二是在分布地域上与历史文献中周人先王先公的活动地域相吻合,由此可以推断哪种文化遗存为先周文化。

从现有考古资料来看,关中地区有以下几种青铜文化(图1-1)。

第一类遗存是以陕西华县南沙村、耀县北村、西安老牛坡、扶风壹家堡等遗址为代表的文化遗存。这类遗存可以确定为商文化。年代可涵盖二里冈下层、上层、殷墟第一期、二期。

二里冈下层的遗存有华县南沙村[1]等地发现的居址;岐山京当[2]发现的青铜器,

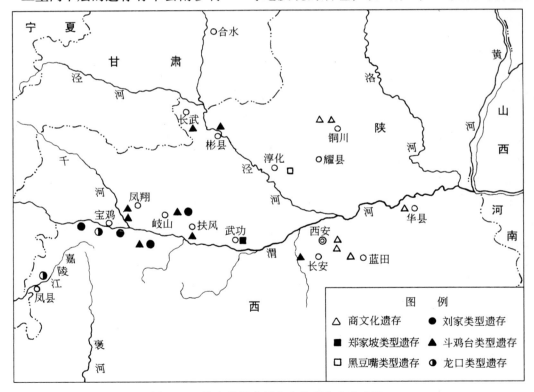

图1-1 关中地区先周文化类型分布示意图

---

[1] 北京大学考古教研室华县报告编写组:《华县、渭南古代遗址调查与试掘》,《考古学报》1980年第3期。

[2] 王光永:《陕西省岐山县发现商代铜器》,《文物》1977年第12期。

年代有可能早到二里冈下层。

二里冈上层的遗存发现地点有华县南沙村、扶风壹家堡等地。地域跨关中东部及周原地区。发现有居址及墓葬。

殷墟第一期的遗存发现于西安老牛坡[1]、礼泉朱马嘴、扶风壹家堡等地。老牛坡发现有夯土建筑基址和墓葬等遗迹。

殷墟第二期的遗存见于西安老牛坡、礼泉朱马嘴。出土器物的形态同殷墟第二期（图1-2）。

第二类遗存为斗鸡台类型，是以陕西宝鸡斗鸡台、长武碾子坡遗址和武功郑家坡、岸底遗址[2]为代表的一类遗存。其分期及文化特征见第三节。这里要说明的是，属于这类遗存的遗址之间存在一些差别，表现在郑家坡、岸底一类遗址中鬲以联裆鬲为主，斗鸡台、碾子坡一类遗址中的鬲以高领袋足鬲为主。不过，高领袋足鬲、联裆鬲在这两类遗址中都有发现，而且在其他器物如豆、盂、甑、折肩罐上看不到明显的差别。所以我们倾向于将它们合为一个文化类型。如果以陶鬲的差别来划分，那么就会面临如何归属其他几类陶器的难题。

第三类遗存为刘家类型，是以陕西扶风刘家遗址为代表的一类遗存。遗址包括陕西宝鸡石嘴头、晁峪[3]。刘家遗址发掘出20座墓葬，它们都开口于西周晚期层下，墓葬之间没有叠压与打破关系，其中有些被西周早期和中期的墓葬打破。发掘者根据随葬器物的形制变化将这批墓葬分为六期，并推定六期的年代相当于二里头晚期至文武之际。有的学者提出应分为三期，第一、二期的年代分别相当于先周文化第四、五期，第三期的年代已进入西周。

墓内出土的高领袋足鬲与斗鸡台、碾子坡等遗址的同类器物相近，因此有些学者将它们放在一起讨论。不过，在其他方面刘家墓地与斗鸡台、碾子坡等遗址的墓葬存在着很大的差别。刘家墓地绝大部分为洞室墓。随葬陶器多为高领袋足鬲和各式罐（图1-3），罐大多用1个石块盖住口部。

第四类遗存为黑豆嘴类型，是以陕西淳化黑豆嘴墓葬[4]为代表的文化遗存。淳化黑豆嘴发现有4座墓葬，墓穴因被破坏形制不明。出土器物中有铜爵和铜壶。从它们的器形和纹饰来看，应属于殷墟第二期。其他器物有刀、斧、钺、戈、蛇头铃、弓形器和金饰（图1-4）。这些翘首刀、管形銎戈、斧、钺和金饰不见于关中地区的商文化和先周文化以及辛店文化。不过可以在晋、陕北部的商代遗址及墓葬中找到类似的器物。因此可以断定属于同一类文化遗存。

但是，无论淳化还是陕、晋北部的遗址都没有发现陶器，使得它们的属性难于断定。淳化赵家庄M1出土的1件鬲，卷沿，联裆，锥足，通体饰绳纹，唇上有戳划纹，是先周

---

[1] 西北大学历史系考古专业：《西安老牛坡商代墓地的发掘》，《文物》1988年第6期。
[2] 陕西省考古研究所：《陕西武功岸底先周遗址发掘简报》，《考古与文物》1993年第3期。
[3] 刘宝爱：《宝鸡发现辛店文化陶器》，《考古》1985年第9期。
[4] 姚生民：《陕西淳化县出土的商周青铜器》，《考古与文物》1986年第5期。

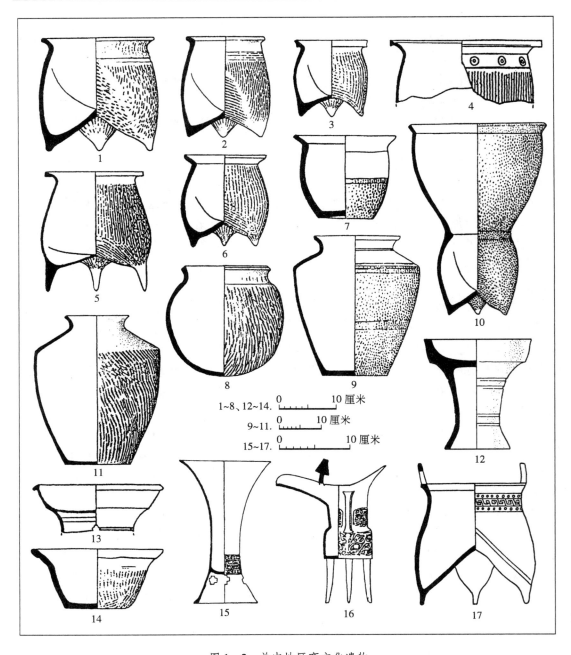

图 1-2 关中地区商文化遗物
1. 陶鬲（老牛坡 H7:7）　2. 陶鬲（老牛坡 H5:3）　3. 陶鬲（壹家堡 H25:3）　4. 陶鬲（南沙村 H7:5）
5. 陶鬲（南沙村 H10:13）　6. 陶鬲（壹家堡 H33:2）　7. 陶盆（壹家堡 H25:2）　8. 陶罐（老牛坡 H19:20）
9. 陶罐（壹家堡 H25:5）　10. 陶甗（壹家堡 H25:1）　11. 陶罐（老牛坡 0155）　12. 陶豆（老牛坡 T7③:14）
13. 陶豆（南沙村 T3:1）　14. 陶盆（壹家堡 H33:13）　15. 铜觚（京当）　16. 铜爵（京当）　17. 铜鬲（京当）

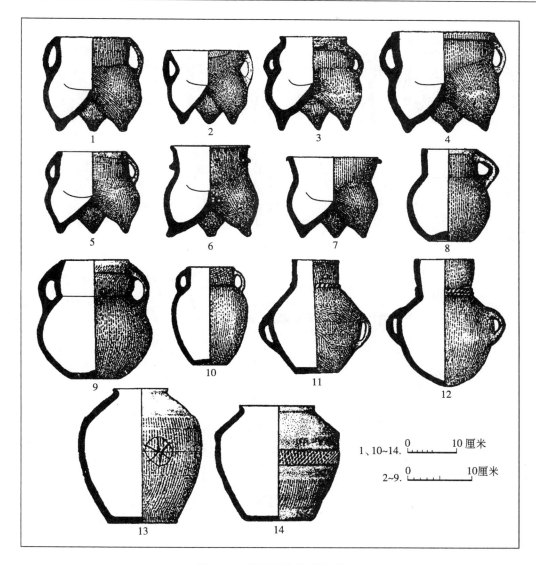

图 1-3 扶风刘家类型陶器

1. 鬲（刘家 M37:9）　2. 鬲（刘家 M8:6）　3. 鬲（刘家 M7:4）　4. 鬲（刘家 M7:2）　5. 鬲（刘家 M37:10）
6. 鬲（刘家 M3:1）　7. 鬲（刘家 M37:8）　8. 罐（刘家 M37:5）　9. 罐（刘家 M8:3）　10. 罐（刘家 M3:3）
11. 罐（刘家 M7:5）　12. 罐（刘家 M37:3）　13. 罐（刘家 M37:4）　14. 罐（刘家 M27:4）

文化的器物。但不能据此将黑豆嘴墓葬为代表的遗存归入先周文化。

第五类遗存为龙口类型，是以陕西凤县龙口村遗址[1]与宝鸡竹园沟墓葬[2]为代表的文化遗存。龙口遗址位于嘉陵江边，有上、下二个文化层。其中上文化层和竹园沟墓葬

---

[1] 陕西省文物管理委员会：《凤县古文化遗址清理简报》，《文物参考资料》1956 年第 2 期。
[2] 宝鸡市博物馆、渭滨区文化馆：《宝鸡竹园沟等地西周墓》，《考古》1978 年第 5 期。

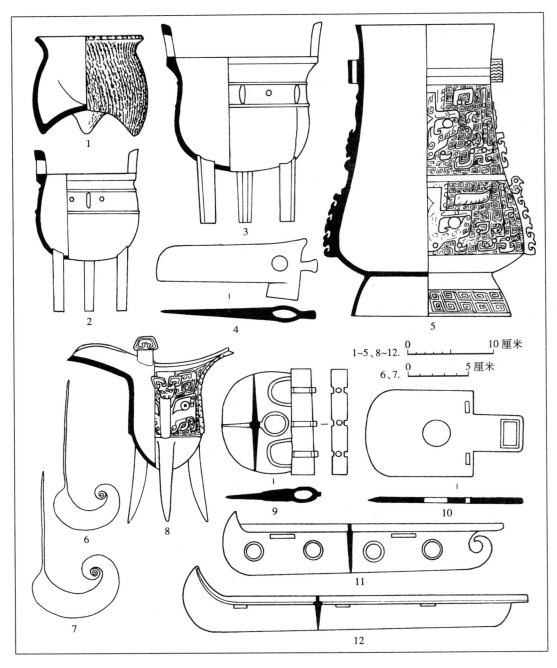

图 1-4 淳化黑豆嘴类型遗物
1. 陶鬲（赵家庄 M1）　2. 铜鼎（赵家庄 M2）　3. 铜鼎（赵家庄 M1）　4. 铜斧（黑豆嘴 M3）
5. 铜壶（黑豆嘴 M3）　6. 金饰（黑豆嘴 M3）　7. 金饰（黑豆嘴 M3）　8. 铜爵（黑豆嘴 M2）
9. 铜钺（黑豆嘴 M2）　10. 铜钺（黑豆嘴 M2）　11. 铜刀（黑豆嘴 M2）　12. 铜刀（黑豆嘴 M1）

出有联裆鬲、马鞍形口双耳罐、尖底罐（图 1-5）。龙口遗址出土的联裆鬲，形态与先周文化第五期的同类器物相近。马鞍形口双耳罐是寺洼文化特色的器物，尖底罐是新繁、广汉等地的早期蜀文化特色的器物。从同出的联裆鬲来看，年代相当于西周早期，最早者相当于先周文化第五期。

第一类遗存系商文化。这种遗存与郑州二里冈、殷墟商文化无论在陶器、青铜器等器物上还是在墓葬的葬俗上都极为一致。它对后来的西周文化有一定的影响，西周文化尤其是早期遗存中可以看到许多商式的青铜器，包括礼器、兵器、车马器、工具以及玉器等，墓葬中流行腰坑的葬俗也颇一致。尽管如此，它不是西周文化的来源。它使用的一套陶器与西周文化全然不同。墓葬的随葬品组合也不相同，即使是青铜礼器组合也不相同。此外，商文化曾一度扩张到周原地区，但并未向西进入宝鸡地区，只占有周原地区和关中东

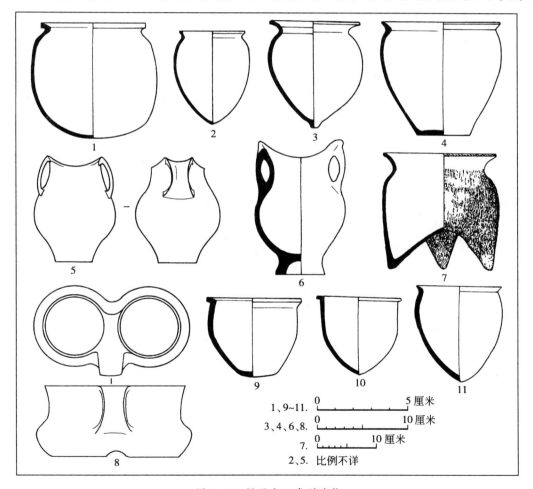

图 1-5 凤县龙口类型遗物
1. 铜罐（竹园沟 M1:39） 2. 陶尖底罐（龙口） 3. 陶尖底罐（竹园沟 M1:7） 4. 陶罐（竹园沟 M1:6）
5. 陶马鞍形口双耳罐（龙口） 6. 陶马鞍形口双耳罐（竹园沟 M1:4） 7. 陶鬲（龙口） 8. 陶双联罐
（竹园沟 M1:5） 9. 铜罐（竹园沟 M1:40） 10. 铜尖底罐（竹园沟 M1:42） 11. 铜尖底罐（竹园沟 M1:41）

部地区。从分布地域上说，与先周时期周人的活动地域不相符合。

刘家类型遗存年代与西周文化相延续，其中出土的高领袋足鬲也与斗鸡台类型遗存中的一部分相同，一些学者因此将它们划归先周文化。不过，这种遗存所出的腹耳罐等器物不见于斗鸡台类型；同时它们的洞室墓，与斗鸡台类型中的竖穴墓迥然相异，因此不能将它们与斗鸡台类型遗存混为一谈。这些文化因素也不见于西周文化，西周文化不可能来源于此。更何况这类遗存接近于王季、文王之际周人势力强大的时期。由于器物形态与辛店文化的同类器相近，考虑到它的分布地域与甘青地区的辛店文化比邻，它应当是辛店文化的一部分。

黑豆嘴类型遗存位于淳化地区，发现地点不多，年代偏早，与西周文化不相衔接。它的文化面貌与晋、陕北部的青铜文化相近，所出的翘首刀、管形銎斧、金饰都不见于西周文化，所以也不可能是先周文化。

斗鸡台类型延续时间较长，从二里冈上层至殷墟第四期，年代与西周相承续。尽管其第一期仅见于礼泉朱马嘴，第二、三期见于礼泉朱马嘴、武功岸底、扶风壹家堡等遗址，但是第四、五期遗存发现地点较多，分布于关中西部宝鸡地区、周原地区及关中东部。从分布地域上说，与同时期周人的活动地域是相吻合的。遗址中出土的高领袋足鬲、联裆鬲及其他陶器与西周文化相同，从这个角度讲，它是先周文化的可能性最大。不过，在过去的探讨中，有的学者把这类遗存一分为二，即郑家坡为代表主要出土联裆鬲的一类，宝鸡斗鸡台为代表主要出土高领袋足鬲的一类，认为前者是先周文化，后者是姜戎文化。有的学者则认为后者是先周文化。其中一个重要原因是，两类遗址虽然都出有高领袋足鬲和联裆鬲，但第一类遗址联裆鬲占主导地位，第二类遗址高领袋足鬲占主导地位。其实，从西周文化的内涵来看，这两种鬲是不排斥的，它们在西周遗址和墓葬中都有出土。最近发掘的沣西马王镇 H18 是先周文化第五期的灰坑[1]，出土的陶鬲以联裆鬲居多，袋足鬲较少，但这个比例比西周时期要高。对于高领袋足鬲而言，恐怕存在着一个由多而少的变化过程。此外，斗鸡台类型遗存出土的最早器物，就位于商文化遗址分布区内，后来一直在周原地区存在，并逐步增多，扩展到宝鸡地区和西安以东地区。所以将高领袋足鬲排除在先周文化之外是不符合史实和考古学现实的。

二　先周文化的来源

关于先周文化的来源，也有一些学者作过有益的探讨。第一种观点是先周文化来源于寺洼文化和辛店文化[2]；第二种观点是先周文化来源于东方的商文化，北方的光社文化和西方的寺洼文化[3]；第三种观点是关中地区的客省庄第二期文化[4]。

---

[1] 中国社会科学院考古研究所丰镐工作队：《1997年沣西发掘报告》，《考古学报》2000年第2期。
[2] A. 胡谦盈：《试谈先周文化及相关问题》，《中国考古学研究——夏鼐先生考古五十年纪念论文集（二）》，科学出版社，1986年。
　　B. 卢连成：《扶风刘家先周墓地剖析——论先周文化》，《考古与文物》1985年第2期。
[3] 邹衡：《论先周文化》，《夏商周考古学论文集》，文物出版社，1980年。
[4] 徐锡台：《早周文化的特点及渊源的探索》，《文物》1979年第10期。

第一种观点的立论基础是把扶风刘家类型的文化遗存看成是先周文化。持此论的学者进一步把双耳罐一类器物追溯到辛店文化中。前面已讨论过，刘家类型的遗存不属于先周文化。关中地区礼泉朱马嘴发现的高领袋足鬲要早至二里冈上层。至于寺洼文化本身的年代，从甘肃庄浪县徐家碾遗址[1]和合水九站遗址[2]出土的高领袋足鬲和联裆鬲来看，年代最早相当于先周文化第四、五期。从先周文化的其他器物来看，都不见于寺洼文化，同样辛店文化和寺洼文化遗址出土的其他器物也不见于先周文化，这样更证明先周文化的来源不可能是辛店文化和寺洼文化。

　　第二种观点是从文化因素分析入手的。其寺洼文化来源说也是基于高领袋足鬲发源于寺洼文化的观点，与第一种观点异曲同工。其商文化来源说，从青铜器角度看是可以成立的。因为先周文化和西周早期文化中的青铜器几乎都是商式的，墓葬中的腰坑也是从商文化吸收过来的。不过，作为文化标志的陶器，无论是先周文化还是西周文化，除个别器物外，绝大部分与商文化不同，可以说是两个系统。从这个角度讲，先周文化并非来源于商文化。由于青铜器代表的是高层次的文化，因此把先周文化和西周早期文化中的青铜器看成是吸收和借鉴商文化的因素更为合理。判别一个文化的首要因素应该是陶器，而不是青铜器。光社文化来源说的出发点，是先周文化中的联裆鬲和鬲的柱足见于光社文化。从先周文化诸遗址出土的联裆鬲来看，这种可能性不大，因为关中的联裆鬲绝大多数为锥足鬲。柱足鬲并不多见，不具代表性。如果把它看成是文化交流的产物倒是合理的，但上升到一种文化的来源就不妥了。此外光社文化富有特色的器物如金饰、翘首刀、銎形铜斧也都不见于先周文化和西周文化。因此，这种看法也是难以成立的。

　　第三种观点只是一个推测，目前尚无证据可以证实。先周文化第一期的高领袋足鬲，薄胎细绳纹，袋足瘦长，与客省庄第二期文化的袋足鬲很相近。不过也存在一些差别，如客省庄第二期文化的袋足鬲带单耳，而先周文化的高领袋足鬲带双耳或双耳鋬。其他器物更无相同之处。因此有的学者提出先周文化与客省庄二期文化是两个文化系统[3]。由于它们之间还隔着二里头文化与二里冈下层，是与不是都还有待于验证。

第三节　先周文化的分期及分布地域

　　先周文化的分期，先后有二期、三期、四期之说。二期说[4]提出于20世纪70年代末，当时尚未有系统发掘的考古资料发表，论者可以利用的材料，除宝鸡斗鸡台的发掘材

---

[1]　中国社会科学院考古研究所泾渭工作队：《甘肃庄浪县徐家碾寺洼文化墓葬发掘纪要》，《考古》1982年第6期。
[2]　北京大学考古系、甘肃省文物考古队：《甘肃合水遗址发掘报告》，《考古学研究（三）》，科学出版社，1997年。
[3]　张忠培：《客省庄文化及其相关诸问题》，《考古与文物》1980年第4期。
[4]　邹衡：《论先周文化》，《夏商周考古学论文集》，文物出版社，1980年。

料外，其他均为采集或零星的墓葬材料。所以只能借助于器物形态分析进行研究。据推测二期年代大体相当于太王迁岐、文王居丰时期，即殷墟第三、四期；后来武功郑家坡、扶风刘家的发掘资料发表，人们又提出了三期说[1]。郑家坡遗址的发掘者认为，这里的早期遗存相当于二里头文化晚期至二里冈下层，中期在太王迁岐前后，晚期为文王作丰时。刘家墓地的发掘者将已发掘墓葬分为六期，把第一期的年代定为二里头文化晚期，第二、三、四、五期定为商代前期至周人迁岐，第六期为文武之际，这种分期和断代与前面的郑家坡是相适应的。不过，这两处遗址的年代定得过早。另有学者根据高领袋足鬲的形态把相关遗存分为三个类型，即斗鸡台、刘家、晁峪类型，代表三个时期。岸底遗址发现了一些地层资料，发掘者分为三期，年代分别定为殷墟第一期或更早，殷墟第二、三期，殷墟第四期。不过另一位发掘者则提出四期的分法[2]，年代分别相当于殷墟第一至四期。此外，扶风壹家堡的遗存也被发掘者分为四期，年代也分别相当于殷墟第一至四期，并认为第二、四期是先周文化[3]。礼泉朱马嘴的商文化遗存可分为三期，年代分别相当于二里冈上层至殷墟第二期[4]。各期遗存均含有先周文化因素。上述在分期方面的分歧，除了对先周文化的内涵认识不同，也有方法与材料方面的原因。有的分期因缺乏地层材料而只能借助于类型学分析。从现有材料来看，20世纪80年代以后发掘的几个遗址，如长武碾子坡、武功郑家坡、武功岸底、扶风壹家堡、礼泉朱马嘴都有明确的地层，给先周文化的分期创造了很好的条件。近年发掘的沣西马王镇H18等单位提供了更为确切的界标。从理论上说，先周文化指的是从始祖弃到武王灭商这一段历史时期周人的文化。目前考古学上所能追溯的，如下所论，只是相当于商代二里冈上层时期。

根据现有材料可以将先周文化分为五期。

第一期遗存仅见于礼泉朱马嘴遗址。器类有袋足鬲、联裆鬲、联裆甗、盂、豆、尊、折肩罐（图1-6）。这些器物出土于商文化遗址中，但形态不同于商文化，而与晚期的先周文化和西周文化的同类器物相近。器物高宽比一般较大。袋足鬲高领，矮裆，袋足肥硕，薄胎，口沿饰附加堆纹，绳纹细密。联裆鬲高领，折沿，瘪裆，器体高，胎较厚，绳纹较粗，深腹，矮裆，颈下饰附加堆纹。联裆甗仅见残片，束腰，饰宽大的附加堆纹，瘪裆不明显。盂，宽卷沿，深腹，平底，上腹饰弦纹，下腹饰绳纹。豆，广口，浅腹高柄，素面。尊仅见残片，高领，平折肩，饰弦纹。折肩罐侈口，斜折肩，深腹，肩上抹光，腹部饰绳纹。同出的商式陶器有方唇分裆鬲、方唇分裆甗、方唇盆、假腹豆、小口罐、浅腹簋、捏

---

[1] A. 胡谦盈：《试谈先周文化及相关问题》，《中国考古学研究——夏鼐先生考古五十年纪念论文集（二）》，科学出版社，1986年。
B. 尹盛平、任周芳：《先周文化的初步研究》，《文物》1984年第7期。
C. 卢连成：《扶风刘家先周墓地剖析——论先周文化》，《考古与文物》1985年第2期。
D. 陕西省考古研究所：《陕西武功岸底先周遗址发掘简报》，《考古与文物》1993年第3期。
[2] 牛世山：《武功岸底遗址发掘与先周文化研究》，北京大学考古系1993年硕士论文。
[3] 孙华：《陕西扶风县壹家堡遗址分析——兼论晚商时期关中地区诸考古学文化的关系》，《考古学研究（二）》，北京大学出版社，1994年。
[4] 张天恩：《关中西部商文化研究》，北京大学考古系1997年博士论文。

口罐。这些器物都与郑州商城、偃师商城遗址二里冈上层的同类形器形态相同或相近，因此本期相当于二里冈上层。

第二期遗存见于礼泉朱马嘴、扶风壹家堡、武功岸底遗址。其中朱马嘴、壹家堡遗址属于商文化，岸底遗址属于先周文化。器类同第一期，器物高宽比小于第一期。袋足鬲深腹，深裆，袋足肥硕，胎较薄，口沿饰附加堆纹，腹部饰较细的绳纹。联裆鬲高领，深腹，尖锥足，方唇外饰附加堆纹，腹部饰绳纹，上腹及颈部绳纹略为抹去，有弦纹痕。联裆甗仅见残片，束腰，附加堆纹较第一期略窄小，瘪裆明显。豆，广口，浅腹，细柄。盂，卷沿，深腹，上腹饰弦纹，下腹饰绳纹。尊为高领，斜折肩，肩上饰弦纹，腹部饰方格纹。折肩罐，侈口，肩部斜折较甚，腹部饰附加堆纹（图1-7）。本期同出的商文化器物，如折沿方唇分裆鬲、分裆甗、深腹盆、小口罐、簋、敛口瓮，形态与殷墟第一期的同类器相近或相同，年代应与之相当。

图1-6 先周文化第一期陶器
1. 鬲（朱马嘴T2⑥:58） 2. 鬲（朱马嘴T2④:13） 3. 盆（朱马嘴T2⑥:44） 4. 甗（朱马嘴H3:15） 5. 罐（朱马嘴H3:23）
6. 豆（朱马嘴T2⑥:4） 7. 豆（朱马嘴T2⑥:55）

第三期遗存见于礼泉朱马嘴、武功岸底、武功郑家坡、扶风壹家堡、岐山贺家等遗址。器类同第一期，器物高宽比更小。袋足鬲侈口，浅裆，器物较高大，胎较薄，绳纹较细。也有胎厚粗绳纹鬲。联裆鬲斜折沿，浅腹，饰绳纹。联裆甗斜折沿，鬲腹较浅，腰部的附加堆纹窄小。盂，斜折沿，腹较浅，大平底，上腹饰方格纹，下腹饰绳纹。尊，斜折沿，口径与肩接近，斜折肩，肩部饰弦纹及方格纹。折肩罐，斜侈口，圆折肩，腹稍浅于第二期（图1-8）。同出的商文化器物，朱马嘴有鬲、甗、盆、小口罐，壹家堡及岸底有方唇分裆鬲。这些商文化器物形态与殷墟第二期相接近，因此本期的年代与之相当。

第四期遗存见于宝鸡斗鸡台、长武碾子坡、扶风壹家堡、岐山贺家、凤翔西村、武功岸底、武功郑家坡、彬县断泾[1]等遗址。器类与第三期相近，但出现了簋、瓿、圆肩罐。器物普遍肥矮。袋足鬲高直领或宽折沿，带双耳或双鋬，深裆，器体肥矮，厚胎，粗绳纹。联裆鬲斜折沿，瘪裆，器体肥矮，通体饰绳纹。袋足甗斜折沿，深裆，腰部无附加

---

[1] 中国社会科学院考古研究所泾渭工作队：《陕西彬县断泾遗址发掘报告》，《考古学报》1999年第1期。

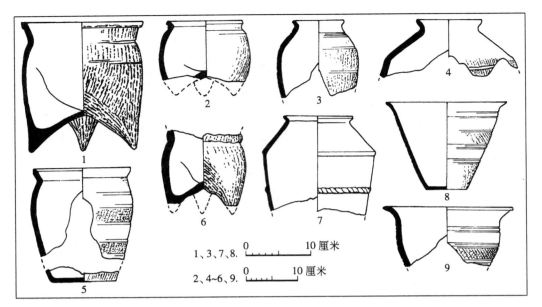

图 1-7 先周文化第二期陶器
1. 鬲（朱马嘴 H5:19） 2. 鬲（岸底 Y4:2） 3. 罐（岸底 H14:28） 4. 罐（岸底 H14:12） 5. 尊（岸底 H14:29） 6. 瓿（岸底 H14:18） 7. 瓮（岸底 Y4:14） 8. 盆（岸底 H14:11） 9. 尊（岸底 Y4:28）

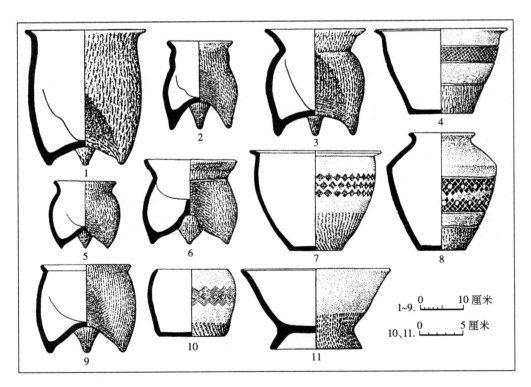

图 1-8 先周文化第三期陶器
1. 鬲（郑家坡 H2:5） 2. 鬲（郑家坡 H2:3） 3. 鬲（郑家坡 T4G②:1） 4. 盆（郑家坡 H2:4）
5. 鬲（郑家坡 H21:25） 6. 鬲（郑家坡 H14:29） 7. 盆（郑家坡 H19:15） 8. 罐（郑家坡 H14:30）
9. 鬲（郑家坡 H4:32） 10. 钵（郑家坡 H19:9） 11. 簋（郑家坡 H4:28）

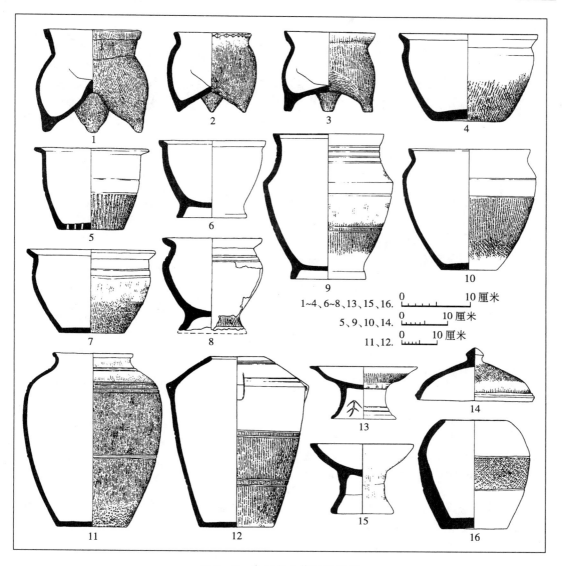

图 1-9 先周文化第四期陶器
1. 鬲（碾子坡 H134:5） 2. 鬲（碾子坡 H151:87） 3. 鬲（碾子坡 H131:74） 4. 盆（碾子坡 H507:21）
5. 甗（碾子坡 H134:4） 6. 簋（碾子坡 H134:3） 7. 盂（碾子坡 H2:51） 8. 瓿（碾子坡 H813:35）
9. 尊（碾子坡 H507:22） 10. 尊（碾子坡 H140:37） 11. 瓮（碾子坡 H507:25） 12. 瓮（碾子坡 H507:26）
13. 豆（碾子坡 H507:23） 14. 器盖（碾子坡 H507:4） 15. 豆（碾子坡 H131:76） 16. 罐（碾子坡 H134:1）

堆纹。盂，斜折沿，上腹略出肩，平底，上腹饰方格纹，下腹饰绳纹。豆，广口，浅腹，细柄，胎体厚重，柄上部有方孔。簋，折沿，斜腹，矮圈足。瓿，斜折沿，斜折肩，深腹，圈足。折肩罐侈口，斜折肩，器腹较浅。圆肩罐高直领，圆肩，小平底，器腹深（图1-9）。

本期发现有铜器，器类有鼎、瓿等。碾子坡出土的圆鼎，双耳，鼓腹，柱足，截面呈

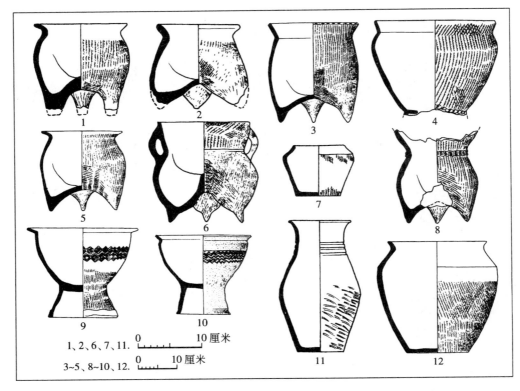

图1-10 先周文化第五期遗物（之一）

1. 陶鬲（马王村 H18:55）　2. 陶鬲（马王村 H18:52）　3. 陶鬲（马王村 H18:49）
4. 陶甗（马王村 H18:57）　5. 陶鬲（马王村 H18:50）　6. 陶鬲（马王村 H18:53）
7. 陶钵（马王村 H18:61）　8. 陶甗（马王村 H18:59）　9. 陶簋（马王村 H18:45）
10. 陶簋（马王村 H18:44）　11. 陶壶（马王村 H18:47）　12. 陶尊（马王村 H18:41）

桃形，有铸缝痕，上腹饰一排乳丁纹。碾子坡出土的瓿，矮领，鼓腹，矮圈足，腹部饰疏朗的饕餮纹，云雷纹地，肩部和圈足上饰夔纹。

第五期遗存除见于第四期的遗址外，还有长安沣西[1]、凤翔南指挥西村[2]。器类与第四期相同，但器物要肥矮一些。袋足鬲斜折沿，出肩，器体低矮。联裆甗斜折沿，出肩。盂，斜折沿，出肩，器腹较深。豆，腹较深，柄较细。瓿，折沿近平，浅腹，高圈

---

[1] 除前引1997年的发掘资料外，先周遗存还见于：
　　A. 中国科学院考古研究所沣西发掘队：《1955~1957年陕西长安沣西发掘简报》，《考古》1959年第10期。
　　B. 中国社会科学院考古研究所沣西发掘队：《1967年长安张家坡西周墓葬的发掘》，《考古学报》1980年第4期。
　　C. 中国社会科学院考古研究所丰镐发掘队：《长安沣西早周墓葬发掘纪略》，《考古》1984年第9期。
[2] 雍城考古队：《凤翔南指挥西村周墓的发掘》，《考古与文物》1982年第4期。

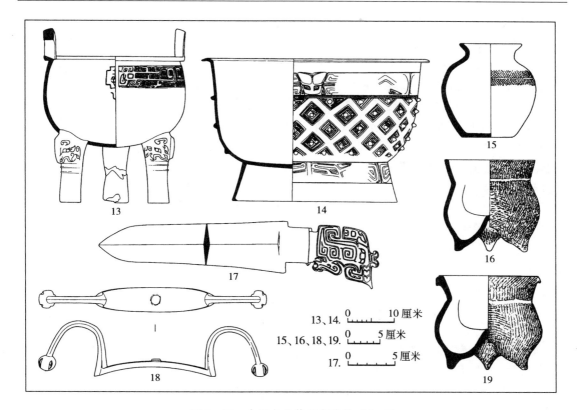

图 1-10　先周文化第五期遗物（之二）
13. 铜鼎（沣毛 M1:1）　14. 铜簋（沣毛 M1:2）　15. 陶罐（沣毛 M1:3）　16. 陶鬲（沣毛 M1:4）
17. 铜戈（SCKM1:14）　18. 铜弓形器（SCKM1:13）　19. 陶鬲（SCKM1:1）

足。尊，侈口，口径大于肩径。折肩罐窄折沿，斜折肩。圆肩罐矮领，圆腹（图1-10-1~12、15、16、19）。

本期也发现有铜器，器类与第四期相同。沣西发现的圆鼎，深腹，柱足，饰饕餮纹，有族徽铭记。簋为深腹，圈足较高，腹饰斜方格乳丁纹（图1-10-13、14、17、18）。

本期先周文化陶器与西周早期陶器已相当接近，所以可以断定，本期属于殷墟第四期。

第四节　聚落形态和社会生活

有关先周文化的考古工作开展了几十年，获得了丰富的资料，为我们探讨当时的社会结构及聚落形态创造了条件。居住遗迹方面的材料有长武碾子坡，武功郑家坡、岸底，扶风壹家堡；墓葬材料有长武碾子坡，宝鸡斗鸡台，岐山贺家，凤翔南指挥西村和长安沣西。其中以碾子坡遗址的发掘规模最大，居址与墓葬兼具，资料最为齐全。

先周文化遗址的内部布局，资料仅见于壹家堡和碾子坡遗址。壹家堡遗址发掘面积小，根据调查、钻探、发掘获得的材料，可以了解到大致的情况。遗址的中、西、南部，是先周时期的居住区，发现有半地穴式房基、圈栏、灰沟等遗迹。遗址东部及东北塬边坡地上，可能是先周时期的墓地。遗址东边及西边土坎上，是窑场所在。陶窑比较密集，沿土坎作一字形排列。除上述居址、墓地和窑场外，还发现了几段壕沟。碾子坡遗址发掘面积达 5000 平方米，居址与墓葬资料都比较丰富。这里的先周文化遗存可以分为两期，第二期仅有墓地。第一期包括居址和墓地，墓地位于居址北边的塬地上，地势高出居址约 40 余米。居住遗迹有房基、灰坑、窑址。从发表的材料来看，窑址一般分布于居址边上。房基分布不均匀，或四座一组，或三、二座一组，也有单独一座的，周围均分布有若干灰坑，多少不均。地面式、半地穴式、窑洞式建筑错杂交融，共同存在于居址中。这表明三者之间并不存在悬殊的等级差别，灰坑若干座一组，互相打破，有的组群围绕房基，有的远离房基。不过有的灰坑原先本身就是房基，可以推测当时的房基与灰坑是存在一些组合关系的。

一　居住址

1. 房址

碾子坡遗址发现有 21 座房址，有三种形制：（1）地面式；（2）半地穴式；（3）窑洞式。地面式建筑发现了 3 座，布局规整，呈方形或长方形，规模较大。最大的一座 F801，南北残长 11 米，东西宽 7 米；最小的 F201 东西长 5.94 米，南北宽 4.9 米。这类房屋建造比较考究，地基利用洼地或在地面下挖一个浅坑，然后填土加以夯打结实，夯层厚 10～26 厘米，坑口以上夯土宽出 1.4～2 米。台基表面平整，边缘有斜坡状散水。墙体直接夯筑在基址上。居住面上抹有草泥土和料礓石浆，然后用火烤成硬面，呈红色或红褐色。居住面上普遍有一层坚实的路土，表明它在废弃前曾经过长时间的踩踏。F1 是其中的一座，地基长 8.5 米，宽 6.1 米，台基厚约 0.70 米，四边有散水。居址面积南北长 5.4 米，东西宽 2.9 米，合 15.6 平方米。墙体宽约 1 米。门设在东墙，宽 1.2 米。房址前面有 3 个灶坑，呈品字形排列。各个灶坑的壁面均抹一层草泥土和料礓石浆。半地穴式建筑发现了 6 座，也较规整，大致呈方形或长方形，面积要小一些，在 4～7 平方米之间。房子的建造，都是先在地面下挖一个浅坑，坑壁作为墙壁，坑的一面墙壁上挖一条斜坡状的门道。H820（图 1－11）南北长 2.8 米，东西宽 1.8～2.19 米，深 0.4～1.1 米，面积约 5.6 平方米。墙面涂一层料礓石浆后压磨光滑。上面挖 9 个壁龛，大小、深浅均不同，口部形状为椭圆形。壁龛未加修整或修整得很粗糙。其中的一个壁龛中，发现有少量的炭化高粱。居住面是在生土地面上夯一层五花土，其上再抹一层草泥土和料礓石浆，最后用火烤成硬面。表面是一层路土。灶坑设在房子的西南部。坑口大底小，口径 30 厘米，底径 20 厘米，深 15 厘米。坑底及壁抹一层草泥土，底部放一块长方形石板。房内有两个柱洞，均为口大底小。一个位于中央，口径 33 厘米，底径 28 厘米，深 45 厘米，周壁有厚约 3 厘米的泥圈，底部垫一块扁平的石块。另一个位于东北部，口径 28 厘米，底径 11 厘米，深 38 厘米，周壁有厚约 3 厘米的泥圈，底部垫以碎陶片和黑泥。门道开在南墙，作长条形凸出于墙外，

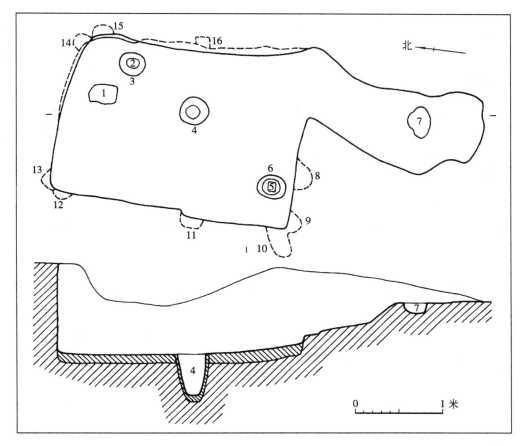

图 1-11 长武碾子坡先周文化房址 H820 平面、剖面图
1. 石板 2. 卵石 3. 柱洞 4. 柱洞 5. 石板 6. 烧灶 7. 凹坑 8~16. 壁龛

底部呈斜坡状的阶梯。窑洞发现 12 座，一般是在地面上挖一个土坑，然后在土坑一侧向里掏挖。出入通道利用土坑，或利用斜坡土梁，或挖台阶。房屋面积不大，小的在 2.8~6.7 米之间，大的在 8~12 米之间。壁面修整很粗糙，一般有若干个龛。居住面为生土，用火烤成硬面，上面有踩踏而成的路土，如碾子坡 H303。

上述房址都是先周文化第四期的。同期的房址在郑家坡遗址也发现 1 座（F13），半地穴式，椭圆形，长 5.5 米，宽 3.5 米，生土梁将房子分为 2 室，中间留有通道。居住面平整，出入有台阶。房子周围有柱洞 5 个，直径 30~40 厘米，深 30~35 厘米，但分布没有规则。

第三期的房址发现 2 座。岸底 1 座，F2 属于地面建筑，呈椭圆形，直径 3.71~2.65 米。房内有灶，位于中央偏东。由储火坑、进火坑、火膛、箅组成，类似于陶窑。房内有柱洞 6 个，分布于周围的墙根，粗细不等，大者直径 52 厘米，小者直径 18 厘米，深仅 15 厘米。郑家坡 1 座，F15 为半地穴式，椭圆形，长径 4.7 米，短径 4.4 米，中间有斜坡土梁通向地面。

第五期的房址发现 1 座，郑家坡 F6，半地穴式，分房子与灶两部分。房子为圆形，直径 2.3 米，地面有一层路土。灶由进火口、火膛、箅组成。周围地面上发现有 7 个柱洞，沿房子与灶分布。壹家堡发现圈栏 1 座。圈栏为地穴式，有斜坡门道可供出入。最深处达 2.6 米。在圈栏一角发现有插檩椽的榫孔和烧成木炭的檩椽残段。可知圈栏顶为草搭的圆锥顶。圈栏底部有两个浅坑，坑内填有动物粪便。此外中部还发现了 2 具完整的羊骨架，圈栏口也有 1 具完整的羊骨架。

2. 灰坑和陶窑

灰坑数量较大。仅碾子坡就发现有 177 座。平面形状有圆形坑、椭圆形坑、长方形坑和不规则形坑。其中长方形坑的坑壁近于垂直，其他形状的灰坑均口大底小。坑壁很少有经过修整的，壁面坑凹不平。最大口径约 8.8 米，最小口径为 1.3 米，最深约 3.5 米，最浅为 0.4 米。多数灰坑的口径在 2~3.5 米，深 1~2 米之间。少数灰坑的底部坑壁挖有一二个壁龛，个别壁龛里发现有遗物，如 H111 的壁龛内放有 1 件石杵。有的灰坑地面残存零星的路土硬面。规模较大的灰坑往往有斜坡通道或台阶通向地面。因此这类灰坑原先可能是作为房屋使用的。灰坑填土多为深灰土，往往夹杂黑色或白色的灰烬和红烧土块，个别灰坑内有埋人或贮藏粮食的现象。如 H318 的填土中发现 1 具女性骨架和 1 个头骨。

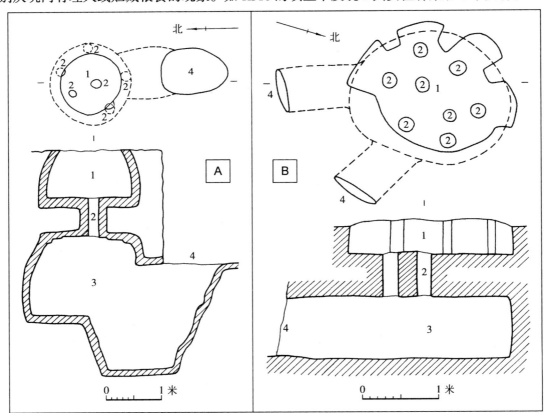

图 1-12 先周文化陶窑平面、剖面图
A. 郑家坡 Y1　1. 窑室　2. 火眼　3. 火膛　4. 火膛口
B. 岸底 Y4　1. 窑室　2. 火眼　3. 火膛　4. 火膛口

陶窑多有发现。岸底 Y4（图 1-12B）属于第二期，竖穴式，由窑室、窑箅、火膛组成。窑室平面为椭圆形，壁面上有许多凹口，现存 4 个，它们的前面各对着 1 个火眼。窑箅有 8 个火眼，2 个居中，其余 6 个分布于周围。火膛口 2 个，分别面向南部、东南。郑家坡 Y1（图 1-12A）可能属于第三期，也属竖穴式。窑室呈圆形，在东南壁有 1 个凹槽，断面呈半圆形，可能是烟囱。窑箅上有火眼 6 个，1 个居中，其余 5 个分布于周围。火膛底部似二层台，台高 0.98 米。低地部分可能是点燃柴物之处。第四期的陶窑，碾子坡发现 6 座，分为两种。一种是横穴式，5 座，由火膛、窑室和烟道三部分组成。火膛位于窑室前面并稍微伸入窑室下面。烟道开在窑室顶部。如 Y402，窑室南北长 2.5 米，东西残宽 1.1~1.4 米。窑顶高 0.95 米。窑室后部中央有一条短小的南北向"隔墙"与后壁相连。烟道 5 个，1 个位于中央，3 个位于东侧，1 个位于西侧，因西侧被破坏，估计原先还有 2 个。火膛位于窑室的南面，坑口南北长 1 米，东西残宽 0.88 米，火膛北部 0.3 米伸入窑室内。窑室内的填土呈红褐色，里面杂有大量从窑顶塌下来的红烧土块和青灰土块。一种是竖穴式，1 座，由窑前土坑、火膛、窑室、窑箅组成。Y701 窑室在东，土坑在西。土坑呈椭圆形，东西径 1.68 米，火膛最高为 0.86 米。窑箅上有 8 个火眼，火眼斜向，下口偏向西侧。窑室圆形，南北径 1.8 米，东西径 1.77 米。位置较火膛略偏东。烟道未发现，估计原先也开在顶部。第四期的陶窑，岸底发现 1 座。Y3 为竖穴式，由窑室、窑箅、火膛三部分组成。窑室底部呈方角扇形，窑箅厚 0.50~0.60 米，上面因残破仅存 3 个火眼。火膛为方角扇形，靠近火膛口处有 1 个竖穴土坑，长 1.2 米，宽 0.88 米，深 1.10 米，应是点火、堆放柴物的地方。

二　墓地和葬俗

现已发现的先周墓葬绝大多数属于第四、五期，发现地点有宝鸡斗鸡台、岐山贺家、凤翔西村、长武碾子坡、长安张家坡等。其中碾子坡、西村墓地面积较大，发掘面积也较大。

西村墓地位于凤翔南指挥西村村西 300 米处。据钻探，这片墓地范围较大，南北 127 米，东西 129 米。墓葬分布极为稠密，但不见叠压打破关系。1979~1980 年雍城考古队在此发掘了 210 座周人墓葬。发掘者认为，墓地沿用时间很长，最早的周墓为先周中期，最晚至西周中期。从墓葬出土的陶器形态来看，发掘者所分的 A1~A3、B1、D1、E1 式鬲属于先周文化第四期，B2、D2、E2 属于先周文化第五期。这样划分出来的先周墓葬，第四期 27 座，第五期 16 座。这两期的墓葬情况变化不大，方向大部分向北，少部分向南，向东者极少。它们都是小型竖穴土坑墓，墓底长 1.9~2.6 米。部分墓葬口部大于底部，葬具均为一棺。葬式除不明者外，均为仰身直肢葬。随葬品主要为陶鬲和罐，个别有簋和盂。

碾子坡的墓葬分为早、晚两期。早期的墓地与居住区同时，位于居址区以北的坡地上，高出居址区 68~73 米。墓地东西长 120 米，南北宽 96 米，面积 11520 平方米。发现墓葬 92 座，分布极为密集，但相互间没有打破关系。由于坡地上曾修建公路并开辟梯田，破坏了不少墓葬。墓葬主要为北向和南向，北向者主要偏东，南向者主要偏西，东西向的墓葬极少。墓葬全部属于小型竖穴土坑墓，面积都在 4 平方米以下。此墓地一个突出的现象是，很多墓坑的一端宽于另一端，在墓圹清楚的 89 座墓中共有 47 座。墓主脚端宽于头端者居多数，有29座。部分墓葬的墓口小于墓底。这种覆斗形墓，坑口宽度大多小于或等于坑口长度的二分之一，形状窄长。墓内一般都有葬具，二层台有生土的，也有熟土的，但绝大部分未经夯打。部分墓葬的壁面凹凸不平，二层台的宽窄也不规整，这个墓地的挖穴技术是比较落后的。

这些墓葬有葬具的共76座。其中使用木棺者居多，占55座，其他有使用席子或石棺者。石棺墓仅1座。系用长方形和近似方形的大石板搭建而成，先用8块石板围成一个长方形框架，上口用3块石板封盖，但墓主头部不封。墓主除下肢有石板垫身外，其余部位都直接放在生土上。这些墓中，89座是单人葬，1座是二次葬，其余没有发现骨骸。葬式除1座因扰乱不明外，仰身葬43座，俯身葬40座，侧身葬4座，二次葬1座。令人注意的是，能鉴别墓主性别的，仰身葬都是男性，俯身葬都是女性。另一个现象是，这里的墓葬往往两两一组，排列整齐，间隔均匀，墓坑一大一小，头向也都相同。有俯身葬成组的，仰身葬成组的，仰身与俯身葬成组的。上述墓葬中，只有6座墓随葬有陶器，共8件，大多放在墓主头端的二层台上。从出土陶鬲的形态来看，这些墓葬的年代属于先周文化第四期（图1-13A）。

晚期墓葬139座，其中138座位于同一片墓地中。墓地利用早期的居住区，南北最长63米，东西最宽60米，面积3780平方米。墓葬异常稠密，其中134座分布在东西长40米、南北宽35米的范围内。墓向绝大多数向东，偏南或偏北者也有，其他方向的极少。墓葬有竖穴土坑与洞室墓两种，前者137座，后者2座。竖穴土坑墓的大小、形制与早期墓葬大体相同。但墓坑一端宽于另一端的现象较早期要少，墓底有生土或熟土二层台，以后者居多。与早期不同的是，晚期墓葬中常见有挖壁龛的现象（图1-13B），这种墓大约占总数的二分之一。一般一墓一个壁龛，个别者挖2个或3个壁龛。洞室墓由墓道和墓室组成。墓室是从墓道侧壁向外掏挖而成的。葬具以木棺居多，其中有些墓还用席子裹尸，个别墓用布裹头。石棺葬不见。葬式与早期相同，人骨架能鉴定性别的，仰身葬多为女性，俯身葬多为男性。其他还有侧身葬和二次葬。墓葬两两成组，其中男性墓和女性墓的组合比早期更为流行。从墓葬排列的情况来看，墓地大体可以分为三组，各组之间有一定的空地间隔，三组墓葬的方向也有所差异，并且都有成行成列的现象。种种现象表明，该墓地存在着不同的群体。有随葬品的墓葬较早期要多。不过，随葬品以陶器为主，每座也只有一件。陶器一般放在壁龛里，也有的放在墓主头端的二层台上。本期的个别墓有殉狗、殉马、殉鸡等现象，这都是早期墓葬所没有的。

长安沣西张家坡和客省庄发现的先周墓葬有的有殉葬人（图1-13C；图版1-1），随葬陶鬲、陶罐、铜鼎、簋和其他器物。

岐山贺家也发现数量不少的先周墓葬。其中占多数的是小型墓，均为土坑竖穴。墓室长度一般在2米左右，宽度在1.5米左右。随葬品为陶鬲、陶罐、铜戈等。发现中型墓1座。73M1为竖穴土坑墓，长4.1米，宽2.9米，深3.94米。墓底四周有二层台，坑壁平整，墓底略大于墓口。在一端的坑壁上，有一个较大的壁龛，长1.8米，宽0.72米。壁龛内随葬品相当丰富，有铜鼎、簋、卣、瓿、斝各1件和戈、镞、盾饰、斧、锛、凿等。这是现已发现的随葬品最为丰富的先周墓葬。

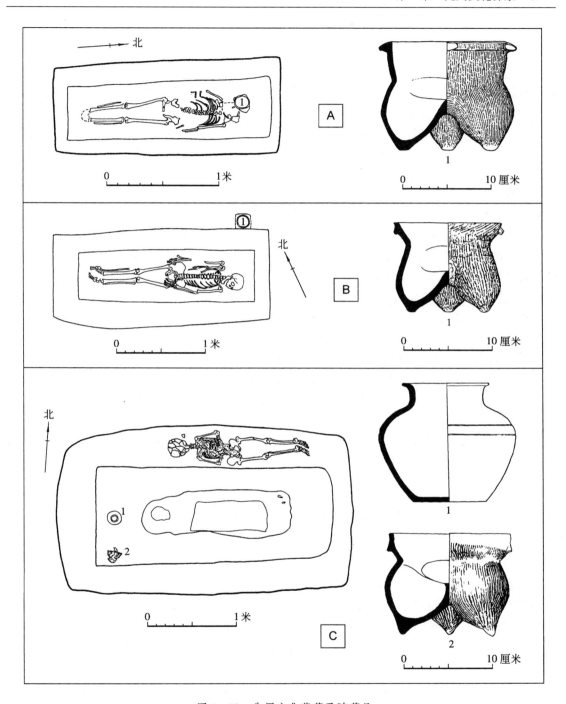

图 1-13 先周文化墓葬及随葬品
A. 碾子坡早期墓 M660 平面图　1. 陶鬲（M660:1）
B. 碾子坡晚期墓 M171 平面图　1. 陶鬲（M171:1）
C. 张家坡 M89 平面图　1. 陶罐（M89:1）　2. 陶鬲（M89:2）

三 社会生活

在先周文化的遗址中发现了大量房址、灰坑等居住遗迹以及窑址、墓葬。碾子坡是一处居住遗迹与墓葬齐全的遗址,在这里居址区与墓地分开,窑址分布在居址区的外围,居住区内房址与灰坑密集分布,表明先周时期周人已经过着定居生活。

与中原的商文化相比,先周文化的遗址面积小,更没有发现城垣遗迹。房址一般为小型。墓葬都是小型和中型,随葬品多为陶器,出土铜、玉器的墓葬极少。这些都表明先周文化的社会分化没有商文化显著,在经济发展水平上也比商文化落后。

经济主要是农业。各期遗存中都发现有铲、刀、镰等农作工具,表明先周文化从一开始就从事农业生产。在碾子坡的灰坑中发现有炭化的粮食,经鉴定为高粱,进一步证明了这一点。石器中斧的数量较大,可供砍伐之用,其中朱马嘴和碾子坡出土的锤形斧较为特别,正面呈三角形,中央穿一个大圆孔,不见于其他文化。捕鱼业似乎不发达,各遗址均未出土网坠。狩猎和畜牧在经济上占有很大比重。各遗址中均出有不少的骨镞,还有少量的铜镞。碾子坡的居址中出土了大量的兽骨,动物种类有牛、马、羊、猪、狗等,其中牛骨特别多,占全部兽骨的一半以上。这似乎说明这里的居民已经饲养家畜,并作为一个重要的经济支柱。

手工业有纺织、制陶。纺织主要表现在纺轮上,先周文化的居址都发现有纺轮。纺轮的形状颇有特色,除圆饼状外,还有呈圆锥体的。各遗址都发现有窑址,分横穴式和竖穴式两种,以后者居多。陶器的种类较多,有鬲、甗、甑、豆、盂、罐、钵、缸等。陶拍出土较多,大多呈牛角状。一些陶片刻划有文字或符号。碾子坡遗址发现有类似于金文中的"三"、"七"等字。

创造先周文化的居民中流行占卜,在各遗址中都发现了甲骨,但大部分遗址只有卜骨,不见卜甲。卜骨有的经过修整,有的未经过修整。有钻灼而无凿,上面亦无文字。

第五节 先周文化与周边青铜文化的关系

当时分布于先周文化周围的青铜文化主要有三支,一是商文化,位于先周文化以东;二是寺洼文化,位于先周文化以西;三是辛店文化,也位于先周文化以西。这几支青铜文化的分布地域随着先周文化的兴起而逐渐退缩,同时在长期的共存条件下,它们与先周文化相互接触,对先周文化产生了深刻的影响。

一 先周文化与商文化

关中地区的商文化,早至二里冈下层阶段,晚至殷墟第一、二期。各个时期的分布地域也有所不同。二里冈下层阶段的遗存,发现地点有耀县北村、华县南沙村、西安老牛坡、扶风壹家堡等遗址,地域跨西安以东和周原地区,以西安以东地区最为集中。二里冈上层阶段的遗存,发现的地点较多,有华县南沙村、耀县北村、西安老牛坡、礼泉朱马嘴、岐山贺家和京当、扶风壹家堡等,表明这一时期商文化不仅占有西安以东地区,而且在周原地区也站稳了脚跟。另外还有不少发现商式铜器的地点，这些地点因未发现同时期的居住遗迹，是否属于商文化势力范围有待确认。殷墟第一、二期的遗存，发现地点减少，西安以东的有西安老牛坡、以西的有扶风壹家堡等，分布地点仍跨西安以东至周原地区。可以看出，殷墟第一、二期以后，商文化开始衰退。与商文化相反，先周文化呈现出不断扩张的趋势。先周文化第一期遗存目前仅见于礼泉朱马嘴，但第二、三期遗存的发现地点明显增加，有武功岸底及郑家坡、扶风壹家堡。集中于漆水上游及周原地区。第四、五期遗存的发现地点大大增加，有长武碾子坡、宝鸡斗鸡台、武功岸底、岐山贺家、凤翔西村、长安张家坡和客省庄。先周文化向西扩展到宝鸡地区，向东则扩展到沣西地区。这与周人兴起并推翻商朝的史实是相吻合的。

先周文化与关中地区商文化毗邻相处，相互吸收交融，对它们各自的发展产生了深远的影响。

关中地区的商文化与中原地区商文化相比带有一定的地方特色。在文化内涵上，二里冈下层阶段，关中地区商文化与周原地区具有很强的一致性。陶器器类、形态都与郑州二里冈相近。惟缺少后者的一部分器类，如深腹罐、捏口罐、甑。另外，周原地区同时期的遗址中很少出圆腹罐，在关中地区则大量出现，尤其是华县南沙村遗址。这两点应是本地特征，这反映了商文化在大规模进入关中地区的同时，也吸收了一些土著文化的因素。虽然同时期的先周文化遗存没有发现，但可以推测此时先周文化已经产生。二里冈上层阶段以后，本地特征越来越浓厚。除上述陶器所反映的特征外，在本阶段发现的遗迹与墓葬中也出现了本地特征。殷墟一、二期的情形更为如此。扶风壹家堡的H33是一座半地穴式的房子。平面大致呈"吕"字形，西部是深坑，东部为斜坡，通向地面。西北坑壁下部还向外扩张。这座房子是典型的先周文化形式。在西安老牛坡发现的同时期墓葬，墓室为竖穴土坑式，底部有二层台与腰坑，随葬有商式铜器，这是典型的商文化特征。随葬大多为一鬲和一罐，与先周文化的随葬习俗相同。此外，鬲的口沿为方唇，是属于商文化特征，但裆部内瘪，绳纹从领部一直拍到足跟，则与先周时期和西周时期联裆鬲的风格相近。

先周文化与商文化相比，较为落后。因此在先周文化的发展过程中，由于同商文化长期接触，受到了商文化很大的影响。

在武功岸底遗址出土的先周文化第二期遗存中，发现有许多商文化因素。其中的鬲折沿方唇，浅腹矮裆，是典型的殷墟第一期形式。簋是商文化的常见器物，先周文化中也有所发现，但形式与商文化不同。前者的簋宽圈足，近直腹，后者的簋小圈足，斜直腹，这可能说明先周文化不仅直接引进商文化的因素，而且有所改造，带有自身的特点。岸底还发现有敛口瓮，小口宽肩，器身较宽矮，与郑州二里冈的同类器物相近。

先周文化第三期遗存也发现有不少商文化因素，主要表现在陶器上。扶风壹家堡出土的鬲、甗、豆、簋均为商文化特色的器物。鬲卷沿，方唇，浅腹，矮裆，颈部抹光，与殷墟第二期鬲相似。但是鬲的裆部内瘪，绳纹饰至足跟，这些先周文化器物的特色，表明先周文化吸收了商文化的器物并加以改造。其他器物上也可以发现这种现象。甗折沿，方唇，上腹微鼓，下部折裆袋足，腰部有附加堆纹，这是商式甗的特点；另一方面，绳纹上饰至口沿唇部，下饰至足跟，同时腰部附加堆纹不明显，这些是先周式甗的特点。豆敞口，方唇，浅腹，厚胎，纯粹是商式特点。武功郑家坡遗址也出土了一部分商式陶器。一种是敛口瓮，仅存口沿残片，斜肩部倾斜较甚。另一种仅存肩部以下部分，器身宽矮，底部附有小圈足。簋，宽圈足，器腹较直，先周风格较为浓厚。缸数量较多，敞口，方圆唇，斜直腹。口沿下饰一周附加堆纹，其下饰一周凹槽；另一种方唇，斜直腹，口沿下饰一周附加堆纹，商文化风格较浓。

先周文化第四期遗存中也出土一些商文化陶器。扶风壹家堡的豆敞口，浅腹，假腹，粗柄。是纯粹的商文化器物。武功岸底发现有两件鬲：一件窄折沿，深腹，高折档。不过，绳纹从口沿下饰至足跟。另一件折沿，方唇，浅腹，矮档，颈下抹光，绳纹饰至足跟。这两件鬲均为商式的器形，周式的纹饰，是混合型的器物。不过，还有一件出自马坑的鬲，却是纯粹的商式器。敛口，口沿下饰两周附加堆纹。

第四期发现的青铜器有鼎、瓿等，发现地点主要为长武碾子坡。碾子坡出土的瓿敛口，鼓腹，饰饕餮纹，风格与商文化相同。不过，长武碾子坡的铜鼎，虽然双耳、鼓腹等特征与商文化相同，但截面呈桃形的柱足和腹部饰乳丁纹较为特别，不见于商文化。先周文化遗址尚未发现铸铜遗迹，但从这件铜器上可以看出，这一时期先周文化不仅吸收商文化的先进产品，而且开始模仿制造。器身上明显的铸缝充分表现出当时周人在铸造技术上的落后。

先周文化第五期遗存中也发现了部分商式陶器。扶风壹家堡出土的甗较多，折沿，方唇，鼓腹，是商式特征。腰部无附加堆纹，绳纹饰至口沿下，是周式特征；折沿，方唇，弧腹，束腰，无附加堆纹，袋足，周式风格较浓。簋为方唇内敛，斜腹，器腹饰若干道弦纹和三角划纹。敛口瓮为大口窄肩。

本期发现有不少青铜容器，商式风格较浓。其中鼎的数量较多。凤翔出土的一件鼎，双立耳，平折，半球形腹，细柱足，是商式特征。而口下饰简化饕餮纹，仅有鼻目，是周式特征。凤翔的另一件鼎，立耳，分档，垂腹，柱足。腹饰饕餮纹，以云雷纹为地。内壁铸有"鼎"字，是典型的商式铜器。

青铜兵器数量也较多，有戣、戈、镞。贺家出土的一件戣，援身呈三角形，正中有一大圆孔，两角各有一个长方形穿孔，内作长方形，中间亦有一个长方孔。是典型的商式器。同墓出土的另一件，援身作三角形，透雕雷纹。南指挥西村出土的一件，援身作三角形，中央起棱，近内处有一个圆孔，两角各有一个长方形孔，阑下端有勾，周文化特征较浓。贺家出土一件戈，长援短胡，内呈长方形，以銎固柲。援身近内处及銎内分别饰鸟纹及饕餮纹，以云雷纹作地；同墓出土的另一件戈，长援无胡，援上起长条形宽脊，近内处有小圆孔；内呈长方形，中央穿孔，两面均阴刻夔龙，内嵌绿玉。

作为先周文化信仰习俗的占卜，第二期就已出现，在各个居住遗址中都有发现。这里占卜所用的材料全为牛、羊的肩胛骨。商文化从二里冈下层起就占据了关中地区，商人的占卜习俗也带到了这里。先周文化的占卜习俗与之不无关系。关中地区商文化只用肩胛骨，而且只行钻而不凿。先周文化大多数遗址没有发现有凿的卜骨也是受商文化影响所致。

二　先周文化与寺洼文化

寺洼文化是分布在甘青地区的一种青铜文化，它的分布范围东至宝鸡地区，西至兰州一线，南抵甘川省界，北达庆阳，现已发现的遗址或墓地集中分布在洮河、白龙江、西汉水、渭河上游、葫芦河、泾水上游、马莲河等流域。经过考古发掘或调查的遗址或墓地有甘肃临洮寺洼山[1]、平凉安国镇[2]、庄浪徐家碾[3]、合水九站[4]等。文化面貌很有特色。墓葬有少数火葬，此外还有解体葬、二次葬。随葬陶器数量很多，少者1~7件，多者达55件。陶胎中大多掺以大量的砂粒或陶末，质地粗松。陶器一般没有纹饰，但器表往往有附加泥条以加固器物。器物大多带有环耳。器类中流行马鞍口罐，其他器物有单耳罐（或壶）、双耳罐（或壶）、豆、簋、瓮、鬲等。此外，还有一些小件铜器。

从寺洼文化和先周文化的比较中，可知它与周文化存在密切关系。墓葬均为竖穴土坑，葬式大部分为仰身直肢葬，这些葬俗都与周文化相同。随葬品中的鬲、豆、簋，也是周文化中常见的器物，形态也很相近。因此以往有些学者认为寺洼文化就是先周文化的前身，或者是后者的来源之一。这种结论与当时极为有限的考古材料不无关系。过去寺洼文化的考古资料主要是墓葬，或采集品，有的还没有全部发表，缺乏地层关系，也缺乏与先周文化相参照的器物。当然，先周文化本身也因为材料上的局限，内涵、分期、年代等问题也都只是在探索之中。这些都给研究寺洼文化以及它与先周文化的关系造成了障碍。

合水九站是一处重要的遗址。它位于甘肃省庆阳地区合水县，地处马莲河支流合水川的北岸，是寺洼文化遗址中最靠东北的一处。遗址分为居址和墓地两部分，居址位于遗址的中南部，坐落在合水川北面的坡地上，面积约16万平方米。墓地位于北边的坡地上，南与居址相接，面积约15万平方米。1984年北京大学考古系等单位在此发掘了75平方米的居住遗迹，清理了82座墓葬，获得了900余件遗物。居址和墓葬都出土了大量的陶片和陶器，可以分为两个陶系。第一陶系为寺洼文化的素面褐陶，器类主要有双耳罐、无耳罐、壶、分裆鬲、豆、单耳杯等；第二陶系为周文化的绳纹灰陶，器类主要有鬲、盆、豆、罐（无耳），还有甗、三足瓮、钵。发掘者根据层位关系把这里的文化遗存分为三期，第一期年代为先周晚期到西周早期，第二、三期年代为西周晚期至战国时期。

过去有些学者提出寺洼文化是先周文化的来源和来源之一，理由之一就是二者都有高领袋足鬲，而且都是夹砂褐陶居多。从现有的材料来看，这种看法是需要修正的。寺洼文化各遗址中发现的鬲数量都很大，可以分为三种。一种是单把鬲，居绝对多数，在九站出土的60件鬲中，占30件。它的特点是单把，瘦袋足。一种是高领袋足鬲，数量很少，大约有7件。这种鬲不带耳，但有鋬，袋足肥硕，有粗壮的足跟，无绳纹，与先周文化第四、五期的同类

---

[1] A. Andersson, J.G. (1943), Researches into the Prehistory of the Chinese, *Bulletin of the Museum of Far Eastern Antiquities*, No.15, pp.179-185.
  B. 夏鼐：《临洮寺洼山发掘记》，《考古学论文集》，科学出版社，1961年。
  C. 裴文中、米泰恒：《甘肃史前考古报告初稿》油印本，1948年。
[2] 张学正：《甘肃古文化遗存》，《考古学报》1960年第2期。
[3] 中国社会科学院考古研究所泾渭工作队：《甘肃庄浪县徐家碾寺洼文化墓葬发掘纪要》，《考古》1982年第6期。
[4] 北京大学考古系、甘肃省文物考古研究所：《甘肃合水九站遗址发掘报告》，《考古学研究（三）》，科学出版社，1997年。

器相近。由此看来，单把鬲是寺洼文化内在的器物，这与它渊源于齐家文化相吻合。高领袋足鬲形态与单把鬲不同，数量也少，没有理由说它起源于寺洼文化，换言之，它是外来的因素，其来源就是先周文化，在先周文化中高领袋足鬲数量很大，年代渊源也较久远。寺洼文化中的这种鬲全为素面，这应是寺洼文化吸收过来后注入了自己的特色。第三种鬲即联裆鬲，数量略多于高领袋足鬲，约有18件，年代相当于从先周文化第五期到西周晚期。这种鬲在先周时期及西周早期的寺洼文化中一般为素面，西周中期以后均有绳纹。

寺洼文化的豆有两种。一种是细柄豆，盘腹深，器壁斜直，柄呈喇叭状。一种是粗柄豆，盘腹浅，器壁较直，柄呈柱状。形态都与先周文化的陶豆相近，壹家堡、岸底以及碾子坡都有出土。这种器物的出土地点都在甘肃天水以东的庄浪徐家碾、合水九站等。位于甘肃中部的临洮寺洼山，没有发现陶豆。如此看来，陶豆不是寺洼固有的器物，是从先周文化吸收过来的。

从先周文化传播过来的陶器还有簋、圆肩罐。九站出土的一件簋，束颈，深腹，喇叭形圈足，与马王镇H18中见到的一件相近，惟陶质为砂红褐陶，这也是寺洼文化吸收先周文化并加以改造的产物。九站出土的一件圆肩罐，直领，圆肩，平底，肩与上腹饰弦纹，陶质为泥质灰黑陶，烧制火候较高，是直接吸收过来的器物。

铜器方面，寺洼文化还发现有周文化的青铜兵器和车马器，兵器有戈、矛、镞、刀、圆泡，主要见于九站和徐家碾墓葬中。徐家碾墓葬中出土的矛、戈、镞、圆泡各1件，可能是先周时期的兵器。矛身呈柳叶状，中脊有棱，圆箍；戈的中脊亦突起，短胡一穿。这两件兵器都是商代晚期的样式。可能是先周时期的。

三 先周文化与辛店文化

辛店文化是甘肃地区的另一支青铜文化。主要分布在洮河、大夏河、庄浪河、湟水流域，东面与寺洼文化相邻接[1]。调查发现的遗址有170余处，经过正式发掘的有甘肃永靖张家嘴、韩家嘴、姬家川、莲花台，青海大通上孙家、乐都柳湾、共和合洛寺、民和核桃庄等。辛店文化以发达的彩陶与其他青铜文化相区别，器类有双大耳罐、绳纹双耳罐、大口双耳罐、腹耳壶、钵、杯、豆等一批富有特色的器物。此外，遗址中还发现有鬲、鼎、甗等关中地区与甘青地区青铜文化共有的器物。

甘青地区的辛店文化因为隔着寺洼文化，与先周文化相距较远，文化关系不甚密切。不过它们之间的关系在刘家墓地得到了体现。刘家墓地出土的双大耳罐、腹耳壶、单耳罐都是辛店文化特色的器物。刘家墓葬流行洞室葬以及随葬大量陶器的现象也常见于辛店文化的墓葬之中。由此可以推断刘家墓地属于辛店文化。刘家墓地出土的高领袋足鬲，与碾子坡先周文化第四期的同类器接近。折肩罐大多为矮折沿，器腹肥硕，平底，与壹家堡、岸底先周文化第五期的同类器类似。令人注意的是，这里的随葬器物除少数为素面外，其余均饰绳纹，而未见甘青地区辛店文化流行的彩绘。种种迹象表明，先周文化对刘家墓地的文化影响是很深的。

---

[1] 谢端琚：《略论辛店文化》，《文物资料丛刊》9，文物出版社，1985年。

第二章 西周文化的分期、年代和都邑

第一节 西周考古的主要工作

我国西周时期的考古工作始于20世纪的30年代。当时的中央研究院历史语言研究所考古组曾在河南浚县辛村发掘了80多座卫国墓葬[1]，而北平研究院史学研究会则在陕西长安调查了丰镐遗址[2]，在宝鸡发掘了斗鸡台沟东区的西周墓葬[3]。1943年，中央研究院历史语言研究所考古组又根据文献中有关周代都城的资料，调查了陕西长安、岐山、邠县等地的遗址[4]。这些就是西周考古工作资料的原始积累。

进入20世纪50年代以后，中国考古学得到前所未有的发展，西周考古学也有了日新月异的进步。半个世纪以来，西周的考古工作主要围绕着都城遗址和大型墓地而展开（图2-1）。这些工作主要有以下五项内容。

一是丰镐遗址的调查和发掘。丰镐二京相传在陕西长安沣河两岸，在沿沣河两岸多次调查的基础上，确定了丰镐遗址的范围。在沣西，发掘了张家坡的居住址和墓地[5]，发掘和勘察了马王村和客省庄的大型夯土建筑基址[6]，发现了多处西周铜器窖藏[7]。在沣东，发掘了洛水村的居住址[8]、花楼子的宫殿建筑基址[9]、普渡村和花园村的墓地[10]等。

二是周原遗址的调查和发掘。周原遗址相传是古公亶父迁岐以来的都邑，遗址在今陕西

---

[1] 中国科学院考古研究所：《浚县辛村》，科学出版社，1964年。
[2] 徐炳昶、常惠：《陕西调查古迹报告》，《国立北平研究院院务汇报》第4卷第6期，1933年。
[3] 苏秉琦：《斗鸡台沟东区墓葬》，北京大学出版部，1948年。
[4] 石璋如：《传说中周都的实地考察》，《历史语言研究所集刊》第20本下册，1949年。
[5] A. 中国科学院考古研究所：《沣西发掘报告》，文物出版社，1962年。
    B. 中国社会科学院考古研究所：《张家坡西周墓地》，中国大百科全书出版社，1999年。
[6] 中国社会科学院考古研究所沣西发掘队：《陕西长安沣西客省庄西周夯土基址发掘报告》，《考古》1987年第8期。
[7] A. 中国科学院考古研究所：《长安张家坡西周铜器群》，文物出版社，1965年。
    B. 西安市文物管理处：《陕西长安新旺村、马王村出土的西周铜器》，《考古》1974年第1期。
[8] 中国科学院考古研究所丰镐考古队：《1961～1962年陕西长安沣东试掘简报》，《考古》1963年第8期。
[9] 陕西省考古研究所：《镐京西周宫室》，西北大学出版社，1995年。
[10] 陕西省文物管理委员会：《长安普渡村西周墓的发掘》，《考古学报》1957年第1期；《西周镐京附近部分墓葬发掘简报》，《文物》1986年第1期。

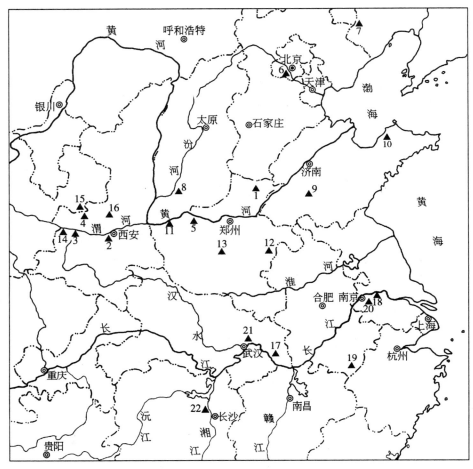

图 2-1 西周主要遗存分布示意图

1. 浚县辛村 2. 长安丰镐 3. 宝鸡斗鸡台 4. 岐山、扶风周原 5. 洛阳北窑 6. 房山琉璃河 7. 凌源海岛营子 8. 曲沃曲村 9. 曲阜鲁国故城 10. 黄县旧城 11. 三门峡上村岭 12. 鹿邑太清宫 13. 平顶山北滍村 14. 宝鸡茹家庄 15. 灵台白草坡 16. 泾阳高家堡 17. 蕲春毛家咀 18. 丹徒烟墩山 19. 屯溪奕棋 20. 句容浮山 21. 黄陂鲁台山 22. 望城高砂脊

岐山、扶风两县的北部，经多年的调查和勘察，遗址面积约有 15 平方公里。1977 年，在岐山的凤雏[1]和扶风的召陈[2]，分别发现有大型的夯土建筑基址，并在凤雏的建筑基址中发现西周的甲骨刻辞[3]。1999 年，又在扶风的云塘、齐镇发现大型夯土建筑基址[4]。在岐山、扶风两地发掘的西周时期的墓葬，也有很多重要的发现[5]。特别需要指出的是，自清季以

---

[1] 陕西周原考古队：《陕西岐山凤雏村西周建筑基址发掘简报》，《文物》1979 年第 10 期。
[2] 陕西周原考古队：《扶风召陈西周建筑群基址发掘简报》，《文物》1981 年第 3 期。
[3] 陕西周原考古队：《陕西岐山凤雏村发现周初甲骨文》，《文物》1979 年第 10 期。
[4] 周原考古队：《陕西扶风县云塘齐镇西周建筑基址 1999～2000 年度发掘简报》，《考古》2002 年第 9 期。
[5] A. 陕西周原考古队：《扶风云塘西周墓》，《文物》1980 年第 4 期。

降，周原地区曾多次发现铜器窖藏，近半个世纪来，又在扶风齐家[6]、庄白[7]和岐山董家[8]等地发现重要的铜器群窖藏，为西周考古研究提供了极为重要的资料。

三是洛邑成周的调查和发掘。这项工作是从20世纪50年代初期在河南洛阳涧河沿岸寻找西周时期的"王城"开始的，结果在涧河之东发现了东周时期的城址[9]。在洛阳的东郊和老城内也发现有商周之际的墓葬和西周的车马坑[10]。以后，又在瀍河一带发掘了很大的西周墓地[11]、西周居住址和铸铜遗址[12]。这些发现为进一步探寻"成周"积累了资料。

四是诸侯国城址、墓地的勘察和发掘。从20世纪70年代以来，在北京房山琉璃河发现西周时期燕国的城址[13]，发掘了燕国墓地[14]，以后又在黄土坡村发掘了M1193大墓[15]，从出土的铜器铭文中获知西周初年封燕的情形，可以确认是燕侯墓地。此外，在北京昌平发掘了西周时期的木椁墓[16]，在辽宁凌源和喀左等地发现了燕侯铜器和燕国贵族的窖藏铜器[17]，可知西周时期燕国政治势力所达的范围。

山西曲沃曲村西周居住址、墓葬的发掘[18]及北赵晋侯墓地的发现和全面揭露[19]是西周考古最重要的发现之一。晋侯墓地经过六次发掘，揭露出自西周前期以来9组19座

　　B. 陕西周原考古队：《陕西扶风齐家十九号西周墓》，《文物》1979年第11期。

　　C. 罗西章、吴镇烽、雒忠如：《陕西扶风出土西周伯䧕诸器》，《文物》1976年第6期。

　　D. 罗西章、吴镇烽、尚志儒：《陕西扶风县召李村一号周墓清理简报》，《文物》1976年第6期。

[6] 陕西省博物馆、陕西省文物管理委员会：《扶风齐家村青铜器群》，文物出版社，1963年。

[7] 陕西周原考古队：《陕西扶风庄白一号西周青铜器窖藏发掘简报》，《文物》1978年第3期。

[8] 岐山县文化馆、陕西省文管会：《陕西省岐山县董家村西周铜器窖穴发掘简报》，《文物》1976年第5期。

[9] 中国科学院考古研究所洛阳发掘队：《洛阳涧滨东周城址发掘简报》，《考古学报》1959年第2期。

[10] A. 郭宝钧、林寿晋：《一九五二年秋季洛阳东郊发掘报告》，《考古学报》第九册，1955年。

　　B. 中国社会科学院考古研究所洛阳唐城队：《洛阳老城发现四座西周车马坑》，《考古》1988年第1期。

[11] 洛阳市文物工作队：《洛阳北窑西周墓》，文物出版社，1999年。

[12] 洛阳市文物工作队：《1975～1979年洛阳北窑西周铸铜遗址的发掘》，《考古》1983年第5期。

[13] 琉璃河考古队：《琉璃河遗址1996年度发掘简报》，《文物》1997年第6期。

[14] 北京市文物研究所：《琉璃河西周燕国墓地》，文物出版社，1995年。

[15] 中国社会科学院考古研究所、北京市文物研究所：《北京琉璃河1193号大墓发掘简报》，《考古》1990年第1期。

[16] 北京市文物管理处：《北京地区又一重要考古收获——昌平白浮西周木椁墓的新启示》，《考古》1976年第4期。

[17] A. 热河省博物馆筹备组：《热河凌源县海岛营子村发现的古代青铜器》，《文物参考资料》1955年第8期。

　　B. 喀左县文化馆、朝阳地区博物馆、辽宁省博物馆：《辽宁省喀左县山湾子出土殷周青铜器》，《文物》1977年第12期。

[18] 北京大学考古学系商周组、山西省考古研究所：《天马—曲村》，科学出版社，2000年。

[19] A. 北京大学考古学系、山西省考古研究所：《天马—曲村遗址北赵晋侯墓地第五次发掘》，《文物》1995年第7期。

　　B. 北京大学考古文博院、山西省考古研究所：《天马—曲村遗址北赵晋侯墓地第六次发掘》，《文物》2001年第8期。

晋侯及夫人的墓葬，根据其出土遗物可以推断各墓组的排序，并为西周时期诸侯墓的丧葬制度提供最有力的资料。

齐、鲁两国是西周初年封建屏周在东方的最重要的封国。在山东曲阜，勘察了鲁国故城并发掘了西周时期的墓葬[1]。在临淄，也进行了全面的勘察，发现了一些西周时期的青铜器[2]。

虢国墓地是1957年为配合黄河三门峡水库建设时发掘的，当年在河南陕县上村岭发掘了包括虢太子墓在内的200多座墓葬[3]。20世纪90年代以后，又发掘了虢季墓、虢仲墓和虢国的上阳城[4]。虢国墓地和都城主要是西周晚期到春秋早期的遗存。

在河南鹿邑发现的长子口墓是一座双墓道的大墓，随葬有商末周初风格的青铜礼乐器[5]，或以为应与商丘发现的宋城相联系，认为应是周初封微子于宋的遗存[6]，从而为进一步探索西周时期的宋国，提供了重要的线索。此外，在河南平顶山市发现了西周时期应国的墓地[7]。

西周时期方国贵族墓地也有重要的发现。在陕西宝鸡市茹家庄和竹园沟发掘的㚴国墓地[8]在墓葬形制和随葬器物上都反映出若干不同于中原地区的文化特征。甘肃灵台发现的㵱伯墓、潶伯墓[9]，以及陕西泾阳发现的戈国墓[10]，都显示各自的特色。

五是南方地区西周文化遗存的发现。南方地区西周文化的发现扩大了西周文化分布的区域，也为全面认识西周文化的面貌提供了极其重要的资料。在居住址方面，有湖北蕲春发现的木结构房屋遗存[11]，也发现有铜器窖藏[12]。在墓葬方面，有江苏丹徒烟墩山墓葬[13]，安徽屯溪西周墓[14]，以及各地发现的土墩墓[15]。

---

[1] 山东省文物考古研究所、山东省博物馆：《曲阜鲁国故城》，齐鲁书社，1982年。

[2] 王献唐：《黄县㠱器》，山东人民出版社，1960年。

[3] 中国科学院考古研究所：《上村岭虢国墓地》，科学出版社，1959年。

[4] 河南省文物考古研究所、三门峡市文物工作队：《三门峡虢国墓》，文物出版社，1999年。

[5] 河南省文物考古研究所、周口市文化局：《鹿邑太清宫长子口墓》，中州古籍出版社，2000年。

[6] A. 张长寿：《商丘宋城和鹿邑大墓》，《揖芬集——张政烺先生九十华诞纪念文集》，社会科学文献出版社，2002年。

　　B. 王恩田：《鹿邑太清宫西周大墓与微子封宋》，《中原文物》2002年第4期。

[7] A. 河南省文物研究所、平顶山市文管会：《平顶山市北滍村西周墓地一号墓发掘简报》，《华夏考古》1988年第1期。

　　B. 河南省文物研究所、平顶山市文物管理委员会：《平顶山应国墓地九十五号墓的发掘》，《华夏考古》1992年第3期。

[8] 卢连成、胡智生：《宝鸡㚴国墓地》，文物出版社，1988年。

[9] 甘肃省博物馆：《甘肃灵台白草坡西周墓》，《考古学报》1977年第2期。

[10] 陕西省考古研究所：《高家堡戈国墓》，三秦出版社，1995年。

[11] 中国科学院考古研究所湖北发掘队：《湖北蕲春毛家嘴西周木构建筑》，《考古》1962年第1期。

[12] 湖北黄冈市博物馆：《湖北蕲春达成新屋湾西周铜器窖藏》，《文物》1997年第12期。

[13] 江苏省文物管理委员会：《江苏丹徒烟墩山出土的古代铜器》，《文物参考资料》1955年第5期。

[14] 安徽省文化局文物工作队：《安徽屯溪西周墓发掘报告》，《考古学报》1959年第4期。

[15] 南京博物院：《江苏句容县浮山果园西周墓》，《考古》1977年第5期。

以上各地的发现大大丰富了西周考古学文化的内涵，使我们得以对西周文化的分期、断代、都城和聚落遗址以及墓葬制度和葬俗等各方面做出基本的概述。

第二节　西周考古学文化的分期

在西周考古工作中，丰镐遗址的发掘起步较早，资料的积累也最丰富，因此，有关西周考古学文化的分期研究最先提出，而且成为尔后分期断代研究的基础。丰镐遗址在1955～1957年的第一次大规模发掘之后，根据地层关系和陶器的类型学变化，把居住址分为早、晚两期，将墓葬分为五期[1]。早期居住址的典型陶器有直领袋足鬲、瘪裆锥足鬲、绳纹圈足簋、方耳折肩罐以及甗、尊、鼎等（图2-2），晚期居住址的典型陶器有联裆仿铜鬲、袋足疙瘩鬲、细柄带棱豆、小口弦纹篦纹罐、大口折腹盂以及甑等（图2-3）。早期居住址的年代约在成康以前，其上限或可到文王作丰之时。晚期居住址的年代约在穆王

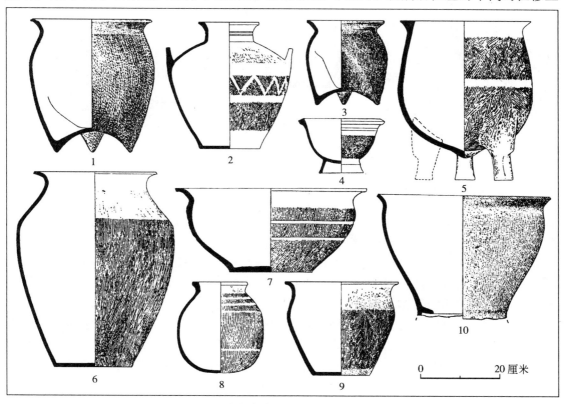

图2-2　长安张家坡西周早期居住址出土陶器
1. 鬲（T174:4A）　2. 罐（H301）　3. 鬲（H301）　4. 簋（H301）　5. 鼎（H301）　6. 尊（H413）　7. 盆（T308:3）
8. 罐（H423:5A）　9. 尊（H201）　10. 甗（H202）

---

〔1〕 中国科学院考古研究所：《沣西发掘报告》，文物出版社，1962年。

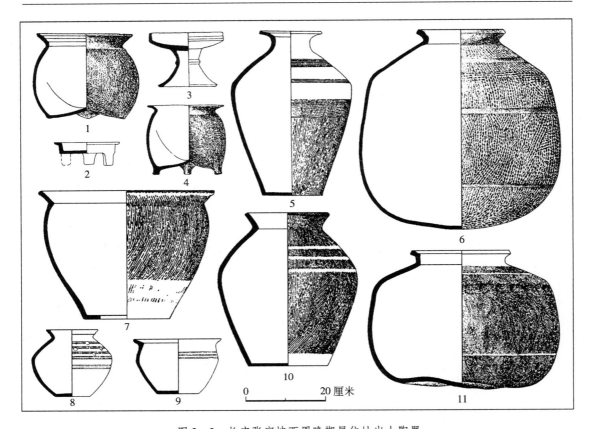

图 2-3　长安张家坡西周晚期居住址出土陶器
1. 鬲（H410）　2. 盘（T202:3）　3. 豆（H141:1）　4. 鬲（H401:14）　5. 罐（H410:2）　6. 瓮（H162:1:9）
7. 甑（H162:1:11）　8. 罐（T202:3）　9. 盂（H422）　10. 瓮（H152）　11. 瓮（H104）

以后直到西周末年。墓葬方面，第一期和第二期墓葬的随葬陶器组合主要是鬲、簋、罐，第三期至第五期墓葬的随葬陶器组合主要是鬲、盂、罐、豆。各期的陶器器形也有明显的变化。第一期墓葬的年代大约是成康时期，第二期墓葬约为穆王时期，第三期至第五期墓葬的年代约与晚期居住址同时，相当于西周晚期。1967 年以后，由于在墓葬方面有新的发现[1]，出现了高领袋足鬲和罐的组合，于是在前面增加了一期，而将原先的五期往后顺延，成为六期（图 2-4）。这个分期和年代判断，基本上为学术界所接受，但是，它仍然存在缺陷和不足。一是早期居住址的年代上限似不够明晰；二是早期居住址和晚期居住址之间似还有未能衔接的地方。关于前一个问题，经过对西周早期居住址中有关遗存间的叠压打破关系的探索[2]，终于在 1997 年在沣西马王村发现了一组典型地层关系，即西周早

---

[1] A. 中国社会科学院考古研究所沣西发掘队：《1967 年长安张家坡西周墓葬的发掘》，《考古学报》1980 年第 4 期。
　　B. 中国社会科学院考古研究所丰镐工作队：《长安沣西早周墓葬发掘纪略》，《考古》1984 年第 9 期。
[2] 中国科学院考古研究所沣西发掘队：《陕西长安、户县调查与试掘简报》，《考古》1962 年第 6 期。

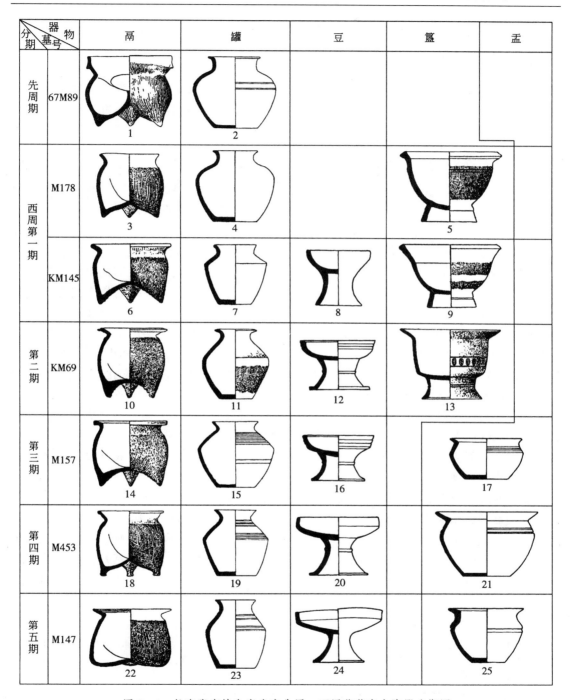

图 2-4 长安张家坡和客省庄先周、西周墓葬出土陶器分期图

1.67M89:2 2.67M89:1 3.M178:1 4.M178:6 5.M178:2 6.KM145:6 7.KM145:4 8.KM145:2 9.KM145:1 10.KM69:4 11.KM69:3 12.KM69:5 13.KM69:2 14.M157:7 15.M157:1 16.M157:3 17.M157:2 18.M453:5 19.M453:3 20.M453:1 21.M453:4 22.M147:4 23.M147:2 24.M147:1 25.M147:3

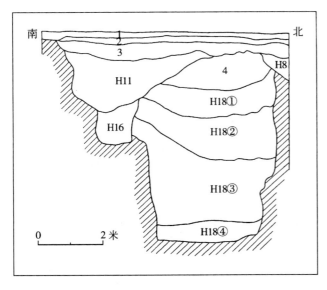

图 2-5 长安马王村 97SCMT1 西壁剖面图
1. 表土层 2. 晚期扰土层 3. 西周中期堆积层
4. 商周之际堆积层 H18. 先周晚期堆积

期地层叠压在先周文化的灰坑 H18 之上[1]。H18 是一个以出高领袋足鬲为代表的灰坑（图 2-5；图版 1-2），而高领袋足鬲是被视作先周文化最富特征的器物之一，因此，H18 所出的高领袋足鬲及其他的共存器物可以区分为先周时期的遗存（图 2-6）。关于后一个问题，由于在沣东镐京遗址的发掘而得以补充[2]。根据沣东白家庄和洛水村的地层关系，西周文化层可以分为早、中、晚三期，早期的典型器物有尊，中期有盘和瓦纹三足器，晚期则有甗；早期多簋，晚期流行盂。各期的同类器物在器形上也有明显的变化，早期的鬲多瘪裆，仿铜鬲多分裆；晚期的鬲多分裆，仿铜鬲多平裆。早期的豆柄粗而高，中期的豆柄较细，晚期的豆细柄中部多有凸棱，还有短柄豆。这样，丰镐遗址的周文化，居住址可以分为四期，墓葬可以分为六期，而居住址的第一期和墓葬的第一期均为先周时期的遗存。

丰镐作为西周时期的都城遗址，它的文化分期具有典型意义，可以作为其他地区西周文化分期断代的参考标准。但是，不同地区的西周考古学文化都会具有自身的某些特点，相互之间也必然会有某些差异，因此，在文化分期上不应照搬某一地区的模式，而要从具体的实际中去发现自己的规律。

以周原遗址来说，岐山京当发现的一组铜器，包括鬲、斝、瓿、爵、戈各 1 件[3]，就容器的器形、纹饰和组合而论，可以确认是相当于二里冈上层时期的遗存。岐山贺家发现随葬有高领袋足陶鬲的墓葬[4]，而扶风刘家更有出高领袋足陶鬲的洞室墓[5]，扶风齐家发现的西周晚期墓葬，其随葬陶器组合不见陶盂而仍用陶簋[6]，当然簋的形式与早期不同。以上这些都与丰镐遗址有所不同，因此，周原遗址的西周考古学的文化分期自应以

---

[1] 中国社会科学院考古研究所丰镐工作队：《1997 年沣西发掘报告》，《考古学报》2000 年第 2 期。
[2] 中国科学院考古研究所丰镐考古队：《1961～1962 年陕西长安沣东试掘简报》，《考古》1963 年第 8 期。
[3] 王光永：《陕西省岐山县发现商代铜器》，《文物》1977 年第 12 期。
[4] 徐锡台：《岐山贺家村周墓发掘简报》，《考古与文物》1980 年第 1 期。
[5] 陕西周原考古队：《陕西刘家姜戎墓地发掘简报》，《文物》1984 年第 7 期。
[6] 中国社会科学院考古研究所扶风考古队：《一九六二年陕西扶风齐家村发掘简报》，《考古》1980 年第 1 期。

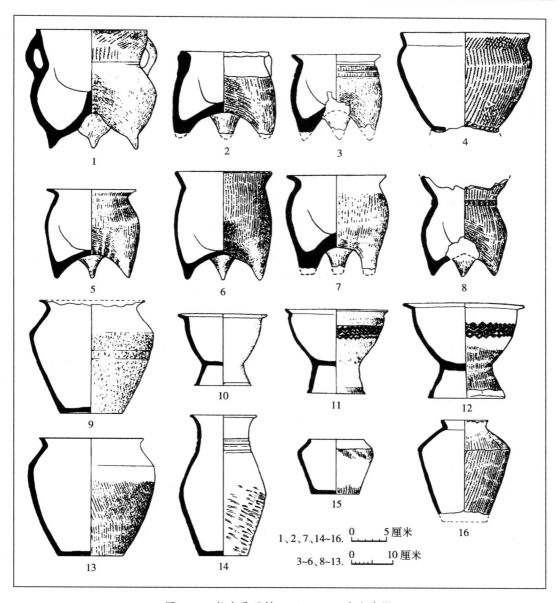

图 2-6 长安马王村 97SCMT1H18 出土陶器

1. 鬲（H18:53） 2. 鬲（H18:56） 3. 鬲（H18:54） 4. 甗（H18:57） 5. 鬲（H18:50） 6. 鬲（H18:49）
7. 鬲（H18:55） 8. 甗（H18:59） 9. 大口尊（H18:40） 10. 簋（H18:46） 11. 簋（H18:44） 12. 簋
（H18:45） 13. 大口尊（H18:41） 14. 壶（H18:47） 15. 敛口钵（H18:61） 16. 小口罐（H18:58）

此为基础，作出相应的分析和判断[1]。

北京房山琉璃河燕国都城遗址和墓地也是西周考古资料积累较丰富的遗址之一。20 世

---

[1] 梁星彭：《岐周、丰镐周文化遗迹墓葬分期研究》，《考古学报》2002 年第 4 期。

纪70年代发掘的墓葬被分为早、中、晚三期[1]，以后发掘的居住址也分为三期[2]，而墓葬则被区分为三期六段[3]。以墓葬为例，西周早期墓葬的随葬陶器组合以鬲、簋、罐为主，中期以鬲、罐为主，晚期或增加豆，而不见陶盉。在器形上也有变化，早期的陶鬲多为夹砂红陶的深腹袋足鬲和无足跟的分裆袋足鬲，具有浓郁的地方特色，到西周中晚期逐渐被各式仿铜陶鬲所取代。这些都有别于丰镐和周原遗址的。

天马—曲村遗址，包括北赵晋侯墓地是一个非常重要的大遗址，西周文化遗存非常丰富，其居住址和墓葬也分为早、中、晚三期，每期又分为早晚两段，合计为三期六段[4]。

以上各主要遗址的分期虽小有出入，但基本上还是相同的，大体上都可分为早、中、晚三期，有的分得更细一点，可见在西周考古学的分期上，学术界的意见还是比较一致的。各期之间在陶器组合上虽略有差异，器形的变化也有不同，但只要注意各地区的特点，较好地掌握其规律，就可以取得比较统一的分期成果。

第三节　碳十四测定的西周考古学的年代框架

碳十四测年是考古学研究的重要手段，特别是对史前时期的文化和历史时期而无明确纪年者。西周在共和元年（公元前841年）以前没有明确的纪年，在考古学的分期断代上需要碳十四测年的辅助，这是没有异议的。但是，以往的工作多半是单个样品的测年，加上精确度不高，其数据不能形成一个较完整的年代序列。自20世纪90年代以来，夏商周断代工程的碳十四测年工作有了很多改进，一是提高了测试的精度，达到了千分之三；二是采用系列样品的方法。现在，关于西周考古学可以综合各方面的测试结果，得到一个初步的年代框架[5]。

在西周考古年代学上碳十四测年主要做了两项工作，一是关于武王克商年代的测定，二是西周考古学分期系列年代的测定。前者是依据丰镐遗址的西周早期遗存叠压在先周文化遗存之上的层位关系，通过各层位采集的系列样品的测试而获得的，其结果为武王克商的年代，应在公元前1050年至前1020年之间。这是西周纪年的上限。后者是用碳十四常规测年方法和加速器质谱测年方法分别对琉璃河遗址和曲村遗址各期段采集的系列样品进行测试而得到的西周考古学分期的年代框架。

夏商周断代工程在西周年代学研究方面，除了利用碳十四测年方法外，还利用西周青

---

[1]　北京市文物研究所：《琉璃河西周燕国墓地》，文物出版社，1995年。
[2]　琉璃河考古队：《琉璃河遗址1996年度发掘简报》，《文物》1997年第6期。
[3]　夏商周断代工程专家组：《夏商周断代工程1996～2000年阶段成果报告（简本）》，世界图书出版公司，2000年。
[4]　夏商周断代工程专家组：《夏商周断代工程1996～2000年阶段成果报告（简本）》，世界图书出版公司，2000年。
[5]　夏商周断代工程专家组：《夏商周断代工程1996～2000年阶段成果报告（简本）》，世界图书出版公司，2000年。

铜器铭文中的历日资料，排比金文历谱，以推定西周列王的在位年数[1]。

现将碳十四测年所得的武王克商年和西周考古学分期的年代框架以及金文历谱推定的西周王年合成为表2-1，作为西周考古学年代研究的参考。

由表2-1可知西周考古学分期的碳十四年代框架和金文历谱推定的西周王年的对应关系，而琉璃河遗址和曲村遗址的考古学分期虽然都是三期六段，但彼此并不相应，其间有相

表2-1　碳十四测定的西周年代框架和金文历谱推定的西周王年对照表

琉璃河墓葬分期 碳十四常规测年				金文历谱推定的西周王年	曲村居住址、墓葬分期 碳十四加速器质谱测年			
分期	单位	碳十四年代	拟合日历年代		拟合日历年代	碳十四年代	单位	分期
西周早期 第一段	M509	2890±35	前1040至前1006	武王 前1046至前1043 成王 前1042至前1021 康王 前1020至前996	前1024至前983	2868±54	J7H147	西周早期 第一段
	M503	2878±33	前1040至前1007					
西周早期 第二段	M1082	2851±31	前1015至前972	昭王 前995至前977				
	M1026	2850±32	前1015至前970					
	M1115	2844±20	前1010至前972					
	M513	2830±31	前1010至前950	穆王 前976至前922	前1015至前951	2765±50	J4M6081	
西周中期 第三段	M512	2840±32	前957至前922		前970至前900	2708±77	ⅣH109	西周早期 第二段
	M1022	2832±44	前960至前918	恭王 前922至前900	前961至前917	2858±50	J4M6306	
西周中期 第四段	M1088	2830±80	前935至前850	懿王 前899至前892 孝王 前891至前886 夷王 前885至前878	前914至前853	2792±59	J7H23	西周中期 第三段
	M1003	2751±35	前920至前855	厉王 前877至前841 共和 前841至前828 宣王 前827至前782	前881至前849	2796±50	J4M6411	
西周晚期 第五段	M1045	2713±37	前852至前810		前860至前817	2743±62	ⅣH402	西周中期 第四段
					前856至前815	2711±45	ⅣH402	
西周晚期 第六段	M1140Ⅱ	2626±32	前820至前795	幽王 前781至前771	前812至前785	2574±48	ⅣH326	西周晚期 第五段
					前815至前788	2604±50	J2M5215	
	M403	2540±31	前800至前750		前790至前771	2599±50	J2M5217	西周晚期 第六段

[1] 夏商周断代工程专家组：《夏商周断代工程1996～2000年阶段成果报告（简本）》，世界图书出版公司，2000年。

当于一段的差异,这可能是由于地区不同,内涵各异,在年代上或有先有后,但也有在分期上作进一步调整的可能。无论如何,这个年代框架可以作为西周考古年代学研究的基础。

第四节 都城和聚落形态

一 建筑基址

西周时期的都城遗址,无论是丰镐、洛邑或岐邑,现在都还没有发现围绕遗址的城墙、城壕之类的遗迹。在河南洛阳汉魏故城的城墙下曾发现有相当于西周时期的夯土墙体[1],或即是成周的城墙遗迹。另外,在周原应用遥感技术在陕西岐山凤雏探测到一段夯土墙,为岐邑城址提供了线索。这些都还有待于进一步的探索和发现,现在还无从讨论。

但是,我们在丰镐遗址和周原遗址都已发现了一些大型的夯土建筑基址,这就为确定遗址的性质提供了重要的证据。

1977～1984 年间,在陕西长安丰镐遗址的客省庄和马王村之间,先后发现和钻探出 14 座夯土建筑基址（图 2-7）,而清理发掘了其中的 4 座。第四号夯土基址最大,平面略呈长方形,西端略宽,东西长 61.5 米,南北最宽 35.5 米,面积约 1827 平方米。夯土基址的底部不平,厚度不一,最厚处有 4 米。夯土基址由上下两层组成,而下层夯土又分东西两块,似由不同时期扩建而成的。但在基址的表面没有发现柱础之类的遗迹,大概已被后期破坏了。基址下面叠压着西周早期的灰坑,而基址自身又被西周晚期的灰坑打破,其年代约当西周中期[2]。在第四号夯土基址之南约 10 余米处,有第三号夯土基址,基址暴露在断崖上,大部分已被近代取土破坏,详情已不可知,但在断崖露出的夯土中还保存着两节套接的陶水管,应当是基址的排水设施的遗存[3]。

在沣河以东的镐京遗址,经调查,在斗门镇、下泉村等地也发现有建筑基址 10 余处,其中的第五号基址,位于花楼子附近,原为高大的土丘,由于历年的取土和平整土地大部分已被破坏,经发掘,夯土基址顶部被扰土层叠压,其下有客省庄第二期文化层。基址呈"工"字形,由主体建筑和左右两翼组成,南北总长 59 米,东西宽 23 米,面积约 1357 平方米。据推测应是一座重檐式的建筑[4]。

周原遗址发现的大型夯土建筑基址较多,分布于陕西岐山的凤雏,扶风的召陈和齐镇等地,而且保存都比较完整,是了解西周都城遗址的布局和建筑基址的形制、结构的极重要的材料。

---

[1] 中国社会科学院考古研究所洛阳汉魏城队：《汉魏洛阳故城城垣试掘》,《考古学报》1998 年第 3 期。
[2] 中国社会科学院考古研究所沣西发掘队：《陕西长安沣西客省庄西周夯土基址发掘报告》,《考古》1987 年第 8 期。
[3] 中国社会科学院考古研究所沣西发掘队：《1976～1978 年长安沣西发掘简报》,《考古》1981 年第 1 期。
[4] 陕西省考古研究所：《镐京西周宫室》,西北大学出版社,1995 年。报告中称,夯土层内除客省庄第二期文化的陶片外,还有西周窖藏、春秋墓葬和汉代水井等遗迹。或以为此乃汉上林苑内的建筑。

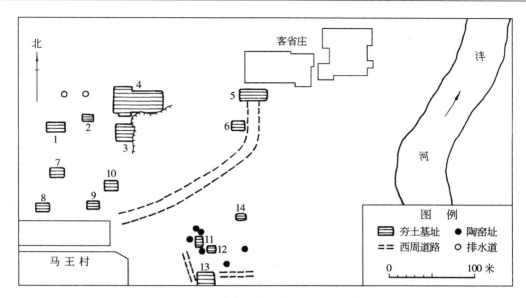

图 2-7 长安客省庄西周夯土基址分布图
1~4. 已发掘 5~14. 未发掘

凤雏的甲组大型建筑是坐落在一个长方形的夯土台基上,南北长 45.2 米,东西宽 32.5 米,高 1.3 米,总面积约 1500 平方米[1]。整个建筑坐北朝南,方向 170°。建筑物的形制以门道、前堂、后室为中轴,东西两侧配置厢房,且以回廊相连,形成一个前后两进,东西对称的全封闭的院落(图 2-8 下)。门道在南面中央,宽 3 米,深 6 米,两侧有东西门房(塾),大门外有一道夯土影壁墙。前堂是基址的主体建筑,比周围高出 0.3 米,东西长 17.2 米,有 7 排柱基,间距 3 米;南北深 6.1 米,有 4 排柱基,间距 2 米。由此可知前堂面阔六间,进深三间。堂前为中院(中廷),北侧有三条斜坡状的阶道,可以升登前堂。由前堂经过廊通往后室,后室在基址北部,东西一排,共五间,东西总长 23 米,进深 3.1 米。基址两侧有对称的厢房,东西各八间。这组建筑的墙体均由夯土筑成,墙体表面和室内地面均用泥浆掺和细砂和白灰涂抹,光洁坚硬。院内发现两处排水设施,或用陶管套接,或用卵石砌筑。在屋内堆积物中发现有瓦片,推测屋顶是用瓦覆盖的。由保存的各种遗迹可以大体复原这座大型建筑的全貌(图 2-8 上)[2]。从基址出土的陶器来判断,其使用的年代下限当在西周晚期。

在扶风召陈也发现一处大型夯土建筑基址群[3],已发掘的有 15 座,分为上下两层,下层有 2 座,其余 13 座均属上层。上层建筑基址中,F3 和 F8 规模较大,保存也较好。F3 的台基东西长 24 米,西北宽 15 米,现存高 0.73 米。台基上有排列整齐的柱础,都是用卵石筑成

---

[1] 陕西周原考古队:《陕西岐山凤雏村西周建筑基址发掘简报》,《文物》1979 年第 10 期。
[2] A. 傅熹年:《陕西岐山凤雏建筑遗址初探》,《文物》1981 年第 1 期。
  B. 杨鸿勋:《西周岐邑建筑遗址的初步考察》,《文物》1981 年第 3 期。
[3] 陕西周原考古队:《扶风召陈西周建筑群基址发掘简报》,《文物》1981 年第 3 期。

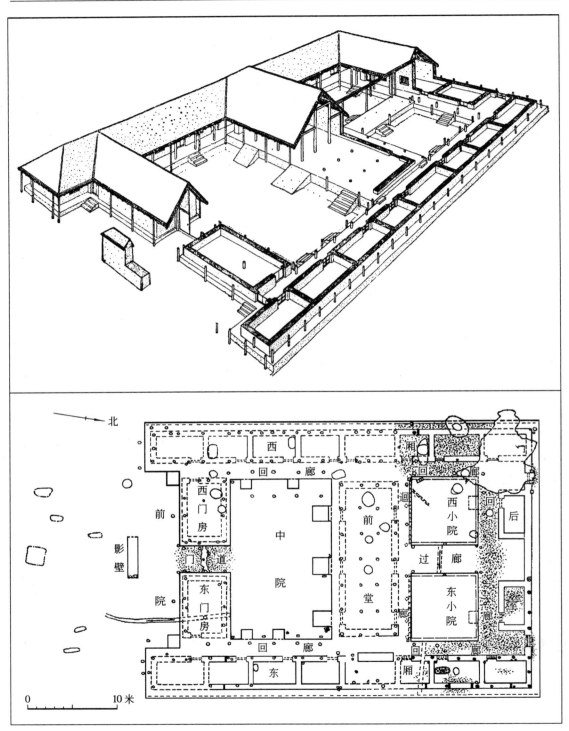

图 2-8 岐山凤雏西周甲组建筑基址平面图及复原示意图
上．基址复原示意图　下．基址平面图

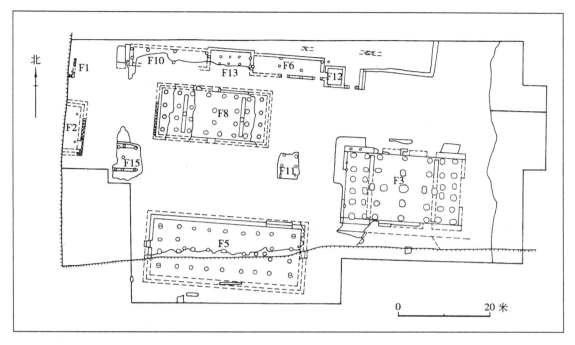

图 2-9 扶风召陈西周建筑基址群局部平面图

的，直径约 1 米。东西有七排柱础，中间三排柱础之间的间距较宽，为 5.5 米，两侧的两排间距只有 3 米。南北向的柱础，中间三排为五个，两侧的两排各有六个，而且还有一条南北向的、宽 0.8 米的夯土隔墙（图 2-9）。由此可以推测这个建筑有可能是中央为面阔四间、进深也是四间的堂，两侧则是进深一间的五间厢房。F8 的夯土台基东西长约 22.5 米，南北宽约 10.4 米，现存高 0.76 米。台基周围有用卵石铺筑的散水，宽约 0.5 米。台基上有柱础，东西八排，间距 3 米，南北向的柱础中间四排靠边的两排各有 4 个，间距 3 米，中央两排中心减去二柱，而两侧的两排各有 4 个柱础，而且也有一条南北向的夯土墙。由此可知 F8 和 F3 的结构基本相同，不同的只是堂的开间有单偶之分。召陈建筑基址群不像凤雏建筑基址自成院落，因此，各个建筑基址之间的关系不易确定。在基址中发现大量的瓦，有板瓦，也有筒瓦，表明瓦的使用已很普遍。从出土的陶器形制可以判断，上层建筑基址的年代约是西周中期修建的，到西周晚期才废弃的，下层建筑基址的年代应略早一点。

20 世纪末，在扶风的云塘和齐镇又发现了两组夯土建筑基址群[1]。西面的一组由正房、东西厢房、门塾和外围墙组成一个独立的院落（图 2-10；图版 2-1）。主体建筑的正房（F1）平面呈"凹"字形，南面中央向内凹入，东西长 22 米，南北最宽 16.5 米，现存高度 0.7 米。台基四周铺筑卵石散水，宽 0.6 米。台基表面有圆形柱础坑，东西向凡七排，两侧的两排，每排有南北向的柱础坑六个，中间三排，或三个，或四个，共计 37 个。屋

---

[1] 周原考古队：《陕西扶风县云塘、齐镇西周建筑基址 1999～2000 年度发掘简报》，《考古》2002 年第 9 期。

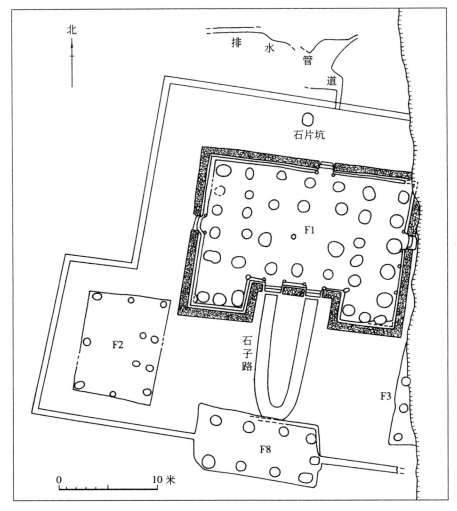

图 2-10 扶风云塘西周建筑基址群局部平面图

前中央有左右两个门道，门道有三级台阶，台阶前各有一条用卵石铺砌的石子路，路面拼砌出三角形纹样（图版 2-2），长 13 米，宽 1.2 米。这两条石子路在门塾后身相连接，呈"U"字形。西厢房（F2）在正房的西南，保存完整，为长方形，南北长 11.6 米，东西宽 5.5 米，台面上有 11 个柱础坑，门道和台阶在东侧的中间两排柱础之间。东厢房（F3）大部分已被破坏，从残存的部分可知是和西厢房对称的。门塾（F8）在主体建筑的正前方，相距 14 米。门塾为长方形，东西长约 13 米，宽 6.7 米，台基上有南北两排柱础，每排 4 个，可知是面阔三间的门房。在门塾的两侧各有一道围墙向东西延伸，将正房和东西厢房围成一个"凸"字形的独立的院落。

东面一组建筑由正房（F4）和门塾（F9）组成，其形制与西组相同，正房平面也是"凹"字形的，周边有卵石散水，房前有双阶，阶前有卵石铺砌的"U"字形石子路。门塾也是长方形的，周边也有散水。只是没有东西厢房和外围墙。

这两组建筑基址对于探索西周宫室制度是很有益的[1]。根据它们的地层关系和出土遗物的特征，可以判定它们的使用年代应在西周晚期。

在上述大型夯土建筑基址群中都发现有大量的陶质建筑材料，包括板瓦、筒瓦、瓦当和陶管等（图 2-11），表明当时的大型建筑的房顶上已经普遍用瓦覆盖。板瓦器形较大，方形弧状，表面饰绳纹，多在表面或内侧有瓦钉或瓦环，长约 48 厘米，宽约 28~36 厘米。

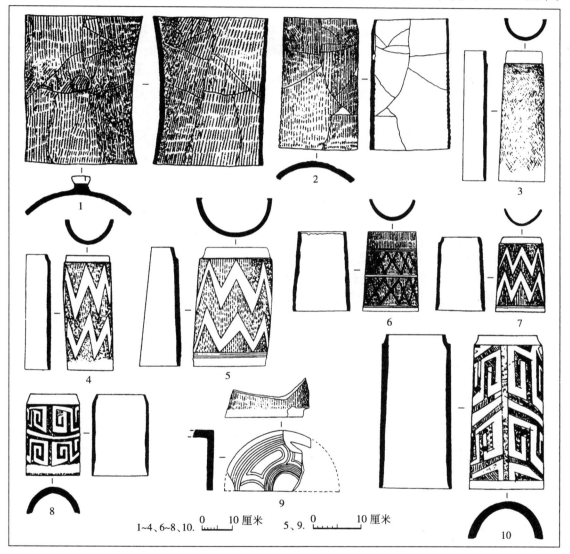

图 2-11　扶风云塘出土西周陶瓦
1. 板瓦（H9①:16）　2. 板瓦（H21:5）　3. 筒瓦（T0708④:9）　4. 筒瓦（T0708④:2）　5. 筒瓦（T0708④:3）
6. 筒瓦（T0708④:7）　7. 筒瓦（T0708④:5）　8. 筒瓦（T0708④:6）　9. 瓦当（T1010③A:6）　10. 筒瓦（T0708④:1）

---

[1] 徐良高、王巍：《陕西扶风云塘西周建筑基址的初步认识》，《考古》2002 年第 9 期。

筒瓦大小不一，一般都较小，横断面呈半环形，表面饰绳纹、曲折纹和几何形纹，较大者长约49厘米，宽18~22厘米，较小的长约25厘米，宽12~14厘米。瓦当作半圆形，直径24厘米，表面饰横鳞纹。陶水管一端大，一端小，使用时互相套接，表面也饰绳纹，长107厘米，大径32厘米，小径22厘米。

除了上述的大型夯土建筑基址外，在丰镐遗址和周原遗址中也发现有一般的居住遗迹，主要是一些半地穴式和深土窑式的房址[1]。半地穴式的房址有长方形的，也有圆形的，大都是在生土上挖一个浅穴，利用坑壁作屋墙，居住面经加工平整，或用火烧烤，屋内设有灶坑，一般长约3~4米，宽2~3米，这类房址大都均遭破坏，不能复原。深土窑式房址一般较大，大都为圆形，直径约10米，这类土窑通常都有一条土梁直达坑底，坑底多有烧火炕。这种深土窑式的房址原先应有窑顶可蔽风雨，现在大都顶部坍塌。这种房址应是下层民众的栖身之处。

二 铜器窖藏

与上述这些大型建筑可以直接联系的就是这些遗址中的西周青铜器窖藏现象。据不完全统计，周原遗址发现的青铜器窖藏已有百余次，其中出铜器数量较多且有长篇铭文的重要发现就有十几起[2]，如1960年在扶风齐家发现的几父壶、柞钟等39件[3]，同年在扶风召陈发现的散伯车父器21件[4]，1974年在扶风强家出土的师𩵉鼎、即簋等8件[5]，1975年在岐山董家发现的裘卫诸器37件[6]，1976年在扶风云塘发现的伯公父、伯多父器9件[7]，同年在扶风庄白发现的微氏家族铜器（图2-12）103件[8]，还有早年在任家、康家发现的克器、梁其器、函皇父器等[9]。这些窖藏大都是西周晚期的。在这样一个有限的区域内，在同一时期有这么多的铜器窖藏，必然是有一个大的历史背景。很多学者认为是西周末年犬戎入侵，迫使周原地区的西周贵族仓促出逃而将其宝器埋在地下。而从另一个角度来看，这些窖藏所在之处正是器主居住之地[10]，可以作为进一步研讨岐邑大型建筑分布的重要依据。

在丰镐遗址也有类似的情况，如长安张家坡（图2-13）、马王村、新旺村等地的发现，只是不如周原发现的数量多，附近也没有发现保存较好的大型建筑基址，而其含义

---

[1] 中国科学院考古研究所：《沣西发掘报告》，文物出版社，1962年。
[2] 北京大学考古文博学院、北京大学古代文明研究中心：《吉金铸国史——周原出土西周青铜器精粹》，文物出版社，2002年。
[3] 陕西省博物馆、陕西省文物管理委员会：《扶风齐家村青铜器群》，文物出版社，1963年。
[4] 史言：《扶风庄白大队出土的一批西周铜器》，《文物》1972年第6期。
[5] 吴镇烽、雒忠如：《陕西省扶风县强家村出土的西周铜器》，《文物》1975年第8期。
[6] 岐山县文化馆、陕西省文管会：《陕西省岐山县董家村西周铜器窖穴发掘简报》，《文物》1976年第5期。
[7] 陕西周原考古队：《陕西扶风县云塘、庄白二号西周铜器窖藏》，《文物》1978年第11期。
[8] 陕西周原考古队：《西周微氏家族青铜器群研究》，文物出版社，1992年。
[9] 陕西省博物馆、陕西省文物管理委员会：《青铜器图释》，文物出版社，1960年。
[10] 丁乙：《周原的建筑遗存和铜器窖藏》，《考古》1982年第4期。

A. 上层
1. 丰尊 2、3、18. 痶觚
4、7. 痶釜 5. 墙盘
6、13、14. 痶簋 8~
10、16. 钟 11. 商尊
12、15. 痶盨 17. 陵
方罍 19~22. 痶壶

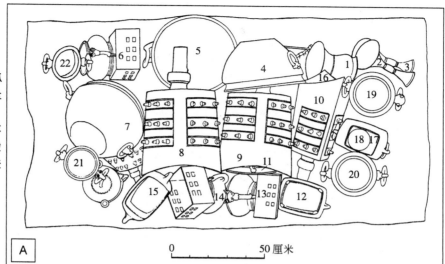

B. 中层
01~05. 痶簋盖 23. 旂
斝 24. 方彝和盖 25. 方
鼎 26. 痶簋 27. 痶豆
28~33. 钟 34. 圆鼎
35、37~40. 鬲 36. 贯
耳壶 41. 旂觥

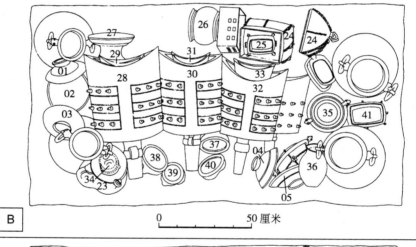

C. 下层
06~08. 痶簋盖 09. 旂
觥盖 42. 商卣 43. 旂
尊 44. 丰卣 45、46、
48~52、54、55、68、
70. 鬲 47、53、56、
69. 痶簋 57~67. 钟

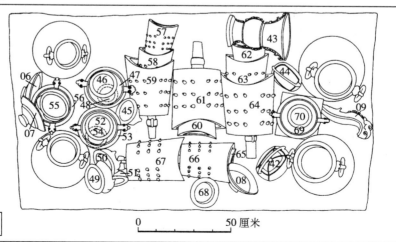

图 2-12 扶风庄白西周铜器窖藏平面图

三 手工作坊遗址

在都城遗址内，除了大型夯土建筑基址和小型的居住遗存外，还发现有若干颇具规模的手工业作坊遗址，如铸铜和制骨的作坊，以及烧陶的窑址等。

1. 铸铜作坊

河南洛阳北窑铸铜遗址是位于洛邑成周范围内的一处大型铸铜遗址。遗址东临瀍水，北倚邙山，西北与北窑西周墓地相邻，经钻探，遗址东西长约700米，南北宽约300米，面积约20余万平方米。20世纪70年代后半期对遗址的局部进行发掘，发现有房址及柱基、地下管道、路土面、烧窑、兽坑、墓葬等遗迹，以及大量的各类遗物，其中陶范数以万计[2]。这些陶范大部分是铸铜的外范，其中经粘对可辨器形者有四五百块，而花纹清晰者也有五百多块。这些范大都是礼器范，器形有方鼎、圆鼎、簋、尊、卣、觚、爵、觯、钟等，花纹则以兽面纹、凤鸟纹、圆涡纹、柿蒂纹、云雷纹为主，还有少量的

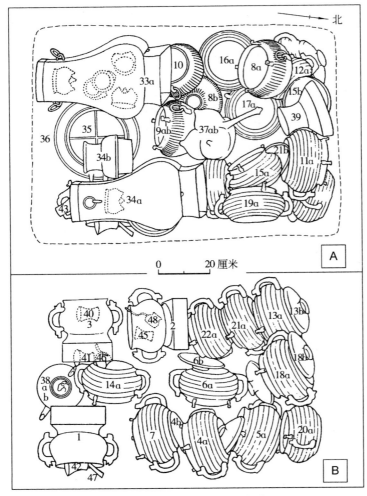

图 2-13 长安张家坡西周铜器窖藏平面图

A. 上层 8~10. 五年史旋簋 11、12. 伯梁父簋 15~17. 白喜簋 19. 窃曲纹簋 23、24. 云纹鬲（23在34内；24在33内） 25~32. 伯庸父鬲（25~27、32在33内；28~31在34内） 33、34. 白壶 35. 荀侯盘 36. 伯百父盘 37. 伯庸父盉 39. 豆 43. 杯（在34内）

B. 下层 1~3. 孟簋 4~7. 元年师旋簋 13、14. 伯梁父簋 18. 白喜簋 20~22. 窃曲纹簋 38. 伯百父鎣 40~42、44. 杯（40、41在3内，42在1内，44在14下） 45~48. 斗（45、48在2内，46在3内，47在1内） 49~53. 匕（在1内）

---

〔1〕 A. 中国科学院考古研究所：《长安张家坡西周铜器群》，文物出版社，1965年。
　　 B. 西安市文物管理处：《陕西长安新旺村、马王村出土的西周铜器》，《考古》1974年第1期。
　　 C. 中国社会科学院考古研究所沣西发掘队：《陕西长安县新旺村新出西周铜鼎》，《考古》1983年第3期。

〔2〕 洛阳市文物工作队：《1975~1979年洛阳北窑西周铸铜遗址的发掘》，《考古》1983年第5期。

图 2-14　洛阳北窑出土西周陶范残块（拓本）
1. H84:1　2. T4⑤:43　3. H80:17　4. H136:6　5. T81⑥:1　6. H276:1　7、8. H175:3　9. H81:2　10. H118:12

铭文（图2-14）。除了陶范外，还发现有熔炉的炉壁。炉壁是用泥条盘筑而成的，发现的最大一块炉壁弧长150厘米，高28厘米，厚8厘米，在炉壁的下缘有3处鼓风口，由此可以推知当时的熔炉直径当在1米左右，而且已用皮囊鼓风。在遗址中还发现有几座房址，其中的一座为长方形，长8.6米，宽6.5米，有4个柱基石，有三层居住面，室内出土大量陶范，当与铸铜作坊有关[1]。从遗址的地层关系和所出陶范的器形、纹饰来判断，其年代应属于西周早期。北窑铸铜遗址范围较大，出土遗物丰富，据发掘者的推测，很可能是西周早期官营的宗室作坊。

---

[1]　洛阳博物馆:《洛阳北窑村西周遗址1974年度发掘简报》，《文物》1981年第7期。

2. 制骨作坊

大型的制骨遗址有周原的云塘遗址，另外在丰镐遗址的张家坡、新旺村和白家庄等地也都有发现。

云塘骨器制作遗址位于村的西南，遗址范围东西长约220米，南北宽约300米，面积达6万多平方米。发掘的地点仅限于作坊的边缘地区，发现的遗迹有石板路面、石砌的墙基以及红烧土的墙土堆积，可以推测附近一定有相应的建筑基址。在发掘的灰坑中都含有大量的废弃的骨料，总计约有2万多斤，可知该地应是倾倒废骨料的场所。这些骨料经鉴定，大部分是牛骨，约占总数的80%，其他有马、猪、羊、鹿、狗骨等。制作骨器的工具发现有铜刀、铜锯以及砺石等。半成品多为骨笄，表明这个作坊主要是制作骨笄的。从半成品和废骨料上残留的加工痕迹可以推知其工艺流程。首先是选料，从废料可知选用的绝大部分是四肢骨，截去两端的骨节部分，留用长骨，然后剖成长条形的坯料，再锉去骨楞，打磨光滑，做成长条圆锥形的骨笄，最后再在笄头上雕刻纹饰或嵌镶绿松石。根据遗址出土的大量陶片，可以确认这个制骨作坊是西周中期的。根据云塘制骨作坊的规模和所在的地点，推测它有可能是直接为西周王室及上层贵族服务的[1]。

在周原遗址范围内，除了云塘制骨作坊外，还在庄白西南也发现制骨遗迹，齐家有铸铜遗迹，召陈、任家有制陶遗迹等，这对于了解岐邑都城遗址的布局是很重要的。

丰镐遗址中在张家坡发现的制骨遗迹是西周早期的，大量的骨角镞和骨笄的半成品以及骨料、鹿角料都集中发现于两座房址及其周围，可能就是制作产品的场所[2]。新旺村的制骨遗址位于村的西南，在发掘的两个灰坑中出土了150多斤的骨料，其中三分之一的骨料经过鉴定，牛骨占67.8%，鹿角占10.27%，还有少量的猪骨和马骨。发现的骨器残件以骨笄的数量最多，其次为镞、针。根据骨料和骨器的加工痕迹，可知其选料和工艺与云塘的制骨作坊相同。根据地层关系和所出陶器的特征，新旺村制骨遗址的年代属于西周晚期[3]。

张家坡、云塘、新旺村分别代表西周早、中、晚三个时期的制骨作坊遗址，但是无论从选用的骨料到制作成品的种类和工艺，都是承继有绪，它们都分布在都城范围之内，应是都城内王室贵族乃至居民的生活所需的手工业生产的组织，这在一定程度上反映都城遗址在经济上自给自足的形态。

3. 制陶作坊

在西周的都城遗址内还发现有许多陶窑，它们往往几座或十多座连在一起，形成一个颇具规模的窑群。这种情形在长安丰镐遗址的张家坡[4]、客省庄[5]、洛水村[6]、白家

---

[1] 陕西周原考古队：《扶风云塘西周骨器制造作坊遗址试掘简报》，《文物》1980年第4期。

[2] 中国科学院考古研究所：《沣西发掘报告》，文物出版社，1962年。

[3] 中国社会科学院考古研究所丰镐工作队：《陕西长安县沣西新旺村西周制骨作坊遗址》，《考古》1992年第11期。

[4] 中国科学院考古研究所：《沣西发掘报告》，文物出版社，1962年。

[5] 中国社会科学院考古研究所沣西发掘队：《陕西长安沣西客省庄西周夯土基址发掘报告》，《考古》1987年第8期。

[6] 中国科学院考古研究所丰镐考古队：《1961~1962年陕西长安沣东试掘简报》，《考古》1963年第8期。

庄[1]等地都有发现。西周的陶窑大体可以分为两种。一种是圆形，直径在 2 米左右，由火膛、窑室和窑箅组成，在火膛之前有一个带斜坡道的竖穴，由竖穴的壁上横向掏成火膛，火膛之上为生土的窑箅，厚约 30 厘米，窑箅上有圆形或椭圆形的箅孔，窑箅之上即是窑室，窑室周壁呈圆形拱顶，顶上留孔，作为烟囱。洛水村和白家庄的窑都是这种形式，从陶窑内出土的废品残片器形有盂、罐、豆、瓦等，可能不是生产单一产品的窑群。另一种陶窑也呈圆形和椭圆形，直径约 1.6 米。这种窑为竖式窑，不设窑箅。窑室也在地下挖成，窑室周壁也作圆形拱顶，保存较好的高约 1 米。窑室一端壁上开一火门，约 50 厘米，火门前挖一竖坑，供烧窑时操作。窑室底部有一条凹形火道，由火门直通另一端的烟囱，烟囱在窑壁的另一端，向外凸出，平面长方形，长 30 厘米，宽 20 厘米，高与窑壁相等。这两种窑都属于西周晚期。

从西周都城遗址的内涵来看，有大型夯土建筑基址，有完整的院落，有半地穴式和深土窑式的一般居住址，也有铸铜、制骨、制陶等各种手工业作坊，也有当时的贵族们遗留下来的铜器窖藏，更有各种类型的墓葬[2]，把所有这些考古发掘所得的信息，标志在都城遗址的平面图上，我们就可以大致勾画出都城内各种遗迹分布，而且随着今后工作的继续和补充，必将会对西周的都城和聚落形态有更进一步的了解。

第五节　墓葬制度和习俗

一　家族墓地

在西周都城遗址的范围内，迄今还没有发现西周时期的陵墓，其情况无法测知，还需在今后的工作中继续探索。但在都城遗址内大都发现有较大的墓地，例如丰镐遗址的张家坡墓地，已经发掘和业已探明的西周墓葬约有 1500 多座[3]，沣东的普渡村、花园村一带也已发掘了很多[4]。在洛阳北窑也发现了一个很大的西周墓地，已经发掘和业已探明的有近 500 座，其中包括带墓道的大型墓葬[5]。在周原遗址，贺家、齐家、云塘、强家、黄堆等地也都发掘过很多墓葬[6]。总之，大型的墓地是西周都城遗址的主要内涵之一。

---

[1] 中国社会科学院考古研究所沣西发掘队：《1979～1981 年长安沣西、沣东发掘简报》，《考古》1986 年第 3 期。

[2] 详见本章第五节。

[3] 中国社会科学院考古研究所：《张家坡西周墓地》，中国大百科全书出版社，1999 年。

[4] 陕西省文物管理委员会：《长安普渡村西周墓的发掘》，《考古学报》1957 年第 1 期；《西周镐京附近部分墓葬发掘简报》，《文物》1986 年第 1 期。

[5] 洛阳市文物工作队：《洛阳北窑西周墓》，文物出版社，1999 年。

[6] A. 陕西省博物馆、陕西省文物管理委员会：《陕西岐山贺家村西周墓葬》，《考古》1976 年第 1 期。
B. 陕西周原考古队：《陕西扶风齐家十九号西周墓》，《文物》1979 年第 11 期；《扶风云塘西周墓》，《文物》1980 年第 4 期；《扶风黄堆西周墓地钻探清理简报》，《文物》1986 年第 8 期。
C. 周原扶风文管会：《陕西扶风强家一号西周墓》，《文博》1987 年第 4 期。

这类墓地通常包含了西周各个时期的若干家族墓地，只是由于各个家族墓地之间的界域不易辨认，因而难以区划，不过也有根据墓葬形制的规模、随葬器物的铭刻等因素而大致可以确定的。比如陕西长安张家坡墓地中的井叔家族墓地。井叔家族墓地是包含了1座双墓道大墓、3座单墓道大墓以及若干竖穴墓和随葬的车马坑等组成的一个西周中晚期的墓地，这是迄今在丰镐遗址内仅见的规模最大的带墓道的墓群。这几座大墓的墓主人由各墓所出的有铭铜器可以推知是几位不同世代的井叔。井叔其人见诸于智鼎等传世铜器的铭文中，是西周中期的朝廷重臣，诸墓所出的铜礼乐器有井叔钟、井叔鼎、井叔方彝、井叔饮杯以及异仲牺尊（图版10-2）、达盨等[1]，显示出这个家族的权势。在河南洛阳北窑墓地也有类似的发现，该墓地发现的两座双墓道大墓左右并列，附近还有若干较大的竖穴墓，它们也很可能是一个家族的墓地，但是由于墓葬被盗，墓主人是谁已不可知晓。

在家族墓地中一般都是夫妇异穴合葬，两座规模相当的墓，左右并列，有的将同组的随葬器物分置两墓。这已为很多墓葬所证实。也有在家族墓地中包含其他亲属的，镐京遗址花园村M15和M17都是规模较大的竖穴墓，相距不足10米，墓前均有随葬的车马坑，而随葬青铜礼器中有形制、纹饰、铭文完全相同的歸夨进方鼎[2]，经研究，两墓的墓主人应是昆仲辈[3]。可见家族墓地中可以有父子、夫妻、兄弟等亲族的墓葬[4]。

二 带墓道的大型墓葬

从墓葬形制来看，西周都城遗址内发现的西周墓葬有双墓道大墓、单墓道大墓、竖穴墓和洞室墓几种，其中带墓道的大墓级别最高，发现的数量也很少。丰镐遗址的张家坡墓地只发现1座双墓道大墓、3座单墓道大墓，共4座井叔墓[5]；洛阳北窑西周墓地只发现2座双墓道的大墓[6]，铸铜遗址发现1座双墓道大墓[7]；洛阳东郊的摆驾路口和东大寺发现1座双墓道大墓、4座单墓道大墓[8]。值得注意的是，洛阳铸铜遗址和东郊发现的大墓，其墓道都是方折拐角的，有人以为是殷人传统，而称之为"殷人墓"[9]。这类大墓几乎全部被盗扰，随葬器物被洗劫一空，幸而墓葬形制犹存。

张家坡西周墓地M157是丰镐遗址迄今发现的惟一双墓道大墓，被认为是井叔家族墓地第一代井叔之墓。墓室是一个长方形的土坑竖穴，长5.5米，宽4米，深及泉下（图2-15；图版9-1）。墓室的南北各有一条斜坡墓道，南墓道较宽而长，为主墓道，北墓道

---

[1] 张长寿：《论井叔铜器》，《文物》1990年第7期。
[2] 陕西省文物管理委员会：《西周镐京附近部分墓葬发掘简报》，《文物》1986年第1期。
[3] 李学勤：《论长安花园村两墓青铜器》，《文物》1986年第1期。
[4] 张长寿：《论泾阳高家堡周墓》，《远望集——陕西省考古研究所华诞四十周年纪念文集（上）》，陕西人民美术出版社，1998年。
[5] 中国社会科学院考古研究所：《张家坡西周墓地》，中国大百科全书出版社，1999年。
[6] 洛阳市文物工作队：《洛阳北窑西周墓》，文物出版社，1999年。
[7] 洛阳博物馆：《洛阳北窑村西周遗址1974年度发掘简报》，《文物》1981年第7期。
[8] 郭宝钧、林寿晋：《一九五二年秋季洛阳东郊发掘报告》，《考古学报》第九册，1955年。
[9] 郭宝钧、林寿晋：《一九五二年秋季洛阳东郊发掘报告》，《考古学报》第九册，1955年。

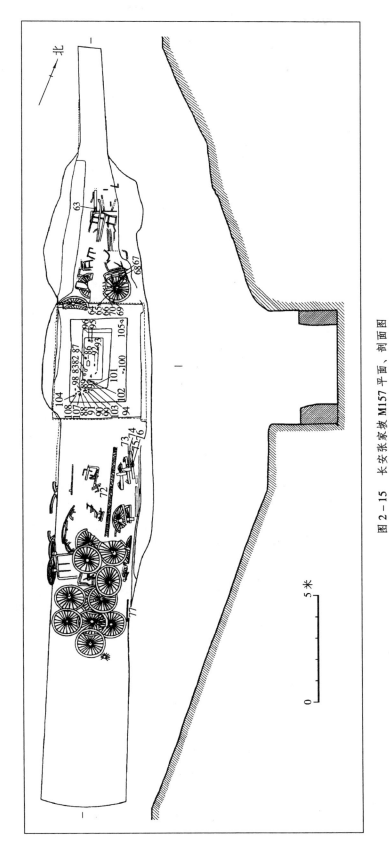

图 2-15 长安张家坡 M157 平面、剖面图

63. 铜害 64~66. 铜毂饰 67~70. 铜牙饰 72. 铜牙饰 73~76. 铜毂饰 77. 铜辖饰 82、83. 甜陶器 86. 石器 87. 铜戈 88. 玉鱼 89. 玉璜 90~94. 玉戈 95、96、103、108. 玉面幕 97~99. 玉饰 100. 象牙雕花板 101、102. 玉饰 104. 人物龙凤透雕玉饰 105. 陶鬲 107. 玉饰

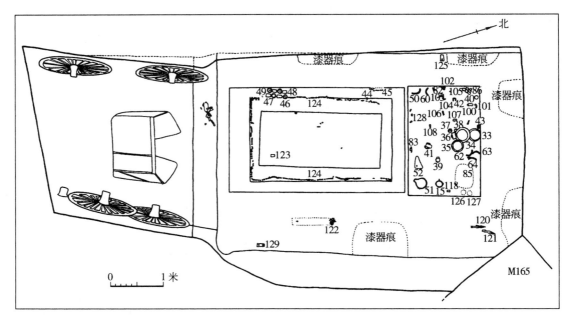

图 2-16　长安张家坡 M152 平面图

15、51. 铜鼎　33~35、50、60、62~64. 漆器铜钉　36、41. 漆盈铜附件　37~39、43. 铜环　40. 大蚌泡　42. 铜鼎耳　44. 铜戈　45、124. 贝　46~49、123. 铜銮　52. 石磬　82. 铜刀　83. 残铜器　85. 漆盾铜饰　86. 龟甲　100、101. 玉璜　102. 玉龟　103、104. 玉戈　105. 玉饰　106、107. 玉柄形饰　108. 玉管　120、121. 铜矛　122. 铜镞　125、129. 铜軎　126、127. 釉陶豆

略窄而短，墓全长 35.35 米。墓室底部有方木筑成的木椁。椁底用木板纵向拼铺，四壁用方木叠砌，椁盖则用木板拼成，横向搭在两侧的椁壁上，椁长 3.95 米，宽 2.6 米，高 1.84 米。椁内有棺木两重，均髹漆。随葬器物大都置于棺内和棺椁之间，惜大都被盗，仅存少量的玉器与石磬等。随葬的轮舆都拆开成部件分置在椁顶盖上和两个墓道内，大体保存完好，共清理出车轮 30 个，车厢 12 个，其他还有轴、辕、衡、轭等。井叔家族墓中的 M152 和 M170（图版 9-2）都是单墓道大墓，但在棺椁的形制上出现了一些新的变化，即椁室加大了而且分隔成两部分，较大的一室陈放棺木，棺外加罩，棺罩的下摆三面缀以货贝[1]。较小的一室为头箱，专为陈放随葬器物，轮舆则仍放置在墓道内（图 2-16）。M170 则更在椁室周围填以木炭，以隔湿防潮，开积石积炭的先河。由此可以窥知墓葬棺椁制度演变发展之轨迹。

三　中小型竖穴墓

西周墓葬中绝大多数都是土坑竖穴墓，这是最主要的埋葬形式。但是，在墓穴的大小、葬具的形式以及随葬品的多寡等方面，差距是很悬殊的。大型的竖穴墓，墓长多在 4~5 米以上，葬具多为一椁重棺，随葬有成组的青铜礼乐器等，有的还有车马坑；而最小

---

[1]　张长寿：《墙柳与荒帷》，《文物》1992 年第 4 期。

者长不足 2 米，既无葬具，也无随葬品。

1967 年在丰镐遗址张家坡发掘的 M87[1] 是一座中型的土坑竖穴墓，墓长 3.4 米，宽 1.8 米，葬具为一椁一棺。椁长 2.85 米，宽 1.2 米，高 0.8 米，棺的痕迹不清（图 2-17）。墓底有长圆形腰坑，坑内埋一狗骨架。墓主人仰身直肢，随葬器物主要放在头端的棺椁之间，有铜鼎、爵各 2 件，簋、尊、卣、觚、斗各 1 件等，陶鬲则放在头端的二层台上，另在一侧的二层台上有一俯身直肢的殉葬人。根据此墓所出的器物可以确认其年代属于西周早期。

在镐京遗址的普渡村发现的长甶墓[2] 是一座略大的土坑竖穴墓，墓长 4.2 米，宽 2.25 米。墓内有木椁，长 3.69 米，宽 2.14 米，高 0.9 米（图 2-18）。墓底中央长方形腰坑内埋一狗骨架。墓主人头向南，而墓室北部有两个殉葬人，骨骼较小，应是儿童。随葬器物有成组的青铜礼乐器，鼎 4 件，鬲、簋、觚、爵各 2 件，甗、卣、罍、壶、盘、盉、斗各 1 件，编钟 3 件，共 22 件以及陶器等。所出长甶盉有铭文 59 字，称："隹三月初吉丁亥，穆王在下减应，穆王乡豊，即井白大祝射，穆王蔑长甶曆……"为穆王时器，可知该墓的年代应为西周中期的前段。1981 年在花园村发掘的 M17[3] 是一座中型土坑竖穴墓，墓穴呈"T"字形，墓口长 3.85 米，最宽 3.08 米，墓内有木椁和头箱，椁长 2.45 米，宽 1.6 米，

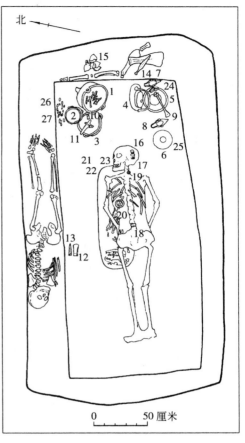

图 2-17 长安张家坡 67M87 平面图
1、2. 铜鼎 3. 铜簋 4. 铜卣 5. 铜尊 6. 铜觚 7、8. 铜爵 9. 铜斗 10. 铜斧 11. 铜戈 12. 铜镞 13. 铜凿 14. 铜矛 15. 陶鬲 16~22. 玉饰 23. 贝 24~27. 蚌饰

高 0.9 米。头箱为横长方形。椁内有漆棺，长 2 米，宽 0.92 米，高 0.75 米。墓底中央腰坑内埋一狗骨架。墓主人头向南，仰身直肢。随葬器物大都放在头箱内，有成组的青铜礼器，圆鼎、簋、爵、觯各 2 件，方鼎、甗、尊、卣、盉、盘、觚、壶各 1 件，共 16 件，以及陶器等。所出青铜器与旁边的 M15 有铭文相同的同组器物，表明两墓墓主人有亲属关系。根据青铜器的形制和铭文，判定它们多为昭王、穆王时器，由此可知该墓应是穆王时墓[4]。

---

[1] 中国社会科学院考古研究所沣西发掘队：《1967 年长安张家坡西周墓葬的发掘》，《考古学报》1980 年第 4 期。
[2] 陕西省文物管理委员会：《长安普渡村西周墓的发掘》，《考古学报》1957 年第 1 期。
[3] 陕西省文物管理委员会：《西周镐京附近部分墓葬发掘简报》，《文物》1986 年第 1 期。
[4] 李学勤：《论长安花园村两墓青铜器》，《文物》1986 年第 1 期。

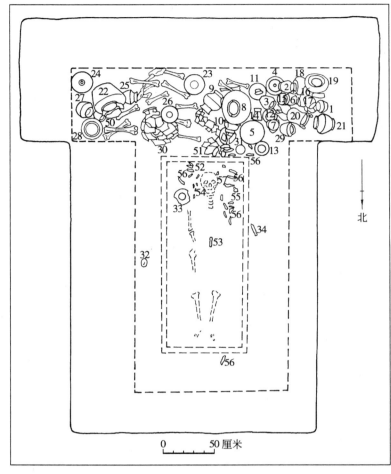

图 2-18 长安花园村 M17 平面图

1~3、6、9、15、19、21、25、27~29.陶瓿 4、23、24、26.陶盖 5.大铜鼎 7、18.陶鬲 8、22、30.陶罍 10.陶簋 11、16.铜簋 12、13、17、50.陶罐 14.铜尊 20.铜甗 31.铜饰 32.铜盾饰 33.玉戚 34、53.玉柄形器 51.残陶片 52.玉佩饰 54.玉觿 55.玉鸟 56.玉鱼 57.玉长尾鸟

周原遗址扶风齐家M19[1]也是一座略大的土坑竖穴墓，长4.2米，宽2.6米。葬具为一椁一棺，椁底两端有枕木。椁长2.8米，宽1.85米；棺长1.87米，宽1米（图2-19）。墓底长方形腰坑内埋一狗骨架。墓主人头向北，仰身直肢。随葬器物放在头前的棺椁之间，有青铜鼎、簋、爵各2件，甗、尊、卣、觯、盉、盘各1件，共12件，以及仿铜的陶礼器等。从随葬铜器的形制和纹饰来看，此墓的年代宜在西周中期的后段。

1967年在张家坡发掘的M115[2]是一座中型的竖穴墓，长3.46米，宽2.06米。葬具为一椁一棺。椁室长2.8米，宽1.7米；棺长2.3米，宽0.8~1.1米（图2-20）。墓主人仰身直肢，墓内无腰坑。随葬器物放在头端的二层台上，有铜鼎、铜

盉各1件；另外有一组漆器，计1件漆俎、2件漆豆和1件漆杯。此墓属于西周晚期。

四 殉葬人和车马坑

上面提到的普渡村的长甶墓和张家坡的M87都有殉葬人。以人殉葬的现象在西周墓葬中并不少见，在一般中等以上的土坑竖穴墓中有不少是有殉葬人的。1955~1957年，在张

---

[1] 陕西周原考古队：《陕西扶风齐家十九号西周墓》，《文物》1979年第11期。
[2] 中国社会科学院考古研究所沣西发掘队：《1967年长安张家坡西周墓葬的发掘》，《考古学报》1980年第4期。

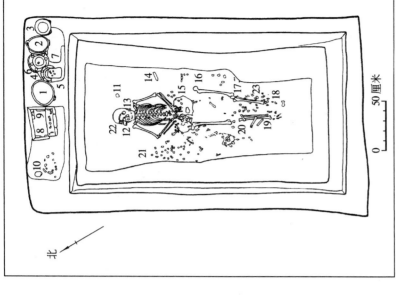

图 2-20 长安张家坡 67M115 平面图

1. 铜盂 2. 铜鼎 3. 陶鬲 4、5. 漆豆和蚌饰 6、7. 漆豆和蚌饰 8、9. 漆俎和蚌饰 10、16. 蚌饰 11、12、14、15、18、19、22. 玉饰 13、23. 贝 17. 角镞 20. 铜镞 21. 蛤壳

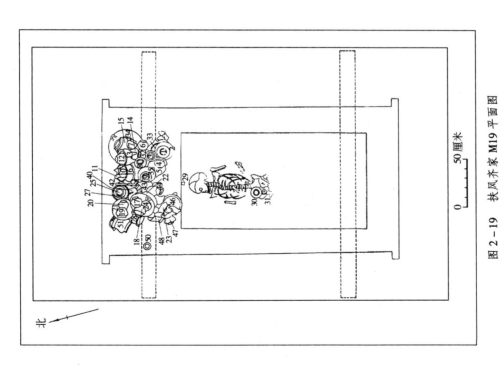

图 2-19 扶风齐家 M19 平面图

1、3、4、6~10、12、14、17~21、23~26、32、44、47. 陶簋 2、5、13、15. 陶鬲 11、49. 陶豆 16、46. 铜簋 22. 陶瓿 27、28. 铜鼎 29. 玉管琮 30. 玉璧琮 31. 玉钺 33. 陶盘 34. 铜盘 35. 铜尊 36、39. 铜爵 37. 铜觯 38、40. 铜爵 41、43. 陶盉(器盖) 42. 铜盂 45. 陶尊 48. 陶盉 50. 陶觚 51. 铜卣

图 2-21　长安张家坡西周墓葬中的殉人

A. 67M54 平面图　1. 铜簋　2. 铜鼎　3. 铜戈　4. 铜镈　5. 彩绘陶罐　6. 陶鬲　7~9. 玉饰　10. 贝　11. 蛤壳　12、13、15. 兽骨　14. 狗骨架
B. 67M82 平面图　1. 铜鼎　2. 彩绘陶罐　3. 陶罐　4. 陶簋　5. 玉璧　6. 蛤壳　7. 角饰
C. 67M36 平面图　1. 铜铃　2、4~10. 玉饰　3. 骨器　11. 蛤壳　12. 贝　13. 鹿骨架

家坡、客省庄发掘的182座西周墓中，有殉葬人的9座，最多的一墓殉4人，共殉人13人[1]。1967年在张家坡发掘的124座西周墓葬中，有殉葬人的达13座，最多的一墓殉3人，共殉人17人（图2-21）[2]。这些有殉人的墓大都是西周早期墓。但是，到了西周中晚期，这种情形有了明显的变化，不用说中型的土坑竖穴墓，就是大型的带墓道的墓葬，也极少有殉人的，如张家坡井叔家族墓中4座带墓道的大墓，只有M157双墓道大墓发现一个殉人的遗骸，其他3座单墓道大墓都不见有殉人迹象[3]。这种变化大概是由于社会的发展而引起的。

一般较大的土坑竖穴墓和有墓道的大型墓都有随葬的车马，但在随葬的方式上，西周早期墓和中晚期墓也有明显的变化。西周早期墓随葬的车马都与主墓分开，另挖一坑，整车随马埋葬，舆后埋殉葬人，保持殷代以来的葬俗传统。1957年发掘的张家坡M168车马坑[4]就是采用这种方式。坑长5.6米，宽3.4米，坑内埋两辆车，车辕向东，左右并列。第一辆车驾四匹马，全部披戴铜马冠、铜镳、络和鞍具，第二辆车驾两匹马，在革带络头上缀以贝饰，殉葬人则被埋于车厢之下（图2-22）。但是，到了西周中晚期就不再采用原来的方式，而是将随葬的车子拆散成轮、轴、辕、衡、舆等部件，陈放在墓主人的墓内，而将驾车的马匹另行挖坑掩埋。不仅像井叔墓这样的有墓道的大型墓是如此，即使是较小的仅随葬一辆车的竖穴墓[5]也必将两轮分置于两侧的二层台上，轴、辕顺在一边，而将车箱放在椁顶的一端（图2-23）。可见当时葬俗的变化。

五　洞穴墓

在丰镐遗址张家坡墓地中还发现一种与竖穴墓形制不同的洞室墓。这类墓葬是先挖一个土坑竖穴，然后在一侧掏一个横穴，不再构筑木椁，直接将棺木和随葬器物放置在横穴内，在洞口用木板遮挡，再填土将竖穴夯实（图2-24）。这类洞室墓发现较少，但在墓地中分布比较集中，可能是一处葬俗相同的族墓地。但是，从随葬器物的形制来看，无论是陶器或青铜器，都和土坑竖穴墓所出的没有区别。这种墓葬形制其来源也许和周原遗址刘家发现的先周时期的洞室墓有关[6]。

西周都城遗址内的墓葬情况基本上反映了西周时期在埋葬制度和习俗上的各个方面，其分期和断代成果也可以作为标尺。但是，由于破坏和盗扰较为严重，还不能反映它的全貌，特别是西周的王陵尚无线索，而诸侯、封国的墓葬各有特点，只有把这些资料综合起来，并不断补充新的发现，才有更全面的和较深入的认识。

---

[1] 中国科学院考古研究所：《沣西发掘报告》，文物出版社，1962年。
[2] 中国社会科学院考古研究所沣西发掘队：《1967年长安张家坡西周墓葬的发掘》，《考古学报》1980年第4期。
[3] 中国社会科学院考古研究所：《张家坡西周墓地》，中国大百科全书出版社，1999年。
[4] 中国科学院考古研究所：《沣西发掘报告》，文物出版社，1962年。
[5] 中国社会科学院考古研究所：《张家坡西周墓地》，中国大百科全书出版社，1999年。
[6] 梁星彭：《张家坡西周洞室墓渊源与族属探讨》，《考古》1996年第5期。

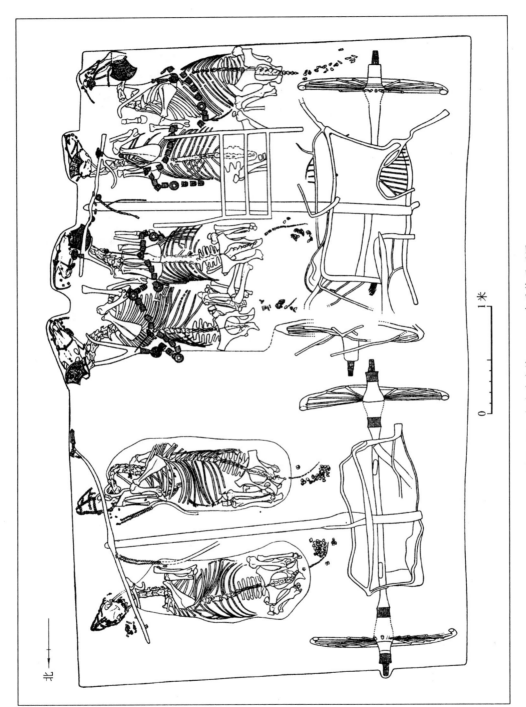

图 2-22 长安张家坡 57M168 车马坑平面图

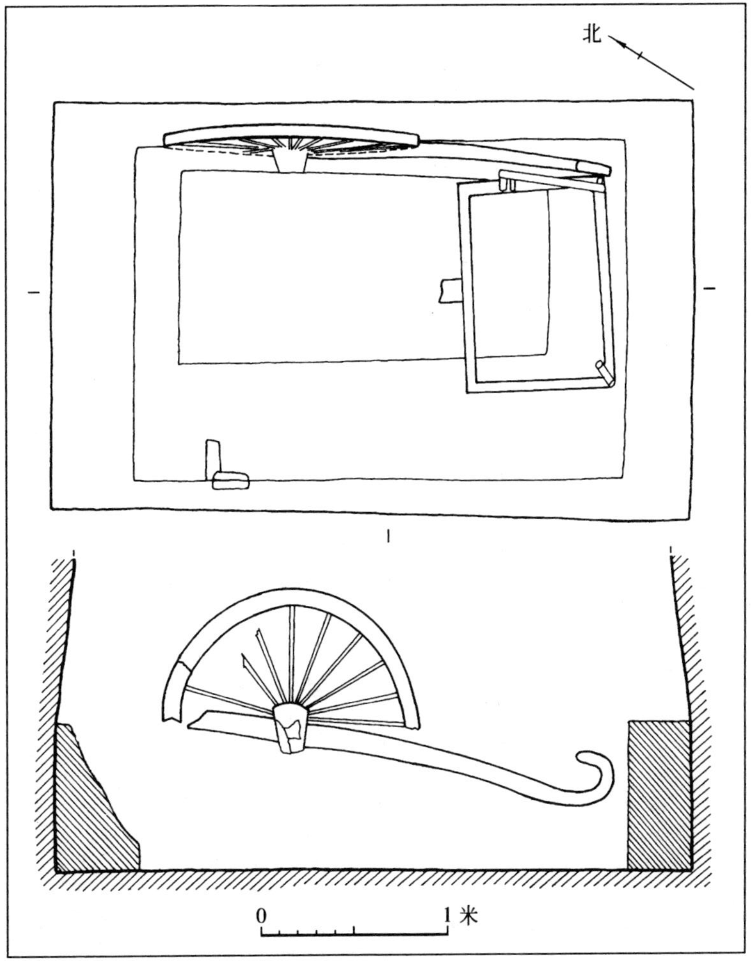

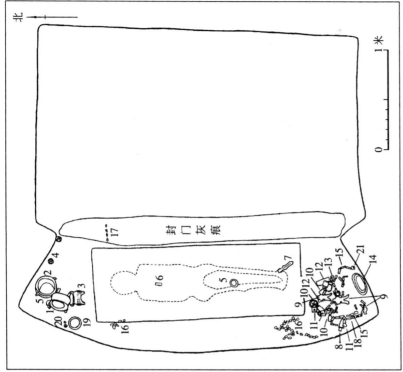

图 2-24 长安张家坡 M285 平面图

1. 铜鼎 2. 铜簋 3. 陶鬲 4、5. 铜泡 6. 玉柄形饰 7. 铜矛 8、18. 铜戈 9. 铜当卢 10. 铜銮 11. 铜镰 12. 铜冒 13. 铜辖 14、19. 大铜泡 15. 长条形铜饰 16. 蛤壳 17. 贝 20. 蚌泡 21. 方形扁平穿孔铜饰

图 2-23 长安张家坡 M367 随葬轮舆平面、立面图

第三章　西周时期的诸侯国墓地

第一节　燕国墓地

琉璃河遗址位于北京房山区琉璃河镇东北 2.5 公里处，包括董家林、刘家店、黄土坡、洄城、立教、庄头六个自然村。遗址东西长 3.5 公里，南北宽 1.5 公里，面积 5.25 平方公里[1]。

琉璃河遗址最早发现于 1945 年前后[2]。1962 年，北京市文物工作队对遗址作了调查，并于当年进行了小规模试掘[3]。1973~1977 年，北京市文物管理处、中国科学院考古研究所和房山区文教局共同组成琉璃河考古队对琉璃河墓地进行了较大规模的考古发掘，共发掘 61 座墓，5 座车马坑，同时对城址进行了小规模的发掘[4]。1981~1986 年中国社会科学院考古研究所与北京市文物研究所组成琉璃河考古队，对琉璃河墓地进行了有计划的发掘，共发掘墓葬 214 座[5]。其中尤以 1986 年发掘的 M1193 大墓[6]最为重要，也引起了学术界的广泛重视。此后为配合"夏商周断代工程"的需要又于 1995~1997 年进行了考古发掘工作，为进一步了解燕文化的文化面貌和琉璃河遗址的布局和性质提供了资料[7]。

---

[1] 北京市文物研究所：《琉璃河西周燕国墓地（1973~1977）》，文物出版社，1995 年。
[2] 由吴良才发现。参见殷玮璋在"北京建城 3040 年暨燕文明国际学术研讨会"闭幕式上所做的发言，见《北京建城 3040 年暨燕文明国际学术研讨会会议专辑》，北京燕山出版社，1997 年。
[3] 北京市文物工作队：《北京房山县考古调查简报》，《考古》1963 年第 3 期。
[4] 中国科学院考古研究所、北京市文物管理处、房山县文教局琉璃河考古工作队：《北京附近发现的西周奴隶殉葬墓》，《考古》1974 年第 5 期。
[5] 中国社会科学院考古研究所、北京市文物研究所琉璃河考古队：《1981~1983 年琉璃河西周燕国墓地发掘简报》，《考古》1984 年第 5 期。
[6] 中国社会科学院考古研究所、北京市文物研究所琉璃河考古队：《北京琉璃河 1193 号大墓发掘简报》，《考古》1990 年第 1 期。
[7] A. 北京大学考古学系、北京市文物研究所：《1995 年琉璃河周代居址发掘简报》，《文物》1996 年第 6 期。
B. 北京市文物研究所、北京大学考古学系：《1995 年琉璃河遗址墓葬区发掘简报》，《文物》1996 年第 6 期。
C. 中国社会科学院考古研究所、北京市文物研究所、北京大学考古系琉璃河考古队：《琉璃河遗址 1996 年度发掘简报》，《文物》1997 年第 6 期。

琉璃河遗址由墓地和城址两部分组成。城址位于遗址中部的董家林村及其周围[1]。城址可能是长方形。由于南城墙被大石河冲毁，城址现存形状呈"门"字形，北城墙长约829米，东西城墙北半段残长约300米。在城墙外还发现有城壕。20世纪70年代和90年代曾经对城墙进行过发掘[2]，城墙是在事先平整过的地面上，夯筑而成，与商周时期常见的筑墙时先挖掘基槽的做法有所不同。城墙可分为主墙和内外附墙，采用了分段、分层夯筑的方法。在城墙的东北角发现有1座西周初期墓葬打破城墙的内附墙的现象。据此判断城墙的始建年代不晚于西周初期[3]。1996年发掘中，在H108内获得刻有"成周"字样的卜甲，H108是遗址中时代最早的西周遗存之一。此卜甲的发现为琉璃河遗址的分期与断代提供了新的依据[4]。

墓地位于遗址中部的黄土坡村北及城址东侧一带。20世纪70年代发掘的61座墓葬[5]均为长方形土坑竖穴墓，可分为大、中、小三种。大型墓，墓室大，且有墓道，仅M202一座。中小型墓葬则无墓道。部分大、中型墓衬葬有车马坑，也有将车置于椁顶之上，有的小型墓中随葬有车马器。葬具主要是棺、椁，棺椁的多少或有无与墓葬的大小成正比。随葬器物一般置于棺椁之间，或棺前，有的中型墓的随葬器物放在二层台上。葬式多为仰身直肢，个别墓葬侧身屈肢。发现有少量殉人和殉狗的现象。

20世纪80年代进行的大规模发掘主要集中在黄土坡村西北[6]。发掘的墓葬均为长方形土坑竖穴墓。墓主头向在北偏西35°至北偏东15°之间。墓内填土经过夯打。少数墓葬在填土中和腰坑中殉狗。葬具小墓有棺，大、中墓有椁。在墓主的尸骨下，常有砾砂。墓主的葬式大多为仰身直肢。小型墓一般长2.5米左右，宽1.2米上下。葬具多为一棺，随葬品主要是陶器和货贝。中型墓长度一般在3.5米左右，宽2米上下。葬具均为一棺一椁。未被盗掘的墓葬的随葬品较为丰富，多置于墓主头前的棺椁之间。大型墓均被盗掘。

M202（图版3-2）是墓地迄今所见的惟一的双墓道大型墓[7]。墓室为长方形土坑竖穴，南北长7.2米，东西宽5.2米，深7米。方向345°。南墓道为斜坡，长14.8米，宽6米。北墓道为曲尺形台阶状，全长12米，有5级台阶。椁室长5.2米，宽2.3米，高1.7米。棺痕

  D. 北京市文物研究所、北京大学考古文博院、中国社会科学院考古研究所：《1997年琉璃河遗址墓葬发掘简报》，《文物》2000年第11期。

[1] 中国社会科学院考古研究所、北京市文物研究所琉璃河考古队：《琉璃河燕国古城发掘的初步收获》，《北京文博》1990年第1期。

[2] A. 北京市文物研究所：《琉璃河西周燕国墓地（1973～1977）》，文物出版社，1995年。

  B. 中国社会科学院考古研究所、北京市文物研究所、北京大学考古系琉璃河考古队：《琉璃河遗址1996年度发掘简报》，《文物》1997年第6期。

[3] 北京市文物研究所：《琉璃河西周燕国墓地（1973～1977）》，文物出版社，1995年。

[4] 中国社会科学院考古研究所、北京市文物研究所、北京大学考古系琉璃河考古队：《琉璃河遗址1996年度发掘简报》，《文物》1997年第6期。

[5] 北京市文物研究所：《琉璃河西周燕国墓地（1973～1977）》，文物出版社，1995年。

[6] 中国社会科学院考古研究所、北京市文物研究所琉璃河考古队：《1981～1983年琉璃河西周燕国墓地发掘简报》，《考古》1984年第5期。

[7] 北京市文物研究所：《琉璃河西周燕国墓地（1973～1977）》，文物出版社，1995年。

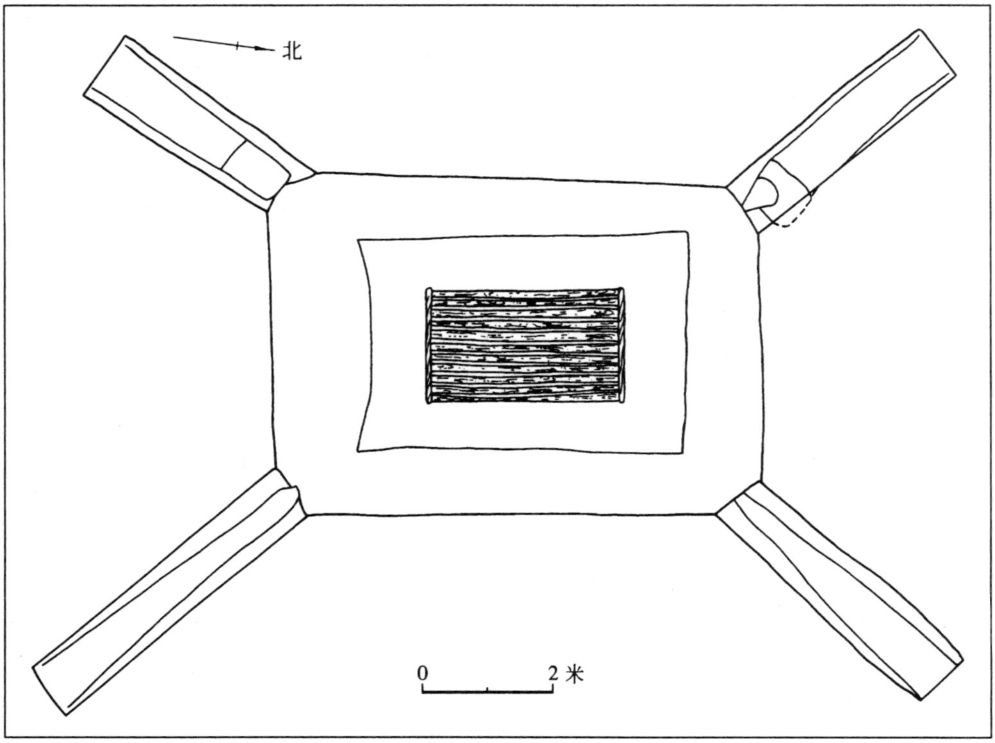

图 3-1　房山琉璃河燕国墓地 M1193 平面图

不显，在南墓道东壁有一个三角形小坑，内埋一人头骨。此墓被盗劫一空，但按墓葬的规格推测，墓主人应是一位燕侯。

M1193[1]为长方形土坑竖穴墓，墓口南北长 7.68 米，东西宽 5.25～5.45 米。方向 352°。该墓的形状较为特殊，在墓室四角分别有一条短窄的斜坡墓道（图 3-1；图版 3-1）。但也有学者认为作为墓道过于狭窄，推测是系棺木下葬的通道[2]。墓室内填土经过夯筑。葬具为一棺一椁，原先覆盖有幔帐一类物品。此墓虽经盗扰，仍出土 2 件重要的铜礼器——克罍、克盉（图版 10-1），两器的铭文记述了周初周王分封克为燕侯的史实，弥足珍贵（图 3-2）。棺椁内的随葬器物因盗掘所剩无几，发掘所获主要是放置在二层台上的兵器、马器和装饰品。墓内出土的兵器存在着"毁兵葬"[3]的现象，东、西和南侧二层台上发现的戈、戟、矛等兵器几乎都被折断或砸弯，断锋残援多放在北侧二层台上。在墓室内发现有竖立的长矛，长度在 3.8～4.2 米之间。在墓室内发现的铜戈柲长约 1.4 米。在墓室内还发现有摆放错落有致的漆盾。漆盾有的作长方形，有的上部为山形脊，高度一

---

[1] 中国社会科学院考古研究所、北京市文物研究所琉璃河考古队：《北京琉璃河 1193 号大墓发掘简报》，《考古》1990 年第 1 期。
[2] 赵福生：《西周燕都遗址》，《北京文博》1995 年第 1 期。
[3] 唐嘉弘：《西周燕国墓"折兵"之解》，《中国文物报》1992 年 5 月 17 日。

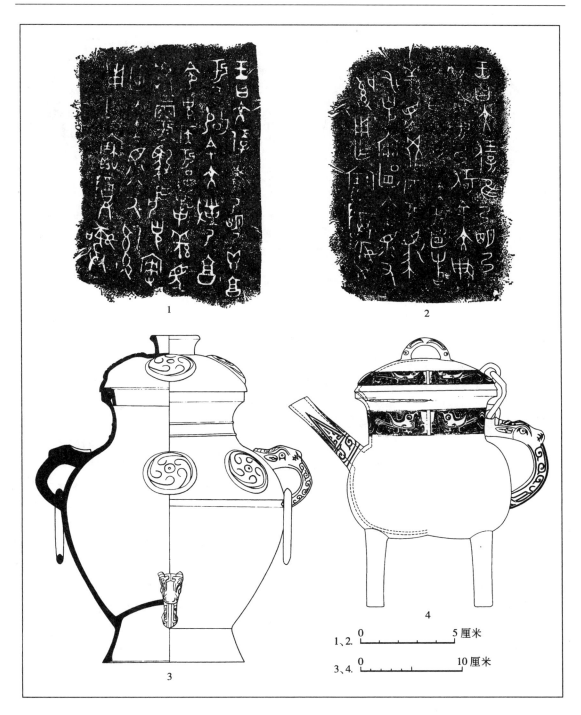

图 3-2 房山琉璃河燕国墓地 M1193 出土铜器
1. 克罍（M1193:168）盖铭文拓本 2. 克盉（M1193:167）盖铭文拓本 3. 克罍（M1193:168） 4. 克盉（M1193:167）

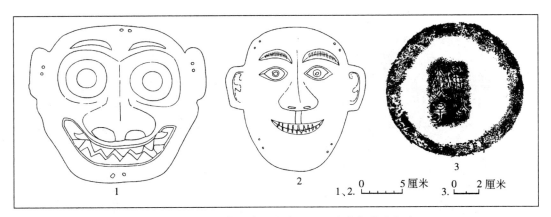

图 3-3　房山琉璃河燕国墓地 M1193 出土铜饰和铜泡
1. 兽面饰（M1193:42）　2. 人面饰（M1193:175）　3. 匽侯舞昜铜泡（M1193:211）拓本

般在 1.3 米上下，宽在 0.7 米左右。漆盾表面髹红色、黑色和褐色的漆，还镶嵌有人面形、兽面形（图3-3-1、2）、菱形、圆形大铜泡等作为装饰。墓中还出有"成周"铭文的戈和"燕侯舞"、"燕侯舞昜"（图3-3-3）铭文的铜泡，更证明此墓为一代燕侯之墓。根据墓中出土物判断，其年代在西周早期的成康时期。M1193 的碳十四测年数据在公元前 1015 年至前 985 年之间，也在此时间范围内[1]。

20 世纪 70 年代发掘的墓葬中以 M251 和 M253 的出土物较为丰富[2]。两墓均位于墓地 Ⅱ区东部，黄土坡村北。M251 墓坑长 4.5 米，宽 3.7 米，墓向 10°。葬具为一棺一椁。随葬器物主要放在北面二层台上，其中铜器有鼎 6 件、簋 4 件、觯 3 件、鬲、爵各 2 件、尊、甗、卣、盘、盉各 1 件，以及车马器等。此外还出有带柲铜戈、象牙梳、龟甲以及漆器等。在棺内相当于墓主胸部位置，出有玛瑙、绿松石、玉饰组成的串珠。墓葬的年代在西周早期。墓中出土的伯矩鬲（图3-4）记载了"匽（燕）侯"赏"伯矩"贝的事件。M253 墓室长 5.1 米，宽 3.5 米，方向 357°，葬具为一椁二棺，随葬品均放在二层台上，铜礼器有鼎 6 件、鬲 4 件、爵、卣各 2 件、觯、尊、甗、壶、盘、盉各 1 件。其中堇鼎有"匽侯令堇馈大保于宗周……"铭文（图3-5）。这些铭文为确认燕国的封地提供了极好的证据。

在琉璃河墓地还发现不少车马坑。20 世纪 70 年代发掘的 M202CH 内埋马 42 匹。由于盗扰，车马坑中可辨车迹的仅有 4 辆，但发现有 14 根车轴，可能代表其中埋车的实际数量。80 年代共发掘了 21 座车马坑，其中以 M1100 车马坑内放置的车马最多，具有一定的代表性。

M1100 车马坑[3] 坑口接近方形（图3-6）。南北长 6.1 米，东西宽 5.7 米。坑中共葬

---

[1] 夏商周断代工程专家组：《夏商周断代工程 1996～2000 年阶段成果报告（简本）》，世界图书出版公司，2000 年。
[2] 北京市文物研究所：《琉璃河西周燕国墓地（1973～1977）》，文物出版社，1995 年。
[3] 中国社会科学院考古研究所、北京市文物研究所琉璃河考古队：《1981～1983 年琉璃河西周燕国墓地发掘简报》，《考古》1984 年第 5 期。

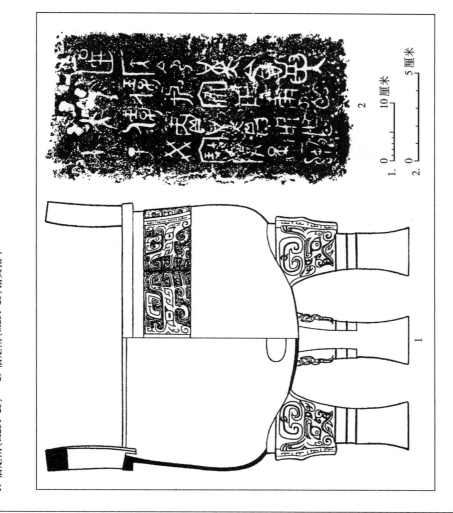

图 3-4 房山琉璃河燕国墓地 M251 出土铜器
1. 伯矩鬲 (M251:23)　2. 伯矩鬲 (M251:23) 铭文拓本

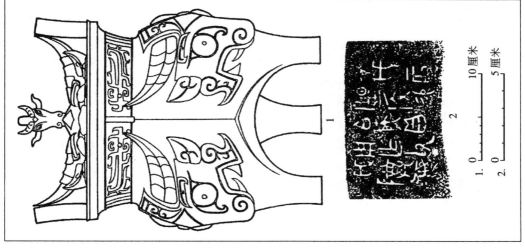

图 3-5 房山琉璃河燕国墓地 M253 出土铜器
1. 堇鼎 (M253:12)　2. 堇鼎 (M253:12) 铭文拓本

图 3-6 房山琉璃河燕国墓地 M1100 车马坑平面图

马 14 匹，车 5 辆。所有马匹都是杀死后埋入坑中的，马头向北，侧卧于坑底。车是将车轮拆下后斜倚于坑壁上，车厢则平放在坑底。在其中的三号车上发现有伞盖痕迹。车厢上有一个直径为 26 厘米、高 25 厘米的伞杠遗迹，周围有 26 条直径为 2 厘米的木质盖弓。构成一个以杠为中心直径 1.5 米的圆形车伞。在伞的下部，发现三根倾斜的木柱痕迹，分别支撑于车厢的东北、西北、西南角，应为支撑伞盖的支柱。

在墓地中除了出土大量青铜器外，还有一批漆器。它们大多出于大中型墓葬中，种类有罍、觚、壶、簋、豆、杯、盘、俎、彝等，器表多有彩绘，多为红地褐色或褐地红彩，黑漆少见。有些漆器表面镶嵌蚌泡、蚌片、绿松石或金箔等。个别漆器表面雕花，使图案呈浮雕状[1]。M1043:14 漆觚（图版 17-1）的器身镶三道金箔，在金箔之间，雕刻出三个以绿松石为目的变形夔龙纹。M1043:68 漆罍（图版 17-2）为朱地褐彩，通体

---

[1] 王巍：《关于西周漆器的几个问题》，《考古》1987 年第 8 期。

的花纹均由蚌片镶嵌和彩绘组成。器盖上原有四个蚌片镶嵌的木雕兽头。颈部为用蚌片和彩绘组成的凤鸟纹带。肩部和上腹部均为用蚌片镶成的圆涡纹和漆绘花纹带。下腹部为蚌片和漆绘构成的饕餮纹。圈足之上镶嵌着多组长方形蚌片，间以长方条形漆绘。器耳为两只由蚌片镶嵌和彩绘构成的带冠凤鸟。

在20世纪70年代的发掘后，由于墓地内出土器物上有"匽侯"名称，并且有因受燕侯赏赐而作器勒铭的器物（如堇鼎、伯矩鬲、圉器等），即有学者认为这里是燕国墓地，琉璃河遗址是周初燕都[1]。随着80年代的发掘，特别是在M1193中出土了克罍、克盉，铭文为："王曰：大保，……余大对乃享，令克侯于匽……"与文献中召公封燕，"以元子就封，而次子留周室，代为召公"的记载相合。进一步确认此处为周初所分封的燕，克为第一代燕侯。

琉璃河墓地最初分为三期，即西周早、中、晚期。其后，每期又分为前后两段，为三期六段。"夏商周断代工程"用各期墓葬的人骨作为系列样品，用常规碳十四测年法测得的数据，拟合日历年代后的结果[2]，第一期第一段的年代为公元前1040年至前1006年约在成康时期，第一期第二段年代为公元前1015年至前950年，大致在康昭时期，第二期第三段的年代为公元前960年至前918年，大致相当于穆王与恭王早期，第二期第四段的年代为公元前935年至前850年，大致相当于恭懿孝夷时期。第三期第五段的年代为公元前852年至前810年，大致相当于厉王晚期与共和时期。第三期第六段的年代为公元前820年至前750年，在宣幽时期。有的学者根据琉璃河遗址的居址中西周早期遗存分布广，堆积厚，内涵丰富；而西周中晚期的遗存较少，结合墓地中西周早期墓为数最多，并且出青铜礼器的墓葬多属于西周早期，晚期未见铜礼器墓的现象，认为琉璃河遗址主要属于西周早期，其废弃年代在早中期之交或稍晚[3]。

琉璃河遗址西周早期的文化因素比较复杂，周文化因素、商文化因素和当地土著文化三种文化因素并存[4]。这一现象也在墓地中有所反映。墓地为京广铁路分隔成东西两部分，铁路以西为Ⅰ区，以东为Ⅱ区[5]。Ⅰ区的墓葬多在填土及腰坑中殉狗，较大的墓葬多有殉人，随葬的陶器组合以鬲、簋、罐居多；而Ⅱ区内少见殉狗，不见殉人，且随葬陶器以鬲、罐为主，两者形成了鲜明的差别。Ⅰ区内出土铜器铭文多有殷人的族徽。因此推测Ⅰ区墓葬的墓主很可能是殷遗民，而Ⅱ区墓葬是燕侯为首的周人墓地[6]。

墓地中存在着各种类型的墓葬，除了燕侯墓、贵族墓外，还有着大量的小型墓，它们之间没有发现明确的界标，因此琉璃河墓地应是燕国的公共墓地[7]。

---

[1] 郭仁、田敬东：《琉璃河商周遗址为周初燕都说》，《北京史论文集》第一辑，1980年。
[2] 夏商周断代工程专家组：《夏商周断代工程1996～2000年阶段成果报告（简本）》，世界图书出版公司，2000年。
[3] 刘绪、赵福生：《琉璃河西周燕文化的新认识》，《文物》1997年第4期。
[4] 刘绪、赵福生：《琉璃河西周燕文化的新认识》，《文物》1997年第4期。
[5] 北京市文物研究所：《琉璃河西周燕国墓地（1973～1977）》，文物出版社，1995年。
[6] 北京市文物研究所：《琉璃河西周燕国墓地（1973～1977）》，文物出版社，1995年。
[7] 陈光：《西周燕文化初论》，《北京文博》2000年第1期。

第二节　晋国墓地

　　天马—曲村遗址位于山西南部临汾地区曲沃县东部和翼城县西部以天马—曲村一带为中心的地区。遗址位于曲沃盆地的北部边缘地带，北靠塔儿山（乔山），东邻绵山（覆釜山）和翱翔山，南对紫金山（绛山）。其地势自东北向西南平缓倾斜[1]。

　　天马—曲村遗址最早于1962年发现，1980～2001年，北京大学历史系考古专业与山西省考古研究所合作，对天马—曲村遗址进行了持续发掘。整个发掘过程可分为前后两个阶段：1980～1989年，主要对天马—曲村遗址的居址和中小型墓葬进行发掘，共发掘居址约3700平方米，清理西周春秋时期墓葬641座，车马坑6座等[2]；1992～2001年，对遗址中的晋侯墓地进行发掘和清理，共发掘晋侯及夫人墓9组19座以及附属的陪葬墓、祭祀坑等[3]。天马—曲村遗址工作之始，就有学者推测此处即为晋始封之地[4]。随着晋侯墓地发现，最终确认此处为晋国国都之所在[5]。

　　天马—曲村遗址中，西周早期至春秋时期的墓葬主要集中分布于两个地点[6]：一处在现曲村以北（包括曲村镇北部），东西长约800米，南北宽约600米的范围内是中、小型墓葬的密集分布区[7]；另一处即晋侯墓地。

　　晋侯墓地位于天马—曲村遗址的中心部位，与中、小型墓葬区相距约1200米。

　　1986年冬至1992年秋天马—曲村遗址发生大规模盗墓事件，在此背景下，北京大学考古系与山西省考古研究所于1992～2000年联合对晋侯墓地进行了六次大规模抢救性发掘工作。

---

[1] 北京大学历史系考古专业山西实习组、山西省文物工作委员会：《翼城曲沃考古勘探记》，《考古学研究（一）》，文物出版社，1992年。

[2] 北京大学考古系商周组、山西省考古研究所：《天马—曲村（1980～1989）》，科学出版社，2000年。

[3] A. 北京大学考古系、山西省考古研究所：《1992年春天马—曲村遗址墓葬发掘报告》，《文物》1993年第3期；《天马—曲村遗址北赵晋侯墓地第二次发掘》，《文物》1994年第1期；《天马—曲村遗址北赵晋侯墓地第五次发掘》，《文物》1995年第7期。

B. 山西省考古研究所、北京大学考古系：《天马—曲村遗址北赵晋侯墓地第三次发掘》，《文物》1994年第8期；《天马—曲村遗址北赵晋侯墓地第四次发掘》，《文物》1994年第8期。

C. 北京大学考古文博院、山西省考古研究所：《天马—曲村遗址北赵晋侯墓地第六次发掘》，《文物》2001年第8期。

[4] 北京大学考古专业商周组、山西省考古研究所、河南省安阳、新乡地区文化局、湖北省孝感地区博物馆：《晋豫鄂三省考古调查简报》，《文物》1982年第7期。

[5] A. 李伯谦：《晋国始封地考略》，《中国文物报》1993年12月12日。

B. 邹衡：《论早期晋都》，《文物》1994年第1期。

[6] 北京大学考古系商周组、山西省考古研究所：《天马—曲村（1980～1989）》，科学出版社，2000年。

[7] 由于各个发掘区之间未完全连成片，难以确定已发掘的部分是各自独立的墓地，还是联成整体的一个大规模墓葬。发掘者认为后者的可能性较大。

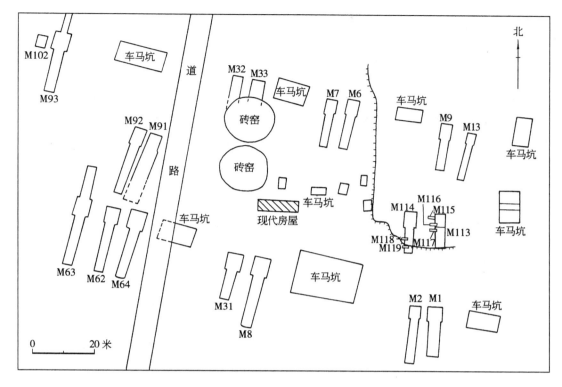

图 3-7 曲沃天马—曲村晋侯墓地墓葬分布图

整个墓地共发现有 9 组晋侯及其夫人墓葬，以及祔葬的车马坑、祭祀坑以及附属的陪葬墓等。9 组晋侯墓分为南北三排。北排自东向西分别为 M9（M13）组[1]、M6（M7）组、M33（M32）组、M93（M102）组；中间一排自东向西为 M114（M113）组和 M91（M92）组，两组间相隔较远；南排自东向西分别为 M1（M2）组、M8（M31）组和 M64（M62、M63）组。在各组墓葬的东侧均有一祔葬的车马坑（图 3-7）。

墓地被大规模盗扰，M1、M2、M6、M7、M32 几乎被盗空，破坏严重。M8、M33、M114 虽经盗扰，但残留有若干遗物，为判断墓主的身份提供了线索。其余墓葬保存完整，为研究西周时期的诸侯墓葬制度等提供了详尽的资料。

晋侯墓均为夫妇异穴合葬墓，其中除 M9（M13）组、M114（M113）组中晋侯墓位于西侧外，其余晋侯墓均位于东侧。M64 晋侯邦父有 2 座夫人墓。

晋侯墓中除 M93 为南、北两条墓道的中字形墓外，其余均为墓道在南的甲字形墓。晋侯夫人墓中 M63 为中字形墓，M102 无墓道，其余也都是甲字形墓。墓道的形制除 M93 的北墓道为阶梯形墓道，其余均为斜坡状墓道。墓道均未延伸至墓底，墓道底部往往在二层台上方，有的距离二层台有相当的高度。

---

[1] 各组前者为晋侯墓，括号内为晋侯夫人墓。

在墓道和墓室内往往放置着陪葬的车马及各种殉牲等。陪葬的车或整车埋入，或将车拆散放入墓中，如M93的墓道后部放置着两辆车，填土中有五辆车，均为拆散放置；M33内至少随葬有5辆车，10个车轮分置于墓室的东、北、西二层台上和墓道尾部的西壁。衡、舆、辕等部件集中放在墓道尾部和椁盖南端之上。

殉牲的种类有狗、牛、马等，殉狗多放在墓室填土内，如M9的椁顶南端有殉狗一只，M114的殉狗位于二层台的东南角和西南角。在墓葬周围也有祭祀坑分布，如M13的墓道口西侧有一殉牛的祭祀坑。M62墓道南部有两个与墓葬方向一致的长方形祭祀坑，内各有殉马一匹，这些祭祀坑应为墓祭遗迹。

个别晋侯墓中有殉人现象，在M114北二层台下有一个殉人，为22～24岁的青年女性，置于薄棺中，此为晋侯墓地中仅见的一例殉人。

晋侯及其夫人的葬具均有棺椁。椁由垫木、底板、边框和盖板构成，均为方木。垫木置于底板下南北两端，底板纵向放置在垫木上，边框由东西侧板和南北端板围成，盖板横铺在椁上。椁内为一棺或重棺，有的棺上髹漆，部分棺的内外涂有彩绘。部分墓葬的椁室周围有小铜鱼等，如M102，应是棺椁的饰物。

在棺椁周围有多种防潮的措施，主要有敷设青膏泥、积石、积炭等。在M114的棺侧和M113的棺底下都有一层厚约5厘米青膏泥。积石、积炭的使用在墓地中较为普遍，并且随着时间的推移而逐步发展。M7仅在墓底椁下铺有一层较薄的木炭。M1椁室的上下均铺有木炭，较薄，仅厚3～6厘米。椁室周围用土和木炭分层填实，土多炭少。M8的椁室外填塞着厚厚的木炭，由墓底一直堆积到距墓口2.7米处。墓底相当于椁室垫木的位置用不甚规则的石块垒砌两道较椁室略宽的石梁，以承托椁室。到M93已发展到除在椁室四角外有6垛用石块垒成的、与椁室等高的石墩，在墓底还有3道承托椁室的石梁。椁室四周为木炭所包围（图3-8）。

棺内墓主的葬式较为统一，大多为头北脚南的仰身直肢葬，仅M91、M92一组墓主头

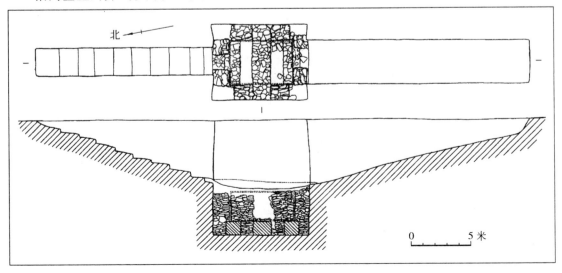

图3-8 曲沃天马—曲村晋侯墓地M93平面、剖面图

向南。墓主身体上下普遍洒有一层朱砂。

墓内随葬品的摆放有一定的规律。椁盖板上放置青铜车马器，棺椁间放置铜礼乐器、兵器、陶器等，棺内主要为墓主身上佩戴的玉石饰品和各种葬玉等。

M113 的随葬品大都堆放在西、南两边的棺椁间（图3-9）。西南角主要是青铜礼器，上层有鼎8件、簋6件、卣2件，甗、壶、猪尊（图版14-1）、三足瓮各1件等，下层主要是铜车马器。西北角上层放置原始瓷豆、漆器和陶器，下层有铜觯3件、爵2件、觚、盉各1件等。南侧集中出土鸟形蚌饰、蚌片和蛤蜊，总数在百枚以上。北侧发现有方匣的痕迹，内有珠石串饰1组，玉环1件。东北角棺椁间集中出土铜车马器。棺内主要是墓主人随身佩戴的玉石饰品。墓主头骨下有管状玉束发器；颈胸腹部有佩饰7组，其中包括四璜联珠组玉佩1组；墓主胸上压着玉柄形器1件，背下压着玉环1件、玉鱼2件；腰部东侧放置玉鱼2件；两脚踝各系有镂空玉牌1件。

M8 的椁盖板上放置一些车马饰件，棺椁间主要放置铜礼器和乐器。铜礼器置于椁室南端及西南角，南端铜器多被盗走，仅存铜兔尊（图版14-2）3件；西南角尚存鼎、簋、方壶等铜器9件。椁室东南角的一套铜编钟，被盗后仅残存2件。椁

图3-9 曲沃天马—曲村晋侯墓地 M113 椁内随葬器物分布图
7、36、44、45、47.陶鬲（47在西侧南部） 9、10、33、37、53、56、94、118、120.陶罐 29.玉戚 30.玉琮 31、42、46.陶簋 32.陶盉 34、51.铜方鼎 37.铜三足瓮 38.铜猪尊 41.陶豆 48、49.铜扣器 50.陶三足瓮 52、57、90、91、101、103、111.铜圆鼎 55.铜甗 58、59.铜簋 73、102.铜卣 74.铜壶（在西侧南部下层） 89、143.铜琮形器（143在58内） 104、121.铜爵 105、106、126.铜觯 108.铜盉 124.铜觚 125.铜双耳罐 144.大玉琮

室东侧有石编磬。棺内主要为玉器（图3-10），在墓主头顶放置玉筒，头下压五龙项饰，头上盖有缀玉覆面；颈部放有双环双玦三璜佩饰，肩下压有双环三玦，背下压有玉钺和玉环，胸腹部正中放有几组多璜组玉佩、大玉戈、玉环、柄形器、玉板等；腿根部有玉琮1件，大腿及小腿上各有柄形器，大腿内侧各放玉玦1件，小腿两侧各有玉琮1件，双足下压有玉板各1件。在墓主腰间有黄金带饰。棺内还散布着玉鸟形珩、玉虎等玉器。

晋侯墓地随葬的青铜礼器一般有鼎、簋（或盨）、壶、盘、匜（或盉）等，晋侯墓大都用5件鼎、4件簋、2件方壶、甗、盘、匜（盉）各1件和一两套编钟以及工具、兵器、车马器、玉器等；晋侯夫人墓则多为3件鼎、2件簋、2件圆壶和盘、匜（盉）各1件，有的还有一套酒器类的明器（图3-11），以及大量的玉器。因此，有学者认为晋侯墓地的用鼎制度属于少牢五鼎，属卿大夫或下大夫的等级[1]。

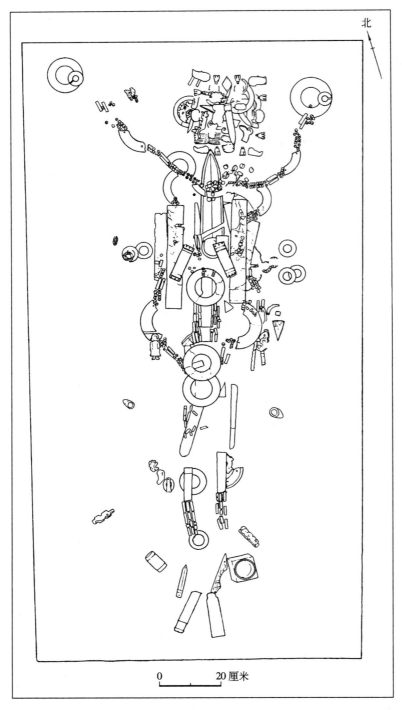

图3-10　曲沃天马—曲村晋侯墓地M8棺内随葬玉器分布图

[1]　孙华：《关于晋侯䣄组墓的几个问题》，《文物》1995年第9期。

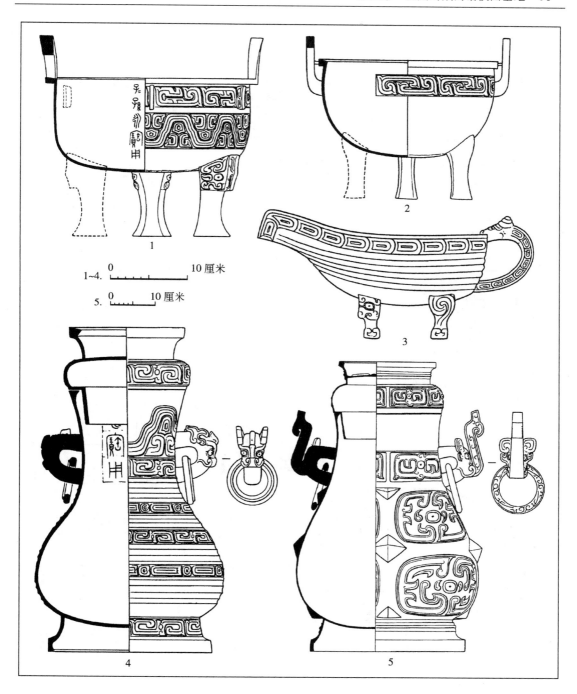

图 3-11 曲沃天马—曲村晋侯墓地 M64 组随葬铜器（之一）
1. 鼎（M64:130） 2. 鼎（M62:79） 3. 匜（M62:76） 4. 壶（M63:81） 5. 方壶（M64:103）

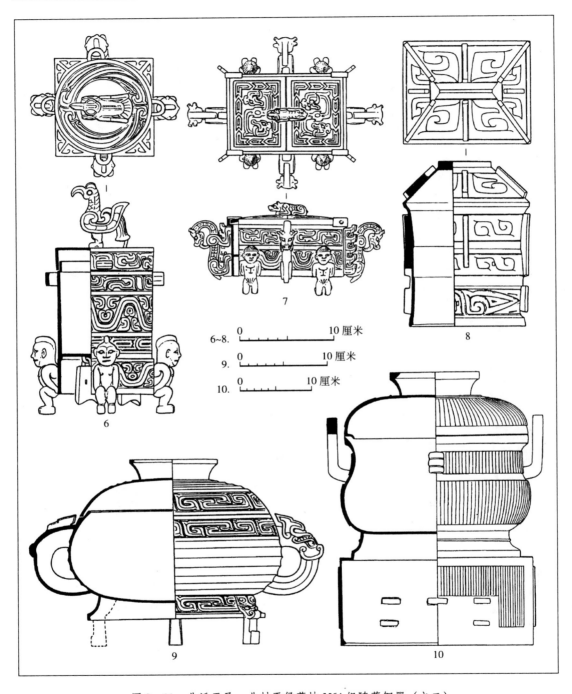

图 3-11 曲沃天马—曲村晋侯墓地 M64 组随葬铜器（之二）
6. 方座筒形器（M63:86） 7. 方盒（M63:123） 8. 方彝（M63:76） 9. 簋（M62:83） 10. 方座簋（M64:109）

晋侯及夫人棺内随葬有大量玉器,种类包括有礼玉、葬玉、佩玉等。

在墓主脸上覆盖有缀玉覆面,M8、M31、M64、M62、M91、M92、M93 内均有发现。M31 发现的一组覆面,由 79 件不同形状的玉石片构成,每件的边缘上均有钻孔,以缀于织物上(图 3-12)。

各墓内出有相当多的佩饰、项饰等,特别是在墓主胸前佩戴有由特定玉件连缀而成的佩饰[1]。M91 晋侯墓内出有一套五璜联珠玉佩,由 5 件玉璜和 75 件玛瑙珠、管以及绿色料珠串联而成。5 件玉璜自上而下弧度依次递增(图 3-13-1)。M92 晋侯夫人墓内出土的一组四璜四珩联珠玉佩,由玉珩、

图 3-12 曲沃天马—曲村晋侯墓地出土缀玉覆面(M31:73)

玉璜、玉圭、束腰形玉片各 4 件,以及玉贝,玉饰、玛瑙、料质珠、管等共计 282 件组成(图 3-13-2)。在 8 件珩、璜中,有 2 件为素面,其余均饰有单面雕刻顾首龙纹。

M114 组被认为是晋侯墓地中年代最早的一组。M114 被盗扰,残存有方鼎 2 件,簋、提梁卣、觯、瓶、盘、鸟形尊各 1 件,其中的叔夨方鼎(图 3-14),据考订叔夨即为晋侯叔虞,而此墓为第二代晋侯燮父之墓[2]。其夫人墓 M113 内共出土 114 件组各种器物,其中铜礼器有鼎 8 件、簋 6 件、觯 3 件,爵、卣各 2 件,三足瓮、觚、盉、盂、壶、猪尊(图版 14-1)、双耳罐等各 1 件。根据出土器物推断,墓葬的年代在西周早中期之际,要早于 M9 和 M13 组[3]。

M9 组保存完整。墓内铜器锈蚀严重,器形有鼎、簋、斝、编钟等礼乐器。夫人墓 M13 的铜礼器组合为鼎 5 件、簋 4 件,还有甗、盨、盘等,出土铜器上有晋侯作器的铭

---

[1] 孙庆伟:《两周佩玉考》,《文物》1996 年第 9 期。
[2] 李伯谦:《叔夨方鼎铭文考释》,《文物》2001 年第 8 期。
[3] 李学勤:《谈叔夨方鼎及其他》,《文物》2001 年第 10 期。

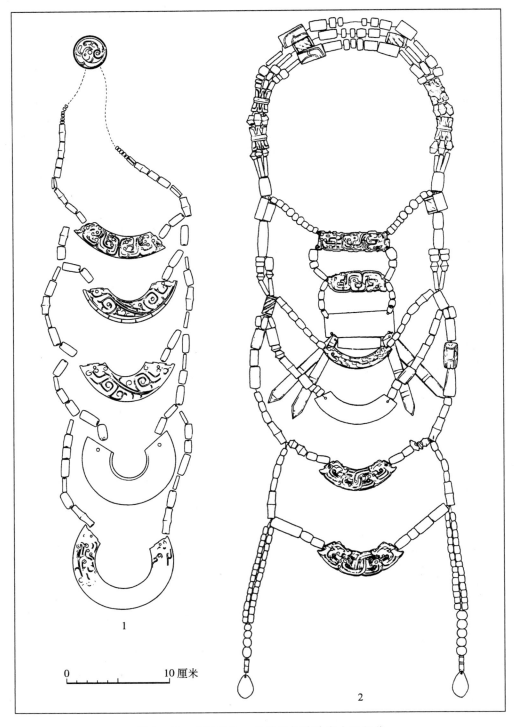

图 3-13 曲沃天马—曲村晋侯墓地出土玉佩饰
1. 五璜联珠玉佩（M91:30、37~41） 2. 四珩四璜联珠玉佩（M92:83）

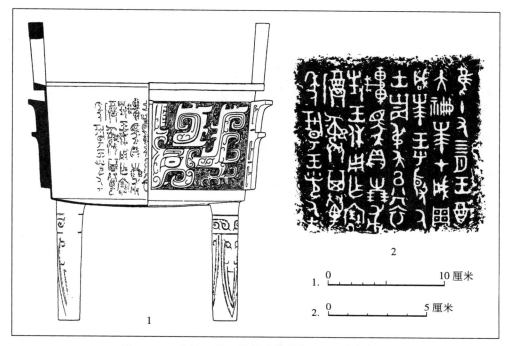

图 3-14　曲沃天马—曲村晋侯墓地 M114 出土铜器
1. 叔夨方鼎（M114:217）　2. 叔夨方鼎（M114:217）铭文拓本

文。根据 M13 内出土的陶鬲推断，墓葬的年代在西周早中期之际的穆王前后。

M6 组被洗劫一空。

M33 组被严重盗扰。M33 残存有鼎 2 件，簋、方壶各 1 件，以及石磬 10 余件。其中的"晋侯僰马"方壶，可据此推断墓主为名僰马的一代晋侯。根据 M33 内出土器物判断，该组墓葬的年代在西周中期偏晚阶段，即孝夷时期。

M91 组保存完整。M91（图版 13-1）内共出土了 35 件铜礼乐器，有鼎 7 件、簋 5 件，爵、鬲各 2 件，方壶、圆壶、盘、匜、盂、尊、卣、甗、豆各 1 件，还出有编钟 7 枚和石磬近 20 件。墓中出土的"晋侯僰马"方壶与 M33 中的方壶成对。在另一件残器底上有"晋侯喜父"的名号，结合夫人墓 M92 中也出有"晋侯喜父"器 1 件，判断墓主为晋侯喜父。M92 内出土了 8 件铜器，鼎、盨、壶各 2 件，盘、盉各 1 件，包括"晋侯对"鼎 1 件、"晋侯僰马"圆壶 2 件、"晋侯喜父"盘 1 件等。该组墓葬的年代在西周晚期，时代在厉王前后。

M1 组被盗扰一空。由上海博物馆购回的晋侯对盨原出自这组墓葬中，墓主可能为晋侯对及夫人。由墓葬残出的陶器判断墓葬年代在西周晚期。

M8 组晋侯墓被盗扰，夫人墓保存完好。M8 内共出土残存的随葬品 239 件套。根据铜器形制、纹饰和铭文内容可分为四组：晋侯斷组，计有簋、方壶各 2 件；晋侯苏组，计有鼎 1 件（图 3-15）和晋侯苏钟 1 套[1]；兔尊（图版 14-2）1 套自成一组；一组制作粗

---

[1] 上海博物馆从海外购回的晋侯苏钟与墓中劫余的 2 件编钟同属于一套。

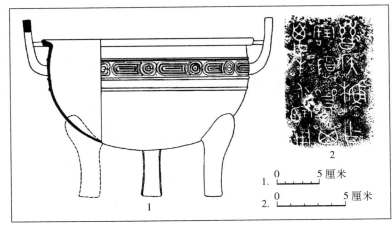

图 3-15　曲沃天马—曲村晋侯墓地 M8 出土铜器
1. 晋侯苏鼎（M8:28）　2. 晋侯苏鼎（M8:28）铭文拓本

糙，为专用于殉葬用的明器，包括甗、盉、盘各 1 件。墓主为晋侯苏，斯为他的字[1]。其夫人墓 M31 铜礼器组合为鼎 3 件、簋 2 件及盘、盉、壶等。根据墓内出土器物及晋侯苏钟的纪年等推断，墓葬年代在宣王时期。

M64 组保存完好。M64 内出土铜礼器有鼎 5 件，簋、尊各 4 件以及壶、盘、匜、盨、爵、甗等。乐器有楚公逆编钟 1 套 8 件，钲 1 件、石磬 16 枚。其中的鼎上有"晋侯邦父"的名号，据此推断墓主为晋侯邦父。夫人墓 M62 铜礼器包括鼎 3 件、簋 4 件，壶、盘、匜、爵、尊、方彝、鼎形方盒各 1 件，其中有些属于明器。另一座夫人墓 M63 的铜礼器计有鼎 3 件，簋、壶各 2 件，爵、觯、方彝、盘、盉、鼎形方盒、筒形器各 1 件。根据墓内出土的"杨姞"壶，可判断墓主为晋侯夫人杨姞。这三座墓的年代在西周末年。

M93 组保存完整。M93（图版 13-2）内出有 24 件铜礼器，可分为两组，一组为明器，共 8 件，包括鼎、簋、尊、卣、爵、觯、盘、方彝各 1 件；另一组实用器，有 16 件，包括鼎 5 件、簋 6 件、壶 2 件，甗、盘、匜各 1 件，其中包括"晋叔家父"方壶。编钟分为大小两套，每套 8 枚。编磬共有 10 件。墓内虽出有"晋叔家父"方壶，但究此墓规格为一代晋侯之墓，可见墓主非晋叔家父。其夫人墓 M102 内出有 2 组 17 件铜礼器，其中实用器组有鼎 3 件、簋 4 件，盘、匜、壶各 1 件；明器组有鼎、簋、盉、爵、觯、方彝各 1 件。两墓的年代在春秋初年。

《史记·晋世家》所载西周时期晋侯世系为：

唐叔虞——晋侯燮——武侯宁族——成侯服人——厉侯福——靖侯宜臼——釐侯司徒——献侯籍（苏）——穆侯费王——殇叔（穆侯弟）——文侯仇。

通过对墓地中诸墓的整体分析，各墓与《史记·晋世家》所载晋侯世系的对应关系是：

M114	唐叔虞或晋侯燮
M9	武侯宁族
M7	成侯服人
M33（棘马）	厉侯福
M91（喜父）	靖侯宜臼

---

[1] 裘锡圭：《关于晋侯铜器铭文中的几个问题》，《传统文化与现代化》1994 年第 2 期。

M1（对）	釐侯司徒
M8（苏）	献侯籍（苏）
M64（邦父）	穆侯费王
M93	文侯仇

对于这个排列顺序，卢连成[1]、李学勤[2]、孙华[3]、张长寿[4]、黄锡全[5]、朱凤瀚[6]等提出了各自的观点。"夏商周断代工程"在进行晋侯墓地的测年研究时，也基本采用了这一排序，但认为M93的墓主亦有可能是晋殇叔[7]。

在晋侯墓地的南北均有一条壕沟，似与其他墓地相隔离[8]，形成了一个相对独立的墓区。表明这"是晋侯及夫人专用的墓葬区"，是一处公墓区[9]。

墓地中墓葬排列有序，似乎事先经过一定的规划。墓葬的分布大致可分为紧密并列的东西两大群。东群先由中间一排东侧的M114组开始，向北至北排东侧的M9组，然后由东向西依次排列，至M33组后，又折向中间一排西侧的M91组，然后又在南面另起一排，仍然按东西横向依次排列。在排至M64组后，东群已经排满。又重新在西侧另起一群埋葬了M93组。墓地的墓位是依父子先后顺序安排，而不见"昭居左，穆居右，夹处东西"的格局，未见实行昭穆制度[10]。

曲村村北墓地的中小型墓葬[11]均为土坑竖穴墓，墓口平面呈长方形，平均面积在4平方米左右，其中面积最大的达13平方米。

墓圹形制有直壁形、袋形和斗形三种类型。其中随葬两种以上陶器的墓葬以袋形墓圹的居多；少于两种陶器乃至无随葬品的墓葬则以直壁形为主。墓葬中少见腰坑和壁龛。

这些墓葬有南北和东西两大朝向。它们在墓地中往往各自成片分布，形成明显的墓群。

墓葬大多有木质葬具。椁底板多纵向放置，盖板则多为横向放置。棺的盖板以纵向为

---

[1] 卢连成：《天马—曲村晋侯墓地年代及墓主考定》，《汾河湾——丁村文化与晋文化考古学术讨论会文集》，山西高校联合出版社，1993年。
[2] 李学勤：《〈史记·晋世家〉与新出金文》，《学术集林（卷四）》，上海远东出版社，1995年。
[3] 孙华：《关于晋侯鞸组墓的几个问题》，《文物》1995年第9期；《晋侯槆/斯组墓的几个问题》，《文物》1997年第8期。
[4] 张长寿：《关于晋侯墓地的几个问题》，《文物》1998年第1期。
[5] 黄锡全：《关于晋侯墓地几位晋侯墓顺序的排列问题》，《跋涉集——北京大学历史系考古专业七五届毕业生论文集》，北京图书馆出版社，1998年。
[6] 朱凤瀚：《关于北赵晋侯诸墓年代与墓主人的探讨》，《文化的馈赠——汉学研究国际会议论文集·考古学卷》，北京大学出版社，2000年。
[7] 夏商周断代工程专家组：《夏商周断代工程1996～2000年阶段成果报告（简本）》，世界图书出版公司，2000年。
[8] 北京大学考古系、山西省考古研究所：《天马—曲村遗址北赵晋侯墓地第二次发掘》，《文物》1994年第1期。
[9] 李伯谦：《从晋侯墓地看西周公墓墓地制度的几个问题》，《考古》1997年第11期。
[10] 李伯谦：《从晋侯墓地看西周公墓墓地制度的几个问题》，《考古》1997年第11期。
[11] 北京大学考古系商周组、山西省考古研究所：《天马—曲村（1980～1989）》，科学出版社，2000年。

主。棺、椁的平面形状以"Ⅱ"形和长方形为主。其中有的墓棺底板嵌于四侧挡板中,为悬棺。部分规模较大的铜器墓的棺、椁髹漆。

墓主的葬式以下肢伸直,上肢弯曲的葬式为主。

墓地中仅有 2 座墓葬发现殉人。M6080 中殉人是一名 14~17 岁的女性,仰卧于东侧二层台上。M6123 的殉人仰卧于东侧壁龛中,为一名 6 岁左右儿童。

只有 23 座墓葬中发现有殉狗。东西向的墓,殉狗或放在腰坑内,或放在填土中。南北向的墓殉狗位于二层台上,均是铜器墓,并且都没有腰坑。

墓葬中青铜容器常陈放在棺、椁之间的椁底上,或置于椁、棺盖板上,其中以放在墓主头侧为多,或放在墓主头侧二层台上。兵器多置于棺内或棺、椁之间。铜戈多有意砸弯甚至折断后埋入。车马器或在棺、椁间,或在椁盖板上。玉、石、蚌器等装饰品多出自棺内墓主身上或附近。陶器和漆器常置于二层台和棺、椁盖板上,且多放在靠近墓主头端一侧。贝多出于墓主口中,数量多少不一,从一二枚到数十枚。手中握贝和足部置贝的现象常见。

墓地中出土的青铜礼器的器类包括:鼎、鬲、甗、簋、簠、盆、盉、爵、觚、觯、尊、卣、勺、盘、匜、壶、钟等。青铜兵器主要有戈、矛、剑、斧、殳、弓形器、镞。此外还有青铜工具,如斤、凿、刀等。

随葬陶器的组合以鬲、罐为主,但随着器物的多少,而有所不同:随葬五种以上陶器的其中心组合为鬲、罐、豆、盆、大口尊;随葬四种陶器的基本组合为鬲、罐(瓿)、豆、盆(簋、大口尊);随葬三种陶器的陶器组合,多为鬲罐、鬲簋、鬲豆再加上一件其他器形;仅有一种陶器的墓葬以鬲或罐为多。

天马—曲村墓地从西周早期一直延续到春秋中期,可分为 5 期 9 段,即西周早、中、晚期和春秋早、中期。从数量看,西周早期墓最多,西周中期墓次之,西周晚期墓又次之。

第三节　虢国和应国墓地

一　虢国墓地

1955 年,为配合三门峡水库的建设,由中国科学院和中华人民共和国文化部联合组成的黄河水库考古工作队在豫、晋、陕、甘进行了一系列的考古工作,上村岭虢国墓地就是此时发现的。

虢国墓地位于河南省三门峡市上村岭。墓地北部边缘距现今黄河岸边 600 米,整个墓地南北长 590 米,东西宽 550 米,占地 32.45 万平方米。

墓地先后经过两次大规模发掘。1956~1959 年,黄河水库考古工作队对虢国墓地进行了第一次大规模发掘,共发掘墓葬 234 座,车马坑 3 座和马坑 1 座[1]。20 世纪 80 年代末

---

[1] 中国科学院考古研究所:《上村岭虢国墓地》,科学出版社,1959 年。

至 90 年代初，在墓区发生大规模的盗掘和文物走私活动。1990～1999 年间，由河南省文物考古研究所与三门峡市文物工作队组成的联合考古队对虢国墓地进行了第二次大规模考古发掘。这次共发掘墓葬 18 座，车马坑 4 座，马坑 2 座[1]。

20 世纪 50 年代发掘的墓葬位于墓地的南区，均为土坑竖穴墓，墓多向北。极个别墓葬有壁龛和腰坑。葬具有一椁二棺、一椁一棺、单棺和无棺四类，棺椁的多少、有无与墓葬的大小及随葬品的多寡大致相一致。墓主葬式有仰身直肢和侧身两种，以前者居多。随葬品的放置有一定规律，棺内多装饰品，如墓主两耳有玉玦，颈部有串饰，棺盖或椁盖上多放置石戈，在棺、椁间多放置器皿、武器、车马器等。二层台上和壁龛内多放置陶器。墓地的陶器组合以鬲、豆、盆、罐为主。

在这次发掘中以 M1052 最引人关注。M1052（图 3-16）位于南区的西北部，是本次发掘中规模最大，随葬器物最多，墓主身份最高的一座墓葬。墓口长 5.8 米，宽 4.25 米。墓葬内共出土器物 970 件，椁盖上放石戈；棺椁间的东北角放置铜器和编钟，西北角集中放置车马器，东西两侧放有兵器；在棺内，墓主耳部有玉玦，颈部有鸡血石串饰，胸部放置石璧等。随葬品包括鼎 7 件，簋、鬲各 6 件和甗、豆、壶、盉、盘等，及编钟 9 件一套。墓西 10 米有车马坑，置车 10 辆、马 20 匹。墓内出土了 2 件铜戈，铭"虢大子元徒戈"，表明此墓为虢国太子之墓。另外，M1631 出土的一件铜鬲，上有"虢季氏子𫘦乍宝鬲子子孙孙永宝用享"的铭文。此虢季子𫘦鬲与虢文公鼎为同人之器[2]。

20 世纪 90 年代的考古工作集中在墓地北部，称为北区墓葬。北区西侧以 M2001 虢季墓为核心，周围有 26 座墓葬和车马坑自成一组。北区东侧以 M2009 虢仲墓为核心，周围有 88 座墓葬和车马坑。

90 年代发掘的墓葬的级别较高，最高的为国君级的墓葬 M2001[3] 和 M2009。M2001（图 3-17；图版 15），为长方形土坑竖穴墓。方向 10°。墓口长 5.3 米，宽 3.55 米，墓深 11.1 米。墓室四壁整修平滑，自上而下涂有一层厚约 0.1～0.2 厘米的绿色涂料。葬具为一椁二棺。外棺上放置一副缀有穿孔铜鱼、铜铃、陶珠和石贝等的木框架棺罩。棺、椁之间放置着大量随葬品。青铜礼器大都集中放在椁室西侧的南部。铜编钟、石编磬等乐器主要放置在椁室西侧北部。铜戈、铜矛、盾等兵器放置在椁室北端、东侧北半部，并有部分压在南端车马器下。原来可能用木匣盛装着的各种工具集中放置在椁室南端。车马器叠放在椁室南端与东侧的南半部。在外棺盖上放置着戚、圭、戈、柄形器等玉石器。墓主身上佩戴着各种生前使用的装饰品和专门用于陪葬的敛玉，前者包括头部的发饰，颈部的项链，腰部的金腰带等；后者包括面部的缀玉覆面，口中的玉石琀，以及手部的握玉和脚端的踏玉等（图 3-18）。袝葬的车马坑虽经破坏，也清理出车 13 辆，马 64 匹，狗 6 只。墓内所出铜器绝大部分有"虢季"铭文，因此墓主当为虢季。根据出土器物判断，墓葬年代在西周晚期晚段的宣、幽时期。此墓器物组合的规格相当高，铜礼器（图 3-19）为鼎 7

---

[1] 河南省文物考古研究所、三门峡市文物工作队：《三门峡虢国墓地（第一卷）》，文物出版社，1999 年。
[2] 郭沫若：《三门峡出土铜器二、三事》，《文物》1959 年第 1 期。
[3] 河南省文物考古研究所、三门峡市文物工作队：《三门峡虢国墓地（第一卷）》，文物出版社，1999 年。

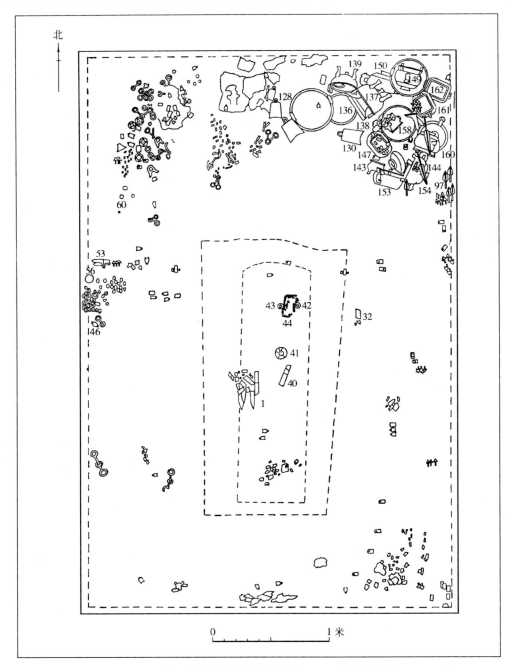

图 3-16　三门峡上村岭虢国墓地 M1052 墓底平面图

1、32、40. 石戈　41. 石璧　42、43. 玉玦　44. 串饰　46. 铜小罐　53. 铜戈　56. 铜弧面形器　60. 金泡　97. 铜矛　127、128、130. 铜编钟　136、137、139. 铜鼎　138. 铜豆　143、158. 铜鬲　144、149、150、153、160. 铜簋　147、161. 铜壶　154. 铜剑　162. 铜甗

图 3-17 三门峡上村岭虢国墓地 M2001 墓底平面图

44~51.虢季铜编钟 55~64.石编磬 65.小子吉父铜方甗 66、71、72、82、83、106、126、180、150、390.铜鼎 67、75、86、94、95、121、125、134.铜簋 68~70、73、74、85、110、116.铜鬲 76.铜钲 77、78.铜匜 79、81、91、97.铜盨 80、89.铜壶 84.玉匕 90、92.铜方壶 96、117、129.铜盉 99、107、109、149.铜盘 105、148.铜甫 108、120、131.铜尊 111、133、387.铜方彝 118、151.铜爵 132、145.铜觯 393.玉柄铁剑 446、487~489、491~498.玉饰 503、506.玉佩 526.铜内铁援戈

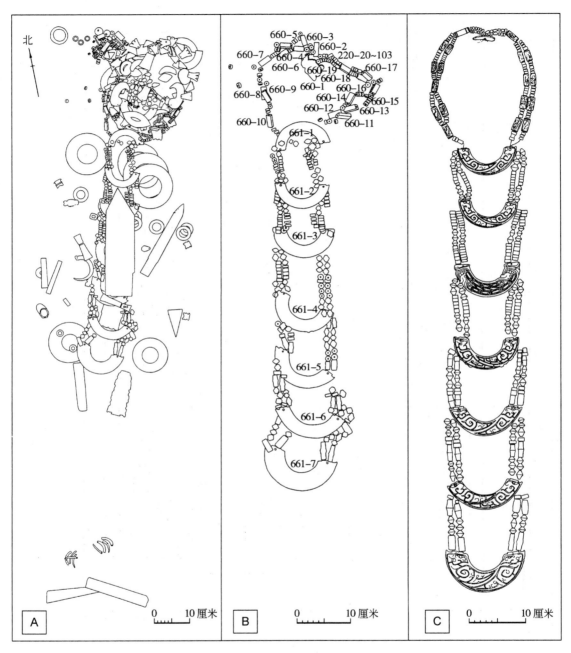

图 3-18 三门峡上村岭虢国墓地 M2001 出土玉器
A. 墓底随葬玉器分布图　B. 七璜联珠玉佩（M2001：660、661）出土情况　C. 七璜联珠玉佩复原图

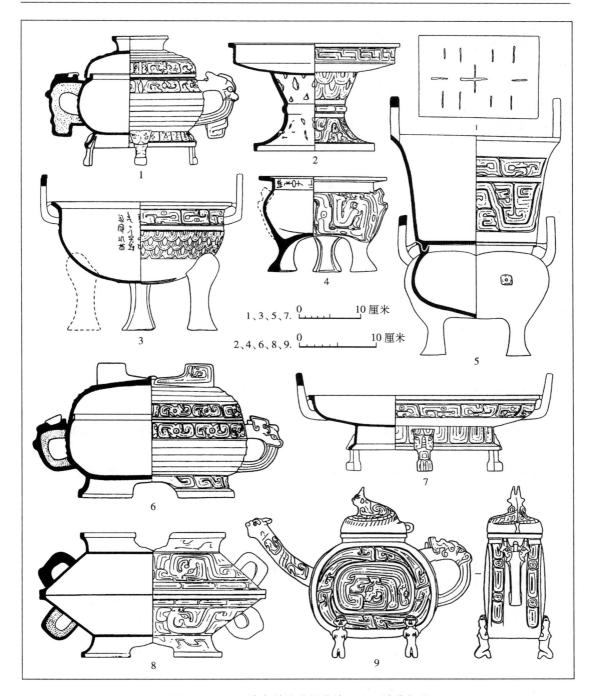

图3-19 三门峡上村岭虢国墓地 M2001 随葬铜器
1. 簋（M2001:95） 2. 甫（M2001:105） 3. 鼎（M2001:71） 4. 鬲（M2001:70） 5. 甗（M2001:65）
6. 盨（M2001:81） 7. 盘（M2001:91） 8. 匜（M2001:78） 9. 盉（M2001:78）

件、簋6件、鬲8件、盨4件，匜、甫、方壶、圆壶各2件，盘、盉、方甗各1件，以及8件一套的编钟和编磬，还随葬有质地及制作均极精良的玉器，祔葬大型车马坑等，据此推断其身份为虢国的一代国君。

M2009[1]为长方形竖穴土坑墓，南北向。墓口长5.6米，宽4.4米，深近20米。墓穴四壁均用青灰色涂料处理，平整光滑。葬具为重棺单椁。葬式为仰身直肢葬。出土各类文物3000余件。在200余件大型青铜礼器中，大部分为实用器，一般均铸有虢仲作器字样的铭文。出土的乐器，包括甬编钟一套8件、纽编钟一套8件、石磬两套各10件，以及铜铙1件。此外发现铁器4件，除1件铁刃铜戈外，其余3件为工具。在椁盖、内外棺的盖上以及墓主人周身上下，均放有精美玉器。墓主人的面部覆有缀玉覆面，身上也有成组玉佩。出土物中最重要的是遣册，系在10余片圭形玉片上墨书写成，内容涉及送葬者姓名及所送物品，其中有宣王时大夫"南仲"的名字[2]，为确定墓葬的年代提供了线索。由墓内出土的器物上的"虢仲"铭文判断，此墓墓主为"虢仲"。从此墓的规模、随葬品等判断，"虢仲"亦为一代虢国国君。

此外还发掘了一批重要的贵族墓[3]，如M2012的铜器组合为鼎5件、簋4件，祔葬的车马坑内埋有19辆车。此墓的墓主为梁姬，可能为虢季的夫人。M2011的铜器组合为鼎7件，簋、鬲各8件，圆壶、方壶各2件，甗、甫、盆、盘、匜各1件，附近有祔葬的车马坑。根据墓内出土的"太子车斧"推断墓主身份为虢国太子。

虢国墓地中出土的铁制品，如虢季墓内出土的玉柄铁剑（图版18-1）和铜内铁援戈以及虢仲墓中出土的4件铁制品中有3件为人工冶铁制品，3件为陨铁制品[4]，将我国人工冶铁的起始年代上溯至西周晚期[5]。

对于墓地年代的下限，各家看法较为一致。发掘者提出"这个墓地的年代下限为晋灭虢之年，即公元前655年"[6]。对墓地年代的上限，各家的看法则不尽一样，讨论的焦点集中在西虢东迁的时间上。主要有两种看法。一些学者根据文献，认为西虢是随平王东迁的，因此墓地的年代是在春秋早期[7]。大部分学者将西虢东迁的时间推断在西周晚期，约为宣王时期或其前后[8]。

---

[1]《虢国墓地发掘又获重大发现》，《中国文物报》1992年2月2日。

[2] 许永生：《从虢国墓地考古新发现谈虢国历史概况》，《华夏考古》1993年第4期。

[3] 河南省文物考古研究所、三门峡市文物工作队：《三门峡虢国墓地（第一卷）》，文物出版社，1999年。

[4] 韩汝玢、姜涛、王保林：《虢国墓出土铁刃铜器的鉴定与研究》，《三门峡虢国墓地（第一卷）》，文物出版社，1999年。

[5] 张彦修：《上村岭虢国墓地铁器的历史考察》，《信阳师范学院学报（哲学社会科学版）》1994年第3期。

[6] 中国科学院考古研究所：《上村岭虢国墓地》，科学出版社，1959年。

[7] 郭宝钧先生在其《商周青铜器群综合研究》（文物出版社，1981年）中根据文献认为虢国建立在平王东迁以后，而将虢国墓地中所出的青铜器作为西周、东周分界的一个鉴定的界标。

[8] A. 林寿晋：《〈上村岭虢国墓地〉补记》，《考古》1961年第9期。
B. 李丰：《虢国墓地铜器群的分期及其相关问题》，《考古》1988年第11期。

20 世纪 50 年代发掘的南区墓地内墓主等级可分为五等[1]：

第一等：七鼎、六簋、六鬲，有车马坑和乐器。车马坑内有十车、二十马。乐器为九纽钟、一甬钟。该等墓葬仅有虢太子墓 M1052。

第二等：五鼎、六簋、六鬲，有车马坑但无乐器。车马坑内有五车、十马。

第三等：三鼎、四簋、二鬲，亦为有车马坑而无乐器。第二、第三等墓葬的墓主的身份可能是"身份比太子略低的五命和三命贵族"，"大概是……大夫"。

第四等：一鼎或二鼎，都未发现车马器，更无车马坑和乐器。

第五等：无青铜礼器。总数近二百座，数量最多。第四、第五等墓葬的墓主是"一命和不命之士"。

20 世纪 90 年代的发掘，研究重点较为集中在 M2001 和 M2009 两墓的墓主身份以及虢国的世系上。M2001 和 M2009 因其丰富的随葬品、高规格的器物组合，学者均推测其为虢国国君。但在两者的对应关系上还有不同的意见[2]。

对于该墓地的性质，在第一次发掘后，就提出这是一处单纯的墓地[3]。经过 20 世纪 90 年代的发掘，更清楚地认识了墓地的全貌后，更加肯定墓地为一处以国君及其家族葬于北首，其余则聚族而葬，若干族墓群各有其域，形成一个完整的邦国公墓地[4]。

与虢国墓地对应的遗址，即虢都上阳的位置，在第一次发掘时认为"李家窑遗址规模大，面临涧河，地势开阔平坦，包含丰富，和文献所记的位置相符，可能即虢都上阳的所在地"[5]。该遗址位于涧河北岸的高地上。这个遗址曾进行过发掘，发现了较为密集的陶窑、圆形袋状窖仓、陶水管道、铸铜遗物、灰坑等，此外还清理了一些墓葬[6]。特别是 2000 年对李家窑遗址的发掘，发现了城垣和城壕、宫城与环壕以及制骨、制陶、冶铜作坊与粮库等遗迹。通过这次发掘，可知城垣大致呈东西长方形，南城墙被河水冲毁，城垣东西长 1000～1050 米，南北残宽 560～600 米。城垣外有两重城壕。宫城位于城内西南部，近正方形。宫城外侧环绕一道壕沟。宫城内发现较大面积的夯土和直径近 1 米的柱础，可能是宫殿基址。宫城外西北侧分布着由多个排列整齐有序的圆形窖穴组成的粮库。制骨作坊位于宫城外东北侧。冶铜作坊在城垣内东北角。制陶作坊在城垣西墙南段外侧，发现了大量保存较好、分布密集的陶窑。根据层位关系和出土物推断城垣的使用年代在西周末期至春秋中期之初[7]。

---

[1] 中国社会科学院考古研究所：《新中国的考古发现和研究》，文物出版社，1984 年。
[2] A. 蔡运章：《论虢仲其人》，《中原文物》1994 年第 2 期；《虢文公墓考》，《中原文物》1994 年第 3 期。
 B. 王龙正、杨海青、乔斌：《虢石父铜器的再发现与西虢国的历史地位》，《虢国墓地的发现与研究》，社会科学文献出版社，2000 年。
[3] 中国科学院考古研究所：《上村岭虢国墓地》，科学出版社，1959 年。
[4] 河南省文物考古研究所、三门峡市文物工作队：《三门峡虢国墓地（第一卷）》，文物出版社，1999 年。
[5] 中国科学院考古研究所：《上村岭虢国墓地》，科学出版社，1959 年。
[6] A. 宁景通：《三门峡发现周代窖仓和铸铜作坊》，《中国文物报》1991 年 5 月 19 日。
 B. 三门峡市文物工作队：《三门峡李家窑遗址发掘简报》，《华夏考古》1993 年第 4 期；《三门峡市李家窑四十四号墓的发掘》，《华夏考古》2000 年第 3 期。
[7] 李家窑遗址考古发掘队：《三门峡发现虢都上阳城》，《中国文物报》2001 年 1 月 10 日。

二 应国墓地

应国墓地位于河南平顶山市北滍村西的滍阳岭上。滍阳岭是一座南北走向，长约2000米、宽100米、高出周围地面15米左右的土岭。

自20世纪70年代以来，在滍阳岭上先后出土了一批应国青铜器。其中包括1979年、1980年和1984年先后出土的4件邓公簋。这4件簋器形类似，铭文均为"邓公作嫚毗媵簋其永宝用"。同出还有封虎鼎1件[1]。有学者考证这些器物均出于滍阳岭中部同一座墓葬[2]。1982年在滍阳岭南端的一座土坑竖穴墓中出土的"应事"诸器[3]，计有鼎、簋、爵、觯、斧各1件，戈2件以及车马器等，铜器铭文多作"应事作……"的字样。年代在西周早期的康、昭前后[4]。1985年在滍阳岭中部偏南的一座墓葬中出土的鼎2件，簋、壶各1件，均为西周早期器物[5]。

根据这批青铜器，有学者推断滍阳岭附近为西周时期的应国所在[6]。自1986年起，河南省文物研究所与平顶山市文管会联合在滍阳岭持续进行了大规模的发掘和调查工作。发现了西周早、中、晚各期、春秋晚期、战国以及两汉时期的大批墓葬，其中西周时期墓葬有数十座。

已发表的滍阳岭西周墓葬材料有M1、M95和M84。M1位于墓地中部，为长方形土坑竖穴墓，长4.65米，宽3.1米，深3.1米，方向9°。墓主可能为中年男性，仰身直肢，头北足南。葬具为单棺单椁。椁上有车马器以及铜鱼、石贝、蚌贝、石圭等。铜鱼大多是两两成对叠放在一起，应是棺饰。在棺椁之间以放置铜礼器为主，有鼎、簋、方壶、盘、盉、方彝、方甗等，多集中于椁室东部和南部；棺内的随葬器物主要是死者生前佩戴的玉质装饰品。其随葬铜礼器多为明器，组合为五鼎六簋。发掘者推定此墓年代为西周末期的宣王之世，并根据随葬的列鼎的数目判断墓主为下大夫一级的贵族[7]。

M95位于滍阳岭中部偏南，是座带墓道的长方形土坑竖穴墓，方向9°。斜坡墓道位于墓室北部。墓室长5.2米，宽3.9米，深5.1米。葬具为单棺单椁。墓主头向北。随葬器

---

[1] A. 平顶山市文管会：《河南平顶山市发现西周铜簋》，《考古》1981年第4期。
  B. 张肇武：《河南平顶山又出土一件邓公簋》，《考古与文物》1983年第1期；《平顶山市出土周代青铜器》，《考古》1985年第3期。
[2] 姜涛、贺全法、廖佳行：《商周时期的应国考辨及其相关问题》，《河南文物考古论集》，河南人民出版社，1996年。
[3] 张肇武：《河南平顶山市出土西周应国青铜器》，《文物》1984年第12期。
[4] 姜涛、贺全法、廖佳行：《商周时期的应国考辨及其相关问题》，《河南文物考古论集》，河南人民出版社，1996年。
[5] 平顶山市文管会：《平顶山市新出土西周青铜器》，《中原文物》1988年第1期。
[6] A. 周永珍：《西周时期的应国、邓国铜器及地理位置》，《考古》1982年第1期。
  B. 马世之：《应国铜器及相关问题》，《中原文物》1986年第1期。
  C. 何光岳：《应国考略》，《江汉考古》1988年第2期。
[7] 河南省文物研究所、平顶山市文管会：《平顶山市北滍村两周墓地一号墓发掘简报》，《华夏考古》1988年第1期。

第三章　西周时期的诸侯国墓地　107

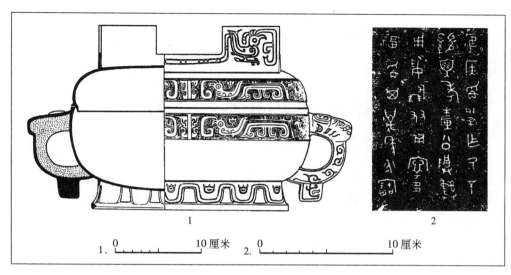

图 3-20　平顶山滍阳岭应国墓地 M84 出土铜器
1. 应侯再盨（M84:68）　2. 应侯再盨（M84:68）铭文拓本

物以铜器为大宗。铜礼器集中于椁室西南角，包括鼎 5 件、簋 6 件、盨 3 件，方壶、盘、匜各 2 件，甗、尊各 1 件；乐器则有甬钟 7 件，此外还有工具、兵器和车马器等。该墓所出铜器分为公作器组、侯氏作器组和应伯作器组三组。其中公作器组有鼎、簋两种器物共 7 件。这些器物的铭文除器名外，完全相同，其中鼎的铭文作"唯八月初吉丁丑公作敔䵼鼎敔用赐眉寿永命子子孙孙永宝用享"。侯氏作器组有 4 件铜鬲，铭作"侯氏作妌氏䵼鬲，其万年永宝"。应伯作器组有铜簋、方壶各 2 件，盘 1 件，铭文均为"应伯作……"简报作者认为墓主为应伯，认为前两组的年代稍早于应伯作器组，该墓的年代为西周晚期偏早阶段[1]；或认为墓葬年代以厉王时期为宜，并认为 M95 的墓主是应侯，应伯是其继位前的称谓，敔是其私名[2]。

　　M84 为长方形土坑竖穴墓，方向 6°。墓口长 4 米，宽 2.64 米，深 1.8 米。葬具为单棺单椁。墓主头向北。随葬器物共 130 余件组，青铜礼器多放在棺椁之间，西北角有鼎、盨、甗、尊、觯、卣，西南角有盘，东北角有盉、爵等。该墓出土的有铭铜器依铭文可以分为三组，第一组的作器者为应侯再，如铜盨铭文作"应侯再肇作厥丕显文考釐公尊彝……"（图 3-20）该组铜器的时代相当于穆恭之际或恭王时期；第二组的作器者犅，是应侯再袭爵前所作之器，器物的时间与穆王时期相当；第三组无作器者名，但形制和纹饰与前两者相近。简报推断墓主为一代应侯，其名为再，年代为西周中期，属恭王后期[3]。

---

[1]　河南省文物研究所、平顶山市文物管理委员会：《平顶山应国墓地九十五号墓发掘简报》，《华夏考古》1992 年第 3 期。
[2]　王龙正：《平顶山应国墓地九十五号墓年代、墓主及相关问题》，《华夏考古》1995 年第 4 期。
[3]　河南省文物考古研究所、平顶山市文物管理委员会：《平顶山应国墓地八十四号墓发掘简报》，《文物》1998 年第 9 期。

该墓地的始用时间为西周早期。据称，有大型甲字形积石墓，"在整个应国墓地所有墓葬中为级别最高者，其葬者身份当为公、侯一级。从其残存器物看，其时代当为西周初年"[1]。

第四节　卫国、邢国和管国墓地

一　卫国墓地

辛村位于河南浚县西南隅。当地的卫国墓地在1921年前后惨遭盗掘[2]。后由中央研究院历史语言研究所考古组和地方联合组成的河南古迹研究会于1932～1933年进行了四次发掘。发掘的资料一直未得以面世。1949年后，郭宝钧根据报告的初稿以及残存的部分记录缀补成《浚县辛村》一书[3]。

辛村墓地位于辛村村中及村东，东西长500米，南北宽300米。共发掘清理了82座墓葬，其中有墓道的大型墓8座，中型墓6座，小型墓54座，车马坑2座，马坑12座。

墓葬都是南北向长方形土坑竖穴墓。大型墓在墓室的南北有两条墓道，通常是南墓道为斜坡状，较长，为主要墓道；北墓道较短成台阶形，为次要墓道。墓室长度一般以3～4米为多，大墓有长达10.6米的；宽度以2～3米为多，大墓有达9米的；深度以5～7米为多，大墓有达12米的。有的墓壁涂以草拌泥，有的墓以碎姜石铺底。棺、椁多腐朽。椁通常先用四条木杠构成井字形，与四阶同时迭筑，将各层木杠的八个接头都埋在四阶之中；也有在四角立四根木柱，障以椁板，与四阶同筑。椁底部有的竖铺圆木。棺一般长2.30米，前宽1.10米，后宽0.90米，高1.00米，厚0.08～0.10米。很少有腰坑，仅发现1例。随葬品礼器多置于北二层台上，车马器等多放在南或东南二层台上，兵器多放在东西二层台上；棺、椁内有装饰品。墓主口中含贝。

规模较大的中字形双墓道墓，有M1、M2、M5、M6、M17等5座墓。M1的填土中发现有12面车轮，车舆一部，并殉有一名御手。车轮分列墓室东西壁，东壁6轮，西壁6轮。二层台上和棺椁内被盗扰严重，劫余有大量青铜马具、各式佩玉等。报告认为其东侧的中字形墓M6是M1的"祔葬墓"，两者可能是夫妻异穴合葬墓。

M17的墓主为男性。北墓道内有一屈肢的殉人，并有殉狗。M5位于M17东侧，与M17两两并列。此墓墓主为女性，与M17应为一对夫妇的异穴合葬墓。墓内随葬品分为上中下三层。上层是车马饰，中层有椁饰等，下层有少数妇女特用珍品，如绿松石雕刻小饕餮头、骨鸳鸯笄头、骨弧形花笄等。

M21、M24和M42均为单墓道的甲字形墓。M21内发现有"井椁"的痕迹。M42的椁

---

[1] 姜涛、贺全法、廖佳行：《商周时期的应国考辨及其相关问题》，《河南文物考古论集》，河南人民出版社，1996年。
[2] 郭宝钧：《浚县辛村古残墓之清理》，《田野考古报告》（第一册），1936年。
[3] 郭宝钧：《浚县辛村》，科学出版社，1964年。

四周发现有帷幕的残迹，墓内随葬品分三层摆放，分别位于填土中，二层台上和棺椁内。填土的中部放置车舆一辆，在东西两壁分别放置着6面车轮。二层台上放置着大量的兵器。下层器物被盗扰一空。

整个墓地被盗扰严重，仅M60、M29等5座墓葬残存有青铜礼器。M60的墓室南北长2.85米，东西宽1.6米，葬具仅一棺。在北二层台上放置铜礼器6件，为鼎、甗、簋、爵、尊、卣各1件。此外还出有铜兵器、甲泡、马具等。墓内出土的铜礼器的铭文并不统一，如鼎作"束父乙"，甗作"白作彝"，爵作"父癸"，卣的作器者称"边"，因此此墓内器物未必是同人所作，有可能是以不同来源不同年代的器物拼凑而成[1]。铜尊上铭文标明作器者为"陆"，有可能为墓主。

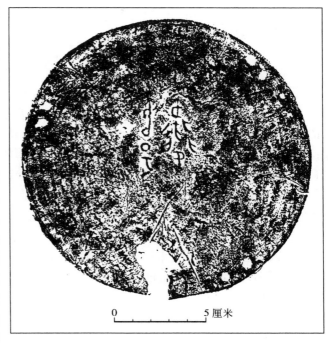

图3-21 浚县辛村卫国墓地出土有铭铜泡（M68:2拓本）

在墓地中发现2座车马坑（M3、M25）和12座马坑。M3位于M17东南，可能是M17的祔葬墓。内有车12辆，马骨72具和殉狗8具。其中马均无络头缰绳等马具，犬马均集中在墓室南部，为活埋而死。马身上放置拆散的车的各个部件。M25位于M1西。此车马坑被盗掘严重，据发掘的迹象判断，坑内至少应存车七八辆，马骨三四十具。马坑的规模较小，殉马的数量多为偶数，多至8匹。

辛村正在周初三监邶、鄘、卫之卫国的地域内，加之墓地内所出的"卫自易"铭的甲泡（图3-21），大型的中字形墓葬，丰富的随葬物，祔葬的车马坑等信息，表明这里是卫国贵族的墓地。

对这处墓群的年代，郭宝钧认为从西周延续到东周初年，并将其分为早、中、晚三期：早期大约在成康昭穆时代，包括大型墓M21，2座中型墓M60、M29以及45座小型墓。中期大约在孝夷厉宣时期，包括4座大型墓（M42、M2、M1、M6），4座中型墓（M20、M8、M4、M19），6座小型墓。晚期大约在幽平时代，包括3座大型墓（M17、M5、M24），无中小型墓葬[2]。

李学勤则将M17、M5、M24定为春秋早期偏晚阶段，其中M17墓主可能是卫惠公或卫懿公，M5墓主则为M17的夫人[3]。朱凤瀚则将M21、M2、M42归入西周早期，M17、

---

[1] 朱凤瀚：《古代中国青铜器》，南开大学出版社，1995年。
[2] 郭宝钧：《浚县辛村》，科学出版社，1964年。

M5、M1 归属春秋早期[4]。孙华认为辛村卫国墓地"很可能开始于西周早期的卫国始封以后，结束于西周晚期的卫僖侯之时"[5]。

二 邢国墓地

周公平定三监之乱以后，封周公之子于邢，以加强对殷王畿地区控制。

1978 年在河北元氏西张村出土的臣谏簋[6]上有"邢侯搏戎"之语，有学者据此推断邢国的初封地在今河北邢台[7]。1991 年邢台南小汪遗址的发掘真正揭开了探寻西周时期邢国的序幕[8]。通过发掘，发现了房屋、井、灰坑、窖穴、陶窑等西周时期遗迹，出土了包括青铜礼器、玉器、陶器、蚌器在内的大量遗物，特别是一块西周时期刻辞卜骨的出土，为确定西周邢国的地望提供了考古学依据。此后，1993～1999 年间，河北省文物研究所对附近的葛家庄遗址进行了连续性考古发掘工作[9]，发掘了西周时期墓群，是西周邢国考古的一个重大发现。

葛家庄遗址位于邢台市区西缘，地势略高。通过钻探，共发现西周墓葬 500 余座，车马坑 50 余座。到 1998 年底已发掘西周墓葬 240 座、车马坑 29 座[10]。其中有大型墓葬 5 座，中型墓葬 31 座，其余均为小型墓葬。

大型墓葬多为中字形或甲字形墓，中、小型墓葬均为长方形土坑竖穴墓。墓向多为南北向，东西向较少。

大型墓均有斜坡式墓道，墓道均在南端或南北两端。大型墓葬分布在墓地中部，东西排列，周围分布车马坑和中、小型墓葬，葬具有多重棺椁。中型墓葬一般长 3～4.5 米，宽 2～3 米，深多在 8 米以上，多为一椁二棺。小型墓葬一般长为 2～3 米，宽 1～2 米，深在 5 米左右，多为一棺，少数为一椁一棺。

大部分墓葬被盗毁，出土随葬品较少。从残留的遗迹分析，大型墓葬应是以铜礼器随葬为主，也有一些原始瓷器，如尊、豆等，此外还有陶器，玉器等。玉器多为小动物形

---

[3] 李学勤：《东周与秦代文明》，文物出版社，1984 年。
[4] 朱凤瀚：《古代中国青铜器》，南开大学出版社，1995 年。
[5] 孙华：《周代前期的周人墓葬》，《远望集——陕西省考古研究所华诞四十周年纪念文集》，陕西人民美术出版社，1998 年。
[6] 河北省文物管理处：《河北元氏县西张村的西周遗址和墓葬》，《考古》1979 年第 1 期。
[7] 李学勤、唐云明：《元氏铜器与西周的邢国》，《考古》1979 年第 1 期。
[8] A. 河北省文物研究所：《邢台南小汪周代遗址西周遗存的发掘》，《文物春秋》1992 年增刊。
B. 李军、石从枝、李恩玮：《邢台南小汪周代遗址考古新收获》，《三代文明研究（一）》，科学出版社，1999 年。
[9] A. 任亚珊、郭瑞海、李恩玮：《1993～1997 年邢台葛家庄先周遗址、两周贵族墓地考古工作的主要收获》，《三代文明研究（一）》，科学出版社，1999 年。
B. 段宏振：《邢墟考古简论》，《中国考古学跨世纪的回顾与前瞻》，科学出版社，2000 年。
[10] A. 任亚珊、郭瑞海、李恩玮：《1993～1997 年邢台葛家庄先周遗址、两周贵族墓地考古工作的主要收获》，《三代文明研究（一）》，科学出版社，1999 年。
B. 《中国考古学年鉴（1999）》第 103 页，文物出版社，2001 年。

象，如蝉、龙、鱼、猪等。

中型墓葬多随葬陶器，也有一些随葬铜器。出土有残铜鼎、簋以及剑、戈、戚、钺等兵器，此外还有罍、豆等原始瓷器，陶器的器形有鬲、罐、簋、豆、盆等。其中 M116 出土 1 把青铜短剑，鹰首、剑身有三角形透空血槽，剑身铸有铭文"省命"二字。M73 出土 1 件铭文为"并作父囗宝尊彝"的铜簋和 1 件带"戈"字族徽的铜鼎。

小型墓葬随葬品均为陶器，陶器组合为鬲，鬲、豆，鬲、簋、罐，鬲、罐等。

大型墓葬和部分中型墓葬随葬有车马坑。部分是车马合葬，其中有的是 1 车 2 马，有的是 1 车 4 马，车的形制为直衡单辕双轮，装饰有青铜车马饰件；也有仅用马陪葬的，殉马的数量有 6 匹、8 匹、12 匹，最多达 36 匹等。此外也有在墓葬内埋车的现象，如 M202 墓道与墓室连接处置被拆散的 6 辆车。

5 座大墓多为甲字形和中字形墓，且均有随葬车马坑。M201 和 M202 在二层台上发现的大型铜器痕迹，此外，在大墓中还出土有较精美的原始瓷器以及玉珮等高规格随葬品。这些大墓虽均被盗毁，墓主当是诸侯一级的人物，结合到文献中记载的邢国的地望，这些大墓应该是邢侯墓。

三 管国墓地

武王灭商以后，设三监，封其弟叔鲜于管，建立管国，以加强对殷遗的控制。管国虽因参与三监之乱而遭灭国，但仍不失为西周初年的重要诸侯国。河南郑州洼刘遗址发现一批西周早期墓葬，使管国遗存初见端倪。

洼刘遗址位于郑州市区西北 5 公里的石佛乡洼刘村北。遗址是 1984 年普查中发现的。遗址南北长约 800 米，东西宽 500 米，面积 30 多万平方米。1999 年 10 月至 2000 年 4 月，郑州市文物考古研究所为配合基建，在洼刘遗址进行了勘探发掘，清理了一批二里头文化时期的窖穴、西周早期贵族墓葬 10 多座、平民墓葬 50 多座等。

洼刘 99M1[1] 位于遗址东南部，为长方形竖穴土坑墓，长约 3.5 米，宽 2.2 米，方向 6°。墓内葬具为一棺一椁，椁长约 2.5 米，宽 1.2 米，高 0.9 米。椁内置一棺。青铜礼器主要摆放于北二层台和西二层台上，有鼎 3 件，扁体卣 2 件和簋、甗、罍、觚、盉、尊、圆体卣各 1 件，以及戈 3 件，一批车马饰，蚌饰、贝等。

墓葬中出土的铜器具有典型的商末周初的特点。3 件鼎中，2 件为圆腹鼎，立耳，深腹，三柱足，饰兽面纹，较大的 1 件内壁有"析子孙父丁"铭文。另 1 件为分裆鼎，饰大兽面纹，有"史父辛"铭文。"析子孙父丁"鼎的形制与商代晚期的戍嗣子鼎和西周初年的堇鼎相近，时代当在商周之际[2]。墓中出土的尊为大侈口，筒状深腹，周身有四条扉棱，饰夔龙纹和蕉叶纹。2 件扁体卣，一大一小，有盖，形状、纹饰完全相同，周身也有四条扉棱，饰夔

---

[1] 郑州市文物考古研究所：《郑州市洼刘村西周早期墓葬（ZGW99M1）发掘简报》，《文物》2001 年第 6 期。

[2] A. 中国社会科学院考古研究所：《殷墟发掘报告（1958~1961）》，文物出版社，1987 年。
B. 北京市文物研究所：《琉璃河西周燕国墓地（1973~1977）》，文物出版社，1995 年。

龙纹。尊和扁体卣的铭文均作"陆作父丁宝尊彝"（图3-22），且花纹相近，为一套一尊二卣的组合。属于典型的西周铜器的特点[1]，铜器纹饰中的花冠龙、四瓣花纹等也具有明显的西周早期风格。说明此墓的年代在西周早期，约当武王灭商后至成王时期。

管为武王灭商以后所封，成王初年管叔被诛，其间不到十年。这次发现的青铜器，为西周初年的典型器物，地点也在《史记·管蔡世家》正义引《括地志》所云"郑州管城县，今州外城即管国城也，管叔鲜所封国也"范围内。因此洼刘墓地可能为管国的墓地所在。

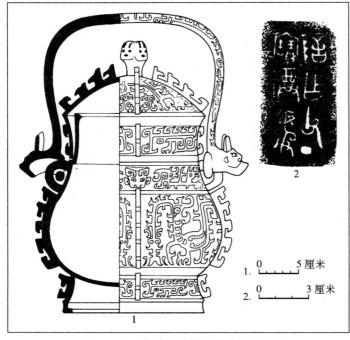

图3-22 郑州洼刘管国墓地出土铜器
1. 铜卣（99M1:7） 2. 铜卣（99M1:7）盖内铭文拓本

第五节 鹿邑太清宫长子口墓

长子口墓[2]位于河南鹿邑太清宫镇，坐落在一座高5~6米的土山之上。1997年在清理太清宫遗址时发现并作清理。

"长子口"墓（M1）平面形状为有两个斜坡墓道的中字形大墓，由南墓道、北墓道、墓室三部分组成。方向24°。

南墓道平面呈南宽北窄的刀形，清理出的长度为21.5米，北端宽4.7米，墓道内清出殉马5匹。北墓道平面为长方形，长16.5米，宽2.4~2.6米。两个墓道底部及两壁的下部都涂有朱砂。南墓道直接进入墓底，北墓道与墓室的二层台相连接。

墓室为长方形竖穴，口大底小，墓口长9米，宽6.63米。墓壁均经拍打整修。墓室的东、西、北三面有二层台，二层台夯筑、表面经过抹平，东、西两侧二层台上涂有少量的朱砂。在东西二层台的南端，各有一个通向墓底的阶梯。

该墓的葬具为一椁重棺。椁为亚字形，椁内有两重棺。墓主为60岁左右男性，骨架上下都有一层厚约15厘米的朱砂。棺下正中有一方形腰坑。

---

[1] 陈梦家：《西周铜器断代》，《考古学报》第9册，1955年。
[2] 河南省文物考古研究所、周口市文化局：《鹿邑太清宫长子口墓》，中州古籍出版社，2000年。

此墓的殉人较多，达15名，在墓室南部有殉人8具，其中有2名成年男性，3名20岁以下女性。在东、西二层台上各有1具殉人，西侧殉人为18岁左右女性，东侧殉人的年龄在16岁左右。东、西椁室也各有一殉人。腰坑里殉有一40~45岁男性以及一条狗。殉人身上有串饰。此外在南墓道南端底部的夯土中有一具人牲，为男性（图3-23）。

该墓随葬品丰富，出土有青铜器、玉器、骨器、蚌器、原始瓷器、陶器等606件。随葬品多放置在椁室及棺内，北椁室内放置器物多达160余件，上层为陶器，下层为青铜器。陶器的器类有罐、罍和小口尊，青铜器以饮食器为主，如鼎、簋等，也有部分酒器等。西椁室随葬品共80余件，上层放置陶器，下层为青铜器，其间有少量的玉器。青铜器中以酒器最多，如尊、斝、觚、爵、觯等，多方形器。在西椁室南部，出土有5组禽骨排箫。南椁室内有铜车马器、铜工具、铜武器、陶器等50余件。东椁室以出土乐器、青铜兵器为主，有铜铙、石磬、铜戈、铜钺、铜镞等。棺内以出土玉器、蚌器为多。棺北端放置玉璧、玉戈各1件，墓主骨架两侧及上部放置有玉戈、玉柄形器等，其中玉柄形器等都置于墓主东侧。

长子口墓的铜器组合属于重食重酒的组合，以鼎、簋、觚、爵为核心。其中食器有鼎、簋、鬲、甗4种29件。22件铜鼎中的5件扁足圆鼎，5件方鼎和5件分裆鼎均有平盖，铭文相同，均作"长子口"（图3-24），因此这三组铜鼎构成了一套组合。

墓内出土的酒器有觚、爵、觯、尊、卣、角、罍、斝、觥、壶和斗11种48件，其中爵、觚相配是其核心。按照器形、纹饰，爵、觚组合可分三套，第一套为方爵、方觚各4件；第二套为纹饰繁缛的圆爵、圆觚各2件；第三套为纹饰简朴的圆爵、圆觚各2件。

此外在墓内还出土有水器组合盉、盘各1件，乐器组合为两套6件编铙，以及石磬。

此墓随葬较多的方形铜礼器。在79件青铜礼器中，方形器28件，约占三分之一，其中有方鼎9件，方爵、方觚各4件，方斝、方尊、方觥、方斗各2件，方卣、方罍、方甗各1件。这些方形器的核心是鼎、觚、爵。

墓内的陶器有罐、尊、罍、簋、盘、豆，未见有商周墓葬中常见的陶鬲。陶器中有仿铜礼器簋8件，仿铜礼器觚、爵各2件，共12件。

以爵、觚为核心的酒器组合是商墓的典型特征，新出现的尊、卣组合则为西周早期的典型特征。墓内出现的大量殉人，以及腰坑中殉人的葬俗，表明长子口墓有较多的商代遗风。从墓内出土物的具体形制判断，有些青铜礼器，如析子孙方鼎、父辛觚以及铜铙，具有商代晚期风格。但也有些器物如四耳簋等则为西周早期所特有。因此此墓的年代应在西周初期，最晚不过成王时期。

墓中出土的54件有铭青铜礼器中有48件为"长"、"子口"或"长子口"，均为长子口的自铭，因此墓主即为"长子口"。长为氏族或国名，口为其名。考虑到墓内高规格的墓葬形制和随葬品，如南北两条墓道、"亚"字形墓室、85件青铜礼器、10套爵觚的酒器组合，大量的方形器等特征，墓主应该为与商王朝有着密切关系，他在周初具有相当高的地位，非一般的方国国君。有学者认为"长"即为"微"，墓主应为西周早期宋国的开国国君微子启或其弟微仲衍，而以前者的可能性为大[1]。

---

[1] 王恩田：《鹿邑太清宫西周大墓与微子封宋》，《中原文物》2002年第4期。

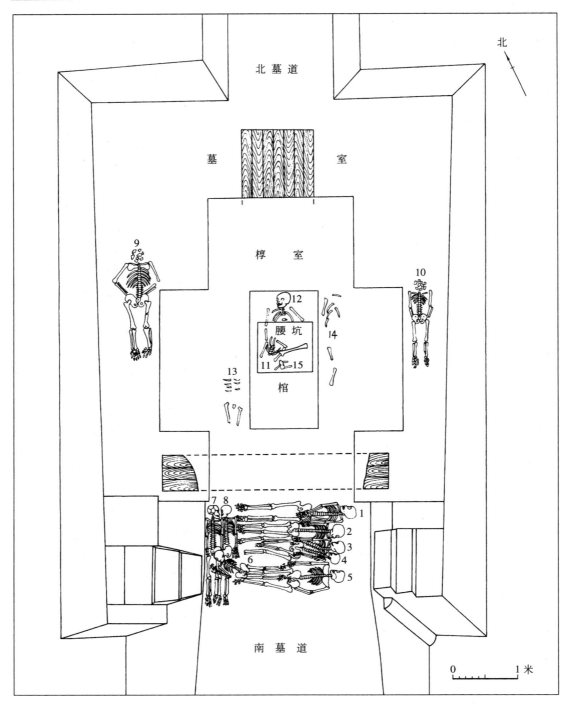

图 3-23　鹿邑太清宫长子口墓平面图
1~11、13、14. 殉人　12. 墓主人　15. 殉狗

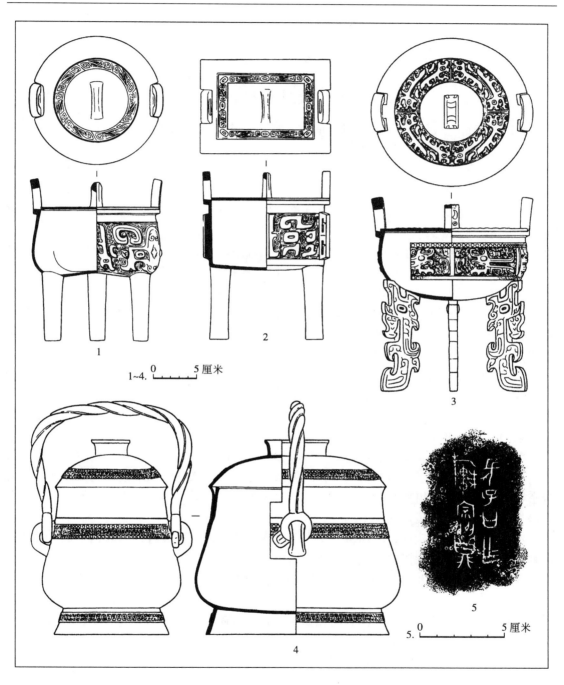

图 3-24 鹿邑太清宫长子口墓随葬铜器
1. 分裆鼎（M1:78） 2. 方鼎（M1:88） 3. 扁足鼎（M1:43） 4. 卣（M1:129） 5. 卣（M1:129）铭文拓本

第六节 鲁国故城墓地和刘台子墓地

一 鲁国故城墓地

鲁国为周公旦长子伯禽的封国，是周王室的一个重要诸侯国，山东曲阜作为鲁国都城，则是周人在东方的一个重要据点。

曲阜坐落在洙河、沂河之间，城东南是丘陵山岳，西北与西南是一片平原。1977～1978年，山东省文物部门对鲁故城开展了较大规模的勘察、钻探和试掘，初步探明了鲁城的年代、形制和城市布局，出版了《曲阜鲁国故城》报告[1]，以后又于1981年发掘了30座墓葬[2]。

经过钻探和发掘，在城内发现多处两周时期墓地，其中在鲁故城西部偏东的"望父台"、西北部的药圃和西南部的"斗鸡台"附近发现有西周时期墓葬。

所发现的西周墓葬，可以分为两组。

甲组墓的主要特点是墓圹相对较宽，墓底盛行殉葬狗的腰坑，墓主绝大多数头向南，随葬品多放置于头端的棺椁之间。随葬陶器有鬲、豆、盂、簋、圜底罐、平底罐，流行圜底和圈足器。这类墓主要集中在药圃和"斗鸡台"墓地。

乙组墓的墓圹相对较窄，没有腰坑和殉狗的葬俗，墓主大多头向北，在棺外流行铜鱼、蚌鱼等饰件，有少量不见于甲组墓的佩戴项链，手握或口含圆柱形石饰的现象。随葬品基本放置在头端二层台上，不见圜底罐和簋、豆等圈足器，也不见盂。随葬的陶鬲大多为仿铜陶鬲。其主要分布在"望父台"墓地（图3-25）。

甲组墓流行腰坑、殉狗的习俗与安阳殷墟一致。西周早期甲组墓中的陶簋、陶豆等器物与商器相似，反映了甲组墓与商文化的关系。此外甲组墓与山东地区同时期墓葬也存在着密切联系。因此甲组墓的墓主可能是当地的土著，属于当时的东夷人。亦有人认为这批人是封给伯禽的"殷民六族"[3]。

乙组墓无腰坑、殉狗，不用簋、豆，不用圈足器与圜底器等特征与陕西地区先周和西周墓的特征一致。因此乙组墓是周人墓，为殖民到此的周人墓葬。

这两种类型的墓葬并不交错分布，而是分属于不同的墓地。这些墓地应当是聚族而葬的"族墓葬"[4]。

发掘者认为这些墓葬最早的为西周初年，并将西周时期甲组墓分为三期，分别为西周

---

[1] 山东省文物考古研究所、山东省博物馆、济宁地区文物组、曲阜县文管会：《曲阜鲁国故城》，齐鲁书社，1982年。
[2] 张学海：《试论鲁城两周墓葬的类型、族属及其反映的问题》，《中国考古学会第四次年会论文集》，文物出版社，1985年。
[3] 魏训田：《鲁城"甲组墓"族属考》，《文物春秋》1998年第4期。
[4] 张学海：《试论鲁城两周墓葬的类型、族属及其反映的问题》，《中国考古学会第四次年会论文集》，文物出版社，1985年。

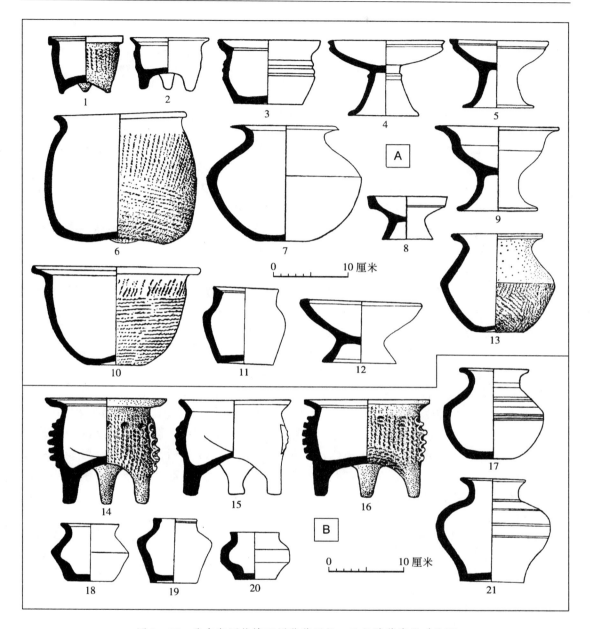

图 3-25　曲阜鲁国故城西周墓葬甲组、乙组随葬陶器对比图

A. 甲组墓　1. 鬲（M310:9）　2. 鬲（M107:5）　3. 盂（M320:1）　4. 豆（M124:2）　5. 豆（M107:13）
　　6. 鬲（M328:1）　7. 罍（M138:2）　8. 豆（M120:6）　9. 簋（M107:14）　10. 钵（M301:1）　11. 罐（M107:17）
　　12. 簋（M120:11）　13. 圜底罐（M120:2）

B. 乙组墓　14. 鬲（M57:4）　15. 鬲（M44:1）　16. 鬲（M14:4）　17. 罐（M56:2）　18. 罐（M48:13）
　　19. 罐（M57:5）　20. 罐（M11:3）　21. 罐（M27:6）

初年、西周中期和西周晚期，乙组墓分为三期，即西周中期、西周晚期和西周末年。对此很多学者先后发表了不同的观点。

王恩田认为这些墓葬最早不过西周晚期[1]。许宏认为鲁国故城西周墓的上限均不早于西周中期，下限可至春秋早期[2]。可见鲁国故城的西周墓葬还需要作进一步的探讨[3]。

二 刘台子墓地

刘台子遗址位于山东济阳县姜集乡刘台子村西约 200 米处，南距黄河 10 余公里，北临徒骇河 2 公里。遗址为一高出地面 2.5 米、面积约 2 万平方米的阶梯状台地。

1967 年曾在此发现青铜器和原始瓷器。此后分别在 1979 年、1982 年和 1985 年进行了三次发掘，共清理发掘了 5 座墓葬，并出土了一批器物。

第一次发掘的 M2[4]，其时代在西周早期，出土了铜器 5 件，簋 2 件，鼎、鬲、甗各 1 件，以及陶器，石、玉、骨、蚌等饰物，墓主身上遍撒朱砂一层。

第二次清理了 M3 和 M4，其年代约在穆王时期，属西周中期[5]。其中 M3 内随葬有鼎、簋各 1 件，以及原始瓷豆等。墓底还有一个殉狗的腰坑。M4 为二次葬，随葬有原始瓷器等。

第三次清理的中型墓 M6，是目前遗址中发现的西周墓葬中规模最大的一座[6]，为长方形土坑竖穴墓，方向 30°。墓口长 6.04 米，宽 4.3 米，深 4.5 米。葬具为一椁一棺。棺上撒满朱砂。墓主仰身直肢，头向北。墓底未发现腰坑。该墓共出青铜礼器 21 件，计圆鼎、方鼎各 3 件，簋 5 件，爵、甗各 2 件，鬲、甗、尊、卣、盘、盉各 1 件。此外，还有陶器、原始瓷器以及骨器、蚌器、玉器、漆器等。这些器物分两行排列，大都放在北端二层台上。在棺的北端和墓主身上放置着玉琮、玉璜、玉璧、玉戈等礼玉以及各种玉装饰品。报告中未提及墓主性别，但从棺内出土的大量玉质饰件判断，墓主较有可能为一女性。对该墓的年代，发掘者认为是在昭王时期。亦有人认为此墓大部分的青铜器年代较晚，其年代下限在穆恭时期[7]。

在 M1、M3 及 M6 内出土的铜器上多有"夆"字铭文，如 M6 的方鼎（图 3-26）、甗、盉、盘上均铭有"夆"字。夆乃逢的古文，与文献中的逢国地望相合，此处或是西周时期"夆"国墓地。

---

[1] 王恩田：《曲阜鲁国故城的年代及其相关问题》，《考古与文物》1988 年第 2 期。

[2] 许宏：《曲阜鲁国故城之再研究》，《先秦城市考古学》，北京燕山出版社，2000 年。

[3] A. 崔乐泉：《山东地区东周考古学文化的序列》，《华夏考古》1992 年第 4 期。
B. 王青：《海岱地区周代墓葬研究》，山东大学出版社，2002 年。

[4] 德州行署文化局文物组、济阳县图书馆：《山东济阳刘台子西周早期墓发掘简报》，《文物》1981 年第 9 期。

[5] 德州地区文化局文物组、济阳县图书馆：《山东济阳刘台子西周墓地第二次发掘》，《文物》1985 年第 12 期。

[6] 山东省文物考古研究所：《山东济阳刘台子西周六号墓清理报告》，《文物》1996 年第 12 期。

[7] 高西省、秦怀戈：《刘台子六号墓的年代及墓主问题》，《文博》1998 年第 6 期。

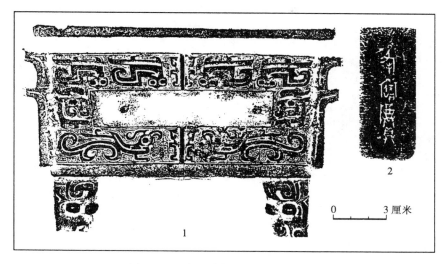

图 3-26 济阳刘台子 M6 出土铜器
1. 方鼎（M6:19）纹饰拓本　2. 方鼎（M6:19）铭文拓本

第七节　強国、㠱国和戈国墓地

一　強国墓地

強国墓地由茹家庄、竹园沟和纸坊头三个墓地组成。茹家庄、竹园沟位于宝鸡市区渭水南岸、清姜河东岸两河交汇处，是南北长约5公里、东西约3公里的第一级三角形台地。竹园沟位于台地的最南端，茹家庄位于竹园沟北约2公里处。纸坊头则在宝鸡市区西部的渭水北岸第一级台地，隔渭水和茹家庄、竹园沟遥遥相对。

1974年冬，宝鸡市博物馆在茹家庄东清理了一座西周时期车马坑，出土了不少青铜车饰。同年冬，又在附近清理发掘了两座形制较大的西周墓葬和一座马坑。1980～1981年，宝鸡市博物馆在竹园沟墓地先后发掘西周墓葬19座，马坑3座。1981年秋，又在纸坊头清理大型残墓一座。在茹家庄、竹园沟、纸坊头三处墓地共清理发掘墓葬27座、车马坑2座、马坑4座。经过整理，于1988年出版了《宝鸡強国墓地》，完整地发表了整个墓地的发掘资料[1]。

在墓地中重要的墓葬有纸坊头M1（強伯墓）、竹园沟M13、M7（伯各墓）、M4（強季墓）以及茹家庄M1（強伯墓）和M2（井姬墓）。

纸坊头M1为偶然发现，以往已遭受破坏，其墓室的结构不甚清楚。清理出的青铜器都位于西二层台上，包括鼎4件、簋5件、鬲2件、甗、罍、觯各1件，可见其铜礼器组合以鼎、簋、鬲、甗等食器为主。墓中出有強伯簋2件，可知墓主为"強伯"。由墓中所出青铜礼器推断，该墓的年代在西周成王前期。

竹园沟M13是竹园沟墓地中规模最大的一座墓葬（图版4-1、2）。长方形土坑竖穴，

―――――
[1] 卢连成、胡智生：《宝鸡強国墓地》，文物出版社，1988年。

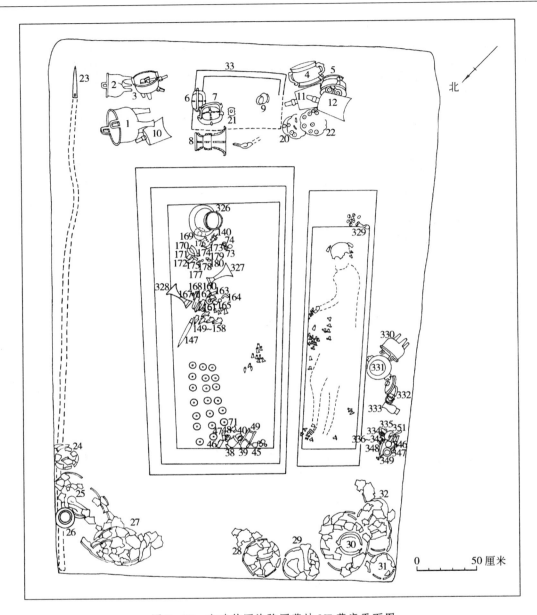

图 3-27 宝鸡竹园沟弓鱼国墓地 M7 墓底平面图

1~3、330.铜鼎 4、5、331.铜簋 6、7.铜卣 8、326.铜尊 9、333.铜觯 10~12.铜编钟 20、22.漆豆 21.玉戚 23.铜矛 24~27、29~32.陶平底罐 28.陶罍 33.漆盘 38.陶尖底罐 39、349.铜尖底罐 40、348.铜平底罐 45、335.铜曲柄斗形器 46.铜斧 47.铜锛 48.铜凿 49、346.铜浅盘器 71、334.铜梳 73、74.煤玉玦 140.铜发饰 147.铜短剑 149~158.铜戈 160、161、164.玉鱼 162、176.玉璧 163.玉铲 165.玉锛 167、168、336~345.铜发笄 169~172.玉璜 173.串饰 174、175.玉戈 177、178.兽面玉饰 327、328.铜觚 329.铜斗 332.铜提梁小方罍 347.铜刀 351.铜勺

墓向130°，墓室中长3.75米，宽3.8~4.4米。该墓中除墓主外，还有一侍妾殉葬。墓主的葬具为一椁重棺，殉葬的侍妾置于西侧二层台上的小椁内。墓主为直肢葬，头向东南，墓主头部、胸腹部、下肢部铺撒了大量朱砂粉末。墓主随葬的青铜礼器和乐器放置在右侧的案几上，其中酒器集中放在一长方形漆盘中。此外墓内还出土有兵器、车马器、铜工具等。棺内放置玉饰品。墓主所属青铜礼器种类齐全，包括食器、酒器、水器和乐器。其中食器组合为鼎7件、簋3件，甗、豆各1件；酒器组合为卣2件，尊、爵、觯、觚各1件；水器为盘、壶组合；乐器仅有铙。由墓中器物判断，此墓的年代在康王前期。

竹园沟M7为土坑竖穴墓，墓向141°。平面呈梯形，头端宽大，脚端窄短，墓底中长4.30米，头端宽3.20米，脚端宽2.70米。填土经夯打。墓底无腰坑。该墓除墓主外，还有一侍妾殉葬。墓主的葬具为一椁二棺。殉葬的侍妾葬于左侧二层台内的一椁一棺内。墓主为仰身直肢葬。侍妾为侧身，下肢微屈，面向墓主。墓主随葬的青铜礼、乐器以及仪仗用器放置在头前二层台上，椁盖上放置兵器和车器，外棺棺盖上放置兵器，棺内有装饰品和生活用具。侍妾的青铜礼器放置在其左侧二层台上。墓主的青铜器组合中食器为鼎3件、簋2件；酒器组合为尊、卣、觚各2件，觯1件；乐器为一套3件的编钟。侍妾所属青铜器组合为鼎、簋各1件（图3-27）。由墓中所出青铜器推断，墓主当为"伯各"，该墓的年代在康王晚年至昭王前期。

茹家庄M1为一座甲字形土坑竖穴墓，斜坡形墓道位于南端，墓室长8.48米，宽5.2米，深12.2米，墓向212°。填土均经夯打，十分坚实。椁室底部有长方形腰坑，内殉狗骨架一具。墓室中部的长方形椁室被隔墙分为甲乙两室。墓主居东部乙室，殉葬的侍妾居西部甲室。甲、乙两室均为双棺，都经彩绘髹漆。甲、乙两室墓主均为仰身直肢葬，头南足北，头部、胸部撒有大量朱砂。在椁室右侧二层台放置车轮3具，左侧二层台放置车轮1具。甲室头端椁棺间放置青铜礼器，计有鼎5件、簋4件，另有漆豆2件。棺盖头端上方和脚端放置玉饰品、蚌鱼、铜鱼等。棺内墓主头、颈、胸、腹部有大批玉器。乙室外东侧有一葬坑，坑内放置陶罐8件，其中3件装有牛骨。乙室椁盖和外棺棺盖上放一层车马器，头端棺椁间放置青铜器、原始瓷器、兵器、工具、铜旄等，外棺棺盖上放置玉器，乙室内棺棺内墓主身上有大量玉、石饰物，腰部佩戴有青铜短剑2柄。墓中除甲室内的殉葬侍妾外，还发现有殉葬者的骨架7具。1具在墓道上口，为被肢解的青年女性。1具位于墓道与墓室相接处，为青年男性。2具置于甲椁室左侧二层台上的一具木匣中，为一对十岁左右的儿童。2具置于乙椁室北侧二层台上的一具木匣中，两人对脚仰身，一为壮年男子，一为六岁左右儿童。1具在乙椁室东侧二层台上，仰身直肢，可能为御者。墓中共出遗物563件、组。属于墓主的青铜礼乐器包括有食器、酒器、水器、乐器，食器为五鼎四簋的组合，并有鬲、甗、豆等。酒器的组合以尊、卣、爵、觯为主，水器组合则以盘、鋬、盉、壶为主。乐器有一套3件的编钟和大铜铃。属于侍妾的青铜礼器则以食器组合为主，为五鼎四簋。该墓的年代为穆王晚年，从墓中所出铜器铭文可知该墓墓主为强伯。

茹家庄M2位于茹家庄M1的东侧，两墓的方向一致，靠得很近，M2打破M1墓圹的东壁（图3-28）。该墓为甲字形墓，墓室为长方形土坑竖穴，南端有一斜坡墓道，方向201°。墓室长4米，宽3.2米，深11.26米。墓主葬具为一椁二棺。墓主葬式为仰身直肢。二层台

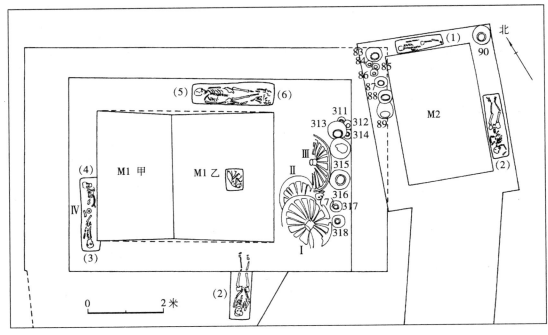

图 3-28 宝鸡茹家庄㢮国墓地 M1、M2 打破关系图
M1 311~318. 陶平底罐 （2）~（7）殉人 Ⅰ~Ⅳ. 车轮
M2 83~90. 平底罐 （1）、（2）殉人

上放置有陶罐，棺椁间放置青铜礼器。墓主头、胸部位有饰件。墓内有殉葬者 2 人。一为儿童，位于椁室足端的二层台上；一为未成年女子，位于椁室右侧的二层台上。两者均有简单葬具。该墓的铜器组合为食器和水器，缺少乐器、兵器和酒器。其食器组合为五鼎四簋，水器为盘、鎺组合。该墓的墓主为井姬，乃㢮伯的夫人，两者属于夫妻异穴合葬墓。

通过这一系列年代明确的墓葬，可以勾勒出整个墓地大体的年代框架是由商周之际一直延续到西周中期。㢮伯家族世系为：纸坊头 M1 㢮伯（文王晚年、武王、成王前期）——竹园沟 M13 墓主（成王后期、康王前期）——竹园沟 M7 墓主伯各（康王后期、昭王前期）——茹家庄 M1 㢮伯（昭王晚年、穆王时期）。此外竹园沟 M4 㢮季墓的年代间于伯各墓和茹家庄㢮伯墓之间。

有学者根据各墓所处位置以及铜器组合和铭文，将㢮氏家族的世系推断为三组[1]：

A 组：㢮伯组：纸坊头 M1 㢮伯（武成时期）——茹家庄 M1 㢮伯（昭穆时期）。该组的青铜礼器是以鼎、簋为主的食器，尊、卣为主的酒器，配合水器和乐器的组合，鼎簋的数目在五鼎四簋以上。

B 组：伯组：茹家庄 71M1 伯[2]（武成时期）——竹园沟 M13 墓主（成康时期）——

---

[1] 田仁孝、刘栋、张天恩：《西周㢮氏遗存几个问题的探讨》，《文博》1994 年第 5 期。
[2] 王光永：《宝鸡市茹家庄发现西周早期铜器》，《考古与文物》1980 年创刊号。

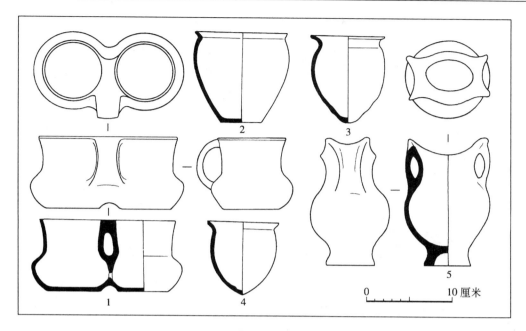

图 3-29　宝鸡竹园沟弓鱼国墓地 M1 随葬陶器
1. 单鋬双联罐（M1:5）　2. 平底罐（M1:6）　3. 尖底罐（M1:7）　4. 尖底罐（M1:272）
5. 马鞍形口双耳罐（M1:4）

竹园沟 M7 伯各（康昭时期）。该组的青铜礼器是以鼎、簋为主的食器，尊、卣为主的酒器，铙、编钟为主的乐器的组合，鼎的数目在 3 件或 3 件以上。

C 组：季组：竹园沟 M1 墓主（成康时期）——竹园沟 M4 弓鱼季（康昭时期）——竹园沟 M5 墓主（穆王时期）。较 B 组缺少成组的乐器和斧、钺、戣等仪仗用器。

他们认为墓中所出金文中的"伯"非爵称，而是行辈之称。以上三组为分别代表着弓鱼氏家族的三个家族。A 组的弓鱼伯组为宗法制中的大宗。B 组伯组与 C 组季组为同辈，其行辈低于弓鱼伯组，是弓鱼氏的小宗。

在弓鱼国墓地中存在着侍妾殉死的现象。殉妾都位于墓主椁室的一侧。侍妾有一定地位，拥有自己的葬具和陪葬的青铜礼器、青铜用具。其中茹家庄 M1 弓鱼伯墓的侍妾随葬五鼎四簋，较之其他侍妾的随葬品为高。

弓鱼国墓地中除了出土大量与关中地区典型的西周青铜礼器相似的铜器外，还出有一些较为独特的铜器，如尖底罐、平底罐、浅盘、曲柄斗形器等，这些铜器不见于中原地区，属于另一种地方特征极为显著的铜器群。应为弓鱼国文化的典型器物。同时墓地中出土的陶器与关中地区的周人墓中出土的陶器相类似的较少，而是以尖底罐和平底罐为代表的陶器群居于主导地位（图 3-29）。此外在葬俗上表现出不同的文化特征，如以妾殉葬等。这些现象说明弓鱼国文化中存在着两种不同的文化因素。一种为西周时期典型的中原地区的文化因素，是主流的文化因素；另一种是极富地方特色的文化因素，与中原文化有着不同的来源。多种文化的融合与同化，产生了独特的弓鱼国文化。

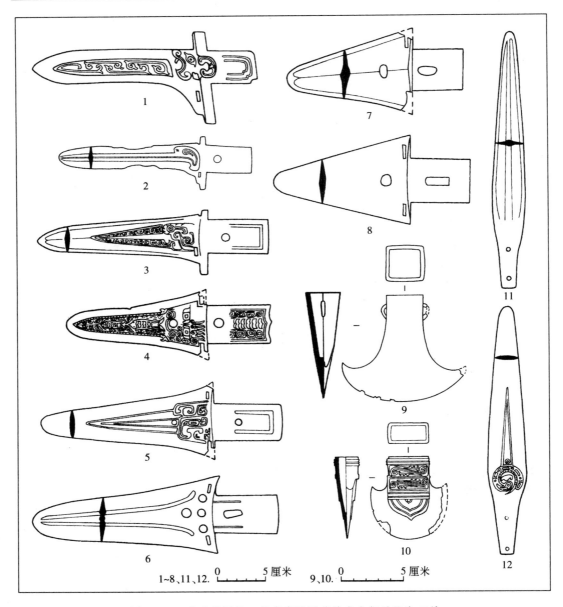

图 3-30 宝鸡竹园沟、茹家庄強国墓地出土铜兵器和工具
1. 戈（竹园沟 M19:60） 2. 戈（竹园沟 M18:30） 3. 戈（竹园沟 M13:168） 4. 戈（竹园沟 M7:146）
5. 戈（竹园沟 M4:105） 6. 戈（竹园沟 M4:106） 7. 戈（竹园沟 M7:186） 8. 戈（竹园沟 M3:3）
9. 斧（茹家庄 M1 乙:48） 10. 斧（茹家庄 M1 乙:47） 11. 短剑（竹园沟 M7:147） 12. 短剑（竹园沟 M20:35）

不同的文化特征为推断強国文化的来源和族属提供了线索。墓地中的以尖底罐为代表的一类遗存不见于中原地区，而与商代中晚期汉水流域的城固、洋县一带出土的同类器物相似，表明两者之间存在着某种联系。墓地中出土的兵器也富于特点，如戈主要是用于实战的无胡、直内、三角形援，援及内部多装饰有虎纹和蛙纹的戈类，而非中原地

区常见的有胡戈；剑均为柳叶形剑；斧的刃部大多呈舌形，两端上卷（图3-30）。这些兵器也来源于商代晚期汉水流域的城固地区。这表明弪国文化中的相当部分来源于汉水流域的青铜文化。

此外以马鞍形双耳罐、单銎双联罐为代表的一类陶器明显与西部的一些考古学文化存在一定的联系，这表明弪国文化的来源是多元的。

从弪国墓地中出土的人物服饰（图3-31）也反映出不同文化因素。当时人流行椎髻，即额前头发隆起，横插铜笄，然后将三叉形铜发饰固定在隆起椎髻上，脑后编成发辫，具有浓厚的巴蜀文化的特色。而车軎上的人物断发文身则与文献中西戎的形象较为接近[1]。

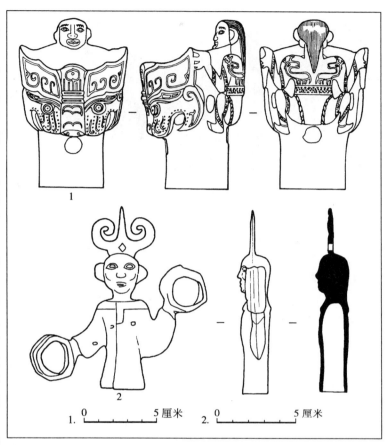

图3-31 宝鸡茹家庄弪国墓地出土人形铜饰
1. 軎饰（茹家庄CH1:1:1） 2. 人像（茹家庄M2:22）

二　潶国墓地

白草坡潶国墓地位于甘肃灵台县城西北15公里，在白草坡村南沟壑之间，地势北高南低。1967年在此清理了一座西周墓[2]。1972年又在附近发掘8座墓葬和1座车马坑[3]。

这些墓葬可分南、北二区，相距约60米。北区山坡开阔平缓，发现7座墓葬；南区地形陡峭，发现M1、M2和一座车马坑。这个墓地的西侧为断崖，因此墓地的西部当已崩塌。

这批墓葬均为长方形竖穴土坑墓，除M9向东外，其余均向北。除M6、M9是小型墓外，余均为中型墓。M2、M3、M7有棺有椁，其他各墓的葬具仅有棺。中型墓墓底部都有腰坑，其

---

[1] 高西省：《谈宝鸡弪国墓地的"人物形象"铜器》，《文物世界》2001年第2期。
[2] 甘肃省博物馆文物组：《灵台白草坡西周墓》，《文物》1972年第12期。
[3] 甘肃省博物馆文物队：《甘肃灵台白草坡西周墓》，《考古学报》1977年第2期。

中 M2、M7 腰坑内均有一只殉狗。

M1 出土的各种器物达 340 余件，其中青铜礼器有鼎、甗、簋、尊、觯、爵、角、斝、盉、斗等 11 种 23 件，还有各种青铜兵器、铜泡、玉器等。墓内出土的一尊二卣内有"潶伯"字样（图 3-32），说明此墓的墓主为潶伯。此墓的年代在西周康王时期。

M2 保存完好。墓室长 3.35 米，宽 2 米，方向 332°。北端二层台上排列着 9 件铜礼器，其余三边出土有兵器，均被砸毁。在棺椁盖上有兵器、车马器和工具等，棺内墓主

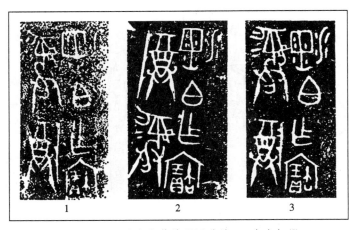

图 3-32 灵台白草坡潶国墓地 M1 出土铜器
1. 尊（M1:16）铭文拓本　2. 卣（M1:13）盖铭文拓本
3. 卣（M1:13）铭文拓本

周围出有装饰品。墓主为一男性，仰身直肢。墓底有椭圆形腰坑，内有殉狗。该墓的铜礼器组合为食器和酒器的复合组合，食器有鼎、簋各 2 件，甗 1 件；酒器为卣 2 件，尊、盉、爵、觯各 1 件，合计 8 种 11 件。其中鼎、簋各 2 件，尊、盉均有"㚴伯"铭文，可知墓主人即为㚴伯。此墓的年代在西周早期的康王时期，年代稍晚于 M1，下限不晚于昭王。

发掘的车马坑可能附属于 M2，其形制较为特殊，其西半部长方形，东半部略呈圆形，坑内埋四马一车。车子是拆卸后，将零件另行摆放的。

在墓地中出土的"潶伯"诸器和"㚴伯"诸器对于探讨西周早期灵台附近的历史地理情况提供了线索。潶与文献中的"黑水"相合。潶即达溪河，因此潶伯的封地在达溪河中下游。㚴伯的封地，现难以确认，应该与潶相去不远。

潶为黑姓，乃微子之后，是殷人一族的权贵。潶、㚴两伯的墓葬在同一个墓地中的现象在西周时期较为少见，其原因尚需进一步探讨。

三　戈国墓地

高家堡戈国墓地位于陕西泾阳县高家堡村东北的塬上。

该墓地前后经过两次发掘。1971 年，当地农民发现了 M1，遂进行了清理[1]。1991 年又在附近清理 5 座墓葬。1995 年整理出版了《高家堡戈国墓》[2]。

发掘清理的 6 座墓葬排列有序，整齐规则，没有相互打破的现象。

M1 为长方形竖坑土穴墓。墓内葬具有椁棺，上均髹漆。出土器物中铜器放置在北侧棺椁之间，包括鼎、簋、卣、爵各 2 件，甗、尊、觯、盘、盉以及戈 1 件，此外还有陶罐等。在棺内墓主的胸、腹部位发现有玉器等装饰品。墓底的正方形腰坑中未发现殉葬动物

---

[1] 葛今：《泾阳高家堡早周墓葬发掘记》，《文物》1972 年第 7 期。
[2] 陕西省考古研究所：《高家堡戈国墓》，三秦出版社，1995 年。

骨骸。墓内出土卣的铭文作"鈇作父戊尊彝",因此墓主可能名鈇。

M2的填土中发现有殉人一具和殉狗二只。殉人为25~30岁的男性,位于墓圹东南部椁盖上,为杀死后殉葬的。葬具有帷帐、木椁和木棺数重。帷帐覆盖在椁盖顶面和二层台上,结构及形状不明。墓底中央亦有一个无随葬动物的长方形腰坑。墓主尚未成年。随葬的铜器和漆器放置在北侧的棺椁之间,铜器有鼎、甗、鬲、簋、尊、卣、觯各1件。由墓内出土器物上的铭文推断此墓墓主可能名亚夫。

M3的东壁二层台上有一殉人,为一青年男性。在椁盖以上约半米的填土中有殉狗一只。在椁盖及二层台上覆盖有一层竹席和帷帐。并发现了帷帐的木架痕迹。墓内出土铜礼器6件,鼎(图3-33-1)、簋各2件,甗、卣各1件,放于椁内北端棺、椁之间,东西排列成一行。根据墓内出土的青铜器铭文推断墓主可能名叫父苋。

M4为墓地中规模最大的一座墓。墓口长3.90米,宽2.20~2.28米,深4.54米。有夯筑的熟土二层台。墓底有平行四边形的腰坑,未发现殉葬动物骨骸。葬具与其他的墓相同而规模稍大,由帷帐和椁、棺构成。棺内铺有一层朱砂。墓主头北,直肢。随葬器物丰富,铜礼器达19件,有鼎(图3-33-2)3件,爵、觚、觯、卣各2件,簋、甗、尊、盉、盘、斝、罍、瓿各1件,以及戈、钺、剑、镞等兵器。大部分器物均置于椁室北端,排列似有一定顺序,漆器居于中央。墓主颈部出土3件玉串饰。由墓内出土盉的铭文推断墓主可能名子弓。

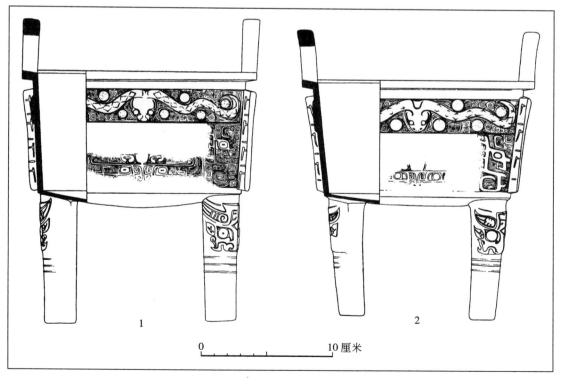

图3-33　泾阳高家堡戈国墓地出土铜方鼎
1. M3:5　2. M4:4

这几座墓葬距离很近，排列有序，方向一致，没有相互打破的现象存在，形制、葬具、葬式等基本相同，以及"族共丧器"的现象都说明此为一处家族墓地。墓地中出土的铜器多有戈形族徽，因此为戈族之墓地，高家堡及周围地区为古戈族的聚居之处。

墓地中M1、M4，规模较大，一棺一椁，铜礼器多，器类较全，酒器比重大，而且有钺和戈，及水器盘。两墓的墓主应当是戈族首领。M2、M3，规模较大，随葬有成套的青铜礼器，但酒器少，无水器盘和武器。两墓的墓主当为戈族贵族。

通过对墓葬内所出器物的造型、纹饰、铭文以及器物组合关系的分析，并参照碳十四测年数据，发掘者认为这处墓群的时代当在周人灭殷之际。M1的上限可早到文王时期，时在灭殷前，当帝乙、帝辛时期，即先周时期。M2～M5在武王、成王之世，下限不晚于康王，属西周早期或西周初年。也有学者将M1定为西周初年，M4在成王时期。

在墓地内还出现一种"族共丧器"现象。如在M3和M4内均出有方鼎1件（图3-33），铭文均作"父苋作父丁彝"，器形、纹饰均完全一样，两者原应为一对，后分藏于两座墓中。M1随葬的一尊一卣上装饰着极具特点的蜗形夔龙纹，底部均有相同的族徽符号。M2中也随葬有一件相近的卣，器形和花纹的布局与M1的卣相近，也饰有蜗形夔纹，并且与墓中其他铜器的纹饰不同，因此较有可能与M1的尊、卣为同组，后分置于不同墓中。这种同组青铜器分藏于不同墓葬中的现象是西周时期血缘亲属间葬仪的常制。出同组青铜器诸墓间可能是夫妇关系，也可能是父子关系，亦可能是母子关系。结合戈国墓地的实际，有学者认为M3与M4之间可能是夫妻关系，而M2或是M1的嫡亲[1]。

---

[1] 张长寿：《论泾阳高家堡周墓》，《远望集——陕西省考古研究所华诞四十周年纪念文集》，陕西人民美术出版社，1998年。

第四章 江南地区的西周文化

第一节 长江中游的西周聚落遗址

在长江中游有许多商周时期的遗址，其中不少重要遗址集中在大别山和长江之间的平原上。早在商代前期，这一区域内就出现了湖北黄陂盘龙城那样的城址。由于盘龙城遗址的内涵同河南郑州商城内发现的遗存内涵基本一样，可以认为黄陂一带在当时已成为商文化的直接控制区了。西周时期，这一带仍是西周文化的重要分布区域。

早在宋代，在长江以北不远的湖北孝感就曾出土过西周青铜器，即所谓的"安州六器"。据考证，安州始置于南朝刘宋，治所在今湖北安陆，管辖孝感、应城、云梦等县；《金石录》等古籍中所记载的"安州六器"应出自孝感，包括3件方鼎、2件圆鼎和1件甗，这些铜器可能是周灭商后由分封在这一地区的中氏留下的[1]。20世纪中、后期，在长江中游发现了一批西周文化遗存，主要有湖北蕲春毛家咀遗址、蕲春新屋垸铜器窖藏、黄陂鲁台山墓地，以及地处长江以南的湖南望城高砂脊遗址等。在长江沿岸的湖北黄石、江西瑞昌等地还发现了这一时期留下的矿冶遗址。这些发现表明长江中游一带既是西周文化的重要分布区，又是西周文化与江南地方性文化的交汇地。另外，在蕲春新屋垸、黄陂鲁台山和望城高砂脊这些西周遗存中，又都含有部分可能相当于商代末年的铜器。这部分铜器应是从中原流入江南，并被埋藏在西周时期的墓葬中。它们可能同殷遗民南迁等史实相关。

一 蕲春毛家咀遗址

在长江中游的西周遗址中，具有一定规模、又保存有一定遗迹的是1957年在湖北蕲春发现的毛家咀遗址。该遗址位于蕲春县城东北约30公里处，面积约2～3万平方米。1958年中国科学院考古研究所对遗址进行了发掘[2]。

毛家咀遗址中最重要的遗迹是大片的木构建筑。这些木构遗迹位于3个大小不一的水塘的底部，从试掘与钻探情况看，木构遗迹的范围应在5000平方米以上。根据分布情况，可将这些木构遗迹分为东、西两组。

---

[1] 刘昭瑞：《"安州六器"辨》，《文物》1992年第10期。
[2] 中国科学院考古研究所湖北发掘队：《湖北蕲春毛家咀西周木构建筑》，《考古》1962年第1期。

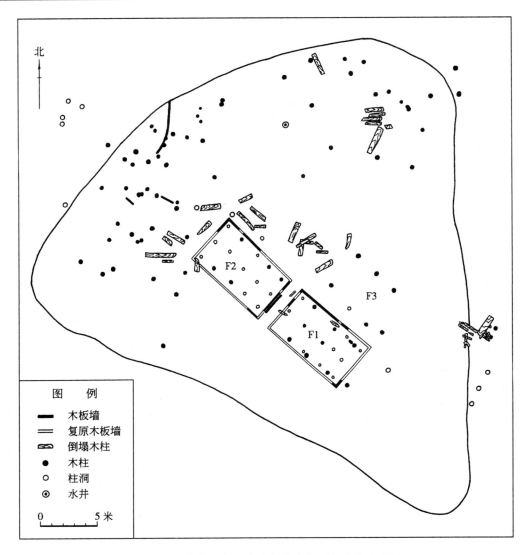

图 4-1 蕲春毛家咀遗址木构建筑西组遗迹平面图

西组遗迹位于一个中型水塘内（图 4-1），暴露在水塘底部的木构遗迹约有 1600 平方米，共清理出木柱 109 根，柱径多在 0.2 米左右。有的木柱和柱洞排列整齐，可清楚地看到其分布是纵成行，横成列。在木柱和柱洞的两侧还残留有部分排列整齐的木板墙。有的木柱上凿有榫眼，用以横向插置木架以固定墙板。残存的木板宽 0.2~0.3 米，厚 0.02~0.03 米。根据木柱、柱洞和残留的木板墙角，可以复原 3 座房屋，并可了解其大致形制。

F1 位于该组遗迹东南角，共有 9 根木柱、9 个柱洞，木柱粗细不一，直径为 0.1~0.3 米，等距排列成纵 3 行、横 6 行，纵距为 2 米，横距 2~3 米。其中东南部木柱的横距较窄，西北部的横距较宽。方向为 130°。在东南角、西北墙都保存有部分木墙。整个房屋长

8.3 米，宽 4.7 米。

F2 位于 F1 的西北，距 F1 不足 2 米。F2 内共有 7 根木柱、8 个柱洞，作纵 3 行、横 5 行排列。木柱、柱洞的排列方向和格局与 F1 相同，且纵向木柱与 F1 木柱在一条直线上。F2 的木柱和柱洞排列更为整齐，4 根粗木柱与南墙平行，3 根粗木柱与北墙平行，8 根细木柱中除西南角、西北和北墙中部各有 1 根外，其余 5 根等距分布在房屋的纵中轴线上。木柱间的纵距和横距均为 1.7 米左右。房屋的东南角和西北角都残留有较长的木墙。房屋长 8 米，宽 4.7 米。

F3 位于 F1 的东北，距 F1 亦不足 1 米。F3 有 7 根粗木柱，排列为纵 2 行、横 4 行。方向与 F1 相同，横向木柱与 F1 的木柱基本在一条直线上。木柱的纵距为 2 米，横距约为 3.4 米。F3 的木柱四周未发现木墙。从 F3 木柱的排列来看，可能有的木柱已被完全毁坏。F3 已不能完全复原，残长约 6.8 米，残宽约 5 米。

这 3 座房屋都因墙板破坏严重而未发现门道。三座房子的形状、大小相若，距离相近，每座房屋之间只有宽约 1.3 米的甬道。但房内的布局却不完全相同，如 F1 东南部的木柱较密，可能有小的隔间；F2 的木柱分布较疏且间距均匀，可能隔间较大；F3 内部则没有木柱，或许是一座不带隔间的大房子。由此看来，结构上的不同，可能是用途有所不同的缘故。这几座房屋虽都自成单元，但它们更像是一组建筑的组成部分。

在 F2 西北还发现大片建筑遗迹，包括 45 根细木柱和一段长达 4 米的弧形木板墙。在这部分遗迹的南部，发现有木制楼梯形的残迹。另外，还发现很多生活用具，如黑地红彩的漆杯、木瓢和陶片，以及卜骨、卜甲等。在 F1 的东部也发现有大块平铺的木板。从这些迹象观察，这些建筑有可能是木构的楼房。另外，在 F2 的北部还发现一口水井。

东组建筑距西组建筑 78 米，遗迹位于一大一小两个水塘内。大水塘内的木构遗迹范围很大，共发现木柱 171 根、木板残迹 13 处。小水塘在大水塘北边，两者仅隔 1 条宽 0.8 米的土脊，水塘内只发现 5 根木柱。根据大型水塘内的木柱、柱洞和残留木板等，可以复原 2 座房址，并知其大致形制。

F1 的平面近梯形，西端较窄，东端较宽，基本为东西向。房内有 15 根细木柱，均紧靠木板墙。靠南墙的一些木柱上还凿有槽形榫口，并横架一条长 3 米左右的木棍以扶持木板墙。推测其他三面墙也是这样的结构。在房内西部发现一块带榫的长方形木条。F1 东西长 4.6 米，西墙长 2.2 米，东墙长 3.3 米。

F2 在 F1 西北，只残存东南角的墙板，东墙残长 4 米，南墙残长 1.6 米。东墙方向为 348°。

在 F1 北边和 F2 东边也都发现大量的木板墙残迹。在 F1 东边发现的一处木板残迹，系由 3 块长 2.15 米、宽 0.5 米的长方形木板和 1 根长 2.8 米、粗 0.1 米的木棍组成。木板平铺，东部用木棍穿过榫槽将木板连接在一起，整组遗迹长 2.15 米，宽 1.65 米，厚 0.05 米。距木板的东北角不足 1 米处发现有可能是支架地板用的木柱。在 F1 的南边，还有大量的木柱和柱洞，它们的排列也有一定的规律，或成直线，或成直角，或相互平行，这都应与木构建筑有关。只不过由于破坏较严重，这些建筑的形制、结构和布局等都不是很清楚。

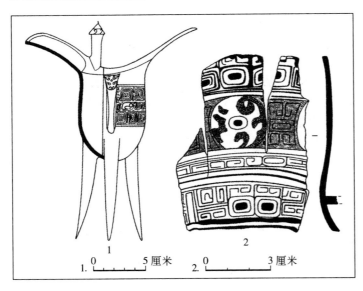

图 4-2 蕲春毛家咀遗址出土铜器和漆器
1. 铜爵　2. 残漆杯

从东、西两组木构建筑可以推测，这一建筑群是经规划后起建的。从遗迹现象观察可知，房屋的四周为木柱，起支撑屋顶和墙板的作用，四周木柱外置竖立或横放的木板作为墙壁，在墙板和木柱之间往往还有横放的木柱，插置在立柱的榫眼中，起加固立柱和墙板的作用。较大的房屋内，正中常有一排平行的立柱，以支撑上部的屋顶或其他构件。从出土类似楼梯的木构件推断，有的房屋分上下两层。在两组建筑中都发现有木地板的残迹，均由长方形的木板平行排列，上凿榫槽，然后从榫槽中横穿木棍将木板连接起来。这些木地板是直接铺在地面上，还是上一层建筑的地板，已不太清楚。可以认为，毛家咀这样的木构建筑应是南方地区常见的干阑式建筑。

在建筑遗迹中还发现了许多遗物，主要有青铜器、陶器、木器、石器等。青铜器中最重要的是1件爵，出自东组建筑群内，其形制为长流，长尾，靠流处有带菌状钮的柱，腹较深，一侧有鋬，圜底，三锥形足直而高。爵腹部饰回纹，鋬上有兽头纹，鋬内侧有铭文"酉"（图4-2-1）。此外，还出土铜镞、斧、锛、刀。陶器以泥质黑陶居多，也有泥质黄陶、褐陶、灰陶和夹砂黑陶。以鬲最多，其他器形有鼎、簋、爵、盘、尊、罐、器盖、纺轮等。陶器纹饰以细绳纹为主，附加堆纹和弦纹也较普遍。石器主要是斧。另有漆杯（图4-2-2）、木瓢、骨锥，以及竹席等物的残迹。在西组建筑中还出土有卜骨和卜甲，上面有钻、凿、灼痕。在东、西两组建筑附近都发现有成堆的稻谷遗迹。

毛家咀遗址位于水塘底部，上部的地层已遭破坏。从水塘四周的剖面上看，遗址的第三层以上出土东周的铁剑、铜镞和陶鬲、豆、罐，以及汉代的板瓦和筒瓦。上述的木构建筑群及其遗物都出自第三层，从层位上看，其时代早于东周。从出土遗物分析，建筑群内出土的陶器多具西周陶器的风格，如鬲与长安普渡村出土的同类器相近，铜爵具有商末周初爵的特点，因此，蕲春聚落的时代应不晚于西周早期。

在蕲春毛家咀村西北约3~4公里处，在湖北荆门县等地，也发现有类似的木构建筑遗迹，表明在长江中游一带，这类聚落并非仅此一处。

二　蕲春新屋塆铜器窖藏

1996年，在东距毛家咀聚落遗址仅600米处的新屋塆发现一个青铜器窖藏。铜器出土地点原为一较高的土丘。窖藏坑为不规则的圆形坑，直径 1~1.4 米，残深 1.1 米。坑内共出土 7 件青铜器，包括方鼎 5 件、圆鼎和斗各 1 件。发掘简报认为窖藏与毛家咀聚落相距不远，应与聚落同时。铜器的时代为西周早期，不会晚于康王之世[1]。

这一铜器窖藏在鄂东地区是首次发现，因此显得较为重要。发掘者推定铜器窖藏的主人应为周王朝的方国国君或高级贵族，并认为以毛家咀木构建筑及铜器窖藏为代表的西周前期文化遗存说明，蕲春地区既是周王朝在越人区域内的政治、军事据点，又是保留了当地文化与风俗的越人聚居区[2]。有学者着重论证了这批青铜器中的盂方鼎，并认为这是文丁之子盂向文帝母日辛奉祀所用之器，这批铜器的制作年代不晚于商周之际，埋藏年代距此也不太远[3]。

这批青铜器出自窖藏，其组合以方鼎为主，另有圆鼎和斗。铜器的器形和纹饰等均具典型的中原铜器风格。

方鼎在中原地区的商代晚期和西周早期遗存中均有发现。尽管两个时期的方鼎大体相同，但在形制、纹饰和铭文等方面仍有一定差别。蕲春的 5 件方鼎中，2 件盂方鼎的形制、纹饰和铭文基本上相同。鼎身为长方形，平折沿，方唇，立耳，直腹，平底略下弧，四柱状足。鼎口沿下四周均饰双身龙纹，龙体上下有圆涡纹，以云雷纹为地；龙纹下为凹字形分布的乳丁，鼎腹部正中为素面，腹部四隅有扉棱；足上部饰独立兽面纹。腹内壁一侧有铭文 2 行 8 字："盂鼒文帝母日辛尊"（图 4-3-1、3）。与这 2 件方鼎相近的器物，李学勤曾举出数例，如 1975 年陕西扶风白龙村商代晚期墓出土的妘姒康方鼎[4]和藏于美国的西周初期的塱妇方鼎[5]，它们都与盂方鼎大致相同。湖北黄陂鲁台山 M30 出土的 4 件方鼎[6]，较盂方鼎小，但形制和纹饰也都非常接近。同类的鼎在陕西宝鸡茹家庄 M1 中也有出土[7]。另外，1984 年山东滕州也出土 1 件类似的西周早期方鼎[8]。但这几件西周方鼎的扉棱上部都有两个尖凸，而盂方鼎则没有。盂方鼎口沿下饰双身龙纹，由两条曲体卷尾的夔纹构成的兽面纹在殷墟时期较多，在西周早期铜器上也有发现[9]。一些商代晚期铜器，如殷墟妇好墓出土的大方壶，所饰的这类兽面并不突出，也无大张的口。但西周早期的铜器，如陕西淳化史家塬出土铜鼎，这种纹饰有突出的兽面，口大张。从这点看，

---

[1] 湖北黄冈市博物馆、湖北蕲春县博物馆：《湖北蕲春达城新屋垸西周铜器窖藏》，《文物》1997 年第 12 期。

[2] 吴晓松、洪刚：《湖北蕲春达城新屋垸窖藏青铜器及相关问题的研究》，《文物》1997 年第 12 期。

[3] 李学勤：《谈盂方鼎及其他》，《文物》1997 年第 12 期。

[4] 陕西省考古研究所、陕西省文物管理委员会、陕西省博物馆：《陕西省出土商周青铜器（一）》图版五一，文物出版社，1979 年。

[5] 中国科学院考古研究所：《美帝国主义劫掠的我国殷周青铜器集录》A72，科学出版社，1963 年。

[6] 黄陂县文化馆、孝感地区博物馆、湖北省博物馆：《湖北黄陂鲁台山两周遗址与墓葬》，《江汉考古》1982 年第 2 期。

[7] 卢连成、胡智生：《宝鸡强国墓地》图版 156，文物出版社，1988 年。

[8] 中国青铜器全集编辑委员会：《中国青铜器全集·西周 2》图版 75，文物出版社，1997 年。

[9] 陈公柔、张长寿：《殷周青铜容器上兽面纹的断代研究》，《考古学报》1990 年第 2 期。

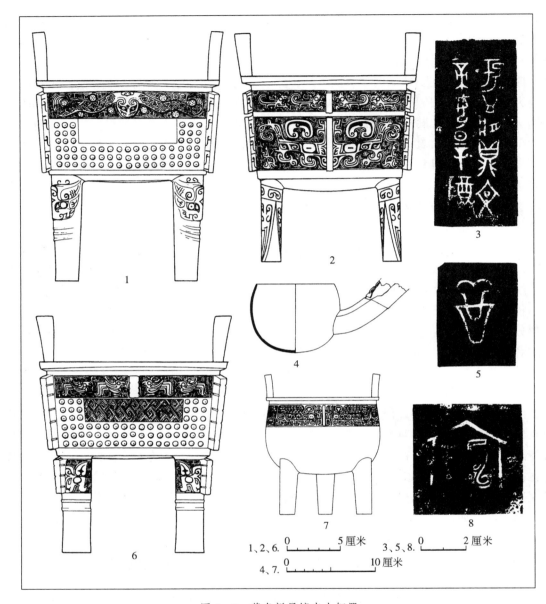

图 4-3 蕲春新屋垸出土铜器
1. 盂方鼎 2. 酉方鼎 3. 盂方鼎铭文拓本 4. 斗 5. 酉方鼎铭文拓本 6. 宠方鼎 7. 圆鼎 8. 宠方鼎铭文拓本

盂方鼎上的龙纹与商代晚期铜器的纹饰更接近。盂方鼎上的龙纹既无凸出的双足，背上也无扉棱，同一些南方地区出土商代青铜器上的纹饰相同。如安徽阜南和四川广汉三星堆出土的虎食人纹大口尊[1]，在肩部都有双身龙纹，龙纹都无足和扉棱。三星堆尊龙纹的曲

---

[1] A. 葛介屏：《安徽阜南发现殷商时代的青铜器》，《文物》1959 年第 1 期。
B. 四川省文物考古研究所：《三星堆祭祀坑》，文物出版社，1999 年。

折处也饰有涡纹，与盂方鼎的纹饰非常接近。或许无足、无扉棱的龙纹相对要早一些。

2件宠方鼎的形制、纹饰和铭文也基本上相同。鼎身为长方形，平折沿，方唇，立耳，直腹，平底，四柱形足。耳外侧饰卷曲的条形纹；腹上部正面为四只相对的小鸟纹，中间有一扉棱，侧面则只有两只小鸟；腹下部为凹字形的乳丁纹带，腹部正中填菱形纹，腹四隅仍出扉棱；足上部为以扉棱为鼻的独立兽面纹。腹内壁一侧有一"宠"字（图4-3-6、8）。与宠方鼎相近的铜鼎有1990年河南安阳郭家庄西M160出土的亚址方鼎，1950年安阳郊区出土的父己方鼎和上海博物馆所藏的父戊方鼎[1]等。其中，前两件鼎的大小，形制、耳部、腹部的纹饰等几乎都与宠方鼎相同。区别在于，那两件鼎足根部的兽面纹为卷云状角，而宠方鼎的兽面为尖叶形角。父戊方鼎的耳部外侧没有纹饰。这3件商代鼎在器内壁或器底铸有两个简单的铭文。宠方鼎腹部的这类小鸟纹主要流行于商末周初[2]。与此相同的纹饰，在中原主要出现在殷墟时期的铜器上。西周时期也有这类形制和纹饰的方鼎，如1981年陕西长安花园村西周墓出土1件方鼎[3]，但该鼎耳外侧为两道凹槽，腹下部饰两只蚕纹，腹四壁和四隅的扉棱上部有尖凸，器内壁铸有关于铸鼎祭祀的30字铭文。宠方鼎与长安花园村的这件鼎相比有一定差别。因而，从形制、纹饰和铭文等多方面看，宠方鼎的年代也应相当于商代末期。

另1件酉方鼎，身为长方形，平折沿，方唇，立耳，深直腹，底略向下弧，四柱形足比上4件鼎略短。鼎耳外侧饰"S"形纹；腹上部纹饰布局同宠方鼎相同，但鸟纹不同；腹下部为以云雷纹为地的连体兽面纹，以扉棱为鼻；足上部为云纹，下部为蝉纹。腹内壁有一"酉"字（图4-3-2、5），同毛家咀遗址出土铜爵上的铭文相同。酉方鼎的器形和纹饰在中原商代铜器中也很常见，如1984年安阳戚家庄东M269出土的爰方鼎[4]，耳外侧亦饰变形云纹，腹上部为四只鸟纹，腹下部为连体兽面纹，足上部为云纹，下部为蝉纹。不同之处仅在于腹部的鸟纹和兽面纹不完全一样。1979年安阳孝民屯南M2508出土的1件子韦方鼎[5]，形制和纹饰布局与酉方鼎相近，两者腹部的鸟纹完全相同。酉方鼎腹上部的鸟纹多流行于殷末周初；腹下部的连体兽面纹，躯干和尾部竖立如刀刃状。这种兽面纹多出现在殷墟时期的铜器上，在西周中期也有发现。西周早期也有同类方鼎，如辽宁喀左2号窖藏出土的方鼎[6]，上为鸟纹，下为身和尾向外下卷的连体兽面纹。但喀左鼎不仅纹饰与酉方鼎有所不同，而且扉棱上有两个尖凸。其他如台北"故宫"所藏的康侯丰鼎[7]等，扉棱上也都有尖凸或为鱼尾形扉棱。

有的学者认为，双龙纹方鼎和上为鸟纹、下为兽面纹的方鼎多出自相当于殷墟四期的

---

[1] 中国青铜器全集编辑委员会：《中国青铜器全集·商2》图版44、49、48，文物出版社，1997年。
[2] 陈公柔、张长寿：《殷周青铜容器上鸟纹的断代研究》，《考古学报》1984年第3期。
[3] 中国青铜器全集编辑委员会：《中国青铜器全集·西周1》图版8，文物出版社，1996年。
[4] 中国青铜器全集编辑委员会：《中国青铜器全集·商2》图版50，文物出版社，1997年。
[5] 中国青铜器全集编辑委员会：《中国青铜器全集·商2》图版43，文物出版社，1997年。
[6] 喀左县文化馆、朝阳地区博物馆、辽宁省博物馆北洞文物发掘小组：《辽宁喀左县北洞村出土的殷周青铜器》，《考古》1974年第6期。
[7] 中国青铜器全集编辑委员会：《中国青铜器全集·西周2》图版28，文物出版社，1997年。

墓中[1]。新屋塆5件方鼎除在形制、纹饰和铭文上与商代晚期方鼎更接近外，它们还有一个共同特点，即扉棱上都没有尖凸。在作年代判定时，一组铜器的共同特点比单件器物的特点更具说服力。

新屋塆圆鼎为平折沿，方唇，口微内敛，立耳略外撇，腹下垂，圜底，最大径在腹部偏下，三柱状足。腹上部有一周以扉棱为鼻的连体兽面纹（图4-3-7）。这样的鼎具有商代晚期风格，还不见西周鼎腹下垂和底较平的趋势。腹部上部的连体兽纹为细阳线构成，卷云状角，以窄条扉棱为鼻，尾外卷，背上有刀状装饰，属于殷墟时期常见的纹饰。西周早期虽有近似的圆鼎，如陕西宝鸡竹园沟M4出土的圆鼎[2]，但仔细比较，新屋塆鼎腹较深，竹园沟鼎腹已渐浅。

新屋塆出土的斗为敛口，深鼓腹，圜底，一侧有上翘的柄，柄末端有銎可以纳木柄。腹部为素面，柄端有兽面纹，斗内底有一徽记（图4-3-4）。这件斗的直径和高度较殷墟出土的斗要大得多，比较少见。

从总体上看，这批铜器尽管出自蕲春，但这些铜器的特点与中原商代晚期的同类器相同，它们都是中原系统的铜器。至于埋藏铜器的窖藏，其年代相对要晚一些，或许在西周早期。这可以同毛家咀聚落结合起来考虑。

三 黄陂鲁台山西周墓葬

1977年在湖北黄陂鲁台山发现两周时期的遗址和墓葬[3]，在清理的35座两周墓葬中，有5座西周墓葬。这5座墓均为南北向的竖穴土坑墓，最大的M30还有墓道，平面为"甲"字形（图4-4）。5座墓中，M28、M30、M3有棺和椁，M31、M34则只有单棺。棺和椁的周围有二层台，墓室内铺有朱砂，有的墓底还有腰坑。

这些墓葬的随葬品主要是陶瓷器、青铜器和玉石器。陶器主要有鬲、簋、罐、碗、豆、爵、缸，另有少量瓷豆。玉器有瑗、戈，以及鱼、鸟、象、蚕和人头等的造型。随葬品中最重要的是青铜器，5座墓共出土47件。器类包括鼎、甗、簋、爵、尊、觯、觚、卣，另外还有一些兵器和车马器等。从青铜礼器的组合看，5座墓中均有爵，其中有2座墓是爵、觯组合，1座墓是爵、觚组合，还有2座墓只出爵。在随葬品较丰富的墓中，除此组合外还有圆鼎、方鼎、甗、簋、卣，或圆鼎、尊等。这是商代晚期和西周早期青铜礼器的常见组合。

4件方鼎的形制大体相同，都为方唇，立耳，腹四角有扉棱；腹上部为双身龙纹，下部和两侧为乳丁纹。这同蕲春新屋塆出土的2件盂方鼎的形制和纹饰非常相近。只是鲁台山这4件方鼎形体略小，龙纹有足，这种龙纹可能比没足的龙纹稍晚。

3件圆鼎有两种形制，一种为敛口，圆角方形立耳，腹壁外鼓，圜底，柱足，腹上部

---

[1] 杨宝成、刘森淼：《商周方鼎初论》，《考古》1991年第6期。
[2] 卢连成、胡智生：《宝鸡強国墓地（下）》图版118，文物出版社，1988年。
[3] 黄陂县文化馆、孝感地区博物馆、湖北省博物馆：《湖北黄陂鲁台山两周遗址与墓葬》，《江汉考古》1982年第2期。

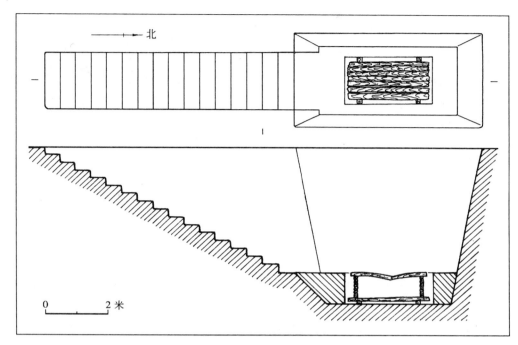

图 4-4 黄陂鲁台山 M30 平面、剖面图

饰涡纹。另一种敛口，索状长方形立耳，腹下垂。

甗有 2 件，侈口，索状立耳，分裆柱足。口下和袋足上都饰兽面纹。

簋有 2 件，敞口，束颈，鼓腹，圈足，双兽首耳带珥。口沿下饰夔纹和涡纹，圈足上饰夔纹。

爵是出土最多的一种礼器，共有 9 件，大致有两种类型。一种腹较深，下腹较圆，菌状钮柱；另一种腹稍浅，伞状钮柱。腹部多饰细线云雷纹组成的兽面纹。

觯有 5 件，均为扁垂腹，高圈足，饰云雷纹或弦纹等。

尊和觚都只有 1 件。尊为觚状，只在颈和圈足上饰弦纹。觚饰夔纹。

卣仅存残片。

从器形和纹饰上看，鲁台山出土的这批青铜礼器多与西周早期的同类器物相同，少数器物的铸造年代也许可以早到商末。发掘者根据这批铜器的时代特征，将这几座墓葬的时代定为西周前期，并推断 M28 相当于成王前后，M30 或当康王前后，M31 则为昭王或穆王前后。但也有学者认为，M28 当于成康之际，M34、M36 为康王时期墓，M30、M31 为昭王时期墓[1]。

鲁台山这批铜器的重要性还在于有 9 件带有铭文，这些铭文对我们进一步认识这批西周墓，以及这一地区的西周文化有重要意义。9 件带铭铜器中有 7 件出自 M30，包括 4 件方鼎、1 件圆鼎、1 件簋和 1 件卣。另外，M28 出土的 1 件觯和 1 件采集的爵上也有铭文。

---

[1] 张亚初：《论鲁台山西周墓的年代与族属》，《江汉考古》1984 年第 2 期。

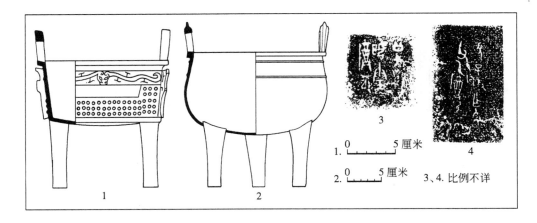

图 4-5　黄陂鲁台山 M30 出土铜器
1. 方鼎（M30:6）　2. 圆鼎（M30:1）　3. 方鼎（M30:3）铭文拓本　4. 圆鼎（M30:1）铭文拓本

从铭文的内容看，M30 中至少有 3 件方鼎和 1 件簋是公大史为姬卷所作（图 4-5-1、3）。据张亚初的考察[1]，其他传世或出土铜器上也有大史的铭文，而从西周金文材料看，大史仅见于王官而不见于诸侯国，M30 铜器上铭文中的公大史可能是西周毕公高之子，也可能是召公奭之子。毕、召都是姬姓，这组铜器当是公大史为其女所作的媵器。

M30 出土的垂腹圆鼎铭文为"长子狗作文父乙尊彝"（图 4-5-2、4）。对此，有的学者认为，长氏铜器在陕西普渡村也有发现，西周长氏可能是殷箕子的后人，其始封地当在山西一带。箕子后人的铜器和墓葬出自长江中游的黄陂，可能同昭王的南征有关。这进一步可以说明殷和周统治阶层的融合过程，以及在昭王南征过程中西周对殷贵族力量的吸收[2]。也有学者认为"长子"二字也可能是国邑名为氏，据史书所载，长子是辛甲在周初时的封国[3]。1997 年在河南鹿邑太清宫发现一座西周初年的带两条墓道的大墓[4]。该墓出土了 235 件具有商代晚期风格或西周初年特征的青铜器，其中就有 39 件礼器有"长子口"铭文，另外还有 9 件带"子"和"子口"铭。大墓的发掘者认为，"长子口"应是生活在商末周初的殷人，在商为高级贵族，在周则为一地的封君；根据大墓的情况等又进一步推断，"长子口"原为东夷后裔，受商王册封在鹿邑一带，商亡后又被周封于该地。无论学术界对长氏持何种看法，带这一铭文的铜器发现于黄陂一带，说明在西周早期那里已成为了周人的分布区。

四　望城的西周遗址与墓葬

长江以南的西周文化遗存，以湘江流域的发现最为重要。1996 年在湘江边的湖南望城

---

[1]　张亚初：《论鲁台山西周墓的年代与族属》，《江汉考古》1984 年第 2 期。
[2]　张亚初：《论鲁台山西周墓的年代与族属》，《江汉考古》1984 年第 2 期。
[3]　马承源：《记上海博物馆新收集的青铜器》，《文物》1964 年第 7 期。
[4]　河南省文物考古研究所、周口市文化局：《鹿邑太清宫长子口墓》，中州古籍出版社，2000 年。

高砂脊发现一处遗址，并清理了19座墓葬，其中有3座出土了青铜器，其余墓葬则出土了大批陶器[1]。这些墓葬和陶器可以帮助我们判断高砂脊青铜器的年代和文化面貌，也有助于我们认识商周时期湘江流域的文化面貌。

高砂脊遗址出土的陶器主要有釜、鼎、罐、盆、簋、鬲形器、钵、碗、器盖、尊、鬲等。也有少量硬陶，主要是釜、罐、瓮。这些陶器与湖南岳阳费家河遗址出土的陶器有相近之处，发掘者由此判断遗址的年代为西周早期和中期，有的可能早到商末。

关于墓葬，根据墓坑的开口层位，出土青铜器的3座墓都是较早的一批，时代可能为西周早期或更早。这3座墓中，最多的一座出土8件鼎和1

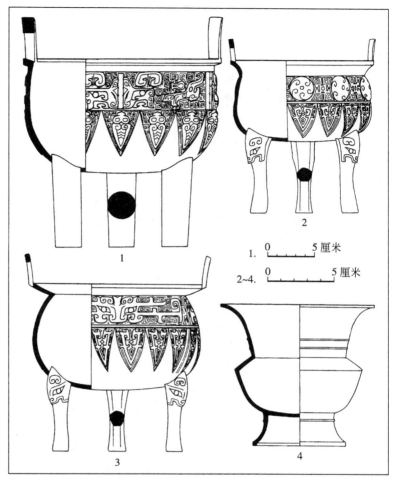

图4-6 望城高砂脊出土铜器
1.鼎（M1:18） 2.鼎（M1:2） 3.鼎（M1:7） 4.尊（M1:28）

件尊，以及一些青铜工具和兵器。另两座墓分别出土1件鼎和1件矛。

这些鼎中有2件较大，1件为立耳，圆腹，底较平，柱足，腹上部饰兽面纹和夔纹，下部饰由蝉纹组成的蕉叶纹（图4-6-1）。鼎的内壁也有一个"酉"字。这件鼎与殷墟妇好墓的中型圆鼎差别不大。另1件大鼎为索状立耳，垂腹，足中部稍细，腹上部饰涡纹和四瓣花纹。类似的鼎在殷墟四期的墓葬中也有发现。高砂脊的7件小圆鼎仅高10多厘米，大小与妇好墓中的小型圆鼎相当。其中有3件为直口鼎，腹上部多装饰上卷尾的连体兽面纹，下部饰蝉纹组成的蕉叶纹。这种鼎的整体风格也与妇好墓的小圆鼎相同。另有3件为侈口鼎，束颈，鼓腹，腹部饰兽面纹、涡纹、四瓣花纹和蕉叶纹（图4-6-2）。妇好墓中

---

[1] 湖南省文物考古研究所、长沙市博物馆、长沙市考古研究所、望城县文物管理所：《湖南望城县高砂脊商周遗址的发掘》，《考古》2001年第4期。

也有这类装饰涡纹和蕉叶纹的束颈鼓腹小鼎。还有一件小鼎被称为盘口鼎，即颈部收缩更多，形成盘口，其余特点与其他小鼎相同（图4-6-3）。与这件盘口鼎整体风格相近的鼎，在殷墟也有出土[1]。尊为喇叭口，折肩，高圈足，颈部和足上有弦纹（图4-6-4）。这件尊的器形与殷墟出土的大口尊相同。

高砂脊出土的其他青铜器中，具有商代晚期铜器风格的器物还有矛、戈和刀。青铜刀的刀锋上翘，背上有扉棱，装饰斜列的云纹，与殷墟出土的铜刀[2]基本相同。

综上所述，高砂脊出土的这批铜器的风格和特征都比较一致。考虑到索状立耳鼎腹下垂的特点较为明显，小鼎的足已接近蹄足，这些铜器的年代比妇好墓中出土的同类器物要晚，或许相当于商末，正好接近这几座墓葬的年代上限。从文化面貌上看，除了少数刮刀以外，高砂脊的青铜器大多是商式器物。高砂脊的墓葬形制也同中原商周墓葬有相同之处。比如有的墓葬带有腰坑，这也是中原商代和西周墓葬的特有葬俗。

望城地处湘江下游，这一带正是湖南出土商周青铜器最为集中的地区。目前在以宁乡为中心的湘江下游一带发现的商代铜器，均出自窖藏或零散出土，还没有出自墓葬者；器类也多为铙和以各类动物造型的尊和卣为主，鼎很少。那些铜器的时代多相当于殷墟二期，仅有少数相当于殷墟晚期。从文化面貌上看，宁乡一带的青铜器大多有明显的地方特色，器物形体高大，铸造精美。相比之下，高砂脊的这批铜器在埋藏方式、器物组合、时代和文化面貌等方面都与以宁乡为中心的湘江下游地区的商代铜器有差别，而与殷墟晚期铜器相近。这说明高砂脊与宁乡一带的铜器应有不同的来源，可能属于不同的民族。具体而言，高砂脊青铜器的所有者有可能是商遗民。

除高砂脊外，湘江下游一带相当于商周时期的重要遗址有岳阳费家河、铜鼓山、对门山等。其中，铜鼓山的时代最早，相当于二里冈时期，出土陶器有鬲、甗、簋、盆、斝、爵、大口尊等，这些都是较为典型的商式陶器。而小口高领罐和硬陶器等当地器物则比较少[3]。时代晚一些的是费家河遗址，相当于殷墟时期，遗址中还有部分鬲、簋等商式陶器，但数量已不如铜鼓山那样多[4]。在费家河遗址中，从早到晚的地层中，地方型陶器的比例也是在不断增加的。由此可见，二里冈时期商文化在湘江下游一带占有重要地位，但在殷墟时期，地方性文化占据主导地位。在洞庭湖西岸的石门皂市遗址中，这样的变化趋势同样很清楚。这表明，湘江流域和洞庭湖沿岸的青铜文化在二里冈时期受到了商文化的强烈影响，到了殷墟时期和西周，当地文化在很大程度上获得发展，并逐渐将商周文化的影响排斥在外。在这样的大背景下，时代相当于商末至西周早、中期的高砂脊遗址中，出土了商式铜器和带腰坑与二层台的墓葬，说明其主人很可能是南迁的商人。

---

[1] 中国社会科学院考古研究所：《殷墟青铜器》彩版七六，文物出版社，1985年。

[2] 中国社会科学院考古研究所：《殷墟的发现与研究》第301页，科学出版社，1994年。

[3] 湖南省文物考古研究所、岳阳市文物工作队：《岳阳市郊铜鼓山商代遗址与东周墓发掘报告》，《湖南考古辑刊》第5辑，《求索》杂志社，1989年。

[4] 湖南省博物馆、岳阳地区文物工作队、岳阳市文管所：《湖南费家河商代遗址和窑址的探掘》，《考古》1985年第1期。

除高砂脊外，1981年还在湘潭青山桥发现一座窖藏，出土了14件铜器，包括1件尊、2件觯、6件爵和3件鼎[1]。其中，尊为觚形，腹部饰兽面纹，两侧有倒立的夔纹和鸟纹，尊底有"旅父甲"三字。这件尊的时代特点明确，为西周早期铜器。其中有2件铜鼎的形制与高砂脊的侈口鼓腹鼎相似，腹部也饰涡纹和夔纹。另一件较为特别，鼎足的横截面为半环形，带这种足的鼎主要见于长江流域。觯和爵的器形和纹饰也都与西周早期的同类器相同。

青山桥窖藏出土铜器的时代特征和文化面貌也都比较一致，绝大部分器物都是中原型铜器，可以认为这批周初的铜器也是从中原地区传到这一地区的。

五 长江中游西周聚落遗址的特点

长江中游的这些重要发现应当有一定的内在联系。最明显的是蕲春毛家咀聚落与新屋塆铜器窖藏，这两地相距很近，时代大体相当，又都出土有中原型铜器，说明两者都同西周文化有关。窖藏中出土的青铜器时代和文化面貌一致，组合比较完整，不像因交换或其他原因零散流落至此的。这样，这批铜器很可能是由其拥有者携带至此的，而拥有者的居址有可能就在毛家咀聚落。说明这一点的还有聚落中出土的那件铜爵，鋬内也有一个"酉"字，与酉方鼎上的铭文相同。因此，可以认为新屋塆的窖藏铜器是这一聚落遗址内涵的一部分。

蕲春的建筑遗迹具有相当的规模，已知有两个大的建筑群，每个建筑群又由多所排房组成。这些房屋按不同用途有不同的结构，在整个建筑群中排列有序。在建筑群附近还发现了水井，生活设施比较完备。在聚落的附近还有铜器窖藏，这也同中原西周早期的聚落相同。这一聚落中出土的遗物虽然不多，但包括了青铜礼器，各种质料的生活用具、生产工具、兵器，以及占卜用具和粮食等，表明人们曾长期在这里生活居住，并从事宗教活动。这些现象都说明居住在这一聚落中的是等级较高的贵族。聚落中出土的青铜器和陶器，大多体现出中原文化的面貌，其拥有者也应来自中原。有学者认为方鼎是商周青铜礼器中的核心器物，多出自重要墓葬，墓葬规格也常与方鼎的大小和件数相关；另外，方鼎在墓葬中多为1、2、4件配置，两类方鼎同出的情况较少，三类同出的情况只见于妇好墓[2]。新屋塆方鼎虽出自窖藏而非墓葬，但也可以看出铜器的主人生前应有相当高的地位。史书中并不见在蕲春一带有周室封国的记载。结合对青铜器的分析和有关盂方鼎的铸器者为商王后代的认识，或许可以认为这一聚落的主人就是殷灭亡后南迁的商代贵族。

鲁台山只发掘了墓葬，遗址的情况还不太清楚。但墓葬的形制与葬俗同中原的西周墓相同。墓中出土的青铜器，特别是那些带铭文者，说明器主是西周贵族或殷遗民之后。湖南望城县高砂脊出土的圆鼎上有一个"酉"字，也许同蕲春出土的带酉字的铜器一样，可能也是随着商亡而从中原进入到长江流域的。

长江流域的这些商式铜器可能随殷遗民的南迁而流传到南方的，那些西周铜器和墓葬

---

[1] 湖南省博物馆：《湘潭青山桥出土窖藏商周青铜器》，《湖南考古辑刊》第1辑，岳麓书社，1982年。
[2] 杨宝成、刘森淼：《商周方鼎初论》，《考古》1991年第6期。

等文化遗存，则可能同周人对盛产铜矿的南方地区的控制有关。中原王朝对这里的控制可能自商代前期就已开始了。另外，这些西周文化遗存也可能是同昭王伐楚有关。前文提到的"安州六器"也有铭文，铭文记载的内容便是昭王伐楚。铭文提到"中"参与昭王伐楚的征战，这个"中"可能就是汉阳诸姬之一。在伐楚时，周人还吸收了南迁的殷遗民，所以在西周墓中又有商人后裔的铜器。无论是殷遗民南迁还是西周伐楚，中原文化都因此而进入长江中下游一带。蕲春的铜器窖藏和鲁台山墓葬的发现，说明长江北岸的这一地区在西周早期已成为周王朝直接控制的区域。

在商周文化进入到这一地区的同时，中原文化也接受了当地文化，最明显的是蕲春的干栏式建筑。这种与中原建筑形式完全不同的建筑，是南方地区特有的。这种木建筑早在河姆渡文化时就已出现，在以后成为南方地区的传统建筑形式。蕲春发现的稻谷遗存，说明这里的经济生活以稻作农业为主，这同样是南方地区的传统产业。

第二节　长江下游的土墩墓

土墩墓是西周时期江南地区的一种特殊的埋葬方式，主要分布于苏南、皖南和浙江、上海等长江下游一带。这种墓有坟丘而无墓穴，利用丘陵地带的山冈或平原上的高地，在地面上安置死者和随葬器物，然后堆积起未经夯打的馒头状土墩。每个墩内埋一墓或埋几座甚至十几座墓，随葬品一般有陶器、几何印纹陶和原始瓷。有一部分土墩墓还出土青铜器。除了这种不带墓穴、堆土成丘的土墩墓外，太湖和杭州湾一带还有较多石室土墩墓。这类墓一般是在墩的中部用石块筑成石室，并有墓室与墓道，用条石或巨石盖顶，有的墓还有墓穴。一些学者将此类石室墓也归为土墩遗迹。这些土墩墓时代不一，据目前的一些研究，早的相当于中原地区的夏商之际，晚的相当于战国[1]。其中有相当部分土墩墓的时代相当于西周时期，因而这部分土墩墓对了解西周时期江南地区的文化面貌有重要意义。

对江南地区的土墩墓，过去已有很多研究。这些研究主要根据墓葬形制、出土陶器和青铜器等对土墩墓或土墩遗迹进行分区和分期。其中，有的研究限于一个区域和一个地点，有的则对整个江南地区的土墩遗迹而进行的。比如，有的研究曾以句容浮山果园和高淳墓的叠压打破关系将苏南土墩墓分为五期，或根据土墩墓中随葬的陶瓷器的形制和纹饰将镇江地区土墩墓分为三类，或将皖南土墩墓分成三区四期[2]。有的研究对商周时期江南地区包括石室墓在内的土墩遗存进行分区和分期，将土墩遗存分为宁镇区、太湖与杭州湾区、黄山和天台山以南区等，并对各区土墩遗存的分期、时代、特征和文化属性等进行

---

[1] 杨楠：《商周时期江南地区土墩遗存的分区研究》，《考古学报》1999年第1期。
[2] A. 邹厚本：《江苏南部土墩墓》，《文物资料丛刊》6，文物出版社，1982年。
　　B. 刘兴、吴大林：《谈谈镇江地区土墩墓的分期》，《文物资料丛刊》6，文物出版社，1982年。
　　C. 杨德标：《试论皖南土墩墓》，《文物研究》第四期，黄山书社，1988年。

了综合分析[1]。除对土墩墓进行的各种分区和分期研究外，还有许多研究是围绕土墩墓中出土的青铜器而进行的。1959年屯溪土墩墓出土大批青铜器，发掘者将墓中铜器的时代定为西周[2]。以后，随着宁镇地区青铜器的不断出土，学术界开始对包括土墩墓出土铜器在内的宁镇地区青铜器的年代分期、区域类型和文化分类等作了广泛的探讨[3]。

一 土墩墓的分区

江南地区西周时期的土墩墓数量较多，分布广。根据地域和内涵的不同，大致可将江南土墩墓分为宁镇地区和屯溪地区两个大的区域。

宁镇地区是指以南京和镇江为中心的长江、太湖和江南丘陵之间的平原。宁镇地区是江南土墩墓最为集中的地区，目前经发掘比较重要的土墩墓有江苏溧水乌山[4]、柘塘[5]、宽广墩[6]，句容浮山果园[7]，高淳顾陇、永宁[8]，丹阳大仙墩[9]，金坛鳌墩[10]，丹徒南岗山[11]、石家墩[12]、四脚墩[13]、烟墩山[14]、母子墩[15]、磨盘墩[16]，以及安徽南陵千

---

[1] 杨楠：《商周时期江南地区土墩遗存的分区研究》，《考古学报》1999年第1期。
[2] 安徽省文化局文物工作队：《安徽屯溪西周墓葬发掘报告》，《考古学报》1959年第4期。
[3] A. 邹厚本：《宁镇地区出土周代青铜容器的初步认识》，《中国考古学年会第四次年会论文集》，文物出版社，1985年。
　　B. 马承源：《长江下游土墩墓出土青铜器的研究》，《上海博物馆辑刊》第4期，上海古籍出版社，1987年。
　　C. 李国梁：《皖南出土的青铜器》，《文物研究》第四期，黄山书社，1988年。
　　D. 李学勤：《吴国地区的尊、卣及其他》，《吴文化研究论文集》，中山大学出版社，1988年。
　　E. 张长寿：《论屯溪出土的青铜器》，《吴越地区青铜器研究论文集》，两木出版社，1988年。
[4] 镇江市博物馆、溧水县文化馆：《江苏溧水发现西周墓》，《考古》1976年第4期；《江苏溧水乌山西周二号墓清理简报》，《文物资料丛刊》2，文物出版社，1978年。
[5] 刘兴、吴大林：《江苏溧水县柘塘、乌山土墩墓清理简报》，《文物资料丛刊》6，文物出版社，1982年。
[6] 刘建国、吴大林：《江苏溧水宽广墩墓出土器物》，《文物》1985年第12期。
[7] A. 镇江市博物馆浮山果园古墓发掘组：《江苏句容浮山果园土墩墓》，《考古》1979年第2期。
　　B. 南京博物院：《江苏句容县浮山果园西周墓》，《考古》1977年第5期；《江苏句容浮山果园土墩墓第二次发掘报告》，《文物资料丛刊》6，文物出版社，1982年。
[8] 南京博物院：《江苏高淳县顾陇、永宁土墩墓发掘简报》，《文物资料丛刊》6，文物出版社，1982年。
[9] 镇江博物馆：《江苏溧水、丹阳西周墓发掘简报》，《考古》1985年第8期。
[10] 镇江市博物馆、金坛县文化馆：《江苏金坛鳌墩西周墓》，《考古》1978年第3期。
[11] 南京博物院：《江苏丹徒南岗山土墩墓》，《考古学报》1993年第2期。
[12] 镇江博物馆：《江苏丹徒县石家墩西周墓》，《考古》1984年第8期。
[13] 镇江博物馆：《丹徒镇四脚墩西周土墩墓发掘报告》，《东南文化》1989年第4、5期合刊。
[14] 江苏省文物管理委员会：《江苏丹徒烟墩山西周墓及附葬坑出土的小器物补充材料》，《文物参考资料》1956年第1期。
[15] 镇江博物馆、丹徒县文管会：《江苏丹徒大港母子墩西周铜器墓发掘简报》，《文物》1984年第5期。
[16] 南京博物院、丹徒县文管会：《江苏丹徒磨盘墩周墓发掘简报》，《考古》1985年第11期。

峰山[1]、繁昌[2]、青阳、郎溪等地。宁镇地区的土墩墓以随葬陶瓷器为主，只出土少量青铜器。从年代和出土遗物看，宁镇地区的土墩墓大体还可分为三个小区。

第一小区是长江以南，茅山以西的句容、溧水、高淳、丹徒大港等地的土墩墓。该区土墩墓多为一墩多墓。陶器多鬲、鼎、甗、釜、罐、瓿、盖、盘、盆和大口器。硬陶有瓿、罐、坛、钵、盖等。原始瓷器有豆、罐、盅、碗、钵、盘等。

第二小区是南陵千峰山土墩墓和繁昌土墩墓。南陵千峰山墓与句容、高淳等地的同期墓葬相比，有不少差别，主要是一墩一墓。随葬品中的陶瓿、盉等均为其他区所不见。这种不同应是地区间的差异。繁昌平铺土墩墓有墓坑，这与其他地区的同期土墩墓也有所不同。

第三个小区是长江以南、茅山以东地区的土墩墓，包括丹徒南岗山土墩墓。这一地区的土墩墓的年代较其他两区晚，一墩多墓和一墩一墓的土墩墓都存在。较晚的墓葬中出现墓坑。随葬器物的器类在茅山以西地区土墩墓中都很常见，但部分组合和器形、纹饰等有差别，如茅山以西常见的陶甗、釜、罐、大口器和原始瓷罐、盘等在此均不见；此地的陶豆、敛口折肩盆、三足盘等又为茅山以西地区所不见。特别是硬陶和原始瓷器中多盅、盂，还出现了瓷豆，这与茅山以西地区不同。从器形上看，多敛口器、折肩器、假圈足器，装饰上多在器耳下饰辫索纹，硬陶的纹饰种类也较少。

屯溪地区主要为以屯溪为中心的山间盆地。这一地区的土墩墓出土大批青铜器。另外，屯溪土墩墓出土的陶瓷器同宁镇地区土墩墓的陶瓷器相比，也有较明显的差别。

二 宁镇地区土墩墓的分期

作为江南地区的一种特殊葬俗，许多土墩墓中缺少可直接用于断代的信息，因而需要依据墓中的青铜器来进行分析。但是依据青铜器又是不够的。有人在对土墩墓进行分期断代时，就是将土墩墓青铜器同中原铜器进行比较而推定其时代，进而依据青铜器的时代或根据有无青铜器而对各类土墩墓进行分期。许多发掘简报在结论部分也采用这一标准，简单地以是否出铜器作为衡量墓葬早晚的主要依据。但土墩墓中年代特征明显的青铜器，通常都属于中原型青铜器，它们从中原流传到江南，或是在江南经过了长期的使用，其年代不一定能代表墓葬本身的年代，因而用青铜器对墓葬进行断代，存在许多问题。

对土墩墓和墓中青铜器进行研究，应首先利用土墩墓的地层关系和由本地制作、而且时代特征明显的陶瓷器进行分期，确认各期墓葬的特点和年代，然后再将墓葬年代作为墓中青铜器的时代下限，进而对青铜器作进一步分析。

目前发掘过的土墩墓除封土堆积层外再无其他相关地层，出土遗物的年代特征往往很不明确，因此，对土墩墓和土墩墓中出土的青铜器进行分期断代研究，一个可行的办法是利用土墩墓的叠压打破关系来确定墓葬的相对年代，归纳出不同时期墓葬在墓葬形制、随葬陶瓷器的组合、形制等各方面的不同特点，再以此为标准对土墩墓作全面的分期。最后再利用墓葬分期，结合墓葬中青铜器的对比研究，对土墩墓出土青铜器进行分析。

---

[1] 安徽省文物考古研究所：《安徽南陵千峰山土墩墓》，《考古》1989年第3期。
[2] 杨鸠霞：《安徽省繁昌县平铺土墩墓》，《考古》1990年第2期。

宁镇地区的土墩墓中，有打破叠压关系的墓葬主要有句容浮山果园 1～3 号墩、9 号墩和 24 号墩，高淳顾陇、永宁土墩墓，丹徒南岗山土墩墓和皖南千峰山土墩墓等。这些墓葬不出青铜器，但有大量的陶瓷器。

1. 句容浮山果园 1 号墩墓葬打破关系

墩内有 16 座墓，含两组打破关系：M10、M13 打破 M11；M3 打破 M2。

M11 墓底有石床，出夹砂陶鬲、灰陶坛和双龙耳瓷罐。该墓虽被打破而只存部分器物，但陶鬲和瓷罐在其他墓中都不见，故该墓可划为第一组墓。在土墩墓中，一般土墩中心底部墓葬的年代最早，以后的墓都分布在其四围，最后形成一个大土墩，M11 正好处于各墓的正中，从位置上看，它也是土墩中年代最早的一座墓。

M2 中出有夹砂陶鼎，灰陶坛，黑陶罐、盖，几何印纹陶坛、罐和原始瓷豆。M5 和 M8 出土器物与之完全相同。这三墓应属第二组，除 M2 有石床外，其余均无石床。

打破 M11 和 M2 的 M10、M13、M3 三墓随葬器物相同，出土夹砂陶甗、釜、鼎、盘、灰陶罐、盆、盘、大口器，黑陶盘，几何印纹陶坛、罐，原始瓷罐、盅、盘。1 号墩内的其他墓与此三墓相同，都可划为第三组。第三组墓无石床，墓均位于土墩外围。

由上可知，第一组墓主要的特点是出土陶鬲。第二组墓陶鼎较多，一种鼎在足上部有角状饰；另一种为浅腹，圜底，尖锥足。黑陶罐和瓷豆是第二组特有的器物。纹饰主要有弦纹、折线纹、小方格纹、回纹和席纹。黑陶都为磨光陶。第三组墓的鼎变为深直腹，底近平，足为鸭嘴形外撇。新出大量夹砂陶甗、釜、盘、盖等。灰、黑陶主要为盘、盆、大口器，灰陶坛和黑陶罐已不见。新出红陶坛、罐。硬陶罐与第二组墓的罐相比，口更大，无耳。瓷盅代替了瓷豆，并出现瓷盘。纹饰多叶状纹、水波纹、羽状纹、大方格纹、编织篮眼纹和席纹。

2. 句容浮山果园 2 号墩墓葬叠压关系

墩内有 8 座墓，含一组叠压关系，即 M6 压在 M1 之上。

M1 出夹砂陶鬲，黑皮陶盖和几何印纹陶瓿。M1 可定为第一组。

M6 出夹砂陶鼎，黑皮陶罐、盖、钵，几何印纹陶坛、瓿，原始瓷豆。其余 6 座墓与 M6 相同，少数墓还出黑陶盘和几何印纹陶罐。这 7 座墓可定为第二组。

2 号墩两组墓出土器物的特点和变化规律与 1 号墩第一、二组墓葬相同。

3. 句容浮山果园 3 号、9 号、24 号墩叠压打破关系

3 号墩的 12 座墓含两组叠压关系，即 M2 在 M7 之上，M6 在 M12 之上。9 号墩的 4 座墓有一组叠压关系，即 M3 在 M4 之上。24 号墩的 5 座墓有一组打破关系，即 M4 打破 M3。

据这些墓的叠压打破关系和墓葬随葬器的特点，可把句容第 3、4、5、9、24 号共 5 墩 29 座墓分为三组。

第一组除被叠压的 3 号墩 M12 和 9 号墩 M4 外，还有 4 号墩 M1 和 5 号墩 M1、M2。这些墓中有的有石床，随葬夹砂陶鬲、盆形圜底锥足鼎或带角状饰的鼎，泥质陶罐、盖，硬陶坛、罐、瓿，瓷豆。

第二组除被叠压的 3 号墩 M7 外，还有 3 号墩 M10，4 号墩中除 M1 外的另 3 座墓，9 号墩 M1、M3，24 号墩 M1。这些墓的特点与 3 号墩 M7 相同，部分墓有石床。夹砂陶中无

鬲，只有第一组墓中存在的两类鼎。泥质陶有罐、钵、盖，硬陶有罐、坛、瓿、盖，瓷器全为豆。

第三组除叠压打破其他墓的3号墩M2和24号墩M4外，还包括其余全部墓葬。第三组墓无石床，有一墓有长方形烧坑。夹砂陶鼎除具第一、二组的两类外，还有斜折沿、直壁、平底、直立扁锥足的鼎，平折沿、直腹、平底、外撇扁宽足鼎。此外还有陶甑、钵形罐、器盖。灰陶除罐外，主要有盆、罐、大口器、器盖。硬陶有钵、坛、瓿、罐、盖。瓷器除3号墩M8和9号墩M2各出1件豆外，其余均为平底的瓷碗、钵和罐。

4. 高淳顾陇、永宁两地墓葬叠压关系

4墩11座墓中含三组叠压关系：GMⅡM1→M3→M5，GGⅡM1→M8→M12，GMⅠM4→M7。发掘简报未发表完整的墓葬器物登记表，但从发表的部分标本看，也可分为三组。

第一组包括GMⅠM7和GMⅡM5，出土浅垂腹尖锥足鼎、泥质黑陶盖钵和短颈圆肩深腹硬陶坛等。

第二组包括GGⅡM12、GMⅡM1和M3，出土红陶罐，硬陶罐、坛，青瓷豆和碗。

第三组包括GGⅡM1和GGⅡM8，出土泥质陶盆和夹砂陶釜。

这三组墓的器物变化情况，第一、二组基本与句容墓第二组相近，第三组与句容墓第三组一致。

5. 丹徒南岗山土墩墓叠压关系

共有14墩，分为东、西两组。一墩中有的只有1座墓，有的有4座墓，还有两个墩没有墓葬。这批墓葬有两类，一类有墓坑，个别的还带墓道；另一类只有随葬品，有1座墓有长方形石棺床。在两类墓共存的墩中，有3座墩有叠压关系。

1号墩中M1下有3座墓，6号墩中M1下有1座墓，13号墩中M1、M2下有1座墓。在这三组叠压关系中，上层墓葬都是有墓坑的第一类墓，下层的都为没有墓坑的第二类墓。另外在11和14号墩中，各有1座带墓坑和1座不带墓坑的墓处于同一层位中。从这种地层关系中可以看出，不带墓坑的墓应早于有墓坑的墓，它们之间年代不会相距太远。由此可以把南岗山土墩墓分为两组。

第一组为不带墓坑的墓葬。出土陶器中鼎较多，一类为侈口，鼓腹，圜底，三锥足外撇；另一类足较直，底较平。豆也较多，均为侈口，腹部略有折度，高圈足。此外还有少量敛口直领假圈足碗、敛口平底钵和侈口平底盆。硬陶中罐最多，一种为侈口矮领，双耳，大平底；另一种肩较平；还有一种罐形体较高，侈口，束颈。坛较多，一类较高，侈口，平底或底内凹；另一类较矮，喇叭口，圆肩，平底。大平底的瓿也较多，有鼓腹和扁鼓腹两种。此外，还有少量折腹平底碗、假圈足碗和敛口鼓腹平底盂。纹饰以弦纹、方格纹、席纹、折线纹等最多。有的罐上还有瓣形饰。原始瓷器不多，有敛口鼓腹平底盅、斜腹或折腹圈足碗。

第二组带墓坑的一类墓，有12座。出土的陶器和原始瓷器比上一组墓多。陶器中鼎最多，折沿，深腹，圜底，锥足。豆较多，有折腹豆和斜腹豆两种。覆钵形的环钮器盖也较多。还有平底钵、折肩盆、折腹假圈足碗和平底三足盘。硬陶中盂最多，多为敛口鼓腹，少数为侈口折腹。罐和坛也较多，都有一高一矮两种。瓿一种为侈口，鼓腹，大平

底；另一种为敛口，鼓腹，平底。另外，还有少量折腹假圈足碗和豆。纹饰与第一组基本相同，但辫索纹更长，也更常见。瓷器中以平底盅最多，有浅腹微鼓、浅直腹和深直腹三种形制。碗一种为斜腹假圈足，一种为斜鼓腹平底。另有豆和盂。

6. 南陵千峰山墓葬分组

有18墩19座墓，其中16号墩内封土分四层，M1出自第2层，M2出自第3层，结合出土遗物，可将这19座墓分为二组。

第一组即为16号墩M2，出夹砂陶鬲、甗，灰陶瓿，硬陶罐和瓷豆。

第二组包括16号墩M1和其余所有墓葬。出夹砂陶鼎、甗、盉、豆，硬陶罐、瓿、坛和青瓷豆。

以上各地墓葬情况基本相同，随葬品的演变规律比较明确和一致。因此，根据以上的分组情况可以将宁镇地区的土墩墓分为四期。

第一期包括浮山各墩和千峰山的第一组墓。墓葬有石床。夹砂陶中有鬲，部分墓有鼎和甗。鼎为浅腹，圜底，锥足根部多带角状饰。泥质陶主要为黑皮陶，多罐、瓿、盖，有少量灰陶坛。硬陶为瓿、坛、罐。原始瓷主要为豆，有少量罐。纹饰多弦纹、席纹、回纹、折线纹、菱形纹、方格纹、羽纹、细绳纹、变体云纹和雷纹（图4-7-1~5、19、20、40、41、61、62）。

第二期包括浮山各墩和千峰山的第二组墓，以及高淳第一、二组墓。仍有一部分墓有石床。夹砂陶中没有鬲，鼎最多，有的鼎足根部已无角饰。有少量夹砂陶釜等。泥质陶多为黑皮陶，有罐、钵、盖和个别圈足盘。硬陶比一期多，有坛、罐、钵、盖等。坛口较小，颈短；罐多有耳饰。原始瓷有豆，与一期相比，豆口径多已小于腹径。纹饰有弦纹、席纹、折线纹、小方格纹、回纹、水波纹、变体雷纹、堆贴S纹等（图4-7-6~9、21~27、42~45、63、64）。

第三期包括浮山各墩和高淳的第三组墓。墓葬无石床。夹砂陶鼎多为深直腹，鸭嘴形扁足较直或外撇。新出夹砂陶甗、盘、釜、盖、罐等。泥质陶有灰陶和黑陶，出现大量盘、盆、大口器，其中盘均为平底。硬陶仍较多，坛口变大，颈稍长；罐多无耳。瓷器已无豆，代之以大量罐、盅、碗、钵、盘等。三期器中基本不见圈足器。纹饰多大方格纹、填线方格纹、编织篮眼纹、窗格纹、对称辫形纹、S纹、Z形纹、叶状纹、羽状纹（图4-7-10~15、28~30、46~49、65~68）。

第四期为丹徒南岗山土墩墓。又可分为早晚两段，早段为南岗山第一组墓，基本上无石床。陶器较少，除鼎外还有平底盆、钵和假圈足碗，另有一种侈口高圈足豆。硬陶较多，主要为罐、坛和瓿，另有少量盂和碗。纹饰以弦纹、方格纹、席纹和折线纹为多。瓷器为豆、碗和盅。豆、碗的圈足很低（图4-7-16、17、31~34、50~54、69~71）。晚段为南岗山第二组墓，均有墓坑，个别的还出现了墓道。陶器中鼎、豆较多，另有钵、盘、碗、器盖，盆变为敛口折肩，新出瓿和三足盘。硬陶中盂非常多，此外罐、瓿、坛也较多，有少量碗和豆。硬陶的装饰除早段纹饰外，最有特点的是极长的辫索纹。瓷器以盅最多，有少量碗豆和盂。多平底和假圈足器（图4-7-18、35~39、55~60、72~75）。

进行了以上分期以后，再来分析其他一些出土青铜器或无叠压打破关系的土墩墓。

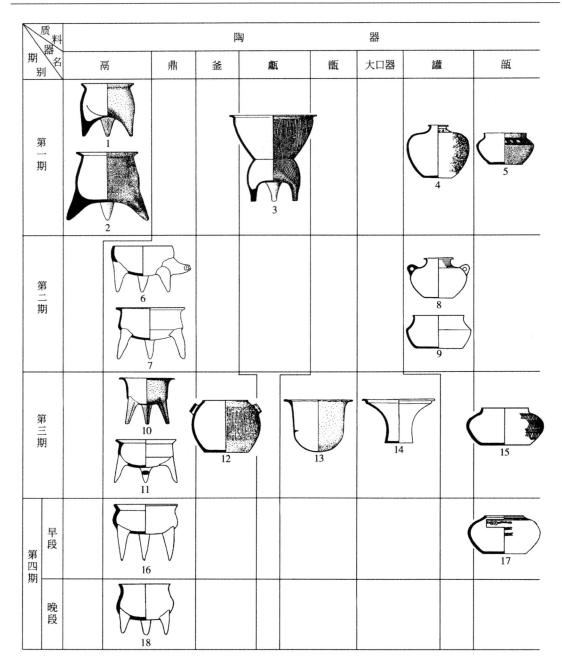

图 4-7 宁镇地区土墩墓随葬陶器、硬陶器和瓷器分期图（之一）
1. 鬲（句容 1 号墩） 2. 鬲（南陵千峰山） 3. 甗（南陵千峰山） 4. 罐（句容其他墩） 5. 瓿（南陵千峰山）
6. 鼎（句容 2 号墩） 7. 鼎（句容 2 号墩） 8. 罐（句容 1 号墩） 9. 罐（句容 9 号墩） 10. 鼎（句容 1 号墩）
11. 鼎（句容 9 号墩） 12. 釜（句容 1 号墩） 13. 甑（句容 1 号墩） 14. 大口器（句容 1 号墩）
15. 瓿（句容 1 号墩） 16. 鼎（南岗山 14 号墩） 17. 瓿（南岗山 1 号墩） 18. 鼎（南岗山 1 号墩）

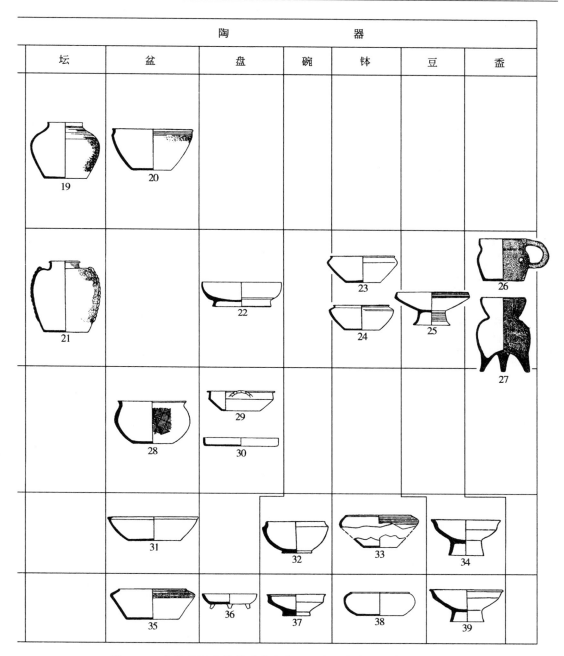

图 4-7 宁镇地区土墩墓随葬陶器、硬陶器和瓷器分期图（之二）
19.坛（句容1号墩） 20.盆（句容其他墩） 21.坛（句容1号墩） 22.盘（句容2号墩） 23.钵（句容4号墩）
24.钵（句容1号墩） 25.豆（句容4号墩） 26.盉（南陵千峰山） 27.盉（南陵千峰山） 28.盆（句容1号墩）
29.盘（句容1号墩） 30.盘（句容3号墩） 31.盆（南岗山1号墩） 32.碗（南岗山1号墩）
33.钵（南岗山13号墩） 34.豆（南岗山1号墩） 35.盆（南岗山12号墩） 36.盘（南盘山7号墩）
37.碗（南岗山7号墩） 38.钵（南岗山7号墩） 39.豆（南岗山6号墩）

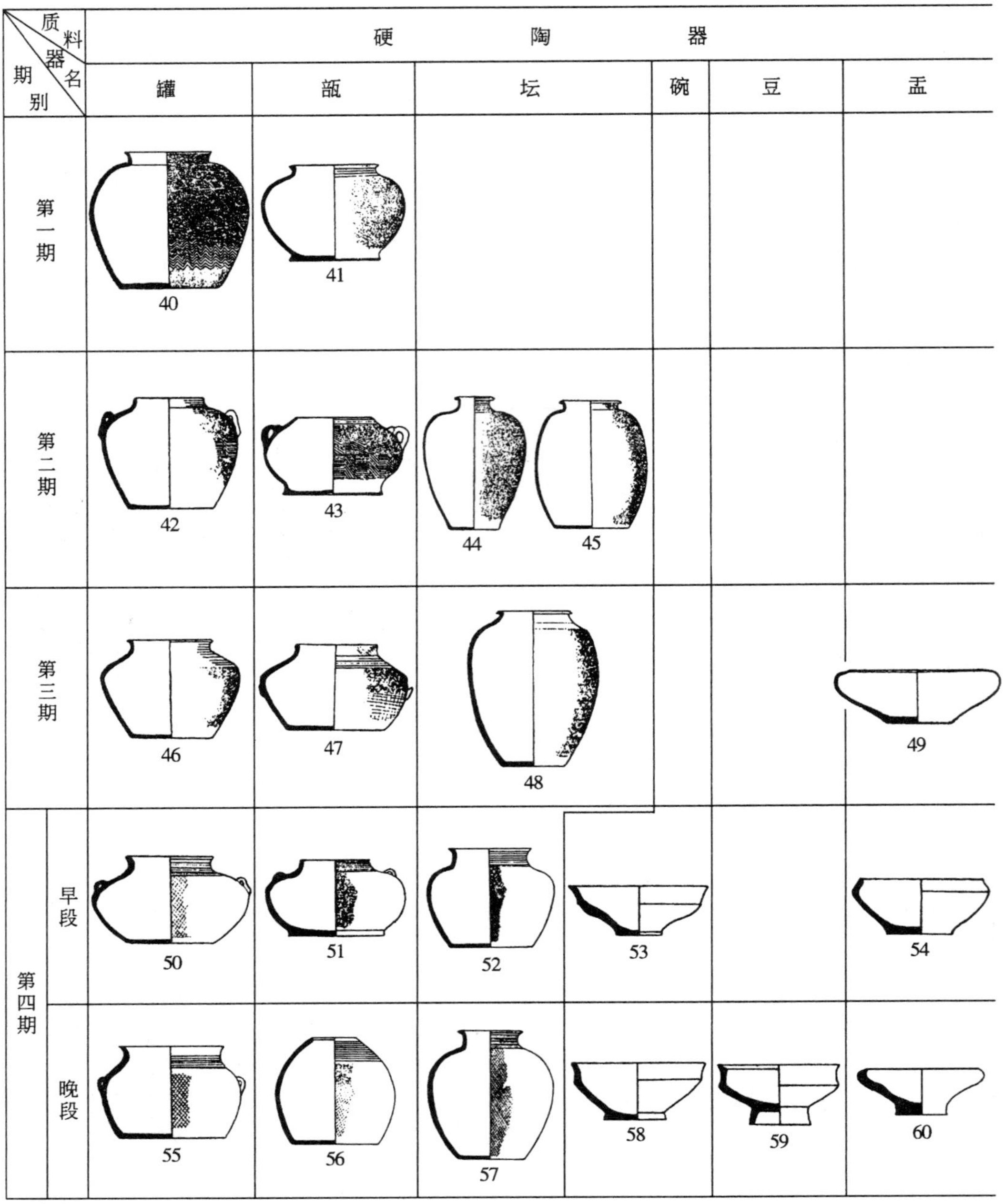

期别 \ 器名 \ 质料	硬陶器					
	罐	瓿	坛	碗	豆	盂
第一期	40	41				
第二期	42	43	44　45			
第三期	46	47	48			49
第四期 早段	50	51	52	53		54
第四期 晚段	55	56	57	58	59	60

图 4-7　宁镇地区土墩墓随葬陶器、硬陶器和瓷器分期图（之三）

40. 罐（南陵千峰山）　41. 瓿（句容 2 号墩）　42. 罐（句容 1 号墩）　43. 瓿（句容 2 号墩）　44. 坛（句容 2 号墩）　45. 坛（句容 1 号墩）　46. 罐（句容 1 号墩）　47. 瓿（句容 9 号墩）　48. 坛（句容 24 号墩）　49. 盂（句容 9 号墩）　50. 罐（南岗山 14 号墩）　51. 瓿（南岗山 1 号墩）　52. 坛（南岗山 13 号墩）　53. 碗（南岗山 1 号墩）　54. 盂（南岗山 1 号墩）　55. 罐（南岗山 3 号墩）　56. 瓿（南岗山 2 号墩）　57. 坛（南岗山 7 号墩）　58. 碗（南岗山 1 号墩）　59. 豆（南岗山 12 号墩）　60. 盂（南岗山 6 号墩）

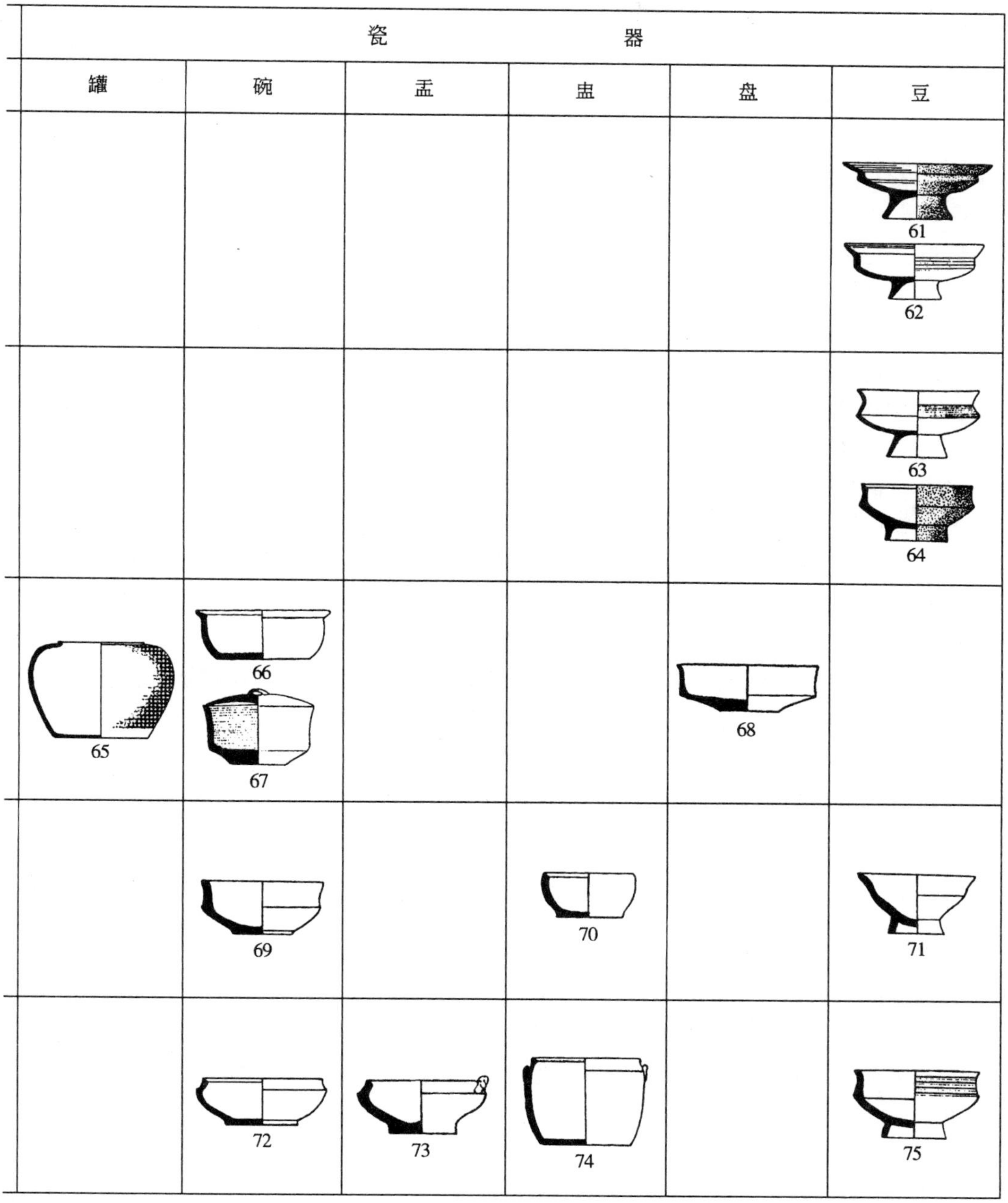

瓷器					
罐	碗	盂	盅	盘	豆
					61
					62
					63
					64
65	66 67			68	
	69		70		71
	72	73	74		75

图 4-7　宁镇地区土墩墓随葬陶器、硬陶器和瓷器分期图（之四）
61.豆（南陵千峰山）　62.豆（句容其他墩）　63.豆（句容2号墩）　64.豆（南陵千峰山）　65.罐（句容1号墩）
66.碗（句容3号墩）　67.碗（句容24号墩）　68.盘（句容1号墩）　69.碗（南岗山1号墩）
70.盅（南岗山1号墩）　71.豆（南岗山1号墩）　72.碗（南岗山13号墩）　73.盂（南岗山14号墩）
74.盅（南岗山3号墩）　75.豆（南岗山12号墩）

溧水乌山发现2座土墩墓,其中M1出土夹砂陶鬲、黑陶罐、硬陶罐和瓮,另出土1件铜鼎。陶瓷器的组合和形制特点均与第一期土墩墓器物相同。M2出土夹砂陶鼎,黑陶尊、盘,硬陶坛,瓷豆;同时还出土铜方鼎、提梁卣、盘各1件。M2无第一期墓的陶鬲而出陶鼎和盘,同时又无第三期墓的陶釜、甑、大口器、平底盘、盆和瓷碗等,除黑陶尊外,其余器的组合和形制都与第二期墓陶瓷器相同。

江苏丹徒大港母子墩土墩墓带石床,出土硬陶坛、罐,原始瓷罐、豆。另外还出土一批青铜器,包括鼎、簋、尊各2件,鬲、卣、壶各1件。其中陶瓷器与第二期墓的器物组合相同,特别是出土大量瓷豆而无碗、盅,正是第二期墓的特点。纹饰中的折线纹和篮眼方格纹在第二期也很常见。但陶、瓷罐均无耳,形制接近第三期同类器,故该墓可能相当于第二期偏晚。

1954年丹徒烟墩山曾出土一批青铜器,包括鼎、鬲各1件,簋、盘各2件,盉、觥和角各1对[1]。有关部门对出土地点进行了清理,曾在那里发现两个小坑,并出土了小铜鼎和瓷豆。估计这批青铜器出自土墩墓,而且出土瓷豆,则此墓葬的时代不晚于第二期。

溧水宽广墩墓出土硬陶坛,各类瓷罐、碗。另外出土1件铜匜。陶瓷器组合中的瓷碗是第三期的特点。硬陶坛大口高领,形制与第三期坛相同。瓷直腹罐、折肩罐、扁腹罐以及罐肩堆贴的倒"U"形绳系等在第三期墓中很少见。该墓年代可能较晚,应为第三期晚期或更晚。

繁昌平铺也有一个土墩墓群,已发掘的1座墓为一墩一墓,有墓坑。出土泥质红陶罐、硬陶坛、瓮和纺轮。这些器物与第二期墓出土的陶瓷器相同。

通过以上分期,可知茅山以西的句容、溧水、高淳、丹徒大港等第一区的土墩墓,主要为第一、二、三期墓葬。南陵千峰山和繁昌所在的第二区土墩墓,为第一、二期墓葬。茅山以东地区的丹徒南岗山土墩墓属第四期墓葬。

三 宁镇地区土墩墓的年代

关于四期土墩墓的时代,可从几个方面推断各期墓葬的时代。

目前有碳十四测年数据的墓葬有3座。

句容9号墩M3二期墓下、M4一期墓上的木炭标本测定年代,为距今2890±130年(940BC)、2805±130年(855BC),树轮校正为3028±155年(1075BC)[2],约当于中原西周早期。

金坛鳖墩M1,碳十四测定年代为距今2820±105年(870BC)、2740±105年(790BC),树轮校正为2935±130年(985BC)[3]。M1出夹砂陶鼎、甑,泥质陶盘,硬陶罐、坛,原

---

[1] 江苏省文物管理委员会:《江苏丹徒县烟墩山出土的古代青铜器》,《文物参考资料》1955年第5期。
[2] 中国社会科学院考古研究所:《中国考古学中碳十四年代数据集(1965~1991)》第48页,文物出版社,1986年。
[3] 中国社会科学院考古研究所:《中国考古学中碳十四年代数据集(1965~1991)》第46页,文物出版社,1986年。

始瓷罐、小罐、碗。这种组合与第三期墓相同，甗和碗还是第三期墓的典型器物。鼎腹直而足外侈，盘平底，硬陶罐无耳，多大方格纹、填线方格纹、席纹等，这也与第三期器物特点一致。与M1同时发现的还有M2，该墓被破坏后的残存陶瓷器有泥质陶盘、硬陶坛、罐、瓷罐、盖碗、碗、盂。M2的器物组合和器形多与M1相同，这两墓为第三期墓。M1的小瓷罐和M2的瓷盂与宽广墩墓的垂腹罐相似，M2的盖碗与句容24号墩M4盖碗相同。由于宽广墩墓较晚，句容M4有长方形烧坑，是第三期墓中较晚的一墓，因此鳖墩的两座墓应为第三期偏晚的墓葬，约相当于中原西周中晚期。

南岗山D12M1，该墓有墓道，为四期晚段墓。对墓内所出木炭进行的碳十四测定年代为距今2490±85年（540±85BC），树轮校正为公元前765年至前399年，这相当于春秋中期前后。

由于测年数据较少，以上数据只提供了四期墓葬各自的大概年代和土墩墓的年代下限。

一期墓中的溧水乌山M1出土1件铜鼎，鼎口微敛，垂腹，底近平，柱足，这是中原西周早期铜鼎的器形。该鼎口沿下有一周很独特的纹饰，为粗细不一的折线组成的图案，这一纹饰与同墓所出陶罐上的纹饰非常相近，表明鼎的年代与墓葬年代十分接近，M1应相当于西周早期。这为第一期土墩墓提供了年代上限。

陕西宝鸡茹家庄[1]、长安普渡村[2]、岐山贺家村[3]等地的西周中期墓中都出土了敛口浅盘、喇叭足外撇、饰弦纹的原始瓷豆，它们与中原墓葬中出土的陶豆不同，很可能是受南方影响而出现的。这类瓷豆在宁镇地区的第一、二期土墩墓中常见，参考中原出土原始瓷豆的情况，那么第一、二期墓当不晚于西周中期。

通过以上分析，可以推定四期土墩墓的大致年代，即第一期相当于西周早期，第二期相当于西周中期，第三期相当于西周晚期，第四期则晚于西周，相当于春秋早中期了。

四　宁镇地区土墩墓出土的青铜器

溧水乌山、宽广墩和丹徒母子墩、烟墩山等墓葬都出土铜器，这些铜器都为礼器，计有鼎、鬲、簋、尊、卣、壶、盘、匜、觚、角等。

溧水乌山M1出土的1件圆鼎为直口微敛，垂腹，底近平，柱足。口沿下有一组粗细不一的折线纹。这件鼎的器形与中原西周早期鼎相同，但纹饰则与当地陶器纹饰相近。母子墩出土的2件圆鼎也为此形制，饰云纹。烟墩山出土的1件柱足鼎基本上也如此，另外还有2件锥足小鼎。乌山M2出土1件方鼎，鼎直耳方沿，平底柱足，腹部四隅有扉棱，腹上饰云纹和雷纹。此鼎与中原西周中期鼎相似。

母子墩出土1件鬲，平折沿，竖耳，无颈，口沿下即为直腹，高弧裆，袋足下为柱状实足根。口沿下饰三组带状雷纹。这种形制的鬲具有一定的地方特点。烟墩山鬲口沿上有二立耳，腹上部饰弦纹。

---

[1] 宝鸡茹家庄西周墓发掘队：《陕西省宝鸡市茹家庄西周墓发掘简报》，《文物》1976年第4期。
[2] 陕西省文物管理委员会：《长安普渡村西周墓的发掘》，《考古学报》1957年第1期。
[3] 陕西省博物馆、陕西省文物管理委员会：《陕西岐山贺家村西周墓葬》，《考古》1976年第1期。

宽广墩出土的 1 件簋，侈口卷沿，口沿上有两个环，扁鼓腹，腹部有四个镂孔云形耳，圈足下又有三个扁足。饰刺状蟠虺纹。这种形制和纹饰的簋与中原簋完全不同。烟墩山出土的 2 件簋中，一件为折沿，四耳，高圈足带足裙，腹上饰涡纹，腹内底有铭文 126 字。根据铭文，这件簋和共出的另外 11 件铜器都是同时代器物，可以定为成康时器物[1]。另一件腹较深，器耳紧贴在腹壁上，耳高不到口沿。

乌山 M2 出土的盘为敞口直腹，平底直圈足，两侧附耳紧贴腹壁，饰上下界以圈点纹的卷曲夔纹。这类盘在宁镇地区和屯溪出土较多，其耳部紧贴腹壁，较为特别。烟墩山出土 1 件大盘和 1 件小盘，大盘的附耳高出口沿，与乌山盘不同。

母子墩出土的 1 件尊为喇叭口，粗颈扁鼓腹，圈足带较高的足裙，其形制与中原常见的觚形尊不同。腹部有六条弦纹，夹一窄条当地特有的蟠虺纹带。母子墩还出 1 件牺尊，喇叭形口，器体为鸭形，由双脚和一螺旋形支柱构成三足，全身素面。

母子墩出土的垂腹卣，斜直的盖面与盖缘间有明显的折度，立鸟形钮，两侧为牛首提梁。盖面和器颈饰平行相间的圈点纹和弦纹，足饰斜三角云纹，提梁上也饰两行平行的圈点纹。圈点纹在宁镇地区和屯溪青铜器上出现的频率很高，可能是具地方特点的一种纹饰。

母子墩出土的壶为圆角长方形，鸥鸟形盖，直口，斜颈，垂腹，颈上有两竖耳，圈足带足裙。腹部有四组由圈点纹镶边的云形勾连纹，中间缀乳钉纹。其形制和纹饰都与中原西周壶有所不同。

溧水宽广墩出土的匜为平折沿，小平底，浅腹带流，无鋬，三蹄足，饰"S"形卷曲夔纹。

烟墩山还出土盉 1 件，角和觚各 1 对。盉带盖，盖上有一卧兽，器体为斜壁垂腹，前端有流，后有鋬，底较平，三足外撇。觚带盖，四足，饰鸟纹。这几件铜器都具有西周早期器的特点。

宁镇地区土墩墓出土青铜器的时代基本上与墓葬年代相一致，大部分相当于中原西周早中期。匜的年代稍晚，是第三期土墩墓中始出现的器物。

五　屯溪地区土墩墓的陶瓷器与墓葬年代

安徽屯溪是土墩墓较集中的一个地区，1959 年曾发掘过 2 座[2]，至 1975 年已发现 8 座[3]。这些墓出土了大批青铜器和陶瓷器，其中 M1 出陶瓷器 70 件，M2 出 8 件，M3 出 131 件，M5 出 82 件，M8 出 16 件。但墓葬材料正式发表的，仅有 M1～M4 共 4 座。

M1 墓葬结构与其他地区土墩墓相同，墓底有石床，出土青铜器 18 件，原始瓷器 69 件，陶器 1 件，玉石器 4 件（图 4-8）。M3 也是平地起葬，无石床，但在东、南、西三边发现三条连续铺砌的界线。M3 出土青铜器 53 件，原始瓷器 103 件，几何印纹陶 11 件，陶

---

[1] 陈梦家：《宜侯夨簋和它的意义》，《文物参考资料》1955 年第 5 期。
[2] 安徽省文化局文物工作队：《安徽屯溪西周墓葬发掘报告》，《考古学报》1959 年第 4 期。
[3] A. 殷涤非：《安徽屯溪周墓第二次发掘》，《考古》1990 年第 3 期。
　　B. 李国梁：《皖南出土的青铜器》，《文物研究》第四期，黄山书社，1988 年。

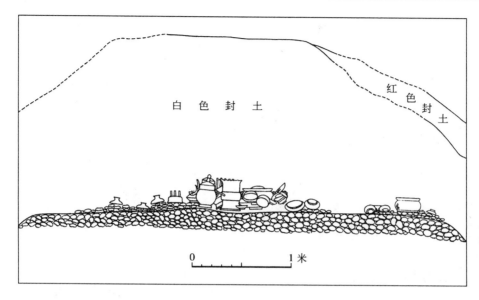

图 4-8 屯溪 M1 立面图

器 17 件，玉石器 7 件。这两座墓出土遗物非常丰富，都出土了大量青铜器，因此这两座墓的规格是屯溪土墩墓中最高的。

M1、M3 出土的器物以原始瓷器为主，包括豆、盂、尊、盉、罐、壶等。

瓷豆有两类，一类为侈口豆，有的腹壁斜收，有的腹深；有的圈足外撇，有的足较直。这类豆只见于 M1。另一类为敛口豆，折腹，有的腹径与口径相当，有的最大腹径超过口径；有的圈足较直，有的圈足外撇。豆上多饰弦纹、双乳钉纹，有的底部有"十"字等符号（图 4-9-7~13）。

瓷盂有三类，一类为侈口鼓腹盂，有的束颈，圆鼓腹，圈足外撇；有的颈和足都较直，腹微鼓；有的为折肩，大平底，内底有花纹。第二类为敛口盂，有的扁鼓腹，矮圈足；有的折腹，平底。这类盂只见于 M3。第三类为折沿鼓腹盂，圈足矮直，腹上有小钮。仅见于 M1（图 4-9-3、6）。

原始瓷尊有四类。第一类为喇叭口长颈高圈足尊，粗直颈，扁圆鼓腹，有的颈中部内收。这类尊仅见于 M1。第二类为短颈矮足尊，折沿，口沿下内收，颈外鼓，扁折腹，矮圈足外撇。也有的尊，颈不外鼓，口沿向外斜折，或口沿内敛。第三类为鼓腹矮足尊，口外侈，圆鼓腹，圈足矮而直，只见于 M1。最后一类为鼓腹平底尊，侈口，束颈，折肩，平底，肩部有四个钮；或口沿内凹，肩上为八个钮，见于 M3。尊上常饰弦纹、方格纹、划纹、双乳钉或四乳钉纹（图 4-9-1、2、4、5）。

原始瓷罐有两类，一类为扁圆鼓腹平底罐，有的折沿大口，有的直口束颈，饰折线纹、方格纹、锯齿纹等。第二类为深直腹圈足罐，大口，直沿，或口微侈，腹两侧有耳，有的耳旁还有云纹形贴饰。通体饰弦纹（图 4-9-14、15）。

原始瓷盉一类带提梁，提梁在盖上并与口沿黏在一起。器身为圆鼓腹，粗短流，矮圈

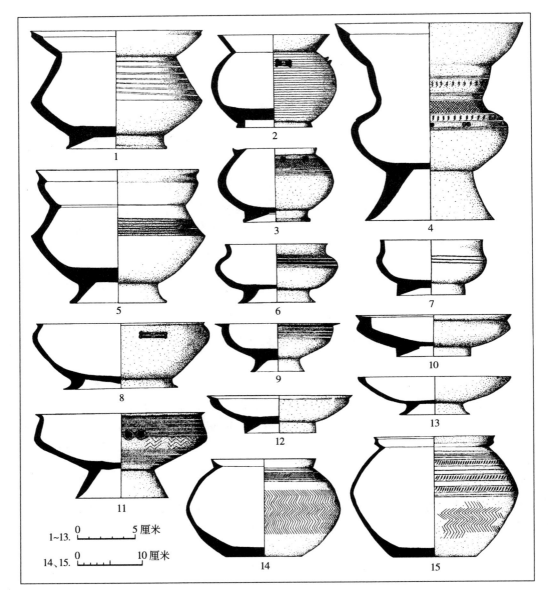

图 4-9 屯溪 M1 随葬原始瓷器
1. 尊（M1:49） 2. 尊（M1:50） 3. 盉（M1:37） 4. 尊（M1:58） 5. 尊（M1:48） 6. 盉（M1:29）
7. 豆（M1:35） 8. 豆（M1:30） 9. 豆（M1:24） 10. 豆（M1:44） 11. 豆（M1:5） 12. 豆（M1:39）
13. 豆（M1:32） 14. 罐（M1:60） 15. 罐（M1:59）

足。通体饰粗弦纹，另有乳钉纹。见于 M1。第二类无提梁，腹侧有曲直的短銴。圆锥状盖与器身连为一体。圆鼓腹，短粗流，圈足外撇，饰极粗的弦纹。两墓均出此类盉。

此外，M3 还出土瓿，为侈口束颈，折肩，腹斜收，矮圈足。多饰弦纹，肩上有四纽。壶为直口，斜颈，鼓腹，平底，肩上有四纽。有的带銴，通钵饰弦纹。瓮为小口，圆鼓腹，矮圈足，肩上有系，饰方格纹。碗为敛口圆腹。瓷漏，形如倒置的盖。

两墓出土的陶器较少，M1 只出 1 件夹砂红陶钵，复原后为敛口折肩，直壁平底。M3 出土的陶器有器盖和纺轮。

印纹硬陶均出自 M3，为鼎、瓿和瓮。鼎为侈口，鼓腹，圜底，上有二立耳，三锥足外撇。腹饰雷纹，底饰方格纹。瓿为侈口，短颈，扁鼓腹，凹底形似圈足，肩上有三钮，饰折线纹、方格纹或弦纹。瓮为侈口，圆肩，深腹，圜底，饰雷纹和方格纹。

屯溪 M1 的瓷器组合为瓷豆、盉、罐、尊、盉。这一组合与宁镇地区第二期土墩墓器物组合相近，尤其是瓷器中多豆而无碗、盅等平底器，这是第二期墓的重要特点。原始瓷尊和盉在其他土墩墓中不见，但在溧水乌山和南陵千峰山二期墓中有黑陶尊和夹砂陶盉，这两种器在其他期的土墩墓中都没有发现。从器型和纹饰上看，侈口和敛口瓷豆在第一、二期土墩墓中很普遍。类似侈口鼓腹盉的器物在句容 3 号墩 M10（二期墓）中也有发现。M1 瓷罐与丹徒母子墩墓出土的罐一样。喇叭口长颈圈足瓷尊与溧水乌山 M2 的黑陶尊非常相似，仅圈足更高。其余几种尊尽管颈壁内束或外鼓，具有浓厚的地方特色，但其颈腹多折的特点也与第二期土墩墓陶瓷器器型风格一致。M1 中的盉在土墩墓中并不常见，其形制也与南陵千峰山二期墓的盉完全不同，地方性较强。这种盉与屯溪墓中其他器物相比，显得粗糙，盖与口沿黏合在一起，可能是明器。M1 中的夹砂陶钵与句容 1 号墩二期墓中的灰陶钵相似。陶瓷器上的弦纹、折线纹、方格纹等在第二期土墩墓中常见，只是各种乳钉纹在其他墓中少见。

因此，从墓葬结构、陶瓷器组合和器物形制、纹饰等方面看，M1 应为二期土墩墓，它的年代相当于西周中期。

屯溪 M3 出土的陶瓷器一部分与 M1 相同，一部分则有差别。其原始瓷器组合除同 M1 者外，还有瓿、瓮、壶、碗等，另有部分硬陶。M3 的瓷豆已大为减少，敛口豆的时代似乎也比侈口豆稍晚。盉却增加了不少，侈口盉成组出现并带座，新出平底盉和敛口盉。M3 中已不见喇叭口长颈高圈足尊，但新出现敛口尊和平底尊。M3 中没有扁鼓腹罐而出现了深直腹罐，类似的罐在宽广墩三期墓中也有出土。M3 中没有 M1 中的提梁盉，只有带鋬盉。M3 的壶与带鋬盉形制、纹饰都很相近，应是继盉之后出现的新器物。瓮、瓿也是新出现的器物。M3 出土的硬陶鼎与宁镇地区土墩墓中的夹砂陶鼎相似，其锥足特点与第三期墓中的鼎相近，但硬陶鼎和鼎上的立耳则不见于其他墓葬。

从装饰上看，M3 陶瓷器上已少见 M1 中常见的划纹、折线纹、锯齿纹等，弦纹极盛行，并且器上多小耳或云纹形贴饰。

分析 M3 出土的器物，它比 M1 稍晚，特别是少豆等圈足器，多平底和敛口器，以及新出现深直腹罐、锥足鼎等器物，都与宁镇地区第三期土墩墓出土随葬器物的特点相近。所以，M3 为第二期偏晚或第三期偏早的土墩墓。

在屯溪其他土墩墓中，M2 也有石床，出瓷豆、盘，硬陶罐，陶盉、钵和纺轮。这仍与第二期土墩墓的器物组合相近。从器形上看，盘与豆相似，仅较大，与第三期墓中的平底盘不同。罐、钵、盉和纺轮也都与第二期墓中的同类器相似。从各方面分析，M2 与 M1 时代相当，属第二期土墩墓。

屯溪 M4 仅存一半,平地起葬,有石床。M5、M6、M7 出土许多原始瓷豆、盂,与屯溪 M1 的豆和盂相同。M6 还出原始瓷圈足盘,M7 除有与 M1 相同的硬陶罐外,还出侈口、立耳、锥足外撇的硬陶鼎,以及喇叭口鼓腹矮足硬陶尊。从器类和器形看,这几座墓与 M1 的年代比较接近,可能也属第二期土墩墓。

屯溪土墩墓同宁镇地区土墩墓在随葬陶瓷器方面有较明显的区别,主要是原始瓷器多,陶器和几何印纹陶较少。原始瓷器中,第二期豆、尊最多,第三期盂、尊最多。尊、盂、壶、带座盂、立耳鼎等都是其他地区土墩墓中所不见的。陶瓷器中多折肩、折腹甚至折颈的风格,盛行粗弦纹,这也与宁镇地区土墩墓不同。

六 屯溪地区土墩墓出土的青铜器

安徽屯溪 8 座土墩墓均出土青铜器,这批铜器内容丰富,风格独特,是西周时期长江以南独具特色的一个铜器群。

在屯溪墓中,M1 和 M3 出土的铜器最丰富,组合最齐。其余 6 座墓出土铜器则较少,具体情况如表 4-1。

表 4-1　　　　　　　　　屯溪土墩墓出土铜器组合表

墓　号	出　土　铜　器
M1	鼎 4、簋 2、尊 2、卣 2、盘 2、五柱器 2、盂 1、三足残器 1
M2	尊 1、盂 1,另出铜剑
M3	鼎 6、簋 10、盘 4、卣 2、盂 2、独柱器 2、壶 1、壶盖 1、盉 1、牺尊 1、勺 1,另出方形器、剑、斧和车器等
M4	尊 1,另出剑、斧、戈、矛和镞
M5	尊 1、簋 1,另出斧
M6	尊 1 件
M7	剑、斧、戈、矛和镞
M8	剑

屯溪土墩墓出土青铜器的组合与中原西周早期以鼎、鬲、甗、簋为食器,以觚、爵、斝、盉、尊、牺尊、觯、卣、罍、壶、方彝、勺等为酒器,以盘、壶为水器的组合很接近,特别是没有中原西周中期以后流行的盨、簠、匜、杯、饮壶等,说明屯溪铜器是西周中期以前的组合,这与屯溪墓为第二期土墩墓是一致的。但屯溪青铜器组合又有明显的地方特点,比如 5 座墓出土尊,其中有 2 座墓仅出的青铜礼器就是尊,可见尊在组合中占重要地位。鼎和簋数量最多,出簋的有 3 座墓,出鼎的有 2 座墓,这两种器物也很突出。其他器物中,卣和盂在组合中也显得较为重要。其余的器类还有盘、盂、壶、勺、五柱器、独柱器等。但出土器物最丰富的 M3 中却反而没有尊,这是值得注意的。

这些青铜器中仅有少数器物的器形和纹饰与中原的西周铜器相同。比如,M1 出土的 1 件尊,厚唇,长颈,腹微鼓,腹壁较直,圜底,圈足,腹饰独立兽面纹,内底有"闭父乙"三字。这类觚形尊在中原地区的商代晚期和西周早期墓中很常见,尊腹部的独立兽面纹在西周中期以前都很流行。M1 的柱足圆鼎，侈口，鼓腹，立耳，三柱足上粗下细，足实心，饰斜角云纹（图 4 – 10 – 14），也与中原鼎相似。M3 出土的 2 件垂腹卣，体较矮，圈足形盖钮，低平的盖面两侧有犄角，圆腹下垂。1 件盖、腹上饰对鸟纹，颈有牺首并饰夔纹，提梁饰蝉纹，盖底有"公作宝尊彝，其子孙永用"两行 10 字铭文（图 4 – 10 – 15）。另 1 件盖缘上部和颈上各有一周兽面纹，盖内有"作宝尊彝"四字。这种垂腹卣与中原西周中期卣的形制和纹饰都完全一致，其中公卣与陕西扶风庄白出土的穆王时期的丰卣[1]非常相似。类似的卣在丹阳的铜器窖藏中也有发现（图版 26 – 2）。屯溪 M3 出土 1 件盉，盖上有蟠龙形钮，器身前有管状流，后有兽形鋬，束颈，分裆，三款足。颈饰两周弦纹，腹饰三对夔纹，裆饰双线 V 形纹（图 4 – 10 – 19）。这种带盖、束颈、分裆、前有管状流后有兽形鋬的盉，在中原地区主要盛行于西周穆王时期，1975 年在扶风庄白出土的 1 件蟠曲海兽盖盉[2]即如此。1975 年在陕西岐山董家出土的卫盉[3]也为此形，仅盖上的钮不是蟠龙。

但屯溪出土的大部分器物在形制或纹饰方面与中原地区的西周铜器有差异，显示出明显的地方性。

在屯溪出土的尊中，除中原型的觚形尊外，还有两种地方特色明显的尊。一种为扁鼓腹尊，薄唇，粗颈，扁鼓腹，腹上下饰弦纹，中间饰蟠虺纹（图 4 – 10 – 6）。类似形制的尊在中原也有，如憎季遽父尊[4]即为此形。但屯溪这类尊上的蟠虺纹则是当地特有的纹饰。另一种尊为折肩尊，即腹部转折部分有明显的棱角（图 4 – 10 – 4）。尊上饰蟠虺纹、变形兽纹、锯齿纹等，这类尊是中原地区没有的。

屯溪 M1 出土的锥足圆鼎，双立耳，浅腹，圜底，三锥足外侈，腹饰夔纹（图 4 – 10 – 1）。这种鼎具有越式鼎的风格。屯溪出土柱足圆鼎中，有几件鼎的足的横截面为半环形。如 M3 出土的 1 件，双立耳，垂腹，底近平，腹饰涡纹和四叶纹（图 4 – 10 – 18）。M3 出土的另 1 件，腹饰夔纹和涡纹，耳内壁饰相对夔纹，足根饰兽面纹。这种圆鼎无盖，直耳，深垂腹，圜底，三柱足上粗下细，具有中原地区康昭时期铜鼎的特点。鼎上的四叶纹、夔纹和涡纹也是中原常见的纹饰。但鼎足中空，横断面呈半环形，这是南方地区商末周初或更晚时期铜鼎的一个特点。

屯溪的方鼎有两类，地方特点都很明显。一类为直耳，口沿外折，平底，四矮足。腹四角和腹中央有扉棱，足横断面亦为半环形。腹部有两只粗线构成的长冠垂尾鸟隔扉棱相对，中间填入一长尾兽纹，纹饰上下以凸线为栏，无地纹。足上有二凸节（图 4 – 10 – 2）。这类方鼎腹四隅和四角都有扉棱，直耳，与中原所出西周中期鼎比较接近。陕西宝鸡茹家

---

[1] 陕西省考古研究所、陕西省文物管理委员、陕西省博物馆：《陕西出土商周青铜器（二）》图版 19，文物出版社，1980 年。

[2] 陕西省考古研究所、陕西省文物管理委员、陕西省博物馆：《陕西出土商周青铜器（二）》图版 108，文物出版社，1980 年。

[3] 陕西省考古研究所、陕西省文物管理委员、陕西省博物馆：《陕西出土商周青铜器（一）》图版 172，文物出版社，1979 年。

[4] 陕西省考古研究所、陕西省文物管理委员、陕西省博物馆：《陕西出土商周青铜器（三）》图版 37，文物出版社，1980 年。

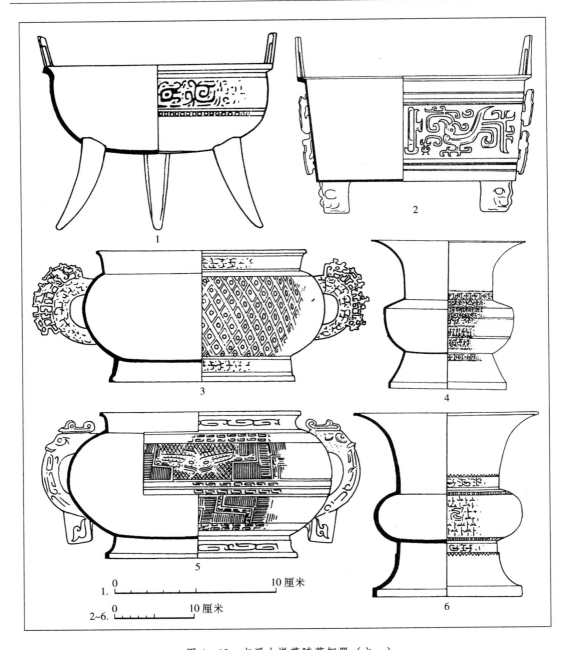

图 4-10 屯溪土墩墓随葬铜器（之一）
1. 锥足圆鼎（M1:82） 2. 矮足方鼎（M3:9） 3. 簋（M1:96） 4. 折肩尊（M2:86） 5. 簋（M3:06）
6. 扁腹尊（M1:89）

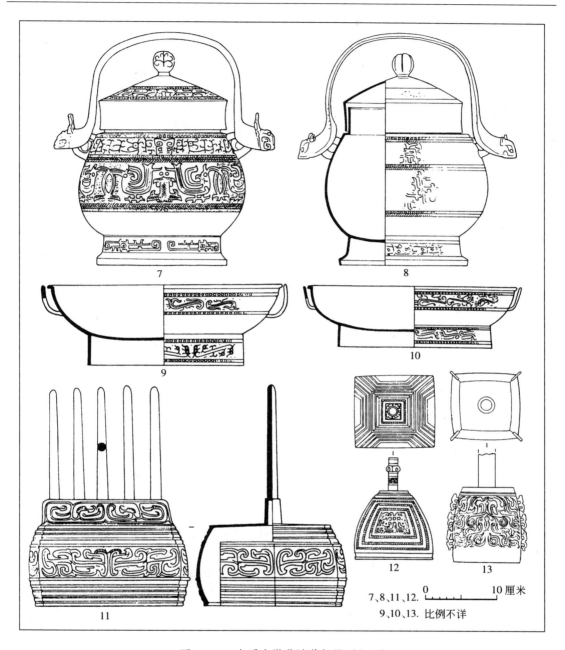

图 4-10 屯溪土墩墓随葬铜器（之二）
7. 鼓腹卣（M1:93） 8. 鼓腹卣（M1:94） 9. 盘（M3:19） 10. 盘（M1:84） 11. 五柱器（M1:92）
12. 独柱器（M3:13） 13. 独柱器（M3:12）

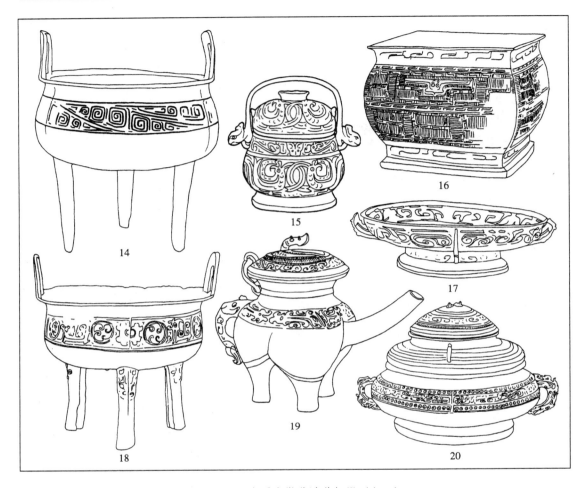

图 4-10 屯溪土墩墓随葬铜器（之三）

14. 柱足圆鼎（M1:82）　15. 垂腹卣（M3:07）　16. 方盉（M3:20）　17. 镂孔盘（M3:43）　18. 柱足圆鼎（M3:11）
19. 盉（M3:6）　20. 簋（M3:10）

庄二号西周墓曾出土过一批西周中期的圆鼎[1]，也为矮柱足，矮足或许是当时的风格。但屯溪鼎的足比茹家庄出土的鼎足更矮，且断面为半环形，较为特别。鼎腹上的鸟纹见于成康时期的铜器上，但两鸟间下方又填入一变形兽纹的情况很特别。另一类方鼎呈长方槽形，四角呈尖角凸出，四壁口部呈弧形下凹，双附耳，四矮足。四壁纹饰不清，足根饰兽面纹。这类方鼎与中原常见的西周方鼎无共同之处。

屯溪出土的簋数量较多，有三种。一种为椭圆体簋，口微侈，平底，圈足。两侧有兽形耳，最大腹径在腹下部。仅颈间饰三道弦纹。这种椭圆体簋较为少见。第二种为圆体

---

[1] 陕西省考古研究所、陕西省文物管理委员、陕西省博物馆：《陕西出土商周青铜器（四）》图版 79~82，文物出版社，1984 年。

簋，直口，束颈，鼓腹，圈足，两侧有带珥的兽形耳。饰斜方格乳钉纹、蟠虺纹、变形兽纹、编织纹和各种几何纹（图4-10-3、5）。这种簋为直口、束颈、扁鼓腹、矮圈足，耳为兽形、半环形或耳上带镂孔扉棱，整个耳很小，这样一些特点与中原常见的簋大不相同。除斜方格乳钉纹外，屯溪簋上的蟠虺纹、编织纹和变形兽纹等都是当地特有的纹饰。第三种簋有圆弧顶盖，宽肩，肩下收，扁鼓腹，圈足。整个器形呈上小下大的三叠层状。盖饰云雷纹，肩饰七道瓦纹，腹饰上下界以圈点纹的云纹。两侧的耳背上有镂空的棱脊（图4-10-20）。

屯溪出土的鼓腹卣，覆钵形盖上有花苞形钮，圆鼓腹，两侧有兽首提梁，圈足。有的盖、颈和足均饰夔纹，腹饰交翎对鸟纹，但中间凸起一变形兽。主纹空隙处填以云雷纹和圆圈纹（图4-10-7）。这种饰鸟纹的卣虽与中原的西周早期卣相同，腹部的大鸟纹亦见于中原昭穆时期铜器上，但鸟纹间却填有变形兽纹。有的卣盖和腹上满饰蟠虺纹（图4-10-8），虽然卣的形制与中原卣相同，但卣上的蟠虺纹使其具有强烈的地方色彩。

屯溪出土的盘多为敞口，直腹，平底，直圈足。两侧的扁平方角附耳紧贴器壁，耳高与盘口齐平。有的腹饰变形夔纹，足饰上下界以联珠纹的蟠虺纹，耳外侧饰折线纹（图4-10-9、10）。中原西周时期的盘多为平折沿，直腹，附耳均为圆角方形，距盘壁较远且多高过口沿，圈足外撇。屯溪盘则为直腹、直圈足，方形附耳紧贴盘壁并与口沿齐平，这与中原盘有明显差别。陕西扶风和宝鸡茹家庄M2分别出过1件西周中期盘[1]，圈足均较直，其中扶风的那件盘耳低于口沿，饰鸟纹；茹家庄的盘耳与口沿齐平，饰弦纹。这2件盘的耳也不似屯溪盘那样局促。耳紧贴盘壁是屯溪盘的一大特点。屯溪盘上所饰的蟠虺纹、折线纹等也都是地方性纹饰。另外，屯溪M3还出土1件盘，腹浅而平，盘壁有云形镂孔并出扉棱，附耳低于器口，竖直圈足的底部外撇。盘内底中部饰一龙，龙首前有两变形兽纹，右侧有一鸟，龙外圈绕云纹，附耳外侧上方亦饰长翼变形兽（图4-10-17）。这件盘除具有其他盘的那些特点外，盘上还有扉棱，盘壁镂孔呈云纹，盘内饰龙纹和变形兽纹等。中原出土的一些铜豆、簋的足上也有镂孔，但未见镂孔盘。

屯溪出土的盂有圆盂和方盂两种。圆盂为敛口，口沿外卷，折肩，斜腹，矮圈足，全身饰蟠虺纹。有的圆盂腹部还有两附耳。方盂为口沿外侈，颈稍内敛，腹外鼓，方圈足，腹饰斜方格乳钉纹，内填细云雷纹，颈和足上饰云纹。有的方盂腹部有横竖平行线条组成的几何纹，并在其中加饰长翼变形兽纹（图4-10-16）。屯溪的这种圆盂和方盂从形制到纹饰都与中原同类器不同，具有浓郁的地方色彩。

M3出1件牺尊，形如犬，腹中空，下有四足，尾上翘呈圆筒形，盖面上有两孔，眼、鼻处原嵌有绿松石，整个器形浑圆。这种形状的牺尊也较少见。

屯溪M1出土的2件五柱器，大小、形制、纹饰相同，均为五柱等距离横列于长方形脊上，脊下腹内有相应的一道沟槽。空腹，方座，四角圆而无棱隅，四壁微鼓。四壁和脊上均饰单组的蟠虺纹（图4-10-11）。M3出土2件独柱器，器体方顶，方足，中空，四

---

[1] 陕西省考古研究所、陕西省文物管理委员、陕西省博物馆：《陕西出土商周青铜器（三）》图版25，文物出版社，1980年；《陕西出土商周青铜器（四）》图版88，文物出版社，1984年。

角原有棱脊，器顶有一中空圆柄插入方腹中。其中一件器腹四壁的纹饰中部均蹲一兽，周围的游蛇盘旋交结如几何形；另一件圆柄上端有斡，下穿孔，器顶小足大，腹中空，四壁为三道斜线回纹围绕的对鸟纹（图4-10-12、13）。这类五柱器和独柱器目前还仅见于屯溪，用途不明。

M3出1件方形器，方腹，四边口沿向下凹弧，腹两侧有附耳，耳高似与口沿齐平，底带矮圈足。口沿下饰弦纹。出土时，器内还装有青铜刀8件，残石砚1件，残蚌器1件。这件方形器的风格特点与槽形方鼎相似，但有圈足，显得更为奇特，这应是当地土著文化的产物。

此外，M3还出4件跽坐人像。人作跽坐状，闭目，双手上举，似托举物件。头上有柱，柱上有长方形穿，人耳上也有环穿。人像为裸体，没有装饰。这4件人像可能为器座，也属当地器物。M1还出2件鸟饰，鸟作立状，翼翅上有绿松石。M1出土1件三足残器，仅残存一圜底和三个兽面形足，足和器底有烟痕，当为炊器。

除礼器外，屯溪土墩墓中还出土不少铜兵器、工具和车器，其中最重要的是铜剑。目前学术界对屯溪土墩墓的年代有不同看法，相当程度上源于对这些铜剑的认识不一致。中原地区出现铜剑的时代比较晚，起源也不是很清楚。所以，在未能解决中原铜剑的起源问题时，我们不能单纯以中原铜剑出现的年代来衡量屯溪土墩墓的年代。有一种意见就认为，屯溪墓中的青铜剑并不是中原地区的产物，这种剑有可能是在南方首先发展起来的[1]。从土墩墓出土的陶瓷器分析，这几座出土铜剑的墓，其年代不晚于西周晚期，铜剑的年代应与其他青铜器的年代一致，相当于西周中期。

屯溪M1和M2为第二期土墩墓，这两座墓出土的铜器不会晚于西周中期。屯溪其余4座土墩墓出土的青铜器同M1、M2接近，在组合上既无觚、爵、斝、觯等西周早期中原常见的器物，也无中原西周晚期流行的盨、簠、匜、豆等器物。纹饰中既无中原地区西周以前流行的各类兽面纹，也无西周晚期出现的环带纹、重环纹和瓦纹等。通过对器形的比较分析也可知屯溪青铜器均是西周中期以前的器物。所以屯溪铜器群的年代上限不出西周早期，下限不过西周中期。

在屯溪青铜器中，M1的父乙尊、鼓腹卣以及与乌山M1圆鼎相同的圆鼎都与中原西周早期同类器相同或相近，它们的时代应相当于西周早期。M1出土的其他尊、卣、簋、盘、盂和五柱器等，其年代不应距上述西周早期器太远，或相当于西周中期偏早。

屯溪M3出土的铜器与M1铜器存在一定的差别，组合中没有尊，垂腹卣代替了鼓腹卣，方盂代替了圆盂，独柱器代替了五柱器，并出现了方鼎、盉、带盖簋、镂孔盘、牺尊、方形器等M1没有的器物。因此M3的铜器比M1铜器相对稍晚，其时代或当西周中期。

在屯溪土墩墓中，西周早期的铜器较少，其器形与纹饰等都基本上与中原铜器相同。西周中期时，土墩墓中的铜器开始出现明显的地方特色。从器类和组合关系看，尊在屯溪土墩墓中几乎每墓必出。在宁镇地区，尊也是发现最多的一类铜器。1974年在溧阳出土2

---

[1] 张长寿：《论屯溪出土的青铜器》，《吴越地区青铜器研究论文集》，两木出版社，1998年。

件尊和1件爵[1]，其中尊细高似觯，与爵一样为商代晚期器。这2件尊是这一地区仅见的几件商代铜器之一，表明该地区使用尊的时间很早。以后铜尊在南方地区一直沿用到东周。长期使用铜尊，这是包括屯溪在内的长江下游地区青铜器的一个重要特点。在屯溪土墩墓中，中原铜器中最重要的铜鼎并不占主要地位，屯溪仅有两墓出鼎。相反，屯溪及宁镇地区等地出土的簋却很多，特色十分鲜明。簋应是屯溪铜器群和宁镇地区的又一种重要器物。在屯溪土墩墓中的铜器组合中没有中原常见的觚、爵、斝等酒器，这不完全是时代不同而造成的，不出这类酒器是整个南方青铜器的特点。至于屯溪铜器组合中的盂、五柱器、独柱器等则是中原地区没有的器物。

在形制上，屯溪青铜器的腹部普遍显得扁圆，各式尊、簋都如此，这是最明显的地方特征。此外，器物的耳普遍显得局促、小巧。簋上的耳有的为兽形，有的背上镂孔，有的还有垂耳，小而不实用，装饰性较强。屯溪盘上的耳紧贴盘壁并与口沿齐平，也体现了这一特点。屯溪M1圆鼎、M3方鼎的鼎足横断面都为半环形，类似的鼎足在江苏丹阳[2]，以及江西新干大洋洲[3]，湖南湘潭青山桥[4]等地出土的鼎都有发现，因而这种鼎足体现了南方铜器的特点。在屯溪铜器群中似乎还盛行方形器，如多方鼎、方盂、方形器、五柱器、独柱器等，其中，方鼎与中原地区的同类器相去甚远，后几种方形器则不见于中原。

在屯溪青铜器的纹饰中，除父乙尊上的兽面纹在中原铜器上常见外，其余大多数的兽面纹和兽形纹都是变形的，与中原铜器上的纹饰明显不同，这些变形兽纹还常被填入具有中原风格的鸟纹之中，使后者也增添了几分地方特色。此外，夔纹、龙纹等也是变形的。屯溪铜器上最多的蟠虺纹则是地方性纹饰，有的蟠虺纹中还填有细密的芒刺。这可能与江苏武进淹城、丹阳导士等地出土的原始瓷鼎、簋等器上的剔刺纹[5]相关。另一种极富地方特色的纹饰是编织纹，它可能和锯齿纹、折线纹、划纹等一样来自土墩墓中陶器和原始瓷器的纹样。

在屯溪青铜器中仅有父乙尊和公卣2件器带铭文，这2件器恰是中原系统的器物。在其他具地方特点的铜器中，有一件云纹簋内底有一图徽，上为人形，下为弓矢形。还有一件涡纹鼎口沿上有一个类似单组蟠虺纹的纹样，这一纹样在20世纪70年代屯溪出土的蟠虺纹鼎和蟠虺纹盘内底也曾发现。以上两种图案似乎还不是规范的文字。除此而外，其他铜器上都未见铭文，这同中原地区西周早中期铜器上多长篇铭文的特点形成鲜明对比。

最后，在屯溪M1出土的青铜器中，除鼎为4件，盂和三足残器各为1件外，其余各类铜器均为2件，这种成双的组合可能也是当时的特点。

---

[1] 镇江市博物馆　刘兴：《镇江地区近年出土的青铜器》，《文物资料丛刊》5，文物出版社，1981年。
[2] 镇江市博物馆、丹阳县文物管理委员会：《江苏丹阳出土的西周青铜器》，《文物》1980年第8期。
[3] 江西省文物考古研究所、江西省博物馆、新干县博物馆：《新干商代大墓》，文物出版社，1997年。
[4] 湖南省博物馆：《湘潭青山桥出土窖藏青铜器》，《湖南考古辑刊》第1辑，岳麓书社，1982年。
[5] 刘兴：《镇江地区出土的原始青瓷》，《文物》1979年第3期。

第五章　西周时期的农业和手工业

第一节　农业和养殖业

一　农业

农业在周人社会中处于重要地位。文献记载周始祖弃善农，在帝舜时任稷官。《史记·周本纪》："弃为儿时，屹如巨人之志。其游戏，好种树麻、菽，麻、菽美。及为成人，遂好耕农，相地之宜，宜谷者稼穑焉，民皆法则之。帝尧闻之，举弃为农师，天下得其利，有功。帝舜曰：'弃，黎民始饥，尔后稷播时百谷。'"弃因此还被尊为农神，受到祭祀，《左传·昭公二十九年》："稷，田正也，有烈山氏之子曰柱为稷，自夏以上祀之。周弃亦为稷，自商以来祀之。"《诗·大雅·生民》和《公刘》等篇记载有周先公时期有关周人农业活动的情况，说明周人从来就有重视农业的传统。

农业是周代社会生活的基础。农业活动，包括播种、农田管理、收割、入藏等过程，每个过程需要相应的工具。《管子·轻重乙》："一农之事，必有一耜、一铫、一镰、一耨、一椎、一铚，然后成为农。"说明当时已有从事农业生产的成套基本农具。

西周时期的农业用具在考古发掘中是常见的，几乎在每个遗址中都有出土，在一些较大的遗址中出土更多。主要器类有铲、刀、镰、石杵等。

考古发现中有很多各类质料的铲，仅剩器身，器柄均已朽毁无存，器身经修整，刃部经打磨，并留有使用痕迹。这种工具可能用于翻土。

在陕西长安沣西西周都城遗址发掘出土的铲数量很多，仅1955～1957年间，在张家坡和客省庄出土石铲23件、骨铲143件、蚌铲9件。石铲如客省庄出土的1件（图5-1-3），长方形，上部两侧微收成肩，弧刃，长12厘米，宽6.4厘米，厚0.8厘米[1]。骨铲如客省庄所出的（图5-1-1），梯形，平刃，高14.1厘米，宽8.2厘米[2]。客省庄的另1件（图5-1-2），梯形，中部有一穿孔，弧刃，高10厘米，宽6.8厘米[3]。

铜铲发现的数量较少。长安县丰镐西周都城遗址出土1件，銎较长，圆肩，直刃，通高13厘米，刃宽7.5厘米，身长8.5厘米[4]。河南偃师南寨村出土1件，铲部呈正方形，

---

[1] 中国科学院考古研究所：《沣西发掘报告》图九：4，文物出版社，1963年。
[2] 中国科学院考古研究所：《沣西发掘报告》图九：2，文物出版社，1963年。
[3] 中国科学院考古研究所：《沣西发掘报告》图九：3，文物出版社，1963年。

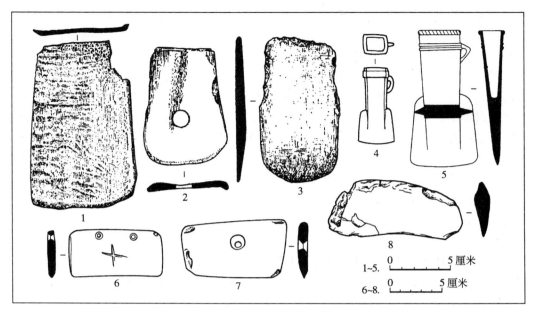

图 5-1 西周农业工具
1. 骨铲（客省庄 T50:2:15） 2. 骨铲（客省庄 T52:2A:1） 3. 石铲（客省庄 T38:2B:32）
4. 铜铲（竹园沟 BZM4:36） 5. 铜铲（洛阳北窑 M308:15） 6. 石刀（张家坡 H168:2:3）
7. 石刀（张家坡 T202:3:42） 8. 石镰（张家坡 T110:4:21）

短銎、方肩、平刃。銎中部一对三角形孔，下有脊棱直达铲面。通高 10.3 厘米，肩宽 7.6 厘米，刃宽 8 厘米[5]。陕西临潼零口西周青铜器窖藏出土 20 多件青铜工具，其中铜铲 4 件[6]。陕西扶风天度出土 1 件，短斜肩，刃部近平，銎端有束，下有三角形孔，有明显使用痕迹。通高 10.3 厘米，刃宽 6.4 厘米[7]。也有出自墓葬的，如河南洛阳北窑出土 2 件，其中一件铲面为梯形，平刃，高銎，銎边饰绳索纹，口下一侧有半环形鼻（图 5-1-5）。通高 11.7 厘米，刃宽 5.5 厘米，銎高 3.8 厘米，銎宽 2.3 厘米[8]。陕西宝鸡竹园沟出土 1 件，长銎，銎顶有箍，一侧半环形鼻，侧身直，平刃（图 5-1-4）。通高 6.5 厘米，刃宽 2.8 厘米[9]。

此外，一些斧可能也用于农业生产，只因它与手工业工具的斧、锛等相比除形体一般略大、装柄方式不同外，器身没有太大区别，所以尽归入斧类，这种器类在西周遗址中也是常见的。

刀的典型形制为矩形或半月形，横刃，近背有孔，以双孔为多，一般认为是收割工

[4] 胡谦盈：《丰镐考古工作三十年（1951~1981）回顾》，《文物》1982 年第 10 期。
[5] 蔡运章：《谈偃师南寨村出土的西周铜铲》，《中原文物》1984 年第 3 期。
[6] 临潼县文化馆：《陕西临潼发现武王征商簋》，《文物》1977 年第 8 期。
[7] 高西省：《试论扶风出土的商周青铜生产工具及相关的问题》，《农业考古》1992 年第 1 期。
[8] 洛阳市文物工作队：《洛阳北窑西周墓》图六九：4，文物出版社，1999 年。
[9] 卢连成、胡智生：《宝鸡㚄国墓地》图一二六，文物出版社，1988 年。

具。刀在考古发掘中发现很多，1955~1957年在长安张家坡和客省庄出土石刀134件、蚌刀191件。石刀如张家坡所出的，长方形，单孔（图5-1-7），长10厘米，宽5.7厘米[1]。张家坡的另一件，双孔，钻孔贴近刀背（图5-1-6），长9.2厘米，宽4.7厘米[2]。有一部分刀可能为木或骨背镶刃，刃较小，易被忽略。另外，当时还有其他用于农业收割的工具，如遗址中大量出土的其他形制的刀可能也当作收割农具使用[3]。

西周时期的镰与今天农业用铁镰基本相似。以质料论有石、骨、蚌质。1955~1957年在长安张家坡和客省庄出土石镰4件、蚌镰94件。石镰如张家坡所出的1件，前端残，背部有打制痕迹（图5-1-8），残长13.2厘米[4]。

农具除用于生产外，也与青铜礼器一起用于随葬。《仪礼·既夕礼》说："（随葬）用器，弓矢、耒耜、两敦、两杅、盘、匜。"贾疏："谓常用之器，弓矢兵器，耒耜农器，敦杅食器，盘匜洗浴之器，皆象生时而藏之也。"实际例子如前举洛阳北窑、宝鸡强国墓葬等的随葬情况。

总的来看，西周时期的农业工具，以质料而论有青铜器、石器、蚌器、骨器、木器、陶器等。考古发现者以石器数量最多，其次为蚌、骨器，铜、木、陶质者少。需要说明的是，已出土的青铜农具数量较少，并引起商周时期是否大量使用青铜农具的讨论。结合文献记载和考古发现来看，在当时的实际生产活动中，青铜农具所占的比例应比实际发现者大一些。因为青铜在当时是贵重的金属，工具废弃之后可以回炉铸造新的工具或改铸他器，所以青铜生产工具出土比较少[5]。从考古发现看，河南郑州商代早期铸铜遗址出土的各类陶范，以镢、斧、刀、锥等工具类范最多[6]，可见当时铸造的包括青铜农具在内的工具已占有相当大的比例。那么，西周时期的青铜农具不会比商代早期更少。至于其他质料的工具，因一旦废弃就无法回收利用，所以发现反倒多一些。

西周时期的农作物品种，有百谷之称，《诗·周颂·噫嘻》："率时农夫，播厥百谷。"又有六谷之称，《周礼·天官·膳夫》："食用六谷。"郑玄注："稌、黍、稷、粱、麦、苽。"据统计，《诗》中谷类名称有黍、稷、禾、谷、粱、麦、稻、稌、秬，豆类名称有菽、荏椒、藿，麻有麻、苴、纻等[7]。西周青铜器铭文上也记有农作物种类名称，1977年陕西扶风云塘出土的伯公父簠上有"用盛糕稻糯粱"[8]，史免簠铭文也有"用盛稻粱"之语[9]。

---

[1] 中国科学院考古研究所：《沣西发掘报告》图五四：1，文物出版社，1963年。
[2] 中国科学院考古研究所：《沣西发掘报告》图五四：4，文物出版社，1963年。
[3] 陈振中：《青铜生产工具与中国奴隶制社会经济》，中国社会科学出版社，1992年。
[4] 中国科学院考古研究所：《沣西发掘报告》图五四：11，文物出版社，1963年。
[5] 唐兰：《中国古代社会使用青铜农具问题的初步研究》，《故宫博物院院刊》1960年第2期。
[6] 河南省文物研究所：《郑州商代二里冈期铸铜基址》，《考古学集刊》第6集，中国社会科学出版社，1989年。
[7] 中国农业科学院、南京农学院中国农业遗产研究室：《中国农学史》，科学出版社，1959年。
[8] 陕西省考古研究所、陕西省文物管理委员会、陕西省博物馆：《陕西出土商周青铜器（三）》，图版九四，文物出版社，1980年。
[9] 中国社会科学院考古研究所：《殷周金文集成（九）》4579，中华书局，1988年。

在西周遗址中也发现有炭化的粮食遗物，如陕西长安丰镐遗址出土的小米[1]，江苏东海焦庄出土的粮食[2]，江苏句容浮山[3]、湖北蕲春毛家咀[4]出土的稻米，安徽亳县钓鱼台出土的麦粒[5]，陕西扶风杨家堡出土的苎麻布[6]。可见西周时期农作物的种类已比较多。

农业工具特别是青铜农具的使用，有关技术和经验的提高，促进了农业生产的发展，粮食产量进一步提高。西周遗址中常常发现很多窖穴和灰坑，其中有的应是用于储藏粮食的仓库。《诗经》中描绘了当时丰收的情景或年景，《楚茨》："我仓既盈，我庾维亿。"《良耜》："获之挃挃，积之栗栗，其崇如墉，其比如栉，以开百室。"《臣工》："於皇来牟……迄用康年。"《丰年》："丰年多黍多稌，亦有高廪，万亿及秭。"《甫田》："倬彼甫田，岁取十千。""曾孙之稼，如茨如梁；曾孙之庾，如坻如京；乃求千斯仓，乃求万斯箱。"其中虽有夸张成分，但也应是丰年的反映。

二 养殖业

西周时期已出现以养鱼为核心的养殖业。《诗·大雅·灵台》说"王在灵沼，於牣鱼跃"，这是池塘养鱼的最早记录，反映出当时已完成了从捕捞鱼类到人工养殖的重大转变。关于西周养殖业方面的情况，孙砦遗址的发掘提供了这方面的一些信息。

孙砦遗址位于河南信阳市北20公里，南临淮河。遗址在村东南2米高的台地上，东西227米，南北205米。文化堆积一般厚1米左右，最厚3米以上。1959~1960年进行了发掘，发现长方形大坑等与养殖业有关的遗迹[7]。

这座长方形大坑（图5-2），呈东北向西南走向，口长42米，宽16米，深近4米。口大于底。由坑口向下2米，分成10座小坑（坑1至坑10），呈东、西两排布列。中间有南北向的隔梁，长40米，上宽0.15~0.5米，下宽3米左右。小坑坑口长约8米，宽4.6~6.6米，深1.5~1.45米。底内收。其中坑8又分割为2座小坑。坑间有隔梁，各坑内普遍有青灰色淤泥，厚0.2~0.6米。

在小坑内发现有很多鱼骨，经鉴定有鲤鱼、鲫鱼等类。如坑7出土的完整大鱼骨，长约55厘米。小鱼骨较多，如坑2中所见小鱼骨长5~7厘米。另外还有少量虾骸、蚌壳、龟甲等。

小坑附近及坑内多发现有圆木以及陶、石、木、竹类器具。如坑9口部偏南横置圆木2根，长6~6.5米，直径0.2米左右，附近堆有长短不等的木头以及竹、草编织物。坑3内还发现有成束的树枝。出土竹编织物较多，有的叠压达两、三层之多。另出有竹编的鱼

---

[1] 中国社会科学院考古研究所丰镐工作队：《1997年沣西发掘报告》，《考古学报》2000年第2期。
[2] 南波：《江苏东海县焦庄古遗址》，《文物》1975年第8期。
[3] 镇江市博物馆浮山果园古墓发掘组：《江苏句容浮山土墩墓》，《考古》1979年第2期。
[4] 中国科学院考古研究所湖北发掘队：《湖北蕲春毛家咀西周木构建筑》，《考古》1962年第1期。
[5] 安徽省博物馆：《安徽新石器时代遗址的调查》，《考古学报》1957年第1期。
[6] 扶风县博物馆　罗西章：《陕西扶风杨家堡西周墓清理简报》，《考古与文物》1980年第2期。
[7] 河南省文物研究所：《信阳孙砦遗址发掘报告》，《华夏考古》1989年第2期。

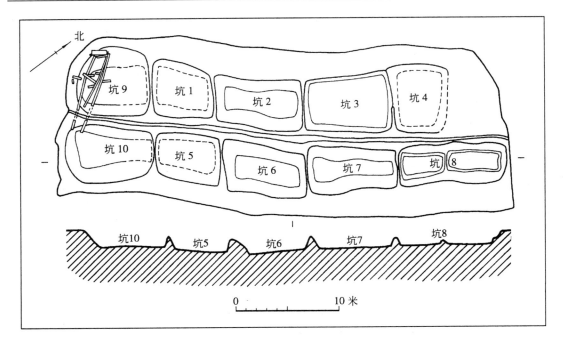

图 5-2 信阳孙砦西周养殖业遗迹平面、剖面图

罩、篓、木橹和桨。

在长方形大坑东南 8 米处,东西 5 米、南北 8 米的范围内,还发现排木 40 余根,最长者 5 米,短者 3 米,直径在 0.3~1.5 米。其西北边有木柱痕迹,可能属于建筑遗迹。

遗址中出土木质器具有木橹、桨、槌、匕、豆、盒等,竹质者有竹篓、鱼罩等,竹篓形制较多,有长方形、方形、椭圆形等类。草编织品有草鞋、绳等。石器有斧、凿、铲、刀、镰、杵、镞、砺石。此外还出土了少量青铜器和陶范。

出土陶器多为陶片,有鬲、甗、豆、钵、器盖、盆、罐、瓮等类。由这些器物看,长方形大坑的年代当在西周晚期。

孙砦遗址的发现显示,这里的长方形大坑等遗迹并非生活场所,而应是一处独特的生产活动场所。坑中出土的较多鱼骨说明,这里的生产活动可能与鱼的养殖有关。孙砦遗址的发现,为研究西周时期水产养殖业提供了珍贵的实例。

第二节 金属冶铸

西周时期的金属冶铸业是以铜为主要原料的采冶和青铜器的铸造,这是当时处于绝对统治地位的冶铸业。当时也有以锡、铅为主要原料的金属器物,但并不普遍,而且其铸造是附属于青铜器的铸造,工艺也与青铜器的铸造工艺紧密关联,并没有成为独立的门类。

西周时期还出现了铁制品,尽管发现很少,但正是这种以铸造铁器为核心的冶铸业,在后来取代了青铜的冶铸并处于主导地位，对当时社会的发展产生了深远的影响，所以有必要给予特别的关注。

一　青铜冶铸

西周时期是中国青铜时代的重要发展阶段，前期是青铜铸造业的鼎盛时期，青铜器种类繁多，特别是礼乐器，制作精美；后期有了一些新的变化，器形、纹饰都有发展，出现了很多带有长篇铭文的器物。整个西周一代，青铜器的数量之大，远超于前代，铸造技术也有新的发展，并趋于规范，反映出代表当时最高技术水平的青铜冶铸业不断发展的状况。青铜冶铸业，包括铜矿的开采、冶炼、器范制作、铸造等多个环节，每个阶段需要相应的技术、工艺。

（一）采矿和冶炼

西周时期的铜矿采冶遗址现在发现不少，从分布情况看，以长江中下游两岸的沿江铜矿带最为集中。

长江中游的铜矿采冶遗址有湖北大冶铜绿山[1]、阳新丰山洞[2]和江西瑞昌铜岭[3]等，以这三个遗址为代表的一批遗址，相互距离不远，组成长江中游庞大的铜矿采冶基地。

铜绿山位于湖北大冶县境、长江南岸的幕阜山北麓。遗址位于现代矿区，面积1平方公里。在12个矿体中，至少有9个已被古人开采，1975～1985年间，发掘了6个矿体的部分遗存，包括地下采区7处，井巷近500条，炼铜遗址3处，冶炼炉多座，出土井巷构件、天然铜块以及各类质料的采矿工具和生活用具等。遗址的年代，早到西周早期，晚至汉代。

铜岭遗址地处长江南岸，位于幕阜山东北，遗址区地形属于低山丘陵。附近仍有现代铜铁矿山。铜岭矿为铜铁共生矿，矿体分布于合连山西坡和铁山，矿区岩体不太坚硬，埋藏浅，便于开采。据调查，遗址分采矿区、冶炼区两部分，采矿区分布面积7万平方米，冶炼区在矿山脚下，分布范围20万平方米，炼渣堆积厚0.60～3.40米。1988～1992年的发掘，揭露采矿区1800平方米，冶炼区600平方米，发现矿井108口，巷道19条，露天采坑3处，探矿槽坑2处、工棚6处、选矿场1处、斫木场1处，还有用于矿山管理的围栅设施等。发现各种工具和生活用具400多件。其年代早到商代早期，晚至战国早期。

大冶东南还有湖北阳新丰山洞铜矿遗址，已发掘采矿区2处，也发现竖井、平巷水槽等遗迹和铜、木质工具，开采年代为西周晚期至战国时期。

长江下游的铜矿采冶遗址基本分布于安徽安庆至马鞍山的长江沿岸地区，即位于长江

---

[1]　A. 中国社会科学院考古研究所铜绿山工作队：《湖北铜绿山东周铜矿遗址发掘》，《考古学报》1982年第1期。
　　B. 黄石市博物馆：《铜绿山——古矿冶遗址》，文物出版社，1999年。
[2]　港下古铜矿遗址发掘小组：《湖北阳新港下古矿井遗址发掘简报》，《考古》1988年第1期。
[3]　A. 江西省文物考古研究所铜岭遗址发掘队：《江西瑞昌铜岭商周矿冶遗址第一期发掘简报》，《江西文物》1990年第3期。
　　B. 刘诗中、卢本珊：《江西铜岭铜矿遗址的发掘与研究》，《考古学报》1998年第4期。

中下游铜铁矿成矿带的中部。20世纪50年代，在对这个地区的一些现代矿山建设和地质勘探中，发现过古代的采矿遗迹和工具，1984年以来，对有关地区的铜矿采冶遗址进行了全面调查和试掘，对其分布、年代等问题有了初步认识[1]。这个地区的古代铜矿采冶遗址，根据分布区域大体可归为皖南、枞庐（枞阳—庐江）、滁马（滁州—马鞍山）三大区域，其中皖南区发现矿冶遗址近百处。从时代看，遗址早到西周，晚至宋代。从地形看，矿冶遗址分布于丘陵地区，有相当规模，如铜陵铜官山、凤凰山、南陵小破山头、大元岭等地，在方圆数平方公里的范围内，凡有铜矿体的地点大多发现有采矿遗迹。采矿遗址附近有冶炼遗址，小者数千平方米，大者10万平方米以上，废渣和炼炉残块堆积厚度可达数米。南陵江木冲、铜陵狮子山、凤凰山、铜官山等地发现大型冶炼遗址，每个地点的炼铜废渣分布范围达1平方公里以上，废渣的估算量在20万至30万吨。在一些矿冶遗址中发现有成堆的矿石、坑木以及采冶工具、陶瓷类用器等，有的冶炼点还发现炼铜炉或铜锭。相信随着对有关典型遗址的发掘和研究，对这一地区西周时期的铜矿的开采、冶铸水平以及本土文化特征会有更为全面和深刻的认识。

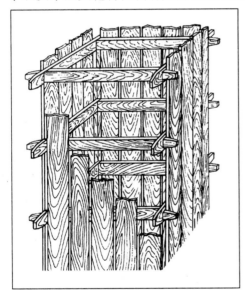

图 5-3 瑞昌铜岭铜矿 J20 西周矿井支架示意图

此外，内蒙古林西还发现大井矿冶遗址，古矿区面积2.5平方公里，露天采坑7处，最长195米，深20米，发现有炉壁、炼渣、矿石以及石锤、石球等工具[2]。

在已发现的铜矿采冶遗址中，铜岭、铜绿山遗址的发掘面积较大，所展示的铜矿采冶情况最为清晰，成为今天了解西周时期铜矿采冶的主要依据。对这些遗址的综合研究可知，当时铜矿的采冶包括探矿、开采、选矿、冶炼等多个环节。

西周探矿方法仍然使用商代常用的探槽法，即根据出露的矿脉开挖地槽找矿，但主要采用小型矿井探矿法。这类小型井，断面小，宽度不到50厘米，如江西瑞昌铜岭铜矿的 J10，边长46厘米，与那些断面较大的矿井有很大差别，应该是找矿的探井。

西周时期除沿用商代单一的竖井开采外，出现

---

[1] A. 安徽省文物考古研究所：《安徽铜陵金牛洞铜矿古采场清理简报》，《考古》1989年第10期。
　　B. 张国茂：《安徽铜陵地区古代矿冶遗址调查报告》，《东南文化》1988年第6期。
　　C. 杨立新：《皖南古代铜矿初步考察与研究》，《文物研究》第三期，黄山书社，1988年。
　　D. 刘平生：《南陵大工山古矿冶遗址群江木冲冶炼场调查》，《文物研究》第三期，黄山书社，1988年。
　　E. 杨立新：《安徽沿江地区的古代铜矿》，《文物研究》第八期，黄山书社，1993年。
[2] 辽宁省博物馆文物工作队：《辽宁林西县大井古铜矿1976年试掘简报》，《文物资料丛刊》7，文物出版社，1983年。

联合开采法，即多个竖井下部与平巷接通，以方便开采，提高效率。竖井大多为正方形，支护形式采用间隔式框架，框木以榫卯相接，母卯端为三棱形，嵌入岩体。框外用木板封堵，以防框外岩体掉入井内，如铜岭铜矿 J20（图 5-3）。平巷的支护的制作类似于竖井的支护。

西周晚期出现采矿主井，用于人员出入和矿料的运出，如铜岭铜矿 J37，现存井深 11 米，井口南北长 2.59 米，东西 1.78 米，井上部仍残留木梯，井下南面有一个小井通至采矿场。

开采和装运工具在铜绿山、铜岭都有发现，开采工具有木斧、木质或铜质的锛、凿、钺等，装运工具有木铲、木锨、竹篓、竹筐等。矿井里残留竹签和松柴，有火烧痕迹，可能是照明用具的遗留。

选矿有手选和水选两种，主要使用水选工艺。铜岭铜矿发现的破碎矿石的工具有木槌、杵、臼，淘洗工具有木勺、勺形木盘、竹盘、船形木斗、溜槽。发现的西周选矿区面积百余平方米，有一整套水选溜槽选矿设施（图 5-4），有木溜槽、尾砂池和滤水台等遗迹。据此所作的模拟实验证明，这种设施设计合理，大大提高了选矿效率。

在铜矿采冶遗址附近，一般都发现有冶炼遗址，说明当时铜矿的冶炼就地进行。因没有发现明确属于西周时期的炼炉，有关冶炼的具体情况现在无法分析，铜绿山遗址春秋炼炉和有关的试验[1]，可作参照。

冶炼成品为铜锭，在铜陵木鱼山、万迎山和南陵江木冲发现有铜锭，呈菱形，大者重

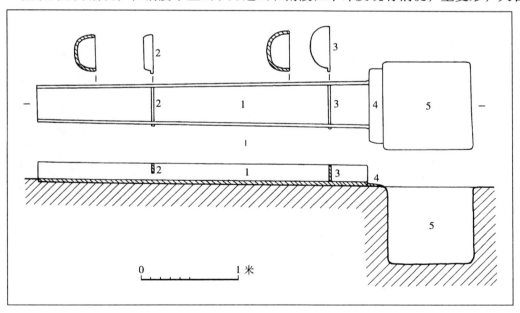

图 5-4　瑞昌铜岭铜矿西周溜槽选矿设施平面、剖面图
1. 溜槽　2. 中段拦板　3. 槽尾闸板　4. 垫板　5. 尾砂池

---

[1] A. 卢本珊、华学明：《铜绿山春秋炼铜竖炉的复原研究》，《文物》1981 年第 8 期。
　　B. 夏鼐、殷玮璋：《湖北铜绿山古铜矿》，《考古学报》1982 年第 1 期。

1.58~4公斤，长40~45厘米，宽5~12厘米，厚0.6~2厘米；小者重1.1公斤，长11~26厘米，宽7~10厘米，厚0.6~2厘米。这些铜锭出土时多呈铁锈色，经化学定量分析和X荧光光谱分析，铜锭成分以铜铁为主，夹杂有硅、硫、铅、锡等多种微量元素[1]。多数铜锭的含铁量较高，可能为硫铜矿焙烧和还原熔炼不充分而形成的；有的铜锭含铁量低，可能是再次提炼而成的粗铜或纯铜。铜锭和炼渣中锡的含量较高，可能是有意加入的，也可能是矿物本来为铜锡共生矿。

对皖南矿冶遗址出土铜锭和炼渣的检测和研究证明，至少在西周时期，中国已经掌握了硫化矿炼铜技术，这是矿冶史上的一件大事。在对浅层的、较易熔炼的氧化铜矿资源开采以后，必然要开采深层的原生矿床，硫化矿炼铜技术的出现，解决了原生矿物的焙烧、熔炼问题，从而保证了矿冶生产的持续发展，生产出更加充足的铜料，使商周时期的冶铸业得以保持长盛不衰[2]。

铜料是西周时期最重要的资源，各地铜矿冶炼的成品，首先为西周王朝及各诸侯国所用。如西周时期淮夷所居的安徽一带，当地所产的铜料是给中央王朝的贡品，《诗·鲁颂·泮水》："憬彼淮夷，来献其琛；元龟象齿，大赂南金。"周王朝征伐南淮夷还掠夺铜料，中偁父鼎："……中偁父伐南淮夷，俘金……"[3]铜料还作为当时的赠品或周王朝论功行赏之物，小臣守簋："王使小臣守使于夷，夷宾马两、金十钧。"[4]河南平顶山应国墓地出土的柞伯簋（图5-5）记载，周王在宗周举行大射礼，柞伯十矢全中，获得周王赏

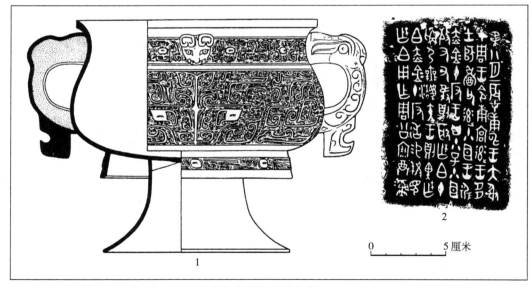

图5-5 平顶山滍阳岭应国墓地M242出土铜器
1.柞伯簋 2.柞伯簋铭文拓本

---

[1] 陈荣、赵匡华：《先秦时期铜陵地区的硫铜矿冶炼研究》，《自然科学史研究》1994年第2期。
[2] 华觉明：《中国古代金属技术——铜和铁造就的文明》，大象出版社，1999年。
[3] 中国社会科学院考古研究所：《殷周金文集成（五）》2734，中华书局，1985年。
[4] 中国社会科学院考古研究所：《殷周金文集成（八）》4179~4181，中华书局，1987年。

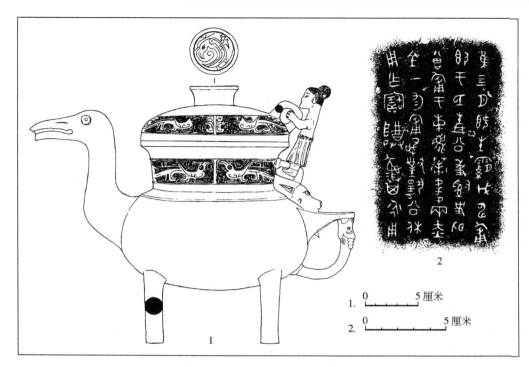

图 5-6 平顶山滍阳岭应国墓地 M50 出土铜器
1. 匍盉 2. 匍盉铭文拓本

赐赤金十板[1]。同一墓地出土的匍盉（图 5-6）记载，匍曾受赠"赤金一钧"[2]。山西曲沃北赵晋侯墓地 M64 出土的楚公逆钟记载，楚公逆获"赤金九万钧，楚公逆用自乍和□锡钟百□……"[3] 结合大量西周青铜器来看，当时冶炼的铜料成品数量已经相当之多，也从一个方面证明当时的冶铜手工业具有较高水平。

（二）青铜器铸造

周族在灭商以前已有了自己的青铜冶铸业，先周文化遗存中发现不少青铜器，如在陕西长安张家坡墓葬出土铜鼎、簋和弓形器等[4]，岐山贺家墓葬中出土铜戈和铜泡[5]，其他一些先周文化遗址中还出有青铜工具，说明先周社会已进入青铜时代。

20 世纪 50 年代，长安张家坡西周早期居址出土有铸铜的陶范、芯和浇口[6]，说明附

---

[1] 王龙正、姜涛、袁俊杰：《新发现的柞伯簋及其铭文考释》，《文物》1998 年第 9 期。
[2] 王龙正、姜涛、袁俊杰：《匍鸭铜盉与频聘礼》，《文物》1998 年第 4 期。
[3] 山西省考古研究所、北京大学考古系：《天马—曲村遗址北赵晋侯墓地第四次发掘》，《文物》1994 年第 8 期。
[4] 中国社会科学院考古研究所丰镐工作队：《长安沣西早周墓葬发掘纪略》，《考古》1984 年第 9 期。
[5] 陕西省博物馆：《陕西岐山贺家村西周墓葬》，《考古》1976 年第 1 期。
[6] 中国科学院考古研究所：《沣西发掘报告》，文物出版社，1963 年。

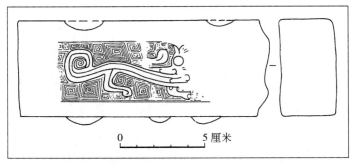

图 5-7 长安马王村 H10 出土陶范

近有制造作坊。长安马王村西周早期灰坑 H10 中出土铸器陶范残块[1]，其中一块簋范上以云雷纹为地纹，主题纹饰为伏身夔龙纹（图5-7）。从西周王畿以及其他诸侯国地区所出土的大量青铜器特别是那些具有本土特征和有铭文的青铜器看，各地都应有自己的铸造青铜器场所。

河南洛阳北窑遗址[2]是已发现的西周时期最大的铸铜遗址，是研究西周时期青铜器铸造技术和水平的代表性遗存。遗址位于洛阳东北郊北窑村西南，北倚邙山，东临瀍河，西北与庞家沟西周墓地相邻，面积10余万平方米。1973~1975年钻探，1973~1974年发掘800平方米，1975~1978年发掘2500平方米。发现有房址、陶窑、窖穴、墓葬、祭祀坑等遗迹，出土了熔炉残壁和陶范、手工工具、日用陶器、卜骨等遗物。年代主要在西周早、中期。

北窑遗址发现有建筑基址，包括柱基25个，地下水管1条（发掘2.5米），地面3处。窖穴和灰坑有圆袋形、椭圆形、长条形、不规则形四种。袋状窖穴，一般口径2米，底径3米，深2米左右。部分窖穴的壁和底作过处理，表面光滑平整。灰坑填土中出土大量熔炉残壁和陶范、烧土块、陶片等。手工工具发现较多，有骨锥、骨凿、铜三棱锥形器、铜刀、砺石等（图5-8-1~4、6），可能是在铸造作坊中使用的工具。

北窑铸铜遗址中出土了上千块熔炉炉壁残块，系泥条盘筑而成，泥条为泥、砂、草拌制，宽、厚均为3~4厘米。根据所测熔炉炉径可知，当时的熔炉有大、中、小三种，小型炉径为0.5~0.6米，中型为0.9~1.1米，大型为1.6~1.7米[3]。其中以中型炉最多，中型炉的直径已超过安阳殷墟的同类炉。有的炉壁下缘残留三处鼓风口，证明当时已使用鼓风设备。熔炉多处鼓风，可以提高炉温。据检测，炉温可达1200~1250℃左右。

北窑铸铜遗址中，陶范器形有容器、车马、兵器等类，其中容器居多，车马、兵器少。容器器类有鼎、簋、卣、尊、觚、爵、觯、罍、钟，车马器有辖、軎、銮铃、泡饰。

铸造青铜器的范主要是陶范，实心工具和兵器为双合范，容器有外范和内范（芯）。陶范料均是筛选细土、细沙羼和而成，芯、范的质色略有不同，芯比较松软，呈红砖色或青灰色。范厚4厘米左右，分两层，面料细腻、坚硬，青灰色；背料松软，灰红色，夹有较大的砂粒，其中还有稻壳、草秸等植物灰红色。范的做法是将厚1~1.5厘米的面料泥片贴于模上，周缘做出高约3厘米的边框，中填背料，然后在分型面上做出三角

---

[1] 中国科学院考古研究所沣西发掘队：《陕西长安、户县调查试掘简报》，《考古》1962年第6期。

[2] A. 洛阳博物馆：《洛阳北窑村西周遗址1974年度发掘简报》，《文物》1981年第7期。

B. 洛阳市文物工作队：《1975~1979年洛阳北窑西周铸铜遗址的发掘》，《考古》1983年第5期。

[3] 李京华：《河南冶金考古的发现和研究》，《河南考古四十年》，河南人民出版社，1994年。

形或长方形的卯口[1]。陶范纹饰主要为浅浮雕式（参见图 2-14-1、2、5），一般是用小刀在模上雕刻，然后翻制于范上。铭文的制作，阴文直接刻于芯范上（图 5-8-8、9），阳文是用模翻制阴刻文字后做成活块嵌于芯、范的相应部位而成（图 5-8-6、7）。

从北窑等地遗址看出，西周青铜冶铸技术较以前有了新的发展。熔炉有大、中、小型，器物陶范的种类繁多，冶铸作坊面积大，可同时进行礼器、工具、兵器等各种器类的铸造。特别是大中型熔炉多，并存在多个鼓风口的熔炉，可大大提高铸造效率。范的制作更为精细，外范面料的使用，使青铜器表面更为平滑，并可以做出多层次的纤细精美的花纹。

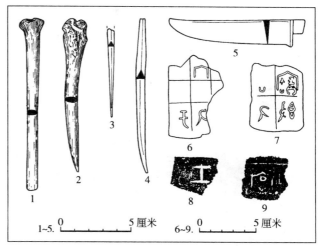

图 5-8　洛阳北窑西周铸铜遗址出土遗物
1. 骨凿（T4⑤:15）　2. 骨锥（H246）　3. 铜锥（H286:1）
4. 铜锥（T8:3）　5. 铜削（T4④:2）　6. 铭文陶范（H156:1）摹本
7. 铭文陶范（T16④:4）摹本　8. 铭文陶范（H296:1）拓本
9. 铭文陶范（T25③:3）拓本

北窑铸铜遗址出土很多生活日用陶器，这些可能是当地铸铜作坊的工匠的用器。其中，除有西周文化中常见的典型器物如联裆鬲、折肩罐外，最为突出的倒是那些带有浓厚商式风格的鬲、簋、尊等器物，这组有着相当数量的器物存在，构成了当地有别于其他地区典型西周文化的独特面貌。这些器物出于铸铜作坊中，其使用者的来源也就有了研究的必要。从铸铜技术和青铜器的种类、器物形制、纹饰看，周承商制，西周铸铜技术与商人必有关系。《书·毕命》记载周人灭商后，"毖殷顽民，迁于洛邑"，《书·周书序》也说："成周既成，迁殷顽民"，即将大批商遗民迁于今天的洛阳附近。那么，北窑铸铜作坊的工匠有相当数量可能属于"殷顽民"一类。

关于西周时期青铜器铸造工艺，通过对代表西周时期青铜器铸造水平的墓葬随葬器物，特别是大、中型墓中出土青铜器实物的观察和金属成分检测，结合模拟试验，现在已有了比较准确的认识[2]。

西周青铜器的铸造使用浑铸法和分铸法，主要使用浑铸法。

对北京房山琉璃河西周燕国墓地所出青铜器检测发现，当地的铸造工艺以浑铸法为主流，采用分铸法者很少，检测的 70 件青铜礼器中，只有 4 件采用分铸法[3]。

---

[1] 华觉明：《中国古代金属技术——铜和铁造就的文明》，大象出版社，1999 年。
[2] A. 华觉明：《中国古代金属技术——铜和铁造就的文明》，大象出版社，1999 年。
B. 苏荣誉、华觉明、李克敏、卢本珊：《中国上古金属技术》，山东科学技术出版社，1995 年。
[3] 周建勋：《商周青铜器铸造工艺的若干探讨》，《琉璃河西周燕国墓地》，文物出版社，1995 年。

图 5-9　宝鸡竹园沟㠱国墓地 M7 出土伯各卣（BZM7:6）

宝鸡㠱国西周墓地所出青铜器也是如此[1]。经检测，这里的青铜器的铸造普遍使用浑铸法，为使器物浑铸成形，还采用活块模、活块范和开槽下芯等措施。如陕西宝鸡㠱国墓地出土的伯各卣，提梁上的圆雕型牛头附饰和提梁两端的扭曲羊角，就是用活块模做的铸型（图 5-9）；㠱伯双耳方座簋的方座上翘起的兽角，是用活块范做的铸型。只能采用分铸的器物，也采用"铸焊铆"结构（如算环与甗体的连接）或"自锁"结构（如四耳簋的耳、体结合），不仅简化了铸造工艺，而且达到了使连接部牢固的目的。

分铸的应用中，先铸法和后铸法都存在，至于如何使用，要根据具体器物的形制、性能要求和工艺决定。所见簋耳为先铸，簋身后铸；卣和提梁壶则相反，先铸器身，后铸提梁。

同样，河南陕县上村岭虢国墓地出土青铜器的铸造也以浑铸为主流，分铸居次要地位，出土的铜鼎、甗、簋全是浑铸法铸造，但壶的衔环兽耳、匜鋬采用分铸法[2]。

青铜器的铸造大量使用泥、铜质芯撑，有范、芯自带的泥芯和外加铜质芯两种。芯撑的使用，保证了铸型的规整、稳定，器物成形更为可靠。

对琉璃河西周燕国墓葬出土的 18 件青铜容器的检测发现，有 16 件使用了芯撑，而且还有一定规律。如其中鼎、甗的器底放 9~12 块芯撑，典型做法是在器底中央放 3 块，足、底连接处各 1 块；簋底和簋座放 3、4 块；尊、卣、盘底也有 3 块；觯底 1 块，腹下近圈足处均匀放 4 块。

---

[1] 苏荣誉、卢连成、胡智生：《㠱国墓地青铜器铸造工艺考察和金属器物检测》，《宝鸡㠱国墓地》，文物出版社，1988年。
[2] 郭宝钧：《商周青铜器群综合研究》，文物出版社，1981年。

对宝鸡強国西周墓地所出 21 件青铜器（鼎、簋、编钟、戈、镞、当卢、軎、泡和饰品）进行金相组织分析发现，这些样品在显微镜下几乎都是铸态（或退火）组织，形态多为树枝晶，树枝状结构较粗大，说明浇铸后经过缓慢的冷却期，其原因是在浇铸前铸型被充分预热。通过对铸型的预热，结合芯撑的使用，再配以流动性好的铜液，从而可铸造出壁薄轻巧的器物。这里的青铜礼器大多器壁很薄，多在 0.2～0.4 厘米之间，有的甚至不到 0.1 厘米，正是这些技术成功应用的杰作。

关于青铜器金属成分，宝鸡強国西周墓地青铜器以铜—锡—铅三元合金为主，这与殷墟青铜器以铜—锡二元合金占主导地位的情况不同[1]。其中纸坊头、竹园沟等地西周早期的青铜器以三元合金为主，茹家庄墓地相当于昭穆之际的青铜器则以二元合金为主。青铜器成分中，铁、硫、砷以及银、锌、锑、锰、镁、铋、镍、硅、钴等元素的含量都很低，其中有的样品中铅、锌、镍、锑、锰、钴、镁等几乎不存在，这可能预示当时使用的铜料有着不同的来源。

总体来看，如同晚商时期一样，西周时期青铜器的铸造仍采用浑铸、分铸法。那些带有复杂附件如圆雕饰的青铜器采用分铸工艺，但也有新的发展。青铜器的浇铸方法，仍同于以殷墟为代表的晚商文化青铜铸造方法，凡是青铜容器，采用倒浇法，即器物底部设浇口，而实心青铜器采用正浇法。与晚商相比，西周时期的青铜器铸造中普遍使用芯撑，芯撑分为铜质和泥质，这主要在铸造较大的青铜器时使用。

西周中晚期，随着模、范翻制技术的推广，与以前的一套范铸造一器相比，现在可以使一种器类成组铸造，达到器物的大小、形制、纹饰和铭文完全相同的效果。最典型的如三门峡虢国墓地 M2001 出土的 8 件鬲、6 件簋、2 件豆、2 件簠、2 件方壶、2 件圆壶和 M2006 随葬的 4 件鬲、2 件壶[2]，同类器物的大小、纹饰甚至铭文完全相同。类似的情况在各地的大、中型墓葬和窖藏出土青铜器上相当普遍。

二　冶铁术的兴起

中国的冶铁术始于何时，是长期以来学术界不断探求的问题。

中国铁器的铸造问题早就被注意，关于中国冶铁术的产生及铁器的使用时代，从近代以来，学术界存在多种观点。章炳麟推测夏商时期已有熟铁和钢[3]，周则岳也有类似看法[4]。束式澂认为殷商时期使用铁器[5]，范文澜和翦伯赞都认为西周时期应该使用铁器[6]，郭沫

---

[1] 中国社会科学院考古研究所实验室：《殷墟金属器物的成分测定报告（一）——妇好墓青铜器测定》，《考古学集刊》第 2 集，中国社会科学出版社，1982 年。

[2] 河南省文物考古研究所、三门峡市文物工作队：《上村岭虢国墓地 M2006 的清理》，《文物》1995 年第 1 期。

[3] 章炳麟：《铜器铁器变迁考》，《华国》第 2 卷第 2 期，1925 年。

[4] 周则岳：《试论中国冶金史的几个问题》，《中南矿冶学院学报》1956 年第 1 期。

[5] 束式澂：《从苏联考古学的成果看中国铁器时代》，《历史教学》1957 年第 6 期。

[6] A. 范文澜：《中国通史简编》，上海新知出版社，1948 年。
　　B. 翦伯赞：《中国史纲》，三联书店，1950 年。

若早年也持此看法[1],后将铁器的最初使用年代定在春秋时期[2]。李约瑟认为中国在公元前6世纪已知炼铁[3],郭宝钧则认为春秋时期"铁器渐兴",战国时期是"由铜器时代转变为铁器时代的过渡期"[4]。由于当时有关冶铁的考古资料还很少,很多说法无法验证,其说服力也就不强。

从技术角度来看,在古代技术条件下,冶铁工艺有两种[5],一种是采取低温固体还原法,即块炼法,用木柴和木炭作燃料和还原剂,在较低温度(约1000℃)的炉体内将铁氧化物还原成固态海绵铁,这是世界上大部分地区早期使用的炼铁技术。另一种是在较高温度(约1200℃)下使氧化铁还原并充分吸收炭,成为生铁。

考古发现商代已有铁刃铜钺[6],经鉴定为陨铁锻打而成。另外,山西灵石商墓出土1件铜钺,通体有铁锈,刃部铁含量高达8.02%[7]。河南安阳殷墟还出土1件父壬铜鼎,腹、足部铁锈明显,经化验含铁达14%[8]。春秋中晚期以来,列国普遍使用铁器,说明当时已有了成熟的冶铁工艺。处于两者之间的西周时期应该是中国冶铁工艺产生和发展的重要阶段。

西周时期的铁制品很早就有出土。1931年河南浚县辛村卫侯墓地出土铁刃铜钺和铁援铜戈各1件,经检测,铜钺的铁刃中有高镍和低镍铁粒,高镍带含铁达22.6%~29.3%,具有陨铁特征[9];铁援铜戈则没有作出肯定的判断。1990年在河南三门峡虢国墓地西周晚期墓出土6件铁刃兵器和工具(图5-10),其中玉柄铜芯铁剑(图版18-1)等3件为人工冶铁制品,还有3件则是由陨铁制成的[10]。由此可见,在西周晚期,中国内地已出现了冶铁技术。因而很多研究者认为中国内地在两周之际前后已发明冶铁术[11]。

不过,有的研究者认为中国内地的冶铁术是自新疆传入的[12],其根据是在新疆的哈密焉不拉克[13]、轮台群巴克[14]、和静察吾乎沟口[15]等地墓葬发现有铁制的手工工具,经

---

[1] 郭沫若:《中国古代社会研究》,联合书店,1930年。
[2] 郭沫若:《奴隶制时代》,人民出版社,1952年。
[3] Needham, J. (1958), *The Development of Iron and Steel Technology in China*. The Newcomer Society, London.
[4] 郭宝钧:《中国青铜时代》,三联书店,1976年。
[5] 华觉明:《中国古代金属技术——铜和铁造就的文明》,大象出版社,1999年。
[6] A. 河北省博物馆:《河北藁城台西村的商代遗址》,《考古》1973年第5期。
  B. 北京市文物管理处:《北京市平谷县发现商代墓葬》,《文物》1977年第11期。
[7] 戴尊德:《山西灵石县旌介村商代墓和青铜器》,《文物资料丛刊》3,文物出版社,1980年。
[8] 中国社会科学院考古研究所:《殷墟青铜器》,文物出版社,1985年。
[9] Gettens, R.J., Clarks Jr., R.S. and Chase, W.T. (1971), *Two Early Chinese Bronze Weapons with Meteorite Iron Blades*. Freer Gallery of Art, Occasional Papers, Vol. 4. Washington, D.C..
[10] 河南省文物研究所、三门峡市文物工作队:《三门峡虢国墓》附录三,文物出版社,1999年。
[11] 韩汝玢:《近年来冶金考古的一些进展》,"迎接二十一世纪的中国考古学"国际学术讨论会论文,1993年。
[12] 唐际根:《中国冶铁术的起源问题》,《考古》1993年第6期。
[13] 新疆维吾尔自治区文化厅文物处、新疆大学历史系文博干部专修班:《新疆哈密焉不拉克墓地》,《考古学报》1989年第3期。
[14] 中国社会科学院考古研究所新疆队、新疆巴音郭楞蒙古自治州文管所:《新疆轮台群巴克古墓葬第

碳十四测年确认可早到西周时期，甚至早到商周之际。这里的铁器铸造与内地冶铁的兴起有何关系，尚需进一步探讨。

关于商周时期中原与新疆、中亚地区的交流与沟通，现在还无法作全面的解答。据对殷墟玉器的检测，相当一部分玉料来自新疆的和田一带，这已得到公认。说明在商代，中原与新疆已有交往。陕西周原遗址召陈建筑基址出土2枚蚌质笄帽[16]，笄帽为人头形，长脸，高鼻深目，头戴高尖帽，帽尖被削平，为仿真人形象雕刻而成，学术界一致认为是中亚人种。可见，在西周时期，中原与新疆乃至中亚地区也有交往。那么，中国内地的冶铁术的起源受新疆一带铁器冶铸工艺的影响是完全有可能的。

但从世界范围看，历史上具有普遍意义的现象是，在大部分

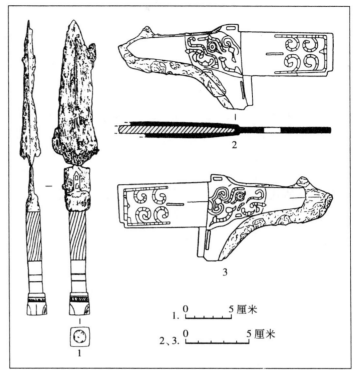

图 5-10　三门峡上村岭虢国墓地出土铁器
1. 玉柄铁剑（M2001:393）　2. 铜内铁援戈（M2001:526 正面）
3. 铜内铁援戈（M2001:526 背面）

地区铜器时代后即为铁器时代，与此相应，冶铁术通常是承袭冶铜术而产生。从中国内地发现的商周铁刃铜器看，当时对铁的性能已有足够的认识，从铁多被用于刃部这点看，当时已经认识到铁的一些物理性能比铜好，铁刃比铜刃要锋利。因此可以说，尽管发现的商、西周偏早时期的铁器经检测属于陨铁，但当时对铁已经相当重视并得到利用。而且，商周时期中国内地有发达的青铜冶铸业，有完整、规范的青铜工艺，其工艺与春秋以来铁的铸造工艺也基本相同，洛阳北窑西周铸铜遗址存在竖炉，冶铁所需的温度已完全能够达到。所以，西周时期在中国内地冶铁术受冶铜术影响独立产生也不是没有可能。正是从这些现象考虑，有的研究者认为中国内地的冶铁术是在发达的冶铜术基础上产生的[17]。

但是，现在与冶铁有关遗物的发现还是比较少，关于中国内地冶铁术的起源问题还需要新的资料来研究。

一次发掘简报》，《考古》1987年第1期。
[15] 中国社会科学院考古研究所新疆队：《新疆和静察吾乎沟口一号墓地》，《考古学报》1981年第1期。
[16] 尹盛平：《西周蚌雕人头像种族探索》，《文物》1986年第1期。
[17] 苏荣誉、华觉明、李克敏、卢本珊：《中国上古金属技术》，山东科学技术出版社，1995年。

第三节　陶器和原始瓷器的烧造

一　陶器的烧造

陶器是西周时期的基本用器，也是出土最多的器物。西周时期陶器广泛使用于社会生活的各个方面，尤以生活用器最为普遍。从考古学文化看，不同的考古学文化间，在陶器群、器物种类、形制等方面有着明显或比较明显的区别。由此可见，在当时，陶器不只是一种单纯的用具，还可能是使用陶器的人们共同体的标志之一，它所反映的思想观念是考古学文化所代表的人们共同体在精神领域的重要内容。同时，陶器也是研究西周文化的基本特征、年代和文化演进的基本依据。

西周时期的陶器用具大致可分日用器具、生产工具、建筑构件以及艺术品等多类，其中最常见的是日用器具以及与之相同的墓葬随葬陶器。具体到器物的种类则更为繁多，就西周文化来说，常见日用陶器有鬲、甗、甑、鼎、盂、豆、簋、勺、盘、碗、盆、壶、罐、瓮、器盖等；墓葬随葬陶器由日常用器简化而来，种类明显较少，以鬲、盆、豆、罐最为常见，或为实用器，或为明器。西周时期建筑用陶明显增多，有地下水管、板瓦、筒瓦、砖。其他还有乐器如埙，制陶工具陶拍、陶垫，纺织工具纺轮等，以及铸造青铜器的陶范、范芯等。陶色以灰色为主，其他有褐陶、红陶和黑陶，纹饰以绳纹最为常见，其他还有几何形划纹、弦纹等以及仿自铜器纹饰的云雷纹、重圈纹、S纹等。制作主要为手制，普遍使用慢轮修整。部分器物采用模制或手模合制。

大量陶器的存在说明，制陶手工业是当时社会经济生活的重要组成部分。《左传·定公四年》记载周王曾赏给卫康叔"殷民七族"，其中就有烧制陶器的陶氏，说明在当时制陶手工业已专业化。

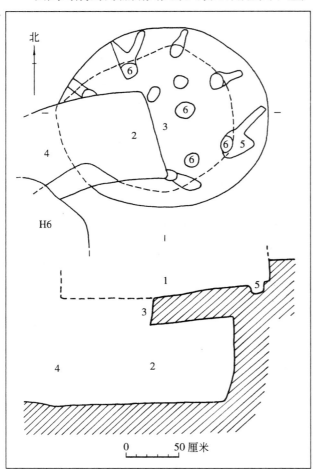

图 5-11　长安马王村西周陶窑 Y4 平面、剖面图
1. 窑室　2. 火膛　3. 窑箅　4. 火门　5. 火道　6. 火眼

但是，与出土的大量陶器相比，有关的制陶作坊和陶窑的发现还较少。根据考古发现，西周陶窑据窑箅的有无可分两种，一种有窑箅，其上为窑室，下为火膛，箅上有圆形火眼；另一种无窑箅，仅有窑室和火膛，火膛普遍偏在一边。

从发现地点看，西周陶窑以丰镐都城遗址最为集中。陕西长安马王村的 Y4（图 5-11），为有箅窑。窑室上部已残，底径 1.98 米，残高 0.48 米[1]。窑室底部即为窑箅，椭圆形，厚 0.26 米。箅上有火眼 10 个，以通窑室和火膛，大者直径 0.2 米，小者 0.12 米。另外，在窑箅周边有槽状环形火道，近边的火眼边也有一二条短火道。火膛也为椭圆形，底部平坦，最大径 0.7 米，最小径 0.42 米。马王村发现的另一座窑 Y1，为无箅窑。窑室底部为圆形，直径 0.92 米，窑壁自下而上内收，残高 1.16 米[2]。窑室底部周边有槽状环形火道，中间还有一条槽状直行火道；火膛为坑状。这些陶窑中出土有陶鬲等器物，可能是用来烧制日用陶器的。

陕西岐山赵家台发现保存完好的陶窑 Y1，窑室底部为圆形，顶、壁较直，底径 2.4 米，高 1 米，顶部封口 0.65 米[3]。火膛开口呈椭圆形，长径 1.4 米，短径 0.85 米，深 0.4 米。窑顶一边有一出烟孔，直径 0.15 米。陶窑中既出有日用陶器残片，还有空心砖和实心砖，说明这里不仅烧制日用陶器，还用于烧制建筑构件。

总体来说，现在对西周时期制陶手工业的组织以及制陶工艺等还缺乏系统研究，很多方面还不清楚。有的研究者开始对古代制陶工艺作了试验研究[4]，这有助于对古代制陶手工业的深入认识。

二 原始瓷器的烧造

西周时期的原始瓷器较商代增多。所见基本属于生活用器，常见器类有豆、簋、瓿、碗、盖、罐、壶、罍、尊、瓮等。

在中原及北方地区，原始瓷器主要出于丰镐、成周等西周都邑遗址以及各诸侯国的都邑所在。出土原始瓷器数量较多的是属于成周河南的洛阳北窑西周墓地[5]，在数十座墓中共出土 398 件。器类主要是豆，还有尊、罍，其他器类数量很少（图 5-12；图版 12-1、2）。这种器物多见于大中型墓葬，说明它们在当时属于比较贵重的器物。

相比之下，在南方的长江中下游地区出土的原始瓷器的种类和数量更多，如在安徽屯溪弈棋村的西周墓葬中，一座墓就出土 68 件[6]。江苏句容甸岗村浮山果园 M1 出土达 124 件[7]。

---

[1] 中国社会科学院考古研究所丰镐队：《1992 年沣西发掘简报》，《考古》1994 年第 11 期。
[2] 中国社会科学院考古研究所丰镐队：《1992 年沣西发掘简报》，《考古》1994 年第 11 期。
[3] 陕西省考古研究所宝鸡工作站、宝鸡市考古工作队：《陕西岐山赵家台遗址试掘简报》，《考古与文物》1994 年第 2 期。
[4] 李文杰：《中国古代制陶工艺研究》，科学出版社，1996 年。
[5] 洛阳市文物工作队：《洛阳北窑西周墓》，文物出版社，1999 年。
[6] 安徽省文化局文物工作队：《安徽屯溪西周墓葬发掘报告》，《考古学报》1959 年第 4 期。
[7] 南京博物院：《江苏句容县浮山果园西周墓》，《考古》1977 年第 5 期。

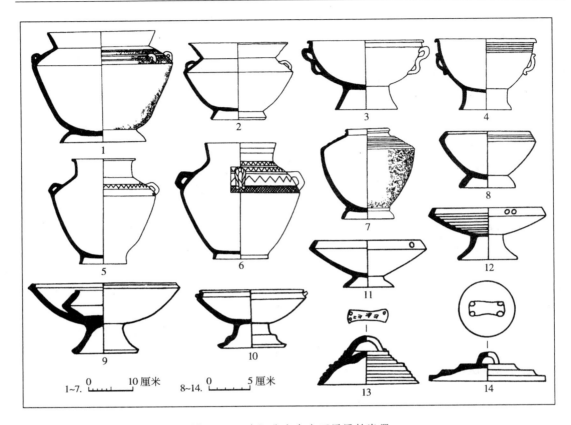

图 5-12 洛阳北窑出土西周原始瓷器
1. 尊（M215:42） 2. 尊（M442:1:1） 3. 簋（M202:1） 4. 簋（M214:28） 5. 罍（M54:1） 6. 罍（M202:3）
7. 瓿（M6:6） 8. 豆（M211:1:1） 9. 豆（M54:2） 10. 豆（M215:38） 11. 豆（M442:2） 12. 豆（M215:36）
13. 盖（M221:1:1） 14. 盖（M723:11:1）

西周原始瓷器多为泥条盘筑而成，原料为高岭土，加工不精，质地比较粗糙，但胎质坚硬，颜色多呈灰白、灰色。釉为石灰釉，以氧化铁为着色剂，釉色以青绿为主，还有淡黄、褐和紫褐色，色调不稳定，釉层厚薄不均，流釉现象比较普遍。纹饰多为几何形印纹，如云雷纹、方格纹、席纹、网纹，其他还有叶脉纹、绳纹等。

对丰镐遗址出土的原始瓷器的烧成温度和物理性能测定，其烧成温度为1200℃左右，硬度为莫氏7，吸水性弱，矿物组成接近瓷器[1]。

原始瓷器的产地也是学术界在不断讨论的问题。从器类及其形制看，大部分器类如碗、盖、罐、尊等与长江中下游地区考古学文化的日用陶器相同，当地还有丰富的原料。浙江上虞李家山清理了5座以烧制原始瓷器和印纹硬陶的商代龙窑，说明早在商代，当地就已经烧制原始瓷器。因而可以肯定，这类器物应大多是在长江中下游地区生产的。另有罍等器类的

---

[1] 中国科学院考古研究所：《沣西发掘报告》附录二，文物出版社，1963年。

形制多与以中原为中心的西周文化的同类陶器相同，很少见于长江中下游地区，由此推测它们极有可能是在中原地区烧制的。实际上，有的研究者认为，早在商代，中原地区就可烧制原始瓷器[1]。但由于中原地区的有关资料较少，现在还无法作比较全面的说明。

第四节　玉器和漆器的制作

一　玉器的制作

　　西周玉器出土地域广阔，在周文化的分布区以及外围的其他考古学文化中多有发现。其中以西周都邑、诸侯国的高级贵族墓葬中出土玉器数量最多，质量最好，等级也最高。如在丰镐西周都城遗址范围的陕西长安张家坡墓地[2]、陕西宝鸡茹家庄㯇国墓地[3]、山西曲沃天马—曲村晋侯墓地[4]、河南三门峡上村岭虢国墓地[5]、北京房山琉璃河燕国墓地[6]出土大量代表西周制玉最高水平的玉器。

　　20世纪50年代，上村岭虢国墓出土玉器1200余件（组）；90年代，又发掘出土2000余件（组）玉器，可分礼玉、装饰用玉和葬玉等类。其中M2001出土的玉器150件（组），M2009出土724件（组），M2009还出土1件玉遣册，上有用毛笔书写的"南仲"等字。

　　1983~1986年发掘的张家坡西周墓地，随葬有玉、石、料器的墓葬217座，共出玉、石、料器1246件（组）。所出的玉器分为礼玉、兵器和工具、葬玉、装饰品等类，其中礼玉约占7.9%，兵器和工具约占7.4%，葬玉约占2.3%，装饰品约占71.9%，其他类约占10.5%，以装饰品最多。

　　北赵晋侯墓地发掘的9组共19座大墓中出土玉器也相当多，可分礼玉、佩饰、葬玉等类。有的一座墓就出土近800件。

　　总体看，西周玉器的颜色主要以绿色以及近似于绿色的青色和褐色为主，其他还有黄、灰、白、黑色等。器类以单体论有琮、璧、圭、璜、环、珩、珠、管、钺、镑、戈、

---

[1]　安金槐：《谈谈郑州商代的几何印纹硬陶》，《考古》1960年第8期。
[2]　中国社会科学院考古研究所：《张家坡西周墓地》，中国大百科全书出版社，1999年。
[3]　卢连成、胡智生：《宝鸡㯇国墓地》，文物出版社，1988年。
[4]　A. 北京大学考古系、山西省考古研究所：《1992年春天马—曲村遗址墓葬发掘报告》，《文物》1993第3期；《天马—曲村遗址北赵晋侯墓地第二次发掘》，《文物》1994第1期；《天马—曲村遗址北赵晋侯墓地第五次发掘》，《文物》1995年第7期。
　　B. 山西省考古研究所、北京大学考古系：《天马—曲村遗址北赵晋侯墓地第三次发掘》，《文物》1994年第8期；《天马—曲村遗址北赵晋侯墓地第四次发掘》，《文物》1994年第8期。
　　C. 北京大学考古文博院、山西省考古研究所：《天马—曲村遗址北赵晋侯墓地第六次发掘》，《文物》2001年第8期。
[5]　A. 中国科学院考古研究所：《上村岭虢国墓地》，科学出版社，1959年。
　　B. 河南省文物考古研究所、三门峡市文物工作队：《三门峡虢国墓》，文物出版社，1999年。
[6]　北京市文物研究所：《琉璃河西周燕国墓地》，文物出版社，1995年。

刀、柄形器等，其他还有人像以及大量动物形饰品等。

在数量众多的玉制品中，最能代表当时制玉水平的是制作精细的人和动物形饰品。如仅在三门峡虢国墓地出土的玉雕可见有龙、虎、鹿、牛、猪、兔、鹰、龟、蛇、鹦鹉、小鸟、蚕、蝉等40余种动物（图5-13）。或为正面形象，或侧身，或为片状线雕，或为圆雕，其上再饰以当时青铜器上流行的饰纹，线条流畅，整体形象逼真自然，具有很强的艺术魅力。

西周玉器中，由多类单体玉饰组成的组合饰如组玉佩、缀玉覆面等最为精致，这在高级

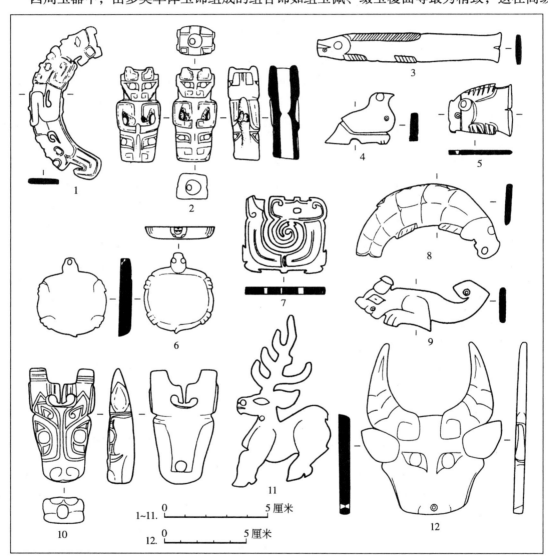

图5-13 三门峡上村岭虢国墓地 M2001 出土玉器

1. 人像（M2001:591） 2. 人像（M2001:647） 3. 鱼（M2001:549） 4. 鸽（M2001:572） 5. 鱼（M2001:638）
6. 鳖（M2001:561） 7. 龙（M2001:629） 8. 鱼（M2001:601） 9. 虎（M2001:542） 10. 马首（M2001:558）
11. 鹿（M2001:546） 12. 牛首（M2001:553）

贵族墓葬中多有发现。三门峡 M2001 中，缀玉覆面、组玉佩保存完整，前者由 58 件不同玉饰组成，后者以 7 件玉璜为核心，从小到大依次相连，其间又串以左右对称的两排两行玛瑙与琉璃串珠。三门峡 M2009、M2012 分别出有 6 件、5 件玉璜组成的组玉佩。北赵晋侯墓地出土有六璜连珠、五璜连珠、四璜四珩、四璜连珠、三璜连珠等各式组玉佩。北赵晋侯墓地出土多组缀玉覆面，有的用多达 79 件不同形状的玉、石片组合而成，甚至还有双层的覆面。

从出土情况看，各地出土玉器的种类、质量的好坏与有关遗迹的规格有密切关系。在张家坡西周墓地，较大的墓葬所出的玉器不仅数量较多，而且玉质较好，制作较精。如 M157、M170 两座井叔墓出土的随葬玉器，真玉分别占 88% 和 89%，这种情形也许是他们身份、地位的一种表示[1]。据统计，上村岭虢国墓地中，1956~1957 年发掘的 234 座墓葬，出土玉器 467 件，其中玉玦 290 件，占所出玉装饰品总数的 62% 以上；另出有质地不同、用途不一的成组串饰 58 组。这些玉器种类少，尤其是玉礼器，如璧、璜类很少，圭、璋类几乎不见，而且制作较为粗糙，纹饰简单，质地普遍较差。出土玉器的墓葬中除一座 M1052 为太子墓外，其他墓葬的级别均较低。但 1990 年以来发掘的大墓出土玉器明显较多，可分为礼玉、仪仗、装饰等多类，又以 M2001、M2009 等大墓出土的作为礼器的璧、璜等尤为精致，质地极好，多为上乘的和田玉[2]。

总的来看，西周玉器的造型、组合、制玉工艺上承商代，与商代晚期基本相同，纹饰与同时期的青铜器纹饰一致。一些大墓中常出的缀玉覆面和组玉佩等在中、小型墓中少见甚至不见，从一个侧面反映了在宗法制度下礼制的规范和强化。

关于西周玉器的产地，现在还无法作全面说明，据对张家坡墓地出土玉器的检测，这里的玉器多为透闪石软玉，其来源不限于一地，可能来自多个产地。上村岭 M2009 出土的 724 件（组）虽可分白玉、青玉、青白玉、黄玉、碧玉等类，但鉴定发现，大部分为新疆和田玉。

二 漆器的制作

西周时期，漆器的数量明显增加，出土漆器的地点较多，分布范围扩大，说明制漆手工业较以前有了新的发展。

在西周王畿地区，20 世纪 50 年代在丰镐遗址就有漆皮与蚌片和蚌泡同出[3]，1954 年在陕西长安普渡村 M1 出土的漆器，其上镶嵌蚌泡[4]。50 年代在陕县上村岭西周晚期至春秋中期墓葬中出土 14 件漆器，器类有豆和盘[5]。60 年代在张家坡西周墓葬中发掘出土漆豆、杯、俎（图 5-14）等[6]。70 年代在宝鸡强国墓地出土豆、盘等漆器[7]。1983~1986 年间发

---

[1] 闻广、荆志淳：《沣西西周玉器地质考古学研究》，《考古学报》1993 年第 2 期。
[2] 姜涛、李秀萍：《虢国墓地出土玉器的认识与研究》，社会科学文献出版社，2000 年。
[3] 中国科学院考古研究所：《沣西发掘报告》，文物出版社，1963 年。
[4] 石兴邦：《长安普渡村西周墓葬发掘记》，《考古学报》第 8 册，1954 年。
[5] 中国科学院考古研究所：《上村岭虢国墓地》，科学出版社，1959 年。
[6] 中国社会科学院考古研究所沣西发掘队：《1967 年长安张家坡西周墓葬的发掘》，《考古学报》1980 年第 4 期。
[7] 卢连城、胡智生：《宝鸡强国墓地》，文物出版社，1988 年。

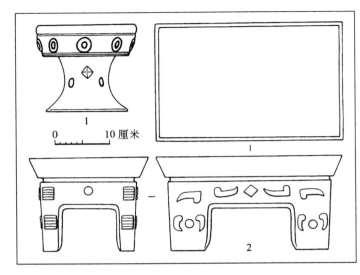

图 5-14 长安张家坡出土漆器
1. 豆（M115:6）复原图　2. 俎（M115:8）复原图

掘的张家坡西周墓中漆器遗痕与铜构件共出（图 5-15-1～6、8、9），据研究属于铜木复合器[1]。

在王畿以外地区，以北京房山琉璃河西周燕国墓地出土漆器最为丰富，制作水平最高[2]。另在河南浚县辛村[3]、湖北蕲春毛家咀[4]、山西洪洞永凝堡[5]、安徽屯溪[6]、山东曲阜鲁故城[7]、甘肃灵台白草坡[8]等地（图 5-15-7）或多或少都有出土。

西周漆器有觚、簋、壶、罍、豆、碗、杯、盘、尊、盒、俎、案等，在岐山贺家[9]、房山琉璃河西周墓葬还出有髹漆的盾。

在琉璃河墓地中，出土了漆簋、觚（图版 17-1）、罍（图版 17-2）等，这在西周时期的中原、北方地区是少有的发现。由于这些器类在西周文化中均属于礼器，它们当属于漆器中的礼器一类，与青铜器共同组成一套完整的西周文化礼器组合，并与青铜礼器有着同样的地位和功用[10]。

由于漆器不易保存，出土时多已朽毁，进行全面而系统的研究还有困难，但通过对一些西周漆器的重点考察[11]，对其制作工艺和水平也有了基本的了解。

---

[1] 张长寿、张孝光：《西周时期的铜漆木器具——1983～1986 年沣西发掘资料之五》，《考古》1992 年第 6 期。

[2] 中国社会科学院考古研究所、北京市文物工作队琉璃河考古队：《1981～1983 年琉璃河西周燕国墓地发掘简报》，《考古》1984 年第 5 期。

[3] 郭宝钧：《浚县辛村》，科学出版社，1964 年。

[4] 中国科学院考古研究所湖北队：《湖北蕲春毛家咀西周木构建筑》，《考古》1962 年第 1 期。

[5] 山西省文物工作委员会、洪洞县文化馆：《山西洪洞永凝堡西周墓》，《文物》1987 年第 2 期。

[6] 安徽省文化局文物工作队：《安徽屯溪西周墓发掘报告》，《考古学报》1959 年第 4 期。

[7] 山东省文物考古研究所、山东省博物馆、济宁地区文物组、曲阜县文管会：《曲阜鲁国故城》，齐鲁书社，1982 年。

[8] 甘肃省博物馆文物队：《甘肃灵台白草坡西周墓》，《考古学报》1977 年第 2 期。

[9] 陕西省博物馆、陕西省文物管理委员会：《岐山贺家村西周墓葬》，《考古》1976 年第 1 期。

[10] 王巍：《关于西周漆器的几个问题》，《考古》1987 年第 5 期。

[11] A. 殷玮璋：《北京琉璃河出土的西周漆器》，《考古》1984 年第 5 期。
　　B. 张长寿、张孝光：《西周时期的铜漆木器具——1983～1986 年沣西发掘资料之五》，《考古》1992 年第 6 期。
　　C. 张永山：《西周漆器概述》，《华夏考古》1988 年第 2 期。

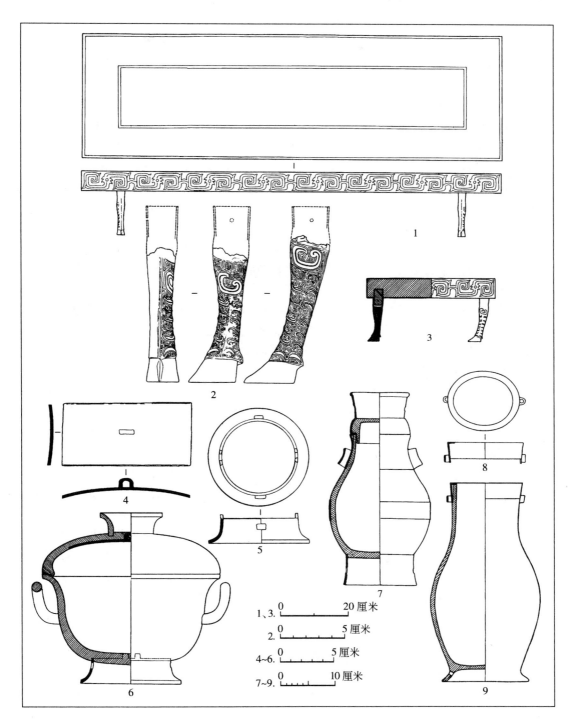

图 5-15 西周漆木器及铜构件
1. 漆案复原图 2. 铜案足（张家坡 M170:85） 3. 铜足漆案结构复原图 4. 达盨铜盖板（张家坡 M152:36:1）
5. 达盨铜圈足（张家坡 M152:36:2） 6. 达盨漆器复原图 7. 漆壶（永凝堡 NM9:17）复原图
8. 漆壶铜釦（张家坡 M61:26） 9. 漆壶复原图

制作漆器,制胎是第一步。据观察,西周漆器以木胎占绝对数量。小型器物如觚、簋、豆、杯、盘、碗等先挖出木胎,然后经刮削、打磨。较大的器物先分段制作,然后黏合而成。

在修饰方面,最常用是同以前一样的髹漆技法。漆色有褐、黑、红色,以一色为底色,再以他色绘制花纹。主体花纹与同时期青铜器上的花纹基本相同,有饕餮纹、夔纹、蕉叶纹、圆涡纹、云雷纹等。有的地方如白草坡墓出土漆器上花纹为草叶、云纹和几何纹,具有本地特色。

最能反映西周漆器制作工艺进步的是多种工艺的综合运用,首先是漆绘、雕花、镶嵌、贴金等工艺的综合使用。

很多地点出土的西周漆器遗痕上,往往连有蚌泡和圆、方形蚌片及绿松石片、珠等附饰,有的漆器上还贴有带状金箔,说明漆器的制作不单以髹漆为限,而是又采用了镶嵌、贴金等工艺,使镶嵌的主纹与贴金条带、器物底色相互映衬,器物上纹样立体化,从而使器物更为美观。

雕花漆器,以琉璃河墓地发现的一件漆觚为代表[1]。在漆觚的下部,雕出三组变形夔龙纹。从雕工痕迹看,刻纹均匀,深浅一致,转角比较圆滑,刀法显得比较熟练。使用这种雕花工艺的漆器,在目前已经发现的西周漆器中非常少见。

最具代表性的如琉璃河 M1043 出土的罍(图版 17-2)[2],有盖,复原高度为 54.1 厘米。弇口,折肩,腹微鼓,圈足有双耳。木胎,分多段制作,然后黏合。颈部的主体纹饰为凤鸟纹,肩、上腹为圆涡纹,下腹为饕餮纹;盖上矗立 4 个木雕兽头,兽头间又隔以圆涡纹。器耳形象为带冠凤鸟。主体纹饰以云雷纹相间,各组主体纹带以漆绘弦纹相隔。全器以红漆为底色,主体纹饰用镶嵌的蚌片、漆绘组合而成,圈足上镶嵌着多组长方形蚌片,其间绘以长方形块。整个器物制作工艺高超、精制,纹饰繁缛。特别值得一提的是,这件器物上作为主体纹饰的凤鸟、饕餮纹、兽头等,其细部如口、眼、耳、角等用小蚌片镶成,蚌片表面和边缘光滑平整,接缝严密。这种在漆器上镶嵌蚌饰以组成花纹的技法后来通称为螺钿工艺。这件罍的出土表明,在西周早期,螺钿漆器制作工艺已相当娴熟。

其次,是漆木、铜质复合器的出现。在长安张家坡井叔墓出土有壶、盨、案等,它们的遗痕与一些铜质构件一同出土,据研究,这是由漆木、铜质构件组成的复合器。其中张家坡 M152 出土的达盨[3],自铭为盨,形制实为带耳簋,共 3 件。出土时每器残存一个长方形板状铜盖片和圆形圈足,盖片长 12 厘米,宽 5.8 厘米,厚 0.2 厘米,圈足底径 9.5 厘米,高 2.5 厘米(图 5-15-4~6)。M170 出土的铜足漆案,案面为木胎,下接 4 个

---

[1] 中国社会科学院考古研究所、北京市文物工作队琉璃河考古队:《1981~1983 年琉璃河西周燕国墓地发掘简报》图版贰:3、4,《考古》1984 年第 5 期。

[2] 中国社会科学院考古研究所、北京市文物工作队琉璃河考古队:《1981~1983 年琉璃河西周燕国墓地发掘简报》图版贰:1,《考古》1984 年第 5 期。

[3] 张长寿、张孝光:《西周时期的铜漆木器具——1983~1986 年沣西发掘资料之五》图一,《考古》1992 年第 6 期。

兽足[1]。案面长 130 厘米，宽 40 厘米，厚 6.5 厘米；兽足存 2 件，一只高 10.7 厘米，另一只高 11.7 厘米，当有前后之分。漆案以黑色为底色，再用红漆在案面绘两周长方形框，中部、边缘各一周，边缘侧面描一周窃曲纹（图 5-15-1~3）。类似的还有在山西洪洞永凝堡西周墓出土的壶，出土时尚存部分木胎、漆皮和用于勒束口、颈、腹、圈足的铜箍构件（图 5-15-7）。用这种工艺制作的漆器在后代被称为"扣器"。

总体看，尽管西周漆器较以前有了很大增加，但其数量与其他质料的器物相比仍然很少。从常见于大、中型墓葬的情况看，漆器使用可能基本限于贵族阶层，在整个社会生活中所占比重较小。

第五节 骨器、蚌器、牙器和角器的制作

西周时期，还有相当数量的骨、蚌、牙、角制品等。其中骨、蚌器广泛用于社会生活的各个方面，尤以生产工具为多，牙、角制品则多为日用器类。

考古发现所见骨器，有凿、刀、鱼钩、铲等工具，有针、锥、匕、梳、勺等生活用具，有镞、矛头等兵器。此外，还有一些骨制的饰件。

蚌制品有镰、刀等工具，其他还有蚌质的动物工艺饰品如蚌鱼、牛首、鸟等。另外，在一些漆器上还镶嵌有蚌泡、片等，以增加美观。蚌制品中最具特点的是周原遗址召陈建筑基址出土的雕有人头像的 2 枚笄帽[2]，为人头形，长脸，高鼻深目，头戴高尖帽，帽尖被削平，为仿真人形象雕刻而成，一般认为属于中亚人种，这反映了西周时期中原与新疆乃至中亚地区交往的情况。

角质制品的数量少，种类与骨器相近，但以日用品为多。

牙器多为生活用具和装饰品，有匕、锥、杖首等（图 5-16-1、3），纹饰基本与青铜器上的纹饰接近，常以兽面纹或夔龙纹、鸟纹为主体纹饰，以云雷纹为地纹。牙器的数量虽然较少，但因其制作往往集多种工艺于一身，融实用与观赏于一体，本身成为艺术珍品。陕西长安县张家坡井叔墓出土 1 件虎头形象牙杖首（图 5-16-2），长 8 厘米，銎径 1.8 厘米。阴线雕刻而成，虎头的口、眼、鼻、眉、耳等很清晰，体上阴线刻槽内还镶嵌绿松石，以象牙本色为地，配以绿色花纹，色彩斑斓绚丽，为稀见珍品。墓主井叔是西周王朝大臣，这件象牙杖首很可能是他的权力和地位的象征。陕西长安客省庄西周墓出土刻花牙匕（图 5-16-5），为食具中精品。长 29 厘米，宽 1.8 厘米。器身扁长，一端弯曲，从尾到头逐渐变薄，尾部刻两组夔龙纹，间以勾连纹，每组有两条夔龙，夔身呈"S"形，身体相背，首尾相接。在尾端第一夔龙的眼睛处钻一圆孔，以悬挂或系绳。北京房山琉璃河墓地还出土制作精致的象牙梳（图 5-16-4）。

---

[1] 张长寿、张孝光：《西周时期的铜漆木器具——1983~1986 年沣西发掘资料之五》图二，《考古》1992 年第 6 期。
[2] 尹盛平：《西周蚌雕人头像种族探索》，《文物》1986 年第 1 期。

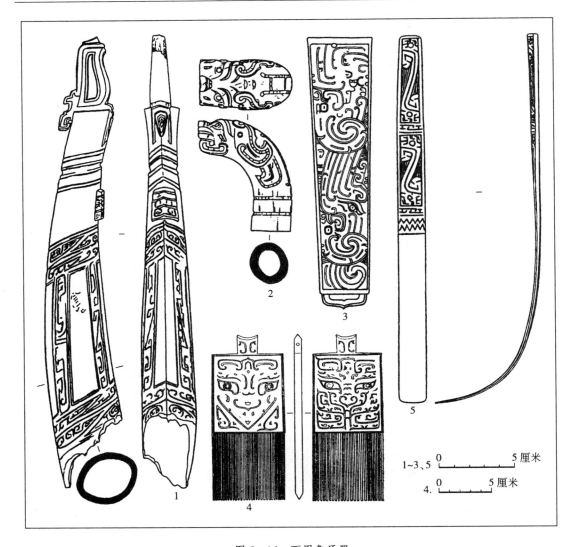

图 5-16 西周象牙器
1. 杖首（张家坡 M170:68:1） 2. 杖首（张家坡 M170:117） 3. 雕花板（张家坡 M170:055:22）
4. 梳（琉璃河 M202:1） 5. 匕（客省庄 KM34:1）

关于这些器物的制作工序，现在还难以作全面展示。有关的作坊遗址发现也不多，而且多与制造骨器有关。

在长安张家坡[1]、新旺村[2]和扶风云塘[3]西周遗址发现有骨器、骨器半成品以及

---

[1] 中国科学院考古研究所：《沣西发掘报告》，文物出版社，1963年。
[2] 中国社会科学院考古研究所丰镐工作队：《陕西长安县新旺村西周制骨作坊遗址》，《考古》1992年第11期。
[3] 陕西周原考古队：《扶风云塘西周骨器制造作坊遗址试掘简报》，《文物》1980年第4期。

铜、石、蚌、角器，后两地还出土了大量骨料，研究者推测当地是以制骨为核心的手工业作坊遗址。

在云塘制骨遗址发现两处石板路面、一处石砌台阶、墙基和活动地面。清理灰坑19个，开口为长方形、椭圆形，部分灰坑可能与当时的制骨作坊有关。填土中有大量骨料、半成品、骨器、蚌器和陶片，仅骨料达2万多斤。通过对骨骼鉴定可知，动物种类有牛、羊、马、猪、狗、鹿、骆驼，其中以牛骨数量最多，马骨较少，其他动物骨骼数量更少。出土遗物石制品有刀、斧、铲、砺石，铜器有刀、锯、钻、镞，骨制品有铲、凿、锯、刀、笄、锥、针、镞、雕花骨片，角器有锥、铲，蚌器有刀。以骨器最多，主要是骨笄、锥、骨镞，有的骨笄顶上镶嵌绿松石。在新旺村发掘两个探方，发现灰坑3座，出土骨料150多斤。据鉴定，牛骨占67.8%，鹿骨占10.27%，猪骨占1.03%，马骨占0.34%。出土骨器也多为骨笄、针和锥。其他还有铜凿、镞以及陶器等。

研究者通过对有关遗址的发现和骨器、半成品上的痕迹分析认为，西周骨器制造包括选材、切割、削锉、钻孔、磨光、镶嵌等多道工序。大量骨料的集中出土说明制骨手工业已是当时社会的独立的生产门类，它是当时社会生产的重要组成部分。

在已发现的这三处与制骨有关的遗址中，张家坡、新旺村属于丰镐西周都城遗址；云塘在周原遗址范围内，这三处遗址的发现对研究西周时期的制骨手工业的生产、经营以及城市布局等有重要意义。

第六章 西周时期的文化

第一节 新发现的西周甲骨文

1977年秋，在发掘陕西岐山凤雏村西周时期的甲组建筑基址时，发现了大批西周甲骨。这组建筑基址是一座前后两进、左右有厢房的封闭性院落，甲骨出于建筑基址西厢房由南往北数的第2号房间内、编号为H11的一个窖穴内。窖穴打破了建筑基址的夯土，窖穴底部有一层淤土，中层为甲骨堆积层，上层为红烧土块和墙皮等堆积。从地层关系可知，窖穴打破了建筑基址，而房屋被烧毁后，其残渣又填塞了窖穴的上部。在窖穴中共出土残破的甲骨1.7万多片，其中龟甲1.67万余片，兽骨300余片。这批甲骨经清洗后，发现其上刻有文字的龟甲200余片，每片龟甲上的文字多少不等，最多的一片有30余字[1]。

其后，在上述的同一房间内，靠北墙又发现一个窖穴，编号H31，其层位关系和堆积情况与H11相同，在窖穴中又发现西周甲骨400余片[2]。

这两次发现共获有字甲骨将近300片，字数约在千字左右[3]。这是西周甲骨文的重大发现，开创了西周甲骨文的研究。

此前，1954年在山西洪赵坊堆村曾发现一片有字卜骨，骨的背面有圆钻，正面有一行8字的刻辞[4]。这片有字卜骨被认为是西周时期的[5]。1956～1957年，在陕西长安张家坡丰镐遗址中先后发现3片有字卜骨[6]。1975年，在北京昌平白浮村的两座西周墓中分别发现几片刻字卜甲[7]。自凤雏的甲骨发现之后，1979年，在陕西扶风齐家村发现5片西

---

[1] 陕西周原考古队：《陕西岐山凤雏村发现周初甲骨文》，《文物》1979年第10期。
[2] 陕西周原考古队、周原岐山文管所：《岐山凤雏村两次发现周初甲骨文》，《考古与文物》1982年第3期。
[3] 徐锡台：《周原甲骨文综述》，三秦出版社，1987年。
[4] 山西省文物管理委员会：《山西省洪赵县坊堆村古遗址墓葬群清理简报》，《文物参考资料》1955年第4期。
[5] 李学勤：《谈安阳小屯以外出土的有字甲骨》，《文物参考资料》1956年第11期。
[6] A. 陕西省文物管理委员会：《长安张家坡西周遗址的重要发现》，《文物参考资料》1956年第3期。
B. 中国科学院考古研究所：《沣西发掘报告》，文物出版社，1962年。
[7] 北京市文管处：《北京地区的又一重要考古收获》，《考古》1976年第4期。

周有字甲骨[1]。1996年在北京房山琉璃河发现3片有字卜甲，其中1片刻有"成周"二字[2]。然而，这些地方的发现，数量较小，其意义远不如凤雏的发现。

凤雏出土的甲骨，均已碎裂，无法缀合，因此不能窥其形制。但从齐家发现的较为完整的甲骨可知，其在形制上与殷代的甲骨有明显的区别。卜甲的修治，甲首部分从背面掏挖而留有宽边，有排列整齐而密集的方凿，凿的外侧有一纵槽。卜骨或不去臼角，而以骨臼向下为正。背面有圆钻，钻内有槽，钻的排列不似方凿规整。西周的卜辞，字体纤小，刻辞守兆，而格式简单，仅见前辞、贞辞和占辞[3]。

关于凤雏所出西周甲骨文的内容，有卜祭成汤的，如"癸巳，彝文武帝乙宗，贞，王其昭吼成唐𥅆……"（图6-1）此是商王帝辛卜问祭祀成汤者。又有卜祭大甲册告周方伯者，如"贞，王其㳄佑大甲，晋周方伯……"此周方伯宜是周文王姬昌。此外，还有"太保"、"毕公"等人名，以及"楚子来告"、"伐蜀"等辞[4]。

图6-1 岐山凤雏出土西周刻辞甲骨（H11:1）

在西周甲骨文字中，还有一种以数目字组成的文字符号，数目字有一、五、六、七、八，由3个数字或6个数字组成，这在凤雏、齐家和张家坡诸遗址出土的西周甲骨上均有发现。这种文字符号也曾见于西周的青铜器铭文中，或以为是族徽铭记。唐兰根据河南安阳四盘磨[5]和陕西长安张家坡的发现，认为这是一种已经遗失的中国古代文字[6]。1978年，张政烺首先用揲蓍法解释周原新发现的西周甲骨上的这类文字符号，认为是筮法易卦的符号[7]，这个意见遂为学术界所认同。

由于安阳四盘磨也曾发现过这种文字符号，可知筮法已行于商代，而这类文字符号又刻在卜骨上，可见当时卜筮并用之制[8]。

---

[1] 陕西周原考古队：《扶风齐家村西周甲骨发掘简报》，《文物》1981年第9期。
[2] 琉璃河考古队：《琉璃河遗址1996年度发掘简报》，《文物》1997年第6期。
[3] 李学勤：《西周甲骨的几点研究》，《文物》1981年第9期。
[4] 王宇信：《西周甲骨探论》，中国社会科学出版社，1984年。
[5] 郭宝钧：《1950年春殷墟发掘报告》，《中国考古学报》第五册，1951年。
[6] 唐兰：《在甲骨金文中所见的一种已经遗失的古代文字》，《考古学报》1957年第2期。
[7] 张政烺：《试释周初青铜器铭文中的易卦》，《考古学报》1980年第4期。
[8] 张亚初、刘雨：《从商周八卦数字符号谈筮法的几个问题》，《考古》1981年第2期。

西周甲骨文的发现无疑是学术界的一个重大发现,但是,有字甲骨数量很少,且多破碎,不成章句,特别是没有后续的发现,因此,最近二十年来,西周甲骨文的研究呈现停滞不前的状态。若想有所突破,尚有待于更多的新的发现。

第二节　新出金文所见史实

一　克商营洛邑

1949年以来的半个世纪,全国各地发现很多西周时期的青铜器,其中有不少长篇铭文,涉及伐商、分封、战事、册命、土地交换等各方面的史实,具有重要的历史意义,利簋就是其中最重要者之一。

利簋于1976年发现于陕西临潼零口[1],敞口,双耳,圈足下有方座,腹饰兽面纹(图版11-2)。内底有铭文4行32字(图6-2-1),铭曰:"珷征商,隹甲子朝,岁鼎克闻,夙有商。辛未,王在𥎦师,赐右事利金,用作檀公宝尊彝。"此铭记武王征商,在甲子朝,与文献所述完全相同[2]。后七日,辛未,王赐利金,因以作器。可见此簋是迄今可以确认的年代最早的西周铜器。铭中的"岁鼎",岁为岁星,即木星;鼎释为当,意岁

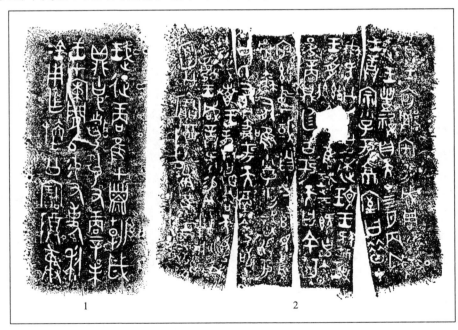

图6-2　西周利簋、何尊铭文(拓本)
1.利簋铭文拓本　2.何尊铭文拓本

---

[1] 临潼县文化馆:《陕西临潼发现武王征商簋》,《文物》1977年第8期。
[2] 唐兰:《西周年代最早的一件铜器利簋铭文解释》,《文物》1977年第8期。

星正当其位，宜于伐商[1]。这是武王伐商的最重要实物证凭，是西周第一重器。

何尊 1965 年出土于陕西宝鸡贾村[2]，铭文 12 行 122 字（图 6-2-2），记录了武王克商和成王营建成周的重要史实。铭曰："隹王初𨞥宅于成周，复禀珷王豊福自天。在四月丙戌，王诰宗小子于宗室曰：……肆玟王受兹大命，隹珷王既克大邑商，则廷告于天，曰，余其宅兹中或……王咸诰，何赐贝卅朋，用作囗公宝尊彝。隹王五祀。"此谓武王克商后，即有营成周宅兹中国之意，与《召诰》等文献相合。此铭之有歧义者二。其一是"𨞥宅"，或以𨞥为迁，𨞥宅即是迁都[3]；或以𨞥宅为营建都城[4]，𨞥宅即相宅，为勘察城址[5]。当以后者为是。其二"隹王五祀"，或以为是成王五年，或以为是周公摄政之五年。然以诰文而言，当以前者为是。

二　封建诸侯

克盉（图版 10-1）和克罍于 1986 年同出于北京房山琉璃河黄土坡村 M1193 中[6]，其铭文关系到周初封燕的史实。两器铭文相同，器盖对铭。罍盖铭文 6 行 43 字，铭曰："王曰：'大保，惟乃明乃鬯，享于乃辟，余大对乃享，令克侯于匽，旃羌、马、䢔、雩、驭、微。'克宅匽，入土眔厥司，用作宝尊彝。"按《史记·燕世家》，"周武王之灭纣，封召公于北燕"，"自召公已下九世至惠侯"，其间世系不明。或以器铭之受封者为太保[7]，然铭文称召公为太保，时王应是成王，而受封于匽者乃是克而非太保。克受封后，治理羌、马、䢔、雩、驭、微诸邦，入土受命。《史记·燕世家》索隐称："亦以元子就封，而次子留周室代为召公。"而同一墓地的 M253 出土的堇鼎，铭曰："匽侯令堇馈太保于宗周……"可见太保自在宗周，而铭中的匽侯或即是克。由此可知，燕之初封实在成王时，而第一代燕侯应是召公之元子，名克。

传世有两件匽侯旨鼎，其一铭："匽侯旨初见事于宗周，王赏旨贝廿朋，用作姒宝尊彝"，其二铭："匽侯旨作父辛尊。"陈梦家认为，"匽侯旨当为召公的元子而就封于燕者，可能是第一代燕侯"[8]。现在由于克盉、克罍的发现，确知第一代燕侯为克而非旨，而旨有可能是继位而初见事于宗周的第二代燕侯。

1955 年在辽宁喀左马厂沟发现一个铜器窖藏，其中有一件燕侯盂，铭曰："匽侯作饙

---

[1] A. 于省吾：《利簋铭文考释》，《文物》1977 年第 8 期。
　　B. 张政烺：《利簋释文》，《文物》1978 年第 1 期。
[2] 祝培章、卜哲民、程学华：《陕西省城固、宝鸡、蓝田出土和收集的青铜器》，《文物》1966 年第 1 期。
[3] 唐兰：《何尊铭文解释》，《文物》1976 年第 1 期。
[4] 马承源：《何尊铭文初释》，《文物》1976 年第 1 期。
[5] 张政烺：《何尊铭文解释补遗》，《文物》1976 年第 1 期。
[6] 中国社会科学院考古研究所、北京市文物研究所琉璃河考古队：《北京琉璃河 1193 号大墓发掘简报》，《考古》1990 年第 1 期。
[7] 殷玮璋：《新出土的太保铜器及其相关问题》，《考古》1990 年第 1 期。
[8] 陈梦家：《西周铜器断代（三）》，《考古学报》1956 年第 1 期。

盂。"[1]陈梦家认为,由其花纹来看,属于成王,则此匽侯"可能为召公奭之元子而就封于北燕者"[2]。

北京房山琉璃河墓地出土的铜器,有一些在铭文中记录了受赐于匽侯者,如圉方鼎、伯矩鬲、攸鼎、复鼎等[3],这些匽侯的名讳失记,世次不明,但从器形和纹饰来判断,它们很可能是不同世代的。值得注意的是同一器主的铜器在辽宁喀左屡屡出现,如伯矩甗[4]、圉簋[5],加上马厂沟的燕侯盂,表明西周时期燕国的势力不仅已经到达这里,而喀左或即是燕国在这个地区的一个权力中心。

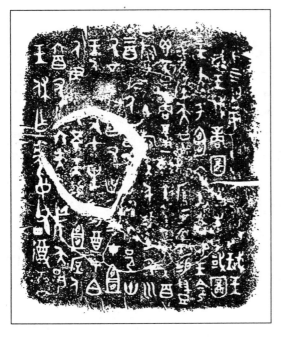

图6-3 西周宜侯夨簋铭文(拓本)

另一件铭文有关分封的铜器是宜侯夨簋。这是一件富有西周早期特征的四耳簋,1954年出于江苏丹徒烟墩山[6]。铭12行126字(图6-3)。铭文称:"王省武王、成王伐商图",可知是康王时器[7]。王封虞侯夨于宜,宜或即在丹徒附近。铭文列举了时王在分封时赏赐的物品种类和数量,除了秬鬯、圭瓒、弓矢之类的仪仗等物外,还有土地和人鬲。土地包括"川、田、邑、井"四项[8],人鬲则自"才宜王人十又七姓"至"庶人六百又六十夫"[9]。

克盉、克罍和宜侯夨簋都关系到周初之分封,前者在成王时,为始封,后者在康王时,为改封,两者均有赐土、赐民之举,可见授民、授疆土实是周初分封的主要内容。

还有一组与分封有关联的铜器是晋侯铜器群。1992～1994年,在山西曲沃北赵的晋侯墓地中,发掘了排列有序的8组17座晋侯及其夫人的墓葬[10];2000年,又发掘了1组2

---

[1] 热河省博物馆筹备组:《热河凌源县海岛营子村发现的古代青铜器》,《文物参考资料》1955年第8期。
[2] 陈梦家:《西周铜器断代(二)》,《考古学报》第十册,1955年。
[3] 北京市文物研究所:《琉璃河西周燕国墓地》,文物出版社,1995年。
[4] 喀左县文化馆、朝阳地区博物馆、辽宁省博物馆:《辽宁省喀左县山湾子出土殷周青铜器》,《文物》1977年第12期。
[5] 马承源主编:《中国青铜器全集》卷6,文物出版社,1997年。
[6] 江苏省文物管理委员会:《江苏丹徒县烟墩山出土的古代青铜器》,《文物参考资料》1955年第5期。
[7] 唐兰:《宜侯夨簋考释》,《考古学报》1956年第2期。
[8] 郭沫若:《夨簋铭考释》,《考古学报》1956年第1期。
[9] 陈梦家:《西周铜器断代(一)》,《考古学报》第九册,1955年。
[10] 北京大学考古学系、山西省考古研究所:《天马—曲村遗址北赵晋侯墓地第五次发掘》,《文物》1995年第7期。

座墓[1]，共计9组19座墓。从出土的随葬铜器中，自铭为晋侯者有僰马、喜父、𩵦、穌、邦父等六人。按《史记·晋世家》，成王封其弟叔虞于唐，是为晋的始封。其后传晋侯燮、武侯宁族、成侯服人、厉侯福，五世无其年数。自靖侯宜臼年纪可推。靖侯十七年，厉王奔彘，共和行政。其后历釐侯司徒、献侯籍、穆侯费王、殇叔而至文侯仇。文侯十年，犬戎杀幽王，周室东徙。《史记·晋世家》所记诸晋侯之名与晋侯自铭铜器竟无一相应。然而《索隐》称，晋献侯籍"《世本》及谯周皆作苏"，则以此为基点，有望推定两者之间的关系。按晋侯穌的铜器多出自晋侯墓地的M8，根据墓葬的排列顺序，推定其中年代最早的或是晋侯燮，年代最晚的或为晋文侯仇。但是，由于对墓葬的排序有不同的意见，其推定的结果也必然相异[2]。

三　西周王世与微史家族

陕西扶风、岐山一带相传是周人古公亶父迁岐之所在，清末以来，这里不断有西周窖藏铜器出土，20世纪70年代发现尤多，扶风庄白、岐山董家的铜器窖藏就是其中最主要的两次。

庄白铜器窖藏发现于1976年，出土铜器103件，有铭者74件，其中最重要的是墙盘[3]。墙盘有铭文18行284字（图6-4；图版11-1），是1949年以来发现的铭文最长的西周青铜器之一。铭文分为前后两段，前段称颂文、武、成、康、昭、穆诸先王以及时王的业绩，如文王之"匍有上下，迨受万邦"，武王之"遹征四方"，昭王之"广敽楚荆，唯奂南行"等，对于西周前期的历史提供了重要的资料。后段则是叙述微史家族的家史。其高祖原居于微，及武王既灭商，其烈祖乃来见武王，武王令周公舍寓于周，历乙祖至亚祖祖辛折乃为作册，经乙公丰至墙为第六代，代为史官，墙之子则为微伯痪。这是微史家族七代人的始末[4]。

墙盘之重要首先在于它自身的时代明确，可以认定是恭王时的标准器。其次是它提供了一个世代清楚的微史家族世系，可以史墙为基础，推定各世的时代，而窖藏之内可以确定为折、丰、墙、痪四代人的铜器有55件，这就为西周青铜器的分期确立了一个标尺，对于西周青铜器的研究具有重要的意义[5]。

墙之祖作册折有尊、觥、方彝三器铭文相同，铭曰："隹五月，王在序，戊子，令作册折貺望土于相侯，赐金，赐臣，扬王休，隹王十又九祀，用作父乙尊其永宝。木羊册。"其中王十九年在序，可与传世的𩵦尊、𩵦卣、趞尊、趞卣等器相联系，其年代可由作册折诸器而确定。

---

[1] 北京大学考古文博院、山西省考古研究所：《天马—曲村遗址北赵晋侯墓地第六次发掘》，《文物》2001年第8期。
[2] 张长寿：《关于晋侯墓地的几个问题》，《文物》1998年第1期。
[3] 陕西周原考古队：《陕西扶风庄白一号西周青铜器窖藏发掘简报》，《文物》1978年第3期。
[4] 裘锡圭：《史墙盘铭解释》，《文物》1978年第3期。
[5] 李学勤：《论史墙盘及其意义》，《考古学报》1978年第2期。

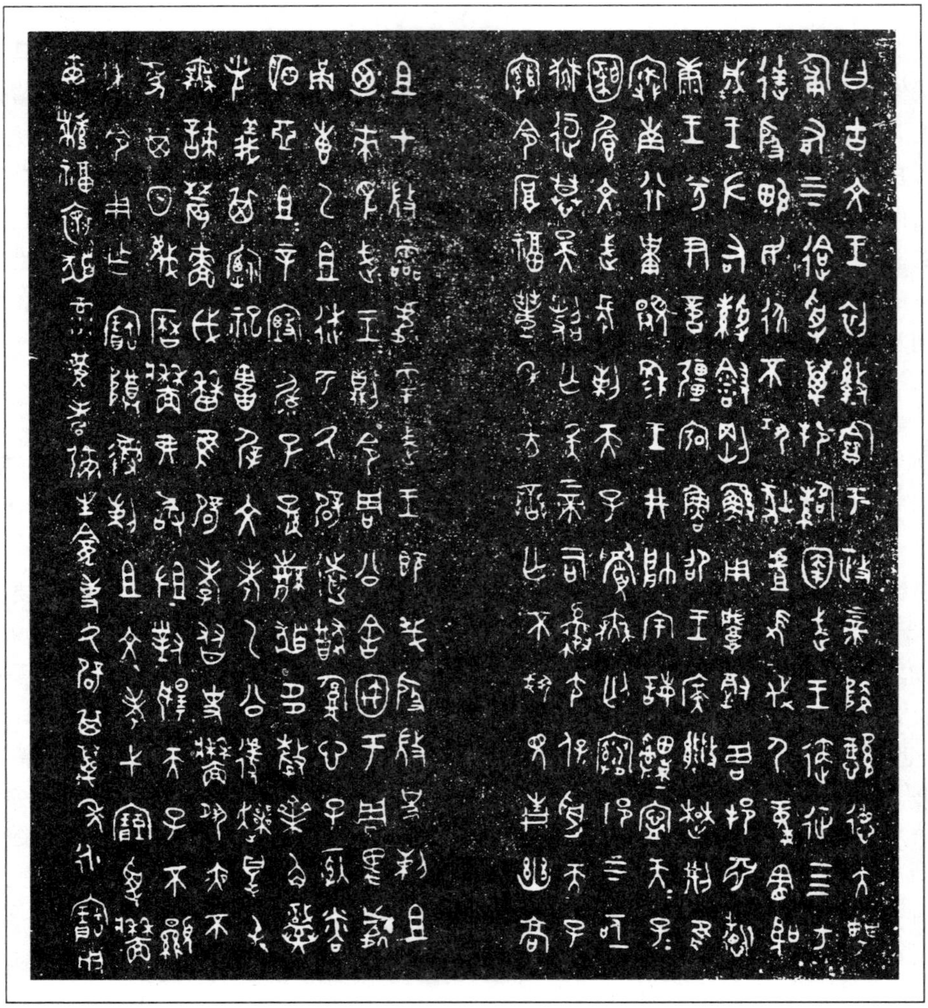

图6-4 西周墙盘铭文（拓本）

墙之子微伯㢒，其器多至43件，其中的四年㢒盨，铭文记录王在周师录宫，嗣马共右㢒，王呼史年册锡㢒等节。传世的师晨鼎、师俞簋、谏簋诸器，也记王在周师录宫，右者也是嗣马共，当是同时之器，其年代也因微伯㢒可以确定。

当然，上述诸器在具体的王世上学者间也还有不同的意见，前者有康、昭之争[1]，后者有懿、孝之分[2]，尽管如此，双方的分歧只差一个王世，仍不失是西周青铜器断代方面的一个重大收获。

---

[1] 刘启益：《微氏家族铜器与西周铜器断代》，《考古》1978年第5期。
[2] 李学勤：《西周中期青铜器的重要标尺——周原庄白强家两处青铜器的综合研究》，《中国历史博物馆馆刊》1979年第1期。

四　土地的纠纷与转让

岐山董家铜器窖藏发现于1975年，共出铜器37件，其中最重要的就是裘卫四器[1]。廿七年卫簋被认为是穆王时器，三年卫盉、五年卫鼎和九年卫鼎则是恭王时器[2]。后三器的铭文内容对于了解当时的社会经济，特别是土地形态是极重要的资料。

五年卫鼎有铭文19行207字（图6-5），记录了卫和邦君厉之间的土地纠纷以及土地所有权转移的全过程[3]。先是卫向井伯、白邑父、定伯、𣄰伯、白俗父五位执政大臣上告邦君厉，因营二川许诺舍五田于卫而爽约。五大臣讯邦君厉，厉乃承诺如约，遂使厉誓。然后，五大臣命司徒、司马、司工参有𤔲等人实地勘查，在双方家臣的随同下，将邦君厉的四田划归于卫并勘定地界。最后举行宴飨，以成其事。由此可见西周中期土地私人占有的情形以及所有权转移所应履行的手续。

比五年卫鼎早二年的卫盉有铭文12行132字，记录了器主和矩伯庶人之间的实物和田地的交易。其年，恭王在丰京举行𤕌祓仪典，矩伯先后两次从裘卫处取得瑾璋、赤琥等物品，前者价八十朋，后者二十朋，矩伯分别舍田十田和三田。由于涉及土地所有权的转

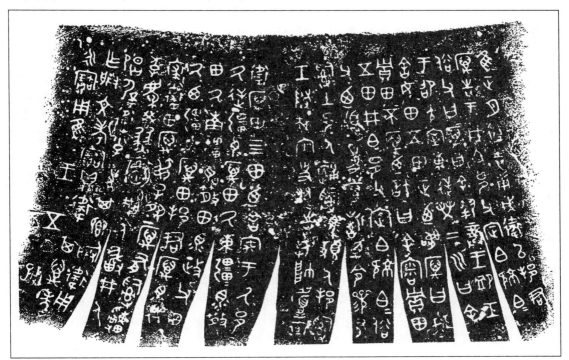

图6-5　西周五年卫鼎铭文（拓本）

---

[1] 岐山文化馆、陕西省文管会：《陕西省岐山县董家村西周铜器窖穴发掘简报》，《文物》1976年第5期。
[2] 唐兰：《陕西省岐山县董家村新出西周重要铜器铭辞的释文和解释》，《文物》1976年第5期。
[3] 伊藤道治：《裘卫诸器考——关于西周土地所有制形态的我见》，《考古学参考资料》第5册，文物出版社，1982年。

移，裘卫禀告白邑父、荣伯、定伯、𤼈伯、单伯五大臣，五大臣乃命司徒、司马、司工参有嗣确认裘卫受田，事后宴飨，一如五年卫鼎故事[1]。

这类以物易田的铭文也见于倗生簋等器。倗生簋为恭王前后时器，其铭曰："格伯取良马乘于倗生，厥贮卅田"。由此可见西周中期此类交易已较普遍，并由此引起土地所有制的变化，也可获知当时各类物品之间的比价。

九年卫鼎则是裘卫和矩伯之间以实物换林场的交易。九年卫鼎有铭文 19 行 195 字。铭文陈述矩伯从裘卫处取得车辆及车上所用的皮革用品等，另外，裘卫还送给矩伯夫人帛三两。为此，矩伯将所属的林场出让给裘卫。然后，裘卫对管理林场的人员赠送物品，双方到实地踏勘，并树立了四界的标志等[2]。上述诸器表明，这类交易已不限于土地而且扩展到其他方面，但是，这一次的交易似乎没有经过前二器那种禀告执政大臣，并由执政大臣令参有嗣踏勘等手续。也许这就是与土地所有权转移之间的区别。

与裘卫四器同坑出土的还有一件𤼈匜，从器形可以确认是西周晚期器，器有盖，器盖连铭，共 157 字。铭文实际上是一篇诉讼判决书，记录伯扬父因被告牧牛诬告其上司师𤼈，经审理，判令牧牛返还师𤼈五名奴隶，并受墨刑和鞭刑。经两次宽赦，最后处以"鞭汝五百，罚汝三百孚"，并使牧牛立誓。由此可知西周晚期已有包括墨刑、鞭刑、罚金在内的成文法典和狱讼制度，对研究西周时期的律法有重要意义[3]。

五　征伐与贡纳

1978 年在陕西扶风齐村发现的㝬簋，被认为是周厉王胡自作之器，这是西周铜器中极少几件被认为是天子之器中的一件。器有方座，高 59 厘米，口径 43 厘米，为现知铜簋中之最大者，颇有王者之气。器铭 12 行 124 字，铭始自王曰，通篇为祭祀先王之辞，器作于王之十二年[4]。

另一确认为厉王时器的是山西曲沃北赵晋侯墓地出土的晋侯稣编钟。晋侯稣编钟共 16 枚，其中 14 枚被盗出境，后由上海博物馆重金购回。另 2 枚出自晋侯墓地 M8 中，铭文前后连接，可知被盗者也出自同一座墓葬。钟铭为刻款，共 355 字，详细记录了晋侯稣随王东征的经过（图 6-6）。时为厉王三十三年，王亲省东国南国，正月从宗周出发，二月至成周，随即往东。三月王亲会晋侯率乃师伐夙夷，进击𩂣城，大获斩俘。王还归成周。六月，王两次召见晋侯稣，亲锡秬鬯、弓矢、马驹等，晋侯稣因以作钟，万年无疆云云。晋侯稣编钟之所以重要，首先在于根据铭文的多组历日资料可以确认是厉王时器，从而认定厉王在位必在 33 年以上[5]。其次，铭文记录厉王亲征东夷，这和传世厉王自作的宗周钟中所称"南国服子敢陷虐我土，王敦伐其至戡伐厥都"，"南夷东夷俱见廿又六邦"可以互

---

[1] 林甘泉：《对西周土地关系的几点新认识》，《文物》1976 年第 5 期。
[2] 周瑗：《矩伯裘卫两家族的消长与周礼的崩坏》，《文物》1976 年第 6 期。
[3] 盛张：《岐山新出𤼈匜若干问题探索》，《文物》1976 年第 6 期。
[4] 罗西章：《陕西扶风发现西周厉王㝬簋》，《文物》1979 年第 4 期。
[5] 马承源：《晋侯稣编钟》，《上海博物馆集刊》第七期，上海书画出版社，1996 年。

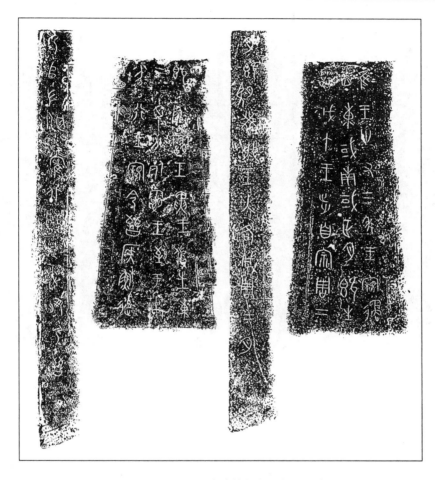

图 6-6 西周晋侯稣编钟铭文（部分拓本）

相证明[1]。

1974年在陕西武功出土的驹父盨盖，从另一角度说明周王室和南夷、东夷的关系。盨盖属西周晚期，盖内有铭文9行82字，记录了周王十八年正月，"南仲邦父命驹父即南诸侯，率高父见南淮夷"，索取贡纳，淮上小大诸邦无敢不奉王命，"不敢不敬畏王命"，"厥献厥服"。四月驹父还至于蔡，历时三月[2]。由此可见周王朝既对南夷、东夷用兵征伐，又向他们索取贡赋的情形。

西周晚期，周王朝一方面征伐东夷、南夷，另一方面却又要抵御西北异族的入侵与骚扰。1980年在陕西长安斗门发现的多友鼎就是重要的佐证。多友鼎有铭文22行278字（图6-7），叙述"狁广伐京师"，"武公命多友率公车羞追于京师"，首战于郙，再战于

---

[1] 唐兰：《西周青铜器铭文分代史征》，中华书局，1986年。
[2] 黄盛璋：《驹父盨盖铭文研究》，《考古与文物》1983年第4期。

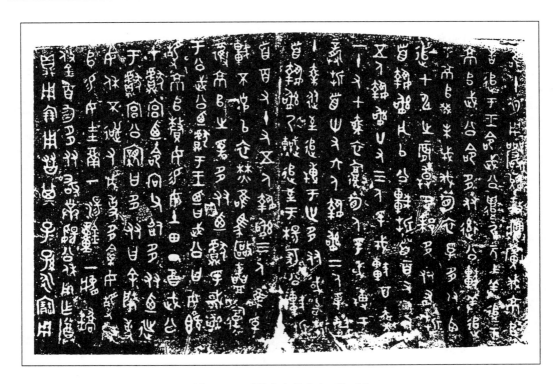

图 6-7 西周多友鼎铭文（拓本）

龚，三战于世，至于杨冢，斩首三百有余，执讯二十余人，俘获戎车百余乘。多友献俘于武公，武公乃献于王。武公召多友赐圭瓒等物。多友鼎铭中的武公、向父也见于敔簋、禹鼎和南宫柳鼎诸器，可知应是厉王时器[1]。或以为鼎铭所述与《诗·六月》相合[2]，或与虢季子白盘铭文相联系，以为是宣王时器[3]。

六　册命与赏赐

不少铜器的铭文涉及册命、赏赐、礼制方面的内容。1969年陕西蓝田出土的永盂是关于授田的，器有铭文12行123字（图6-8），记录了益公以王命赐师永阴阳洛彊及师俗父田，并令司徒、司工等人付师永田，在场的有井伯、荣伯、尹氏、师俗父和遣仲[4]。根据铭文中提到的人物和所记的王年，可以确认永盂为恭王十二年器[5]。近年发现的吴虎鼎是又一件有关授田的铜器，器有铭文16行164字，记录宣王十八年十三月，王重申厉王

---

[1] 李学勤：《论多友鼎的时代及意义》，《人文杂志》1981年第6期。
[2] 刘雨：《多友鼎铭的时代与地名考订》，《考古》1983年第2期。
[3] 夏含夷：《测定多友鼎的年代》，《考古与文物》1985年第6期。
[4] 陈邦怀：《永盂考略》，《文物》1972年第11期。
[5] 唐兰：《永盂铭文解释》，《文物》1972年第1期。

命，取吴蓋旧疆付吴虎，并详细说明其地的四至[1]。上述两器可与三年卫盉和五年卫鼎铭文合观，对于西周中晚期的土地授受和所有权的转移会有更多的了解。

有关册命的铜器铭文较多。1956年陕西郿县李村出土的盠方彝铭文10行105字（图6-9），记述周王册命盠，"用嗣六自眾八自艺"[2]。六自和八自当是西六师和殷八师，由是可知盠的地位在三有司之上，兼管东西军政，乃是一代重臣。

询簋于1959年出于陕西蓝田寺坡村，器内铭文10行131字，记录周王十七年，益公右询，王册命询，"今余令汝啻嗣邑人，先虎臣后庸"，自西门夷以下至降人、服夷凡十数品，并赐命服，玄衣黹屯，载市同黄，鑾旂攸勒等物[3]。传世有师询簋，与询簋为同一人所作，而年代有先后，师询簋作于嗣王之元年。

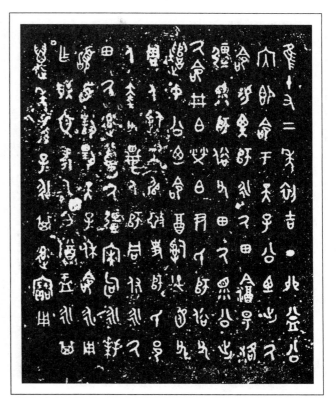

图6-8　西周永盂铭文（拓本）

又有师酉簋，或以为铭文中之"父乙伯"即是询簋中的"祖乙伯"，则师酉和师询乃是父子关系。师酉簋铭记周王元年册命师酉，"嗣乃祖啻官邑人，虎臣、西门夷……"由师酉簋、询簋两器可推知师询祖孙几代人啻嗣邑人，管理虎臣、庸、西门夷诸等夷人隶属，服役王室[4]。询簋中的右者益公，亦即永盂中的益公，可知询簋当是恭王十七年器，师酉簋或作于恭王元年，而师询簋当是懿王元年器。然而，从器形上比较，师酉簋为西周晚期器，不能早于询簋[5]。因此，询受命嗣邑人虎臣应是初次获任，师酉乃是接替其祖职，酉应是询的后裔[6]。

册命有初命，也有重命。1961年陕西长安张家坡铜器窖藏出土的元年师旋簋，有铭文10行98字，记述元年四月既生霸甲寅，王在减应，呼作册尹册命师旋，"备于大

---

[1] 李学勤：《吴虎鼎考释》，《考古与文物》1998年第3期。
[2] 郭沫若：《盠器铭考释》，《考古学报》1957年第2期。
[3] 郭沫若：《弭叔簋及訇簋考释》，《文物》1960年第2期。
[4] 王祥：《说虎臣与庸》，《考古》1960年第5期。
[5] 王世民、陈公柔、张长寿：《西周青铜器分期断代研究》，文物出版社，1999年。
[6] 李学勤：《西周青铜器研究的坚实基础》，《文物》2000年第5期。

图 6-9 西周盠方彝铭文（拓本）

左官嗣丰还左右师氏。锡汝赤市同黄丽般，敬夙夕用事"。谓就大左之职，管治丰京苑囿左右师氏，并赐命服，令夙夜敬业用命[1]。

1997 年在陕西扶风发现的宰兽簋有铭文 12 行 127 字，记录六年二月初吉甲戌，王在周师录宫，司土荣伯右宰兽，王呼内史尹中册命宰兽曰："昔先王既命汝，今余唯或䩹熹乃命，更乃祖考事，口嗣康宫王家臣妾附庸……赐汝赤市幽亢，攸勒，用事。"[2] 可知先王既已册命，嗣王重申乃命，使宰兽继袭乃祖乃考之职，管理康宫之王家臣妾附庸。此乃一人历事二王重命之例。也可知此类职事犹如询簋之啻嗣邑人，多为世袭之职。

七 执驹与射礼

与盠方彝同出的还有一件驹尊，也是盠所作之器。驹尊前胸有铭文 9 行 92 字（图 6-10-1），铭曰："隹王十又二月，辰在甲申，王初执驹于廒，王呼师豦召盠，王亲旨盠，驹锡两。"执驹见于《周礼》校人、廋人，为王者考牧简畜的一种制度[3]。执驹者为幼马断乳，离其母，正式编入王之马厩[4]。赐驹为执驹礼应有之举，"驹锡两"者即赐驹二。驹尊出土时有盖，另有一盖而驹已佚，盠即作二驹尊以纪其事也。另有达盨盖也记执驹事，盨盖于 1985 年出于陕西长安张家坡 M152 井叔墓中，凡三器，铭 5 行 40 字，曰："隹三年五月既生霸壬寅，王在周，执驹于滆应……王赐达驹。"器出井叔墓中，达当是一代井叔[5]。上述两器的年代均被认为是西周中期的懿孝时期，当时频频举行执驹之礼，这与文献所记周孝王时使非子牧马于汧渭之间，马大蕃息，是可以互相印证的。

1954 年在长安普渡村西周墓中出土的长甶盉是穆王时的标准器，有铭文 6 行 57 字

---

[1] 郭沫若：《长安县张家坡铜器群铭文汇释》，《考古学报》1962 年第 1 期。
[2] 罗西章：《宰兽簋铭略考》，《文物》1998 年第 8 期。
[3] 郭沫若：《盠器铭考释》，《考古学报》1957 年第 2 期。
[4] 沈文倬："执驹"补释》，《考古》1961 年第 6 期。
[5] 张长寿：《达盨盖铭》，《燕京学报》新二期，北京大学出版社，1996 年。

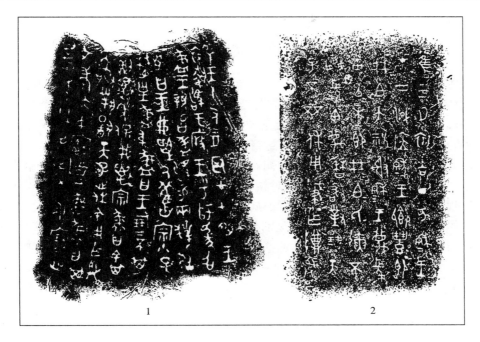

图 6-10 西周盠驹尊、长甶盉铭文（拓本）
1. 盠驹尊铭文拓本　2. 长甶盉铭文拓本

（图6-10-2），铭曰："隹三月初吉丁亥，穆王在下淢庅，穆王飨醴，即井伯大祝射"[1]，射即射礼。长安张家坡西周墓地出土的一件义盉盖，盖内有铭文5行51字，记述"隹十又一月既生霸甲申，王在鲁，飨，即邦君、者侯、正、有嗣大射"[2]。按传世的西周铜器中，多有关于射礼的记载，有射于璧雍大池者，如静簋和麦方尊；有射于射庐者，如十五年趞曹鼎，射礼之前还要举行宴饮，是西周时期非常盛行的一种礼仪[3]。

第三节　金文历谱与西周王年

一　用金文历日资料推求西周王年的条件

在西周铜器铭文中有很多记载年、月、日等历日资料，尤其是王年、月序、月相、干支齐全者，对于研讨西周历法、拟定金文历谱、推定西周列王的在位年数，具有重要的意义。1996年，"夏商周断代工程"为此设立专题加以研讨。然而，要做好这项工作，就必

---

[1] 陕西省文物管理委员会：《长安普渡村西周墓的发掘》，《考古学报》1957年第1期。
[2] 中国社会科学院考古研究所沣西发掘队：《1984年沣西大原村西周墓地发掘简报》，《考古》1986年第11期。
[3] 刘雨：《西周金文中的射礼》，《考古》1986年第12期。

须以西周铜器断代为基础,以西周历法为依据。早先也曾有人试图利用个别铜器铭文中的历日资料来排比历谱,推定王年,其结果不是由于铜器断代不当,就是依据古历不妥而终告失败。

对于西周青铜器断代的综合研究,实始于郭沫若在20世纪30年代出版的《两周金文辞大系考释》,他将传世的西周铜器按王世进行系统的整理研究,为西周铜器断代奠定了科学的基础。1955年以后,陈梦家发表《西周铜器断代(一至六)》,他不但根据铭文中有关的事类、相关的人物等内容,分器组进行广泛的联系,而且从器物的形态和组合、花纹的变化等方面进行比较,从而把西周青铜器的断代研究提高了一大步,可惜全书未及完成而中止。20世纪70年代之后,西周青铜器有更多的发现,周原、丰镐等地青铜器窖藏的频频发现,琉璃河燕国墓地、曲村晋侯墓地的发掘,为西周青铜器增添了很多重要的资料。唐兰尽其毕生研究的心得及其获见的新资料,写出《西周青铜器铭文分代史征》,为西周铜器断代作出了新的贡献。李学勤主编的《中国美术全集·工艺美术编·青铜器》上下卷,马承源主编的《中国青铜器全集》十六卷等书,也在西周铜器断代研究上有所建树。20世纪90年代中期,"夏商周断代工程"将西周青铜器的分期研究列为一个专题,王世民等在诸家研究的基础上,编写了《西周青铜器分期断代研究》,从考古类型学的角度,探讨各类器形及其主要纹饰的演变规律,将西周铜器区分为早、中、晚三期,特别是对王年、月序、月相、干支俱全的铜器提出分期断代意见,从而为金文历谱的排谱工作提供了一个比较可靠的年代基础。

西周实施什么样的历法,文献无征,现已不得而知。但是,可以一方面从西周金文本身的历日资料来获知当时历法的某些内容,另一方面从春秋经传中获知的鲁历来逆推西周历法的轮廓。从这两方面得知的西周历法的基本框架为:第一,西周实行阴阳合历,月有大小,经若干月加一连大月。第二,以朔或朏为月首,朏指新月初见。第三,以冬至所在月为岁首,即建子,但存在建丑的摆动。第四,年终置闰,称十三月,但失闰时有发生。第五,改元多为逾年改元,即新王即位次年称元年,但也有当年改元者[1]。

然而,西周时期,至少是早期和中期,尚处在观象授时阶段,这由金文中的纪时词语即月相词就可以证明。月相是历法的重要部分,纪日是和月相紧密联系的,要靠观测月相来确定日序。正确认识月相的纪日方法是研究年代的前提[2]。但恰恰在这个问题上,学者之间的意见最为分歧。

二 金文月相词语的解释

所谓纪时词语或月相词主要是指西周金文中的"初吉"、"既生霸"、"既望"、"既死霸"四个词汇,此外,文献中还有"朏"、"旁死霸"、"既旁生霸"等。对于这些纪时词语如何解释,各家意见不一,或以为一月四分,或以为定点,也有以为"初吉"不是月相,

---

[1] 夏商周断代工程专家组:《夏商周断代工程1996~2000年阶段成果报告(简本)》,世界图书出版公司,2000年。

[2] 张培瑜:《西周年代历法与金文月相纪日》,《中原文物》1997年第1期。

其他则为二分一段。

王国维首倡一月四分之说。他说："余揽古器物铭而得古之所以名日者凡四，曰初吉，曰既生霸，曰既望，曰既死霸。因悟古者盖分一月之日为四分，一曰初吉，谓自一日至七、八日也。二曰既生霸，谓自八、九日以降至十四、五日也。三曰既望，谓十五、六日至二十二、三日。四曰既死霸，谓自二十三日以后至于晦也。"[1]

王说一出有赞成者，也有反对者，而将王说发挥得淋漓尽致的则是马承源。他在《西周金文和周历的研究》一文中详细地解释了月相诸说的异同，检验了董作宾的月相定点说和董氏拟合的《中国年历总谱》，认为定点月相说实际上是不存在的。他对周历归纳出若干认识，并用月相词语相对幅度推算方法论证一月四分说是可行的。他用同一王世的铜器组合历的方法，如颂鼎、兮甲盘、虢季子白盘组，郑季盨、趞鼎组，师毁簋、谏簋组，逆钟、师晨鼎、十三年痶壶组，师虎簋、吴方彝盖组，卫鼎、趞曹鼎组等，以及穆王以前的铜器，由下而上各组衔接，由此推断西周列王在位的年数，其成果完全集现在他所主编的《商周青铜器铭文选》中。他也指出有一些不合历的铜器，如元年师兑簋和三年师兑簋，四年痶盨与十三年痶壶之两不相合，必有一误。至于高王年的铜器，如廿六年番匊生壶、卅三年伯寛父盨、卅七年的山鼎，与宣王、厉王历谱均不能合。他认为，"古今历法，合乎今必不能通古，密于古必不能验今"，"那种以为纪年铭青铜器每一件都能合于西周历谱的想法，是不符合实际的"[2]。

晋侯稣编钟发现之后，马承源又撰写专文讨论。他首先提出钟铭的历日资料与宣王历谱不合，铭文所记当是厉王三十三年（公元前846年）之事，而铭文中"二月既望癸卯"、"二月既死霸壬寅"日序颠倒，应是"二月既望壬寅"、"二月既死霸癸卯"之误刻，壬寅为二十二日，癸卯为二十三日，正合一月四分之说，可证此说必无可疑。

月相定点说者根据文献所载，如《武成》之"二月既死霸，粤五日甲子"、"唯四月既旁生霸，粤六日庚戌"，《召诰》之"唯二月既望，粤六日乙未"、"唯三月丙午朏"等，认为月相词语必指固定的某一天，否则无从计日，因此，一月四分说不足为据。然而，各月相词语究竟固定在哪一天，定点说者也各不相同。

董作宾认为"初吉"为一日，"旁生魄"、"哉生魄"即"朏"，为二日、三日，"既生霸"即"望"，为十五日，"既望"为十六日、十七日，"既死霸"和"初吉"相重，亦为一日[3]。

陈梦家认为"初吉"即朏，为月之三日，"既生霸"为十二、十三日，"既望"为十五、十六日，"既死霸"为月之一日[4]。

刘启益的定点说最晚出，他认为"初吉"即"朏"，为月之二日或三日，"既生霸"为朏后一日，为三日或四日，"既望"为望后一日，为十六、十七或十八日，"既死霸"即

---

[1] 王国维：《生霸死霸考》，《观堂集林》卷一，中华书局，1959年。
[2] 马承源：《西周金文和周历的研究》，《上海博物馆集刊》第二期，上海古籍出版社，1983年。
[3] 董作宾："四分一月"说辨正，《中国文化研究所集刊》2/1-4：1-23，1941年。
[4] 陈梦家：《西周铜器断代（二）》，《考古学报》第十册，1955年。

晦,为二十九日或三十日[1]。他以其对月相词语的理解,利用西周铜器铭文中的历日资料,对西周历谱和王年进行排比和推定。他认为同一王世的两件纪年铜器,其朔日干支是衔接的,反之,则不衔接。他举证十二年永盂和十五年趞曹鼎历日相接,当属同一王世,而永盂、太师虘簋和大簋三者均为十二年器,而历日不相连接,必分属三个王世。根据这样确定的各个王世的纪年铜器,以前后相邻的两个王的铜器历日资料排比,即可获知前一王的在位年数,进而推定西周列王的在位年数和西周纪年的总年数[2]。

在诸月相词语中,争论最多的是"初吉",四分说与定点说虽然认识不同,但都肯定"初吉"是月相,而二分说则认为"初吉"并非月相。

黄盛璋首倡"初干吉日"说。他说"初吉"旧皆以为即朔日,王引之提出初吉在上旬,称"上旬凡十日,其善者皆谓之吉日"。揆其意,初者即是初干,吉谓吉日,"初干吉日"谓上旬十日,包括朔日,均得称之为初吉[3]。他举出古代社会以干日三分一月,而吴王光鑑铭文有"吉日初庚"以证成其说,而论者或以"增字释经"目之。

刘雨则根据静簋铭文"隹六月初吉,王在莽京,丁卯,王令静司射学宫……雩八月初吉庚寅……"同铭两初吉之例,指出六月丁卯、八月庚寅两不相应,日序相差二十四日,可知"初吉"不是朔,也不是朏,更不是初干吉日。他认为"初吉"者,大吉也,它不是月相,可以是月内的任何一天[4]。

"初吉"既然不是月相,则"既生霸"、"既望"、"既死霸"又何所指。黄盛璋提出二分一段说。他认为西周历法以"既望"分前后两半月,前半月为"既生霸",后半月为"既死霸","既望"为十六七日,三者皆为月相而非定点。"初吉"为初一到初十日,非月相,也非定点[5]。他指出一月二分说,即以"既生霸"为前半月,"既死霸"为后半月,是刘朝阳在《周初历法考》中最早提出的,而日本的薮内清更提出二分二点说,即以"初吉"和"既望"为两个定点,表示新月初见与满月,"既生霸"、"既死霸"分别表示前后两个半月[6]。他之不同于前二者之处在于认定"既望"非定点而表时段,为月之十六七日。"初吉"非月相,也非定点,表月之上旬十日。他列举九组有关联的铜器铭文中的月相词语,就其历日资料加以排比,得到下列结果:"初吉"为初一至初十日;"既生霸"上限在月初,可与"初吉"重合,下限可在十四五日;"既死霸"在十八日或其后,下限可至月底;"既望"可以紧接"既生霸",少则二日,十六七日,多则三日,至十八日。

三 推求王年的若干支点

黄盛璋没有用他的二分一段、初干吉日说来具体排比历谱、推算王年,这个工作却是

---

[1] 刘启益:《西周金文中月相词语的解释》,《历史教学》1979年第6期。
[2] 刘启益:《西周纪年铜器与武王至厉王的在位年数》,《文史》第十三辑,中华书局,1982年。
[3] 黄盛璋:《释初吉》,《历史研究》1958年第4期。
[4] 刘雨:《金文"初吉"辨析》,《文物》1982年第11期。
[5] 黄盛璋:《从铜器铭刻试论西周历法若干问题》,《亚洲文明论丛》,四川人民出版社,1986年。
[6] 薮内清:《关于殷历二三问题》,《东洋史研究》第15卷第2号。转引自黄盛璋《从铜器铭刻试论西周历法若干问题》(《亚洲文明论丛》,四川人民出版社,1986年)。

由陈久金来做了。1996 年，"夏商周断代工程"设"西周历法和金文历谱"专题，由陈久金负责，在月相词语问题上，他取二分一段、初干吉日说，在拟定金文历谱的方法上采用确立若干支点，以此作为构筑年代的框架，再以铜器历日资料充实历谱，推定王年[1]。这些支点有六个。

一是共和元年（公元前841 年）。这是金文历谱的基点，此后的宣王、幽王，他们的纪年明确无误。但是，宣王、幽王铜器其历日资料是否合历，也需核实，同时也可检验其法是否可行。如吴虎鼎铭曰："佳十又八年十又三月既生霸丙戌，王在周康宫夷宫，道入右吴虎，王命善夫丰生、司工雍毅，申剌王命……"（图 6-11）是宣王标准器[2]。

图 6-11　西周吴虎鼎铭文（拓本）

宣王十八年为公元前 810 年，查《中国先秦史历表》（下简称《表》），是年十三月无丙戌，次年正月丁丑朔，丙戌为初十，合于既生霸，是年建丑[3]。又传世的兮甲盘，学者公认为宣王时器，其铭曰："佳五年三月既死霸庚寅，王初各伐玁狁……"宣王五年为公元前 823 年，查《表》是年三月丁卯朔，庚寅为二十四日，合于既死霸。

二是晋侯稣编钟与厉王历谱。晋侯稣编钟为三十三年高王年器，铭文有四组连续的历日资料，而且包含了"初吉"、"既生霸"、"既望"、"既死霸"四个月相词语，对于金文历谱非常重要。铭文的历日资料如下：

佳王卅又三年正月既生霸戊午

二月既望癸卯

二月既死霸壬寅

六月初吉戊寅

---

[1] 夏商周断代工程专家组：《夏商周断代工程 1996～2000 年阶段成果报告（简本）》，世界图书出版公司，2000 年。
[2] 李学勤：《吴虎鼎考释》，《考古与文物》1998 年第 3 期。
[3] 张培瑜：《中国先秦史历表》，齐鲁书社，1987 年。

西周晚期，周王在位年数超过三十三年的，只有厉王和宣王。马承源认为钟铭与宣王历谱不合，所记必是厉王三十三年事，而厉王在位年数应是三十七年，由共和元年往上推算厉王元年为公元前878年，厉王三十三年为公元前846年。查《表》是年正月辛亥朔，戊午为初八日，二月辛巳朔，壬寅为二十二日，癸卯为二十三日，六月己卯朔，戊寅为朔前一日。马承源认为壬寅、癸卯日序颠倒，为误刻所致。如此，则所有历日均符合四分说。

陈久金也认为晋侯稣钟铭文所记为厉王三十三年事，厉王在位也是三十七年，但他取共和行政当年改元，厉王三十七年即共和元年。由此上推厉王元年为公元前877年，厉王三十三年为公元前845年。查《表》，是年依建丑，正月乙巳朔，戊午十四日，合于既生霸，二月甲戌朔，癸卯为辛卯之误，辛卯为十八日，合于既望，壬寅为二十九日，合于既死霸，六月壬申朔，戊寅为初七，合于初干吉日。

三是"天再旦"和懿王历谱。古本《竹书纪年》称："懿王元年天再旦于郑"，天文学家认为"天再旦"为日出之际发生日食而形成的奇异天象，根据计算，确认此次日食发生于公元前899年4月21日。传世的师虎簋，根据器形和铭文可以确认为懿王时器，其铭曰："隹元年六月既望甲戌，王在杜应，格于大室，井伯入右师虎……"查《表》公元前899年，六月丙辰朔，甲戌为十九日，可合于既望。由于懿王元年和厉王元年的确定，则懿、孝、夷三王的王年应限定在公元前899年至公元前877年之间。

四是十五年趞曹鼎和恭王历谱。传世的十五年趞曹鼎，其铭曰："隹十又五年五月既生霸壬午，龏王在周新宫，王射于射庐"，是恭王的标准器。1975年岐山董家铜器窖藏出土的三年卫盉、五年卫鼎、九年卫鼎也被认为是恭王时器。根据这一组历日资料，可以推定恭王元年为公元前922年，恭王在位23年。三年卫盉铭曰："隹三年三月既生霸壬寅"，恭王三年为公元前920年，查《表》是年三月庚寅朔，壬寅为十三日。五年卫鼎铭曰："隹正月初吉庚戌……隹王五祀"，恭王五年为公元前918年，查《表》是年正月己酉朔，庚戌为初二。九年卫鼎铭曰："隹九年正月既死霸庚辰"，恭王九年为公元前914年，查《表》是年正月丁巳朔，庚辰为二十四日。趞曹鼎恭王十五年为公元前908年，查《表》是年五月己卯朔，壬午为初四。上述历日均合于二分一段初干吉日之说。

五是鲜簋和穆王历谱。传世的鲜簋，其铭曰："隹王卅又四祀，隹五月既望戊午，王在苍京，啻于邵王"，应是穆王时器[1]。据《史记·周本纪》穆王在位55年，如以恭王即位当年改元推算，则穆王元年应为公元前976年，穆王三十四年为公元前943年，查《表》是年建丑，五月壬寅朔，戊午为十七日，合于既望。又与卫盉、卫鼎同坑所出的卫簋，也被认为是穆王时器，其铭曰："隹廿又七年三月既生霸戊戌"，按穆王二十七年为公元前950年，查《表》是年建丑，三月甲申朔，戊戌为十五日，可合于既生霸。

六是静方鼎与昭王历谱。传世的静方鼎因铭文有"省南国"与安州六器相联系而被认为是昭王时器[2]。其铭曰："隹十月甲子，王在宗周，令师中眔静省南国，设居，八月初

---

[1] 李学勤、艾兰：《鲜簋的初步研究》，《欧洲所藏中国青铜器遗珠》，文物出版社，1995年。
[2] 李学勤：《静方鼎与周昭王历日》，《夏商周年代学札记》，辽宁大学出版社，1999年。

吉庚申至，告于成周，月既望丁丑，王在成周大室，令静曰……"此铭不记王年，所述之事分属二年，上年省南国，次年告于成周。据古本《竹书纪年》，昭王十六年南伐楚荆，十九年丧六师于汉，卒于水中。今以静方鼎所记历日分属昭王十八年、十九年，由穆王元年上推昭王十八年为公元前978年，查《表》是年十月癸亥朔，甲子为初二。昭王十九年为公元前977年，查《表》是年八月戊午朔，庚申为初三，丁丑为二十日，与初吉、既望均可合。由此上推昭王元年为公元前995年。

西周早期的铜器历日资料极少，因此，只能用文献资料来连接金文历谱。文献中的历日资料主要有《武成》的"唯一月壬辰旁死霸"、"二月既死霸，粤五日甲子"、"唯四月既旁生霸，粤六日庚戌"，《召诰》的"唯二月既望，粤六日乙未"、"唯三月丙午朏"，《毕命》的"唯十又二年六月庚午朏"。《毕命》历日合于公元前1009年，该年为康王十二年，则康王元年为公元前1020年。《召诰》历日合于公元前1036年，该年为成王七年，则成王元年为公元前1042年。《武成》历日合于公元前1046年，该年为武王克商之年。

现在，对于金文月相词语持不同观点的代表都以西周铜器的历日资料按各自的方法拟定金文历谱并推定西周列王的在位年数，现将马承源[1]、刘启益[2]、陈久金[3]的研究结果列为表6-1。

表6-1　　　　　　　　　　三家推定的西周王年对照表

	马承源	刘启益	陈久金	备注
武王	3年　BC.1105～1103年	2年　BC.1075～1074年	4年　BC.1046～1043年	
成王	32年　BC.1102～1071年	7+17年　BC.1073～1050年	22年　BC.1042～1021年	
康王	38年　BC.1070～1033年	26年　BC.1049～1024年	25年　BC.1020～996年	
昭王	19年　BC.1032～1014年	19年　BC.1023～1005年	19年　BC.995～977年	
穆王	45年　BC.1013～969年	41年　BC.1004～964年	55年　BC.976～922年	
恭王	27年　BC.968～942年	19年　BC.963～945年	23年　BC.922～900年	陈：恭王即位当年改元
懿王	17年　BC.941～925年	24年　BC.944～921年	8年　BC.899～892年	
孝王	26年　BC.924～899年	13年　BC.920～908年	6年　BC.891～886年	
夷王	20年　BC.898～879年	29年　BC.907～879年	8年　BC.885～878年	
厉王	37年　BC.878～842年	37年　BC.878～842年	37年　BC.877～841年	

[1] 马承源主编：《商周青铜器铭文选（三）》，文物出版社，1988年。
[2] 刘启益在《西周纪年铜器与武王至厉王的在位年数》(《文史》第十三辑，中华书局，1982年）提出此说，后在《文王受命至成王五年年表——读王国维〈周开国年表〉后记》（《传统文化与现代化》1996年第5期）对原说略有修改，改武王克商为公元前1070年，除穆王减少五年外，其余仍依旧贯。
[3] 夏商周断代工程专家组：《夏商周断代工程1996～2000年阶段成果报告（简本）》，世界图书出版公司，2000年。

续表 6-1

	马承源	刘启益	陈久金	备注
共和	14 年　BC.841~828 年		14 年　BC.841~828 年	陈：共和行故当年改元
宣王	46 年　BC.827~782 年		46 年　BC.827~782 年	
幽王	11 年　BC.781~771 年		11 年　BC.781~771 年	

需要指出的是，"夏商周断代工程"的陈谱是一项多学科联合攻关的项目，所以该谱和天文学、考古学和碳十四测年技术的研究成果是互洽的，这正是它的优势所在。其次，二分一段说较为宽泛，所以容器最多，其所收文献资料 6 条、金文资料 67 条，共 73 条，但凡现下所见王年、月序、月相、干支四项俱全之器，均已包括在内。当然也有未能洽合者，如走簋、休盘之既望为二十三日，师毁簋之初吉为二十日，均已超出误差的允许范围。也有少数器可能定位不当，至于个别器的改字，更是谱家之大忌。2000 年，山西曲沃晋侯墓地 M113 出土的叔矢方鼎，铭文有"十有四月"[1]，表明我们对西周历法的认识尚有不尽相符之处。凡此，都需要修正改进。然而，最根本的问题恐怕仍然是对于"初吉"的认识。晋侯稣编钟一器之中"初吉"、"既生霸"、"既望"、"既死霸"四种月相词语共存，而且用法完全相同，何以惟独"初吉"不是月相，这个问题不解决，是很难让大家信服接受的。

第四节　音乐与艺术

一　音乐

西周的乐器大都出于大型墓葬和铜器窖藏，器形有铜铙、铜钟、铜钲和石磬，都是打击乐器，没有发现丝竹的管弦乐器。

铜铙发现很少，只见于河南鹿邑长子口墓和陕西宝鸡竹园沟 M13。

长子口墓出铜铙 6 件，分属两组，每组 3 件，大小依次递减，组成编铙（图 6-12A）。铙的形制主体为合瓦形，顶部有柄，中空，可安木柄，执而击之。铙的钲部饰转角兽面纹，只有一组中的小者，饰牛角兽面纹。这两组编铙均无铭文，也未测音[2]。

宝鸡竹园沟 M13 只出了 1 件铜铙，形制相同，钲部也饰兽面纹，也无铭文[3]。这类单件的铙很可能是编铙中的一件。

编铙这种乐器在安阳殷墟时期的大中型墓中常有发现，除妇好墓所出者为 5 件一组外，其余都是 3 件一组，铙的钲部也饰兽面纹，有的还有铭文。长子口墓出土的两组编铙

---

[1] 李伯谦：《叔矢方鼎铭文考释》，《文物》2001 年第 8 期。
[2] 河南省文物考古研究所、周口市文化局：《鹿邑太清宫长子口墓》，中州古籍出版社，2000 年。
[3] 卢连成、胡智生：《宝鸡㔶国墓地》，文物出版社，1988 年。

与殷墟所出者完全相同。该墓是一座西周初期的双墓道大型墓葬，随葬的青铜器具有鲜明的商代特色。论者或与周初封微子于宋相联系，认为应是周初宋国微子或其后人之墓葬[1]。如此，其所随葬之编铙乃是殷人之传统。

西周时期的编铙只有以上二例，而且均是西周早期的，嗣后再无发现。据此推测铙这种乐器主要流行于殷墟时期，西周早期所出者乃其孑遗。

甬钟是西周乐器中发现数量最多的一种。甬钟的钟体也是合瓦形，下口为弧形，钟体的中央为钲，两侧有钟枚18个，分列6组，每组3枚，其间为篆，下沿为鼓部，顶部有圆柱形甬，甬下部有凸起旋，旋上有斡。从器形而言，钟似铙而体长，而钟之有枚，又似取法于南方之大铙；而从使用的方式而言，两者有根本的不同，铙为执而击之，钟为悬而击之。西周较早时期的甬钟都为3件一组，与编铙相同，由此看来，甬钟大概是源出于殷铙而发展为西周时期具有周人特征的乐器[2]。

西周时期3件一组的编钟，经发掘出土的有以下各组：宝鸡竹园沟M7格伯墓[3]、茹家庄M1𢀰伯墓[4]，长安普渡村长甶墓[5]和张家坡M163[6]。现将这四组编钟的大小列为表6-2。

竹园沟M7的年代可能是康、昭时期，这组编钟是目前所知年代最早的西周编钟。这组编钟的前二件花纹相同，钲四周有圆圈纹，篆部有云纹，四周也有圆圈纹，而第三钟既无圆圈纹，也无云纹。三钟形制相同而均无铭文（图6-12B）。

表6-2		3件组编钟登记表		（长度单位：厘米）
器号	通高	甬长	铣间	鼓间
竹园沟M7 12、11、10	34、33、28.8	10、11.1、9.8	21、18、16.2	14.6、14、10.6
茹家庄M1 28、29、30	31.7、30.5、23.3	11.2、11.4、9.3	18、16.5、12.2	12.3、11.6、8.4
普渡村长甶墓 4、3、2	48.5、44、38	16、14.5、12	27.5、25、21	19、18、15
张家坡M163 072、34、35	?、38.3、31.4	?、14.2、12.1	?、19.9、16.7	?、15.2、12.6

---

[1] A. 张长寿：《商丘宋城和鹿邑大墓》，《揖芬集——张政烺先生九十华诞纪念文集》，社会科学文献出版社，2002年。
   B. 王恩田：《鹿邑太清宫西周大墓与微子封宋》，《中原文物》2002年第4期。
[2] 马承源：《商周青铜双音钟》，《考古学报》1981年第1期。
[3] 卢连成、胡智生：《宝鸡𢀰国墓地》，文物出版社，1988年。
[4] 卢连成、胡智生：《宝鸡𢀰国墓地》，文物出版社，1988年。
[5] 陕西省文物管理委员会：《长安普渡村西周墓的发掘》，《考古学报》1957年第1期。
[6] 中国社会科学院考古研究所：《张家坡西周墓地》，中国大百科全书出版社，1999年。

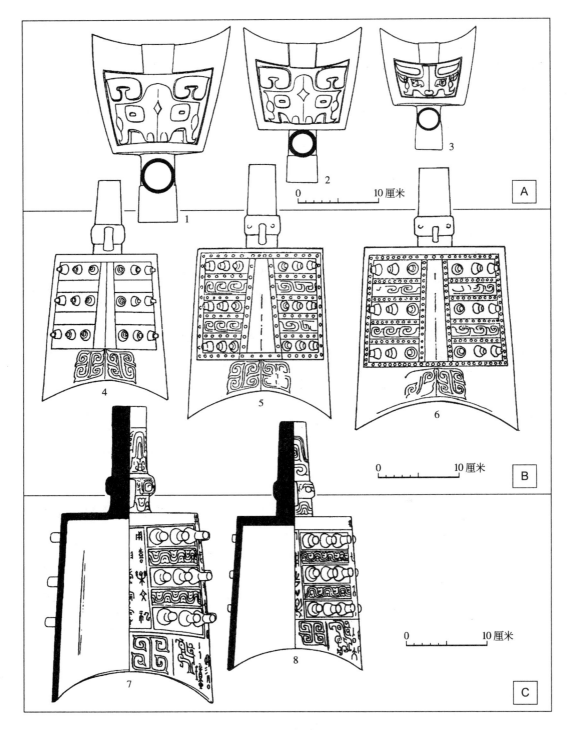

图 6-12 西周铜编铙和编钟
A. 鹿邑长子口墓 A 组编铙　1. M1:145　2. M1:166　3. M1:151
B. 宝鸡竹园沟 M7 编钟　4. BZM7:10　5. BZM7:11　6. BZM7:12
C. 长安张家坡 M163 井叔编钟（缺一）　7. M163:34　8. M163:35

茹家庄 M1 的年代约为穆王时期，所出的 3 件编钟与竹园沟的编钟相同，也是前两钟有圆圈纹，后一钟则无，也无铭文。

普渡村的墓由于所出土长甶盉是穆王时的标准器，故墓的年代也可推定。所出的编钟形制较大，鼓、篆、舞部均有纹饰，而最后一钟舞无纹而篆纹略异。这与竹园沟、茹家庄之编钟末钟略异如同一辙，可知原来即如此。这组编钟也无铭文。

上述三组编钟都曾经测音。茹家庄、普渡村两组编钟都经过修补，音响失真，已非原来的频率，因此，无从判断其音阶关系[1]。竹园沟编钟保存完好，测音时，每钟取鼓中及鼓右两个音，据综合判断，并不符合已知西周钟的音阶规律。或以为三钟并非原组，或未经调音，故不能得出任何明确的结论[2]。

张家坡 M163 是一座长方形土坑竖穴墓，其西侧的双墓道大墓为懿王时的井叔墓，M163 乃井叔夫人墓，所出编钟有铭，为井叔之遗物。这组编钟虽只存两件（图 6-12C），但和上述诸编钟有明显的不同。第一，钟上有长篇铭文，称"井叔叔采作朕文祖穆公大钟"。第二，鼓部饰回形纹，右侧均有鸟纹标记，表明此两钟都已使用侧鼓音。可惜三钟缺一，其音阶已不得其详。

由上述编钟来看，3 件一组的编钟是西周前半期的流行形式，井叔编钟既有铭文又有侧鼓音标记与西周晚期的编钟最为接近，应是其中年代最晚的。此后，8 件一组的编钟起而代之，成为西周中晚期主要的编钟形式。

山西曲沃晋侯墓地中凡晋侯墓必随葬有编钟，而夫人墓则否，所出编钟大都是 8 件一组[3]，也有 16 件成两组的[4]，如长子口墓之两组编铙。晋侯稣编钟 16 件，分属两组，形制相同，纹饰略异，且各组的前三钟并非大小依次递减，可知并不是原来的组合，但音阶是和谐的，应是根据钟的音频后来选配的，铭文也是后来刻凿的，自铭"元稣锡钟"。这两组编钟的后六钟，右鼓均有鸟形标记，与西周中晚期的双音钟完全相同[5]。

河南三门峡虢国墓地的 M2001 是虢季墓，年代是西周晚期的宣幽时期，墓中随葬编钟一组 8 件，形制、纹饰基本相同，大小依次递减。钟的鼓部有一组相背的龙纹，而后六钟在鼓右有鸟纹标志（图 6-13），铭文称"虢季作协钟"[6]。这组编钟除首钟破裂失音外，其他保存完好[7]。

陕西扶风齐家青铜器窖藏出土的柞钟和中义钟都是西周晚期器，它们都是 8 件一组的

---

[1] 蒋定穗：《试论陕西出土的西周钟》，《考古与文物》1984 年第 5 期。
[2] 中国艺术研究院音乐研究所：《竹园沟七号墓青铜编钟（三件）的测音报告及其音乐分析》，《宝鸡㔶国墓地》，文物出版社，1988 年。
[3] 山西省考古研究所、北京大学考古学系：《天马—曲村遗址北赵晋侯墓地第四次发掘》，《文物》1994 年第 8 期。
[4] 北京大学考古学系、山西省考古研究所：《天马—曲村遗址北赵晋侯墓地第五次发掘》，《文物》1995 年第 7 期。
[5] 马承源：《晋侯稣编钟》，《上海博物馆集刊》第七期，上海书画出版社，1996 年。
[6] 河南省文物考古研究所、三门峡市文物工作队：《三门峡虢国墓》第一卷，文物出版社，1999 年。
[7] 王子初、李秀萍、姜涛：《虢季编钟的音乐分析》，《三门峡虢国墓》第一卷，文物出版社，1999 年。

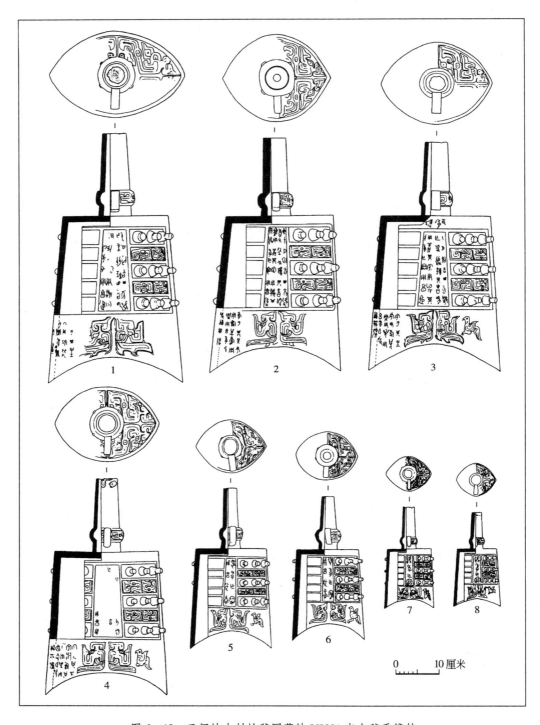

图 6-13 三门峡上村岭虢国墓地 M2001 出土虢季编钟

1. M2001:45　2. M2001:49　3. M2001:48　4. M2001:44　5. M2001:50　6. M2001:51　7. M2001:46　8. M2001:47

编钟，形制相同、大小相次，后六钟鼓右有鸟纹侧音标记，前者自铭"大镈钟"，后者称"龢钟"[1]。这两组编钟保存完好，都经测音[2]。现将上述三组编钟的测试结果列为表6-3。

表6-3　　　　　　　　　　　　8件组编钟测音登记表

钟序		1	2	3	4	5	6	7	8
虢季编钟	阶名	破裂	宫	角　徵	羽　宫	角　徵	羽　宫	角　徵	羽　宫
	测音	失音	#c^1-7	f^1-27 #g^1-10	#a^1-10 #c^2-1	f^2-41 #g^2-31	#a^2+11 #c^3+37	f^3+29 #g^3-36	#a^3+33 #c^4+3
柞钟	阶名	羽	宫	角　徵	羽　宫	角　徵	羽　宫	角　徵	羽　宫
	测音	a-34	c^1-36	e^1-43 g^1-10	a^1-33 c^2-18	e^2-30 g^2+12	a^2+19 c^3+10	e^3+50 g^3-15	a^3+16 c^4+25
中义钟	阶名	羽	宫	角　徵	羽　宫	角　徵	羽　宫	角　徵	羽　宫
	测音	#g-20	b±0	#d^1-35 #f^1-15	#g^1-51 b^1-8	#d^2-10 #f^2+7	#g^2-7 b^2+40	#d^3±0 #f^3+10	#g^3-15 b^3-12

由上述发现可知：（1）西周晚期8件一组的编钟已成定制，前二钟用正鼓音，后六钟鼓右有侧音标记，兼用正鼓、侧鼓双音。（2）其音阶构成为"羽、宫、角、徵"四声结构，五音缺"商"。（3）双音钟两音之间多为小三度音程。（4）每组编钟的音域为三个八度加一个小三度。

与虢季编钟同出的还有一件铜钲，这是西周晚期才出现的一种乐器。钲体也作长筒合瓦形，有长柄，与钲体相通，柄有銎，可安木柄，铜柄末端有穿孔，可以穿钉与木柄固定。钲体表面饰半浮雕兽面纹[3]。山西曲沃晋侯墓地M64为晋侯邦父墓，随葬有8件一组的编钟，同出也有一件铜钲[4]。也许是和编钟配套的乐器。但是，河南三门峡虢国墓地的M2011，随葬9鼎8簋等青铜礼器，也有一件铜钲[5]，但却无编钟。也许是因为墓主人的身份等级有别，所以单独以钲为乐器随葬。

磬是和钟匹配的乐器，所谓金石之声。早期的石磬是单个的特磬，如鹿邑长子口墓，出两组编铙，而石磬只有1件[6]。这依旧是殷人的传统。而西周中期石磬已由特磬发展成编磬。陕西长安张家坡西周墓地M157井叔墓，出土一组编磬，共5件，形状相同，略呈三角形，顶角为钝角，上有一穿孔可以悬挂，两底角略呈圆弧状，大小依次递减[7]。而井叔编钟是3件一组的编钟。西周晚期编磬的件数增多，山西曲沃晋侯墓地中保存完整的，M64出

---

[1] 陕西省博物馆、陕西省文物管理委员会：《扶风齐家村铜器群》，文物出版社，1963年。
[2] 蒋定穗：《试论陕西出土的西周钟》，《考古与文物》1984年第5期。
[3] 河南省文物考古研究所、三门峡市文物工作队：《三门峡虢国墓》第一卷，文物出版社，1999年。
[4] 山西省考古研究所、北京大学考古学系：《天马—曲村遗址北赵晋侯墓地第四次发掘》，《文物》1994年第8期。
[5] 河南省文物考古研究所、三门峡市文物工作队：《三门峡虢国墓》第一卷，文物出版社，1999年。
[6] 河南省文物考古研究所、周口市文化局：《鹿邑太清宫长子口墓》，中州古籍出版社，2000年。
[7] 中国社会科学院考古研究所：《张家坡西周墓地》，中国大百科全书出版社，1999年。

石磬 16 件[1]，M93 出石磬 10 件[2]，前者有一组 8 件编钟，后者有两组 8 件编钟。三门峡虢国墓地 M2001 随葬虢季编钟 8 件，伴出石磬 10 件，大小依次递减，可知 10 件为一组。M2011 随葬乐器只有一件铜钲，而出石磬 18 件，分属两组，每组大小相次，则为 9 件一组[3]。由于编磬都未经测音，各组之间乃至与其他乐器之间的配合还有待于研究。

二　艺术

西周时期的艺术可以青铜器和玉器的造型、纹饰为代表。

中国古代青铜器艺术，经过有商一代几百年的发展和积累，到了殷墟时期已发展到鼎盛时期，青铜器的造型和装饰艺术已达到非常高的水准，而西周时期的青铜器艺术就是在这样的基础上继承发展起来的。

西周早期的青铜器上大量使用各种动物形象作为主要的装饰纹样，这些动物花纹，有的是写实的，如鸟纹、蝉纹、蚕纹、鱼纹、龟纹等，有的则是想象的、非现实生活中所有的，如龙纹、夔纹以及所谓"饕餮"的兽面纹等[4]。表现的手法通常多以侧视来表现，而兽面纹则用正视，有对称的双角、双眉、双眼、双耳以及鼻、口、颔等，两侧更有对称的延伸的躯干，实际上是代表了两个侧视的图像。花纹大都是以带状分置于铜器的颈、腹、足部，也有不少器物以重叠的带状纹饰密布全身，这样的纹饰更显得绚丽多姿，呈现出高超的艺术水平（图 6-14）。但是，在西周中期以后，青铜器上的装饰花纹出现了很大的变化，动物形花纹逐渐消失，代之而起的是窃曲纹、波浪纹和鳞纹等较为抽象性的花纹[5]，这种转变显示出在艺术崇尚方面的变化，从而完全摆脱了殷人的传统，确定了自己的艺术风格。

西周青铜器上的动物形花纹除去它的装饰作用之外，有没有其他意义，这个问题始终是国内外学者关注和探索的。或以为商周青铜器上的兽面纹装饰是和当时的宗教思想有密切的关系，实际上是用艺术的形式表现人们对客观世界的认识，反映了对自然神崇拜而产生的神秘肃穆的气氛[6]。或以为商周青铜器上的动物纹样乃是协助巫觋沟通天地的动物在祭器上的形象[7]。

在造型艺术方面，西周的青铜器中有许多牺尊（图 6-15），如鸟尊、驹尊、兔尊（图版 14-2）、猪尊（图版 14-1）、羊尊、象尊（图版 16-2）、貘形尊（图版 16-1）等。这些牺尊形象逼真，铸作精致，花纹繁缛，都是极佳的艺术品。在晋侯墓地中几乎每一座大

---

[1] 山西省考古研究所、北京大学考古学系：《天马—曲村遗址北赵晋侯墓地第四次发掘》，《文物》1994 年第 8 期。
[2] 北京大学考古学系、山西省考古研究所：《天马—曲村遗址北赵晋侯墓地第五次发掘》，《文物》1995 年第 7 期。
[3] 河南省文物考古研究所、三门峡市文物工作队：《三门峡虢国墓》第一卷，文物出版社，1999 年。
[4] 容庚：《商周彝器通考》，燕京学社，1941 年。
[5] 王世民、陈公柔、张长寿：《西周青铜器分期断代研究》，文物出版社，1999 年。
[6] 马承源：《商周青铜器纹饰综述》，《商周青铜器纹饰》，文物出版社，1984 年。
[7] 张光直：《商周青铜器上的动物纹样》，《考古与文物》1981 年第 2 期。

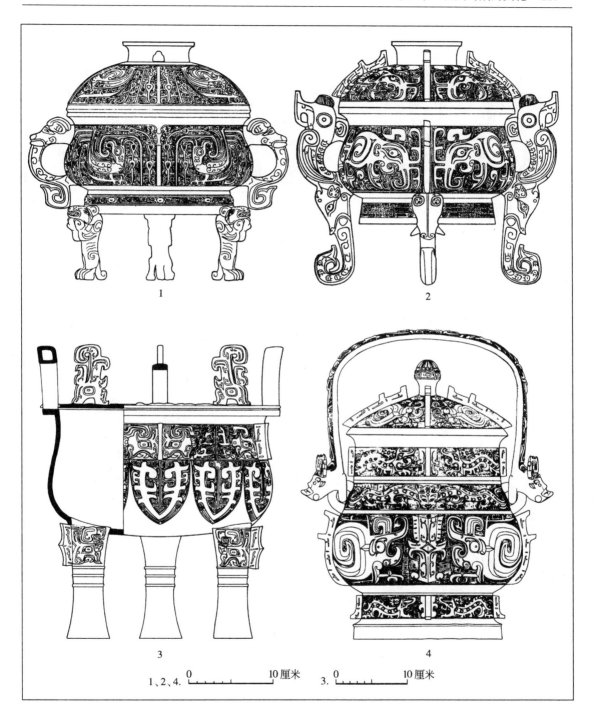

图6-14 西周铜器纹饰(之一)
1.簋(琉璃河 M53:8) 2.簋(琉璃河 M209:1) 3.鼎(纸坊头 M1:1) 4.卣(高家堡 M1:7)

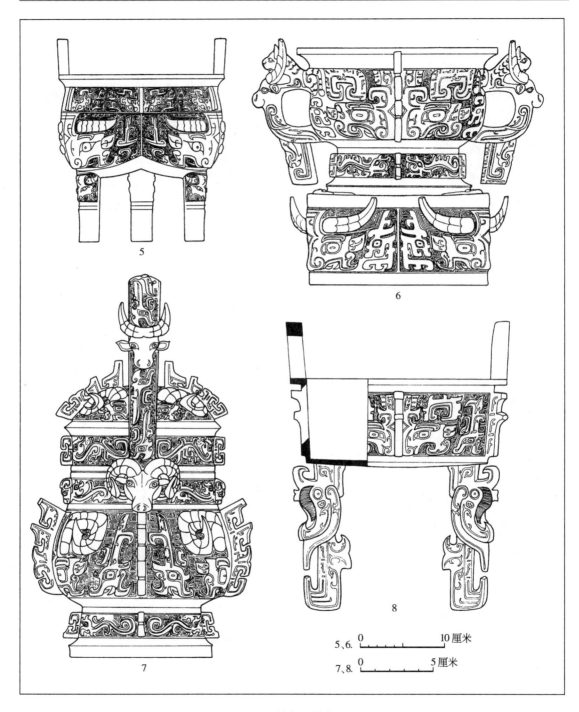

图 6-14　西周铜器纹饰（之二）

5. 鼎（琉璃河 M253:21）　6. 簋（纸坊头 M1:7）　7. 卣（竹园沟 M7:6）　8. 方鼎（竹园沟 M4:10）

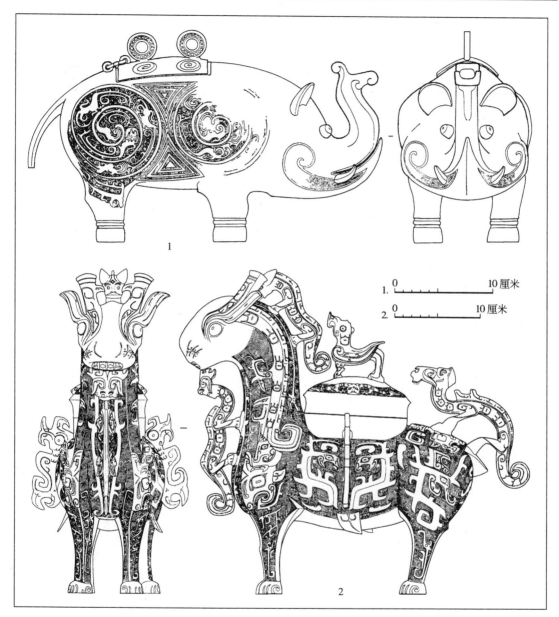

图 6-15 西周铜牺尊（之一）
1. 象尊（茹家庄 M1 乙:23） 2. 牺尊（张家坡 M163:33）

墓中都随葬有这种牺尊，可见它是表示墓主人身份的一种象征。

在西周玉器上发现的兽面纹饰数量很少，在陕西长安张家坡西周墓葬中发现 1 件[1]（图 6-16-1；图版 19-3），在陕西周原凤雏遗址中也出土类似的 1 件。过去在传世的玉器

---

[1] 张长寿：《记沣西新发现的兽面玉饰》，《考古》1987 年第 5 期。

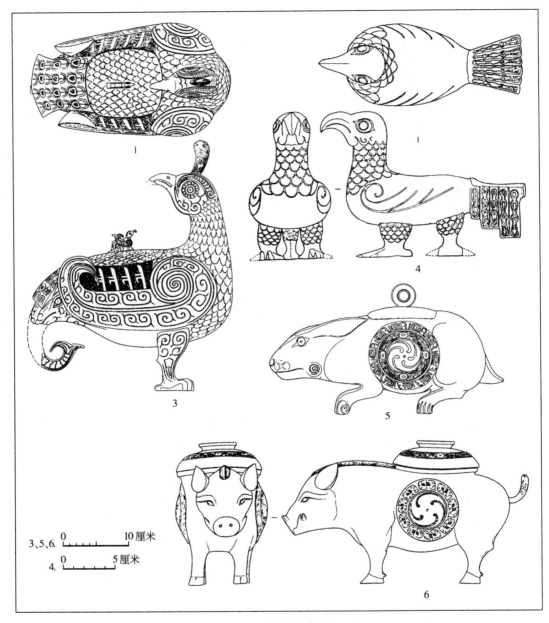

图 6-15　西周铜牺尊（之二）
3. 鸟尊（晋侯墓地 M114:210）　4. 鸟尊（茹家庄 M1 乙:25）　5. 兔尊（晋侯墓地 M8:21）
6. 猪尊（晋侯墓地 M113:38）

中也有一些同样的玉饰，但无法确定其年代。由于张家坡、周原的发现以及其后在江西新干商代大墓、湖北天门石家河遗址中的发现，这种兽面玉饰的源流得以确认。

在西周玉器上最常见的花纹是龙纹和鸟纹。龙纹常以双龙的形式饰在玉璜等器上。鸟纹有的单独出现于璜、琮等器上，而较多的是以鸟纹站立于龙纹之上的形状饰于柄形玉饰上

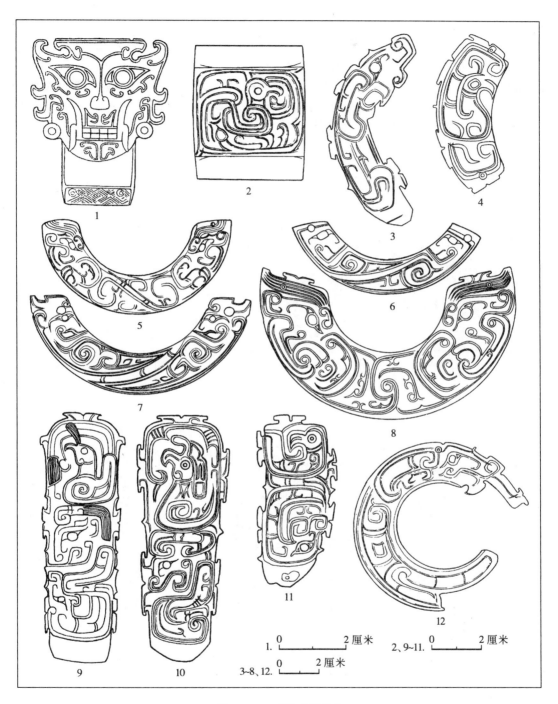

图 6-16 西周玉器纹饰
1. 兽面饰（张家坡 85M17:01） 2. 琮（张家坡 M170:197） 3. 柄形饰（张家坡 M58:13）
4. 柄形饰（张家坡 M152:100） 5. 璜（张家坡 M273:6） 6. 璜（张家坡 M58:1:3）
7. 璜（张家坡 M58:1:2） 8. 璜（张家坡 M58:1:1） 9. 柄形饰（张家坡 M273:4）
10. 柄形饰（张家坡 M121:30） 11. 柄形饰（张家坡 M285:6） 12. 龙形饰（张家坡 M304:15）

(图 6-16-2~12)，这种较为固定的纹样是否含有什么特殊的意义尚有待于进一步的研讨。

在西周玉器中有许多象生的玉饰，形状有龙、虎、鹿、牛、猪、兔、龟、蝉、蚕、鸟、鱼等，尤其是人物形象，最可注意。这类人物玉雕，或屈膝蹲踞，而人物的胸部都雕成龙形，或直立，身上雕着各种服饰，垂发或梳髻（图 6-17；图版 19-1、2）。这对于研究当时人的服饰、发髻，是极重要的资料。

图 6-17 西周玉人
1. 晋侯墓地 M8:184 2. 晋侯墓地 M63:90:15 3. 张家坡 M157:104 4. 晋侯墓地 M8:202
5. 晋侯墓地 M63:187

第七章 东周时期城市的发展

第一节 东周时期城市特点

春秋时期，周王室权威衰落，诸侯国势力日益强大，对名义上的天下共主——周王室，在礼乐制度上出现"僭越"现象。大国对弱小的邻国发动兼并战争，弱肉强食，诸侯国之间争当霸主，战争频繁。进入战国时期，周王室的权威彻底丧失，经过长期的兼并战争，诸多小国已被邻近的大国吞并，形成了几个大国互相竞争的局面，主要是齐、楚、燕、秦、韩、赵、魏，号称战国七雄。至战国末期，强秦兴起，合并诸侯，兼有天下，形成一统的秦王朝。整个东周时期，社会都处于一种礼崩乐坏，诸侯并起，战争频繁，政治无序，竞争激烈，社会变革剧烈的特定环境中。与之相关的是经济，尤其是工商业经济的发展迅速，在城市生活中扮演了重要角色。东周时期城市的发展特点也与这一特定社会环境密不可分。综观东周时期各类城市遗址（图7-1），概括起来有以下特点。

一，城市数量空前增多。各诸侯国纷纷修筑城邑，仅《左传》记载的筑城事件即达68次之多，其中除5次重修外，共筑城63座。这些城市除各诸侯国的都城外，还有别都封邑、边境军事城堡、县邑等。考古工作中发掘的东周城址数量最多，仅楚国一国迄今已发表的楚城资料即达50余座，这是以前所没有的。

二，城市规模宏大。迄今已发现的三代都城遗址中，偃师商城、郑州商城、安阳殷墟、陕西周原、丰镐遗址的规模已相当大了。春秋战国时期主要诸侯国的都城均已达到或超过了它们的规模，基本上都超过10平方公里，其中燕下都达32平方公里。

《左传·隐公元年》正义云："天子之城方九里，诸侯礼当降杀，则知公七里，诸侯五里，子男三里。"春秋战国时期的主要诸侯国的都城规模均已大大超过了洛阳王城。

三，为了适应战争防卫和经济发展的需要，城址基本上都选在易守难攻、依山傍水之处，控制交通要道。周边有山川河流，既可以凭险据守，又可以解决交通和生活用水及排污等问题，城内往往有河流通过。正如《管子·乘马》所说："凡立国都，非于大山之下，必于广川之上，高毋近旱，而水用足；下毋近水，而沟防省。因天材，就地利，故城郭不必中规矩，道路不必中准绳。"

四，城市的防御设施加强。高大的城墙成为这一时期城市的突出特征。都城可分宫城、郭城双重城墙，正所谓"修城以卫君，筑郭以卫民"也。大小城的平面结构大致可分为以下几类：（1）环套式，即小城位于大城之中，如曲阜故城、纪南城和安邑故城。（2）

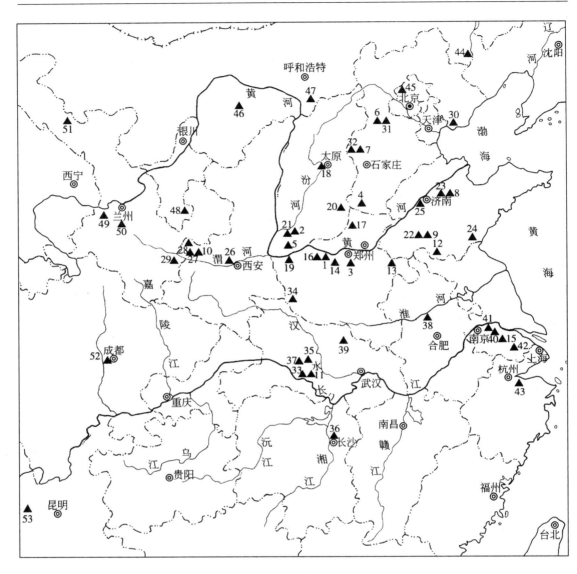

图 7-1 东周主要遗存分布示意图

1. 洛阳王城 2. 侯马晋国都城 3. 新郑郑国、韩国都城 4. 邯郸赵国都城 5. 夏县魏国都城 6. 易县燕下都 7. 平山中山国都城 8. 临淄齐国都城 9. 曲阜鲁国都城 10. 凤翔秦国雍城 11. 江陵楚国纪南城 12. 滕县薛国故城 13. 商丘宋国故城 14. 登封阳城 15. 武进淹城 16. 洛阳中州路墓地 17. 辉县固围村墓地 18. 太原金胜村晋国赵卿墓 19. 陕县后川墓地 20. 长治分水岭墓地 21. 侯马上马村墓地 22. 曲阜鲁国故城墓地 23. 临淄齐国故城墓地 24. 莒南大店墓地 25. 长清仙人台墓地 26. 咸阳塔儿坡墓地 27. 凤翔八旗屯墓地 28. 陇县店子墓地 29. 礼县大堡子山墓地 30. 唐山贾各庄墓地 31. 易县燕下都墓地 32. 平山中山王譽墓 33. 江陵纪南城墓群 34. 淅川下寺墓地 35. 荆门包山墓地 36. 长沙浏城桥 37. 当阳赵家湖墓地 38. 寿县蔡侯墓 39. 随县曾侯墓 40. 丹阳大夫墩 41. 丹徒北山顶 42. 苏州真山 43. 绍兴印山 44. 宁城南山根墓地 45. 延庆玉皇庙墓地 46. 杭锦桃红巴拉 47. 凉城毛庆沟墓地 48. 固原杨郎墓地 49. 临夏莲花台 50. 临洮寺洼山 51. 民勤沙井 52. 成都金沙 53. 楚雄万家坝墓地互联式，即小城偏于大城的西南或西北角，或小城位于大城之外，或几个小城并列，各自独立而又互联为整体，如郑韩故城、燕下都、临淄故城、邯郸故城和侯马故城等。从这些城址实例看，东周城市布局没有明显的西城东郭制。城墙外普遍有较宽的护城壕，以加强防御。城门两侧建有防卫性建筑，有些城墙的城角上还建有角楼类防御设施。南方城市，如纪南城还建有水门，以强化防卫。

对土筑城墙的建筑保护措施更为完备，城墙上出现了专门的排水防雨性附属设施，如邯郸赵国故城。

五，城内布局和给、排水设施完善，具备了人口聚居的生活条件。系统化的排水沟构成排水系统；宫城，宫殿建筑，城墙，手工业作坊，市，居民生活区构成了城市的基本要素。工商业人口增加，农业人口数量比例大减。这些现象同三代城市不同，奠定了后代城市的基础。《管子·大匡》"凡仕者近宫，不仕与耕者近门，工贾近市"可是其写照。

六，城市建筑布局由以宗庙为中心发展为以朝堂、宗庙并重，反映出族权地位下降，王权地位上升的发展趋势。所谓"前朝后寝，左祖右社"是也。秦雍城朝寝建筑与宗庙建筑并存于城北的中心位置。晋侯马的宗庙祭祀遗址则位于城外，与城内宫殿区分离。这当与各国普遍推行的以地缘组织代替血缘组织的政治组织结构变革有关。

七，王权地位的强化还表现在宫城均位于全城地势最高处。有的学者认为春秋战国时期的都城，宫城在西，郭城在东，但实际并非如此。春秋战国时期，各诸侯国宫城在都城中的位置并不固定，但一般均选在全城地势最高处，周边有围墙，既便于防守，又便于观察全城，以显示君王的权威。宫殿建筑在宫城内，一般均筑有高台，在台四周建屋，形成在台基最上层建主殿，四周廊屋环抱的台榭高层建筑。与之相匹配的是平面上的多重庭院建筑，即所谓的台榭建筑。宫殿建筑上普遍使用精美的瓦当和铜构件。

八，春秋战国时期，工商业迅速发展。各城市除了作为传统的政治文化中心外，作为经济中心的功能加强，真正使"城"与"市"相联系。各个城址中铸铜、冶铁、制陶、制骨等手工业作坊遗址广泛存在，这些手工业作坊大量分布在郭城内，似属民营手工业。另外，这一时期城市的突出之处是出现了"市"，如秦雍城"市"遗迹，符合文献"前朝后市"的记载，是当时商业发达的证明。与之相对应的是春秋战国时期货币的大量铸造和流通，城址内往往发掘出有当时的货币。这些遗存与文献所记载春秋战国时期手工业、商业非常发达是一致的。

九，在城中或城外，有专门的墓地，王族有专门的陵园，构成城址聚落的一个重要组成部分。

十，与当时战争频仍，诸侯国卿大夫势力逐渐膨胀的形势相对应，边关重镇、边防长城和封君城邑大量出现。从春秋到战国，众多小国在被大国吞并后，其都城也变为大国的一般城市或边防重镇。如楚国的一些城市本是邓、鄀、蔡、黄、蓼、蒋、胡、陈等国的都城。它们被楚灭后，其都城也被设置为县邑。这类城市和其他一些城市具有浓厚的军事城堡性质，大部分分布在楚国的北部、东部和南部，处于楚国的边疆，是楚国向外发展、防御外敌的前哨阵地。

各国的长城更是一种御敌的军事设施。

第二节　东周王城

周平王东迁，定都于王城，史称东周。自平王东迁（公元前770年）至周赧王五十九年（公元前256年）为秦所灭，周以王城为都约500余年。王城遗址在今河南洛阳市涧河两岸，1954年以来，中国科学院考古研究所洛阳工作队对王城遗址进行了钻探和发掘[1]。

东周王城遗址（图7-2）西有涧河，南有洛河，涧河穿越城西部。北垣全长2890米，

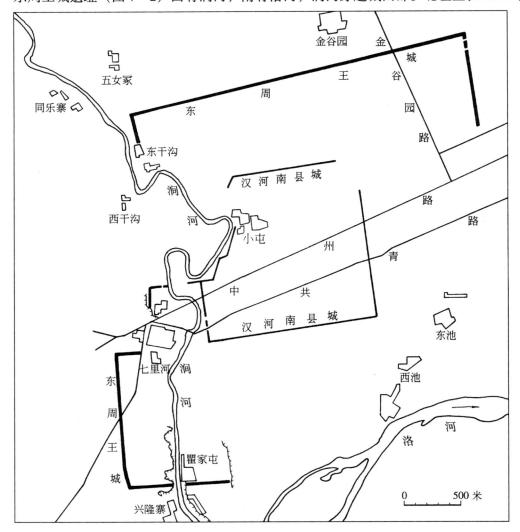

图7-2　洛阳东周王城平面图

---

[1]　中国科学院考古研究所洛阳发掘队：《洛阳涧滨东周城址发掘报告》，《考古学报》1959年第2期。

其北有一条与之平行的护城壕。西垣曲折多弯，北端与北垣西端相接，向南至东干沟处中断，再往南，在涧河西岸有一段，南北两端相距约3200米。南垣从西南城角向东，由兴隆寨跨涧水经瞿家屯东，再往东不见城垣。东垣自北垣东端向南，残存约1000米，城墙残存宽度5～15米。此城墙曾经过多次修补。据推测，城墙大约建于春秋中叶以前，从战国时代至秦汉之际曾加修补。至西汉后期，在废城址内改建汉河南县城。

1. 宫室建筑遗迹

东周王城的宫殿建筑似主要分布在城址偏南或中部，经钻探发现了两组面积较大的夯土建筑基址，北组建筑的四周有夯土围墙环绕，平面呈长方形，东西长约344米，南北宽约182米。在今小屯村东、南及瞿家屯一带，发现有很多建筑材料，如板瓦、筒瓦、饕餮纹瓦当、卷云纹瓦当等，据《国语·周语》"谷（即涧水）洛斗，将毁王宫"记载，推测邻近涧洛交汇处的这一带高地应是王城宫殿区之所在。在夯土基址东部还探出一条南北向大道，已知长度900余米，宽约20米。

2. 手工业作坊遗址

城址的西北部，有较大的窑场。发现有很多座战国陶窑、制陶工具及陶器废品[1]。在窑场的东南为骨器加工场，再向南则是石料场，有很多石环、石片等装饰物的半成品。在南城垣附近发现有大面积的战国时期粮仓遗址，南北长约400米，东西宽约300米，已发现粮仓74座[2]。另外，在王城的东北部和西南部，发现有两处窑址群，时代从东周至汉代，是制陶烧砖瓦作坊区。

在城内中心偏西处，曾清理出一座烧造冶炼工具的古窑址，出土坩埚27件，说明这一带应有冶铁作坊遗址[3]。

3. 墓葬分布区

在城中部、东北隅、涧水西岸等地均有东周墓葬分布，20世纪50年代在城址中部的中州路一带发掘了260座东周墓葬，时代从春秋初期至战国晚期[4]。在城东北隅还发掘了大型的带墓道的积石积炭的战国墓[5]。但是，重要的墓葬区也许当推距洛阳王城东北约10公里，汉魏洛阳城北部偏西的金村墓地。20世纪20年代，在金村墓地共发现单墓道大墓8座，分为南北两列，可能是周王及附葬的大臣墓，时代大体在战国早期至晚期之间。

第三节　晋国与韩国、赵国、魏国都城

一　晋国都城新田

晋景公十五年（公元前585年）迁都于新田，公元前376年，韩赵魏三家分晋后，晋

---

[1] 洛阳市文物工作队：《洛阳东周王城内的古窑址》，《考古与文物》1983年第3期。
[2] 洛阳博物馆：《洛阳战国粮仓试掘纪略》，《文物》1981年第11期。
[3] 洛阳市文物工作队：《洛阳东周王城遗址发现烧造坩埚古窑址》，《文物》1995年第8期。
[4] 中国科学院考古研究所：《洛阳中州路（西工段）》，科学出版社，1959年。
[5] 考古研究所洛阳发掘队：《洛阳西郊一号战国墓发掘记》，《考古》1959年第12期。

桓公迁离新田，新田作为晋国都城历 200 余年。

新田故城在今山西侯马市西北，位于汾、浍两河之交，早在 1952 年即被发现，随后考古工作者在此进行了长期持续的工作[1]。

这里没有发现大型的城址，但在这一带却聚集有 8 座小城址（图 7-3）。这一现象的形成原因，学者们或认为是由于晋国公室卑而诸卿强。

8 座城址中，白店古城的年代较早，上面叠压台神、牛村古城。城址呈长方形，南北 1000 余米，东西稍窄。1962 年和 1992 年，分别进行了两次钻探调查。虽发现百余块夯土，

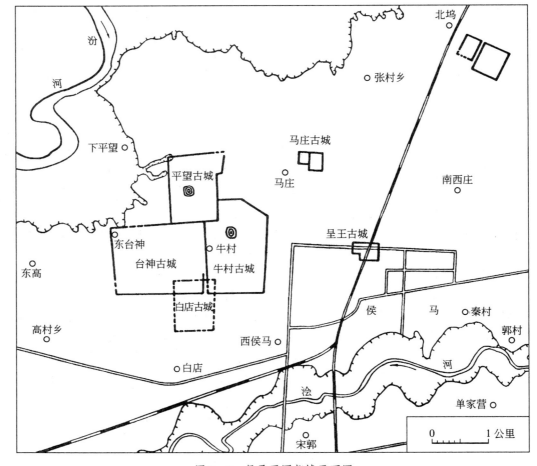

图 7-3 侯马晋国都城平面图

---

[1] A. 杨富斗：《侯马西新发现一座古城遗址》，《文物参考资料》1957 年第 10 期。
B. 畅文斋：《侯马地区古城址的新发现》，《文物参考资料》1958 年第 12 期。
C. 山西省文物管理委员会：《山西省文管会侯马工作站工作的新收获》，《考古》1959 年第 5 期。
D. 侯马市考古发掘委员会：《侯马牛村古城南东周遗址发掘简报》，《考古》1962 年第 2 期。
E. 山西省考古研究所侯马工作站：《山西侯马晋国遗址牛村古城的试掘》，《考古与文物》1988 年第 1 期。

但由于遗迹保存较差，对于白店古城的认识还有待于进一步钻探和发掘[1]。

牛村古城南北长约 1340～1740 米，东西宽约 1100～1400 米，北城墙不甚规整，为东南斜向西北，西北角呈曲尺形。城墙宽 4～8 米。东城墙外部被战国时期遗址打破。在东城墙和南城墙上都发现似为城门的缺口，计东城墙 1 处，南城墙 2 处，宽 4～4.5 米，并有路土向城内外延伸。城内沿南城墙根发现有与之平行的车道，宽 3～3.5 米。城墙外 8 米处有护城河遗迹。据考古发掘资料判断，约兴建于公元前 6 世纪下半叶，废弃于公元前 5 世纪下半叶。

台神古城紧靠牛村古城西，呈东西稍长、南北略短的长方形，长宽均在 1000 米以上。其南城墙与牛村古城南城墙基本成一直线。台神古城的东墙与牛村古城的西墙之间有一距离不大的缺口。

平望古城位于台神、牛村古城北部，三者相互连接，呈"品"字形。平望古城呈长方形。南城墙东接牛村古城西北角折曲处的小北墙，西接台神古城北城墙东端，共长 600 余米。东城墙由南墙东端向北延伸到 300 余米处东折约 100 米，再向东北延展 300 余米，总长约 1200 米，墙宽约 6 米。紧贴东城墙外侧墙根有宽约 2 米，厚约 0.2～0.3 米的一层路土。台神、平望两城址修筑和使用的时间大致可判断为春秋中期至春秋战国之交。

在牛村古城以东约 1000 米处发现有呈王、马庄两城址。呈王古城东西长约 600 米，南北宽约 500 米，总面积约 30 万平方米。中部有一道东西向隔墙，将此城分为南、北两城。北城近中部有两座夯土建筑遗存。其修筑和使用时间约相当于公元前 500 年至前 400 年之间。马庄古城的规模与呈王古城大致相当。

在遗址东北部的北坞村也发现两座古城址。两城东西并列，中间为一条大路。西城近方形，边长约 300 米。城内探出建筑遗迹 12 处，总面积约 1 万平方米。东城呈长方形，东西长约 530 米，南北长约 580 米。城内探出建筑遗址 17 处，总面积约 2 万平方米，其中大型建筑 5 处，总面积约 1.85 万平方米。其修筑和使用时间，西城大致与侯马晋都遗址时代相当，东城较晚，大致相当于侯马晋都遗址的中晚期。这类小城可能属于拥有相当权势的卿大夫一类人物的居邑[2]。

1. 宫室建筑遗迹

牛村古城内北部中央有大型夯土台基，现高 6.5 米，南缓北陡，周围堆积有许多筒瓦、板瓦残片。台基为每边长 52.5 米的正方形。顶部覆盖有约 1 米厚的含瓦片的堆积土。平望古城内中部偏西有一大型夯土基址，现高 8.5 米，自底至顶可分为三级。第一级是长宽各 75 米的方形，其南部正中向南凸出，宽约 30 米。在凸出部分的正南方有宽约 6 米，长约 20 米的路土延展向南。第二级高出地面约 4 米，南部边沿的中间呈坡状。西边沿上发现一块三角形的青石残础石。第三级位于第二级的北半部，东西长 45 米，南北宽 35 米，周围堆满瓦片。在北坞村古城内也发现有夯土建筑遗迹。

---

[1] A. 田建文：《新田模式——侯马晋国都城遗址研究》，《山西省考古学会论文集（二）》，山西人民出版社，1994 年。

B. 山西省考古研究所侯马工作站：《晋都新田》，山西人民出版社，1996 年。

[2] 《侯马市北坞村东周城址》，《中国考古学年鉴（1985）》，文物出版社，1985 年。

呈王古城以东约 1200 米处发现有建筑基址群。在南北长约 400 米、东西宽约 300 米的范围内发现夯土建筑基址 78 处，其始建年代约当公元前 550 年，废弃年代约当公元前 480 年。在 26 号地点内发现祭祀坑 130 座，均属晚于建筑基址使用时期的遗迹。1994 年冬至 1995 年春，在此发掘了两座春秋时期大型宗庙建筑基址，与 1990 年发掘的邻近的一座夯土基址为同一组建筑，均为晋国宗庙群的一部分。此建筑群南距侯马盟书遗址不到 1000 米[1]。

牛村古城南约 250 米处发现一处祭祀建筑遗址，由主体建筑和环绕于东、北、西三面的"垣墙"基址组成。基址东西长 39 米，南北宽 38 米，总面积为 1482 平方米。基址南部发现祭祀坑 59 座，均属于建筑基址使用时期的遗迹[2]。

2. 盟誓遗址

1965~1966 年，在侯马秦村以西发现盟誓遗址，出土盟书 5000 余件，文字可辨认的 600 余件。这处遗址长 70 米，宽 55 米，共发现竖坑 400 余个，已发掘 326 个，这些遗存均与盟誓活动有关[3]。

竖坑绝大多数为长方形，最大的长 1.6 米，宽 0.6 米，最小的长 0.5 米，宽 0.25 米，深在 0.4~5.7 米之间，正南北方向。坑内有璧、璋类玉器，牛、马、羊类家畜骨骼等。

盟书写在玉石片上，石片的形状有圭、璋、璜和不规则形。文字多数用毛笔朱书，少数为墨书。盟誓内容是表示要尽心以事其主，不背叛，不夺取他人家属资产，不与敌对方来往等，事涉晋末赵、中行、范氏之间的权利争斗。

3. 手工业作坊遗址

在牛村古城南郊发现多处东周时期的铸铜、制骨、制陶、制石圭等手工业作坊遗址。铸铜作坊内出土了很多精美的陶范、坩埚残片，是研究东周青铜器制造工艺的重要资料。制骨作坊在铸铜作坊附近，出有大量骨角料、半成品、废品等。制陶作坊在牛村古城东南约 1000 米处，陶窑群集中分布在约半平方公里的范围内。

4. 墓葬分布区

在浍河南岸的上马、汾水附近的柳泉、平望等地发现有东周时期的墓葬群。其中，上马墓地位于山西侯马市上马村东的台地上，北距浍河南岸 500 米，墓地南北长约 500 米，东西宽约 400 米，总面积约 20 万平方米。墓葬年代约为春秋中期至战国中期，墓地具有"邦墓"性质[4]。在盟誓遗址东北的秦村村北一带还发现有 400 多座"排葬墓"，可能为阵亡战士之墓，或与祭祀用人有关。

在侯马市西南 15 公里的浍河南岸娥嵋岭北麓的新绛县柳泉发现的一处大型墓地，面积约 15 平方公里，有数组大墓及陪葬于周围的中、小型墓组成，时代大体属春秋中期到战国中期。据推测，这一墓地可能是晋公陵墓区。

---

[1] A. 山西省考古研究所侯马工作站：《侯马呈王路建筑群遗址发掘简报》，《考古》1987 年第 12 期。
B. 《侯马发掘一组春秋时期晋国大型宗庙建筑夯土基址》，《中国文物报》1995 年 7 月 2 日。
[2] 山西省考古研究所侯马工作站：《山西侯马牛村古城晋国祭祀建筑遗址》，《考古》1988 年第 10 期。
[3] 山西省文物工作委员会：《侯马盟书》，文物出版社，1976 年。
[4] 山西省考古研究所：《上马墓地》，文物出版社，1994 年。

二　郑国、韩国都城

(一) 阳翟故城

韩国被命为诸侯时，韩景侯都于阳翟。公元前375年，韩国兼并了郑国，于是迁都于郑。故韩国都城遗址有两座：阳翟故城和郑韩故城。

阳翟故城位于河南禹县老城，北临颍河，西倚禁沟河。1958年河南省文物工作队对此城址作了调查。1990年，河南省文物局协同禹州市文物管理所又对故城址进行了勘探[1]。

故城平面略呈正方形，其中东北城角为斜弧形角，城垣周长6700米，其中东墙长1600米，南墙长1850米，西墙长1750米，北墙长1500米。墙基宽40米左右。在东、西、南、北城垣上各有缺口一处，可能是城门遗址。城墙外侧周围有壕沟，但北墙东段外侧濒临颍河，故无壕沟。

宫殿区位于故城西北部，南北长约550米，东西长约380米。在故城西北部约1.8公里处和故城东约1.5公里处有战国墓葬群。

(二) 郑韩故城

古城原为郑国的都城。公元前375年，韩国兼并郑国，迁都于郑，又成为韩国的都城，直至公元前230年，秦灭韩。这个先后作为郑、韩两国都城的城邑，本名为郑，现通称为郑韩故城。

郑韩故城在20世纪50年代已被发现，1964年开始，考古工作者对城址作了一系列钻探试掘工作，基本上弄清了故城的结构布局[2]。

故城位于今河南新郑县城一带，东枕马陵，西倚隗山，南连许颍，北达荥泽，冈阜四抱，河流萦回。西南有双洎河，东北有黄水河。故城倚双洎河和黄水河两岸附近的地势筑成。城址略呈不规则的长方形，东西长约5000米，南北长约4500米，中部有一道南北向的隔墙，把故城分为西城和东城两大部分（图7-4）。

西城平面略呈长方形，北墙西起双洎河岸，东到竹园村北，长约2400米，隔墙长约4300米。南墙和西墙保存较差。在西城北墙中部和隔墙北段，分别发现有古代路基通过的城墙缺口，可能就是城门遗迹。

东城平面略呈不规则的长方形，北墙西起竹园村北，东到边家村西，长约1800米，东墙长约5100米，南墙长约2900米，在东墙北段也有一处古代路基通过的城墙缺口，似是城门遗迹。调查试掘表明，这座故城的城墙是先后经过春秋和战国两个历史时期构筑的。

1. 宫殿建筑遗迹

宫殿区在郑韩故城西城内的中北部一带，分布有比较密集的夯土建筑基址。有的基址面积达6000～7000平方米。在这片建筑基址区的南部，即西城城内的中部，有一座规模较

---

[1] 刘东亚：《阳翟故城的调查》，《中原文物》1991年第2期。
[2] 河南省博物馆新郑工作站、新郑县文化馆：《河南新郑郑韩故城的钻探和试掘》，《文物资料丛刊》3，文物出版社，1980年。

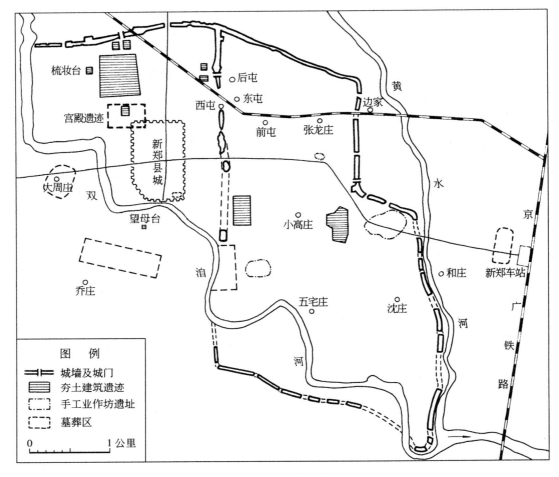

图 7-4 新郑郑韩故城平面图

小的城址，可能是宫城遗迹。宫城址略呈长方形，东西长约 500 米，南北宽约 320 米，已发现北门和西门的遗迹。宫城内中部偏北发现有大型夯土建筑台基。在宫殿区的西侧现存一座俗称"梳妆台"的夯土台基，南北长约 135 米，东西宽约 80 米，高约 8 米。台上发现有用陶井圈构筑的水井和埋入地下的陶排水管道。这座夯土台基始筑于春秋，战国时期仍被继续利用。

在宫殿区的西北部（即阁老坟村北地）曾发掘出一处战国时期的地下建筑遗存。它是从地面向下挖掘成的一座口部略大于底部的长方形建筑，上口南北长 8.9 米，东西宽 2.9 米，四壁用土分层夯筑。东南角挖有一条宽 0.56~1.15 米的台阶式走道，以便出入。室内墙壁原来贴有砖面，地面也铺有地砖。在室内底部的偏东侧，有南北成行的 5 眼井，均以陶井圈逐层叠筑而成，约占室内地面的三分之一。在地下室口部周围的地面上，还发现一些圆形残柱洞。在地下室和井的填土中，出土有大量战国时期的陶盆、陶釜、陶罐、陶壶、陶甑、陶钵及少量铁器。在陶器上，发现有许多刻划符号和陶文。此外，还有大量猪、牛、羊、鸡等骨骼,约占所有遗物总数的三分之二。根据地层叠压关系和出土遗物证明,这座地下建筑遗存是战国时期修筑和使用的,是一处冷藏食品的大型窖穴[1]。

1983年至1987年,在西城偏东侧发现三处战国晚期的大型夯土台基。其中2号夯土台基保存完好,平面呈长方形,长45米,宽28米。台基上有南北向墙基4条,南北两端又各有一条东西向墙基,墙基宽2.8~3.5米。夯土台基中部发现两排南北向的磉墩,每排8个,行距2.7~3米,间距2.65米。夯土台基南端有东西向的磉墩6个,间距3.6~4.4米。这处夯土台基为高台建筑基址,可能是一座坐西面东的配殿。

1985年至1987年,在西城西北的阁老坟村西揭露出一段战国晚期的覆道基址。揭露部分长90余米,底部宽8米,夯筑而成。该覆道位于宫殿区偏西侧。

东城西北部也发现有大面积夯土,并清理出6个磉墩,这很可能是与郑国宫殿区有关的早期建筑。

近年来,在东城中部和西南部等处发现春秋时期的青铜器坑19座,殉马坑80座左右,出土青铜礼乐器300余件,可能与祭祀有关[2]。

2. 手工业作坊遗址

主要分布在东城内。

铸铜作坊遗址,位于东城的东部(小吴楼村北),面积约10多万平方米,出土遗物有大量铜炼渣、木炭、熔铜炉、鼓风管、陶范及板瓦、筒瓦、盆、甑、豆、鬲、罐等陶器。此外,在东城铸铜遗址内,发现有布币陶范和印制铜兵器铭文的石模。这表明铸铜遗址除铸造生产工具外,还有兵器和铜质货币[3]。

制骨作坊遗址,位于东城内偏北部(张龙庄南),面积7000余平方米。发现大量带有锯痕的废骨料及一些细砂砾石、残铜刀等制骨工具。

制陶作坊遗址,位于东城铸铜遗址的南侧。遗址内发现有陶窑、制陶工具、陶器等,时代属战国时期[4]。

战国时期的铸铁作坊遗址,位于东城内西南部(仓城村南),面积约4万平方米。现已发掘出残炉1座、烘范窑1座和一批铁器及生产工具、兵器的陶范等遗物。

3. 墓葬分布区

春秋墓地,初步调查有四处。在故城内有两处。一处位于西城内东南部,1923年曾在这里出土春秋青铜器和玉器700余件。另一处位于东城内西南部,面积约16万平方米,已探出春秋时期墓葬300余座,包括一些大、中型墓和车马坑。

故城外也有两处。一处位于东城外约1公里的新郑烟厂一带,另一处位于西城南墙

---

[1] 河南省文物研究所:《郑韩故城内战国时期地下冷藏室遗迹发掘简报》,《华夏考古》1991年第2期。
[2] 蔡全法、马俊才:《新郑郑韩故城金城路考古取得重大成果》,《中国文物报》1994年1月2日;《郑韩故城考古又获重大成果》,《中国文物报》1997年2月23日。
[3] A. 李德保、周长运:《河南新郑"韩都"发现"枎戔当忻"陶范》,《江汉考古》1993年第1期。
B. 河南省文物研究所:《河南新郑发现的战国钱范》,《华夏考古》1994年第4期。
[4] 河南省文物研究所:《河南新郑郑韩故城制陶作坊遗迹发掘简报》,《华夏考古》1991年第3期。

外。这两处墓地基本上是中小型墓。

战国墓地初步调查有两处，一处位于西城西墙外的周庄和靳洞村一带，另一处位于西城南墙外烈江坡村西南地。两处主要是土圹墓和空心砖墓，属平民墓。此外，在城周围，如故城西南约 10 公里的许岗村丘陵岗地一带，发现有十余处陵区的 27 座大型墓葬及陪葬坑、车马坑。

三　赵国都城邯郸

赵原都于晋阳，公元前 425 年，迁都于中牟（河南省鹤壁市西）。赵敬侯元年（公元前 386 年）迁都于邯郸，公元前 228 年，秦破邯郸灭赵。

邯郸故城位于河北邯郸市区西部，由王城和"大北城"两部分组成，王城为宫城，大北城为郭城。据推断，宫城始建于战国时期，约在赵迁都邯郸前后，而郭城可能略早。

1940 年，日本人原田淑人等在此做过调查和试掘[1]。1958 年和 1970 年，河北省文物管理处、邯郸市文物保管所先后对邯郸故城作了详细的勘探[2]。

1. 宫城

宫城即王城遗址在邯郸市西南，距市中心约 4 公里，由东城、西城和北城三部分组成，平面似"品"字形（图 7-5）。西城平面呈方形，周长约 5680 米，城墙残高 3~8 米，墙基宽度不一，在 15~40 米间，大部分宽约 30 米。西垣全长 1426 米，有两个城门豁口。北垣全长 1394 米，有两个城门豁口。东垣全长 1422 米，能确认的有一个城门豁口。南垣全长 1372 米，有两个城门豁口。东城的平面略呈长方形，其西垣即西城的东垣，但向南多延伸了 48 米，全长 1470 米。南垣长 834 米，有一个城门豁口。北垣全长 950 米，紧接西城北垣，两者在同一直线上，有城门豁口 2 处。东垣全长 1574 米，由南向北 515 米处转角向东 100 米又转角向北，呈一曲尺形。北城，位于东、西两城的北面，其南垣，即东、西两城北垣的一部分，长度为 1440 米。西垣全长 1544 米，北垣全长 1272 米，东垣全长 1592 米。在城墙上有防雨排水专门设施。用筒、板瓦覆盖城墙，并在墙壁上挖坑，埋置排水槽以泄水。此类排水槽已发现 5 处。

王城内发现门阙 11 处，其中西城 7 处，东城 3 处。门阙处现存豁口，宽为 9~15 米，两旁的城墙比较高大。附近瓦片也更多。这说明，城门有门楼类防卫性建筑。门阙的位置往往与城内中心建筑相对应。

在邯郸故城的王城和大北城外，均未见护城河。这在春秋战国时期的都城中是少见的。从现存状况看，渚河从王城经过，沁河从大北城经过，是城址内的两条主要河水。城东有滏阳河，沁河、渚水均注入此河中。

王城范围内有大小夯土台 10 处，夯土基址 10 处，以及古道路 2 条，古井 1 口。这些

---

[1] 驹井和爱：《邯郸》，東亞考古學會，1954 年。
[2] A. 邯郸市文物保管所：《河北邯郸市区古遗址调查简报》，《考古》1980 年第 2 期。
　　B. 河北省文物管理处、邯郸市文物保管所：《赵都邯郸故城调查报告》，《考古学集刊》第 4 集，中国社会科学出版社，1984 年。

第七章 东周时期城市的发展 239

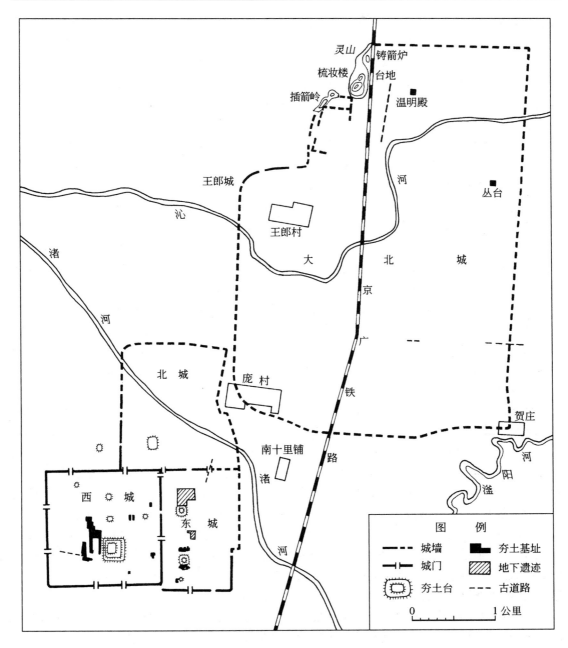

图 7-5 邯郸赵国都城平面图

遗迹大都集中在西城，包括夯土台 5 处，夯土基址 7 处等。其中，1 号夯土台最大，称 "龙台"，位于西城中部偏南，现存地面台基近方形，南北 296 米，东西 264 米。从现地表至最高点为 16.3 米。2 号夯土台在 1 号台基北面 215 米处，台基作方形，东西 58 米，南北 55 米。日本人在此发掘过，在台的两侧各发现南北向两列并行的石柱础，每列六七个，地面上有砖瓦、陶片及四叶纹、走兽纹瓦当残片。3号夯土台在2号夯土台北228米处，现存台基作方形，东西长61米，南北宽60米。这三个夯土台形成一条南北向的中轴线。1号夯土基址位于"龙台"的西部及西北部，从整个平面轮廓来看，呈不规则的长方形回廊状，南北通长468米，东西通宽188米。在1号夯土基址的西南有6号基址，两处遗址相距15~55米，形状略呈矩形，通长245米，通宽150米，中部有一条古道路，西通门阙。其他几处夯土基址都在西城的东部，面积也较小。

东城东西最宽处926米，南北最长处1442米。城内共有夯土台3处，地下夯土基址3处。6号夯土台，位于东城的西北部，台基呈方形，南北长120米，东西宽119米，现高9.1米。7号夯土台，在6号台以南500米处，呈方形，东西104米，南北113米，台顶距地表的高度5~8.2米。8号夯土台在东城的西南角，距南墙78米，现存台基略呈方形，东西长31米，南北长25米。东城内建筑主要集中于6、7号夯土台这一南北轴线上。

7号夯土基址和8号夯土基址，位于7号夯土台的南北两端，遗址均呈不规则的长方形，前者东西通长137米，南北通宽77米。后者东西通长136米，南北通宽45米。9号夯土基址，位于8号夯土台的西南部，平面似回廊状，南北长52米，东西宽38米。

东城内有一条古路，似是东城与北城的交通要道之一。路土现长206米，宽9米左右。

北城的平面为不规则的长方形，东西最宽处1410米，南北长1520米。城内只有10号夯土台，位于北城西南部，平面近正方形，东西111米，南北135米。现高4.5~6米，是王城内第二大台。9号夯土台，在北城西垣外，东西55米，南北67米。

2. 郭城

郭城即大北城遗址，位于现在邯郸市区，城的西南部与王城的东北部相邻，两城相距60余米。大北城城址的平面呈不规则的长方形。南北最长处4880米，东西最宽处3240米。城墙总长为15314米。其中，西垣北端从"灵山"起，向南偏西曲折伸延，中与"梳妆楼"、"插箭岭"、"王郎城"等地面台、墙相连接，全长5604米。南垣西端在庞村南与西垣相接，向东至贺庄村与东垣相接，全长3090米。东垣由贺庄村往北延伸，在联纺地区与北垣交接，总长4800米左右。北垣总长约为1820米。城垣宽度在20~40米之间。

大北城内，战国时期的大型夯土建筑基址很少，"铸箭炉"、"皇姑庙"、"梳妆楼"、"插箭岭"等遗址，位于"大北城"的西北部，紧靠城垣并互相连接，地表下有夯土基址，地面有战国及汉代遗物，似是战国及汉代的建筑遗址。"丛台"位于"大北城"的东北部，据1963年调查及《水经注》记载，似为战国时代的旧址。

大北城内发现了一批手工业作坊遗址，其中铸铜、冶铁作坊遗址共4处，出有炼炉残址、炼渣、铸范、瓦片、红烧土等。制陶遗址共发现5处。制骨作坊遗址1处。石器作坊遗址1处。另外还发现古井6处。由此可见，大北城是当时的手工业作坊和商业区，也是当时的居住区。

赵国王陵区位于故城西北约15公里的邯郸县三陵、工程两公社境内的丘陵区。现存封土高达6~15米的陵墓10余座，可分5组，分别筑在5个小山头上，陵区内有封土台基，陵台以山为基。此外，在寺西窑村和永年县境内的温窑村等处也有封土古墓数座。

赵国贵族墓葬区在市西郊的百家村附近，墓葬分布稠密。

四 魏国都城安邑

春秋时，晋献公十六年（公元前661年）晋灭魏，晋国大夫毕万被封于魏，居魏城。城址在今山西芮城县北约2.5公里，平面略呈方形，方向正北，东、南、北三面城墙近乎呈直线，西城墙呈拱形。城垣周长约4500米，其中，南垣长1150米，有缺口2个，东垣长1268米，有缺口1处，北垣长约1080米，有缺口3处，西垣长约1000米，有缺口1处。墙基宽在13～15米之间。城角外侧的月牙庄有夯土台。城内西部有战国时期的筒瓦、板瓦等遗物[1]。中南部永乐宫新址纯阳殿下发现小型竖穴墓10座，井3口，埋置被砍杀的人骨架坑3个，属春秋中晚期，似为魏氏宗庙之所在[2]。

魏建都安邑，至魏惠王九年（公元前362年）迁都大梁，前后约200年。

安邑故城在山西夏县西北15里，俗称"禹王城"。城址西部坐落在层层高起的坡地上，东南约30里为中条山，青龙河穿越古城东部，向东流入白沙河[3]。

古城由时代不同的大、中、小三个古城和一个夯土台组成（图7-6），其中中城位于大城的西南部，似为汉代城址，在此不再细述。

大城平面略呈梯形，北窄南宽，方向50°。北垣长2100米，西垣长4980米，南垣长3565米，东垣北段现长1530米，墙基宽11.5～22米，垣外有护城河遗迹。据推测大城的时代约属战国前期。

小城位于大城中央，平面呈矩形，城垣总长约3270米，北垣长855米，基宽12米；东垣长495米，基宽16.5米；南垣长990米，基宽11.3米；西垣长930米，基宽11米。北垣、东垣和南垣中部均有缺口。小城东南角外有禹王台，台面略呈方形，东西长约65米，南北长约70米。小城似为宫城。

手工业作坊仅在大城内辛庄村北发现一处集中出土各类陶范的区域，包括农具范、构件范、货币范及筒瓦、板瓦等，时代属战国中晚期[4]。

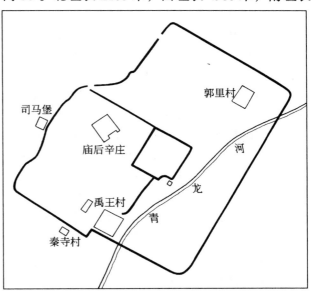

图7-6 夏县魏国安邑故城平面示意图

---

[1] 陶正刚、叶学明：《古魏城与禹王城调查简报》，《文物》1962年第4、5期。
[2] 山西省文管会、山西省考古所：《山西芮城永乐宫新址墓葬清理简报》，《考古》1960年第8期。
[3] A. 陶正刚、叶学明：《古魏城与禹王城调查简报》，《文物》1962年第4、5期。
    B. 中国科学院考古研究所山西工作队：《山西夏县禹王城调查》，《考古》1963年第9期。
[4] 张童心：《夏县禹王城庙后辛庄战国手工业作坊遗址调查简报》，《文物季刊》1993年第2期。

第四节　燕国都城与中山国都城

一　燕国都城蓟和武阳

燕为周初召公奭的封国，因召公为太保，辅佐周王，故由其子就封国。最早的燕国都城在今天的北京市房山县琉璃河镇北约3公里的董家林村附近。已发现有城址和墓地。

据《世本》记载，"桓侯徙临易"，约当春秋初年，或认为桓侯为战国中期的燕桓公。其地点，宋衷曰："今河间易县是也"，《括地志》载"易县故城在幽州归义县东南十五里，燕桓侯徙都临易是也"。地在今河北容城县境内。在县城东约10公里睃马台（位于古贤村北）出土有战国时期的铜壶、铜鼎。铜壶上有阳刻铭文"西宫"、"右征尹"、"左征"等，为寻找临易燕都提供了线索。

《韩非子·有度》记载燕襄王"以蓟为国"。燕国定都于蓟直至燕王喜二十九年（公元前226年）秦取蓟灭燕，此为后世所称的燕上都。蓟城的位置，据《水经注》等记载，当在今北京外城之西北部。近代学者多有主此说者。考古发现也可印证这一推论。

1957年在北京广安门外发现有厚达1米以上的战国文化层，出有粗细绳纹陶片、碎绳纹砖瓦陶器残片和残饕餮纹瓦当等。1972年在北京外城西部的韩家潭出土燕国的货币明刀，同时也发现饕餮纹瓦当。饕餮纹瓦当为高级建筑所专用，表明当地有战国时期的宫殿建筑。1956年在北京白云观也发现有战国遗址，出土鬲、盆、罐等陶器和陶井。此外，从会城门村直到宣武门豁口一带，还发现了密集的陶井群，已知有151座，有的陶井圈或井内出土的陶罐上，有典型的燕国陶文。所有这些考古发现，为探索蓟都提供了线索。

战国晚期，燕有两都，即上都蓟和下都武阳，即燕下都。对燕下都的考古工作早在1929年11月，由马衡先生率先进行调查。1936年，成立了以马衡为团长的燕下都考古团，对老姆台建筑基址进行了小规模的科学发掘，并发表了报告。1949年以后，对燕下都故城作了大量系统的考古工作。1957年以后，文化部文物局、历史博物馆等单位作了几次详细的勘察。此后，河北省文物局文物工作队燕下都工作组对故城遗址进行了全面勘察和部分发掘工作，取得了丰硕成果[1]。

燕下都遗址位于今河北易县东南2.5公里处，介于北易水和中易水之间，保存较好，至今地面上犹存部分城墙及高台建筑的台基。

城址平面呈不规则长方形，东西长约8公里，南北宽约4～6公里，分为东、西两城（图7-7）。

东城四面都有城垣，北城垣外有北易水，南城垣外有中易水，西城垣外有河渠遗迹，东城垣外有城壕环绕，这些河、渠、壕构成城垣外的防护设施。在东城中部偏北处有1道横贯东西的城垣，称为"隔墙"，把东城分为南北两部分。

东垣全长3980米，南垣已知长度2210米，北垣全长4594米，西垣残存墙基约4630

---

[1] 河北省文物研究所：《燕下都》，文物出版社，1996年。

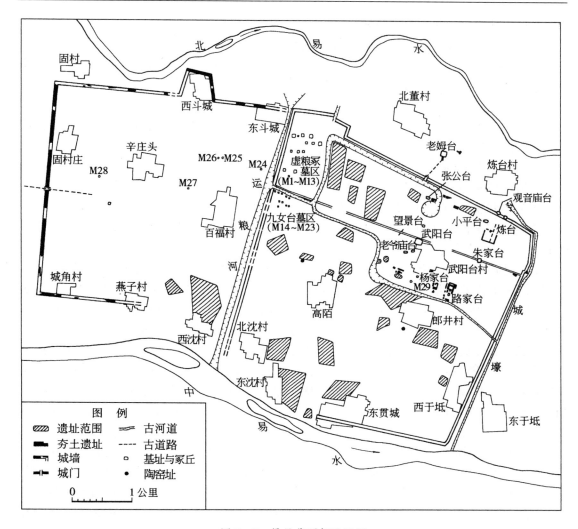

图 7-7 易县燕下都平面图

米，墙基宽约 40 米左右。"隔墙"紧贴武阳台基的北部，自西至东横亘东城，与东西城垣相连接，全长 4460 米。城垣上有附属建筑 3 座，均为夯土建筑基址。其中 7 号夯土建筑基址位于"隔墙"东段，南北长 80 米，东西宽 60 米，现存残高约 4 米。9 号夯土建筑基址位于东垣北段东门的北侧，夯土范围东西长 80 米，南北宽 30 米，突出于城垣之外。10 号夯土建筑基址位于北垣的东段，分上下两层，下层高约 2 米，长 60 米，上层东西长 40 米，南北宽 20 米，高约 6 米。这些夯土基址上均散布有战国绳纹瓦片和红烧土等。这 3 座夯土建筑，均由城垣和突出城垣的夯土部分构成，它们紧邻城门，明显地起着驻扎戍卒、守卫都城的作用。

东城发现城门 3 座，其中北门有宽 10 米左右的路土，往北直通老姆台。"隔墙"城门位于中段，在武阳台西北 280 米处，城门宽约 15 米，中间有路土直达北门，是老姆台通向武阳台中心建筑的一条主要道路。

西城紧接东城西垣，中隔河渠与东城相望。西城有南、北、西三道城垣，南垣（图版20-3）总长2310米，北垣全长4452米，西垣全长3717米，垣基宽约40米左右。西城勘探出1座城门，位于西垣的中部，宽约30米，中间有路土，向城外延伸425米，向城内延长750米，宽在4~7米之间。

主要遗存均集中在东城中，西城很空，似是为了加强东城的安全而建立的具有防御性质的附城。

1. 宫殿建筑遗迹

宫殿区位于东城的北部，包括大型建筑基址4座。由南向北，依次是武阳台、望景台、张公台和城外的老姆台。它们均坐落在一条中轴线上。

武阳台夯土台基（图版20-2）是宫殿区的中心建筑，坐落在武阳台村西北角，高出地面约11米，分为上下两层。上层向内收缩4~12米，高约2.4米。下层高约8.6米，近方形。东西最长处140米，南北最宽处110米。夯土台附近出有双龙饕餮纹半圆形瓦当、板瓦、筒瓦等遗物，纹样考究，制作精美。夯土台内有上下衔接的下水道管3节。每节长70厘米，母口径31厘米，子口径27厘米。在武阳台西210米处的断崖上，发现一段下水道陶管，总长度约100米，东西向铺设，似与武阳台中心建筑的下水道有关。

望景台夯土台基，位于武阳台北220米处，地下夯土范围东西长40米，南北宽26米。

张公台夯土台基，位于望景台北450米处，平面呈方形，长宽各40米，高约3米。基址顶部和四周散布有大量的瓦当、红烧土等。张公台的东西两侧还有8处夯土建筑基址，构成一组宫殿建筑群体。张公台与望景台之间有一直径约270米的圆形"内湖"，由2号河渠引水注入其中。

老姆台夯土台基（图版20-1）位于张公台以北的750米处，平面略呈方形，南北长110米，东西宽90米，高出地面约12米。在基址南侧中部地面下，保存有南北长50米，东西宽30米的夯土遗迹，与通往北城门的道路相连接。在老姆台的东北和西南都发现有大面积的建筑遗迹，应是老姆台主体建筑的附属建筑遗存。在老姆台基址附近，出土有刻纹的板瓦、筒瓦、方砖、双龙饕餮纹山云纹等瓦当等建筑材料。1966年在老姆台东170米处出土铜铺首1件，通高62厘米，重21.5公斤，由浮雕和透雕的动物和飞禽构成，造型精美，应是王宫用品。

此外，还有一些建筑夯土遗址围绕武阳台而筑。每处都有一个中型建筑基址和若干夯土建筑遗迹组成。

小平台建筑群，位于武阳台东北1100米处，主体建筑台基底部东西长53米，南北宽35米，高约5米。周围有4处夯土基址，组成一个建筑群。

路家台建筑基址群，位于武阳台东南，由高台建筑夯土基址和4处地下夯土建筑遗迹组成。其中高台建筑台基坐落在该建筑群的东南角，西北距武阳台约1050米，现存部分南北长12米，东西宽8米，高约3米。

老爷庙台建筑群，由主体建筑夯土台基和6处建筑遗址组成。老爷庙台主体建筑夯土基址位于武阳台西南200米处，现存夯土台基东西长57米，南北宽20米，高9.5米。其他基址大都分布在南部和西南部。这些基址的主要出土物有瓦片、陶片等。

2. 手工业作坊遗址

燕下都内现已确定的手工业作坊遗址有 11 处。其中冶铁作坊遗址 1 处，铸铜作坊遗址 1 处，制兵器作坊遗址 4 处，铸钱作坊遗址 1 处，制钱范作坊遗址 1 处，烧陶作坊遗址 2 处，制骨作坊遗址 1 处。这些手工作坊遗址分布在宫殿区的西北、西南、南部和东部，靠近河渠。

冶铁作坊遗址（即 5 号作坊遗址），位于高陌村西北 650 米处。遗址东西宽 300 米，南北长 300 米，总面积约 9 万平方米。遗址内出有铁渣、铁块、红烧土等，还曾出土斧、锛、镰、铲、镢及犁铧等铁制工具。

铸铜作坊遗址（即 10 号作坊遗址）位于郎井村西北，北邻河渠遗迹，与宫殿区相望。现知遗址南北长 480 米，东西宽 430 米，出有陶范 341 件，器形有环首刀、凿、镢、带钩、刀化、戈、剑等。

制兵器作坊遗址 4 处。其中 3 处在东城西北部，21 号遗址位于武阳台村西北约 1350 米，内出有镞范、唐内范（芯）、辖范、弩机悬刀范及铁铜兵器、胄甲片、车马器、手工工具、农具等，其南部出土大量的铸铜器所用陶范和铜渣，北部出土了大量的碎铁器和大批铁兵器、铁农具等。23 号遗址东西宽 200 米，南北长 850 米。1973 年，出土铜戈 100 余件，大部分铜戈上有燕王铭刻。

制骨作坊遗址，位于武阳台村西北约 1200 米。东西宽约 100 米，南北长 300 米。遗址内出有较多的骨料、角料和骨器。

制陶作坊遗址，位于郎井村东南约 30 米处。东西宽 170 米，南北长 180 米。遗址内有残破的窑址，文化层内包含有大量陶片和瓦片、红烧土块堆积等。

制钱作坊遗址，位于高陌村西北 300 米处，面积约 8000 平方米。遗址内出有残刀化范、残刀化、炼铜渣、炭渣等。

3. 居住遗址和墓葬分布区

燕下都内共发现居民较集中的居住遗址 9 处，其中 7 处分布在东城的南部和东南部，另外 2 处分布在西城的东南部，它们均与宫殿区分离，相距较远。

东沈村村东 6 号居址，位于东城南部偏西处，东西宽 480 米，南北长 700 米。此处居址文化堆积包括商末周初、西周中期、西周晚期、春秋早中晚三期和战国早中晚三期，共 9 期的文化堆积。

西沈村村北 19 号居址，位于燕下都西城的东南隅，东西宽 300 米，南北长 800 米，是一处战国早期的居址。

这些居址内均分布有大量的灰坑，包含丰富的遗物。

燕下都城内分布有 3 处墓区，即东城西北角的虚粮冢墓区和九女台墓区、西城中部的辛庄头墓区。其中虚粮冢墓区有墓 13 座，是大型墓葬集中区。九女台墓区有墓 10 座。辛庄头墓区有墓 8 座。有的墓有双墓道，属战国晚期墓葬。

二 中山国都城灵寿

中山国是由北方少数民族白狄所建立的国家。春秋时称鲜虞，到战国时期，成为一个相当重要的诸侯国。公元前406年，魏文侯占领了中山，大约在公元前378年，中山复国。公元前296年，中山国被赵所灭。现在发现的中山国的都城遗址是中山复国期间所建都城——灵寿故城。

灵寿故城位于河北平山县三汲公社境内，东距现灵寿县城约10公里。20世纪50年代，在平山三汲曾发现过战国墓葬。1974～1982年，河北省文物研究所对三汲古城遗址进行了全面勘探[1]。

灵寿故城在滹沱河北岸的台地上。北倚东灵山，南临滹沱河，西北为太行山，其东为华北大平原。城外东西两侧为高坡，有数条源自灵山的河沟由北向南蜿蜒曲折地流入滹沱河，起着保护城市的作用。

古城依自然地形而建，平面为不规则的桃形，东西宽约4公里，南北最长处约4.5公里。城内地势北高南低，高差达40米。城址分东城和西城，东西城之间有一条南北向的隔墙，东城为宫城，西城为郭城。城垣为夯土筑成。东城北墙保存较完整，长约2450米，宽约34米。东墙残存750米，外侧有京御河。西城北墙与东城北墙相接，全长约1200米，基部宽35米。西墙基沿护城河内侧向南延伸，全长4050米。西城南墙全长约为2350米，城墙外为滹沱河。西城中部偏北处，有一道东西向的墙，全长1320米，墙基宽19米，墙北为陵区。东西城之间的隔墙全长约5100余米，基宽25米（图7-8）。

墙体上发现有几处与城基相连的大型夯土附属建筑，似为防御、瞭望之用。一处位于东城北墙西端，向外突出约150米，宽10米，西侧为北城垣门阙。一处建于西城西垣中部，向外突出约40米，宽50米。其北侧为王陵区的西门阙。另两处位于西城西城垣的南部和最南端。这些建筑台基的上部及其附近均发现有板瓦、筒瓦、瓦当、箭镞等遗物。

能确定的城垣门阙有两处，一处位于北城垣的中部，也是东城的西北角，为出入城的惟一陆路，有宽约8米的路土遗迹。另一处门阙在西城垣的中部，有一条宽约11米的道路通往门阙，向东尚存940米，似是当时城内贯穿东西的主干道。城外东面的高坡上，建有一座夯筑小城，东西长约1400米，南北宽约1050米。在小城内西部中央有一座夯土台，长、宽各61米，高约8.2米。台下两侧有南北长110米，宽70米的夯土建筑遗迹，出有与城内相同的板瓦、筒瓦、箭镞等。这座小城似是大城的外围城，具有军事设防的作用。

1. 宫殿建筑遗迹

大型建筑基址群主要集中在东城，以3号夯土建筑遗址为主体，连接南面的8号和7号建筑基址，构成一条南北向的中轴线。3号夯土建筑基址位于东城东北部的高地上，其主要部分已遭破坏，残存部分南北长200米，东西宽150米，约占总面积的五分之一。经钻探，这处基址上有较厚的夯土墙基，还发现成排的9个圆形柱础，有的柱础还保存长、宽各1米左右的柱础石，显然是一处大型宫殿遗址。基址内出有大量瓦件等。

西城中部有两组相连的建筑基址，东西长约650米，南北宽约300～800米，可能是当时城内的中心活动区域。

---

[1] 河北省文物研究所：《河北平山三汲古城调查与墓葬发掘》，《考古学集刊》第5集，中国社会科学出版社，1987年。

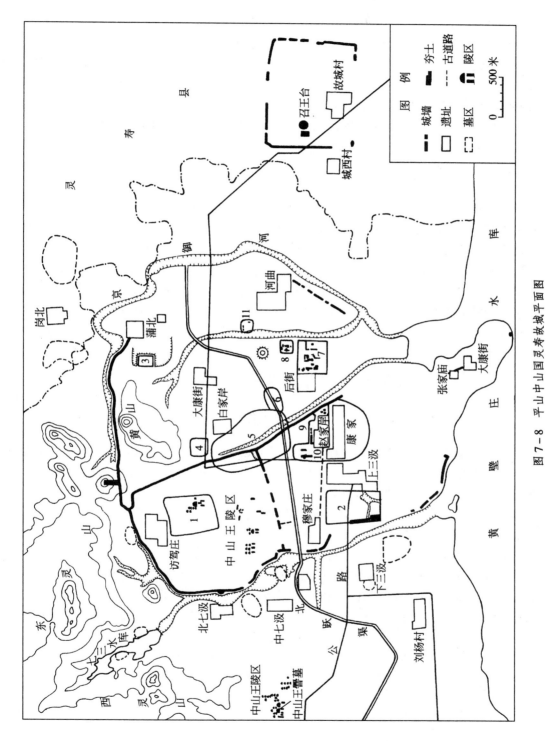

图 7-8 平山中山国灵寿故城平面图

1、2. 居住遗址 3、7~11. 夯土建筑遗址 4. 制陶遗址 5. 铸铜、铸铁遗址 6. 制骨、玉、石器遗址

2. 手工作坊遗址

发现有制陶作坊、铸铜冶铁作坊和制石、玉、骨器作坊。

铸铜、冶铁作坊遗址位于东城西部中间，面积较大，南北长960米，东西宽580米。遗址内有大片的铜渣、铁渣及大量的陶范，在底部有分布密集的炼炉。遗址的西南部有大量的瓦砾堆积和夯土建筑遗迹，可能是作坊的管理机构或是作坊的居住区。东部是制造陶范作坊，有废弃的残陶范，其中不少是母范。东南部发现有铲范、镢范和大批残铁铲。此外，遗址内外出土有"成白"刀币范和成捆的刀币。有直背"成白"刀币、燕国的弧背"匽刀"及少量的赵国"甘丹"和"白化"刀币。

3. 居住遗址和墓葬分布区

城址内有两处较大的居住遗址。一在西城王陵区内，南北长约600米，东西宽约470米。一在西城西南部，南北长670米，东西宽400米。此外，在东城的河曲村北，西城南端的张家庙附近及西门外都有小片的居住遗址。

王陵区分布于西城北部访驾庄南和城西2公里处的中七汲村西、灵山南坡高地上。其中中七汲村西的M1和M6已被发掘，证实确为中山王的陵墓，墓主是中山王䁐及哀后。另外，在西城外的北七汲、中七汲、南七汲、下三汲、单杨村、刘杨村等处也发现有春秋战国墓葬群[1]。

第五节　齐国与鲁国都城

一　齐国都城临淄

从西周时齐献公攻杀胡公，将齐都从薄姑迁至临淄（约公元前859年），至齐王建四十四年（公元前221年）秦军灭齐，中间虽经田氏代姜（公元前386年，齐康公十九年）的政权更替，但临淄作为齐国的都城未有改变。

齐国临淄故城在今山东淄博市临淄区辛店北8公里的齐都镇（图7-9），东临淄水，西依系水，北为平原，南有牛山、稷山，为鲁山余脉。

1936年，王献唐结合出土文物，对齐故都作了考证[2]。1940年至1941年，日本人关野雄在齐国故城做过调查，出过报告[3]。1958年，山东省文管会作过考察发掘[4]。1964年以后，又组织过普探和发掘，对临淄故城的布局有了较全面的了解[5]。

临淄故城包括大城和小城两部分，小城在大城的西南部，其东北部伸进大城的西南隅。

---

[1] A. 河北省文物管理处：《河北省平山县战国时期中山国墓葬发掘简报》，《文物》1979年第1期。
　　 B. 河北省文物研究所：《䁐墓——战国中山国国王之墓》，文物出版社，1995年。
　　 C. 康保柱：《河北平山县三汲村发现战国墓》，《考古》1958年第6期。
[2] 王献唐：《临淄封泥文字》，1936年。
[3] 關野雄：《齊都臨淄の調查》，《中國考古學研究》，東京大學東洋文化研究所，1956年。
[4] 山东省文管会：《山东临淄齐故城试掘简报》，《考古》1961年第6期。
[5] 群力：《临淄齐故城勘探纪要》，《文物》1972年第5期。

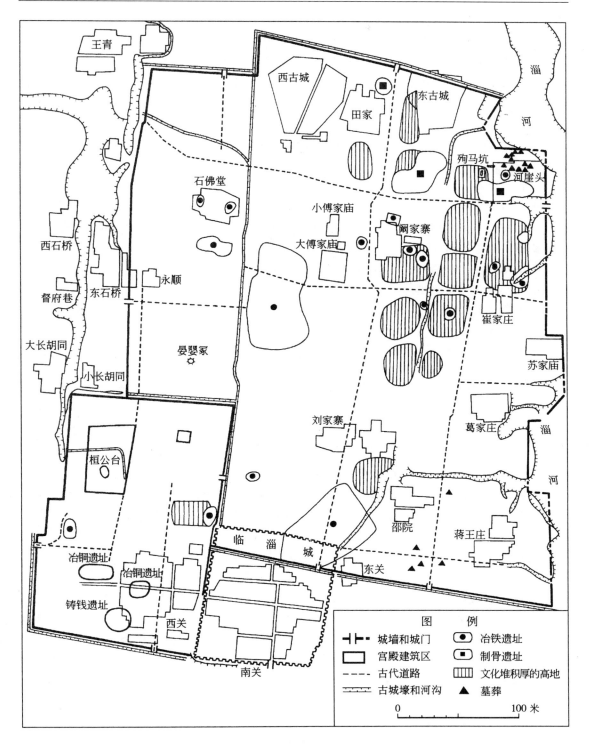

图 7-9 临淄齐国都城平面图

有的学者认为小城比大城晚，建于战国，可能是田齐修建的宫城[1]。也有学者认为小城比大城早，是齐国之内城[2]。另有学者提出姜齐的宫城在郭城（大城）内，位于中心地带[3]。

大城周长14158米，其中西墙长2812米，北墙长3316米，东墙长5209米，南墙长2821米。墙基宽17～43米。东墙上有一座夯土台基建筑。

大城已探出城门6座，其中东西垣各1座，南北垣各2座。西门在西墙南部，南距大城西南角783米，门道宽11米余，长约25米，北墙西门在北墙偏西处，西距西北角579米，门道宽13米多，长约23米。北墙东门在北墙中部偏东，东距东北角899米，门道宽17米，长34米。南墙东门东距东南角1020米，门道宽11米余，长19米。南墙西门距西南角890米左右，门道宽13米，长23米。东门在东墙北部，已被破坏。

大城城墙上发现排水道口3处，其中西墙1处，靠近西北角，宽11～17米，呈内窄外宽的喇叭口形。北墙西排水口，宽约15米，东排水口宽约18米左右。这些排水道口均用未经修整的大石块堆砌。

大城的北墙和南墙外都挖有护城河。北壕东通淄河，西接系水，南壕东与淄河相通，西面则与小城东墙南部的城壕相接。壕宽25～30米。

小城周长约7275米，东墙长2195米，南墙长1402米，西墙长2274米，北墙长1404米，宽20～38米，其中，北墙北门以东宽达55.67米。

小城有城门5座，东、西、北门各1座，南门2座。东门在东墙偏北，北距东北角约600米，门道宽14米，长40米，此门通向大城。南墙东门距东南角330米左右，门道宽8.2米，长42米。南墙西门距西南角460米，门道宽13.7米，长25米。西门在西墙南部，门道宽约20.5米，长33米。门内南侧有一夯土基址与城墙相连。小城北门在北墙偏西处，距东北角770米，门道宽10米，长86米，门内两侧有夯土基址与城墙相连，当是城门的附属建筑，此门直通大城。小城通大城的东、北门两侧城墙均向外突出。小城的东北城角特别宽大，似有角楼类建筑。小城西墙上发现排水道口1处，位于西墙偏北处，宽15米左右。

小城四面也有护城河，其中，南墙和西墙外的护城河较窄，宽13米左右，西护城河自西南角向北约800米处，与古系水相接。小城的东墙和北墙与大城连接的部分也有护城河，且比小城西、南护城河宽出将近1倍，达25米左右，由此可见大城与小城间的防卫是很受重视的。在正对城门的护城河两岸，地下发现有石块和夯土，似是桥墩遗迹。

城内发现道路10条，其中大城内7条，小城内3条。

大城有贯通南北、东西的干道各2条。东部南北大道，自南墙东门通向大城的东北方向，全长3300余米，宽20米。中部南北干道，连接南墙西门和北墙东门，全长近4400米，路宽20米。北部东西干道，自东门直至西墙，长约3600米，路宽15米左右。中部东西干道，长2500米，宽17米左右。西墙附近有一条与城墙平行的南北向道路，南通小城北门，宽4～6米。西门大道由西门向东长约1000米，宽10～20米。在离南墙200～300米

---

[1] 杜正胜：《关于齐国建都与齐鲁故城的讨论》，《文物与考古》1987年第2期。
[2] 马良民：《试论战国都城的变化》，《山东大学学报》1988年第3期。
[3] 曲英杰：《先秦都城复原研究》，黑龙江人民出版社，1991年。

左右有一条大体上与大城南墙平行的大路，长约1900米。

小城的南墙东门大道由城门向北保存约1200米，路宽8米。西门大道，由西门向东长约650米余，东端与北门大道相接，宽17米。北门大道北与大城的南北路相接，向南尚存1430米，宽6～8米，此路可能通向南墙西门。

城内已知有排水系统3条，其中2条在大城，1条在小城。小城的排水系统在西北部，起自"桓公台"东南方向，经"桓公台"的东部和北部通向小城西墙的排水口，流入系水，全长700米。河道宽约20米，深3米左右。大城西部有一排水系统，为一条南北河道。南起小城东墙、北墙的城壕，向北直通大城北墙西部的排水口，流入北墙城壕，长2800米，宽30米左右。在其北部又分出一支流，向西北通向大城西墙的排水口流入系水，宽20米左右。大城东部另有一段排水沟，位于大城东北部，长约800米，止于大城东墙北段的排水道口，向东流入淄河。

1. 宫殿建筑遗迹

宫殿建筑基址主要见于小城内。小城的北部偏西有一座夯土台——桓公台，台高14米，呈椭圆形，南北86米，东、北两面150米之外有河沟围绕，即排水系统。"桓公台"周围有许多夯土基址，这一带应是以"桓公台"为主体建筑的大片建筑群。此外，在小城东北部现存一处30～40米见方的台基，俗称"金銮殿"。

2. 手工业作坊遗址

有冶铁作坊遗址4处，其中大城的冶铁遗址，一处在南北河道以西石佛堂村一带，范围约4～5万平方米，似是一东周晚期的冶铁遗址。一处在南北河道以东付家庙村西南一带，面积约40余万平方米。小城冶铁遗址在西门东北200余米，南北约150米，东西约100米。周围有许多夯土遗存。其间有10米宽的道路通向西门。

炼铜遗址2处。在小城南部小徐村北部和西关石羊村北头。前者范围东西约80米，南北100余米。后者范围东西约150米，南北100米。

大城东北部阚家寨东南等地，出有铜渣、炉渣、烧土等，范围有待进一步勘察。

在小城南部安合村，发现"齐法化"铸址1处，范围长、宽约200米左右。

3. 墓葬分布区

在大城内发现两处墓地。一处在大城的东北部河崖头村一带。另一处在大城南部刘家寨，南墙东门以里大道两侧。河崖头墓地已探出大、中型墓20余座，有的大墓有南北墓道，时代为西周晚至春秋时期，如河崖头村西的一座春秋晚期甲字形墓，在墓室的东、西、北三面有连成一体的大型殉马坑，已清理部分埋有殉马228匹，尚有大部分未清理。这一带应属于西周至春秋时期姜齐的贵族"公墓"所在。此外，在大城北部付家庙村和阚家寨村之间，在葛家庄东南靠近东墙一带，均发现有春秋墓。

在齐国故城周围还分布着大量有封土的东周墓葬和高台建筑基址。战国时期田齐的王陵区位于城东南约11.5公里的牛山一带，共有6座陵，东西并列[1]。自牛山至齐国故城之间又有多处东周墓地。

---

[1] 张学海：《田齐六陵考》，《文物》1984年第9期。

二 鲁国都城曲阜

鲁国为西周初年周公的封国，由其长子伯禽就国，是西周至春秋时期的一个重要诸侯国。据《诗·鲁颂·閟宫》、《左传·定公四年》、《史记·鲁周公世家》及《周本纪》等记载，伯禽就国时即都于曲阜。但裴骃《史记集解》引徐广之说："世本曰：'炀公徙鲁。'"则定都曲阜者是伯禽之子，考公之弟，鲁国的第三个国君。两说相差约50年。根据考古勘探，在山东曲阜鲁国故城城址的西部、西北部、西南部等处都发现了西周初年和早期的遗址和墓葬，分布范围占全城址的三分之一以上。在东北角和西北角试掘中发现有西周晚期的城垣。但在南垣东门东侧城基下层，发现有年代更早的城垣。

自伯禽建城至鲁顷王二十四年（公元前249年）被楚所灭，曲阜作为都城前后达700余年。至汉代为汉鲁王所继用。鲁恭王刘余在鲁宫室的基础上，兴建了灵光殿。汉代城址范围比鲁国故城规模小。两汉以后至北宋初，成为鲁县或曲阜的县治。至今，曲阜城址仍在鲁国故城内。

1942年，日本人曾在曲阜进行试掘，主要工作对象是西汉鲁灵光殿遗址，发现有"鲁六年"字样的北陛石刻，也有一些东周遗物，如瓦当等，1951年，由驹井和爱编成报告出版。自1956年起，山东省考古工作者对曲阜鲁国故城先后几次普查和复查。1977年至1978年，又对曲阜鲁国故城进行了全面系统的普探和试掘，收获颇丰，出版了《曲阜鲁国故城》发掘报告[1]。

曲阜鲁国故城平面呈横长方形，城垣四角呈圆角，城墙断断续续尚有残存于地面上者。据实测，城垣周长11771米，其中，东垣长2531米，南垣长3250米，西垣长2430米，北垣长3560米。墙基宽在50～30米不等（图7-10）。城墙残高处尚余10米左右。城垣有若干期夯土叠压堆积情况，说明鲁国城址曾经多次修筑。据探掘，第1期城垣属于西周晚期或略早，第2期属于西周晚期，第3期属春秋早期，第4期属于春秋后期，第5期属战国时期，第6期属战国至西汉。城垣外侧有护城河。城的西、北两面利用洙水为城壕，河道宽约30米，深4～5米左右，东、南两面也有部分城壕遗迹，均与洙水相连。

城址发现城门11座，其中东、西、北三面各3座，南面2座，各城门均有道路贯通。绝大部分门道宽10米左右，东北门和北东门较宽，如东北门门道宽14米，长38米。

经钻探发现故城内有10条主要交通干道。这些主干道大都连接城门与大型建筑，其中，东西向的和南北向的干道各5条。

1号干道，西起西北门，通向北东门，全长约3050米，横贯城北部。

2号干道，西起西中门，东达东北门，全长约3650米，横贯城中部偏北。路宽8～9米，靠近东北门时路面加宽至14米。

3号干道，西起西南门，直通东中门，全长约3900米，横贯城中部东西，路宽10～15米不等。

---

[1] 山东省文物考古研究所、山东省博物馆、济宁地区文物组、曲阜县文管会：《曲阜鲁国故城》，齐鲁书社，1982年。

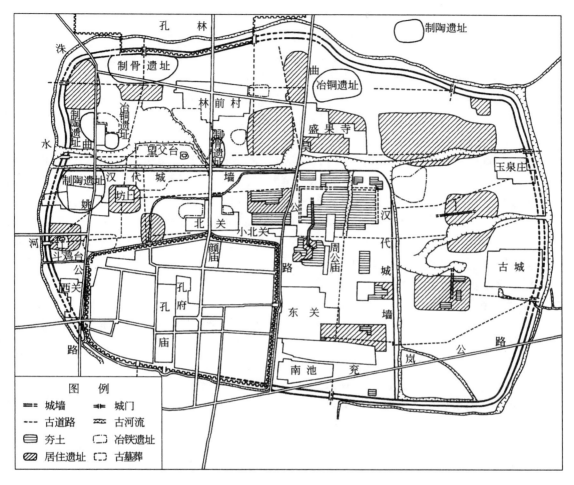

图 7-10 曲阜鲁国都城遗迹分布示意图

6号干道，纵贯城西部南北，北起北西门，向南与东西向的1、2、3号干道相交，再向南进入今曲阜县城西部。从走向看，可能通向南西门，已探明长度约1750米，宽6~7米。

9号干道，位于城中南部。南起南东门，向北经周公庙村东，在周公庙宫殿区南沿与3号东西干道相接，全长约1300米，路宽15米，似是宫殿区通向南东门的主要干道。

1. 宫殿建筑遗迹

故城中部隆起，在东西近1公里，南北约2公里左右的范围内，集中了许多大型夯土建筑基址，其中，又以周公庙高地上的建筑遗迹最密集。

周公庙建筑基址群，位于城中部偏东，周公庙村北的高地上。这里是全城地势最高处，高出附近地面近10米。下层建筑属春秋战国时期的遗存，规模很大。在它的西、北和东部边沿，发现了断断续续的似夯土墙的遗迹，宽约2.5米。这片夯土基址可能是四周有围墙的宫城遗迹。其他夯土基址尚有几处。

周公庙村西夯土建筑基址群，位于周公庙村与小北关之间的高地上，包括四组夯土基址，东部一组范围南北长约115米，东西残宽约100米。西部一组其范围南北90米，东西95米左右。在东西两组夯土基址之间有一条南北向的道路，路宽5米。南部一组大部分被村屋所压，东西残长约120米，南北残宽40米。西南部一处南北残长50米，东西宽30米。

在周公庙村东和村东南等地也都发现有夯土基址。

小北关建筑基址群，位于小北关以北，共有两组夯土基址。南面的一组在高地的顶部，东西长200米，南北宽近100米，北组夯土基址在高地的北坡上，东西长270米，南北宽80米。两组夯土基址相距约100米。

古城村西夯土建筑基址，位于城东部偏南，古城村西南约200米，包括3座建筑基址，南部的一处呈"U"形，东西长90米，南北宽55米。东部的一处夯土基址呈长方形，南北长80米，东西宽46米。在基址的东面有宽10米的道路通向东南门。

"舞雩台"基址，位于城南东门正南1735米处，坐落在南泉村西南约500米，小沂河南岸，雩河之北。台基近方形，东西120米，南北115米。台基夯土可分上、中、下三层，其中，上层属于西汉时期，中层属于战国时期，下层属于春秋以前。有学者推测，舞雩台是举行郊祭的祭坛。舞雩台、宫城、南垣东门处于一条南北向直线上，似为都城的一条中轴线。

2. 手工业作坊遗址

故城内发现冶铁、铸铜、制骨和制陶等手工业作坊遗址10处，东北城外，发现张羊制陶作坊遗址一处。

北关冶铁遗址，位于曲阜城北关一带，遗址范围东西约450米，南北约120米。另一冶铁遗址，西距周公庙宫殿区约100米。遗址东西约250米，南北约200米。这两处遗址钻探时发现大量的铁渣、铁块、炭灰和红烧土块，后者还发现多处圆形炼炉。在遗址的周围都发现有夯土建筑基址。这两处遗址均属于战国至西汉时期。

盛果寺冶铜遗址，位于城北部盛果寺村的西北。遗址范围东西约350米，南北约250米，出有铜渣、红烧土和砂质陶范。这个冶铜遗址可能始于西周，而延续到春秋时期。

药圃冶铜遗址，位于城的西北部，其范围南北约200米，东西约70米。遗址内出有铜渣、碎范块和红烧土等物，时代约为西周后期。

制骨遗址分布于城北，林前村的西北和村南。前者东西约600米，南北约250米，出土不少骨料。后者南北长约200米，东西宽约60米，是春秋时期的制骨遗址。

制陶作坊遗址集中在城的西部，一在城西部坊上村西，东西、南北约400米见方；一在城西北部，遗址南北约300米，东西约150米，均发现有密集的陶窑，时代属春秋时期。

张羊制陶遗址，位于城东北墙外，面积约150米见方，是从西周中晚期至春秋晚期的一处重要制陶遗址。

3. 居住遗址和墓葬分布区

城内发现比较重要的居址11处，分布在东、西、北三面，一般靠近城门和古道路，有些居址则与手工业作坊址和墓葬区交错在一起。这些居址的年代有的很早，约到西周初，大部分跨度很长，历经春秋战国，甚至到汉代。

在城内发现4处墓地，基本上分布在城西，包括"望父台"墓地、药圃墓地、县城西北角墓地、"斗鸡台"墓地。这些墓地的年代自西周初年至春秋战国时期，包括大中小型墓葬。

根据发掘资料，这些墓葬又可分为属于当地原居民的甲组墓和属于周人的乙组墓[1]。

有学者通过对已有资料分析，认为城内居住遗址中最早遗存约在西周中期前段，与文献所记"炀公徙鲁"年代相当，曲阜城始建城垣约当西周与东周之交，没有发现早于此的城垣[2]，城内大部分夯土基址为战国基址。有迹象显示，西南部"汉城"的始建年代可上溯到战国。战国城址已割据郭城之西南部为宫城。不过，因发掘面积的限制，有关鲁国城址的不同学术观点的解决尚待进一步的考古发掘工作。

第六节 秦国都城

一 雍城

秦德公元年（公元前 677 年），秦人定都于雍，至战国前期秦灵公迁都于泾阳。此后，雍城名义上仍保持作为秦都的地位，如秦始皇的加冠礼即是在雍举行的。

雍城遗址位于今陕西凤翔县城之南，雍水河之北。1959 年，陕西省考古研究所开始对雍城遗址做调查[3]，此后，又进行了大量的调查、发掘工作，探明了雍城的规模、布局，并对重要遗址作了发掘[4]。

雍城遗址平面呈不规则的方形，东西长 3480 米（以南垣计算），南北长 3130 米（以西垣计算）。西垣保存较完整，从凤翔县城西南约 50 米处一直向南，城的西南角被南古城汉代城垣所压，西垣全长 3200 米，宽 4.3～15 米。南垣沿雍水河修筑，东段因修筑东风水库而消失，残长 1800 米，残宽 4～4.75 米。东垣，紧依纸坊河，由东南折向西北，已发现 3 段，残长 420 米，残宽 8.25 米。北垣为县城所压，发现残长 450 米，残宽 2.75～4.5 米。在北垣上有 1 座夯土台，南北长约 60 米，东西宽约 60 米，似是北垣上的一个防御性高台建筑或门址（图 7-11）。城址东依纸坊河，南有雍水，在西垣外有城壕，长约 1000 米，宽 12～25 米。

城门残留 3 座，均发现于西墙，与城内东西向的 3 条干道相通，城门宽 8～10 米，其中一处路土一直向东延伸入姚家岗宫殿区。

城内发现南北向和东西向大道各 4 条，每条长约 3000 米，路面宽 15～20 米，路土厚 1～1.5 米，相互纵横交错，间距为 400～800 米。主要宫殿建筑都集中在城中部以北，分别置于主干道附近。一般居民区大体集中于南部。

1. 宫殿建筑遗迹

姚家岗春秋宫殿遗址位于雍城中部偏西，西距雍城西垣约 600 米，白起河由其西北向

---

[1] 张学海：《试论鲁城两周墓葬的类型、族属及其反映的问题》，《中国考古学会第四次年会论文集》，文物出版社，1985 年。
[2] 许宏：《曲阜鲁国故城之再研究》，《先秦城市考古学研究》，北京燕山出版社，2000 年。
[3] 陕西省社会科学院考古研究所凤翔队：《秦都雍城遗址勘查》，《考古》1963 年第 8 期。
[4] A. 韩伟、焦南峰：《秦都雍城考古发掘综述》，《考古与文物》1988 年第 5、6 期。
　　B. 陕西省文管会雍城考古队：《秦都雍城钻探试掘简报》，《考古与文物》1985 年第 2 期。

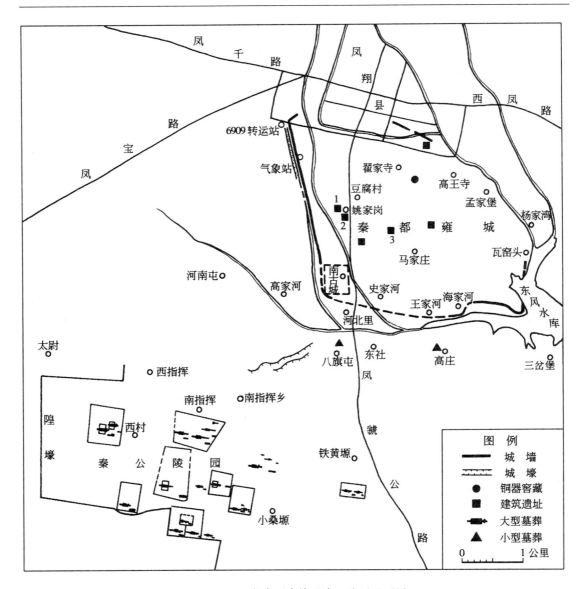

图 7-11 凤翔秦国雍城及秦公陵园平面图
1. 凌阴遗址 2. 姚家岗建筑遗址 3. 马家庄建筑遗址

东南绕过，注入雍水。面积约 2 万平方米。夯土台基破坏严重，有残墙，白色卵石铺成的散水等。先后出土 3 个窖藏，所出物品都是铜质建筑构件，共 64 件，有曲尺形、楔形、方筒形、小拐头等，往往饰有精美的纹饰，如蟠螭纹。有的构件内有朽木遗存，说明这批构件是与木构件结合使用的，或认为这批铜构件即"釭"，属壁柱门窗上面的装饰件[1]。此

---

[1] 杨鸿勋：《凤翔出土春秋秦宫铜构——金釭》，《考古》1976 年第 2 期。

外，遗址内还出土有半瓦当、筒瓦和板瓦等[1]。在此遗址区的南部发现有分布密集的祭祀坑，坑内出有牛羊骨，玉璧、玉璜、玉圭等遗物，似与主体建筑有关。有人推测此建筑是秦初居雍的大郑宫。

凌阴遗址为贮冰的窖穴，位于姚家岗高地的西部。平面近似方形，四边夯筑东西长16.5米，南北宽17.1米的土墙一周。在夯土台基中部，有一个东西长10米，南北宽11.4米的长方形窖穴，窖内四壁呈斜坡状。窖底东西长6.4米，南北宽7.35米。方形窖穴四周为回廊。西回廊正中有一个通道，通道有东西平行的五道槽门，在第二槽门以西的通道底部，铺设有水道一条。与白起河相通，是窖穴内的排水设施。据窖穴体积计算，这一冰室可藏冰190立方米[2]。

马家庄春秋建筑遗址位于雍城中部偏北，总面积在数万平方米以上。1981~1984年间，在其北部发掘了一号建筑基址。这是一座保存比较完整的宗庙遗址，坐北朝南，四周有围墙环绕。墙内建筑由北部正中的祖庙，东部的昭庙，西部的穆庙，南部的门塾以及中庭五部分组成。祖庙坐北朝南，平面呈"凹"字形，面阔20.8米，进深13.9米，前朝后寝，有东西夹室。建筑四周有回廊，回廊之外有用河卵石铺成的散水，北有一亭台式建筑，平面呈长方形，四周亦有散水围绕。昭庙坐东朝西，平面布局与祖庙建筑相似，穆庙坐西朝东，与昭庙对称，但破坏严重。门塾位于南部，面阔五间。中庭为一中间凹下，四周稍高的空场，东西长30米，南北宽34.5米。在中庭和祖庙夹室内共发现各类祭祀坑181个，其中牛坑86个，羊坑55个，牛羊同坑1个，人坑8个，人羊同坑1个，车坑2个。祭坑之间存在着复杂的打破关系，应是多次祭祀的结果。据推断，这座宗庙始于春秋中期后段，废弃时间当在春秋末期到战国初期[3]。

马家庄三号建筑遗址，东距一号建筑——宗庙遗址约500米，西距姚家岗宫殿遗址约600米（图7-12）。遗址方向28°，长326.5米，北端宽86，南端宽59.5米，四周有围墙，宽1.5~3.2米，可分为五进院落，由南至北：第一院落，长52米，宽59.5米。南墙正中有一门，宽8米，门南正前方有一段夯土墙，长25米，宽1.5米，似为屏。第二院落，长49.5米，北端宽60.5米，南端宽59.5米，南墙正中有一门，宽6米，与第一院落相通。院落内中部偏北两侧分别有一座建筑，南北均长16米，东西均宽12.5米。第三院落，长82.5米，北端宽62.5米，南端宽60.5米，南墙正中有一门，宽4米，与第二院落相通。院落中心有一建筑，北长32.5米，南长34.5米，东宽17.2米，西宽17.7米。第四院落，南北长51米，东西宽70米，中部各有一门，宽6米。南墙有一门，宽10米，与第三院落相通。第五院落，是面积最大的一处，南北长65米，东西宽86米。东围墙宽3.5米，西、北围墙均宽3.2米，东墙正中有一门，宽2.8米。院内正中偏北及其前方两侧，各有一座建筑，呈"品"字形排列，大小相等，均长22米，宽17米。建筑周围有散水石、板瓦筒瓦残片。院内南部有两座建筑，均长35.85米，宽7.5米，两座建筑间有一宽7.6米

---

[1] 凤翔县文化馆、陕西省文管会：《凤翔先秦宫殿试掘及其铜质建筑构件》，《考古》1976年第2期。
[2] 陕西省文管会雍城考古队：《陕西凤翔春秋秦国凌阴遗址发掘简报》，《文物》1978年第3期。
[3] 陕西省文管会雍城考古队：《凤翔马家庄一号建筑群遗址发掘简报》，《文物》1985年第2期。

的通道，与第四院落相通。这座建筑可能是秦公的朝寝之所。使用年代从春秋到战国时期。

蕲年宫遗址，位于雍城西南16公里，面积约2万平方米。出土有"蕲年宫当"铭瓦当，证明此处是秦汉时期的蕲年宫址。

棫阳宫遗址，在雍城南郊的东社、南古城、史家河附近，但破坏严重。这一带出有"棫阳"、"年宫"铭瓦当及鹿纹、花纹、"猎人斗兽"、各式云纹及条形砖等大批战国秦汉时代遗物。

2. 手工业作坊遗址和"市"遗址

雍城内迄今未发现明确的手工业作坊遗址。雍城内西南角一带曾出土镞、戈、矛、刀、剑、锛、凿、铲、车器等陶范及石范。可能为雍城内的一处兵器作坊遗址。另外，城北的城关镇北街窖藏及其附近出土了许多青铜生产工具，并发现有夯土基址和战国时期的瓦当等，可能是春秋战国时期的一处手工业作坊遗址。

雍城北部，现在的翟家寺附近有市场遗址，其北距北垣约300米，西边30米有南北向大道通过。市场平面呈长方形，南北长160米，东西长180米，面积2万平方米。四周是厚1.5～2米的夯土围墙，四面围墙中部各有"市门"一座。已发掘的西门南北长21米，东西长14米，建筑平面呈"凹"字形，进门入口处有大型空心砖踏步，门上可能有四坡式的屋顶建筑。围墙内是封闭式的露天市场，出土有秦半两钱及盖有"咸阳里"印文的陶器残底等。这是迄今考古发现的第一座先秦时期"市"的遗址。

3. 墓葬分布区

墓区可分为秦公陵园和国人墓地。秦公陵园位于凤翔南原，东西绵延十几公里，南北宽3～4

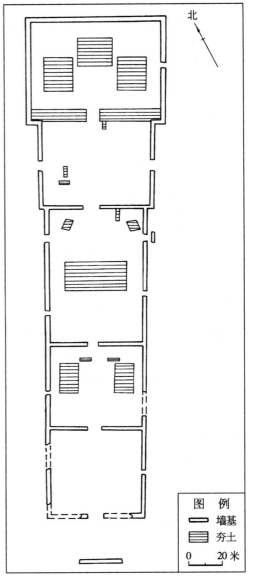

图7-12 凤翔秦国雍城马家庄三号建筑遗址平面图

公里，由若干座陵园组成。现已发现13座陵园，共33座大墓（图7-11）。每座陵园由不同数目的大墓组成，包括"中"字形、"甲"字形、"目"字形和"凸"字形大墓及一些车马坑。秦公陵园四周不筑围墙，而是开挖兆沟，即每座陵墓、每座陵园和整个陵区都挖有各自的兆沟，形成内、中、外三条兆沟封闭环绕的布局形式[1]。

---

[1] 陕西省文管会雍城考古队：《凤翔秦公陵园钻探与试掘简报》，《文物》1983年第7期。

国人墓地由小型墓葬组成，位于秦公陵园与雍城之间的雍水南岸，南以陵园外兆为界，北至雍城南垣，约有数十平方公里，在今高庄、东社、八旗屯等地[1]。从已发掘的200余座墓葬的年代看，包括从春秋早期到秦统一的各个时期。

二　栎阳

秦献公二年（约公元前383年），自雍迁都栎阳，至公元前350年，秦孝公迁都咸阳，秦都栎阳仅35年。

对栎阳城址进行勘探和发掘，先后进行了两次。1964年6月，陕西省文管会对栎阳城址进行了初步勘探[2]。1980～1981年，中国社会科学院考古所再次勘探并重点发掘[3]。

栎阳城址位于今陕西临潼县武屯镇关庄和玉宝屯一带，石川河流经古城北部和东部。栎阳古城为一东西长约2500米，南北宽约1600米的长方形城址。经勘探，仅发现南墙和西墙。南墙已探出部分残长1640米，宽6米。西墙已探出部分残长1420米，宽8～10米。

已探出城门3座，南门址位于黄庄东南380米，门道长13米，宽5.5米，门址西边有一处南北长13米、东西宽4米、残高0.35米的夯土墩，似为门房类建筑。南门址的年代上限不晚于西汉初年。西门址2座，1座在关庄西450米，有一条门道，东西长13米，南北宽6.7米。1座在其北680米，一条门道，东西长11米，南北宽7.3米。

勘探出秦汉时期的道路6条，其中东西向道路3条，最长2300米，宽在7.2～17米之间。南北向的3条道路都比较短，最长550米，宽9.8米。

城内共发现秦汉时期的主要遗址10处，其中4号遗址位于关庄南，东西长100米，南北宽150米。1963年该遗址内曾出土8块秦代金饼[4]。8号遗址位于玉宝屯西南，东西100米，南北150米。遗址西南部有大量炼渣、铁渣、红烧土块，中部有一东南通往西北方向的地下陶水管道。遗址内出的拱形花纹砖上有"栎市"印文。此处遗址应为手工业作坊区。

城址东南1500米的武屯公社王村附近有一片墓区。墓葬分布密集，多为小型墓，其时代上限为战国中晚期，下限至东汉。

第七节　楚国都城

一　纪南郢城

春秋初期楚文王元年（公元前689年），楚国自丹阳迁都至郢，即今之纪南城。公元前278年，秦军攻占郢都，楚顷襄王东迁都于陈（今河南淮阳）。公元前253年，楚考烈王

---

[1] 吴镇烽、尚志儒：《陕西凤翔八旗屯秦国墓葬发掘简报》，《文物资料丛刊》3，文物出版社，1980年；《陕西凤翔高庄秦国墓葬发掘简报》，《考古与文物》1981年第1期。

[2] 陕西省文管会：《秦都栎阳遗址初步勘探记》，《文物》1966年第1期。

[3] 中国社会科学院考古所栎阳发掘队：《秦汉栎阳城遗址的勘探和试掘》，《考古学报》1985年第3期。

[4] 朱捷元、黑光：《陕西省兴平县金流寨和临潼县武家屯出土古代金饼》，《文物》1964年第7期。

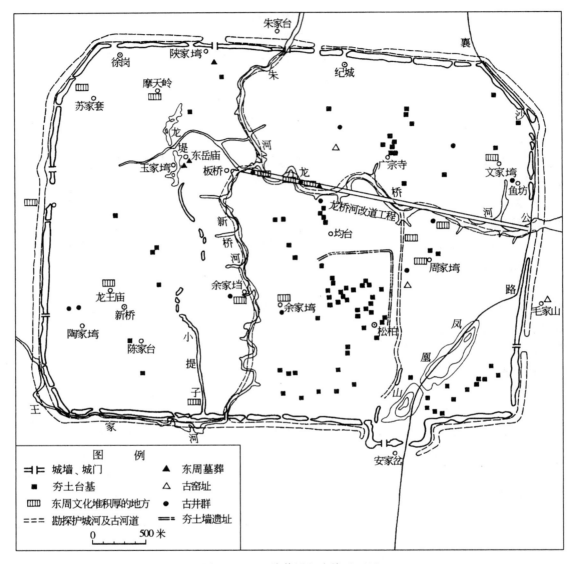

图 7-13 江陵楚国纪南城平面图

迁都于钜阳（今安徽太和东南），公元前 241 年，又迁都于寿春（今安徽寿县）。

纪南城又名纪郢（图 7-13），位于今湖北江陵市北 5 公里处，因其位于纪山之南，故后人又称之为纪南城。50 年代初，湖北省文物考古工作者已开始进行考古勘探，1979 年全面勘探工作基本结束[1]。

城址内有三段河流穿过，朱河自北向南流，在北垣中部入城。新桥河自北绕城垣西南角，在南城垣中部入城后又向北流。两河在城内的板桥汇合成龙桥河，折向东流。从东垣

---

[1] 湖北省博物馆：《楚都纪南城的勘查与发掘（上、下）》，《考古学报》1982 年第 3、4 期。

龙会桥处出城，注入邓家湖。这些河流将纪南城分为4个区：东北区（纪城区）、东南区（松柏区）、西北区（徐岗区）、西南区（新桥区）。

城垣为土筑，大部分至今仍保存在地面上，一般高出平地3.9~8米，底部宽30~40米，上部宽10~20米，城垣全长15506米。其中，北垣3547米，西垣3751米，东垣3706米，南垣4502米。城外有护城壕，壕内坡较平缓，宽10米左右，外坡较陡，宽6米左右。据在西垣北门和南垣水门发掘的地层关系和出土遗物判断，现存城墙建于春秋晚期或春秋战国之际。

现存城垣的缺口中，能确定为城门遗址的有7处，其中水城门建筑2座，是南方古城的特有建筑。城门分布为：西垣2座，南垣2座，其中南垣西门是水门。东垣1座，北垣2座，其中北垣东门朱河口为水门。另外，在东垣偏北龙桥河出城的缺口，现存有古河道，推测在河道上应有水门1座。

西垣北门现存缺口宽约40米，该城门为两门垛三门道，并有城门附属建筑。门垛由黄色土夯筑而成，长10.1米，宽3.6米。三个门道的宽度不等，南北两门道各宽3.8~4米，中间门道约宽一倍，为7.8米。靠近城门缺口两侧的城垣由原宽14米，内收为10米。门道内有路土，在南门道的南边和北门道的北边，紧靠墙身的内侧，各有门房基址1个。

南垣西边水门，现存缺口宽40米，新桥河自西而东，又转北流入城内处。水门的主体建筑系4排40根木柱直立而成，每排10根，形成3个道门。水门缺口两侧的城垣也有内收变窄现象。在水门缺口东部城垣上，探出一个夯土台基，当为水门的附属建筑。

南垣东门现存缺口宽20米，有一个门道，宽10米，门道里发现有路土遗迹。在城门缺口西部约70米处，南垣向外突出部分，即今名烽火台的地方，发现夯土台基1个，呈方形，边长32米，应为此城门的附属建筑。东垣南门以南250米的城垣上，也有夯土台基1个，应是此城门的附属建筑。北垣西门，现存缺口宽62米，城门两侧的城垣由原宽14米内收为10米，缺口中部探出一凹槽，宽10米，似为门道。城门西部城垣上，探出2个夯土台基，相距约15米，应为此城门的附属建筑。在两个台基之间，有一条宽约5米的路土。

纪南城城垣外有绕城一周的低洼地带，为护城河遗迹。护城河距离城垣外坡一般在20~40米之间，南垣突出部分和东垣南门、北垣西门及北垣东段大缺口等4处，未见护城河，可能与城门有关。

1. 宫殿建筑遗迹

纪南城内现存有夯土台基84个，绝大部分集中在城内东部，尤以城内东南部最密集。分布情况如下：城内东南部（松柏区）61个，城内东北部（纪城区）15个，城内西南部（新桥区）6个，城内西北部（徐岗区）2个。

东南部61个夯土台基，分布集中，有的相距仅5米，排列有一定规律。夯土台基规模较大，最长的130米，最宽的100米，台基四周有很厚的瓦砾层。在这组建筑群的北边和东边，各有一道夯土墙遗迹，东墙长750米，北墙长690米，相交成曲尺形，墙基部分宽10米左右[1]。夯土墙东又有从南向北流过的凤凰山西坡古河道。据此推测，城内东南

---

[1] 湖北省文物考古研究所：《1988年楚都纪南城松柏区的勘查与发掘》，《江汉考古》1991年第4期。

部应是宫殿区所在，夯土墙和古河道似是宫殿区的城垣和护城河。东北部 15 个夯土台基集中在广宗寺一带的高地上，规模较大，也是一组较大的建筑群，夯土台基上及其周围，覆盖有红烧土和红色的瓦砾层。西南部的 6 个夯土台基分布较分散，夯土台基周围有较厚的瓦砾层[1]。西北部的 2 个夯土台基相距较远，规模也小。

夯土台基现存厚度在 0.4～2 米之间，平面形状有多边形、曲尺形和长方形三种。

东南区的第 30 号台基，为长方形，长 80 米，宽 54 米。有明显的上下层堆积，早期房基，保存不全。晚期房基平面呈长方形，长 63 米，宽 14 米，中部偏西有一道隔墙，将其分成东西两室，西室长 26 米，东室长 33.4 米，北墙基外 12 米处和南墙基外 14 米处各有一排磉墩，磉墩外侧为散水。可知原来是两面坡式的大型建筑物，进深达 43 米。在南北散水中发现有几道残破的排水管道，从室内延伸出来，应是排放污水之用。早期房屋建筑为春秋晚期，晚期房屋建筑的时代属战国早期。

2. 手工业作坊遗址等

在西南部新桥区的陈家台遗址发现铸铜遗址 1 处，其西北边和东边各发现铸炉 1 座，有铜、锡炼渣、鼓风管、红烧土块等，时代属战国时期。

窑址在纪南城内的龙桥河西段，东南区的余家湾、范家垸，西南区的新桥遗址等均有发现。

纪南城内有很多水井，仅在龙桥河西段新河道长约 1000 米，宽约 60 米的范围内，即发现水井 256 座，包括陶、木、竹、芦苇质井圈等。其中有些井是作为冷藏保存食品之用。

3. 墓葬分布区

纪南城四周约三四十公里的范围内，分布着密集的楚墓[2]。这些楚墓分为两大类。第一类是至今地面上仍保留封土堆的大墓，初步调查，其数量达 800 多座，主要分布在城西的八岭山、城北的纪山和城东的长湖边上。第二类是无封土堆的较小的墓，目前发现 25 处，共约 2000 座。其中城东北的雨台山、城南的拍马山、太晖观、张家山，都是重要的墓葬区。城内也有 2 处墓区，即位于城西北的陕家湾墓区和西部的东岳庙墓区。这两处墓地的墓葬年代较早，约在春秋中期偏早至春秋战国之交。

4. 离宫遗迹

纪南城东 50 公里处有章华台遗址，位于潜江县龙湾镇，遗址约呈长方形，东西长约 2000 米，南北宽约 1000 米[3]，约为楚王的一处离宫。夯土台基的大部分分布在遗址的东南部。已调查发现的有放鹰台、荷花台、打鼓台、陈马台、无名台、章家台、郑家台、小黄家台、华家台等 10 余个台基。其中放鹰台是所有台基中保存最好的，整个台子是一条由东南向西北倾斜，长约 300 米，宽 100 米的岗地。已发掘的宫殿基址位于放鹰台东南部，

---

[1] 湖北省文物考古研究所：《纪南城新桥遗址》，《考古学报》1995 年第 4 期。

[2] A. 江陵县文物工作组：《湖北江陵楚冢调查》，《考古学集刊》第 4 集，中国社会科学出版社，1984 年。
B. 荆门市博物馆：《纪山楚冢调查》，《江汉考古》1992 年第 1 期。

[3] 荆州地区博物馆、潜江县博物馆：《湖北潜江龙湾发现楚国大型宫殿基址》，《江汉考古》1987 年第 3 期。

基址为层台建筑。现已发掘出两层台基，第一层台基系黄色夯土筑成，房屋建筑为半地穴式。是将夯土台基下挖，使室内低于周围地面50~60厘米。已发掘出位于宫殿基址东侧的侧门、贝壳路。居住面平整坚实，是在夯土基上先铺一层瓦片，然后涂上一层厚厚的草拌泥，再用火烧烤，以达隔水防潮的效果。第二层台基为小灰色砖坯台基，三面为低层夯土台基，中间为高层砖坯台基。现知砖坯台基南北长25.95米，东西宽12.80米。在两层台基之间，围绕砖坯台基的东、南、西三面均发现有红砖墙，现存墙高1~1.6米，厚0.5~0.7米，墙体坚硬结实，墙面用细泥粉刷，并涂有黄色颜料。红砖墙内有6个方形柱洞。据出土遗物初步判断，该宫殿的建筑时期可能在春秋中晚期，约延至战国中期。

二　寿春故城

楚顷襄王二十一年（公元前278年），秦将白起拔郢，楚人退居陈城。楚考烈王二十二年（公元前241年），楚都东徙寿春，也称为郢。楚王负刍五年（公元前223年），秦军破楚，俘楚王，灭楚而置为郡。

寿春故城遗址在今安徽寿县城南，东、北两面有淝水，外郭城西垣从今寿县城南门向南至范河村南250米处，残长4.85公里。南垣从范河村南向东至顾家寨一带，残长3公里，其他两面城垣不存。城墙基宽20米左右。城垣外有护城河，宽5~40米不等。现已发现城门2个，分别位于西垣中部和南垣西部，后者分为3个门道，门道两侧有大型夯土台基。城内水道纵横交叉，将城内分割成几个面积在1.21~1.8平方公里的长方形区域，城址范围内发现29座台基，大部分集中于遗址的北部。可能是宫殿区。已发掘的柏家台南大型夯土基址，总面积达3000多平方米[1]。

城西寿西湖至双桥一线是战国晚期中型墓葬区，淝水北岸有战国晚期小型墓葬区，城北长丰县杨庙、朱家集一带有战国晚期大型墓葬，李三孤堆楚幽王墓即在此一带。

第八节　东周时期的其他城址

春秋战国时期，除了以上这些较大的诸侯国都城外，还有许多小国都城遗址，如邾、滕、薛、蔡等国。

一　邾国故城

邾为曹姓国，公元前281年被楚所灭。邾国故城位于今山东邹县南约10.5公里处，峄峰山下，俗名"纪王城"。1964年中国科学院考古所对邾国故城作了系统调查[2]。邾国故城现存地面的城墙有些部分利用了山丘高地。东西两墙的北端直起峄山山麓，南边延伸到

---

[1] 丁邦钧：《楚都寿春城考古调查综述》，《东南文化》1987年第1期；《寿春城考古的主要收获》，《东南文化》1991年第2期。
[2] 中国科学院考古研究所山东工作队：《山东邹县滕县古城址调查》，《考古》1965年第12期。

廓山之顶，残存高度从几十厘米到 7 米不等。东墙北段长 1370 米，其间有一缺口，宽约 10 米，南段长 980 米，有一缺口，现宽为 55 米。南墙东起东城墙，顺山梁而上，经廓山三峰，西止金水河南，全长约 2530 米。西墙北起自山麓，现存北段残长约 530 米，中段长约 1180 米。在金水河北又有一段约 60 米长的城墙。西城墙现有四个缺口。北墙现残长 1520 米。北墙中部以南约 200 米处，有一片高亢平坦之地，东西长约 500 米，南北宽约 250 米，似是城内中心建筑所在。城内出土遗物有西周陶片、东周陶片、瓦片、瓦当、陶文及汉代陶器。北墙以北孙家堌堆等地，过去发现过出青铜器的墓葬。1972 年，在邾国故城发现 1 件春秋前期的青铜鼎，是弗敏父为孟姒作的媵器[1]。

二　滕国故城

滕国为姬姓国，公元前 286 年被宋国所灭。滕国故城在今山东滕州市西南 7 公里的东、西滕村一带，荆水流经城东南，其支流小荆河从城北绕流，城址在两河分叉之间。全城呈不规则长方形，残存地表的城墙一般尚高约 2 米，最高处约 3 米，城墙下部宽约 5~8 米。城墙周长 2795 米，其中南墙全长 850 米，东墙全长 555 米，北墙全长 800 米，西墙全长 590 米。在城墙上发现有 7 个缺口，其中北墙 1 个，西墙 2 个，南墙 2 个，东墙 2 个。北墙缺口和南墙西缺口可能是城门。城内东北部有文公台，为不规则长方形，东西约 60 米，南北约 45 米，高约 6~7 米，似是城内主体建筑之所在。城内遗物分布以文公台周围较多，包括西周和汉代遗物，如陶器等[2]。近年在文公台附近采集到一件残陶量，似为齐人所作。

三　薛国故城

薛国为任姓国，战国时期灭于齐，后为孟尝君的封邑。薛国故城位于山东滕州市城南，城东南 0.5 公里处有薛河，城西 0.75 公里处有小苏河。1964 年，中国科学院考古所山东队曾在此做过调查。1978 年冬，济宁市文管会又进行了钻探和试掘。1984~1986 年、1996 年，山东省文物考古研究所对薛国故城又作了考古调查，并有重要发现[3]。

薛国故城是西周至春秋时期的城址。早期城址建于西周初年或商末，位于大城圈的东南部分，由郭城和宫城组成。郭城的东、南垣与大城的东、南垣重叠。城东西最长处 913 米，南北最宽处 700 米。南、西、北三面中部有城门。中间宫城近方形，东西约 170 米，南北约 150 米。

薛国故城（图 7-14）大城圈似建于战国时期，平面呈不规则长方形，东西最宽处约 3.3 公里，南北最长处约 2.3 公里。城墙大都保存较好，至今仍断断续续横卧于地面上。

---

[1]　王言京：《山东邹县春秋邾国故城附近发现一件铜器》，《文物》1974 年第 1 期。
[2]　中国社会科学院考古研究所山东队、滕县博物馆：《山东滕县古遗址调查简报》，《考古》1980 年第 1 期。
[3]　A. 山东省济宁市文物管理局：《薛国故城勘探和墓葬发掘报告》，《考古学报》1991 年第 4 期。
　　B. 山东省文物考古研究所：《薛故城勘探试掘获重大成果》，《中国文物报》1994 年 6 月 26 日。

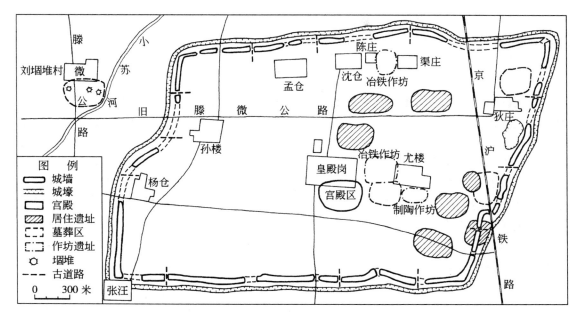

图 7-14 滕州薛国故城平面图

据实测，城墙总周长 10610 米，其中东墙 2280 米，南墙 3050 米，西墙 2030 米，北墙 3250 米。南墙墙基宽 20～25 米，其余城墙基宽约在 40 米左右。从城墙断面看，外侧城墙叠压内侧城墙，似经两次夯筑，这可能与齐田文封薛后，维修加固城墙有关。

城墙上共有 27 个豁口，经钻探，其中 12 处豁口可能为城门，即每面 3 个。主要门道情况如下：东中门，位于东墙 12 号豁口处，门道长约 25 米，宽 10 米，有道路贯穿城内外。东南门，位于东墙 9 号豁口处，南距城墙东南角 437 米，门道长 20 米，宽 8 米，有道路从此门穿过。南中门，位于南墙 5 号豁口处，门道长 40 米，宽 15 米，有道路自城内通向城外。南西门，位于南墙西段，西距西南角约 375 米的 2 号豁口处，门道长约 40 米，宽 10 米，门道内有路土，在门道东侧有南北向铺设的石块，可能是当时砌垒的排水沟。西北门，位于西墙 25 号豁口处，门道长约 45 米，宽 10 米。北西门，西距城墙西北角约 650 米的 22 号豁口处，门道长约 35 米，宽 8 米，门道内有路土。各城门的路土均分上下两层。

城墙外四面均有城壕，城壕之水由东北角引自薛水，然后由西南角注入小苏河。城壕距城墙 30 米左右。城壕一般宽 25～30 米。

城址东高西低，城内主要遗存集中于东部。

宫殿区位于城址中部，皇殿岗村正南。这一带地势隆起，地面散布较多的东周至汉代瓦片。夯土面积东西长约 350 米，南北宽约 250 米。

制陶手工业作坊在城址东南部的尤楼村南，东西约 100 米，南北约 80 米，地面上散布残陶器、硫渣、红烧土块和残陶拍等。

居住遗址主要分布于城内地势较高的东南部和北部。

城内发现春秋战国时期墓地两处，集中于城东部。一号墓地位于东北部，似为战国时期的积石墓，传说为孟尝君田文墓。二号墓地位于东南部尤楼村正东，已探出大、中、小型墓 20 座，所出铜器铭文证明这里是一处春秋早中期的薛国贵族墓地。

四　黄国故城

黄国嬴姓，为西周封国。公元前 648 年被楚国所灭。春秋黄国故城位于河南潢川县城西 6 公里隆古乡。故城城址平面呈长方形，实测周长 6720 米，其中东墙长 1650 米，西墙长 1550 米，南墙长 1800 米，北墙长 1720 米，墙基宽 59 米。东墙外有城壕一条，宽约 36 米。城墙上有城门豁口 3 处，其中西门城墙向内凹，呈 "U" 字形，城门有路土贯通。故城内东南部有一处夯土高台，传为 "黄君台"，高 2~3 米，平面呈方形。面积约 13300 平方米，为春秋时期的一个建筑群。故城内发现有 12 处青铜冶铸作坊遗址，出土有礼器及镞戈矛剑等兵器的残片[1]。

1983 年 6 月，在光山宝相寺发掘出一座春秋早期的黄君孟夫妇墓，出土了大量精美的青铜器和玉器[2]。

五　蔡国故城

蔡为周武王弟蔡叔子胡的封国，早期都上蔡，地在今河南上蔡县。蔡国故城位于今上蔡县城关一带，年代约从西周至春秋时期。楚灭蔡后，仍被作为楚北部的一个军事重镇。

蔡国故城的平面略呈长方形，城墙总周长 10490 米，其中南墙长 2700 米，东墙长 2490 米，北垣长 2113 米，西墙长 3187 米，城墙残存高约 4~11 米，宽 15~25 米，城墙外有城壕遗迹，宽 70~103 米。城墙上比较明显的城门遗迹有 4 处，其中南城墙 3 处，西城墙 1 处。4 处城门附近城墙厚度明显加宽，右面城墙向内凹成 "U" 字形深坎，似为住防守者之处。城内主体建筑可能在中部的二郎台，东西长约 1200 米，南北长约 1000 米，高出现今地面 6~7 米。台上曾发现很多古井、陶制排水管道和春秋时期的筒瓦、板瓦等建筑构件。城内中部和偏东处发现有冶铜作坊遗址。城内西南隅的翟村一带和西北部的古冢，可能是墓葬区所在[3]。

六　蒋国故城

蒋国故城即期思古城，位于河南淮滨县城东南 15 公里，为周公旦之子的封国，春秋时灭于楚。

城址平面呈长方形，东西长 1700 米，南北长 400~500 米，古城墙残高 2~4 米，墙底宽 32 米左右，城墙外有护城河。城内出土有很多春秋战国时期的遗物，包括陶片、铜剑、铜镞、矛、蚁鼻钱、金币 "郢爰"、战国铜鼎、铜壶等[4]。

---

[1] 杨履选：《春秋黄国故城》，《中原文物》1986 年第 1 期。
[2] 河南信阳地区文管会、光山县文管会：《春秋早期黄君孟夫妇墓发掘报告》，《考古》1984 年第 4 期。
[3] 尚景熙：《蔡国故城调查记》，《河南文博通讯》1980 年第 2 期。
[4] 李绍曾：《期思古城遗址调查》，《中原文物》1983 年特刊。

七 蓼国故城

蓼国故城位于河南固始县城及城北一带。蓼被楚灭后,归楚。城址分内外双重城墙,外城周长 13.5 公里。西城墙全长 3775 米,城墙尚存基宽 15~20 米,高 1~5 米。北城墙全长 2325 米,城墙一般尚存基宽 35~40 米,高 4~5 米。东城全长 5800 米,基宽 30~35 米。南墙仅断续存在,城墙外有护城河。内城位于外城的东北部,周长 6.5 公里。东北两城墙利用了外城的东、北城墙。西城墙全长 1950 米,基宽 20 米。南城墙全长 920 米,基宽 29 米。外城的西南部和东南部各有一处春秋战国的遗址。东南角有一处春秋战国时期的墓葬区。古城外东南 3 华里处的侯古堆也是一处春秋墓葬区,有大型墓葬[1]。

八 宋国故城

宋国为商王室微子之后的诸侯国。据《水经注》记载:"(睢水)又东经睢阳县南城南,周武王封微子启于宋,以嗣殷后,为宋都也"。睢阳即今之河南商丘。

1936 年,李景聃先生为探索先商和早商文化的起源和发展,在商丘一带做过调查。1990 年开始,中国社会科学院考古研究所和美国哈佛大学皮保德博物馆联合组成中美考古队采用多学科的手段在商丘地区进行先商和早商文化的考古调查。于 1996~1997 年发现此城[2]。

城址(图 7-15)深埋于黄河冲积物之下,经钻探,西城墙长 3010 米,顶部距地表 3 米左右,深者 5~6 米。北墙长 3252 米,东墙长 2900 米,南墙长 3550 米。周长约 12985 米,城内面积 10.2 平方公里。城角呈弧形。城墙平均高 10 米,墙顶部宽 15 米,底部宽 25 米。由钻探可知,城墙外侧有城壕或湖泊。

经钻探,在城墙保存较好的城址西部,共发现 5 处缺口,其中南北墙各 1 处,西墙 3 处。这些缺口应当是城门所在。

在宋国故城东南 1.5 公里处的侯庄一带,发现一处东西长约 100 余米、南北宽

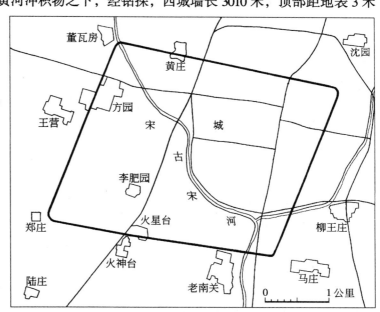

图 7-15 商丘宋国故城平面图

---

[1] 詹汉清:《固始县北山口春秋战国古城址调查报告》,《中原文物》1983 年特刊。
[2] 中国社会科学院考古研究所、美国哈佛大学皮保德博物馆中美联合考古队:《河南商丘县东周城址勘察简报》,《考古》1998 年第 12 期。

约 80 余米、总面积达 8000 平方米的夯土台，年代似与宋国故城相近。

通过对城墙的解剖发掘，可以推断城址的早期建筑使用年代在西周至东周时期。发掘者认为这一古城是宋国都城遗址。

九　宜阳故城

宜阳位于河南省西部洛河中游，商山、阪山之间。战国宜阳故城位于今河南宜阳县城西 25 公里韩城乡东关村与城角村之间。该城是韩国西部的重要城市。

宜阳故城城郭呈"凸"字形，南北长 2220 米，东西宽 1810 米。城西有韩城河。城内出土有大量铜兵器，如戈、镞、矛等及建筑材料，如板瓦、筒瓦等[1]。

宜阳故城的年代约为春秋时期。

十　大马古城与赵康古城

大马古城位于山西闻喜县东北约 17.5 公里的大马村附近。古城平面略近正方形，方向 6 度。古城周长 3920 米，城基宽度在 8~10 米，部分地区达 12 米，其中东城墙长 980 米，南城墙长 998 米，西城墙长 962 米，北城墙长 980 米。城墙外四周有护城河，在四面城墙上各有一处城门遗迹[2]。

大马古城城内遗物以东周时代为主，推测它可能是晋的清原城。

赵康古城位于山西襄汾县赵康镇东。古城由大城和小城构成。大城平面近长方形，南部较宽，周长约 8480 米。城外四周有明显的护城河遗迹。南城墙长约 1650 米，东城墙长约 2600 米，北城墙长约 1530 米，西城墙长约 2700 米。南、北、西墙各有缺口，其中有些应是城门遗迹。城内有一条明显的路土遗迹自北墙城门处向南延展千余米。

小城位于大城北部的正中间，倚北墙建成。东墙 700 余米，南墙长约 700 米，北墙利用大城的北墙，全长 660 米。大城的北城门与小城南墙的缺口相对应。

城内有东周和汉代遗存[3]。关于这座古城的性质，或认为是晋之"聚"、"故绛都"。

十一　登封阳城

东周阳城位于河南登封县城东南约 11 公里处的告成镇，1977 年至 1980 年，河南省文物研究所对阳城进行了调查和发掘[4]。

阳城城垣呈南北长方形（图 7-16），南北长 1700~1850 米，东西宽 700 米。城垣依山傍河随自然地势修筑而成。城墙外有护城壕。北城垣外，圪塔坡的北坡下还发现两道与北城墙平行的夯土墙，第一道夯土墙东西残长 180 米，残高约 3 米，墙的北面有一条东西向的壕沟，宽约 30 米，其北又筑起了第二道夯土墙，东西残长 120 米左右，在第二道夯土墙

---

[1] 赵安杰：《战国宜阳故城调查简报》，《中原文物》1988 年第 3 期。
[2] 陶正刚：《山西闻喜的"大马古城"》，《考古》1963 年第 5 期。
[3] 山西省文物管理委员会侯马工作站：《山西襄汾赵康附近古城址调查》，《考古》1963 年第 10 期。
[4] 河南省文物研究所、中国历史博物馆考古部：《登封王城岗与阳城》，文物出版社，1992 年。

的北面有一道浅凹的壕沟。这两道夯土墙起强化阳城北部防守的作用。

城内共发现8处供水设施。这些设施将城外东、西两边的小河上游的水通过地下输水管道引入城内使用。整个供水设施包括由陶排水管组成的输水管道，控制水流量的控制坑，沉淀泥沙的澄水池，储水坑和蓄水瓮等。从平面布局看，1~5号管道位于城内北中部，6、7号管道位于城内的西北部，8号管道位于东城墙下，是分别向各个地区的居民供水的。城内还有不少战国水井遗迹。此外，还有大量板瓦、筒瓦、瓦当等建筑材料及各类遗物。其中重要的有带"阳城"、"廪"字陶量及带"阳城"、"阳城仓器"文字戳记的陶器等。

作坊遗址主要有铸铁遗址，位于阳城南城墙外约150米处，范围约23000平方米。作坊时代始于战国早期，盛于战国晚期，遗址内出土有许多铁渣、陶范及铁器残块。

东周阳城在春秋时属郑国范围，战国时属韩国，是郑韩的军事重地。

十二　鄢陵古城

鄢陵古城位于今河南鄢陵县城西北9公里，古城平面呈长方形，南北长，东西短，方向微偏西南，北宽约998米，南宽约800米，南北长约1595米，周长约4988米。墙底宽多在10米左右。城垣上发现豁口7处，东、南、西各2处，北垣1处。有水自城北穿

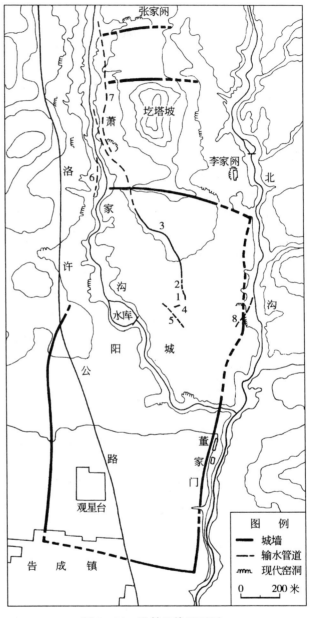

图7-16　登封阳城平面图
1~8.输水管道

过。内城位于古城内偏东部，东墙与大城墙共用，近正方形，东西约148米，南北约184米。城内出土有春秋战国时期的板瓦、筒瓦及陶器残片等[1]。

此古城似为春秋时代的鄢城。

---

[1] 刘东亚：《河南鄢陵县古城址的调查》，《考古》1963年第4期。

十三　季家湖古城与"楚皇城"

季家湖位于湖北当阳县东南，距县城约 40 公里。它的西岸距长江边约 15 公里，东距沮漳河约 3 公里，东南距楚都纪南城约 35 公里。

季家湖城址位于季家湖西岸。1973 年，湖北省博物馆、宜昌地区文物工作队、北京大学考古专业等单位对它进行了钻探试掘[1]。城址南北长约 1600 米，东西宽约 1400 米。据试掘，九口堰一带有城墙一段，为南墙，底宽 13.4 米，有内外护坡。南城墙外有护城壕，宽 9.8 米。城内北部中间发现一号台基，是一座高出地面的夯筑台基，部分铺有绳纹筒瓦、板瓦。1973 年，此一带曾出土过铜构件、铜钟。在北部季家坡、杨家山子一带也发现有房屋建筑台基。在杨家山子西部，有一处制陶作坊遗址。在一号台基以北的鲁家坡，有相当密集的战国中小型墓葬。此外，在城址北部十余公里处有当阳赵家湖楚墓群，东部沮漳河东岸，有著名的江陵八岭山楚墓群。其西部数公里处有枝江青山墓群。季家湖城址是一处非常重要的楚国城市遗址，或认为是楚都丹阳，或认为是楚文王始都的郢城。

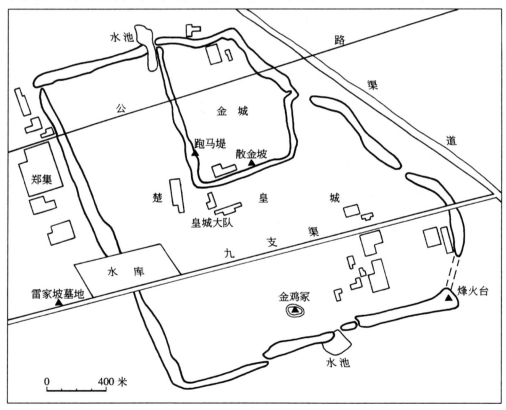

图 7-17　宜城"楚皇城"平面图

---

[1] A. 湖北省博物馆：《当阳季家湖楚城遗址》，《文物》1980 年第 10 期。
　　B. 杨权喜：《当阳季家湖考古试掘的主要收获》，《江汉考古》1980 年第 2 期。

"楚皇城"位于湖北宜城东南7.5公里处，东距汉水6公里，平面略呈长方形。城垣周长6440米，东垣2000米，南垣1500米，西垣1840米，北垣1080米，面积约2.2平方公里（图7-17）。城墙由墙体、墙基和护坡组成，墙体下宽8.15米，墙垣每边有两处缺口，似为城门遗迹。城垣四角突起，可瞭望全城。城内东北部有夯土台基，并出土过楚币"郢爰"等。城内西南部发现有制陶作坊遗址，城内外还发现有不少陶圈井。城西400米处的雷家坡墓地和3000米处的魏岗墓地包括战国秦汉时期的土坑墓[1]。有学者认为楚皇城遗址为楚的鄢郢，或认为是楚文王所都的郢[2]。

十四　武进淹城

淹城城址位于江苏武进县湖塘镇境内。东西长约850米，南北宽约750米，总面积60万平方米。城址由外城、内城、子城三重城垣组成。三重城垣之外均有护城河。外城河之外又有一周堆土城垣，形成"三条环河四套城"的格局。外城为椭圆形，周长约2500米，其外的城垣周长3500米。内城呈方形，周长约1500米，位于外城北中部。子城也呈方形，周长约500米。外城河、内城河、子城河分别宽60米、40米、30米。城内西部有一条南北向的古河道连通三条护城河，城址四周有6条自然河道与外城河相通。外城门和内城门均为水门，分别在城墙的西北和西南部位，子城南部正中设一门[3]。

城址内外分布有许多土墩墓，在内城河底还多次发现独木舟、青铜器（图版26-1）、原始青瓷器及几何印纹陶等遗物，时代属西周晚期至春秋时期[4]。

经试掘可知，城址约建于春秋晚期，三重城垣同时建筑，春秋晚期之后废弃，使用时间短。关于淹城的性质，学术界争议较大，或认为是吴王寿梦之子季札的封邑延陵之所在；或认为属吴国中期的都城；或认为属当地土著淹国的都城遗址；或认为是文献所载商末周初山东淹国逃到江南所筑之城。

第九节　东周长城

春秋战国时期，诸侯并起，战争频繁，北方的匈奴时时南下，窥视中原。为了自保，阻止敌人车骑的进攻，各国纷纷修建重要的防御工程——长城。著名的有齐巨防、楚方城、秦"堑洛"、燕赵长城等等。经调查，这些都是迄今所知中国最早的长城建筑。

---

[1] 楚皇城考古发掘队：《湖北宜城楚皇城勘查简报》，《考古》1980年第2期。
[2] 张正明：《楚都辨》，《江汉论坛》1982年第4期。
[3] 江苏省淹城遗址考古发掘队：《发掘淹城遗址的主要收获》，《南京博物院建院60周年纪念文集（1933~1993）》，1994年。
[4] A. 赵玉泉：《武进淹城遗址出土春秋文物》，《东南文化》1989年第4、5期。
　　B. 倪振逵：《淹城遗址出土的铜器》，《文物》1959年第4期。

一 齐国长城

齐国长城初名"巨防"。据记载，始建于公元前6世纪中叶，完成于公元前4世纪末。大体分为两列：南面的长城建于泰山上，以防楚国；西面的长城建于济水东岸，防御三晋。

齐国西长城主要是加高加厚济水东岸的防水堤坝，并利用济水作外壕，斩削济水的岸坡，使之壁立如墙，三者结合，构成防御性军事体系[1]。

齐国南长城位于今山东中部的泰山、沂山、鲁山等山地，西端位于山东长清县西南，东至胶南县灵山卫镇附近的海边。这段长城的遗迹除许多处以长城命名的遗迹外，在穆陵关北1公里处还存在着一段城墙。齐国长城平地为黄土夯筑，山上则为石块垒砌，顶部呈圆形，高4米，底宽8～10米，像一条土石长龙沿山脊匍匐而行。城墙内侧有守城的马道，马道下倚墙建石屋。

二 楚国长城

楚国"方城"，一般认为建于战国中期，延伸于楚国的北境，为防御秦、韩、魏、齐而立，并建列城作为争霸中原的前沿阵地[2]。楚国长城分布在今河南省西南部和陕西省东南境内，以及湖北省的西北部，沿着伏牛山脉东抵桐柏山，西过武当山，主要集中于南阳盆地的东、北、西三面，依山而筑。今河南方城县的大关口东西两侧山坡上残存有土石城墙遗址，分南北两道并列，间距200～300米，东西长1000余米，高1.5～3米不等。南垣北侧有土台7个。在城墙内曾出土青铜戈1柄，青铜箭头数十枚，为战国遗物。在大关口东侧的黄石山南，尚存土岗一道。墙基宽12米，残高2～3米，系堆筑和夯筑而成，可能为楚国长城的东段遗存，旁有烽燧遗存，推测为一处关隘遗址。在今陕西省东南部与湖北省交界的群山上，也有一段楚长城故址。东西走向，随山岭起伏，贯穿于崇山峻岭之上。

三 秦国长城

秦国长城包括东长城和北长城。

东长城，又称"堑洛"，战国前期，秦弱魏强，公元前408年，魏军渡过黄河，取河、洛间地。秦国为阻止魏国的继续西进，沿洛河西岸铲削岸坡，夯筑土墙而修成一道军事防线[3]。

过去认为，"堑洛"长城起自华阴县小张村，过渭河后，循洛水西岸，经大荔、蒲城、白水、宜君、黄陵而达于富县境内。在蒲城县阿坡村附近、黄陵县黄帝陵东，长城遗迹至今犹存。后经重新调查，认为渭河南岸的秦国长城乃自华山北麓向北循长涧河西岸达于渭河南岸。此段秦国长城后为魏国所利用修建为魏国的西长城。原先认为起自华阴县至渭河

---

[1] 文物编辑委员会：《中国长城遗迹调查报告集》，文物出版社，1981年。
[2] 张维华：《中国长城建置考（上编）》，中华书局，1979年。
[3] A. 夏振英、呼林贵：《陕西华阴境内秦魏长城考》，《文博》1985年第3期。
　　B. 史念海：《洛河右岸战国时期秦长城遗迹的探索》，《文物》1985年第11期。

南岸这段没有长城，只有几座故城所遗留的城墙遗迹，不是长城。

北长城筑于公元前271年。秦昭王时，秦国向北吞并了义渠戎国，于是秦国有陇西、北地、上郡，筑长城以拒胡。秦昭王长城起于临洮县北的洮河边上，或认为起自甘肃岷县城西，中经宁夏、陕西，止于内蒙古伊克昭盟准格尔旗的十二连城，全长约2000公里。

秦国北长城从靖边南部向东另有一支，经陕西省的志丹、安塞、绥德等县，止于上郡治所肤施县附近，今无定河的西侧。长城遗迹尚存，既有石砌，也有土夯的。夯土墙尚存有高达3米，宽6米的，多建于丘陵高地。全线约有三分之一是顺应地势巧加堑削而成，在长城内侧布列有烽燧、城障、古城遗址。沿线发现有大量秦瓦、陶片。城墙上设置城墩，面积约20~40平方米[1]。

四 魏国长城

公元前366年，魏国在与秦国的"洛阴之战"失败后，为固守河洛之间的土地，效法秦之堑洛，在其西境营建西长城。

魏国西长城南端可能起自华阴市华山北麓的朝元洞，沿长涧河西岸，北抵渭河南岸，然后循洛河东岸，经大荔、蒲城、澄城、合阳、洛川和富县等，抵达韩城县境内的黄河西岸，全长约200公里。中国社会科学院考古研究所曾对华阴和大荔县境内的魏国长城做过调查和试掘。在华阴县内保存在地面上的长城遗迹计有12处，最长的有700米，最宽的约20米，最高的约18米。大荔县内，保存在地面的长城遗迹计有12处，其中保存最长的一段，长2100米，墙的宽度16.25米，高2.2~11.4米。近年有学者对陕西省澄城县和黄龙县交界处的战国魏国长城作了详细考察。这段长城墙高1.5~3.5米，为夯筑和堑山相结合。沿线发现有城堡遗迹，烽火台均在南侧，护城壕在城北侧[2]。

魏国南长城位于魏都大梁之西，现发现有郑州、密县两处遗址。郑州青龙山长城遗址位于市区东圃田乡，西北向东南，长约3公里。密县的长城遗址位于县城西北，南北走向，现存5.5公里。墙基宽2.5米，高2.5米，由青石砌筑而成。

五 赵国长城

赵国在赵武灵王实行"胡服骑射"之后，国力大张，北破林胡、楼烦，筑长城，自代并阴山下，至高阙为塞，而置云中、雁门、代郡，赵长城延绵于三郡北境[3]。赵国北长城起止点，至今犹未解决，一说东端至代，即河北省西北部，一说至蔚县，一说至张北。西端的高阙，一说据《水经注》主临河县北狼山口，即今石兰计山口；一说据《史记》正

---

[1] A. 盖山林、陆思贤：《内蒙古境内战国秦汉长城遗迹》，《中国考古学会第一次年会论文集》，文物出版社，1980年。

　　B. 王宗元、齐有科：《秦长城起首考——"临洮"考》，《西北师大学报（社会科学版）》1992年第3期。

　　C. 叶小燕：《中国早期长城的探索与存疑》，《文物》1987年第7期。

[2] 中国社会科学院考古研究所陕西工作队：《陕西华阴、大荔魏长城勘查记》，《考古》1980年第6期。

[3] 文物编辑委员会：《中国长城遗迹调查报告集》，文物出版社，1981年。

义引《地理志》主临戎县北说，即今内蒙古磴口县的哈隆格乃山口；另有学者提出高阙当在乌拉山西端的荣山口，或即乌拉特前旗大沟口。一般多主石兰计山口之说。据实地调查，赵长城东起于今河北万全与张北两县之间，经内蒙古自治区的集宁市、呼和浩特市、包头市，西抵乌拉特前旗境的乌加河东岸。赵长城主要建于阴山山脉的青山和乌拉山下。至今犹能见到延绵数十公里的长城遗迹，大部分为夯土建筑，少数用石砌筑，基宽在3.5~4米间。在长城沿线及以南数公里范围内，散布着许多烽火台、城障遗迹。

六 燕国长城

燕国长城包括南长城和北长城。

燕国为抵御齐、赵、中山诸邻国的进犯，在易水北岸沿堤防建造了南长城。它起自太行山下，沿南易水北岸东行，历易县、徐水、容城、安新、文安、抵大城县。在今徐水县境内一段长城遗迹，全长约13.5公里，其中残存断续墙体9691米，是燕国南长城保存最好的一段。墙体完整处高可达6.1~7米，夯层清晰。墙基最宽处为18~20米。从墙体夯土中采集的陶片看，最晚的相当于春秋晚期至战国早期[1]。故南长城的修建年代不早于战国早期。

北长城，据《史记·匈奴列传》载，燕将秦开击破东胡后，燕国亦筑长城，自造阳至襄平，置上谷、渔阳、右北平、辽西、辽东五郡，以拒胡。据调查，燕国北长城在内蒙古昭乌达盟及辽西地区与其北的秦始皇长城大体呈平行分布，两者相距约四五十公里。燕国北长城大抵西起河北张家口地区的独石口，东经沽源、围场、喀喇沁旗、赤峰市南、建平北、敖汉旗、北票至阜新，再往东不甚清楚。另外，在辽东，长城遗迹在新宾、本溪及宽甸、丹东一线均有发现。宽甸县城到长甸河口北部山区发现一条石筑长城，东端起于鸭绿江畔秋果壁的腰岭子，与朝鲜平安北道的大宁江至昌城江段长城的北端隔江相望。燕国北长城的建筑方法包括土筑和石筑两种。石筑底宽约4米，建筑在丘陵、高山之上。土筑稍宽一些，底宽约5米多，城外有壕。长城沿线有各类城障遗址，大者，如老哈河两岸的冷水塘城，东西长320米，南北宽260米；小者，边长约30~40米。长城沿线发现有燕国文物，如明刀钱，饕餮纹、山形纹和兽面三环纹半瓦当。

此外，据文献记载，东周时期的长城尚有赵国南长城和中山国长城，但迄今尚未发现它们的遗迹。

综观东周列国的长城，有以下几个特点：(1) 由于战争频仍，各诸侯国基本上都在自己易受威胁的边境处构筑了长城。这同后来的长城主要建立于中原农业民族与北方游牧民族的交界处不同。(2) 这一时期，长城建设尚处于初期阶段，但已充分利用地形地势，因势就便，加高河堤，堑山削壁，有石之处石砌，少石之处土夯，以求实效。(3) 城、障、烽火台均已具备，为后世修筑长城提供了模式。列国北长城的遗址往往也为后世长城所利用。

---

[1] 河北省文化局文物工作队：《河北徐水解村发现古遗址和古城垣》，《考古》1965年第10期。

第八章 东周时期中原地区的墓葬

第一节 中原地区的东周墓葬

一 中原地区东周墓葬的分布与分类

中原地区既是东周王室的王畿所在，也有晋、卫、郑等姬姓诸侯国，战国以后便统归于三晋了。这些国家构成了一个小文化圈[1]。中原地区已发掘并发表具体资料的东周墓约2600余座，分布于河南洛阳和山西侯马、长子、长治等地。

曾有学者对中原地区战国墓分类做过初步探讨[2]。这里我们依据墓葬形制，尤其是根据墓坑面积和墓道情况将中原地区的东周墓葬分为四类。第一类是双墓道的"中"字形大墓；第二类是"甲"字形单墓道大墓和面积在10平方米以上的大型土坑竖穴墓；第三类是墓坑面积在10平方米以下、4平方米以上的土坑竖穴墓；第四类是墓坑面积在4平方米以下的小型土坑竖穴墓[3]。

二 中原地区主要东周墓地和墓葬

东周时期主要的代表性墓地和墓葬有河南洛阳中州路[4]及西工区墓地[5]、烧沟墓地[6]、西郊墓地[7]，郑州碧沙岗墓地[8]、二里冈墓地[9]，新郑古墓[10]，陕县后川墓地[11]，

---

[1] 朱凤瀚：《古代中国青铜器》，南开大学出版社，1995年。
[2] 叶小燕：《中原地区战国墓初探》，《考古》1985年第2期。
[3] 印群：《黄河中下游地区的东周墓葬制度》，社会科学文献出版社，2001年。
[4] A. 中国科学院考古研究所：《洛阳中州路（西工段）》，科学出版社，1959年。
B. 中国社会科学院考古研究所洛阳唐城队：《1983年洛阳西工区墓葬发掘简报》，《考古》1985年第6期。
[5] 中国社会科学院考古研究所洛阳唐城队：《1983年洛阳西工区墓葬发掘简报》，《考古》1985年第6期。
[6] 王仲殊：《洛阳烧沟附近的战国墓葬》，《考古学报》第8期，1954年。
[7] 考古研究所洛阳发掘队：《洛阳西郊一号战国墓发掘记》，《考古》1959年第12期。
[8] 河南省文化局文物工作队第一队：《郑州碧沙岗发掘简报》，《文物参考资料》1956年第3期。
[9] 河南省文化局文物工作队：《郑州二里冈》，科学出版社，1959年。
[10] 郭宝钧：《商周铜器群综合研究》第80~83页，文物出版社，1984年。
[11] 中国社会科学院考古研究所：《陕县东周秦汉墓》，科学出版社，1994年。

辉县固围村墓地[1]、禹县白沙墓地[2];山西侯马上马墓地[3]、长治分水岭墓地[4]、小山头墓地[5]、长子牛家坡墓地[6]、太原金胜村晋国赵卿墓[7];河北邯郸百家村墓地[8]、赵王陵[9]、邢台南大汪墓地[10]等。下面具体介绍八处墓地和墓葬。

(一) 洛阳中州路墓地

中州路墓地的西工段共发掘东周墓葬 260 座,除 4 座为洞室墓外,其余 256 座皆为竖穴墓。墓坑最大者长 4.7 米,宽 3.7 米;最小者长 1.14 米,宽 0.52 米。有随葬陶器者为 161 座,总计出土陶器 700 余件,有随葬铜容器的 9 座,共出土铜容器 60 余件。该墓地的年代是从春秋初期到战国晚期,共被分为 7 期 6 段(表 8–1)。

第一、二、三期墓分别属于春秋早、中、晚期,共约 73 座。第四期为战国早期,第五、六期属战国中期,第七期则是战国晚期,第四期至第七期的墓葬总数达 92 座。

中州路墓地有屈肢和直身两种葬式。在 73 座春秋墓中,屈肢葬合计 54 座,占 74%,直身葬 15 座,占 21%。显然,该墓地是以屈肢葬为主要葬式的。可以分辨葬式的战国墓 88 座,除个别的为仰身直肢外,其余皆为屈肢葬。

葬具一般为一椁一棺或无椁有棺,少数为无椁无棺,个别为单椁重棺。

中州路春秋早期墓的主要陶器组合形式为鬲、盆、罐,亦存在鬲、豆、盆、罐组合。春秋中期墓随葬陶器仍以鬲、盆、罐为主要的组合形式,不过所占比例由早期的 60% 降至中期的 28%。春秋晚期在该墓地鼎、豆、罐组合约占陶器墓总数的 74.29%,陶器墓中亦见有鬲随葬。

战国早期的陶器组合以鼎、豆、壶占绝对优势,战国中期的随葬陶器仍以鼎、豆、壶组合为绝大多数。战国晚期的陶器组合则多为鼎、盒、壶,也偶有盆、匜之类的器形。

---

[1] 中国科学院考古研究所:《辉县发掘报告》,科学出版社,1956 年。
[2] 陈公柔:《河南禹县白沙的战国墓葬》,《考古学报》第 7 册,1954 年。
[3] 山西省考古研究所:《上马墓地》,文物出版社,1994 年。
[4] A. 山西省文物管理委员会:《山西长治市分水岭古墓的清理》,《考古学报》1957 年第 1 期。
　　B. 山西省文物管理委员会、山西省考古研究所:《山西长治分水岭战国墓第二次发掘》,《考古》1964 年第 3 期。
　　C. 山西省文物工作委员会晋东南工作组、山西省长治市博物馆:《长治分水岭 269、270 号东周墓》,《考古学报》1974 年第 2 期。
　　D. 边成修:《山西长治分水岭 126 号墓发掘简报》,《文物》1972 年第 4 期。
[5] 长治市博物馆:《山西省长治市小山头春秋战国墓发掘简报》,《考古》1985 年第 4 期。
[6] 山西省考古研究所:《山西长子县东周墓》,《考古学报》1984 年第 4 期。
[7] 山西省考古研究所、太原市文物管理委员会:《太原金胜村 251 号春秋大墓及车马坑发掘简报》,《文物》1989 年第 9 期;《太原晋国赵卿墓》,文物出版社,1996 年。
[8] 河北省文化局文物工作队:《河北邯郸百家村战国墓》,《考古》1962 年第 12 期。
[9] 河北省文管处、邯郸地区文保所、邯郸市文保所:《河北邯郸赵王陵》,《考古》1982 年第 6 期。
[10] 河北省文化局文物工作队:《河北邢台南大汪村战国墓简报》,《考古》1959 年第 7 期。

表 8-1　　　　　　　　　　　　洛阳中州路东周墓葬分期和陶器组合

组合	（一）鬲—盆—罐	（二）鼎—豆—罐	（三）鼎—豆—壶	（四）鼎—盒—壶
序列	（第一期） Ⅰ—Ⅰ—Ⅰ（2） Ⅰ—Ⅰ—Ⅱ（1） （第二期） Ⅱ—Ⅰ—Ⅱ（1） Ⅱ—Ⅰ—Ⅲ（5） Ⅱ—Ⅰ—Ⅳ（2）	（第三期） Ⅱ—Ⅰ—Ⅲ（1） Ⅱ—Ⅰ—Ⅳ（16） Ⅱ—Ⅰ—Ⅴ（1） （第五期） Ⅴ—Ⅱ—Ⅴ（1） （第六期） Ⅵ—Ⅲ—Ⅴ（2） Ⅶ—Ⅲ—Ⅴ（1）	（第四期） Ⅱ—Ⅰ—Ⅰ（2） Ⅱ—Ⅱ—Ⅰ（7） Ⅲ—Ⅱ—Ⅰ（3） （第五期） Ⅴ—Ⅱ—Ⅰ（2） Ⅴ—Ⅱ—Ⅲ（2） （第六期） Ⅵ—Ⅲ—Ⅲ（7） Ⅶ—Ⅲ—Ⅲ（4）	（第七期） Ⅶ—Ⅰ—Ⅲ（12） Ⅷ—Ⅱ—Ⅳ（6）

说明：罗马字母表示各类陶器的式别；括弧内阿拉伯数字为墓葬数量。

（二）陕县后川墓地

后川墓地在旧陕县县城附近的后川村和李家窑村。该墓地共发掘 105 座东周墓、2 座车马坑。东周墓都是长方形的竖穴墓。墓坑长 1.9~7 米，宽 0.95~5.7 米，墓向以朝北者为主，北向墓达 75 座，葬具以一棺一椁者居多，有 52 座，一椁双棺者为 33 座，葬式分为仰身直肢葬及仰身屈肢葬，在总计 107 具人骨架中（两墓发现殉人），仰身直肢者 62 具，仰身屈肢者 12 具，余者葬式不清。该墓地的东周墓以战国墓为主。出土的随葬器物中，铜器为 1293 件，陶器为 382 件。

后川 M2040 是规模最大、随葬品最多的一座墓（图 8-1），为长方形土坑竖穴，墓口长 7 米，宽 5.7 米，方向 172°，墓内积石积炭，葬具为一椁重棺，墓主人仰身直肢，随葬品 1959 件，以铜器为主，有鼎、鬲、甗、簋、壶、豆以及编钟等（图 8-2）。

后川墓地战国早期陶器墓中的第二类墓，随葬陶器组合皆为鼎、豆、壶，而第三类墓中除鼎、豆、壶外，还可见到诸如鬲、盆、罐等器型。第四类墓的随葬陶器组合则皆无鼎。后川墓地战国中期陶器墓中，二类墓都有完备的鼎、豆、壶组合，三类墓中完备者占 96.3%，四类墓中鼎、豆、壶组合不完备者达到了 37.5%。

该墓地中家族聚葬的现象很突出，它们墓向一致，年代相近或相接，其中双墓（个别三墓）并列的相当多，这些当是墓地中之家族墓，至于那些并列墓则是夫妇的并穴合葬[1]。

---

[1] 中国社会科学院考古研究所：《陕县东周秦汉墓》第 112 页，科学出版社，1994 年。

图 8-1　陕县后川 M2040 椁室平面图

1~10. 石磬　11~19、26. 铜编钟　20~25. 铜编镈　27~31. 铜壶　34. 铜甒　35、43、45、47、61~63、72~75、77~79. 铜鼎　36、37. 铜簠　44. 铜敦　46、50~57. 铜豆　48、49、64、65. 铜鉴　58~60. 铜鬲　70、76、80. 铜盘　71. 铜匜　397、398. 铜剑　399. 铁剑

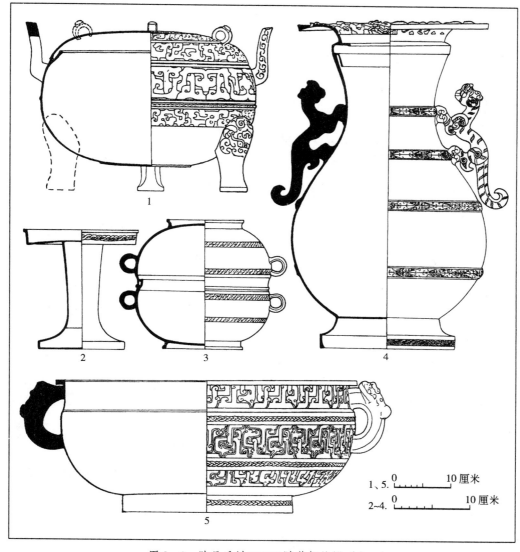

图 8-2　陕县后川 M2040 随葬铜礼器（之一）
1. 鼎（M2040:276）　2. 豆（M2040:50）　3. 敦（M2040:274）　4. 壶（M2040:31）　5. 鉴（M2040:64）

（三）辉县固围村墓地

发掘于 20 世纪 50 年代初。墓地山环水抱，广袤约为 600 米，中部隆起而成平台式高地，东西宽为 150 米，南北长为 135 米。它实际是一座以岗坡为墓地、略加人工修造而成的"回"字形陵园。墓地中心有 3 座东西并列的大墓。中间的 M2 规模最大，两侧有规模略小的 M3 和 M1，西侧还有 2 座似用来祔葬的小墓。该墓地是战国中期的魏王室墓地[1]，

---

[1]　中国大百科全书考古学编辑委员会：《中国大百科全书·考古学》第 145 页，中国大百科全书出版社，1986 年。

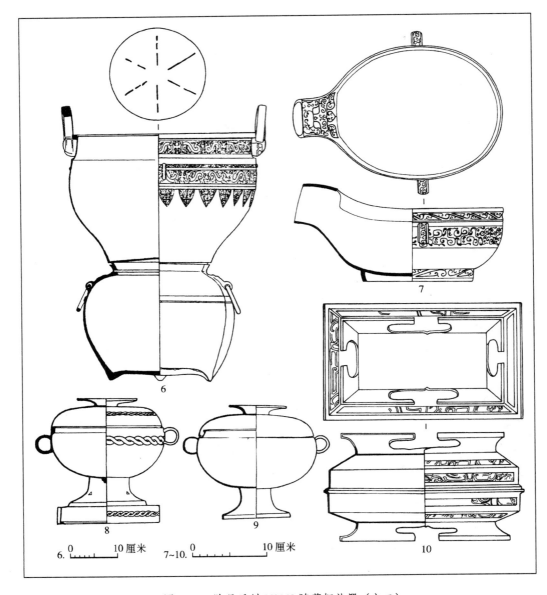

图 8-2 陕县后川 M2040 随葬铜礼器（之二）
6. 瓿（M2040:34） 7. 匜（M2040:210） 8. 豆（M2040:57） 9. 豆（M2040:273） 10. 簠（M2040:36）

被严重盗掘。M2 有南、北墓道，圹穴近方形，圹室中间为木构椁室，木椁长 4 米左右，宽 2.6 米左右。椁室周围积砂及石块（图 8-3）。随葬品有铜、铁、骨、玉器等。墓地发现有享堂建筑遗存，出土了石础、瓦当、筒瓦、板瓦等。M1 也被盗，但仍出土有错金铜轫饰和玉璜等（图 8-4）。附近的琉璃阁遗址还发现有大型的战国时期的车马坑（图版 5-1、2）。

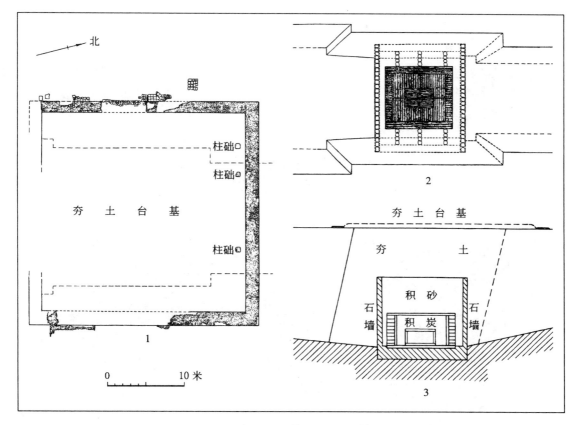

图 8-3　辉县固围村 M2 平面、剖面图
1. 地上建筑遗存　2. 墓口平面图　3. 墓葬剖面图

(四) 新郑古墓

1923 年 8 月在新郑因凿井而发现了铜器群[1]，该器群包括 88 件铜器，器形有鼎、簋、簠、鬲、甑、壶、彝、鉴、盘、匜、炉、钟、镈等。其中的第一大鼎上有铭文 44 字，而铜炉上有 7 字铭文，即王子婴次炉。该墓出土的莲鹤壶盖上立有一只振翅之鹤，该壶开华瓣壶之先河。该墓是春秋中、晚期郑国国君墓，墓主以郑成公或郑僖公的可能性最大[2]。

1996~1998 年又在郑韩故城发现春秋时期郑国青铜礼乐器坑 17 座，出土青铜器 348 件[3]。2000~2001 年又发掘 6 座春秋中晚期大中型墓葬，为确定郑国公墓区奠定基础[4]。

---

[1]　孙海波:《新郑彝器》，1937 年。
[2]　A. 郭宝钧:《商周铜器群综合研究》第 80~83 页，文物出版社，1984 年。
　　B. 李学勤:《东周与秦代文明》第 67~69 页，文物出版社，1984 年。
[3]　河南省文物考古研究所:《河南新郑郑韩故城郑国祭祀遗址发掘简报》，《考古》2000 年第 2 期。
[4]　国家文物局主编:《2001 中国重要考古发现》，文物出版社，2002 年。

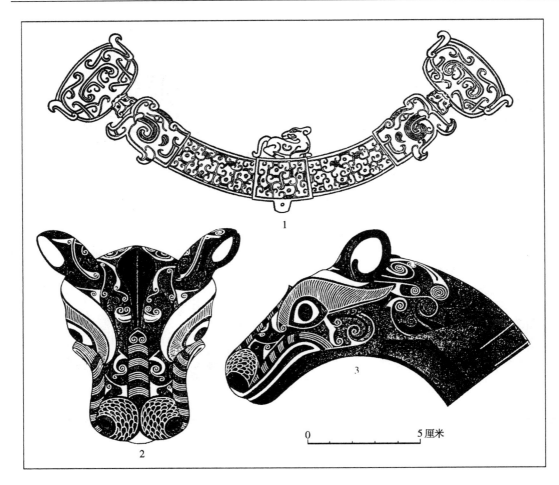

图8-4 辉县固围村M1出土玉器和铜器
1. 玉璜（M1:360） 2、3. 错金铜车軎（M1:165）正视、侧视图

（五）洛阳西郊M1

该墓于1957年发掘。被严重盗扰。墓为单墓道土圹竖穴墓，墓室大致为正方形，墓口长10米，宽9.1米。在墓南有总长度约40米的斜坡墓道。在墓圹四壁和墓道两壁还残存有彩绘痕迹。在墓圹下部发现了积石积炭现象。有包括棺椁在内的木质葬具。所出土的随葬品有铜器、陶器、铁器、石、玉、骨、蚌器等。在棺西侧出土的一件石圭上，发现了墨书字迹"天子"，石圭残长14厘米，宽6.1厘米。发掘者认为该墓是战国墓。

（六）侯马上马墓地

位于上马村东浍河南岸之第二阶台地上，从1963~1987年，共发掘1373座墓葬（图8-5、6）、3座车马坑、3座马坑、1座牛坑。出土遗物总计为7000余件。该墓地1373座墓中，仅有19座铜礼器墓，1座仿铜陶礼器墓，其余的皆为日用陶器墓及无随葬品墓。出

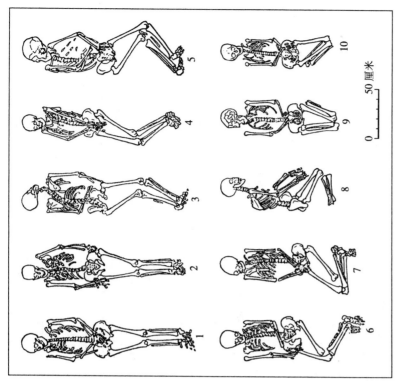

图 8-6 侯马上马墓地葬式
1. M6163 2. M1173 3. M5283 4. M3140 5. M5288 6. M6026
7. M5292 8. M6169 9. M6162 10. M6109

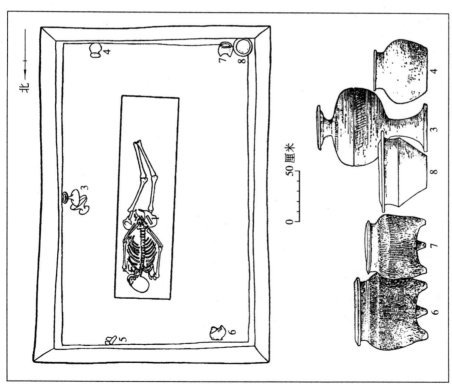

图 8-5 侯马上马墓地 M2146 及随葬品
1、2. 玉饰 3. 陶豆 4. 陶罐 5. 陶片 6、7. 陶鬲 8. 陶盆

图 8-7 侯马上马墓地 M5218 平面图
1、6. 铜壶　2、5、12~14. 铜鼎　3. 铜盘　4、7. 铜鉴　8、9. 铜簠　10、11. 铜甗　15、16. 铜豆　17~20、22. 铜编镈　23. 石磬　24、25. 铜鬲　26. 陶壶　72. 陶鬲

土的遗物中，铜礼器有 130 件，包括鼎、鬲、甗、簋、簠、豆、敦、罍、壶、鉴、盘、匜等，陶器有 965 件，其中约 90% 为陶鬲。

上马墓地的墓葬都是土坑竖穴墓。墓圹最大的长 6.5 米，宽为 4.5 米；最小的长 1.4 米，宽为 0.5 米。墓的方向，北向的 581 座，东向的 713 座，南向的 9 座，西向的 70 座墓。

该墓地除第一期的 38 座墓属西周晚期之外，其余的是从春秋早期到春秋战国之际。能辨明葬式的有 1326 座，其中俯身葬 4 座，侧身葬为 92 座，仰身葬为 1230 座。屈肢葬包括仰身屈肢和侧身屈肢，为 302 座，占葬式可辨墓葬总数的 23%，而仰身直肢葬占 75%（图 8-6）。

有棺、椁葬具的墓葬为 1328 座，椁之构造分为叠砌式和柱壁式，一般长为 5.6~2 米，宽为 3~1 米，高度是 2.4~0.25 米，较大的棺，一般长为 2~2.3 米，宽为 0.8~1.65 米，高度为 0.7~1.1 米。小者长为 1.5~1.9 米，宽为 0.4~0.8 米，高为 0.4~0.5 米[1]。

上马墓地的陶器墓为 890 余座，其中有 38 座早于春秋早期，2 座属春秋、战国之交，这样至少有 850 余座墓为春秋时期。

春秋早期墓随葬陶器仅见陶鬲，并且以随葬 1 件陶鬲者居绝对多数。春秋中期墓虽仍以陶鬲为主，但出现了新器类，如壶、罐、盆、豆。春秋晚期墓尽管还以随葬陶鬲者居多，但出现了陶鼎，并且有鼎、豆、鬲、罐，鼎、豆、壶，鼎、豆、罐、鬲、钫、壶[2]以及鬲、罐、豆、钵这样的组合形式。

上马墓地 M1004 和 M5218（图 8-7）两座春秋晚期墓，虽然只出土 3 件一组的列鼎，但都出土了编镈、编磬这样的金石之乐，随葬乐器数，分别是 19 件（编镈 9 件、编磬 10 件）和 23 件（编镈 13 件、编磬 10 件）。

上马墓地是族墓地，其墓地上的群、组的划分反映了亲属组织的存在以及亲属组织的分级程度。

（七）长治分水岭墓地

分水岭墓地为韩国贵族墓地，位于长治市北城墙外，面积约 30 多万平方米。该墓地经过了多次发掘，共发掘东周墓葬 31 座、马坑 2 座。除其中的 M269（图 8-8）和 M270 属春秋晚期墓之外[3]，其余的东周墓皆为战国时代。墓的方向绝大部分在 6~30°之间。

长治分水岭墓地，墓葬分布较密集，排列整齐，相互间未发现有叠压和打破关系。墓地规格较高，在 30 余座墓中，积石积炭的大型墓即有 10 余座，其中的 M14 所出铜礼乐器包括 9 件鼎（列鼎 7）、4 件鬲、1 件鉴、8 件纽钟、2 件甬钟，另外还有 22 件石磬等。M269 随葬有鼎、鬲、甗、敦、簠、壶等铜礼器（图 8-9），以及编钟、编磬等。

---

[1] 山西省考古研究所：《上马墓地》第 18 页，文物出版社，1994 年。
[2] 该组合见于属第五期的 M1014，"上马墓地第五期墓葬的年代应在洛阳中州路 M2729 和 M2717 之间"（《上马墓地》第 174 页，文物出版社，1994 年），即介于春秋晚期与战国早期之间，故应属春秋末期。
[3] 朱凤瀚：《古代中国青铜器》，南开大学出版社，1995 年。

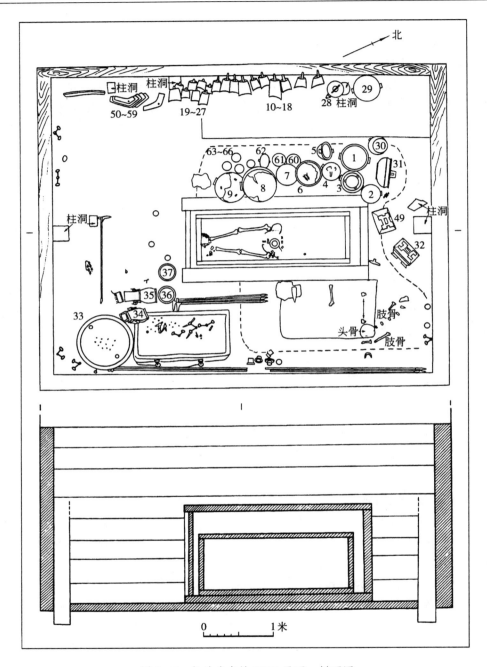

图 8-8 长治分水岭 M269 平面、剖面图
1~9.铜鼎 10~18.铜甬钟 19~27.铜纽钟 28.铜盉 29.铜盘 30、31.铜甗 32、49.铜簠 33.铜鉴 34、35.铜方壶 36、37.铜罐 50~59.石磬 60、61.铜敦 62.铜舟 63~66.铜鬲

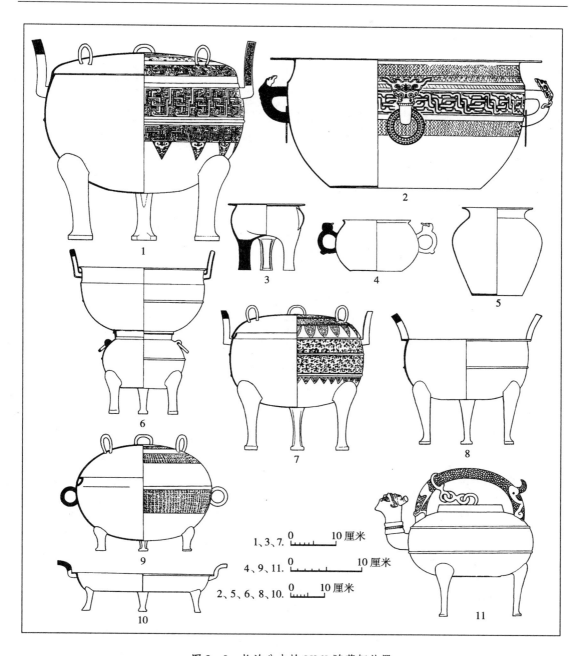

图8-9　长治分水岭M269随葬铜礼器

1.鼎（M269:8）　2.鉴（M269:33）　3.鬲（M269:66）　4.铫（M269:62）　5.罐（M269:36）　6.甗（M269:30、31）
7.鼎（M269:3）　8.鼎（M269:1）　9.敦（M269:60）　10.盘（M269:29）　11.盉（M269:28）

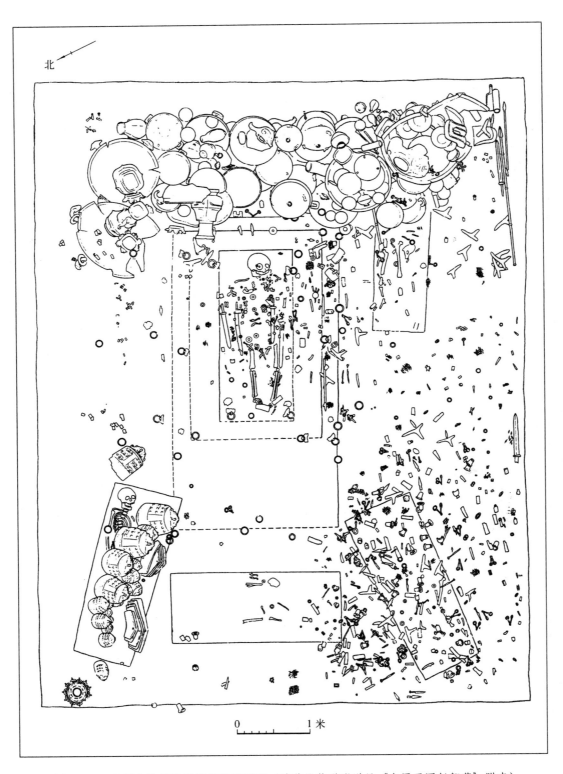

图 8-10 太原金胜村晋国赵卿墓平面图（随葬器物说明详见《太原晋国赵卿墓》附表）

该墓地的战国墓中除 14 座葬式不清外，其余的基本为仰身直肢。

M35 是一座带一条斜坡墓道的大型墓。该墓墓室呈斗形，面积 45 平方米，墓向为 20°。有三重葬具，椁长 4.34 米，宽 3.7 米；外棺长 3.2 米，宽 1.82 米；内棺长 2.6 米，宽 1.2 米。墓主葬式不清。出土铜鬲、铜鉴、鼎、豆、壶、柱盘、盘、匜等陶器，还有车马器、兵器。

（八）太原金胜村晋国赵卿墓（M251）

春秋晚期的太原晋国赵卿墓是一座长方形竖穴大墓，该墓积石积炭，墓主葬具为一椁三棺，墓中出土了大量铜礼器和金石乐器，还有金器、玉石器等（图 8-10）。随葬器物达 3421 件，其中青铜器为 1402 件，仅铜礼器就达 99 件，包括列鼎 7 件，甗、鬲等炊煮器，簋、豆等（盛）食器，壶、罍、尊等酒器及盘、匜等水器（图 8-11）。墓主仰身直肢，头向朝东。该墓殉 4 人，一位是青年女性，一位可能是成年女性，一位是青年男性，还有一位是性别不明的成年人。他们每人有一副木棺，皆为仰身直肢，其中三位头向东，一位头向北，随葬器物有玉、铜、玛瑙、水晶器等。这四副棺中，一副置于墓主人大棺的北侧，一副在西北侧，另两副在南侧。

该墓的车马坑，平面形状为曲尺形，南北总长为 12.6 米，东西总长 14.8 米，内埋 44 匹马和 15 辆车。

三 中原地区东周墓葬的埋葬特点

（一）墓向与葬式

以中州路墓地为代表的河南一带春秋时期的墓向较统一，其特点是以向北者占绝大多数。该时期以上马墓地为代表的晋墓的墓向则是以东向及北向为主。到了战国时期，以中州路墓地、陕县后川墓地为代表的河南一带依然保持其春秋时代的特色，而在以长治分水岭东周墓为代表的山西一带，则出现了由以东向墓为主变为以北向墓居绝对优势的新特点。上述情况暗示出从春秋至战国时期，山西、河南一带在墓向上由不同到趋于相同的发展态势。然而这里尚不能下结论说战国时期中原地区"头向均以朝北为主"[1]。

到了春秋时期河南地区除中州路墓地出现了屈肢葬超过直身葬，成为主要的葬式以外，陕县后川墓地等仍以仰身直肢葬为主，后川墓地甚至葬式可辨者几乎皆为仰身直肢。而在山西地区依然是仰身直肢葬占优势，如上马墓地，仰身直肢葬占葬式可辨墓葬总数的 75%，屈肢葬只占 23%。

从洛阳中州路、郑州二里冈、陕县后川、长治分水岭、长子牛家坡[2]、邯郸百家村[3]、邢台南大汪[4]等墓地战国墓的葬式来看，总体上仍以仰身直肢葬为主，其次为屈

---

[1] 叶小燕：《中原地区战国墓初探》，《考古》1985 年第 2 期。
[2] 山西省考古研究所：《山西长子县东周墓》，《考古学报》1984 年第 4 期。
[3] 河北省文化局文物工作队：《河北邯郸百家村战国墓》，《考古》1962 年第 12 期。
[4] 河北省文化局文物工作队：《河北邢台南大汪村战国墓简报》，《考古》1959 年第 7 期。

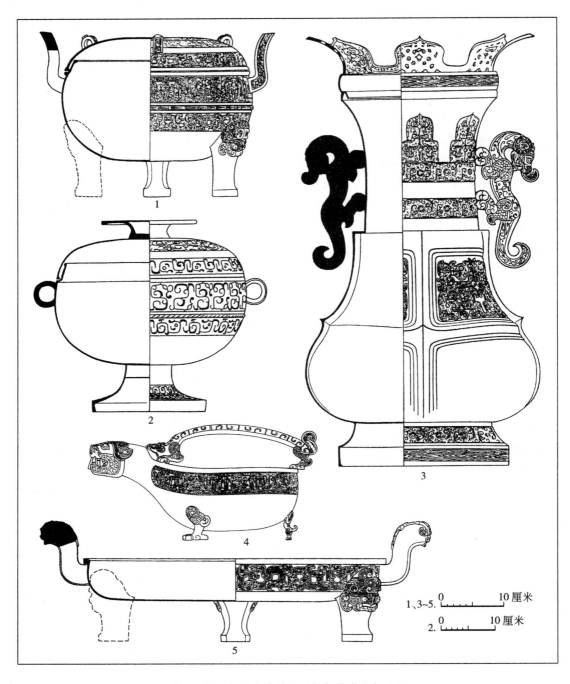

图 8-11 太原金胜村晋国赵卿墓出土铜礼器
1. 鼎（M251:633） 2. 豆（M251:576） 3. 方壶（M251:579） 4. 匜（M251:614） 5. 盘（M251:538）

肢葬。有观点认为东周时代中原地区普遍出现了屈肢葬式，尤以战国时为甚[1]，这种强调屈肢葬的观点主要依据中州路墓地。不过，河南其他墓地的情况却与中州路墓地不同。

洛阳烧沟出土的 59 座战国墓中[2]，原报告认为有 40 座为屈肢葬，6 座为仰身直肢葬。但在 40 座屈肢葬中，有 17 座仅是下肢略微弯曲。

河南郑州二里冈战国墓中，仰身直肢葬共计 159 具，屈肢葬为 48 具[3]。直肢者约是屈肢者的 3.3 倍。

辉县琉璃阁的 27 座战国墓[4]，12 座为屈肢葬，7 座是仰身直肢葬。实际上，在屈肢葬墓中有 4 座屈肢角度大于 120°，不是典型的屈肢葬。

山西地区最具代表性的战国时期墓地是长治分水岭墓地。该墓地的屈肢葬仅占 12.8%，而仰身直肢的占 87.5%，无疑仰身直肢葬式占绝对优势。

在长子县东周墓地，仰身直肢葬占 67%，屈肢者占 33%。从上面的情况来看，山西地区战国时代以仰身直肢葬为主要葬式。

在河北一带，邢台南大汪出土的 7 座战国墓，其葬式皆是仰身直肢。百家村的 49 座战国墓中，有 30 座是仰身直肢，11 座是屈肢。由此观之，显然这些墓地亦以仰身直肢葬式居绝大多数。

总而言之，战国时代以河南、山西、河北为代表的中原地区仍以仰身直肢为主要葬式，屈肢葬占一定数量，这些情况与春秋时代大体一致，揭示出了该地区葬式发展的连续性。

（二）棺椁制度

1. 春秋时期的棺椁制度

上马墓地铜器墓的葬具大小是以随葬品为代表的墓葬等级的可靠标示物，铜器墓中随葬品级别最高的 M1004 和 M5218，其葬具体积也最大。而随葬品级别最低的 M1011，葬具的规模也最小。

洛阳中州路墓地铜器墓显示，墓主身份等级相似，其葬具体积亦相近，这实质上是从另一个方面印证了上马墓地所揭示的葬具体积对墓葬等级的标示作用。

春秋时期陶器墓葬具较简单，有不少以单棺为葬具，也有少量未见木质葬具痕迹。中州路墓地 62 座陶器墓中，未见三重葬具者，棺椁俱备者有 37 座，约占 60%，单棺墓有 25 座，约占 40%。

2. 战国时期的棺椁制度

长治分水岭墓地战国墓的椁仅见于大型墓。中小型墓都无椁，但在葬具尺寸上的等级差别总体上依然可辨。

---

[1] 叶小燕：《中原地区战国墓初探》，《考古》1985 年第 2 期。
[2] 王仲殊：《洛阳烧沟附近的战国墓葬》，《考古学报》第 8 册，1954 年。
[3] 河南省文化局文物工作队：《郑州二里冈》，科学出版社，1959 年。
[4] 中国科学院考古研究所：《辉县发掘报告》，科学出版社，1956 年。

(三) 随葬器用制度

1. 鼎制

春秋时期随葬列鼎在数目上已较规范了，而且随葬列鼎与何休在《公羊传》桓公二年注中所言的"诸侯七，卿大夫五，元士三也"的列鼎制相符。虽然列鼎制在春秋早期即已成熟，但其本身仍在不断地发展变化，至春秋中期，诸侯已开始随葬九鼎，而诸侯的卿、上大夫则使用了春秋早期的诸侯之制，即随葬七鼎。战国早期列鼎制已有所松动，战国中期列鼎制更加松弛，而从战国中期偏晚到战国晚期，列鼎制已经走到终点了[1]。

2. 铜器组合

(1) 春秋时期随葬铜器组合

春秋早期随葬铜器以河南新郑唐户 M9[2]为代表。该墓随葬了列鼎3件、簋4件，还有壶2件以及盘、匜各1件，纹饰有凸弦纹、斜角云纹、瓦纹等。该墓的列鼎造型为立耳、圜底，簋的形制、纹饰、大小都一致。

春秋中、晚期中原地区铜器墓之代表有：河南辉县琉璃阁 M60、M80、M55[3]；山西太原金胜村 M251[4]，长子牛家坡 M7[5]，万荣庙前村墓[6]，长治分水岭 M269、M270[7]，侯马上马 M1027、M4078、M1284、M1287、M4094、M1010、M1026、M1006、M2008[8]。其中九鼎墓有琉璃阁 M60。七鼎墓有琉璃阁 M80、M55，金胜村 M251。五鼎墓有牛家坡 M7、庙前村墓、分水岭 M269、M270。三鼎墓有上马 M1027号墓（表8-2）。其余8座为非列鼎墓。

九鼎墓的铜礼器等级组合是食器：列鼎9件，鬲6件，甗1件，簋6件，簠4件，豆1件；酒器：壶3件，罍2件，钾1件，勺1件；水器：盘2件，盉1件，鉴3件。七鼎墓的铜礼器等级基本组合是：列鼎7件，鬲6件，甗（甑）1件，簋4件，簠4件，豆2件；壶2件，罍2件，钾1件；盘1件，匜1件，鉴2件。五鼎墓的铜礼器等级基本组合是：

---

[1] 印群：《论周代列鼎制度的嬗变——质疑"春秋礼制崩坏说"》，《辽宁大学学报》1999年第4期。

[2] 开封地区文管会、新郑县文管会、郑州大学历史系考古专业：《河南省新郑县唐户两周墓葬发掘简报》，《文物资料丛刊》2，文物出版社，1978年。

[3] A. 郭宝钧：《山彪镇与琉璃阁》，科学出版社，1959年；《商周铜器群综合研究》，文物出版社，1981年。
B. 李学勤：《东周与秦代文明》，文物出版社，1984年。

[4] 山西省考古研究所、太原市文物管理委员会：《太原晋国赵卿墓》，文物出版社，1996年；《太原金胜村251号春秋大墓及车马坑发掘简报》，《文物》1989年第9期。

[5] 山西省考古研究所：《山西长子县东周墓》，《考古学报》1984年第4期。

[6] 杨富斗：《山西万荣县庙前村的战国墓》，《文物参考资料》1958年第12期。

[7] 山西省文物工作委员会晋东南工作组、山西省长治市博物馆：《山西长治分水岭269、270号东周墓》，《考古学报》1974年第2期。

[8] A. 山西省考古研究所：《上马墓地》，文物出版社，1994年。
B. 上马 M4078 的铜鼎等器物形制早于春秋晚期的长子墓地 M7 而晚于春秋早期的新郑唐户 M9，应属春秋中期，而据发掘报告上马 M1284、M1287 年代略晚于 M4078，所以上马墓地这三座墓为春秋中、晚期墓。

列鼎 5 件，簋 2 件，簠 2 件，敦 1 件；壶 2 件；盘 1 件，盉或匜 1 件，鉴 1 件。三鼎墓的铜礼器等级组合为：列鼎 3 件，敦 2 件；钾 1 件；盘 1 件，匜 1 件，罐 1 件。

非列鼎墓的铜礼器等级基本组合为：鼎 2 件；盘 1 件，匜 1 件。

表 8－2　　　　　　春秋中、晚期中原地区列鼎墓随葬铜礼器组合表

墓　号	铜　礼　器　组　合
琉璃阁 M60	镬鼎、有盖列鼎、无盖列鼎、不成列的小鼎，簋，甗，簠，簋，豆；壶，罍，钾，勺；盘，盉，鉴
琉璃阁 M80	镬鼎、有盖列鼎、无盖列鼎，簋，甗，簠、无足簠，簋；壶，罍，钾；盘，盉，匜，鉴
琉璃阁 M55	有盖列鼎、无盖列鼎、小鼎，簋，簠，簋，豆；壶，钾；盘，匜，鉴
太原金胜村晋国赵卿墓	鼎（分为 7 式），簋，甗，簠，豆，钵，匕；尊，壶，罍，钫，钾，耳杯，勺；盘，盉，匜，鉴，罐
山西长子县牛家坡 M7	鼎，簋，甗，簠，豆，敦；壶；盆，盘，盉，鉴
长治分水岭 M269	鼎，簋，甗，簠，敦，匕；壶，钾；盘，盉，鉴，罐
长治分水岭 M270	鼎，簠，敦，壶，罍，钾；盘，盉，匜
山西万荣县庙前村墓	鼎，簋，簠，尊，罍；匜，鉴
侯马上马 M1027	鼎，敦；钾；盘，匜，罐

（2）战国时期随葬铜器组合

战国早期的随葬铜器组合以下列墓葬为代表：河南汲县山彪镇 M1[1]，陕县后川战国早期诸铜器墓[2]；河北邯郸百家村 M57[3]；山西芮城坛道村 M2[4]，潞城潞河 M7、M8[5]。其中以后川墓地的铜器墓最多，而各墓墓坑的大小与随葬铜礼器之关系昭示了当时随葬铜器组合等级（表 8－3）。

战国早期墓随葬铜礼器等级基本组合如下：大型墓（40 平方米以上）：鼎（三套）17 件，簋 2 件，瓿 1 件，簠 2 件，豆 10 件，匕 2 件；壶 5 件，勺 4 件；盘 2 件，匜 2 件，鉴 3 件；箕 1 件。中型墓（12～40 平方米）：鼎 3 件，豆 2 件；壶 2 件，钾 1 件；盘 1 件，匜 1 件。小型墓（12 平方米以下）：鼎 2 件，豆 2 件；壶 2 件；盘 1 件。

---

[1] 郭宝钧：《山彪镇与琉璃阁》，科学出版社，1959 年。
[2] 中国社会科学院考古研究所：《陕县东周秦汉墓》，科学出版社，1994 年。
[3] 河北省文化局文物工作队：《河北邯郸百家村战国墓》，《考古》1962 年第 12 期。
[4] 山西省考古研究所：《山西芮城东周墓》，《文物》1987 年第 12 期。
[5] 山西省考古研究所、山西省晋东南地区文化局：《山西省潞城县潞河战国墓》，《文物》1986 年第 6 期。

表 8-3　　　　　　　　战国早期大、中型铜器墓随葬铜礼器组合表

墓　号	墓葬规格	铜 礼 器 组 合
汲县山彪镇 M1	大型	鼎，鬲，甗，簠，簋，豆，尊，壶，瓿；盘，匜，鉴，
陕县后川 M2040	大型	鼎、鬲形鼎、无盖鼎，鬲，甗，簠，豆、无盖豆，敦，匕，毕；莲盖方壶，壶，鉌，勺；盘，匜，鉴；箕
潞城潞河 M7	中型	鼎，甗，簠，豆；壶，罍，鉌，勺；盘，盂，匜，鉴，罐；箕
邯郸百家村 M57	中型	鼎，甗，豆；壶，鉌；盘，匜
芮城坛道村 M2	中型	鼎，甗，豆；壶；盘
潞城潞河 M8	中型	鼎，敦（原报告称为盒）；壶；盘，匜
陕县后川 M2115	中型	鼎，豆；壶，鉌；盘，匜
陕县后川 M2121	中型	鼎，豆；壶；盘，匜
陕县后川 M2124	中型	鼎，甗，豆，匕；鉌；盘，匜
陕县后川 M2125	中型	鼎，豆；壶，鉌
陕县后川 M2138	中型	鼎，豆，敦；壶
陕县后川 M2142	中型	鼎，豆；壶，鉌；盘，匜
陕县后川 M2144	中型	鬲形鼎，豆，匕；壶；盘，匜
陕县后川 M2149	中型	鼎，豆；壶，鉌；盘，匜
陕县后川 M2041	中型	鼎，鬲，甗，簠，豆；壶，鉌；盘，匜，鉴
陕县后川 M2042	中型	鼎，豆；壶，鉌；匜
陕县后川 M2044	中型	鼎，豆；盘，匜
陕县后川 M2047	中型	鼎，豆；鉌；盘，匜
陕县后川 M2048	中型	鼎，鬲，豆；壶，鉌；盘，匜，鉴

战国中、晚期的随葬铜器组合以河南洛阳西工段 M131[1]、M203[2]，辉县赵固 M1[3]；河北邯郸百家村 M3；山西长治分水岭 M14、M12、M25、M26、M35、M36[4] 为代表（表 8-4）。

---

[1] 蔡运章、梁晓景、张长森：《洛阳西工 131 号战国墓》，《文物》1994 年第 7 期。
[2] 洛阳市文物工作队：《洛阳市西工区 203 号战国墓清理简报》，《中原文物》1984 年第 3 期。
[3] 中国科学院考古研究所：《辉县发掘报告》，科学出版社，1956 年。
[4] A. 山西省文物管理委员会：《山西长治市分水岭古墓的清理》，《考古学报》1957 年第 1 期。
　　B. 山西省文物管理委员会、山西省考古研究所：《山西长治分水岭战国墓第二次发掘》，《考古》1964 年第 3 期。
　　C. 朱凤瀚《古代中国青铜器》（南开大学出版社，1995 年）将分水岭 M25 和 M26 定为战国中期。而 M25 与 M12、M26 与 M14 分别为两两并列的夫妇异穴合葬墓（《长治分水岭 269、270 号东周墓》，《考古学报》1974 年第 2 期），所以，M12、M14、M25、M26 的年代一致皆为战国中期。而 M36 与发掘简报定为战国晚期的 M35 并列，为夫妇异穴合葬墓，所以，M36 亦属战国晚期。

表 8-4　　　　　　　　　　战国中、晚期中型墓随葬铜礼器组合表

墓　号	铜　礼　器　组　合
长治分水岭 M14	鼎，鬲；鉴
长治分水岭 M12	鼎，甗，簠，簋，敦；壶，钫，盘，匜，鉴
长治分水岭 M25	鼎，鬲，豆，敦；壶，钾，盘，匜，鉴
长治分水岭 M26	鼎，簋，豆，敦；壶，匜，鉴；炭炉
长治分水岭 M35	鬲；鉴
长治分水岭 M36	鼎，鬲，壶；盃

长治分水岭墓地的墓葬规格表明它是贵族墓地[1]，该墓地的大型墓墓主应是身份低于国君的高级贵族，我们可将这种规模的墓葬作为战国中、晚期卿大夫级铜礼器墓（中型墓，面积是 29~72 平方米），在该级之下便是下层贵族的铜礼器墓（小型墓，面积是 29 平方米以下）。

战国中、晚期中、小型墓的铜器等级基本组合情况如下：

中型墓：鼎 5 件，鬲 1 件；壶 1 件；盃、匜或鉴 1 件。小型墓：鼎 2 件；壶 1 件。

战国晚期的贵族墓除特大型墓外，普遍以陶礼器取代铜礼器，使器物群中铜、陶礼器并见[2]。

3. 陶器组合

（1）春秋时期陶器墓陶器组合（图 8-12）

春秋早期中原地区随葬陶器组合以中州路墓地（东周一期墓）[3]、侯马上马墓地（第二期陶器墓）[4] 为代表。中州路春秋早期墓以鬲、盆、罐组合为主，亦存在鬲、豆、盆、罐组合。上马墓地春秋早期随葬陶器种类单一，仅见陶鬲。

到了春秋中期，中原地区陶器墓以上马墓地第三期陶器墓、中州路墓地第二期陶器墓为代表。中州路墓地该期的随葬陶器组合丰富了许多，主要的鬲、盆、罐组合所占比例已明显下降，随葬器类及共存关系亦出现了差异。上马墓地陶器墓此期虽仍以陶鬲为主，但出现了新的器类。

春秋晚期代表中原地区随葬陶器组合的是上马墓地第四期陶器墓和中州路墓地第三期陶器墓，不过，其随葬陶器组合都发生了重大变化。上马墓地春秋晚期尽管还以随葬陶鬲者居多，但出现了复杂的多种陶器组合形式，而且鼎、豆、鬲、罐这种组合形式与同期中州路墓地盛行的鼎、豆、罐组合颇为相近，另外，上马墓地所出现的鼎、豆、壶陶器组合，在时间上早于中州路墓地。

---

[1] 边成修：《山西长治分水岭 126 号墓发掘简报》，《文物》1972 年第 4 期。
[2] 叶小燕：《中原地区战国墓初探》，《考古》1985 年第 2 期。
[3] 中国科学院考古研究所：《洛阳中州路（西工段）》，科学出版社，1959 年。
[4] 山西省考古研究所：《上马墓地》，文物出版社，1994 年。

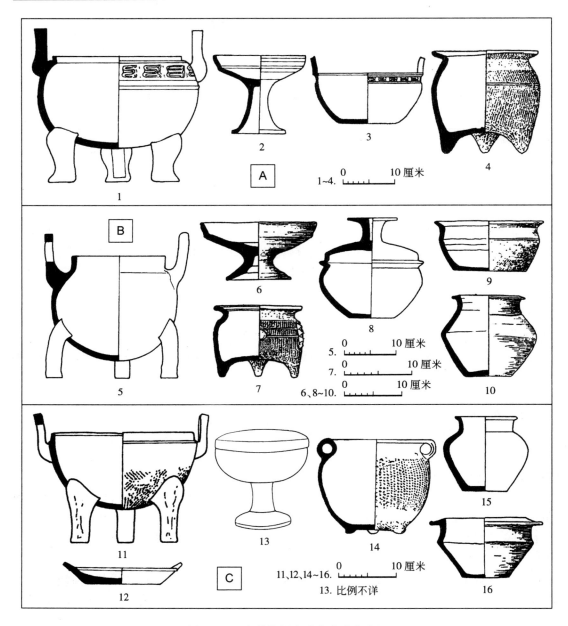

图 8-12 中原地区春秋墓葬随葬陶器
A. 早期　1. 鼎（唐户 M2）　2. 豆（唐户 M2）　3. 盆（唐户 M2）　4. 鬲（上马 M1281:1）
B. 中期　5. 鼎（中州路 M212:3）　6. 豆（上马 M5126:2）　7. 鬲（上马 M1160:3）　8. 簋（中州路 M212:1）
　　9. 盆（上马 M5126:3）　10. 罐（上马 M2201）
C. 晚期　11. 鼎（上马 M2159:6）　12. 盘（西工 70-11M28A）　13. 豆（西工 70-11M28A）　14. 鬲（中州路 M206:1）　15. 罐（中州路 M258:4）　16. 盆（上马 M2146:8）

（2）战国时期陶器墓陶器组合

中原地区战国时期陶器墓随葬陶器组合主要以洛阳中州路墓地[1]、陕县后川墓地[2]、长治分水岭墓地[3]、长子牛家坡墓地[4]为代表（图8－13）。

战国早期，以鼎、豆、壶组合占绝对优势的中州路墓地，不同类别的陶器墓随葬鼎数可由五件依次递减。后川墓地本期第二类墓随葬陶器皆为鼎、豆、壶，与同期中州路墓地一致，而第四类墓随葬陶器组合中皆无鼎。

战国中期，后川墓地陶器墓出现了陶列鼎（M2075），本期后川和中州路墓地陶器墓皆盛行鼎、豆、壶组合，中州路墓地第三类墓的鼎、豆、壶组合所占比例高于第四类墓，后川墓地从第二类墓到第四类墓鼎、豆、壶组合所占比例逐步递减。不过第四类墓中鼎、豆、壶组合完备者仍超过了60%。

战国晚期的陶器墓以中州路墓地第七期为代表，以鼎、盒、壶为典型组合的现象集中表现于第三、四类墓中，但所占比例有别，前者为100%，后者仅68%。见于分水岭墓地和长子[5]的第二类墓陶器组合仍为鼎、豆、壶，盒仅见于少数墓中，且与豆共存。

战国时期仿铜陶礼器的发展进入高峰期，战国中期偏晚以后，在大型墓中也出现了全部以陶礼器随葬的情况[6]。

在上马墓地与中州路墓地中，春秋时期的随葬陶器组合差异较大，前者始终以鬲为主，后者由春秋早期的鬲、盆、罐发展为春秋晚期的鼎、豆、罐组合，地域差别显而易见。到战国早期，后川墓地的战国早期陶器墓以完整的鼎、豆、壶组合居多，从而表明该墓地与中州路墓地的陶器组合差别已减小。到了战国中期，中原地区随葬陶器组合的一致性加大。以中州路和后川墓地为例，它们不仅在组合主体上皆为鼎、豆、壶，而且凡等级相同的墓葬，其具体组合关系亦对应一致，等级越低的陶器墓，完整的鼎、豆、壶组合所占比例也越低，反之亦然。

战国早期陶器墓等级色彩已相当强，后川墓地第二类墓中，鼎、豆、壶组合所占比例为100%，而第四类墓则不见鼎、豆、壶组合，中州路墓地则是不同类墓鼎数有别。战国中期，在中州路墓地，完整的鼎、豆、壶组合所占比例第三类墓比第四类墓高出20%，后川墓地第二至第四类墓，完备的鼎、豆、壶组合所占比例由100%递减为不足63%。到战国晚期，中州路墓地鼎、盒、壶组合所占比例由第三类墓的100%下降到第四类墓的不足70%。不同墓类在陶器组合上的这种差异在一定程度上是等级性的反映。

---

[1] 中国科学院考古研究所：《洛阳中州路（西工段）》，科学出版社，1959年。
[2] 中国社会科学院考古研究所：《陕县东周秦汉墓》，科学出版社，1994年。
[3] 山西省文物管理委员会、山西省考古研究所：《山西长治分水岭战国墓第二次发掘》，《考古》1964年第3期。
[4] 山西省考古研究所：《山西长子县东周墓》，《考古学报》1984年第4期。
[5] 长子M10、M12所出土最晚器物与战国晚期的长治分水岭M21的相仿，其墓葬年代亦应相同。
[6] 叶小燕：《中原地区战国墓初探》，《考古》1985年第2期。

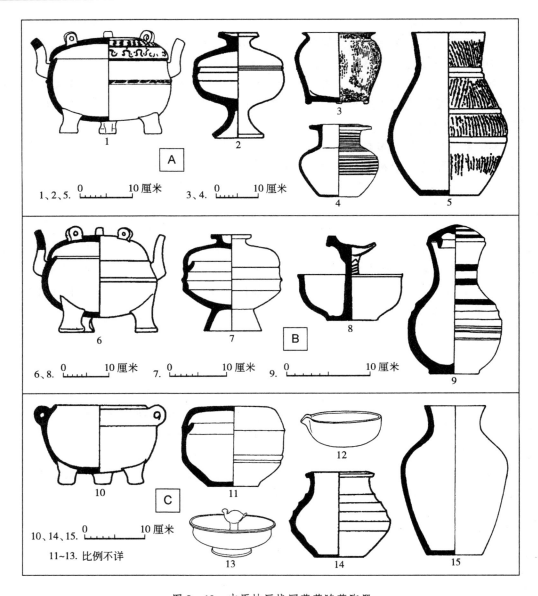

图 8-13 中原地区战国墓葬随葬陶器

A. 早期　1. 鼎（后川 M2074:2）　2. 豆（西工 70-11M28B）　3. 鬲（后川 M2064:2）　4. 罐（后川 M2151:16）　5. 壶（西工 70-17M2）

B. 中期　6. 鼎（后川 M2046:14）　7. 豆（中州路 M2303:5）　8. 鸟柱盆（后川 M2071:19）　9. 壶（后川 M2071:12）

C. 晚期　10. 鼎（中州路 M2603:3）　11. 盒（中州路 M326:3）　12. 匜（分水岭 M21）　13. 鸟柱盆（分水岭 M35）　14. 罐（中州路 M2418:4）　15. 壶（中州路 M2710:1）

第二节　齐鲁地区的东周墓葬

一　齐鲁地区东周墓葬的分布与分类

该地区已发掘的东周墓葬约六七百座，而正式发表较详细资料的大约只有229座。这些墓葬分布于以下各地：山东曲阜鲁国故城[1]，临朐泉头村[2]，栖霞吕家埠[3]、大丁家村[4]，长清仙人台[5]，沂水刘家店子[6]，海阳嘴子前村[7]，滕州薛国故城[8]，淄博磁村[9]，莒南大店[10]，临沂凤凰岭[11]，阳谷景阳岗[12]，临淄齐国故城[13]、郎家庄[14]、商王村[15]、两醇[16]、东古[17]，长岛王沟[18]，平度东岳石[19]，莱芜戴鱼池[20]，沂水县城附

---

[1] 山东省文物考古研究所、山东省博物馆、济宁地区文物组、曲阜县文管会：《曲阜鲁国故城》，齐鲁书社，1982年。

[2] A. 临朐县文化馆、潍坊地区文物管理委员会：《山东临朐发现齐、郭、曾诸国铜器》，《文物》1983年第12期。
   B. 临朐泉头村M乙的断代根据李学勤《试论山东新出青铜器的意义》(《文物》1983年第12期)。

[3] A. 栖霞县文物管理所：《山东栖霞县松山乡吕家埠西周墓》，《考古》1988年第9期。
   B. 刘彬徽：《山东地区东周青铜器研究》，《中国考古学会第九次年会论文集》，文物出版社，1997年。

[4] 李元章：《山东栖霞县大丁家村战国墓的清理》，《考古》1995年第11期。

[5] 山东大学考古系：《山东长清县仙人台周代墓地》，《考古》1998年第9期。

[6] 山东省文物考古研究所、沂水县文物管理站：《山东沂水刘家店子春秋墓发掘简报》，《文物》1984年第9期。

[7] 海阳县博物馆　滕鸿儒、王洪明：《山东海阳嘴子前村春秋墓出土铜器》，《文物》1985年第3期。

[8] 山东省济宁市文物管理局：《薛国故城勘查和墓葬发掘报告》，《考古学报》1991年第4期。

[9] 淄博市博物馆：《山东淄博磁村发现四座春秋墓葬》，《考古》1991年第6期。

[10] 山东省博物馆、临沂地区文物组、莒南县文化馆：《莒南大店春秋时期莒国殉人墓》，《考古学报》1978年第3期。

[11] 山东省兖石铁路文物考古工作队：《临沂凤凰岭东周墓》，齐鲁书社，1987年。

[12] 聊城地区博物馆：《山东阳谷县景阳岗村春秋墓》，《考古》1988年第1期。

[13] 山东省文物考古研究所：《齐故城五号东周墓及大型殉马坑的发掘》，《文物》1984年第9期。

[14] A. 山东省博物馆：《临淄郎家庄一号东周殉人墓》，《考古学报》1977年第1期。
   B. 王恩田：《临淄国子墓和郎家墓的年代与墓主问题》，《考古与文物》1985年第6期。

[15] 淄博市博物馆、齐故城博物馆：《临淄商王墓地》，齐鲁书社，1997年。

[16] 山东省文物考古研究所、齐城遗址博物馆：《临淄两醇墓地发掘简报》，《海岱考古》第一辑，山东大学出版社，1989年。

[17] 山东省文物考古研究所、齐城遗址博物馆：《临淄东古墓地发掘简报》，《海岱考古》第一辑，山东大学出版社，1989年。

[18] 烟台市文物管理委员会：《山东长岛王沟东周墓群》，《考古学报》1993年第1期。

[19] 中国科学院考古研究所山东发掘队：《山东平度东岳石村新石器时代遗址与战国墓》，《考古》1962年第10期。

[20] 莱芜市图书馆、泰安市文物考古研究室：《山东莱芜市戴鱼池战国墓》，《文物》1989年第2期。

近[1]，章丘女郎山、宁家埠[2]，诸城臧家庄[3]，济南千佛山[4]，长清岗辛[5]，新汶凤凰泉墓地[6]以及邹平大省村[7]。

根据墓葬形制及随葬品情况，齐鲁地区东周墓的分类基本上与中原地区四种类型的墓葬划分相一致，不过，仍有一定的差别，主要表现为齐鲁地区东周墓中的第一类墓是由墓圹面积在100平方米以上的"甲"字形单墓道大墓（如临淄齐国故城M5）和战国晚期才出现的"中"字形双墓道大墓（如临淄商王M3、M4）共同构成，本地区第一类墓中未见中原地区辉县固围村的那种积沙墓和积炭墓。与此同时，本地区的第四类墓中包括有少量墓圹面积不足4平方米的小型铜器墓，这样的小型墓见于曲阜鲁国故城及滕州薛国故城。

二 齐鲁地区主要东周墓地和墓葬

（一）曲阜鲁国故城墓地

墓地位于曲阜鲁国故城西部。总共揭露两周墓葬129座，其中东周墓为31座。曲阜鲁国故城两周墓分为甲、乙两组，甲组东周墓为19座，乙组东周墓葬12座。墓葬皆为长方形竖穴土坑墓，葬具主要是一椁一棺，葬式流行仰身直肢，甲组墓绝大部分墓向朝南，乙组墓大多墓向朝北。

曲阜鲁国故城乙组M58（图8-14），墓圹面积约124平方米，椁室面积约19平方米，外棺长2.6米左右，宽1.22米左右，内棺大致长2.15米，宽0.68米，墓主头朝北，葬式不明，墓向为10°。随葬器物有铜容器鼎、尊、壶、罐、盘、匜等9件，陶器有釜、壶、罐等27件，另外还有玉石器、牙器等。该墓年代约为战国中期。

该墓地发现的时代大体一致的甲、乙组墓葬，他们的随葬陶器不同（图8-15、8-16），或是代表不同的族属，"一种应属鲁国统治阶级的墓葬……另一种类型……或以为应系鲁公所受殷民的后裔"[8]。这批墓葬为探讨鲁国墓葬制度奠定了基础。

（二）临淄齐国故城墓地

墓地位于临淄齐国故城内外。临淄城内之墓地集中于城东北（河崖头）、城东南（刘家寨及邵院村）一带。在河崖头村一带，大、中型春秋贵族墓共计20多座，它们被认为

---

[1] 沂水县博物馆：《山东沂水县发现五座东周墓》，《考古》1995年第4期。
[2] 山东省文物考古研究所：《章丘女郎山战国、汉代墓地发掘报告》、《章丘宁家埠遗址发掘报告》，《济青高级公路章丘工段考古发掘报告集》，齐鲁书社，1993年。
[3] A. 山东诸城县博物馆：《山东诸城臧家庄与葛布口村战国墓》，《文物》1987年第12期。
    B. 齐文涛：《概述近年来山东出土的商周青铜器》，《文物》1972年第5期。
[4] 李晓峰、伊沛扬：《济南千佛山战国墓》，《考古》1991年第9期。
[5] 山东省博物馆、长清县文化馆：《山东长清岗辛战国墓》，《考古》1980年第4期。
[6] 泰安地区文物局、新汶县文教局：《山东新汶县凤凰泉东周墓发掘简报》，《考古》1983年第11期。
[7] 山东省惠民地区文物组、邹平县图书馆：《山东邹平县大省村东周墓地》，《考古》1986年第7期。
[8] 中国社会科学院考古研究所：《新中国的考古发现和研究》，文物出版社，1984年。

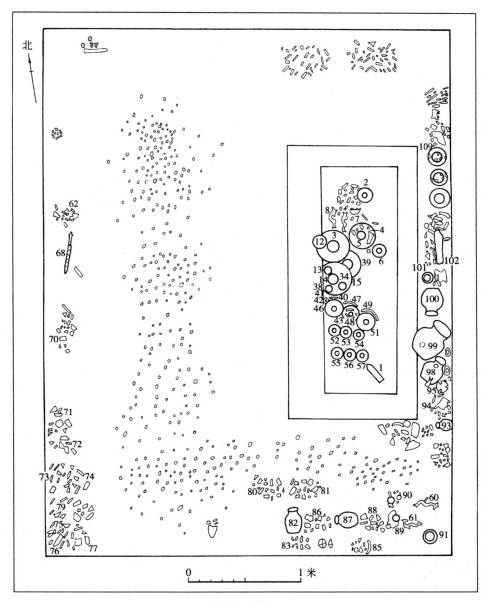

图 8-14 曲阜鲁国故城乙组 M58 平面图

1. 石圭　2~8、10~16、32、34、38~43、46~49、51~57、60~62. 玉饰　68. 铜剑　70、89、90、93. 陶壶　71~77、79~83、85~88. 陶罐　91. 铜钵　94. 铜匜　95. 铜鼎　98. 铜镳壶　99. 铜罐　100. 铜缶　101、108、109. 铜壶　102. 铜盘

是姜齐贵族墓。号称"田齐六陵"的田齐国君集中葬在临淄齐国故城东南之牛山及鼎足山上，其周围大墓则多属于田齐贵族[1]。

---

[1] 靳桂云：《东周齐国贵族埋葬制度研究》，《管子学刊》1994年第3期。

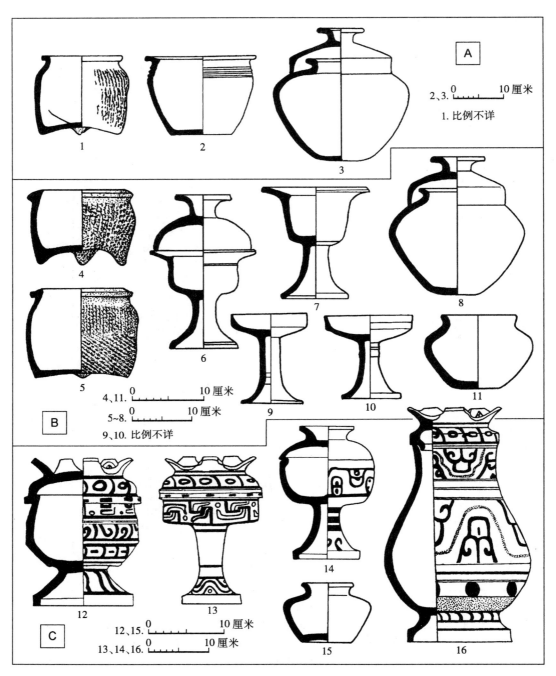

图 8-15 曲阜鲁国故城甲组东周墓葬随葬陶器
A. 春秋早期 1. 鬲（M202） 2. 盂（M202:2） 3. 罍（M202:3）
B. 春秋中期 4. 鬲（M209:1） 5. 鬲（M207:1） 6. 簋（M207） 7. 簋（M209） 8. 罍（M209:11）
 9. 豆（M209） 10. 豆（M207） 11. 罍（M207）
C. 春秋晚期 12. 簋（M116:2） 13. 豆（M116） 14. 豆（M116:20） 15. 罐（M116） 16. 壶（M116:16）

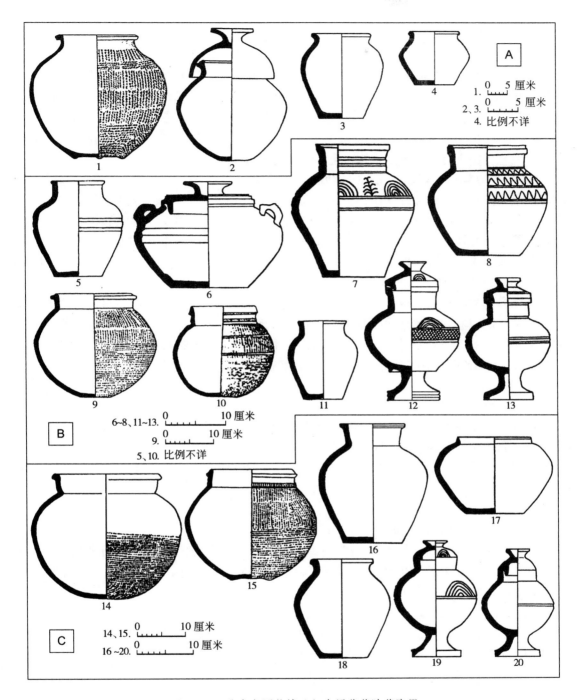

图 8-16 曲阜鲁国故城乙组东周墓葬随葬陶器
A. 春秋末期 1. 釜（M2:1） 2. 鬶（M1:6） 3. 罐（M2:7） 4. 罐（M2）
B. 战国早期 5. 罐（M52:101） 6. 罐（M52:99） 7. 壶（M3:19） 8. 壶（M52） 9. 釜（M52:104）
10. 釜（M3:49） 11. 罐（M3） 12. 壶（M3） 13. 壶（M3）
C. 战国中期 14. 釜（M54:1） 15. 釜（M58:110） 16. 壶（M58） 17. 罐（M58:105） 18. 罐（M58）
19. 壶（M54） 20. 壶（M54）

20世纪50年代在"凤凰塚"南发现一批有"国子"铭文铜器[1]。

20世纪70年代初期发掘的郎家庄M1[2]是一座未见墓道的封土大墓（图8-17），墓圹口残长21米，宽19.5米。木椁长5.05米，宽4.35米，周围有积石。在椁室四周分布着17座陪葬坑，主室东侧有6个坑，南侧有3个坑，北、西侧各有4个坑。坑内都有葬具。5号坑和15号坑陪葬者分别有殉人1、2个。陪葬坑中还出土了陶鼎、敦、豆、壶等器物。主墓中出土有残存的金带钩、金箔、错金骨饰等。

20世纪70年代末期在临淄齐国故城的城南发掘出的一座战国大墓，有南北墓道，墓坑四壁呈台阶式，四角往外突出，椁室则位于墓底之中，在四角发现有器物库[3]。80年代在齐鲁乙烯工程中发掘之M4及M5有共同的封土。M4有南墓道、椁室和积石，二层台上置有仿铜陶礼器鼎、豆、壶和陶编钟及编镈等器物100多件，墓内有陪葬坑19个，坑内有葬具，每坑1人，头朝椁室，并有玉髓、滑石环及水晶串饰等随葬品；M5的陪葬坑为22个，坑中共埋有40人。

临淄齐国故城贵族墓地揭示了东周齐国贵族葬制上的一些特色：如，因为有"田氏代齐"之举，所以春秋时代与战国时代的齐公室墓地不在一处，姜齐、田齐贵族墓地各占一隅。至于椁室的四周列陪葬坑，坑中有葬具，体现出临淄齐之大贵族在葬制上的独到之处[4]。另外，陪葬者多数有随葬品，有的陪葬墓中还发现了殉人[5]。

（三）黄县 器墓

1951年在黄县县城东南的南埠村春秋墓中出土了8件 器[6]，其中包括4件盨，鼎、鬲、盘、匜各1件。盨及盘、匜上面皆有铭文。1969年烟台南郊上夼村的墓葬中出土了铜器群，包括鼎2件、壶2件、匜1件、钟1件等，两件鼎的内壁有" 侯"铭文[7]。这两座墓皆为春秋早期墓[8]。

（四）临沂凤凰岭东周墓

1982～1983年发掘[9]。该墓包括墓室、器物坑和车马坑。墓底的南北长度为10.45米，东西宽度是8.7米。墓室分为前室和后室，墓主人为男性，头向朝东，仰身直肢葬

---

[1] A. 杨子范：《山东临淄出土的铜器》，《考古通讯》1958年第6期。
　　B. 王恩田：《临淄国子墓和郎家墓的年代与墓主问题》，《考古与文物》1985年第6期。
[2] 山东省博物馆：《临淄郎家庄一号东周殉人墓》，《考古学报》1977年第1期。
[3] 文物编辑委员会：《文物考古工作十年》，文物出版社，1990年。
[4] A. 文物编辑委员会：《文物考古工作十年》，文物出版社，1990年。
　　B. 中国社会科学院考古研究所：《新中国的考古发现和研究》，文物出版社，1984年。
[5] 靳桂云：《东周齐国贵族埋葬制度研究》，《管子学刊》1994年第3期。
[6] 王献唐：《黄县 器》，山东人民出版社，1960年。
[7] 齐文涛：《概述近年来山东出土的商周青铜器》，《文物》1972年第5期。
[8] 李学勤：《东周与秦代文明》，文物出版社，1984年。
[9] 山东省兖石铁路文物考古工作队：《临沂凤凰岭东周墓》，齐鲁书社，1987年。

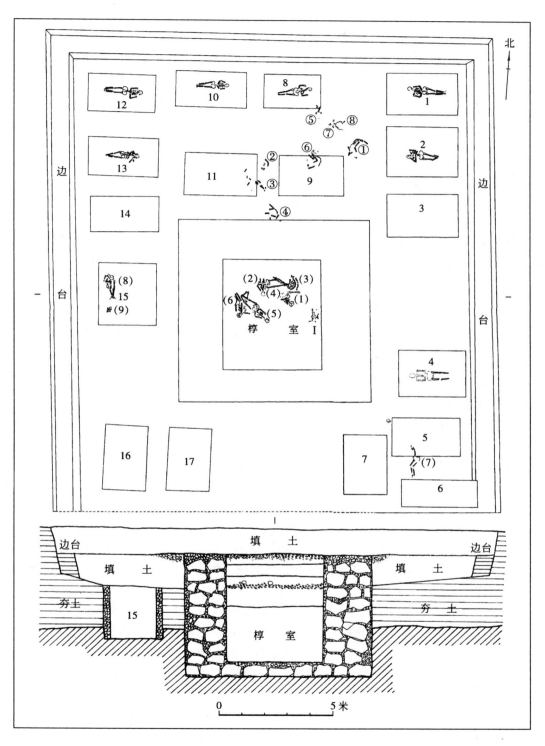

图 8-17 临淄郎家庄 M1 平面、剖面图

I. 墓主人骨　1~17. 陪葬坑　(1)~(9) 殉葬人　①~⑧ 殉狗

式，葬具为一椁一棺。在墓室内发现14具殉人，随葬器物共329件，其中铜器94件，包括鼎、簋、簠、敦、盆、卣、壶、盘、编镈、纽钟等；玉石器有环、璜、玉佩、玦、串珠等；另外还有陶器、杂器等。该墓为春秋晚期墓，墓主为国君级贵族。

（五）沂水刘家店子墓地

1978年在这里清理了2座墓葬及1座车马坑[1]。墓葬均呈长方竖井状，方向109°，M1墓底长为8.5米，宽为5.8米，在墓室内发现了椁室以及两个器物库（图8-18），墓主人头向朝东，葬具为三重棺椁，墓内殉葬者的数量较多，在南器物库顶上就发现了30

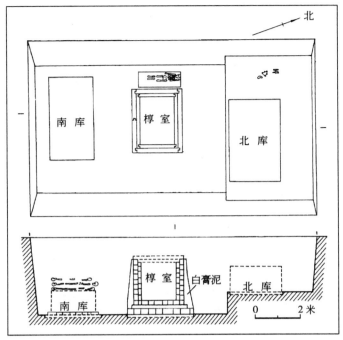

图8-18　沂水刘家店子M1平面、剖面图

余人。随葬的铜礼器主要见于南库，器形有鼎、甗、鬲、簠、罍、壶、盉、盘、盆、匜等。乐器主要出自北库，有编钟、编镈。M2的墓底长度为6.1米，宽度是4.5米。该墓墓室分为南北两部分。北部是椁室，南部是器物库。墓底有腰坑，坑内有殉狗。出土的器物包括铜鼎、壶、盘、匜以及编钟等。这两座墓的年代皆为春秋中期，据推测为莒国墓，墓主为莒国国君（或封君）夫妇。

（六）莒南大店殉人墓

1975年发掘了M1和M2[2]。M1墓室接近方形，墓向80°，在墓室东北端有斜坡墓道，墓口长11余米，宽10余米，墓室分为南北两部分，中间有一隔梁，椁室在南，器物坑在北。椁室宽近6米，有墓主的棺椁和10具殉人棺，椁长为5米，宽近4米。所殉10人分布于椁外三面，皆为仰身直肢的成年人。在器物坑内有铜鼎、敦、壶等8件容器，以及钟、镈等乐器，还有鼎、甗、敦、豆、壶等37件陶器（图8-19）。M2墓室亦近方形，墓道在墓室东南侧，墓向100°，墓口长10米左右，宽9米。墓室北部是椁室，南部是器物坑。墓室中间发现一个方形腰坑，坑内殉一狗。墓主的棺椁和10具殉人棺位于椁室中间。

---

[1] 山东省文物考古研究所、沂水县文物管理站：《山东沂水刘家店子春秋墓发掘简报》，《文物》1984年第9期。

[2] 山东省博物馆、临沂地区文物组、莒南县文化馆：《莒南大店春秋时期莒国殉人墓》，《考古学报》1978年第3期。

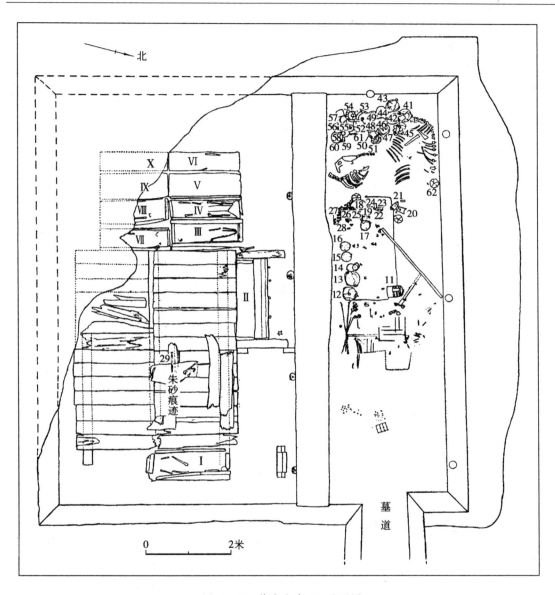

图 8-19 莒南大店 M1 平面图

I~X.殉人棺　11.铜镈　12、13.铜鼎　14.铜壶　15~17.铜敦　18.铜盘　19.铜舟　20~28.铜纽钟　29.铜剑
41~47.铜鼎　48~51、59.陶敦　52~58.陶壶　60.陶罐　61.陶甗　62.陶豆

椁长 4 余米, 宽 2.5 米左右。墓主头朝东, 大概是男性, 葬式不清。殉人皆仰身直肢。器物坑里有陶鼎、豆、壶、鬲、甗等 58 件, 铜卣及编钟等 32 件, 以及石编磬等。M2 和 M1 分别属于春秋中、晚期。墓主为莒国贵族。

(七) 临淄商王墓地

1992~1993年进行了发掘，发掘东周墓4座，年代为战国晚期[1]。其中M3（图8-20）、M4两座为"中"字形双墓道墓，因多次被盗，故葬具和葬式情况不明。这两墓墓口南北长度为16.1~18.2米，东西宽度为15.2~16米，深度为10.7~11.5米。M1和M2为长方形竖穴墓，葬具都是一椁一棺，墓主都是仰身直肢葬式，头向皆朝北。此两墓墓口南北长度为4米余，东西宽度为3米余。随葬器物有鼎、盒、壶、罍、耳杯、汲酒器、盘、匜、蒜口瓶（图8-21）等器皿，另外还有编钟、兵器及车马器等。

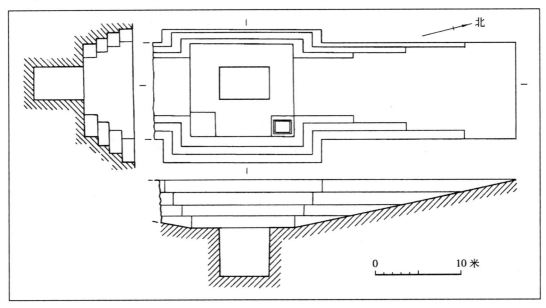

图8-20 临淄商王墓地M3平面、剖面图

(八) 章丘女郎山M1战国大墓

1990年发掘[2]，是"甲"字形竖穴土坑墓（图8-22），墓向190°，封土和墓坑上部填土都被破坏了，现存的墓口南北长度为13.15米，东西宽度为12.58米。墓室内有椁室和5个陪葬墓。葬具是三重椁棺，外有积石。墓主仰身直肢，似乎是一位老年男子。5个陪葬墓（坑）分别位于西侧及北侧的二层台上，其中1号、2号、4号、5号坑中的葬具为一椁一棺，而3号坑中为单棺，陪葬者都是年轻女性，坑内都有陶器。位于东二层台上的器物库被盗，仅存10余件陶礼器及2套石磬。椁室内出土了丰富的随葬品。随葬青铜器有鼎、敦、豆、壶、钫、盘等。另外还有陶礼器、石编磬等。女郎山M1战国大墓的具体年代应该是战国中期。

---

[1] 淄博市博物馆、齐故城博物馆：《临淄商王墓地》，齐鲁书社，1997年。
[2] 山东省文物考古研究所：《章丘绣惠女郎山一号战国大墓发掘报告》，《济青高级公路章丘工段考古发掘报告集》，齐鲁书社，1993年。

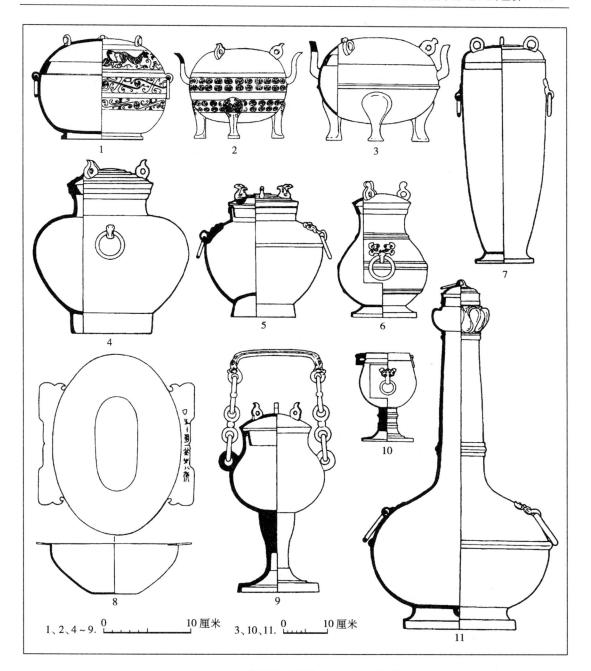

图 8-21 临淄商王墓地 M1 随葬铜礼器
1. 盒（M1:20:2） 2. 鼎（M1:105） 3. 鼎（M1:5:1） 4. 罍（M1:27） 5. 罍（M1:30） 6. 壶（M1:24）
7. 杯形壶（M1:109） 8. 耳杯（M1:112:2） 9. 高柄壶（M1:26） 10. 高柄壶（M1:28） 11. 蒜口瓶（M1:97）

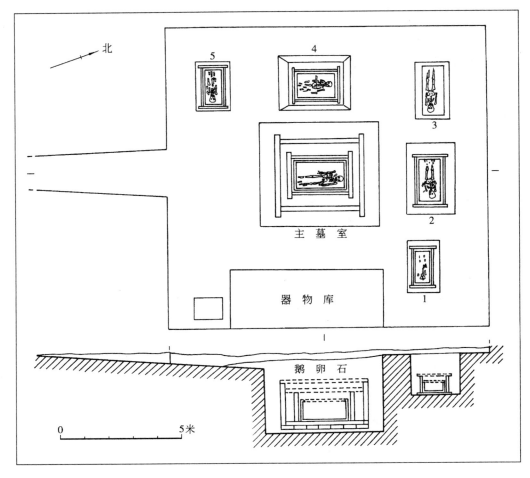

图 8-22 章丘女郎山 M1 平面、剖面图
1~5.陪葬墓

（九）长清仙人台墓地

墓地于 1995 年发掘[1]，揭露了 6 座邿国贵族墓，其中 5 座为春秋墓。皆是长方形竖穴土坑墓，面积由 10~20 余平方米不等。葬具为二重或三重棺椁。仰身直肢葬式。M5 年代最晚，是一座长方形竖穴土坑墓（图 8-23）。墓向为 290°，墓口东西长度是 4.6 米，宽度是 3.3 米，墓底的中部有腰坑，坑内殉狗一只，葬具是一椁一棺。长方形的椁室长为 2.9 米，宽为 2.4 米。棺长为 2.15 米，宽为 1 米。墓主人女性，仰身直肢。随葬品有鼎、豆、鬲、罐等 17 件陶器；铜礼器 10 件，包括鼎、甗、敦、壶以及盘等；乐器有 9 件编钟、14 件编磬；另外还有车马器、兵器等。该墓年代属春秋中期，墓主为士级女贵族。

---

[1] A. 山东大学考古系：《山东长清县仙人台周代墓地》，《考古》1998 年第 9 期。
B. 山东大学历史文化学院考古系：《长清仙人台五号墓发掘简报》，《文物》1998 年第 9 期。

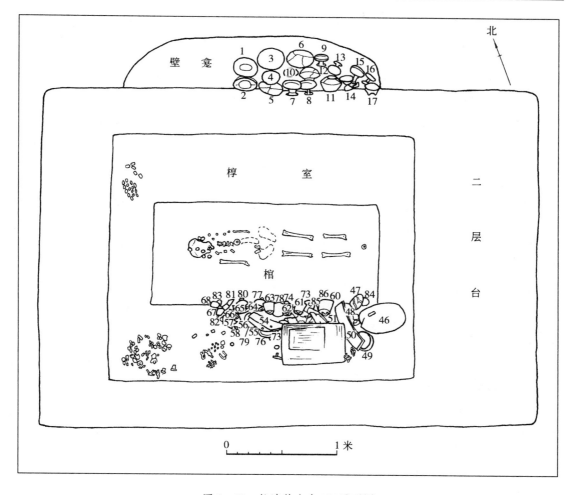

图 8-23 长清仙人台 M5 平面图
壁龛内 1、2、11、12. 陶罐 3、5、6. 陶鼎 4、17. 陶鬲 7~10、13~16. 陶豆
椁室内 46. 铜盘 47、75、77. 铜舟 48. 铜壶 49、79. 铜敦 50~59、74、81~83. 石磬 60~68. 铜编钟 72、73、76. 铜鼎 78. 铜盒 80. 铜甗 84. 铜舟形器 85. 铜带流鼎 86. 铜异形器

三 齐鲁地区东周墓葬的埋葬特点

（一）墓向与葬式

本地区东周墓以北向和东向为主，也有南向及西向墓。

第一类的大型墓中，临淄齐国故城 M5[1]、临淄商王墓地 M3 和 M4 为北向，长清岗辛及莒南大店 M1 则为东向，章丘女郎山 M1 为南向。

---

[1] 山东省文物考古研究所：《齐故城五号东周墓及大型殉马坑的发掘》，《文物》1984 年第 9 期。

齐鲁地区东周墓葬较集中的墓地有曲阜鲁国故城、滕州薛国故城、章丘宁家埠[1]、长岛王沟等。在曲阜鲁国故城墓地，除发掘报告中定为东周墓的30座墓外，该墓地的M14、M20、M30、M46、M48、M49、M11也应为东周墓[2]。在这37座墓中，有36座墓方向可辨，其中北向者约占75%。

滕州薛国故城已发掘了9座东周墓，除M4墓向不明之外，其余8座皆为北向。章丘宁家埠东周墓共计110座，而墓向清楚者108座，其中东向墓约占43%，北向墓约占30%，以下依次为西向及南向墓。长岛王沟墓地19座东周墓中，墓向清晰者为18座，其中东向者约占83%。另外，临淄两醇墓地的东周墓，墓向也以东向者居多，其次为北向者。

至于葬式，在齐鲁地区东周墓中仅见两种，一种是仰身直肢，另一种是屈肢葬。屈肢葬仅见于滕州薛国故城、宁家埠和临淄两醇墓地。滕州薛国故城9座墓中，仅4座墓的葬式可辨，其中M7为双人合葬，这两位死者中一位仰身直肢，另一位侧身屈肢；另外1座为侧身屈肢，2座是仰身直肢葬。所以滕州薛国故城东周墓中似以仰身直肢葬居多。章丘宁家埠墓地的东周墓中有107座葬式可辨，其中屈肢葬约占3%，仰身直肢葬约占97%，居绝对优势。在临淄两醇墓地，葬式虽有仰身直肢和侧身屈肢，但前者多，后者很少见。至于齐鲁地区其他的东周墓地，墓主基本上都采用仰身直肢葬，甚至在临淄郎家庄M1、章丘女郎山M1以及莒南大店M1、M2和临淄凤凰岭东周墓中，连葬式可辨的陪葬者及殉葬者都采用仰身直肢葬。

（二）墓室结构与葬具

本地区的东周墓是以土坑竖穴墓居绝对优势，亦有带一条墓道的"甲"字形墓（如临淄齐国故城M5）及"中"字形双墓道大墓（如临淄商王墓地M3、M4）。但在东周鲁墓中迄今未见带墓道者。临淄两醇墓地发现有11座洞室墓。

大型齐墓往往在椁室周围设置棺椁齐全的陪葬坑，坑内葬有陪葬者[3]。郎家庄M1和辛店齐鲁乙烯厂M4和M5[4]以及淄河店M2[5]等都属于这种大型陪葬墓。临淄郎家庄M1中还有殉人9具，其中包括从属于陪葬墓的3具殉人。春秋早期的曲阜鲁国故城M202、春秋中期的莒南大店M2和春秋晚期的大店M1等皆有殉人。另外，在滕州薛国故城M1~M3、M6、M9中也发现有殉人。其中，M2有4位殉人，一位被仰身直肢地置于椁底的殉人坑中，另外三人位于椁室南部，且只有人头骨和少量的肢骨。

齐国大墓内有别具特色的器物坑。器物坑大多挖于生土二层台上，通常位于二层台上

---

［1］山东省文物考古研究所：《章丘宁家埠遗址发掘报告》，《济青高级公路章丘工段考古发掘报告集》，齐鲁书社，1993年。

［2］朱凤瀚：《古代中国青铜器》，南开大学出版社，1995年。

［3］中国社会科学院考古研究所：《新中国的考古发现和研究》，文物出版社，1984年。

［4］文物编辑委员会：《文物考古工作十年》第170页，文物出版社，1990年。

［5］A. 思齐：《近年来齐墓的新发现及相关问题》，《中国文物报》1993年4月25日。
  B. 靳桂云：《东周齐国贵族埋葬制度研究》，《管子学刊》1994年第3期。
  C. 魏成敏、靳桂云：《临淄区淄河店东周墓地》，《中国考古学年鉴（1990）》，1991年。

的一侧或两侧，也有在四角的[1]。如临淄齐国故城 M5 的器物坑挖于北二层台上，而位于郎家庄 M1 以东约 0.5 公里的大夫观战国墓的器物坑就位于墓室四隅[2]。在临淄商王墓地，M3 的两个器物坑分别位于二层台的东南角及东北角，M4 的四个器物坑则分别设在生土二层台的四个角上。章丘女郎山 M1 战国大墓的器物坑也位于二层台上。

关于齐鲁地区东周墓的葬具情况，大致可分为以下五种：（1）四重葬具，这种情况见于长清仙人台 M6，滕州薛国故城 M1、M2。（2）三重葬具，见于滕州薛国故城 M9、M5、M3，沂水刘家店子 M1，长岛王沟 M10，章丘宁家埠 M137 和女郎山 M1，莱芜戴鱼池战国墓。（3）双重葬具，即一椁一棺，这种墓葬较多，在齐、鲁贵族墓葬中最为常见。（4）单棺，流行于陶器墓中。章丘宁家埠东周墓中共有陶器墓 36 座，其中，31 座墓的葬具情况清楚，单棺墓有 24 座，占 77.42%。（5）无葬具，常见于无随葬品墓中，在章丘宁家埠 66 座无随葬品的东周墓中，未见葬具者约占 65%。

（三）齐鲁地区东周墓随葬铜器、陶器组合

以下依次叙述春秋时期的随葬铜器、陶器和战国时期的随葬铜器、陶器。

1. 春秋时期

齐鲁地区已发表资料且未经盗掘的春秋早期墓，主要有曲阜鲁国故城甲组 M203 和乙组 M11、M14、M20、M30、M46、M48、M49[3]，临朐泉头村 M 甲、M 乙，栖霞吕家埠 M1、M2[4]，长清仙人台 M6 等。

有学者指出："齐国盛行形制相同、大小相等、呈偶数组合的鼎。"[5] 近年来新发现的长清仙人台 M6 证实该现象在春秋早期即已存在。该墓出土的铜器有鼎、簋、壶、盂、豆、盘、匜等，其中列鼎有两套，不但数量皆为偶数，并且 8 件 E 型鼎大小基本相同，而非大小相次。齐鲁地区在一鼎铜器墓中亦存在食器、酒器、水器组合，如曲阜鲁国故城乙组 M30。已出土的春秋早期齐鲁地区铜器墓以非列鼎墓，特别是一鼎墓最常见，而在非列鼎墓中，除鼎之外，盘、匜也较为常见（图 8-24）。

春秋中、晚期的墓葬有沂水刘家店子 M1、M2，海阳嘴子前村 M1，曲阜鲁国故城甲组 M115、M104、M201[6]，滕州薛国故城 M1、M2、M4、M6、M7、M9[7]，阳谷景阳岗春秋

---

[1] 靳桂云：《东周齐国贵族埋葬制度研究》，《管子学刊》1994 年第 3 期。
[2] 文物编辑委员会：《文物考古工作十年》第 170 页，文物出版社，1990 年。
[3] A. 山东省文物考古研究所、山东省博物馆、济宁地区文物组、曲阜县文管会：《曲阜鲁国故城》，齐鲁书社，1982 年。
   B. 朱凤瀚：《古代中国青铜器》，南开大学出版社，1995 年。
   C. 刘彬徽：《山东地区东周青铜器研究》，《中国考古学会第九次年会论文集》，文物出版社，1997 年。
[4] A. 栖霞县文物管理所：《山东栖霞县松山乡吕家埠西周墓》，《考古》1988 年第 9 期。
   B. 刘彬徽：《山东地区东周青铜器研究》，《中国考古学会第九次年会论文集》，文物出版社，1997 年。
[5] 王恩田：《东周齐国铜器的分期与年代》，《中国考古学会第九次年会论文集》，文物出版社，1997 年。
[6] A. 山东省文物考古研究所、山东省博物馆、济宁地区文物组、曲阜县文管会：《曲阜鲁国故城》，齐鲁书社，1982 年。

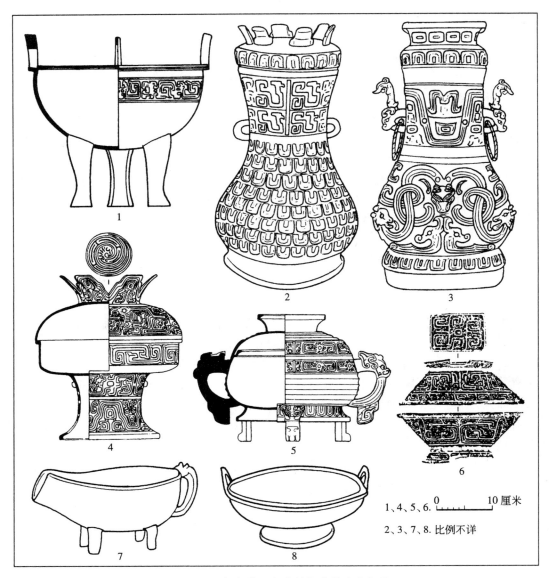

图 8-24 齐鲁地区春秋早期墓葬随葬铜器
1. 鼎（仙人台 M6：B3）　2. 圆壶（仙人台 M6：B29）　3. 方壶（仙人台 M6：B31）　4. 豆（仙人台 M6：B8）
5. 簋（仙人台 M6：B37）　6. 簠（泉头村 M乙）　7. 匜（鲁国故城 M49：5）　8. 盘（鲁国故城 M49：3）

墓，淄博磁村 M01～M03、M1，临沂凤凰岭东周墓等。除曲阜鲁国故城甲组 M104 之外，其余皆有铜器出土。山东地区春秋中、晚期的鼎制比早期的复杂化了。原来那种形制、纹

B. 刘彬徽：《山东地区东周青铜器研究》，《中国考古学会第九次年会论文集》，文物出版社，1997年。
〔7〕　A. 山东省济宁市文物管理局：《薛国故城勘查和墓葬发掘报告》，《考古学报》1991年第4期。
B. 朱凤瀚：《古代中国青铜器》，南开大学出版社，1995年。

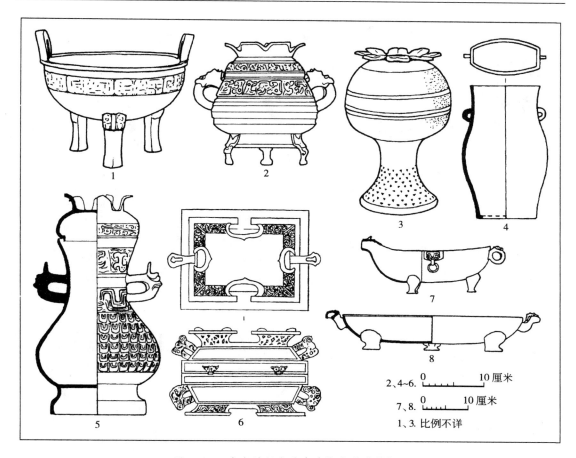

图 8-25 齐鲁地区春秋中晚期墓葬随葬铜器
1. 鼎（刘家店子 M1:14） 2. 簠（薛国故城 M1:67） 3. 豆（刘家店子 M1:25） 4. 方壶（景阳岗墓）
5. 圆壶（薛国故城 M2:123） 6. 簋（凤凰岭墓） 7. 匜（薛国故城 M2:121） 8. 盘（薛国故城 M2:120）

饰及大小均相同的列鼎依然可见，其中的列鼎数既保留有偶数形式，如临沂凤凰岭东周墓；也有了奇数形式，如沂水刘家店子 M2。与此同时，山东境内的局部区域，开始出现与中原地区一致的鼎制，目前能确认的是滕州薛国故城，在该遗址的几座铜器墓中出现形制纹饰相同、大小相次的列鼎。山东地区春秋中、晚期七鼎墓的铜器基本组合是鼎、鬲、簠、簋、壶、鉴、盘、匜。非列鼎墓的随葬铜器基本组合为鼎、鉴（图 8-25）。

齐鲁地区春秋早期随葬陶器以鬲、罐为主，也有随葬其中一种的，还有少数墓葬随葬有鼎、簋、豆、罍等其他陶器。当时齐鲁地区的铜器墓一般同时随葬日用陶器。

齐鲁地区春秋中、晚期随葬陶器组合较常见的是鬲、豆、罐，另外还有一些墓中出现了鼎、豆、罐的组合，罍也成了常见器物（图 8-26）。此期齐鲁地区多数铜器墓中仍同时出土日用陶器。

2. 战国时期

齐鲁地区战国早期保存完好的墓葬主要有曲阜鲁国故城乙组 M52，长岛王沟 M1、M2、

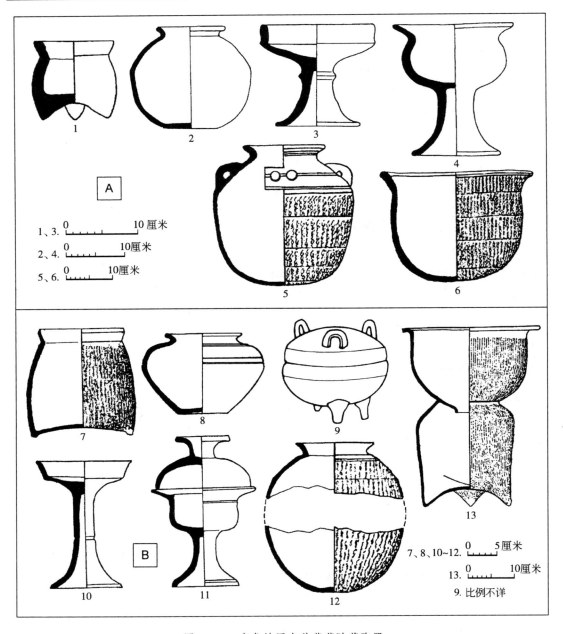

图 8-26 齐鲁地区春秋墓葬随葬陶器
A. 早期 1. 鬲（吕家埠 M1） 2. 罐（仙人台 M6:B42） 3. 豆（仙人台 M6:B47） 4. 簋（仙人台 M6:B45）
5. 甗（吕家埠 M2） 6. 盆（吕家埠 M2）
B. 中晚期 7. 鬲（王沟 M3:10） 8. 甗（薛国故城 M1:86） 9. 敦（大店 M1:49） 10. 豆（王沟 M3:8）
11. 簋（鲁国故城 M207:4） 12. 罐（王沟 M3:13） 13. 甑（大店 M1:61）

M7、M10～M12，平度东岳石 M16，栖霞大丁家村 M1、M2[1]，章丘女郎山西坡 M7[2]，沂水刘家山宋村 M3，泉庄乡尹家峪 M2[3]。其中曲阜鲁国故城乙组 M52，王沟 M1、M2、M10 和东岳石 M16 出土有铜器。在以上的铜器墓中，鲁国故城 M52 与长岛王沟 M10 的规模较大，其墓圹面积分别为 150 平方米和 50 余平方米，而长岛王沟 M1、M2、平度东岳石 M16 的墓圹面积都在 12 平方米以下。在中原地区，与鲁国故城 M52 同等大小的战国早期铜器墓还未见于报道，而和长岛王沟 M10 规模相当的是山彪镇 M1。通过对比，我们不难发现，山彪镇 M1 的随葬铜器是远远多于王沟 M10 的，二者相差到了悬殊的程度。王沟 M10 的随葬铜器有鼎、豆、敦、壶、钶、鉴 11 件。其种类和数量与前文中原后川墓地的 M2115 相近，曲阜鲁国故城乙组 M52 虽墓圹面积较大，但随葬铜器总共只有 6 件，陶器也不过 20 余件，其随葬铜器数量仅相当于山西潞城潞河 M8。

还有一些小型的齐国铜器墓，如平度东岳石 M16，长岛王沟 M1、M2，其随葬铜器与其规模相当，基本组合为鼎 1 件、豆 2 件、敦 1 件、壶 1 件、钶 1 件，比上文中原同期小型铜器墓的基本组合多出了食器敦和酒器钶，而缺少了水器盘，这个特点，在春秋中、晚期齐鲁地区非列鼎铜器墓随葬铜器组合中便已呈现。有学者认为东周齐国青铜器中，"敦（带环耳鼎形的和球形的）、舟（钶）所占数量和比例都较大……铜敦和铜舟（钶）这两种器形有可能最早源于齐国"[4]。

战国中、晚期齐鲁地区随葬铜器的墓葬有曲阜鲁国故城乙组 M58，济南千佛山战国墓，平度东岳石 M14，临淄商王 M1、M2。曲阜鲁国故城 M58 墓圹面积达 124 平方米左右，随葬铜器组合是鼎、壶、尊、镳壶、罐、钵、盘、匜共 9 件（图 8-27）。

齐鲁地区战国早期随葬陶器组合可分为两类，一类是与铜器共存的随葬陶器组合，为鼎、豆、壶，这类组合也见于齐鲁地区的个别陶器墓中，如栖霞大丁家村 M1 和 M2，其组合中除鼎、豆、壶外，还有钵、盘、匜、罐；而另一类陶器组合，即齐鲁地区大多数陶器墓的随葬陶器组合为豆、盂、壶、罐、鬲、豆、罐、盆等。

战国中、晚期齐鲁地区随葬陶器组合多为鼎、豆、壶，其中的壶多为提梁壶，到了战国晚期个别墓中出现了盒，与鼎、豆、壶共存。还有一些形制规模偏小的陶器墓仅随葬 1 件陶罐（图 8-28）。

另外，在临淄齐故城附近的东古城村曾揭露出近百座由西周晚期至战国的墓葬，其中一些墓的陶鼎呈现出以偶数形式随葬的现象，与之共存的簋、豆、罐亦为偶数，这体现出了地方特色[5]。

---

[1] 李元章：《山东栖霞县大丁家村战国墓的清理》，《考古》1995 年第 11 期。
[2] 山东省文物考古研究所：《章丘女郎山战国、汉代墓地发掘报告》，《济青高级公路章丘工段考古发掘报告集》，齐鲁书社，1993 年。
[3] 沂水县博物馆：《山东沂水县发现五座东周墓》，《考古》1995 年第 4 期。
[4] 杜迺松：《东周时代齐、鲁青铜器探索》，《南方文物》1995 年第 2 期。
[5] 文物编辑委员会：《文物考古工作十年》第 170 页，文物出版社，1990 年。

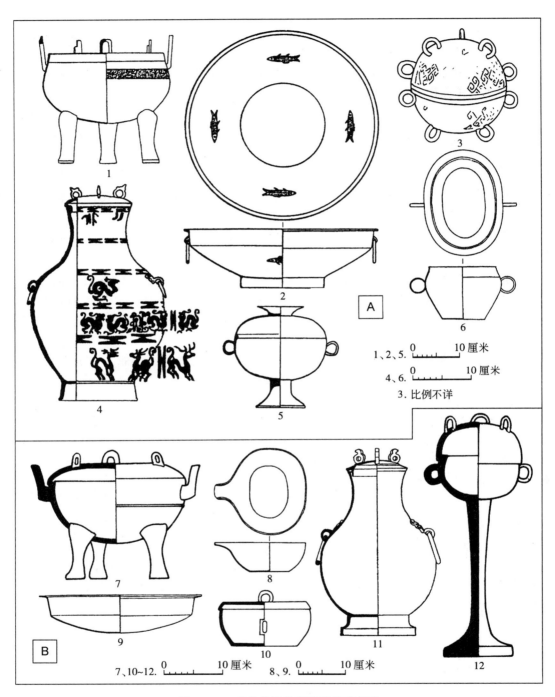

图 8-27 齐鲁地区战国墓葬随葬铜器
A. 早期 1. 鼎（戴鱼池墓） 2. 盘（东岳石 M16:35A） 3. 敦（东岳石 M16:23） 4. 壶（王沟 M10:29） 5. 豆（戴鱼池墓） 6. 钫（戴鱼池墓）
B. 中晚期 7. 鼎（女郎山 M1:48） 8. 匜（商王墓地 M1:93①） 9. 盘（商王墓地 M1:18） 10. 钫（女郎山 M1:37） 11. 壶（千佛山墓） 12. 豆（女郎山 M1:39）

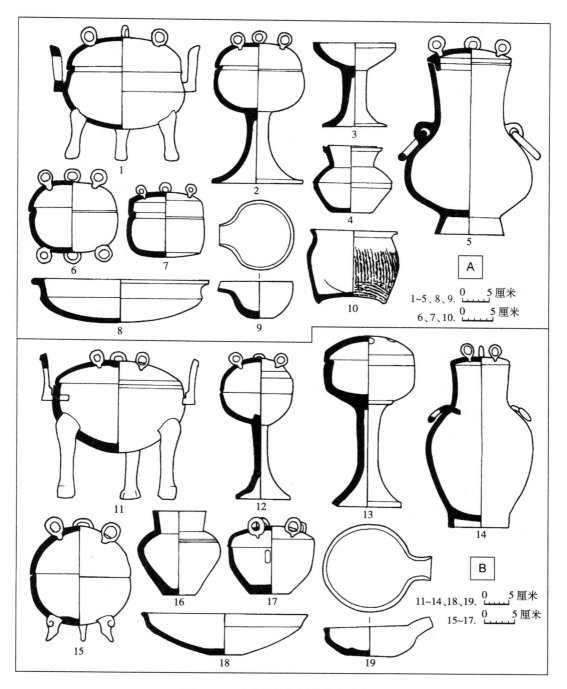

图 8-28 齐鲁地区战国墓葬随葬陶器

A. 早期　1. 鼎（王沟 M10:37）　2. 豆（王沟 M10:41）　3. 豆（宋村 M3:3）　4. 罐（王沟 M10:44）　5. 壶（王沟 M10:38）　6. 敦（王沟 M10:53）　7. 钫（王沟 M10:51）　8. 盘（王沟 M10:52）　9. 匜（王沟 M10:60）　10. 鬲（宋村 M3:1）

B. 中晚期　11. 鼎（女郎山 M1）　12. 豆（女郎山 M1）　13. 豆（女郎山 M110）　14. 壶（女郎山 M1）　15. 敦（女郎山 M1）　16. 罐（商王墓地 M4K3:1）　17. 钫（女郎山 M1）　18. 盘（女郎山 M1）　19. 匜（女郎山 M1）

第三节 东周秦墓的埋葬制度

一 秦墓的分布与分类

东周秦墓主要分布于关中和陇东地区，到 1994 年，在已发现的上千座秦墓中，关中及陇东地区的就有 622 座[1]。如今，随着陕西咸阳塔儿坡墓地[2]和陇县店子墓地[3]资料的发表，关中及陇东地区东周秦墓已达 900 余座。

到了战国晚期，随着秦人的进军步伐，包括山西、河南等地在内的关东地区亦开始出现秦墓，但东周秦墓仍主要以关中及陇东地区为代表，尤其是关中秦墓最能体现秦文化本色[4]。有学者将关中秦墓划分为四个集中区域和四种类别[5]。其四个区域是宝鸡地区、西安地区、铜川地区、大荔地区，前两个地区发现的秦墓较多，而后两个地区则较少。四种类别是随葬青铜礼器的 A 类墓，随葬仿铜陶礼器的 B 类墓，随葬日用陶器的 C 类墓，无随葬品的 D 类墓。亦有学者根据随葬鼎制，将铜、陶礼器墓分成三类，即五鼎墓、三鼎墓、二鼎或一鼎墓，另外，再加上实用陶器墓以及无容器墓，共分成五类[6]。也有仅将陵园大墓定为大型墓，余者皆划分为小型墓的[7]。

我们参照上述划分法，综合细分为六类，第一类是有墓道的"中"字形或"甲"字形的大型青铜器墓；第二类是随葬青铜器的竖穴或洞室墓，即中小型青铜器墓；第三类是仿铜陶礼器墓；第四类是日用陶器墓；第五类是无随葬容器墓；第六类是无随葬品墓。

二 典型的秦墓墓地

（一）咸阳塔儿坡墓地

1995 年发掘，有战国晚期至秦代的墓葬 381 座。其中洞室墓为 281 座，竖穴墓为 100 座。有木质葬具者为 370 座，其中 327 座为一棺，43 座为一棺一椁。另外，还有 9 座为瓮棺葬。381 座秦墓中，除 68 座墓葬式不清外，有 268 座墓为屈肢葬，45 座为直肢葬。墓的朝向，绝大多数向西，有 271 座；其次是向北，有 66 座，21 座向东，14 座向南。咸阳塔儿坡 165 座战国晚期墓中，屈肢葬占 70.3%，洞室墓达 111 座，27 座发现有椁，随葬日用陶器的有 131 座，出陶礼器的才 29 座。战国晚期日用陶器墓中流行釜、罐、盒、壶、茧形壶、盆、瓮等；战国晚期陶礼器墓组合为鼎、盒、壶、小口罐、盆。该墓地出土陶器总计 662 件，出土铜礼器、车马杂器、兵器等合计 319 件。M17396 为竖穴墓，墓向是 350°（图

---

[1] 王学理、尚志儒、呼林贵：《秦物质文化史》，三秦出版社，1994 年。
[2] 咸阳市文物考古研究所：《塔儿坡秦墓》，三秦出版社，1998 年。
[3] 陕西省考古研究所：《陇县店子秦墓》，三秦出版社，1998 年。
[4] 叶小燕：《秦墓初探》，《考古》1982 年第 1 期。
[5] 滕铭予：《关中秦墓研究》，《考古学报》1992 年第 3 期。
[6] 李进增：《关中东周秦墓与秦国礼制兴衰》，《考古与文物》1991 年第 1 期。
[7] 韩伟：《略论陕西春秋战国秦墓》，《考古与文物》1981 年第 1 期。

第八章　东周时期中原地区的墓葬　321

8-29），墓口面积 13.02 平方米，一棺一椁，头端有壁龛。墓主仰身直肢，随葬铜带钩及陶壶等。该墓为战国晚期墓。M25104 为洞室墓，墓圹土坑竖穴，洞室掏在东端，拱形弧顶（图 8-30），墓向是 265°，墓口面积 13.3 平方米，有长方形棺。墓主仰身屈肢，洞室口部有圆木封门，无随葬品。

（二）长安客省庄墓地

1955～1957 年发掘东周墓 71 座，除 3 座墓圹不清外，余者皆为长方形竖穴墓[1]。其中发现木棺痕迹者为 44 座，没有木质葬具者为 14 座。墓主人头向朝西的为 42 座，朝东、北、南的分别为 6 座、19 座、4 座。除 6 座墓葬式不清外，墓主人呈屈肢葬式的 60 座，呈仰身伸直葬式的 5 座。另外在该墓地还发现了 31 座瓮棺葬。71 座东周墓均属于战国早期。随葬铜陶容器的 24 座墓中，有 6 座为棺椁皆备的二重葬具墓，其中只有 M202 是铜器墓，出鼎 2 件、甗 1 件、簋 2 件、壶 2 件、鉴 2 件、盘 1 件、匜 1 件，其余皆为陶器墓。客省庄墓地战国早期陶器墓以日用陶器墓居绝对优势，陶礼器墓发现较少，属个别现象。最流行的陶器组合为鬲、罐，共计 15 例，该组合所占比例超过 60%。

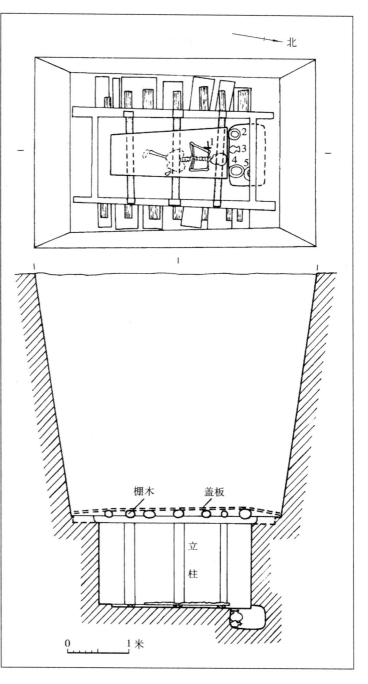

图 8-29　咸阳塔儿坡 M17396 平面、剖面图
1. 铜带钩　2. 陶罐　3、5. 陶壶　4. 陶釜

---

[1]　中国科学院考古研究所：《沣西发掘报告》，文物出版社，1962 年。

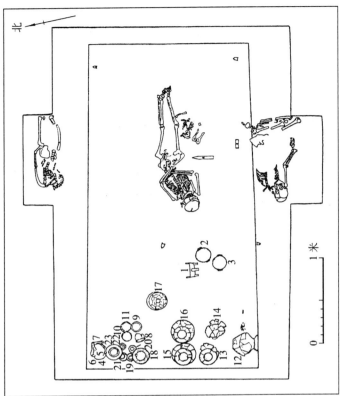

图 8-31 凤翔八旗屯 CM2 平面图
1~3. 陶鼎 4. 铜簋 5. 铜盘 6. 铜匜 7. 铜甗 8~11. 陶簋 12~23. 陶罐

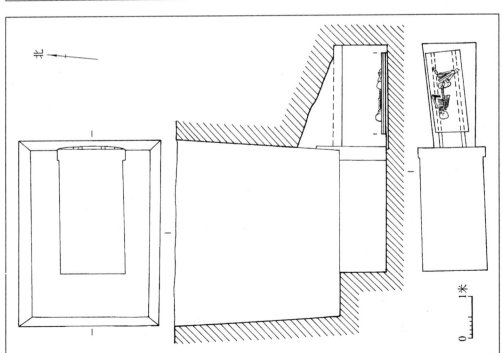

图 8-30 咸阳塔儿坡 M25104 平面、剖面图

（三）凤翔八旗屯墓地

位于雍水南岸，距县城大约4公里[1]，于20世纪70~80年代经两次发掘，共发掘东周秦墓50座。除1座外，其余都是长方形的竖穴墓。头向朝西或西北，半数葬式不清，7座为直肢葬，20座为屈肢葬。木质葬具有一椁二棺和一棺一椁等。该次发掘出土随葬品1100多件，大多见于头箱中。出土铜器232件，器型有鼎、甗、簋、敦、豆、壶、盂、盘、匜等。出土陶器270多件，器形有鼎、甗、鬲、簋、豆、罐、盂、盘、匜、茧形壶、囷等。另外清理了4座车马坑。该墓地的年代是从春秋早期至战国晚期。

凤翔八旗屯秦墓中的人殉墓有7座，殉1人至5人不等。该墓地的CM2（图8-31），墓向为288°，墓坑面积是5.44平方米，葬具有棺椁，椁长4.3米，宽2.1米，棺长2.2米，宽0.7米，墓主葬式为仰身直肢，在墓主的左右两侧，各有一龛，每个龛中有一位殉人。墓中出土了鼎、甗、簋、盘、匜等铜器和陶鬲等。该墓年代属春秋早期。在凤翔八旗屯墓地，春秋中、晚期陶器墓随葬陶器组合分为两种，其中既有随葬鬲、盂、豆、罐等的日用陶器墓，如BM15；也有随葬鼎、甗、鬲、簋、豆、罐、壶、盂、匜的陶礼器墓，如BM11[2]。实际上后者只是在前者的基础上增加了鼎、甗、簋、壶等器物，但后者在墓坑大小和葬具尺寸方面，其规格明显高于前者。春秋晚期，这种陶礼器墓的随葬陶器发展为以八旗屯CM4为代表的鼎、甗、簋、罐、壶、盘、匜。战国中期该墓地的陶器墓多随葬鬲、罐、釜、罐、盆、罐等之类的日用陶器。陶礼器墓为数不多，但所占比例已高于战国早期，随葬陶器组合分别为鼎、豆、壶、罐、釜或鼎、豆、壶、罐。

（四）凤翔高庄墓地

墓地北距凤翔县城5公里左右，1977年发掘，共发掘墓葬46座[3]。墓葬形制包括洞室墓及竖穴墓，该墓地战国早期墓向大多朝西，战国中晚期墓既有西向者，又有北向者。葬式有直肢葬及屈肢葬，其中屈肢葬为23座，还有13座葬式不清。葬具大多是木质棺椁，棺椁俱备者达34座，其中多为一棺一椁，有2座是一椁二棺。只有4座殉人墓，殉者被置于木匣中。各类随葬品达1100多件，陶器有282件，包括鼎、簋、鬲、甗、釜、豆、钫、壶、罐、盆、盘、匜、囷等；铜器有701件，包括鼎、釜、甗、鍪、钫、壶、盆、盂、盘、匜、戈、矛、镜、带钩、半两钱等。这46座墓被分成五期，分别属于春秋晚期、战国早期、战国中期、战国晚期以及秦代。

---

[1] A. 吴镇烽、尚志儒：《陕西凤翔八旗屯秦国墓葬发掘简报》，《文物资料丛刊》3，文物出版社，1980年。
  B. 陕西省雍城考古队：《一九八一年凤翔八旗屯墓地发掘简报》，《考古与文物》1986年第5期。
[2] A. 陕西省雍城考古队：《一九八一年凤翔八旗屯墓地发掘简报》，《考古与文物》1986年第5期。
  B. 叶小燕：《秦墓初探》，《考古》1982年第1期。
[3] A. 吴镇烽、尚志儒：《陕西凤翔高庄秦墓地发掘简报》，《考古与文物》1981年第1期。
  B. 雍城考古工作队：《凤翔县高庄战国秦墓发掘简报》，《文物》1980年第9期。
  C. 韩伟：《略论陕西春秋战国秦墓》，《考古与文物》1981年第1期。
  D. 滕铭予：《关中秦墓研究》，《考古学报》1992年第3期。

（五）陇县店子墓地

1991～1993年发掘，共发掘秦墓224座，除60余座秦代墓及未能分期的之外，都为东周墓。墓葬包括竖穴土坑墓和洞室墓，木质葬具有单棺、一棺一椁、二棺一椁等。该墓地东周秦墓中屈肢葬达90%以上，头向朝西的东周秦墓有140余座，居绝对优势。有随葬器物的为194座，总共有1288件随葬品，有192座墓随葬陶器，出土了1026件陶器。根据随葬品的不同，该墓地墓葬可划分成四类，第一类出土陶礼器等；第二类出土日用陶器等；第三类只随葬其他小件器物；第四类无随葬品。

三 秦公陵园

在甘肃礼县大堡子山曾发现有"曲尺"形、"目"字形及"中"字形大墓，其中的"中"字形大墓墓室长12米，宽11米，据认为应是西周晚期秦国君墓[1]。目前，已探明的秦公陵园主要分布于凤翔的雍城秦陵区和临潼的芷阳陵区。凤翔秦陵区已探明有13座秦公陵园[2]，它们占地200万平方米，有外隍、中隍、内隍，分别用来围绕陵区、陵园及主墓（图8-32）。陵区内共有"中"字形大墓18座，"甲"字形的3座，"凸"字形的6座，"目"字形的15座，"刀"形的1座。芷阳陵区内已探明有4座陵园，其中分布着

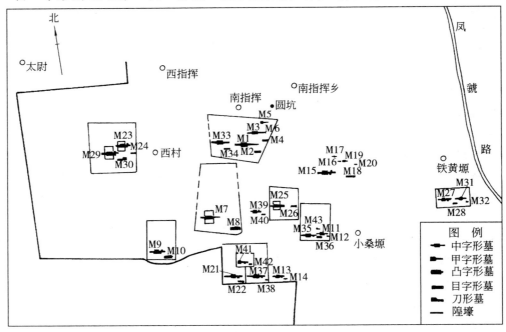

图8-32 凤翔秦公陵园分布示意图

---

〔1〕 A. 韩伟：《论甘肃礼县出土的金箔饰片》，《文物》1995年第6期。
　　　B. 戴春阳：《礼县大堡子山秦公墓地及有关问题》，《文物》2000年第5期。
〔2〕 A. 陕西省雍城考古队：《凤翔秦公陵园钻探与试掘简报》，《文物》1983年第7期。
　　　B. 陕西省雍城考古队：《凤翔秦公陵园第二次钻探简报》，《文物》1987年第5期。

"亚"字形、"中"字形和"甲"字形大墓[1],应是战国时期秦国王室陵区,即东陵[2]。

凤翔秦公大墓 M1 发现有人牲 20 具,这些人牲被置于墓室顶上的填土内,殉葬者 166 人,他们都位于土圹四周,其中 72 人的葬具为枋木垒成的箱,另外 94 人则被置于匣状的薄木葬具里,前者在内侧,后者在外侧[3]。至于殉人的身份则较为复杂,既有被杀殉的奴隶,也有从死从葬的大臣、近亲和姬妾[4]。

四 秦墓的形制

(一) 墓向与葬式

曾有学者指出,关中秦墓墓主头向大多朝西[5],也有学者认为,关中有随葬品的秦墓以东西向居绝对优势[6]。这里探讨关中和陇东地区秦墓的墓向。通过对宝鸡福临堡[7]、秦家沟[8]、西高泉村[9]、姜城堡东周墓[10]、凤翔南指挥村秦墓[11]、高庄秦墓[12]、八旗屯秦墓[13]、邓家崖秦墓[14]、咸阳任家嘴秦墓[15]、塔儿坡秦墓[16]、黄家沟战国墓[17]、长安客省庄东周墓[18]、西安半坡战国晚期墓[19]、蓝田泄湖战国墓[20]、陇县边家庄春秋墓[21]、

---

[1] 王学理、尚志儒、呼林贵:《秦物质文化史》,三秦出版社,1994 年。
[2] A. 陕西省考古研究所、临潼县文管会:《秦东陵第一号陵园勘查记》,《考古与文物》1987 年第 4 期。
B. 骊山学会:《秦东陵探查初议》,《考古与文物》1987 年第 4 期。
[3] 文物编辑委员会:《文物考古工作十年》,文物出版社,1990 年。
[4] 尚志儒:《先秦从死从葬制度初探》,《文博》1984 年第 2 期。
[5] 中国社会科学院考古研究所:《新中国的考古发现与研究》,文物出版社,1984 年。
[6] 滕铭予:《关中秦墓研究》,《考古学报》1992 年第 3 期。
[7] 中国科学院考古研究所宝鸡发掘队:《陕西宝鸡福临堡东周墓葬发掘记》,《考古》1963 年第 10 期。
[8] 陕西省文物管理委员会:《陕西宝鸡阳平镇秦家沟村秦墓发掘记》,《考古》1965 年第 7 期。
[9] 宝鸡市博物馆、宝鸡县图博馆:《宝鸡县西高泉村春秋秦墓发掘记》,《文物》1980 年第 9 期。
[10] 王光永:《宝鸡市渭滨区姜城堡东周墓葬》,《考古》1979 年第 6 期。
[11] 田亚岐、王保平:《凤翔南指挥两座小型秦墓的清理》,《考古与文物》1987 年第 6 期。
[12] 雍城考古工作队:《凤翔县高庄战国秦墓发掘简报》,《文物》1980 年第 9 期。
[13] A. 吴镇烽、尚志儒:《陕西凤翔八旗屯秦国墓葬发掘简报》,《文物资料丛刊》3,文物出版社,1980 年。
B. 陕西省雍城考古队:《一九八一年凤翔八旗屯墓地发掘简报》,《考古与文物》1986 年第 5 期。
C. 尚志儒、赵丛苍:《陕西凤翔八旗屯西沟道秦墓发掘简报》,《文博》1986 年第 3 期。
[14] 陕西省考古研究所雍城工作站:《凤翔邓家崖秦墓发掘简报》,《考古与文物》1991 年第 2 期。
[15] 咸阳市博物馆:《咸阳任家嘴殉人秦墓清理简报》,《考古与文物》1986 年第 6 期。
[16] 咸阳市文物考古研究所:《塔儿坡秦墓》,三秦出版社,1998 年。
[17] 秦都咸阳考古队:《咸阳市黄家沟战国墓发掘简报》,《考古与文物》1982 年第 6 期。
[18] 中国科学院考古研究所:《沣西发掘报告》,文物出版社,1962 年。
[19] 金学山:《西安半坡的战国墓葬》,《考古学报》1957 年第 3 期。
[20] 中国社会科学院考古研究所陕西六队:《陕西蓝田泄湖战国墓发掘简报》,《考古》1988 年第 12 期。
[21] A. 尹盛平、张天恩:《陕西陇县边家庄一号春秋秦墓》,《考古与文物》1986 年第 6 期。
B. 陕西省考古研究所宝鸡工作站、宝鸡市考古工作队:《陕西陇县边家庄五号春秋墓发掘简报》,《文物》1988 年第 11 期。

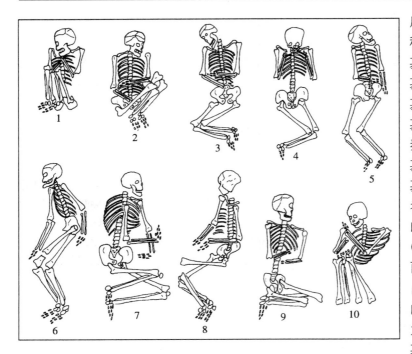

图 8-33 咸阳塔儿坡秦墓屈肢葬葬式
1. M43200 2. M28032 3. M28030 4. M25083 5. M17193 6. M15101
7. M22153 8. M33142 9. M24127 10. M41383

店子秦墓[1], 户县宋村春秋墓[2], 铜川枣庙东周墓[3], 大荔朝邑东周墓[4], 长武上孟村秦墓[5]; 甘肃平凉庙庄战国墓[6], 天水放马滩战国、秦墓[7], 灵台景家庄春秋墓[8], 共计618座东周秦墓所做的统计, 方向清楚者609座。其中, 南北向的101座, 东西向的508座(确认为西向者435座), 西向者在方向可辨者中约占71.43%。另外, 已发掘的凤翔秦公大墓M1, 据认为是春秋晚期秦景公的陵墓, 该墓方向为287°[9], 可见连当时秦国国君亦向西而葬。不仅如此, 早在甘肃天水毛家坪的12座西周秦墓中, 墓主的头向都一致向西。死者头向朝西的现象较常见于古代甘青地区葬俗中, 这可能影响到了秦墓的墓向[10]。

秦墓素以下肢蜷曲程度非常大的屈肢葬式为重要特色[11]。在上述墓葬中, 铜川枣庙墓地凡葬式可辨者皆为屈肢葬。陇县店子墓地159座东周秦墓中, 直肢者6座, 葬式不明

---

[1] 陕西省考古研究所:《陇县店子秦墓》, 三秦出版社, 1998年。
[2] 陕西省文管会秦墓发掘组:《陕西户县宋村春秋秦墓发掘简报》,《文物》1975年第10期。
[3] 陕西省考古研究所:《陕西铜川枣庙秦墓发掘简报》,《考古与文物》1986年第2期。
[4] 陕西省文管会、大荔县文化馆:《朝邑战国墓葬发掘简报》,《文物资料丛刊》2, 文物出版社, 1978年。
[5] 陕西省考古研究所:《陕西长武上孟村秦国墓葬发掘简报》,《考古与文物》1984年第3期。
[6] 魏怀珩:《甘肃平凉庙庄的两座战国墓》,《考古与文物》1982年第5期。
[7] 甘肃省文物考古研究所、天水市北道区文化馆:《甘肃天水放马滩战国秦汉墓群的发掘》,《文物》1989年第2期。
[8] 刘得祯、朱建唐:《甘肃灵台县景家庄春秋墓》,《考古》1981年第4期。
[9] 文物编辑委员会:《文物考古工作十年》, 文物出版社, 1990年。
[10] 赵化成:《寻找秦文化渊源的新线索》,《文博》1987年第1期。
[11] 叶小燕:《秦墓初探》,《考古》1982年第1期。

者4座，其余149座皆为屈肢，屈肢葬占93.71%；咸阳塔儿坡165座战国晚期墓中，屈肢葬占70.3%（图8-33），而朝邑大荔东周墓葬式的确切数字不明，除此之外，其余诸墓中葬式明确者189座，屈肢者154座，直肢者35座，屈肢葬在葬式明确者中占81.48%，可见，屈肢葬在东周秦墓葬式中的位次。春秋早期的宝鸡福临堡、西高泉村秦墓以及天水毛家坪的西周秦墓[1]墓主也采用此种葬式。

（二）墓坑与葬具

春秋秦墓无论是在关中宝鸡西高泉村、福临堡、秦家沟、茹家庄[2]、凤翔八旗屯（包括西沟道）、户县宋村、陇县边家庄、店子、铜川枣庙，还是陇东灵台景家庄，都未见洞室墓，该时期秦墓皆为土坑竖穴墓。春秋晚期的凤翔秦公大墓M1为"中"字形墓，有东西墓道，总面积达5000余平方米，为已发掘的最大一座先秦墓葬。据钻探，凤翔秦公陵园还有"甲"字形及"凸"字形等形状的大墓[3]。

战国早期秦墓亦未见洞室墓。战国中期的秦墓开始出现了洞室墓[4]，陕西凤翔高庄第三期的洞室墓[5]，发掘者认为属战国中期。高庄第四期（战国晚期）墓葬都是洞室墓。咸阳塔儿坡战国晚期洞室墓达111座。西安半坡的112座战国晚期墓中，仅11座为竖穴墓，此外皆为洞室墓，可见当时洞室墓之流行。由于洞室墓始见于战国中期秦墓，而春秋时期及战国早期秦墓皆为土坑竖穴墓，所以，洞室墓不是秦文化传统本色[6]，这种新的墓型或许是秦人受外来文化影响而出现的[7]，而长方形土坑竖穴墓才是关中秦墓自身固有的形式[8]。另外，从战国晚期甘肃平凉庙庄、天水放马滩秦墓来看，当时陇东地区盛行的仍是竖穴土坑墓，平凉庙庄秦墓土圹平面形状有特色，呈"凸"字形，而天水放马滩战国秦墓墓圹则都呈圆角长方形。

关中及陇东一带春秋秦墓，凡随葬铜器的秦墓皆棺椁齐备，基本上是二重葬具，即一棺一椁，如陇县边家庄M1、M5和宝鸡秦家沟M1、M2[9]，个别铜器墓如凤翔八旗屯CM2、BM27葬具为三重。在二重葬具墓中，除铜器墓外，其余的大多数是随葬仿铜陶礼器墓，如福临堡M7，八旗屯西沟道M8、M16、M18等。至于随葬日用陶器的墓葬使用双

---

[1] 赵化成：《寻找秦文化渊源的新线索》，《文博》1987年第1期。
[2] 宝鸡市博物馆、宝鸡市渭滨区文化馆：《陕西宝鸡市茹家庄东周墓葬》，《考古》1979年第5期。
[3] 文物编辑委员会：《文物考古工作十年》，文物出版社，1990年。
[4] 滕铭予：《论关中秦墓中洞室墓的年代》，《华夏考古》1993年第2期。
[5] 雍城考古队吴镇烽、尚志儒：《陕西凤翔高庄秦墓地发掘简报》，《考古与文物》1981年第1期。
[6] 赵化成：《寻找秦文化渊源的新线索》，《文博》1987年第1期。
[7] 王学理、尚志儒、呼林贵：《秦物质文化史》，三秦出版社，1994年。
[8] 滕铭予：《关中秦墓研究》，《考古学报》1992年第3期。
[9] 关于宝鸡阳平镇秦家沟村M1和M2的断代，分别据李进增《关中东周秦墓与秦国礼制兴衰（下）》（《考古与文物》1991年第1期）和滕铭予《关中秦墓研究》（《考古学报》1992年第3期）。既然阳平镇秦家沟发掘简报中认定其M1和M2的年代稍早于M3、M4、M5，而M1和M2的年代被李进增定为春秋中期，那么M3、M4的年代应为春秋中期偏晚或晚期。

重葬具的则极为罕见，如宝鸡秦家沟 M5，该墓虽是日用陶器墓，但随葬有石圭。这种墓，墓主往往有一定的社会地位[1]。春秋晚期的凤翔秦公大墓 M1，椁室分为主副椁室，主椁又由前后两室构成，在主椁发现了黄肠题凑遗存[2]。到了战国时期，日用陶器墓使用椁的现象明显增多，咸阳塔儿坡 27 座发现有椁的战国墓中，21 座为日用陶器墓。陇县店子随葬日用陶器组合的 53 座战国墓中有椁者 48 座。有学者认为，洞室可以发挥椁室的作用[3]。

五　秦墓随葬铜器、陶器组合的特点

（一）春秋秦墓随葬铜器组合特点

春秋早期秦铜器墓以陕西陇县边家庄 M1、M5，户县宋村，宝鸡姜城堡，福临堡 M1，西高泉村 M1，凤翔八旗屯 CM2、BM27；甘肃灵台景家庄墓为代表。春秋早期秦墓随葬青铜器器形有鼎、簋、甗、敦、盂、壶、豆、盘、匜、盉等，已发现的青铜器组合的级别按鼎制来分，可分为五鼎、三鼎以及无鼎墓。五鼎墓的基本组合是鼎、簋、甗、壶、盘、盉，而三鼎墓的基本组合是鼎、簋、甗、盘、匜或盉（图 8-34）。

春秋中、晚期秦墓随葬铜器组合以陕西宝鸡阳平秦家沟 M1、M2[4]和长武上孟村 M27[5]为代表，其中已发现的春秋中、晚期秦墓随葬青铜礼器器形有鼎、甗、簋、壶、盘、匜。已见于报道的有三鼎墓和非列鼎墓。三鼎墓的铜器基本组合为鼎、簋、壶、盘、匜。

（二）战国秦墓随葬铜器组合特点

战国早期秦墓随葬铜器组合的代表有陕西长安客省庄 M202，凤翔八旗屯西沟道 M26，高庄 M49、M48[6]。这 4 座墓都是面积在 12 平方米以下的小型墓，其铜器基本组合为鼎 2 件、甗 1 件、壶 2 件、盘 1 件、匜 1 件。另外，本期秦铜器微型化[7]，也是一个重要特点。

战国中、晚期秦铜器墓有陕西咸阳任家嘴殉人墓、黄家沟 M43，凤翔八旗屯 M14[8]、BM31 和高庄 M1[9]；甘肃平凉庙庄 M6、M7。此期秦墓随葬铜器组合中有如下器形：鼎、甗、敦、鉴、壶、蒜头壶、钫、盆、盘、匜、套杯、灯等，其中鉴、蒜头壶等器形较有特

---

[1] 中国社会科学院考古研究所：《新中国的考古发现与研究》，文物出版社，1984 年。
[2] 文物编辑委员会：《文物考古工作十年》，文物出版社，1990 年。
[3] 金学山：《西安半坡的战国墓葬》，《考古学报》1957 年第 3 期。
[4] A. 陕西省文物管理委员会：《陕西宝鸡阳平镇秦家沟村秦墓发掘记》，《考古》1965 年第 7 期。
　　B. 滕铭予：《关中秦墓研究》，《考古学报》1992 年第 3 期。
　　C. 李进增：《关中东周秦墓与秦国礼制兴衰》，《考古与文物》1991 年第 1 期。
[5] A. 陕西省考古研究所：《陕西长武上孟村秦国墓葬发掘简报》，《考古与文物》1984 年第 3 期。
　　B. 断代据朱凤瀚《古代中国青铜器》，南开大学出版社 1995 年。
[6] A. 吴镇烽、尚志儒：《陕西凤翔高庄秦墓地发掘简报》，《考古与文物》1981 年第 1 期。
　　B. 韩伟：《略论陕西春秋战国秦墓》，《考古与文物》1981 年第 1 期。
　　C. 朱凤瀚：《古代中国青铜器》，南开大学出版社，1995 年。
[7] 韩伟：《略论陕西春秋战国秦墓》，《考古与文物》1981 年第 1 期。
[8] 凤翔八旗屯 M14 的断代见滕铭予《关中秦墓研究》(《考古学报》1992 年第 3 期)。
[9] 雍城考古工作队：《凤翔县高庄战国秦墓发掘简报》，《文物》1980 年第 9 期。

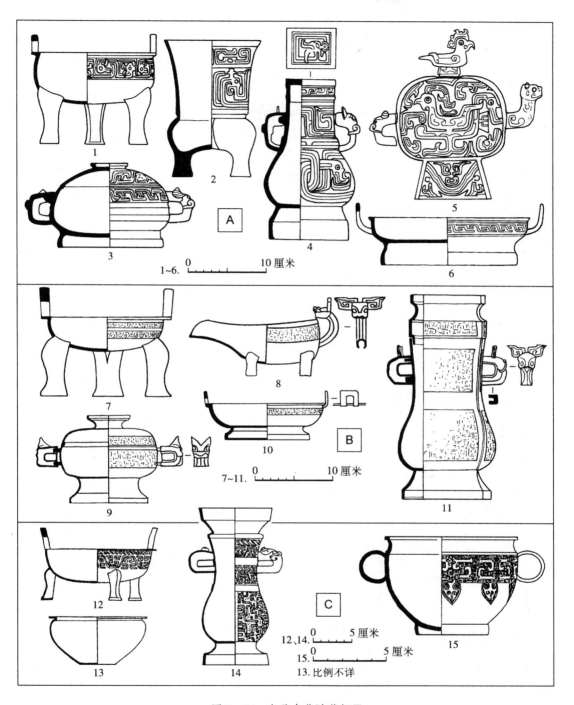

图 8-34 春秋秦墓随葬铜器

A. 早期　1. 鼎（边家庄 M5:3）　2. 方甗（边家庄 M5:12）　3. 簋（边家庄 M5:6）　4. 方壶（边家庄 M5:10）　5. 盉（边家庄 M5:13）　6. 盘（边家庄 M5:14）

B. 中期　7. 鼎（秦家沟 M2）　8. 匜（秦家沟 M1）　9. 簋（秦家沟 M1）　10. 盘（秦家沟 M1）　11. 方壶（秦家沟 M1）

C. 晚期　12. 鼎（高庄 M10:3）　13. 鉴（高庄 M10）　14. 方壶（高庄 M10:10）　15. 铆（高庄 M10:14）

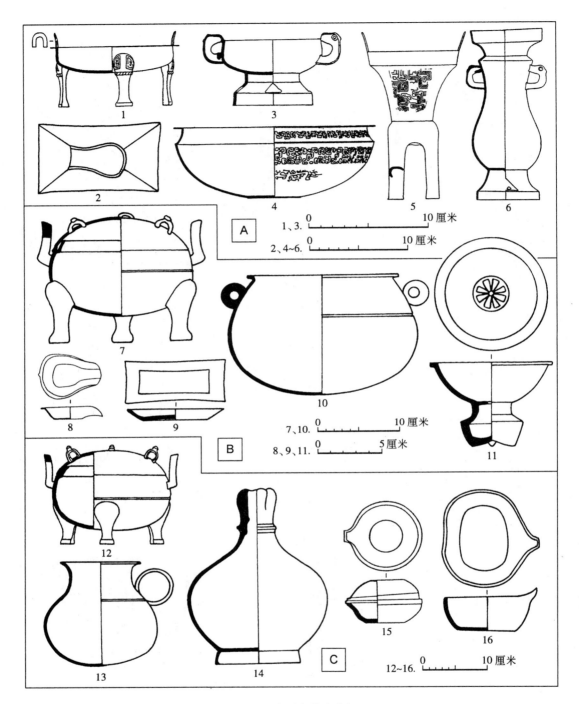

图 8-35 战国秦墓随葬铜器
A. 早期 1. 鼎（客省庄 M202:6） 2. 盘（客省庄 M202） 3. 簋（客省庄 M202:8） 4. 鉴（客省庄 M202） 5. 方甗（客省庄 M202:1） 6. 方壶（客省庄 M202:2）
B. 中期 7. 鼎（朝邑 M203:2） 8. 匜（八旗屯 M14） 9. 盘（八旗屯 M14） 10. 釜（朝邑 M203:5） 11. 甗（八旗屯 M14）
C. 晚期 12. 鼎（庙庄 M7:2） 13. 鍪（高庄 M1） 14. 蒜头壶（高庄 M1） 15. 套杯（高庄 M1） 16. 匜（庙庄 M6:4）

色[1]。战国中、晚期秦墓中已发现的组合级别，分为中型墓（12平方米以上）和小型墓（12平方米以下）。中型铜器墓的铜器基本组合是鼎、壶（不含蒜头壶），小型铜器墓的铜器基本组合是鼎、瓿、盘、匜（图8-35）。

（三）春秋时期秦墓随葬陶器特点

春秋早期的秦墓，其随葬陶器且未经盗掘者主要见于陕西宝鸡福临堡、西高泉村和户县宋村，甘肃灵台景家庄等地。该时期陶器墓基本上皆随葬有鼎一类的陶礼器，仿铜陶礼器普遍出现得早[2]，仅个别墓如福临堡M4随葬的是日用陶器鬲、盆、罐。陶器墓中约有四分之三随葬炊器鼎、瓿，二者基本上呈奇数形式，约半数墓出土簋、豆，一般呈偶数形式，罐奇偶数形式不定，另外近40%的墓出土方壶、鬲、盆、匜，还有约25%的墓出土盘、盂。总之，春秋早期秦陶器墓随葬陶器组合中，炊煮器类是各墓皆备的。其中最常见的是鼎、瓿，而盛食器类的簋、豆、罐，除个别墓之外，每墓至少有一种。至于水器类的方壶、盂、盆、盘、匜也几乎是每墓皆可见其一。炊煮器类、盛食器、水器构成了春秋早期秦陶器墓的基本组合形式（图8-36-1~8），其中种类最集中的是炊煮器，其次是盛食器，至于水器的种类是最分散的。

春秋中、晚期秦墓随葬陶器情况以陕西宝鸡阳平秦家沟和凤翔八旗屯为代表。此期的随葬陶器组合有重大变化，分为日用陶器组合与陶礼器组合。阳平秦家沟墓地是日用陶器组合的代表，其常见器形为鬲、盆、罐、瓿。在陕西凤翔八旗屯春秋中期陶器墓中，也有一种与秦家沟陶器墓相似的日用陶器组合，即鬲、盂、罐、豆[3]。

体现春秋中、晚期陶器墓随葬陶器鲜明特点的是当时的陶礼器墓。在陕西凤翔八旗屯墓地，有随葬鼎、瓿、鬲、簋、豆、罐、壶、盂、匜的陶礼器墓，如八旗屯BM11[4]。八旗屯墓地随葬这种陶器组合的墓在墓坑大小和葬具尺寸方面，规格明显高于仅随葬鬲、盂、豆、罐的陶器墓。这种陶礼器墓的随葬陶器至春秋晚期发展为鼎、瓿、簋、罐、壶、盘、匜，如八旗屯CM4。在陇县店子墓地，春秋中期流行的陶礼器器形为鼎、簋、瓿、豆、壶，晚期盛行的则是鼎、簋、豆、壶（图8-36-9~19）。陶囷早在春秋中期即开始出现[5]。

（四）战国时期陶器墓随葬陶器特点

战国早期秦陶器墓以陕西长安客省庄、凤翔八旗屯墓地和陇县店子墓地为代表。值得注意的是此期不仅有陶囷，还出现了陶牛、陶车模型[6]。在客省庄墓地23座陶器墓随葬

---

[1] 叶小燕：《秦墓初探》，《考古》1982年第1期。
[2] 中国社会科学院考古研究所：《新中国的考古发现和研究》，文物出版社，1984年。
[3] 中国社会科学院考古研究所：《新中国的考古发现和研究》，文物出版社，1984年。
[4] A. 陕西省雍城考古队：《一九八一年凤翔八旗屯墓地发掘简报》，《考古与文物》1986年第5期。
　　B. 叶小燕：《秦墓初探》，《考古》1982年第1期。
　　C. 韩伟：《略论陕西春秋战国秦墓》，《考古与文物》1981年第1期。
[5] 陕西省考古研究所：《陇县店子秦墓》，三秦出版社，1998年。
[6] 韩伟：《略论陕西春秋战国秦墓》，《考古与文物》1981年第1期。

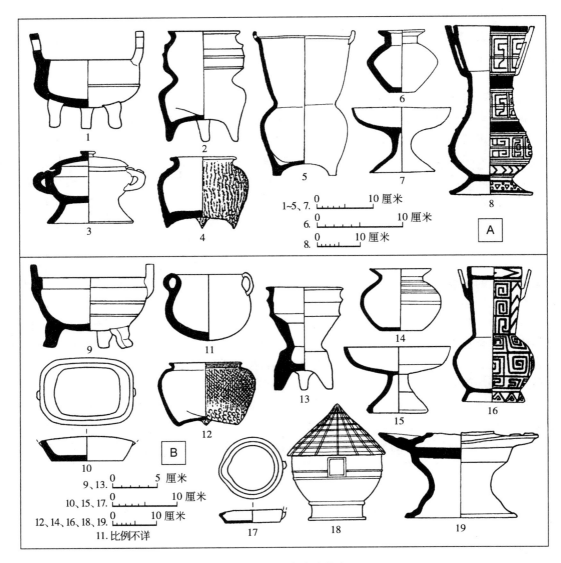

图 8-36 春秋秦墓随葬陶器

A. 早期 1. 鼎（福临堡 M3:8） 2. 鬲（福临堡 M11:5） 3. 簋（福临堡 M7:7） 4. 鬲（福临堡 M4） 5. 方甗（宝鸡西高泉村 M3） 6. 罐（福临堡 M7） 7. 豆（户县宋村 M3） 8. 壶（福临堡 M6）
B. 中晚期 9. 鼎（茹家庄 M6） 10. 釜（王家河 M13:2） 11. 盘（秦家沟 M3） 12. 鬲（秦家沟 M4） 13. 甗（茹家庄 M5） 14. 罐（茹家庄 M6） 15. 豆（秦家沟 M3） 16. 壶（八旗屯 BM11） 17. 匜（秦家沟 M3） 18. 囷（店子 M252:1） 19. 簋（茹家庄 M3）

的皆为日用陶器，最流行的组合为鬲、罐，所占比例超过65%。在八旗屯墓地未经盗扰的陶器墓中，也以随葬壶、罐或釜、罐之类的日用陶器墓为主，而在陇县店子墓地，战国早期秦墓中也有陶礼器存在，其陶器组合是鼎、簋、甗、罐、壶组合或流行鼎、簋、豆、壶（图8-37-1~9）。

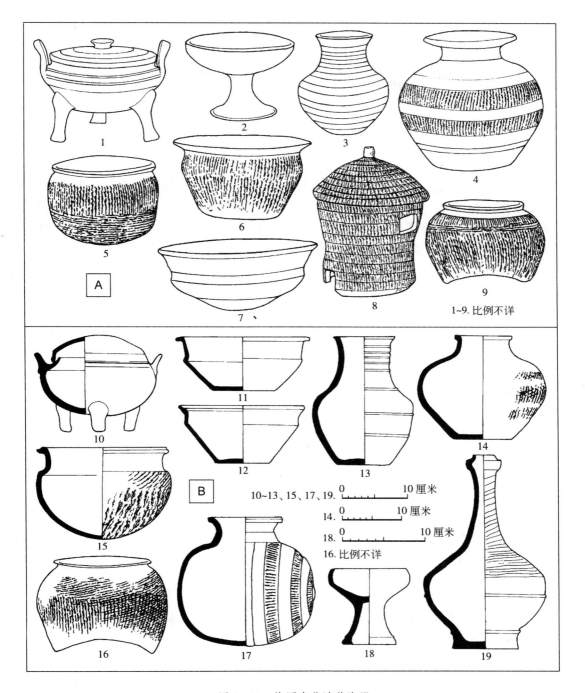

图 8-37 战国秦墓随葬陶器
A. 早期 1. 鼎（客省庄 M213:5） 2. 豆（客省庄 M19:1） 3. 壶（客省庄 M221:4） 4. 罐（客省庄 M208）
5. 釜（客省庄 M209） 6. 盂（客省庄 M19） 7. 盆（客省庄 M203:1） 8. 囷（客省庄 M204） 9. 鬲（客省庄 M211）
B. 中晚期 10. 鼎（高庄 M2:4） 11. 盆（朝邑 M211） 12. 盂（半坡 M68） 13. 壶（半坡 M7） 14. 罐（朝邑 M112） 15. 釜（朝邑 M209） 16. 鬲（八旗屯 M9） 17. 茧形壶（半坡 M19） 18. 豆（店子 M96:10）
19. 蒜头壶（塔儿坡 M24088:4）

战国中期秦陶器墓以陕西凤翔八旗屯和陇县店子第四期秦墓为代表。该期陶器墓以日用陶器为主，其中有诸如陶釜等典型日用陶器[1]，此期八旗屯墓地日用陶器墓陶器组合有鬲、罐、釜、罐、盆、罐等。在陶礼器墓中，随葬陶器组合分别为鼎、豆、壶、罐、釜或鼎、豆、壶、罐。在陇县店子墓地的52座战国中期秦墓中，形成陶组合的41座，其中日用陶器墓28座，常见的器形为鬲、釜、盂、喇叭口罐。陶礼器墓常见的器形有鼎、簋、甗、豆、壶。

战国晚期秦陶器墓以陕西西安半坡、凤翔高庄[2]、陇县店子、咸阳塔儿坡，甘肃天水放马滩墓地为代表。在陇县店子墓地40座战国晚期墓中，陶礼器墓仅4座，日用陶器墓为25座；而塔儿坡墓地165座战国晚期墓中，日用陶器墓有131座，陶礼器墓才29座。在半坡、高庄、放马滩墓地，随葬釜、盂、罐、壶及茧形壶之类的日用陶器，大多数墓仅有一、二件陶器；塔儿坡战国晚期日用陶器墓中流行釜、罐、盒、壶、茧形壶、盆、瓮等；陇县店子则多见鬲、罐、釜、盂、壶。除店子和塔儿坡墓地外，陶礼器墓仅有极个别的发现。塔儿坡战国晚期陶礼器墓陶器组合为鼎、盒、壶、小口大罐、盆；店子墓地的4座陶礼器墓中常见鼎、簋、豆、壶、盘、匜。战国秦陶器墓整体上以随葬日用陶器为主，其中不仅有墓主社会地位很低的小墓[3]，也包括较大的陶器墓，如天水放马滩M14的墓圹面积达12.42平方米，棺椁齐备，却仅出土1件陶釜。战国晚期才出现的茧形壶为当时的秦陶器组合（图8-37-10~19）增添了特色[4]。

第四节　东周燕墓的埋葬制度

一　燕墓的分布与分类

迄今为止，已经发掘并有具体报道资料的东周燕国墓葬约有169座，另外还有少量的瓮棺葬。这些东周燕墓主要分布于以下各地，河北徐水大马各庄[5]，张家口白庙[6]，易县燕下都[7]、周仁村[8]，新乐中同村[9]，丰宁凤山镇[10]，三河大唐迴、双村[11]，唐山

---

[1] 滕铭予：《关中秦墓研究》，《考古学报》1992年第3期。
[2] A. 吴镇烽、尚志儒：《陕西凤翔高庄秦墓地发掘简报》，《考古与文物》1981年第1期。
B. 雍城考古工作队：《凤翔县高庄战国秦墓发掘简报》，《文物》1980年第9期。
[3] 中国社会科学院考古研究所：《新中国的考古发现和研究》，文物出版社，1984年。
[4] 韩伟：《略论陕西春秋战国秦墓》，《考古与文物》1981年第1期。
[5] 河北省文物研究所、保定地区文物管理所、徐水县文物管理所：《河北徐水大马各庄春秋墓》，《文物》1990年第3期。
[6] 张家口市文物事业管理所：《张家口市白庙遗址清理简报》，《文物》1985年第10期。
[7] A. 河北省文物研究所：《燕下都》，文物出版社，1996年。
B. 河北省文化局文物工作队：《河北易县燕下都第十六号墓发掘》，《考古学报》1965年第2期。
C. 河北省文化局文物工作队：《1964~1965年燕下都墓葬发掘报告》，《考古》1965年第11期。
D. 河北省文物管理处：《河北易县燕下都44号墓发掘报告》，《考古》1975年第4期。

贾各庄[12]，承德滦河镇[13]；内蒙古喀左大城子眉眼沟[14]，赤峰市[15]；天津宝坻牛道口[16]、南郊巨葛庄[17]、东郊张贵庄[18]；北京丰台[19]，通县中赵甫[20]，顺义龙湾屯[21]，怀柔城北[22]，昌平半截塔村、松园村[23]。

已发掘的东周燕墓数量较少，而且大型墓葬被盗严重，这些都给我们的研究工作带来了困难，这里初步将已发现的东周燕墓分为四类。

第一类，双墓道大型墓，该类墓墓圹面积宏大，从80余平方米至350余平方米。目前，仅见于燕下都，且都被严重盗扰，有车马坑或大量车马器。这类墓见于战国中期和晚期。墓主身份应是高级贵族。

第二类，竖穴土坑铜器墓，墓圹面积相差较大，从3.5平方米至50余平方米，大多在10多平方米左右，年代为春秋晚期至战国早期，应为中小贵族墓。

第三类，竖穴土坑陶器及小件器物墓，墓圹面积大多为2~4平方米左右，该类墓是东周燕墓主体，墓主应为一般平民，已发掘的这类墓葬年代多见于春秋中期至战国中期。

第四类，无随葬品墓，主要见于徐水大马各庄和张家口白庙遗址，墓圹狭小，有的不足1平方米，多数无葬具者，应是赤贫者的墓葬。

二　主要的燕墓墓地

（一）徐水大马各庄墓地

1986年发掘，清理墓葬37座。其中29座能辨明墓向，墓皆北向，屈肢葬式居绝对优势，在32座葬式可辨的春秋墓中，屈肢葬26座，占81.25%，直肢葬6座，占18.75%。

---

[8]　河北省文化局文物工作队：《燕下都遗址外围发现战国墓葬群》，《文物》1965年第9期。
[9]　河北省文物研究所：《河北新乐中同村发现战国墓》，《文物》1985年第6期。
[10]　张汉英：《丰宁县凤山镇发现战国早期墓葬》，《文物资料丛刊》7，文物出版社，1983年。
[11]　廊坊地区文物管理所、三河县文化馆：《河北三河大唐迥、双村战国墓》，《考古》1987年第4期。
[12]　A. 安志敏：《河北省唐山市贾各庄发掘报告》，《考古学报》第6册，1953年。
　　　B. 北京大学历史系考古教研室商周组：《商周考古》第258页，文物出版社，1979年。
[13]　承德离宫博物馆：《承德市滦河镇的一座战国墓》，《考古》1961年第5期。
[14]　朝阳地区博物馆、喀左县文化馆：《辽宁喀左大城子眉眼沟战国墓》，《考古》1985年第1期。
[15]　王兆军：《内蒙古昭盟赤峰市发现战国墓》，《考古》1964年第1期。
[16]　天津市历史博物馆考古队、宝坻县文化馆：《天津宝坻县牛道口遗址调查发掘简报》，《考古》1991年第7期。
[17]　天津市文化局考古发掘队：《天津南郊巨葛庄战国遗址和墓葬》，《考古》1965年第1期。
[18]　天津市文化局考古发掘队：《天津东郊张贵庄战国墓第二次发掘》，《考古》1965年第2期。
[19]　张先得：《北京丰台区出土战国铜器》，《文物》1978年第3期。
[20]　程长新：《北京市通县中赵甫出土一组战国青铜器》，《考古》1985年第1期。
[21]　程长新：《北京市顺义县龙湾屯出土一组战国青铜器》，《考古》1985年第1期。
[22]　北京市文物工作队：《北京怀柔城北东周两汉墓葬》，《考古》1962年第5期。
[23]　A. 北京市文物工作队：《北京昌平半截塔村东周和两汉墓》，《考古》1963年第3期。
　　　B. 苏天钧：《北京昌平区松园村战国墓葬发掘记略》，《文物》1959年第9期。

墓葬形制清楚的29座墓皆为长方形竖穴土坑墓，墓坑长度一般为1.25～2米，宽度一般为0.3～1.3米。葬具仅见于少部分墓中，在28座墓中，有葬具的仅10座墓，而且都只是单棺，该墓地春秋中期和晚期燕国陶器墓的随葬陶器皆为鬲、罐各1件。该墓地具体年代明确的墓葬分别属于春秋中期及晚期。

（二）怀柔城北墓地

1959～1960年发掘，发掘东周墓葬23座，这些墓都是中小型墓，土坑竖穴，南北向，头向朝北，葬具皆为木质棺椁，葬式分为仰身直肢和侧身屈肢，以仰身直肢居绝大多数。有随葬品的墓葬为18座，出土陶器总计187件，包括鼎、釜、鬲、豆、壶、盘、匜等，另外还有铜带钩及玛瑙环等。该墓地东周墓被分为四期，从春秋时期至战国晚期。战国早期、中期墓，其基本陶器组合为鼎、豆、壶、盘、匜，战国晚期随葬陶器基本组合为鼎、豆、壶、盘、匜、鬲。

（三）唐山贾各庄墓地

1952年发掘。该墓地被分为东、西区。在东区发掘出6座瓮棺葬，在西区发掘出2座春秋墓[1]、20座战国早期墓。22座东周墓皆为南北向之长方形竖穴墓。葬具棺椁俱备或

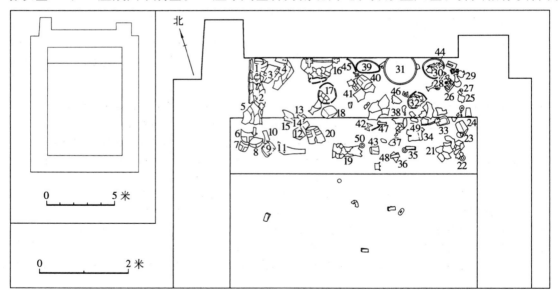

图8-38　易县燕下都九女台M16平面图

1、4、8、18、20、34、37、38、46.铜编镈　2、16、32、51.陶鉴　3、5～7、15、24、26、40、43、47、48.铜编钟　9、33、42、45.陶簋　10～14、36.石磬　17、30、31、39.陶鼎　19、21、50.陶壶　22.陶罐　23、25、27～29.陶豆

---

[1] 贾各庄M18、M28作为春秋晚期墓的断代据北京大学历史系考古教研室商周组编著的《商周考古》（第258页，文物出版社，1979年）。

有棺无椁。葬式有仰身直肢和侧身屈肢两种。从随葬品来看，有 4 座铜器墓和 18 座陶器墓。铜器包括鼎、簋、敦、豆、盒、壶、盘、匜等。陶器包括鼎、簋、豆、尊、壶、罐等。

（四）易县燕下都墓地

在燕下都城内发现了三个墓区[1]，其中九女台墓区（10 座墓）及虚粮冢墓区（13 座墓）位于东城内西北角，辛庄头墓区（8 座墓）地处西城中部。九女台墓区 M16 墓室发掘于 1964 年，车马坑发掘于 1977 年[2]。M16 作为战国中期带南北墓道的"中"字形大墓，墓口长 10.4 米，宽 7.7 米，四壁经烧烤，墓室下部的二层台是用白灰和蚌壳筑成，颇具特色（图 8-38）。此墓被盗，陶器组合以鼎、豆、壶、盘、匜为主（图 8-39）。发掘于 20 世纪 70 年代后期的虚粮冢墓区 M8 及辛庄头墓区 M30 都属于战国晚期，都是"中"字形竖

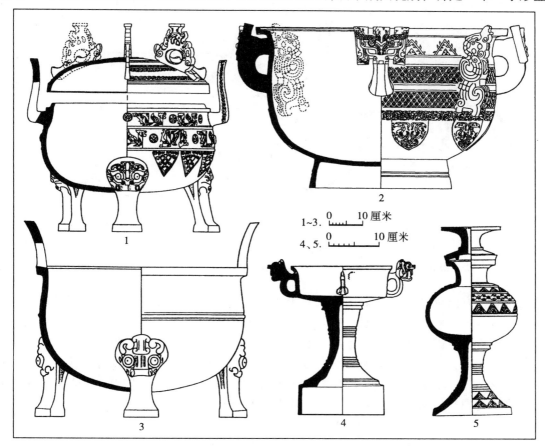

图 8-39 易县燕下都九女台 M16 随葬陶器（之一）

1. 鼎（M16:57） 2. 鉴（M16:32） 3. 鼎（M16:31） 4. 豆（M16:102） 5. 豆（M16:81）

---

[1] 河北省文物研究所：《燕下都》，文物出版社，1996 年。
[2] A. 河北省文物研究所：《燕下都》，文物出版社，1996 年。
　　B. 河北省文化局文物工作队：《河北易县燕下都第十六号墓发掘》，《考古学报》1965 年第 2 期。

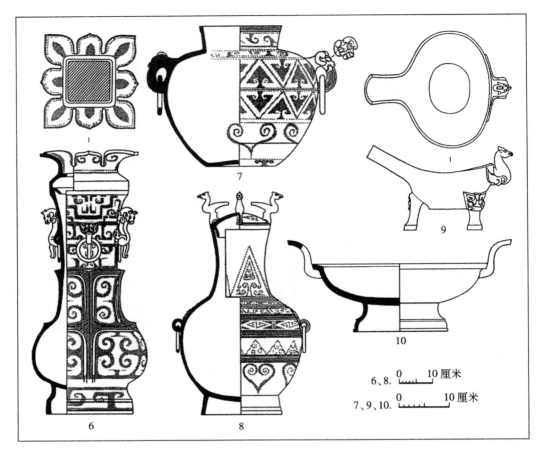

图 8-39 易县燕下都九女台 M16 随葬陶器（之二）
6. 壶（M16:19） 7. 罐（M16:73） 8. 壶（M16:103） 9. 匜（M16:65） 10. 盘（M16:74）

穴土坑墓，方向皆为正北。虚粮冢墓区 M8 包括封土、墓道、墓室、墓坑、车马坑、杂殉坑。墓坑为长方形，墓口南北长 33 米，东西宽 12 米。葬具为四重，该墓被严重盗扰，未见铜礼器，仅有铜兵器、车马器等，陶容器只有 1 件残陶釜，釜颈部发现有"王"字。辛庄头墓区 M30 由墓道、墓坑和墓室头箱组成。长方形墓坑的上口长 12 米，宽 9.5 米，葬具为一棺一椁。该墓虽被盗扰，不过还发现了陶礼器及金银器等。陶器上普遍有彩绘，器形大多仿自同类的铜器。有 21 件鼎（其中 7 件升鼎）、6 件簋、5 件豆、4 件三足壶、方壶和圆壶各 3 件、1 件鉴、2 件盘、1 件匜、1 件方盆、1 件仓、13 枚甬钟、19 枚纽钟、9 枚编镈、42 件编磬等。另外还有金银器、铁器、铅器、玉、石、骨、蚌器等。

三 燕墓的形制

（一）春秋燕墓形制

1. 墓向和葬式

徐水大马各庄能辨明墓向的春秋燕墓和唐山贾各庄 M18、M28 春秋燕墓的墓向皆为北向。前者的葬式以屈肢葬居绝对优势，贾各庄 M28 葬式清楚，亦为屈肢葬。

2. 墓坑和葬具

徐水大马各庄墓地的春秋燕墓皆为土坑竖穴墓。春秋燕墓的葬具，棺椁俱备者仅见于铜容器墓，如贾各庄 M18 等。大马各庄墓地小型陶器墓只有少部分墓中有葬具，而且都只是单棺。

（二）战国燕墓形制

1. 墓向

已确认的战国早期燕墓中，墓向可辨者有内蒙古喀左大城子眉眼沟 M1 为 32°；河北三河大唐迴 M1 为东北西南向，大唐迴北淀 M3 为 15°[1]，易县燕下都 M31 为 30°[2]，周仁村 M1 为 344°、M2 为 8°[3]；天津张贵庄 M1 为 8°。河北唐山贾各庄墓地的 20 座战国墓以及北京怀柔城北第二期东周墓中墓向清楚的 4 座皆为北向。可见除大唐迴 M1 之外，皆为北向墓，约占 97%，居绝对优势。

战国中期燕墓墓向可辨者有北京怀柔城北第三期东周墓（4 座），昌平松园 M1、M2[4]；天津东郊张贵庄的战国中期墓（9 座）；河北易县燕下都 M16[5]、燕下都东斗城 M29[6]。其中昌平松园的 M1 为南北向，其余皆为北向。

战国晚期燕墓有北京怀柔城北第四期 5 座东周墓，昌平半截塔 M24[7]；河北易县燕下都 M30、M8[8]；天津巨葛庄 M3。其中燕下都 M8 为南北向，巨葛庄 M3 头向东南，其余皆为北向。

可见战国燕墓从早期至晚期，凡能明确辨识墓向者，皆以北向为主，约占 91.23%。

2. 葬式

战国早期燕墓中葬式可辨的有内蒙古喀左大城子眉眼沟；河北三河大唐迴，易县燕下

---

[1] 《河北三河大唐迴、双村战国墓》（《考古》1987 年第 4 期）中将北淀 M3 的年代定为不晚于战国中期，并指出该墓出土的 I 式豆与唐山贾各庄出土的豆 M15∶16 相近，II 式豆与贾各庄 III 式豆 M30∶4 相近，故这里将北淀 M3 定为战国早期墓。

[2] 河北省文化局文物工作队：《1964～1965 年燕下都墓葬发掘报告》，《考古》1965 年第 11 期。

[3] 河北省文化局文物工作队：《燕下都遗址外围发现战国墓葬群》，《文物》1965 年第 9 期。

[4] 苏天钧：《北京昌平区松园村战国墓葬发掘记略》，《文物》1959 年第 9 期。

[5] A. 河北省文物研究所：《燕下都》，文物出版社，1996 年。
B. 河北省文化局文物工作队：《河北易县燕下都第十六号墓发掘》，《考古学报》1965 年第 2 期。

[6] A. 河北省文化局文物工作队：《1964～1965 年燕下都墓葬发掘报告》，《考古》1965 年第 11 期。
B. 据《河北易县燕下都第十六号墓发掘》（《考古学报》1965 年第 2 期）指出，燕下都东斗城 M29 与燕下都 M16 两墓随葬物品的器形部分相同，而《燕下都》（文物出版社，1996 年）认为燕下都 M16 属战国中期，所以东斗城 M29 亦为战国中期。

[7] A. 北京市文物工作队：《北京昌平半截塔村东周和两汉墓》，《考古》1963 年第 3 期。
B. 陈光：《东周燕人生活用器分析》，《北京建城 3040 年暨燕文明国际学术研讨会会议专辑》，北京燕山出版社，1997 年。

[8] 河北省文物研究所：《燕下都》，文物出版社，1996 年。

都东斗城 M29、周仁村战国墓和唐山贾各庄战国墓，其中除贾各庄墓地有 3 座可确认的屈肢葬之外，其余皆为仰身直肢葬。战国中期燕墓葬式可辨者总计 9 座，其中北京怀柔城北第三期 4 座东周墓，天津张贵庄 M4、M14，河北易县燕下都东斗城 M29，皆为仰身直肢葬；只有北京昌平 M1、M2 两座为屈肢葬，屈肢葬占总数的 22%；战国晚期燕墓葬式可辨者共计 7 座，其葬式皆仰身直肢。所以战国燕墓一直以仰身直肢葬占优势，屈肢葬仅在战国早、中期有少量存在。

3．墓坑

战国早期燕墓以北京怀柔城北第二期东周墓和唐山贾各庄战国早期墓为代表，皆为竖穴土坑墓。战国中期燕墓见于北京怀柔城北、昌平松园和天津东郊张贵庄、河北易县燕下都东斗城（M29）等，此期燕墓仍为竖穴土坑墓。不过本期燕墓中发现有带南北墓道的"中"字形大墓，即燕下都 M16，该墓墓口长 10.4 米，宽 7.7 米，四壁经烧烤，"二层台"是用白灰及蚌壳筑成的。战国晚期燕墓主要分布于北京怀柔城北、昌平半截塔，天津巨葛庄，河北易县燕下都（M8、M30），其形制亦为土坑竖穴，壁龛仅见于个别墓中，随葬品置于二层台上或壁龛内，带壁龛者既有铜器墓亦有陶器墓。在燕下都发现有 2 座"中"字形竖穴土坑墓，皆为南北墓道，墓壁经夯筑，有的墓四壁涂白灰面，还出现了头箱。

4．棺椁

贯穿整个战国时期的燕墓墓地有北京怀柔城北墓地，其葬具有 2 座为三重，其余 13 座皆为二重葬具，三重葬具墓都为陶器墓，分属早、中期。在河北易县燕下都战国晚期燕墓（M8）中，发现了四重葬具。天津东郊张贵庄墓地的 33 座战国墓，除个别墓无葬具外，其余皆为单重葬具，该墓地随葬品较贫乏。葬具级别介于怀柔城北墓地和张贵庄墓地之间的是河北唐山贾各庄墓地，该墓地战国墓中，单重葬具和双重葬具的皆有，从随葬品来看，则是铜、陶器墓皆有。

四 燕墓随葬铜器、陶器组合的特点

（一）东周燕墓铜器组合特点

1．春秋晚期燕墓铜器组合特点

春秋晚期燕墓常见的铜器组合为鼎、豆[1]。已发现的春秋晚期燕国铜器墓未见列鼎，皆为二鼎以下墓，且绝大部分为一鼎墓，而从墓葬形制来看这些墓规模并不小，如河北唐山贾各庄 M18 墓坑面积 20 平方米，所出铜器有鼎、簋、盘、匜等（图 8-40-1~4）。

2．战国早期燕国铜器墓随葬铜器组合特点

从墓坑来看，除河北丰宁凤山墓外，唐山贾各庄 M5 为中型墓，其余的贾各庄 M16，易县燕下都 M31，三河大唐迴 M1、双村 M1 为小型墓，不过这座惟一的中型墓只随葬了一

---

[1] 据《北京市顺义县龙湾屯出土一组战国青铜器》（《考古》1985 年第 1 期）称，龙湾屯墓出土的铜豆、铜簋与贾各庄 M18 的相似。另据朱凤瀚在《古代中国青铜器》（第 995 页，南开大学出版社，1995 年）指出"贾各庄 M18 所出 AaⅠ式鼎 M18：7 腹部以及龙湾屯墓所出 BⅠ式鼎腹部均饰 U 形内卷尾吐舌的螭纹"，所以龙湾屯墓与贾各庄 M18 年代相同，为春秋晚期。

第八章　东周时期中原地区的墓葬　341

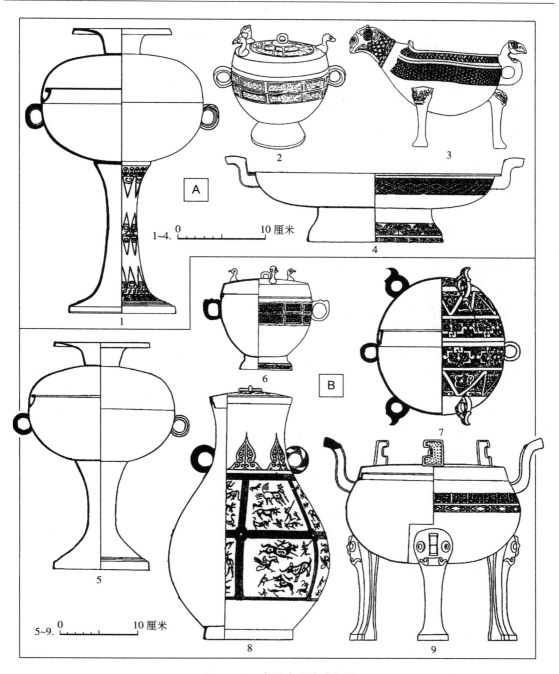

图 8-40　东周燕墓随葬铜器
A.春秋晚期　1.豆（龙湾屯墓）　2.簋（贾各庄墓）　3.匜（贾各庄 M18:4）　4.盘（贾各庄 M18:5）
B.战国早、中期　5.豆（燕下都 M31:3）　6.簋（大唐迥 M1）　7.敦（中赵甫墓）　8.壶（贾各庄 M5）
9.鼎（燕下都 M31:1）

件铜壶,其随葬铜器还少于同期的燕国小型铜器墓。战国早期的4座燕国小型铜器墓,其基本组合为鼎、豆各1件(图8-40-5、6、8、9)。

3. 战国中期燕国铜器墓铜器组合特点

该期燕国铜器墓仅见于北京怀柔城北墓[1]和通县中赵甫战国墓[2],二者的墓坑被破坏,其规模不明,但从这两墓的随葬品情况来看,与燕下都M31相近,似都属小型墓,中赵甫墓与怀柔城北墓铜器的基本组合为鼎、豆,这与战国早期燕国小型铜器墓的基本组合种类一致(图8-40-7)。从春秋晚期至战国中期,燕墓随葬铜器皆有见于中原的食器种类,虽然这未必说明"燕人也是重食的组合"[3],但可以表明二者所蕴涵的内在联系。

(二) 东周燕墓随葬陶器特点

1. 春秋中、晚期燕陶器墓陶器组合特点

春秋中期燕国陶器墓见于大马各庄(M2、M3、M10、M21、M26、M28),随葬陶器皆为鬲、罐各1件(图8-41-1~3)。春秋晚期燕陶器墓也以大马各庄墓地为代表[4],仍只随葬鬲、罐(图8-41-4~8)。

2. 战国燕陶器墓随葬陶器组合特点

(1) 战国早期燕陶器墓随葬陶器组合特点

战国早期燕墓以河北唐山贾各庄、三河大唐迴战国早期墓和北京怀柔城北第二期东周墓为代表。在贾各庄18座战国早期陶器墓中,有10座出土有尊,鼎、豆、壶组合仅见于4座墓中,同时出土鼎、豆、尊或鼎、豆、尊、罐组合的达4座,另有一座墓的组合为鼎、豆、壶、尊,出鼎的墓仅12座,约占67%。大唐迴M3的陶器组合为鼎、豆、壶、鬲、罐、盘、匜(图8-41-9~15)。怀柔城北第二期东周墓,各墓皆有鼎、豆、壶、盘、匜,其基本组合亦如此。

(2) 战国中期燕国墓随葬陶器组合特点

此期燕国陶器墓未被盗扰者有河北易县燕下都M29和北京昌平松园M1、M2以及怀柔城北第三期东周墓。燕下都M29和怀柔城北第三期东周墓都以鼎、豆、壶、盘、匜为基本组合,昌平松园M1、M2,其随葬陶器组合亦以鼎、豆、壶、盘、匜为主。此期燕陶器墓中,怀柔城北M4随葬有釜,昌平松园M1、M2和燕下都M29以及怀柔M5、M38都有鬲。另外,在被盗的大型燕墓中,燕下都M16有尊及数量不少的陶乐器,陶器组合以鼎、豆、

---

[1] 赵化成:《东周燕代青铜容器的初步分析》,《燕文化研究论文集》,中国社会科学出版社,1995年。

[2] 《北京市通县中赵甫出土一组战国青铜器》(《考古》1985年第1期)将中赵甫墓年代定为战国中晚期,但正如赵化成在《东周燕代青铜容器的初步分析》(《燕文化研究论文集》,中国社会科学出版社,1995年)所指出的:中赵甫Ⅱ式鼎与洛阳中州路M2717号墓出土的鼎较相似,而李学勤在《东周与秦代文明》(第23页,文物出版社,1984年)认为中州路M2717的年代"可估计为战国前期偏晚",故这里将中赵甫墓列为战国中期墓。

[3] 杜迺松:《论东周燕国青铜器》,《燕文化研究论文集》,中国社会科学出版社,1995年。

[4] 大马各庄M22与M6同期的断代见陈光《东周燕人生活用器分析》(《北京建城3040年暨燕文明国际学术研讨会会议专辑》第297页,北京燕山出版社,1997年)。

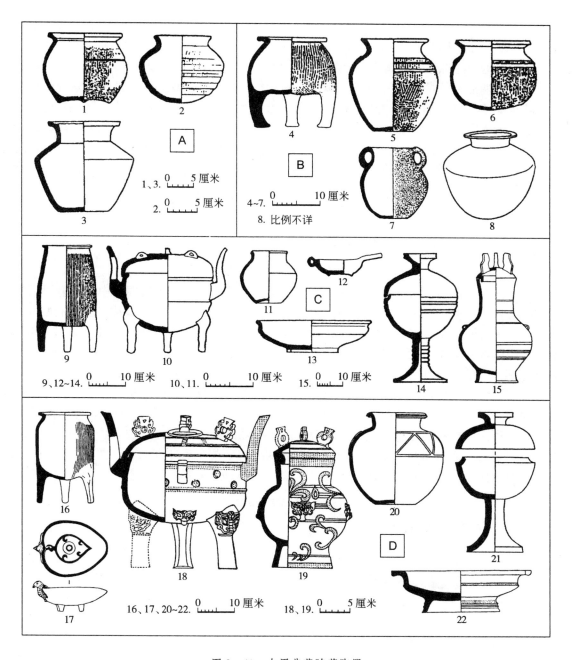

图 8-41 东周燕墓随葬陶器

A. 春秋中期 1. 鬲（大马各庄 M26:2） 2. 罐（大马各庄 M26:1） 3. 尊（大马各庄 M21:2）
B. 春秋晚期 4. 鼎式鬲（大马各庄 M13:1） 5. 罐（大马各庄 M22） 6. 鬲（大马各庄 M6:1） 7. 双耳罐（白庙 M2:2） 8. 尊（贾各庄 M18）
C. 战国早期 9. 鼎式鬲（张贵庄 M1:1） 10. 鼎（大唐迴 M3） 11. 罐（大唐迴 M3） 12. 匜（大唐迴 M3） 13. 盘（大唐迴 M3） 14. 豆（大唐迴 M3） 15. 壶（大唐迴 M3）
D. 战国中晚期 16. 鼎式鬲（燕下都东斗城 M29） 17. 匜（燕下都 M30:230） 18. 鼎（燕下都 M30） 19. 壶（燕下都 M30:220） 20. 罐（燕下都 M16） 21. 豆（张贵庄 M4） 22. 盘（燕下都 M30:228）

壶、盘、匜为主（图 8-41-16、17）。

(3) 战国晚期燕墓随葬陶器组合特点

代表此期燕墓的是河北易县燕下都 M30，天津巨葛庄的小型土圹墓以及北京怀柔城北第四期东周墓。燕下都 M30 尽管被盗，但仍出土了大量陶容器，随葬陶器组合主要为鼎、豆、壶、盘、匜、鉴（图 8-41-18~22），也随葬大量陶乐器。巨葛庄小型土圹墓出土的陶器组合为鼎、豆、盂或豆、壶。至于怀柔城北第四期东周墓随葬陶器基本组合为鼎、豆、壶、盘、匜、鬲，这与该墓地第三期陶器墓（战国中期）的鼎、豆、壶、盘、匜组合大体相似。

第五节　东周中山王墓

位于河北平山县三汲公社[1]，20 世纪 70 年代这里经过了调查发掘。中山王墓地分布于三汲公社东部城址（很可能就是中山国都城——灵寿城）内的西北部及城址外的西部高地上。其中的两座中山王墓（M1 和 M6）已经发掘。这两墓皆有封土，其中 M1 即中山王響墓（图版 6-1、2），有 6 座陪葬墓、2 座车马坑、1 座葬船坑、1 座杂殉坑（图 8-42）。M6 有 3 座陪葬墓、2 座外藏坑。两墓皆为积石积炭的"中"字形双墓道大墓，M1 的葬具尚可分辨，为四重椁棺，该墓椁室内出土了"兆域图"铜版，该铜版平面呈长方形，其一面有铺首一对，另一面则有用金银镶错的'兆域'一幅，为一次铸造而成，重量达 32.1 公斤，还用阳文标示出包括坟茔和宫垣等在内的兆域诸部位之名称、位置、规模和间距以及中山国王之诏命（图 8-43）。響墓兆域图表明王与两位王后并列而葬，两位夫人则排列在两侧而略偏后，与王并穴而葬。围绕王墓的后半部埋葬着嫔、妾等，王墓前则有车马

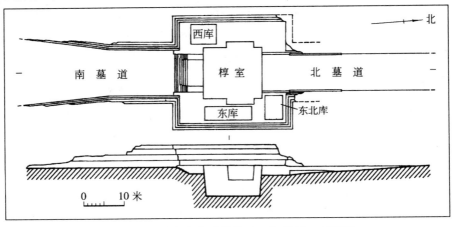

图 8-42　平山中山王響墓（M1）平面、剖面图

---

〔1〕　A. 河北省文物管理处：《河北省平山县战国时期中山国墓葬发掘简报》，《文物》1979 年第 1 期。
　　　B. 河北省文物研究所：《響墓——战国中山国国王之墓》，文物出版社，1995 年。

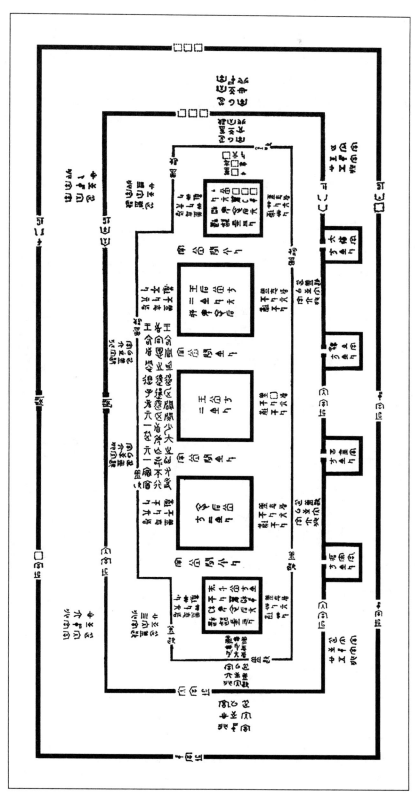

图 8-43 平山中山王䂜墓出土"兆域图"铜版（GSH:29 摹本）

坑、杂殉坑和葬船坑。

平山中山王墓的享堂建筑结构较为复杂，其中规模最大的 M1 封土平面为方形，由下至上形成三级台阶。在第一级台阶内侧筑有散水，在第二级台阶上发现了回廊建筑残迹，有壁柱及檐柱撑起回廊的顶部，檐下散水以鹅卵石铺筑。该建筑遗存被复原为有回廊环绕的三层楼阁式覆瓦建筑，殿堂建筑矗立于两层夯土基座之上[1]。这座双墓道的"中"字形大墓，包括南北墓道、椁室、东库、西库和东北库[2]，南北通长约为 110 米，宽度约为 29 米，口部距离封土顶 9 米。

M1 主室内有东库、西库和东北库，东库内出土有鼎、盒、壶等漆器；鼎、甗、壶、

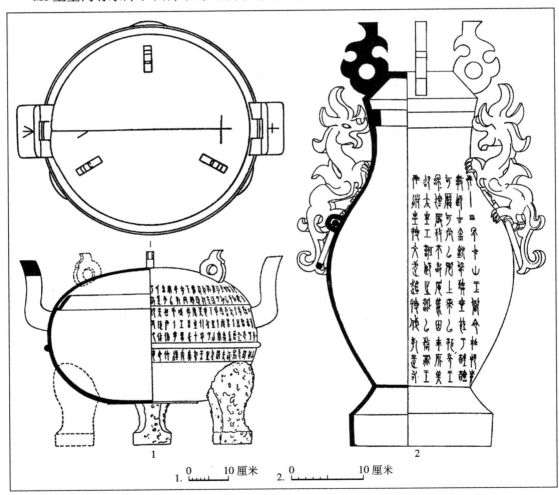

图 8-44　平山中山王䜩墓出土有铭铜器
1. 升鼎（XK:1）　2. 方壶（XK:15）

---

[1]　杨鸿勋：《战国中山王陵及兆域图研究》，《考古学报》1980 年第 1 期。
[2]　河北省文物管理处：《河北省平山县战国时期中山国墓葬发掘简报》，《文物》1979 年第 1 期。

盉、鸟柱盆、盘、匜、十五连盏灯、四龙四凤方案（图版21-1）等铜器以及铁器、陶器等，西库出土有鼎、鬲、方壶（图版21-2）、簋、豆、纽钟等铜器和陶鼎、陶豆、陶壶、陶鸟柱盘等以及石磬、玉器等。共出鼎15件、鬲4件、甗1件、豆4件、簋4件、壶17件、盉3件、圆盒2件、盘1件、匜1件等铜礼器。出土的乐器包括铜纽钟17件，石磬15件。该墓为九鼎级大墓，有2个车马坑及1个杂殉坑，随葬的车总计为10辆，马为30匹。该墓所出土的器物，有174件上发现了文字。其中包括鼎、方壶等铜器上的铭文（图8-44），玉器等上面的墨书文字和封泥印文等等。字符合计2967个，其文字形体属于三晋体系。这些文字材料既揭示了中山国的语言文化及其历史，也反映出中山国之外的某些历史情况，如燕国的子之之乱、中山国伐燕国、中山国国君世系、称王之时和楚国灭越国的年代等[1]。M1的年代大约为公元前310年。

M6椁室两侧分别有东库和西库。东库有"山"字形铜器、皮帐、漆器和陶器；西库有"山"字形铜器、鼎、鬲、甗、簋、豆、盒、壶、盘、匜、鸟柱盆、灯等铜器，还有铁、石、骨及象牙器等。M6的年代为战国晚期。

河北平山中山王墓采用了与中原地区相一致的陵园制度，与辉县固围村魏王室墓地及邯郸赵王陵的墓地布局基本上一致[2]，该陵园为战国时代中山国王室墓地。

战国时的中山国由于民族融合与中原各国在文化面貌上基本一致[3]，中山王墓及其陪葬墓"随葬的铜器或陶器……基本组合与三晋墓葬相同"[4]。发现于平山墓葬群的一些因素，例如瓦当之勾状纹饰[5]，铜器中大型的"山"字形器、皮帐以及帐内取暖所用器具，体现着中山国本民族（白狄）的文化特色。另外，围绕大墓之后半部置陪葬墓，这在平山中山国墓地为普遍之现象，大概是中山国在葬制方面的一个特征[6]。

---

[1] 河北省文物研究所：《䗬墓——战国中山国国王之墓》，文物出版社，1995年。
[2] 中国社会科学院考古研究所：《新中国的考古发现和研究》，文物出版社，1984年。
[3] A. 李学勤：《平山墓葬群与中山国的文化》，《文物》1979年第1期。
    B. 刘来成、李晓东：《试谈战国时期中山国历史上的几个问题》，《文物》1979年第1期。
[4] 中国社会科学院考古研究所：《新中国的考古发现和研究》第296页，文物出版社，1984年。
[5] 李学勤：《东周与秦代文明》第82页，文物出版社，1984年。
[6] A. 河北省文物管理处：《河北省平山县战国时期中山国墓葬发掘简报》，《文物》1979年第1期。
    B. 河北省文物研究所：《䗬墓——战国中山国国王之墓》，文物出版社，1995年。

第九章 东周时期南方地区的墓葬

第一节 东周楚墓

据初步统计，迄今为止已发掘的楚墓共6000多座，占已发掘的东周墓葬总数的75%左右。地域上以湖北、湖南、河南、安徽四省最多，此外，江苏、上海、江西等地也有零星发现。其中，以楚国的中心地区湖北江陵和湖南长沙两地最为集中，仅这两处已发掘的楚墓数量就接近5000座，已发现的楚墓则比上述数字要多得多。而且，由于气候、土质、水位和埋葬方法等方面的原因，楚墓的棺椁及随葬品等一般保存较好。众多楚墓的发掘、整理和研究，为我们深入探索东周时期楚国的埋葬制度提供了可靠的依据。

一 楚墓的分区

在如此幅员辽阔的楚文化分布区内，各地的楚墓除具有楚文化的共同特征外，还程度不同地具有一些地域特征。依各地楚墓所显现出的文化面貌和时空分布上的差异等要素，可将楚墓划分为若干个大的墓葬分布区，其中考古材料最为丰富、地域特征和发展演变脉络较为清晰的是江汉平原、湘江和洞庭湖一带及豫南鄂西北等四个区域。这些墓葬区的存在，是楚国历史与文化发展进程的真实写照。

（一）江汉地区

江汉地区为楚国的腹心地区，楚墓主要分布于汉水以西的江汉平原上，以汉水中下游的湖北江陵（今荆州）、当阳、荆门、宜城、襄樊等地的发现最为集中，是最大的楚墓分布区。此区多含大型墓地，墓葬数量众多，各等级墓葬类别齐全且大、中型墓葬集中，延续时间长，在楚墓中具有典型性。这一墓区又可划分为墓地相对集中的两个小的区域，即鄂中小区和鄂北小区，江陵纪南城和宜城楚皇城周围分别是这两个小区的中心。

1. 鄂中小区

目前已发现了40余处墓地，共发现墓葬5000余座，已发掘者近3000座。楚墓的存在时间自两周之际至秦白起拔郢（公元前278年），即战国晚期早段。目前已发掘的楚墓分布地点主要有江陵纪南城周围[1]、当阳赵家湖[2]、金家山[3]、季家湖[4]、曹家岗[5]、

---

[1] A.陈上岷:《湖北江陵发现战国木椁墓》,《文物》1959年第2期。

何家山[6]、唐家巷[7]、窑湾陈家坡[8]、赵巷[9]，荆门纪山[10]、郭店[11]、响岭岗[12]、

  B. 郭德维：《省考古队最近（在江陵）清理了一些战国楚墓》，《文物》1962 年第 2 期。
  C. 湖北省文物管理委员会：《湖北省江陵出土虎座鸟架鼓两座楚墓的清理简报》，《文物》1964 年第 9 期。
  D. 荆州地区博物馆：《湖北江陵藤店一号墓发掘简报》，《文物》1973 年第 9 期；《江陵张家山 201 号楚墓清理简报》，《江汉考古》1984 年第 2 期；《江陵马山砖厂二号楚墓发掘简报》，《江汉考古》1987 年第 3 期。
  E. 湖北省博物馆、荆州地区博物馆、江陵县文物工作组发掘小组：《湖北江陵拍马山楚墓发掘简报》，《考古》1973 年第 3 期。
  F. 湖北省博物馆：《湖北江陵太晖观楚墓清理简报》，《考古》1973 年第 6 期；《纪南城东岳庙墓葬发掘简报》，《楚都纪南城考古资料汇编》，湖北省博物馆，1980 年；《楚都纪南城的勘查与发掘（下）》，《考古学报》1982 年第 4 期；《湖北江陵雨台山 21 号战国楚墓》，《文物》1988 年第 5 期。
  G. 湖北省博物馆、华中师范学院历史系：《湖北江陵太晖观 50 号楚墓》，《考古》1977 年第 1 期。
  H. 湖北省荆州地区博物馆：《江陵天星观 1 号楚墓》，《考古学报》1982 年第 1 期；《江陵雨台山楚墓》，文物出版社，1984 年；《江陵马山一号楚墓》，文物出版社，1985 年。
  I. 江陵县文物工作组：《湖北江陵楚冢调查》，《考古学集刊》第 4 集，中国社会科学出版社，1984 年。
  J. 湖北省博物馆江陵工作站：《江陵溪峨山楚墓》，《考古》1984 年第 6 期；《江陵马山十座楚墓》，《江汉考古》1988 年第 3 期。
  K. 荆州博物馆：《江陵李家台楚墓清理简报》，《江汉考古》1985 年第 3 期。
  L. 荆沙铁路考古队：《江陵秦家咀楚墓发掘简报》，《江汉考古》1988 年第 2 期。
  M. 江陵县文物局：《江陵官坪楚墓发掘简报》，《江汉考古》1989 年第 3 期；《湖北江陵武昌义地楚墓》，《文物》1989 年第 3 期。
  N. 湖北省文物考古研究所江陵工作站：《江陵纪南城陕家湾楚墓》，《江汉考古》1989 年第 4 期。
  O. 湖北省文物考古研究所：《江陵雨台山楚墓发掘简报》，《江汉考古》1990 年第 3 期；《江陵朱家台两座战国楚墓发掘简报》，《江汉考古》1992 年第 3 期；《江陵九店东周墓》，科学出版社，1995 年；《江陵望山沙冢楚墓》，文物出版社，1996 年。
  P. 江陵县博物馆：《江陵溪山楚墓》，《江汉考古》1992 年第 4 期；《江陵枣林铺楚墓发掘简报》，《江汉考古》1995 年第 1 期。
  Q. 荆沙市文物处：《江陵车垱战国墓清理简报》，《江汉考古》1996 年第 1 期。
[2] 湖北省宜昌地区博物馆、北京大学考古系：《当阳赵家湖楚墓》，文物出版社，1992 年。
[3] 湖北省宜昌地区博物馆：《当阳金家山春秋楚墓发掘简报》，《文物》1989 年第 11 期。
[4] 宜昌地区博物馆：《当阳季家湖楚墓发掘简报》，《江汉考古》1991 年第 1 期。
[5] 湖北省宜昌地区博物馆：《当阳曹家岗 5 号楚墓》，《考古学报》1988 年第 4 期。
[6] 宜昌地区博物馆：《当阳何家山楚墓发掘简报》，《江汉考古》1991 年第 1 期。
[7] 宜昌市博物馆：《湖北当阳唐家巷三号楚墓》，《文物》1995 年第 10 期。
[8] 湖北省文物考古研究所：《当阳窑湾陈家坡东周墓葬清理简报》，《江汉考古》1990 年第 1 期。
[9] A. 宜昌地区博物馆：《当阳赵巷楚墓第二次发掘简报》，《江汉考古》1991 年第 1 期；《湖北当阳赵巷 4 号春秋墓发掘简报》，《文物》1990 年第 10 期。
  B. 宜昌市博物馆：《湖北当阳发现春秋时期人殉墓》，《江汉考古》1991 年第 1 期。
[10] 荆门市博物馆：《纪山楚冢调查》，《江汉考古》1992 年第 1 期。
[11] 湖北省荆门市博物馆：《荆门郭店一号楚墓》，《文物》1997 年第 7 期。
[12] 荆门市博物馆：《荆门市响岭岗东周遗址与墓地发掘简报》，《江汉考古》1990 年第 4 期。

子陵岗[1]、简家湾[2]、十里砖厂[3]、包山[4]、荆州砖瓦厂[5]、潜江龙湾小黄家台[6]、沙市罗场高家坟[7]、宜昌前、后坪[8]、枝江萧家山[9]、关庙山[10]、姚家港[11]、高山庙[12]、青山[13]等。

  墓葬均为土坑竖穴墓，其中战国时期的墓葬占绝大多数。类别较高的战国楚墓均有封土、台阶和长斜坡墓道，方向多向东和向南。棺椁周围填以青（白）膏泥，故一般保存较好。春秋楚墓中，椁内未见分室，多为悬底方棺但棺底悬空度不高。战国墓级别较高者椁用隔墙、隔板分室，棺多为悬底弧棺，春秋战国时期均流行以竹席裹尸。随葬品方面，铜、陶礼器及日用陶器组合齐全，器类丰富。组合大致可分为三类，第一类以青铜礼器为主，春秋时期为鼎、簠或鼎、簋、缶，战国时期为鼎、敦、壶。第二类以仿铜陶礼器为主，春秋中期至战国为鼎、簠、缶和鼎、敦、壶，另加镳壶、盘、匜、豆、罍（盥缶）等，战国时期一墓可出数套陶礼器。第三类为实用陶器，春秋早中期为鬲、盂、豆、罐，春秋晚期至战国时期，主要为鬲、盂、长颈壶（罐）。此区所出磨光黑皮陶、环耳小口鼎、簠、镳壶等器都极具地方特色。战国墓多以兵器尤其是铜剑随葬，随葬漆木器的情况较普遍，大、中型墓中出土的镇墓兽、虎座飞鸟和虎座鸟架鼓最具楚墓特色。

  2. 鄂北小区

  已发掘的楚墓分布地点主要有宜城雷家坡、魏岗[14]、罗岗（车马坑）[15]、骆家山[16]，襄阳山湾[17]、蔡坡[18]、团山[19]、余岗[20]，谷城过山[21]，房县桃园[22]、松嘴[23]等。此

---

[1] 荆门市博物馆：《荆门市子陵岗古墓发掘简报》，《江汉考古》1990年第4期。
[2] 荆沙铁路考古队：《荆门简家湾墓葬和窑址发掘简报》，《江汉考古》1992年第1期。
[3] 荆门市博物馆：《荆门十里砖厂一号楚墓》，《江汉考古》1989年第4期。
[4] 湖北省荆沙铁路考古队：《包山楚墓》，文物出版社，1991年。
[5] 荆州地区博物馆：《湖北荆州砖瓦厂2号楚墓》，《江汉考古》1984年第1期。
[6] 潜江县博物馆：《潜江龙湾小黄家台楚墓》，《江汉考古》1988年第4期。
[7] 沙市市博物馆：《沙市罗场高家坟楚墓清理简报》，《江汉考古》1988年第2期。
[8] A. 湖北省博物馆：《宜昌前坪战国两汉墓》，《考古学报》1976年第2期。
  B. 宜昌市文管处、湖北省博物馆：《宜昌市前、后坪古墓1981年发掘简报》，《江汉考古》1985年第2期。
[9] 宜昌地区博物馆：《湖北肖家山战国西汉墓》，《考古与文物》1989年第3期。
[10] 枝江县博物馆：《湖北枝江关庙山一号春秋墓》，《江汉考古》1990年第1期。
[11] A. 湖北省宜昌地区博物馆：《湖北枝江县姚家港楚墓发掘报告》，《考古》1988年第2期。
  B. 宜昌地区博物馆：《湖北枝江姚家港楚墓第四次发掘简报》，《文物》1990年第10期。
[12] A. 湖北省宜昌地区博物馆：《湖北枝江姚家港高山庙两座春秋楚墓》，《文物》1989年第3期。
  B. 宜昌地区博物馆：《湖北宜昌姚家港高山庙楚墓发掘简报》，《考古》1991年第11期。
[13] 湖北省宜昌地区博物馆：《枝江县青山古墓群调查简报》，《江汉考古》1987年第2期。
[14] 楚皇城考古发掘队：《湖北宜城楚皇城战国秦汉墓》，《考古》1980年第2期。
[15] 湖北省文物考古研究所、襄樊市博物馆、宜城县博物馆：《湖北宜城罗岗车马坑》，《文物》1993年第12期。
[16] 张吟午、李福新：《湖北宜城骆家山一号墓出土青铜器》，《江汉考古》1983年第1期。
[17] 湖北省博物馆：《襄阳山湾东周墓葬发掘报告》，《江汉考古》1983年第2期。

区所见最早的楚墓约当春秋中期，下限与秦汉墓葬相接呈渐变状态，不似鄂中区那样有明显的分界。此区墓葬因大多不填塞白膏泥，故棺椁多保存不好。墓葬制度上与鄂中区大体一致但略具地方特色。如随葬青铜礼器的墓基本上不出陶礼器和日用陶器；战国墓的陶器组合中，鼎、簠、缶组合及长颈壶、小口鼎等器少见；彩绘陶器不及鄂中区多见，等等。另外，因地域关系，文化面貌上含有一定的中原文化因素，如春秋晚期至战国早期墓中出土的匜盖矮足鼎，就颇具中原作风。因曾为"汉阳诸姬"邓、鄀等国之故地，此区墓葬中还往往出有邓、鄀等国的有铭铜器。

（二）湘江洞庭湖地区

这是仅次于江汉区的楚墓的第二大分布区。大体指衡山以北、长江及古云梦泽以南的湘江中下游和洞庭湖地区，含今湖北省江南部分的松滋、公安、石首一带，湖南北部和中部的常德、岳阳、益阳、长沙等地。此区已发掘的楚墓分布地点主要有湖北松滋沧水[24]、大岩嘴[25]，公安石子滩[26]；湖南常德黄土山[27]、德山[28]、茅湾[29]、官山[30]、长沙[31]、慈利官地[32]、石板村[33]，汉寿祝家岗[34]，华容鲇市镇[35]、丰家山[36]，津市金鱼岭[37]，

---

[18] 湖北省博物馆：《襄阳蔡坡战国墓发掘报告》，《江汉考古》1985 年第 1 期。

[19] 襄樊市博物馆：《湖北襄阳团山东周墓》，《考古》1991 年第 9 期。

[20] 襄樊市博物馆：《湖北襄阳余岗战国墓发掘简报》，《考古》1992 年第 9 期；《湖北襄樊市余岗战国至东汉墓葬发掘报告》，《考古学报》1996 年第 3 期。

[21] 湖北省文物考古研究所、谷城县博物馆：《谷城过山战国西汉墓葬》，《江汉考古》1990 年第 3 期。

[22] A. 武仙竹：《房县桃园发掘出一批东周两汉墓》，《江汉考古》1988 年第 1 期。
B. 车轶：《房县桃园战国两汉墓第三次发掘简讯》，《江汉考古》1990 年第 2 期。

[23] 湖北省文物考古研究所、郧阳地区博物馆、房博物馆：《1986～1987 年湖北房县松嘴战国西汉墓发掘报告》，《考古学报》1992 年第 2 期。

[24] 角洲、王富国：《湖北松滋县清理了一批战国墓葬》，《文物》1960 年第 7 期。

[25] 湖北省文物管理委员会：《湖北松滋县大岩嘴东周土坑墓的清理》，《考古》1966 年第 3 期。

[26] 荆州地区博物馆：《湖北公安石子滩春秋遗址及墓葬》，《文物》1993 年第 3 期。

[27] 常德市文物管理处：《湖南常德县黄土山楚墓发掘报告》，《江汉考古》1995 年第 1 期。

[28] A. 湖南省博物馆：《湖南常德德山战国墓葬》，《考古》1959 年第 12 期；《湖南常德德山楚墓发掘报告》，《考古》1963 年第 9 期。
B. 杨启乾：《常德市德山夕阳坡 2 号楚墓竹简初探》，《楚史与楚文化研究》，《求索》杂志社，1987 年。
C. 常德市文管处：《湖南常德德山战国墓出土一件鸟篆铭文戈》，《江汉考古》1996 年第 3 期。

[29] 常德市文物事业管理处：《湖南常德德山茅湾战国墓发掘简报》，《江汉考古》1997 年第 3 期。

[30] 湖南省常德地区文物工作队：《常德县官山战国墓清理简报》，《考古》1985 年第 12 期。

[31] A. 中国科学院考古研究所：《长沙发掘报告》，科学出版社，1957 年。
B. 湖南省博物馆、湖南省文物考古研究所、长沙市博物馆、长沙市文物考古研究所：《长沙楚墓》，文物出版社，2000 年。

[32] 高中晓、袁家荣：《湖南慈利官地战国墓》，《湖南考古辑刊》第 2 集，岳麓书社，1984 年。

[33] 湖南省文物考古研究所、慈利县文物保护管理研究所：《湖南慈利县石板村战国墓》，《考古学报》1995 年第 2 期。

澧县丁家岗[38]、新洲[39]，临澧九里[40]、九里双峰包[41]、太山庙[42]，浏阳北岭[43]，汨罗汨罗山、永青村、楚塘村、楚南村[44]，桃源狮子山[45]、印家岗[46]、三元村[47]、二里岗[48]，湘潭下摄司[49]，湘乡韶山灌区[50]、牛形山[51]、何家湾[52]、枫树[53]，益阳新桥山、桃花崙、天成垸、赫山庙、羊舞岭[54]，岳阳战备山[55]、铜鼓山[56]、凤形嘴山[57]，

---

[34] 常德市文物事业管理处、汉寿县文管所：《湖南汉寿县祝家岗战国墓发掘简报》，《江汉考古》1996年第4期。

[35] 李正鑫：《华容鲇市镇发现楚墓》，《湖南考古辑刊》第4集，岳麓书社，1987年。

[36] 岳阳市文物工作队、华容县文物管理所：《湖南省华容县丰家山东周墓发掘简报》，《文物》1993年第1期。

[37] 津市市文物管理所：《津市市金鱼岭东周墓葬》，《湖南考古辑刊》第5集，《求索》杂志社，1989年。

[38] 湖南省博物馆：《澧县东田丁家岗新石器时代遗址》，《湖南考古辑刊》第1集，岳麓书社，1982年。

[39] 湖南省博物馆、澧县文管所：《湖南澧县新洲一号墓发掘简报》，《考古》1988年第5期。

[40] A. 湖南省博物馆、常德地区文物工作队：《临澧九里楚墓发掘报告》，《湖南考古辑刊》第3集，岳麓书社，1986年。
B. 湖南省文物局：《1979年以来湖南省的考古发现》，《文物考古工作十年》，文物出版社，1990年。

[41] 湖南省文物考古研究所：《临澧九里双峰包南包大墓发掘简报》，《湖南考古辑刊》第6集，《求索》杂志社，1994年。

[42] 湖南省文物考古研究所：《临澧太山庙楚墓》，《湖南文物》第3辑，1988年。

[43] 张欣如：《湖南浏阳县北岭发现青铜器》，《考古》1965年第7期。

[44] 湖南省博物馆：《汨罗县东周、秦、西汉、南朝墓发掘报告》，《湖南考古辑刊》第3集，岳麓书社，1986年。

[45] 湖南省文物考古研究所、桃源县文化局、桃花源文物管理所：《湖南桃源县狮子山战国墓发掘》，《文物》1992年第7期。

[46] 常德市博物馆、桃源县文管所：《湖南桃源印家岗古墓葬》，《江汉考古》1994年第2期。

[47] A. 常德地区文物工作队、桃源县文化局：《桃源三元村一号楚墓》，《湖南考古辑刊》第4集，岳麓书社，1987年。
B. 王英党：《湖南桃源三元村二号楚墓》，《考古》1990年第11期。

[48] 常德市文物工作队：《湖南桃源县二里岗战国西汉墓葬发掘简报》，《江汉考古》1995年第2期。

[49] 周世荣：《湖南湘潭下摄司的战国墓》，《考古》1963年第12期。

[50] 湖南省博物馆：《湖南韶山灌区湘乡东周墓清理简报》，《文物》1977年第3期。

[51] 湖南省博物馆：《湖南湘乡牛形山一、二号大型战国木椁墓》，《文物资料丛刊》3，文物出版社，1980年。

[52] 湘乡县博物馆：《湘乡县五里桥、何家湾古墓葬发掘简报》，《湖南考古辑刊》第3集，岳麓书社，1986年。

[53] 袁建平：《略论湘乡枫树三座有打破关系的楚墓》，《湖南博物馆文集》第1集，岳麓书社，1991年。

[54] A. 湖南省博物馆、益阳县文化馆：《湖南益阳战国两汉墓》，《考古学报》1981年第4期。
B. 湖南省益阳地区文物工作队：《益阳楚墓》，《考古学报》1985年第1期。
C. 益阳地区文物工作队：《益阳羊舞岭战国东汉墓清理简报》，《湖南考古辑刊》第2集，岳麓书社，1984年。

[55] 岳阳市文物工作队：《湖南岳阳市郊战备山战国墓清理简报》，《江汉考古》1993年第3期。

[56] 湖南省文物考古研究所、岳阳市文物工作队：《岳阳市郊铜鼓山商代遗址与东周墓发掘报告》，《湖

株洲洋屋岭[58]等。

这一地区系楚国较早开发的地区之一，目前在洞庭湖沿岸的澧县、岳阳等地发现了属春秋中期的楚墓，春秋晚期的楚墓则已达于湘中地区，几乎遍布全区。战国时期尤其是战国中晚期的楚墓数量急剧增多，下限与秦汉时代相接。在埋葬制度上有一定的越文化的因素，如春秋中、晚期中型墓的墓圹多窄长而带龛，随葬越式鼎、印纹硬陶器、兵器等。但随着时间的推移，原有的越文化因素逐渐减少，而在典型楚文化基础上发展起来的具有地方特色的文化因素不断增加，如使用白膏泥保护棺椁的做法不甚普及，葬具上流行平底方棺，以铜镜、玺印、铁器等器物随葬的情况远较江陵地区多见，日用陶器组合中少见陶鬲，等等。战国晚期墓葬中又显现出较浓的秦文化因素，如鼎、盒、壶组合的出现等。其中湘北地区因与楚都江陵毗邻，在墓葬制度上与后者有较多的一致性。从墓葬等级类别上看，此区也是大中小型墓俱全，但大中型墓的数量略逊于江汉区。

（三）豫南鄂西北地区

大体指古沔水（汉水上游）、桐柏山、淮水上游及其以北直至楚之北境的区域，含今河南南部及豫、鄂两省交界处的信阳、南阳、十堰等地区。目前已发掘的楚墓分布地点主要有河南淅川下寺[59]、毛坪[60]、和尚岭[61]、徐家岭[62]、大石头山[63]、吉岗[64]，南阳西关[65]、储运站[66]、彭营[67]，南召二郎岗[68]，信阳长台关[69]，罗山天湖[70]，固始白狮子地[71]、蝙

南考古辑刊》第5集，《求索》杂志社，1989年。
[57] 岳阳市文物工作队：《湖南省岳阳县凤形嘴山一号墓发掘简报》，《文物》1993年第1期。
[58] 高至喜：《湖南株洲战国墓清理》，《考古》1959年第12期。
[59] 河南省文物研究所、河南省丹江库区考古发掘队、淅川县博物馆：《淅川下寺春秋楚墓》，文物出版社，1991年。
[60] 淅川县博物馆、南阳地区文物队：《淅川县毛坪楚墓发掘简报》，《中原文物》1982年第1期。
[61] 河南省文物研究所、南阳地区文物研究所、淅川县博物馆：《淅川县和尚岭春秋楚墓的发掘》，《华夏考古》1992年第3期。
[62] 曹桂岑：《丹江口水库发现楚国贵族墓》，《中国文物报》1992年8月30日；《河南淅川和尚岭和徐家岭楚墓发掘记》，《文物天地》1992年第4期。
[63] 河南省文物研究所、南阳地区文物研究所、淅川县博物馆：《河南淅川大石头山楚墓发掘报告》，《华夏考古》1993年第3期。
[64] 河南省文物研究所、南阳地区文物研究所、淅川县博物馆：《河南淅川吉岗楚墓发掘简报》，《华夏考古》1993年第3期。
[65] 南阳市文物工作队：《南阳市西关三座春秋楚墓发掘简报》，《中原文物》1992年第2期。
[66] 南阳市文物工作队：《河南南阳五交化储运站战国墓》，《江汉考古》1996年第3期。
[67] 南阳市文物工作队：《南阳市彭营砖瓦厂战国楚墓》，《中原文物》1994年第1期。
[68] 河南省文化局文物工作队：《河南南召二郎岗战国墓发掘简报》，《考古》1961年第6期。
[69] 河南省文物研究所：《信阳楚墓》，文物出版社，1986年。
[70] 河南省信阳地区文管会、河南省罗山县文化馆：《罗山天湖商周墓地》，《考古学报》1986年第2期。
[71] 信阳地区文管会、固始县文化局：《固始白狮子地一号和二号墓清理简报》，《中原文物》1981年第4期。

蝠山[1]，新县窑岗[2]，淮阳马鞍冢[3]、平粮台[4]、叶县旧县[5]、上蔡砖瓦厂[6]、正阳苏庄[7]；湖北郧县青龙泉、徐家坪、大寺[8]，丹江口肖川[9]，老河口曹营[10]等。

这一区域目前所知最早的楚墓，约当春秋中期偏早，下限则至楚都陈时期（公元前278年至前241年）。从春秋中晚期直至战国中晚期，都发现有大、中型墓。由于地近中原，墓葬制度上在楚文化因素为主的同时又有较多的中原文化因素。从春秋中晚期的淅川下寺楚墓到战国晚期的淮阳马鞍冢楚墓，在墓地制度、棺椁制度、随葬器物的组合与形制、车马坑的埋葬方式等诸多方面，都显现出与中原文化的密切联系。就随葬器物而言，若干陶器的形制与彩绘风格，组合中多见豆等特征，都与中原文化较为接近；而与江汉区相比，战国时期仿铜陶礼器中不见鼎、缶的组合，日用陶器中未见小口罐形鬲、弦纹长颈罐等楚文化的典型器物，漆木器发现较少，随葬兵器不甚普及等，又具有一定的地方特色。战国晚期的淮阳一带一度成为楚的腹心地区，就晚期楚墓而言具有典型性。战国晚期偏晚阶段，大、中型墓中随葬的鼎、敦、簋等器物趋于简化，制作粗糙。

（四）其他地区

此外，江汉平原东部、淮河中游与长江下游、湘西山地和湘江上游等地，也是楚墓的重要分布地。这些地区的楚墓多属战国时期，与楚国在进入战国后向周围大规模拓土殖民，以及都城迁徙有关。各区域的楚墓面貌往往带有若干当地文化的风格并受到邻境文化一定的影响。

1. 江汉平原东部

汉水以东至大别山区江汉平原东部及其周边的丘陵地带，大体相当于今湖北东部地区。这一区域已发掘的楚墓分布地点有鄂城七里界[11]、百子畈、洋澜湖、钢铁厂[12]，大

---

[1] 信阳地区文管会、固始县文管会：《河南固始蝠山战国楚墓》，《考古》1991年第5期。
[2] 信阳地区文管会、新县文管会：《河南新县窑岗战国墓清理简报》，《考古》1992年第8期。
[3] 河南省文物研究所、周口地区文化局文物科：《河南淮阳马鞍冢楚墓发掘简报》，《文物》1984年第10期。
[4] A. 曹桂岑、骆崇礼、张志华：《淮阳平粮台四号墓发掘简报》，《河南文博通讯》1980年第1期。
　　B. 河南省文物研究所、淮阳县文物保管所：《河南淮阳平粮台十六号楚墓发掘简报》，《文物》1984年第10期。
[5] 河南省文物研究所、平顶山市文物管理委员会、叶县文化馆：《河南省叶县旧县1号墓的清理》，《华夏考古》1988年第3期。
[6] 李芳芝：《上蔡县发现一座楚墓》，《中原文物》1990年第2期。
[7] 驻马店地区文化局、正阳县文化局：《河南正阳苏庄楚墓发掘报告》，《华夏考古》1988年第2期。
[8] 中国社会科学院考古研究所长江工作队：《湖北郧县东周西汉墓》，《考古学集刊》第6集，中国社会科学出版社，1989年。
[9] 湖北省博物馆：《丹江口市肖川战国两汉墓葬》，《江汉考古》1988年第4期。
[10] 老河口市博物馆：《老河口市曹营战国墓清理简报》，《江汉考古》1997年第3期。
[11] 熊亚云：《湖北鄂城七里界战国木椁墓清理》，《考古通讯》1958年第8期。
[12] A. 湖北省鄂城县博物馆：《鄂城楚墓》，《考古学报》1983年第2期。

冶邓垅[13]，广水彭家塆[14]，汉阳熊家岭[15]，黄陂鲁台山[16]，黄冈罗汉山[17]、龙王山砖厂[18]、国儿冲[19]，麻城栗山岗[20]、白骨墩[21]，随州擂鼓墩[22]，孝感天津湖[23]、花园[24]，阳新半壁山[25]，云梦珍珠坡[26]等。此区尚未发现典型的春秋时期楚人的遗存，楚墓集中于战国时期。墓葬类别不高，主要是无封土的小型土坑墓和中小型封土墓，时代偏晚，多属战国中晚期。墓向规律性不强，以东西向稍多。随葬器物的形态与江汉区有一定差异，而陶敦、匜、盘等器的形制及陶器上的某些彩绘纹饰与湘江洞庭区所出相近。少见陶簠，而晚出的壶形器等则较常见。战国墓中随葬铜兵器和漆木器之风远不及江汉区盛行。出土铜镜数量较多。有的墓中出有越式鼎、原始瓷器和印纹陶器等具有百越文化特征的器物，应是与后者存在直接交流的反映。

此区西北部的随（州）枣（阳）走廊地区，情况较为特殊。已发现的两周时期的墓葬主要是曾国墓葬，且多出有铭青铜器。具有明显的楚文化特征的墓葬出现于战国中期，说明这一地区曾长期为曾国地域，约在战国中期正式纳入楚国版图。已发现的楚墓特征与鄂中区同期墓葬相近。

2. 淮河中游与长江下游一带

大别山以东的淮河中游与长江下游一带，含今安徽中南部等地。目前已发掘的楚墓地点主要有安徽长丰朱家集[27]、杨公[28]，寿县双桥[29]，六安城北[30]、城西[31]，舒城秦家

  B. 鄂钢基建指挥部文物小组、鄂城县博物馆：《湖北鄂城鄂钢五十三号墓发掘简报》，《考古》1978年第4期。
[13] 大冶县博物馆：《大冶县发现一战国墓葬》，《江汉考古》1984年第4期。
[14] 广水市博物馆：《湖北省广水市彭家塆古墓清理简报》，《江汉考古》1990年第2期。
[15] A. 武汉市考古队、汉阳县文化馆：《武汉市汉阳县熊家岭楚墓》，《考古》1988年第12期。
  B. 武汉市考古队、汉阳县博物馆：《武汉市汉阳县熊家岭东周墓发掘》，《文物》1993年第6期。
[16] 黄陂县文化馆、孝感地区博物馆、湖北省博物馆：《湖北黄陂鲁台山两周遗址与墓葬》，《江汉考古》1982年第2期。
[17] 黄州古墓发掘队：《黄冈罗汉山楚墓》，《江汉考古》1987年第1期。
[18] 湖北省文物考古研究所：《黄州龙王山砖厂5号墓发掘简报》，《江汉考古》1993年第1期。
[19] 黄州古墓发掘队：《湖北黄州国儿冲楚墓发掘简报》，《江汉考古》1983年第3期。
[20] 武汉大学历史系考古教研室：《湖北麻城栗山岗战国秦汉墓清理简报》，《考古》1990年第11期。
[21] 湖北省博物馆江陵工作站、麻城县革命博物馆：《麻城楚墓》，《江汉考古》1986年第2期。
[22] 随州市博物馆：《随州擂鼓墩砖瓦厂十三号墓发掘简报》，《江汉考古》1984年第3期；《湖北随州擂鼓墩战国东汉墓发掘简报》，《江汉考古》1992年第2期。
[23] 孝感市博物馆：《孝感市天津湖战国墓清理》，《江汉考古》1990年第2期。
[24] 周厚强、李端阳、陈明芳：《孝感花园发现战国秦汉墓群》，《江汉考古》1987年第1期。
[25] 咸宁地区博物馆、阳新县博物馆：《湖北阳新半壁山一号战国墓》，《考古》1994年第6期。
[26] 云梦县文化馆：《湖北云梦县珍珠坡一号楚墓》，《考古学集刊》第1集，中国社会科学出版社，1981年。
[27] A. 李景聃：《寿县楚墓调查报告》，《田野考古报告》第一册，1936年。
  B. 李德文：《李三古堆楚王墓钻探情况》，《安徽省考古学会会刊》第6辑，安徽省考古学会，1982年。

桥[32]、河口[33]、马厂支渠[34]、凤凰嘴[35]，潜山彰法山[36]，宣州城西[37]，天长三角圩[38]等。这一地区的楚墓绝大多数属战国晚期，极少数可上溯至战国早中期。这与文献中记载的战国时期楚人的东进及战国晚期楚都东迁的情况是一致的。个别墓所出器物具有越文化等土著文化风格。战国晚期的墓中已出现了盒、钫等器物，有些显然含有秦文化的因素。

3. 湘西山地

沅水和澧水上游流经的湘西山地，业经发掘的楚墓分布地点主要有湖南保靖四方城[39]，黔阳黔城[40]，古丈白鹤湾[41]，桑植朱家台[42]，辰溪米家滩[43]，溆浦高低村[44]、江口[45]、大江口[46]、马田坪[47]、中林、丰收[48]、沅陵木形山[49]、木马岭[50]等。该区目

---

[28] A. 安徽省文物工作队：《安徽长丰杨公发掘九座战国墓》，《考古学集刊》第 2 集，中国社会科学出版社，1982 年。
B. 杨鸠霞：《长丰战国晚期楚墓》，《文物研究》第四辑，黄山书社，1988 年。
C. 安徽省文物考古研究所：《安徽长丰战国晚期楚墓》，《考古》1994 年第 2 期。

[29] A. 马人权：《安徽寿县双桥发现战国墓》，《考古通讯》1956 年第 3 期。
B. 寿县博物馆：《寿县双桥战国墓调查》，《文物研究》第二辑，黄山书社，1986 年。

[30] 褚金华：《安徽省六安县城北楚墓》，《文物》1993 年第 1 期。

[31] 安徽省六安县文物管理所：《安徽六安县城西窑厂 2 号楚墓》，《考古》1995 年第 12 期。

[32] 舒城县文物管理所：《舒城县秦家桥战国楚墓清理简报》，《文物研究》第六辑，黄山书社，1990 年。

[33] 安徽省文物考古研究所、舒城县文物管理所：《安徽舒城县河口春秋墓》，《文物》1990 年第 6 期。

[34] 舒城县文物工作组：《舒城马厂支渠战国楚墓》，《安徽省考古学会第三届年会论文》，1982 年。

[35] 安徽省文物考古研究所：《舒城凤凰嘴发现二座战国西汉墓》，《考古》1987 年第 8 期。

[36] A. 余本爱：《潜山县彰法山清理一座战国墓》，《文物研究》第二辑，1986 年。
B. 潜山县文管所：《安徽潜山彰法山 9 号战国墓》，《江汉考古》1992 年第 4 期。

[37] 丁邦钧：《宣城土坑木椁墓》，《安徽省考古学会会刊》第 7 辑，安徽省考古学会，1983 年。

[38] 安徽省文物考古研究所、天长县文物管理所：《安徽天长县三角圩战国西汉墓出土文物》，《文物》1993 年第 9 期。

[39] 湘西土家族苗族自治州文物工作队：《湘西保靖县四方城战国墓发掘简报》，《湖南考古辑刊》第 3 集，岳麓书社，1986 年。

[40] 怀化地区文物工作队、黔阳县芙蓉楼文管所：《黔阳县黔城战国墓发掘简报》，《湖南考古辑刊》第 5 集，《求索》杂志社，1989 年。

[41] 湖南省博物馆、湘西土家族苗族自治州文物工作队：《古丈白鹤湾楚墓》，《考古学报》1986 年第 3 期。

[42] 桑植县文管所：《湖南桑植县朱家台战国墓》，《江汉考古》1991 年第 3 期。

[43] 怀化地区文物工作队、辰溪县文化局：《米家滩战国墓发掘简报》，《湖南考古辑刊》第 4 集，岳麓书社，1987 年。

[44] 怀化地区文物工作队、溆浦县文化馆：《溆浦县高低村春秋战国墓清理简报》，《湖南考古辑刊》第 5 集，《求索》杂志社，1989 年。

[45] 溆浦县文化局：《溆浦江口战国西汉墓》，《湖南考古辑刊》第 3 集，岳麓书社，1986 年。

[46] 怀化地区文物工作队、溆浦县文物管理所：《1990 年湖南溆浦大江口战国西汉墓发掘简报》，《考古》1994 年第 1 期。

[47] A. 湖南省博物馆、怀化地区文物工作队：《湖南溆浦马田坪战国西汉墓发掘报告》，《湖南考古辑刊》第 2 集，岳麓书社，1984 年。

前已发现有零星的春秋晚期楚墓。战国时期的楚墓中见有含巴、蜀、濮文化因素的遗物，表明楚人与上述周边族群有直接的接触。墓葬类别不高，形制与湘江洞庭区相同但较简单，随葬物品也不甚丰富。日用陶器组合中多见豆而罕见鬲，出土铜镜的数量也较湘江洞庭区少。

4. 湘江上游一带

衡山以南的湘江上游地区，即今湖南南部一带，目前已发掘的楚墓地点有湖南郴州近郊[51]、马家坪[52]，衡阳苗圃、蒋家山、五马归槽[53]、涂家山[54]，耒阳野屋塘[55]、县城内[56]、阴间巷[57]、西郊[58]，永州鹞子岭[59]，资兴旧市[60]等。这一区域较为明确的楚墓的时代最早属战国早期，春秋时期的墓葬则多为越人墓，说明在楚人进入之前这里属越人居住区。该区墓葬中有不少呈现出楚越文化因素交融的现象，有少数墓仍保留有习见于春秋越人墓的腰坑，越式铜鼎、印纹硬陶器等具有浓厚越文化特色的器物在此区墓葬中有较多的发现。此区墓葬一般不使用白膏泥保护棺椁，因此墓葬的保存状况普遍较差。墓葬等级较低，多为小型墓，中型墓较少。战国晚期墓中出现鼎、盒、壶或鼎、豆、钫的组合，应是接受秦文化影响的结果。

二 楚墓的分类

数十年来楚墓的发掘与研究，使我们对楚墓的类别有了较为明晰的认识。楚墓的类型丰富齐全，从中可窥见当时的社会等级结构及其演变情况。

根据墓葬的规模与形制，以及随葬品等所反映出的葬制的差异，可将迄今为止所发现的楚墓大致分为以下五个大的类别。

B. 湖南省博物馆：《湖南溆浦马田坪战国、西汉墓》，《文物资料丛刊》10，文物出版社，1987年。

[48] 怀化地区文物队：《溆浦县中林、丰收楚、秦、西汉墓清理简报》，《湖南博物馆文集》，岳麓书社，1991年。

[49] 湖南省文物考古研究所：《沅陵木形山战国墓发掘简报》，《湖南考古辑刊》第6集，《求索》杂志社，1994年。

[50] 湖南省文物考古研究所、沅陵县文管所：《湖南沅陵木马岭战国墓发掘简报》，《考古》1994年第8期。

[51] 郴州地区文物工作队：《湖南郴州东周墓发掘简报》，《文物》1990年第10期。

[52] 张中一：《湖南郴州市马家坪古墓清理》，《考古》1961年第9期。

[53] A. 李正光：《湖南省衡阳苗圃蒋家山发现战国及东汉时代墓葬》，《文物参考资料》1954年第4期。

B. 《衡阳苗圃蒋家山古墓清理简报》，《文物参考资料》1954年第6期。

C. 衡阳市博物馆：《衡阳市苗圃、五马归槽、茅坪古墓发掘简报》，《考古》1984年第10期。

[54] 衡阳市文物管理处：《湖南衡阳市苗圃涂家山战国墓》，《考古》1997年第12期。

[55] 罗敦静：《湖南耒阳县发现周汉等时代墓葬及古代石斧》，《文物参考资料》1955年第8期。

[56] 湖南省博物馆、耒阳县文化局：《耒阳春秋、战国墓》，《文物》1985年第6期。

[57] 向新民：《湖南耒阳市阴间巷发现战国墓》，《考古》1990年第8期。

[58] 湖南省文物管理委员会：《耒阳西郊古墓清理简报》，《文物参考资料》1956年第1期。

[59] 零陵地区文物工作队：《永州市鹞子岭战国墓发掘简报》，《湖南考古辑刊》第4集，岳麓书社，1987年。

[60] 湖南省博物馆：《湖南资兴旧市战国墓》，《考古学报》1983年第1期。

第一类为"甲"字形、多重棺椁多室大型墓，随葬青铜礼乐器。地面上有大型封土堆，主冢周围多有陪葬冢。单墓道，墓壁有多级台阶，多重棺椁。木椁长在 6 米以上，分为五至七室；棺在三四重之间。或有殉人、陪葬坑和车马坑。随葬品以成套的青铜礼器为主，有编钟和编磬。

从部分墓葬所出文字材料看，这类大型楚墓的墓主人应为封君、卿或上大夫等高级贵族。属于此类的典型墓葬有河南淅川下寺 M2，信阳长台关 M1；湖北江陵天星观 M1，荆门包山 M2；湖南临澧九里 M1 等。

对楚王墓之葬制目前还知之甚少。河南淮阳马鞍冢[1]之南冢是楚墓中仅见的双墓道"中"字形大墓，并有大型车马坑陪葬，一般认为应是楚都陈时期的某位楚王之墓。安徽寿县李三孤堆大墓的封土覆盖面积在 1 万平方米左右，原高当在 10 米以上；可复原为椁分九室、墓室面积在 160 平方米左右的大型墓葬[2]。出土的铜礼器逾 100 件，其中铜鼎即达 30 余件，内含升鼎 9 件，并有编钟和编磬。一般认为该墓应为楚都寿春时期的某位楚王之墓。可惜这两座墓均被盗严重，有关楚王墓的确切情况尚有待于进一步的发现。

第二类为"甲"字形、一椁重棺多室中型墓，随葬铜、陶礼器。封土堆或有或无。单墓道。一椁重棺，个别为多重棺椁。木椁长约 4～6 米，分为三至五室。少数有殉人。随葬品铜陶礼器并用，各自成套[3]；无编钟、编磬而有鼓、琴、瑟等；随葬车马器、木俑、兵器等。

迄今为止，这类楚墓已发现了数十座。绝大多数属战国时期，其中尤以战国中期者为多。这类墓的墓主人应为下大夫或与之身份相当的中层贵族。属于此类的典型墓葬有河南淅川下寺 M8、M10；湖北荆门包山 M1、M4，江陵藤店 M1、望山 M1、M2、鄂城百子畈 M5；湖南长沙浏城桥 M1、湘乡牛形山 M1、M2 等。

第三类为一椁一棺中小型墓，随葬陶礼器。一般无封土，有的有墓道。一椁一棺，少数为两重棺。木椁长约 2.5～4 米，分为一二室，少数为三室。随葬品主要为仿铜陶礼器，一般为二至四套，进入战国时期多有鼎、簠、缶（钫）及鼎、敦、壶两套组合。仅个别墓出有组合不全的铜礼器，少数墓随葬日用陶器。一般随葬镇墓兽、鼓、瑟等；车马器、木俑、兵器或有或无。

这类墓在楚墓中数量最大，应为士阶层或部分庶民的墓葬，有些规格较高者可能属没落的下大夫。属于此类的典型墓葬有湖北江陵太晖观 M6、M18，雨台山 M555，荆门包山 M5；河南淅川下寺 M11、M36 等。

第四类为单棺小型墓，随葬日用陶器。单棺，少数一棺一椁者椁长在 2.4 米以下。随葬品为日用陶器，或一二套仿铜陶礼器，一般为鼎、敦（盂）、壶组合（多见于战国中期以后）。有的墓出兵器，而以剑等短兵器居多。

---

[1] 河南省文物研究所、周口地区文化局文物科：《河南淮阳马鞍冢楚墓发掘简报》，《文物》1984 年第 10 期。

[2] A. 李德文：《朱家集楚王墓的形制与棺椁制度》，《楚文化研究论集》第一集，荆楚书社，1987 年。
B. 郭德维：《关于寿县楚王墓椁室形制的复原问题》，《江汉考古》1982 年第 1 期。

[3] 战国中期以后也见有全部使用陶礼器者。

这类墓的墓主人应属庶民阶层，其中可能也包含有士的下层。

第五类为无葬具墓。无木质葬具的土坑墓，无随葬品或仅随葬一二件陶器等日用器物。这类墓的墓主人应为贫民。

需要说明的是，由于受材料的限制，以上的划分主要是以战国楚墓为据，春秋时期楚墓的情况与此略有差异，我们将在下文中述及。

三 大中型楚墓的埋葬制度

（一）楚墓中的贵族墓地

前已述及，大中型楚墓依墓主人身份的不同，往往有规模不等的封土堆，即所谓的楚冢。这些楚冢有不少存留至今，对其分布情况的调查及对其中重要墓葬的发掘，为探索楚墓中贵族墓地制度提供了重要的材料。对较完整地保存下来的若干贵族墓地的全面揭露，更是廓清楚墓埋葬制度的重要手段。在目前所掌握的有关楚墓贵族墓地的考古材料中，以楚都纪南城附近的封土墓群、淅川下寺和荆门包山两处墓地的材料最为典型、清楚，从中可以窥见楚墓中贵族墓地制度的基本特征。

1．纪南城附近的封土墓群

迄今为止，已发现的地面有封土的楚墓已逾2000座。楚墓的封土，大都用黏土夯筑而成，一般呈圆形或椭圆形，个别呈方斗形。这些楚冢主要分布于今湖北荆州、荆门、当阳、枝江、沙市等地，共发现1500多座[1]。此外，在江汉区的湖北宜城、襄阳，湘江洞庭区的湖南临澧、湘乡，豫南鄂西北区的河南信阳，以及江淮区的安徽长丰等地也有发现。

楚都纪南城方圆数十公里的范围内，楚冢分布最为集中，也最具典型性。据统计，仅荆州、荆门两地就发现楚冢1300余座，其中直径在40米以上的大型冢有220余座，约占所发现楚冢总数的20%左右；直径在20~40米之间的约560座，约占总数的40%；直径20米以下的约520座，占40%[2]。

纪南城周围的楚冢可大体上分为七个墓区，距纪南城的距离在数公里至二三十公里左右。楚冢主要分布于城西至城北连绵起伏的丘陵岗地上，其中尤以八岭山、纪山一带最为密集[3]。城西的八岭山墓区共有大小土冢274座，其中大型冢23座；城西北的双冢、川店墓区共发现土冢65座，其中大型冢14座；城北纪山墓区共发现土冢361座，其中大型冢22座。另外，在纪南城东北至城南的岗地上也有楚冢发现。城东北的孙山墓区共有土冢21座，其中大型冢2座；城东的雨台山墓区有土冢103座，其中大型冢2座；城东南的观音垱墓区，分布于长湖南岸的高地上，共有土冢14座，其中大型冢4座[4]；城南的拍马山墓区，共有土冢17座，其中大型冢2座。

---

[1] 郭德维：《楚系墓葬研究》，湖北教育出版社，1995年。
[2] 陈跃钧：《荆州地区楚文化调查与探索》，《楚文化研究论集》第一集，荆楚书社，1987年。
[3] A．江陵县文物工作组：《湖北江陵楚冢调查》，《考古学集刊》第4集，中国社会科学出版社，1984年。
　　B．荆门市博物馆：《纪山楚冢调查》，《江汉考古》1992年第1期。
[4] 天星观M1已发掘，墓主为封君。

这些楚冢的分布可分为两种情况。一是特大型土冢，封土直径 80~100 余米，高 7~10 余米。或单独出现，或为双冢，一般一大一小，周围无众多陪葬冢。二是以大、中型土冢为中心成群分布的冢群。从数量上看，或三五成群，或包含众多小型冢，数十个密集分布。这类冢群一般占据一处丘陵岗地，有的大冢周围环绕中、小型冢，有的数冢呈"一"字有序排列。从已发掘的数处墓地看，这类冢群多为贵族的家族墓地。已发掘的封土墓绝大部分属第一、二类，可知这类墓的墓主人身份较高，而所在墓区应属公墓区。

位于纪山墓区的大薛家洼墓群[1]，地处一宽阔的岗地上，其南部南北排列大型冢 2 座，两冢相距 75 米。在两冢以北，整齐有序地排列着 40 座小型冢。这些小冢南北向排列，共四行十排。其所在范围东西宽 66 米，南北长 115 米。最南的一排小冢与北大冢之间修整成两级宽敞平整的平台。其中第二级平台东西长 66 米，南北宽 25 米，据推测应属"祭坛"遗迹。平台的东西两侧分别有五级和一级台阶。这一墓地的规模与格局都表明大墓的墓主具有较高的身份，也有可能为某代楚王的陵园。

2. 淅川下寺墓地

河南淅川下寺[2]是一处典型的春秋时期的贵族墓地，布局有规律可循。

墓地位于丹江下游丹水与淅水交汇处的丘陵岗地上。共发现大、中型墓葬 9 座，小型墓葬 15 座，车马坑 5 座。已发现的墓葬和车马坑主要分布在南北向岗地的山脊之上。墓葬的方向与岗地走向呈 90°交角。9 座大、中型墓南北并列，5 座车马坑则基本上位于其所属主墓之西。发掘者根据墓葬的分布与年代的先后，将这批墓葬分为三组。其中，岗地南端的甲组，包括 M7、M8、M36 三座中型墓和附属于 M8、M36 的两座车马坑。岗地中部的乙组，南距甲组约 100 米，包括 M1、M2 两座大型墓，附属于 M2 的一座车马坑，以及散布于该组墓南北的 15 座小型墓。岗地北部的丙组，南距乙组墓约 90 米，包括 M10、M11 两座中型墓以及附属于二墓的两座车马坑。三组墓中，以中部的乙组规模最大，主墓规格也最高（图 9-1）。

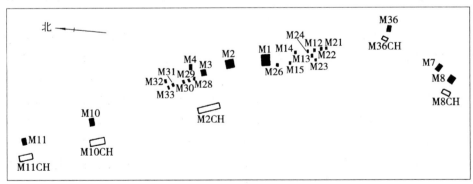

图 9-1 淅川下寺墓地墓葬分布示意图
M1~4、7、8、10~15、21、24、26、28~33、36.墓葬　M2CH、M8CH、M10CH、M11CH、M36CH.车马坑

---

〔1〕荆门市博物馆：《纪山楚冢调查》，《江汉考古》1992 年第 1 期。
〔2〕河南省文物研究所、河南省丹江库区考古发掘队、淅川县博物馆：《淅川下寺春秋楚墓》，文物出版社，1991 年。

这批墓葬均为长方形土坑竖穴墓，地表无封土，不设墓道，墓坑四周也无台阶。葬式多为仰身直肢，头均向东。9座大、中型墓葬中，墓口长度在9米以上的2座（M1、M2），墓口长度在4.5~7.5米之间的7座。从葬具上看，以一椁双棺（双棺并列，其中一棺殓葬殉人）者居多，共6座。这9座大中型墓葬均随葬有大量的青铜器和玉石器等，未见陶器。其中仅随葬有青铜器和玉器，而无车马器、兵器的墓有4座，墓中多出玉、石类装饰品，墓主可能为女性。男性墓葬则出有兵器，并大多陪葬有车马坑。9座大中型墓多二、三墓并列，如乙组墓中的M1、M3并列于主墓M2的南北两侧，甲组墓中的M7与M8亦南北并列，其出土遗物的年代相近，前者均未出兵器和车马器，都可推断属夫妻异穴合葬墓。

其余15座小型墓，墓口长度均在3米以下。葬具均为单棺，无随葬遗物或随葬极少量碎小玉器。这15座墓均位于大、中型墓之一侧，应属大中型墓墓主人的殉人墓。

下寺墓地大中型墓随葬青铜礼器的基本组合是鼎、簋、浴缶、尊缶、盘、匜等，大型墓中不仅鼎式增多，且有鬲、簠、壶、盉、钾、盏、盆、鉴、俎豆、禁和编钟、编镈等乐器。其中升鼎、遲鼎、深腹高跟撇足鼎、球形敦、提梁盉、短流平底匜、环耳环足盘、禁等，都是楚文化中较为典型的器物。此外，以蟠螭纹或蟠虺纹组成的纹带为主的花纹装饰作风也独具一格。从9座大、中型墓出土的青铜器的组合关系、器形、花纹、铸造工艺的演变序列看，甲组3座墓应较早，约当春秋中期后段；乙组4座墓次之，约当春秋晚期前段，该组的15座小墓的时代也当与之同时；丙组2座墓最晚，约当春秋晚期后段。整个墓地前后延续约140余年。

3. 荆门包山墓地

荆门包山墓地由5座规模不等的封土墓组成，集中分布于一岗地岗脊中部的南北中轴线上。有墓道的墓，墓道一律向东。依下葬年代的先后，由南向北排列。等级最高的大型墓M2封土高达5.8米，残存底径54米；其他诸墓分别属中、小型墓，封土逐级递减，墓位渐次偏西（图9-2）。

除属于大型墓的M2外，M1、M4和M5，均为一椁二棺，椁分三室，随葬铜礼器的中型墓。其中M1、M4大致属本文所分第二类墓，M5规模较小，随葬器物较少，大致属第三类。M6为单棺小墓，仅随葬青铜剑一柄，应属第四类，即庶民墓。

该墓地应系以M2为中心的、主要由两对有辈分之差的夫妻异穴合葬墓构成的家庭墓地。在整个墓地的5座墓中，M1、M2封土堆紧邻，墓坑并列；M4、M5相距甚近。每对墓葬的下葬年代又最为接近。每对墓中，棺室的安排都是棺在两墓相邻的一边。M2、M4的墓主经鉴定为男性，两墓下葬的年代差约为二十余年，随葬以铜器为主的礼器和兵器。据出土文字材料，知M2墓主系楚国主管司法的左尹、"大夫"邵佗。相反，M1、M5的随葬器物则以仿铜陶礼器为主，随葬品中无兵器。据此，可以认为该墓地是以邵佗夫妻墓（M2、M1）及其子夫妻墓（M4、M5）为主体的核心家庭墓地[1]。

从各墓随葬器物所反映出的时代特征看，包山楚墓群的年代大致在战国中期晚段至晚期早段之间。

---

[1] 王红星：《包山楚墓墓地试析》，《文物》1988年第5期。

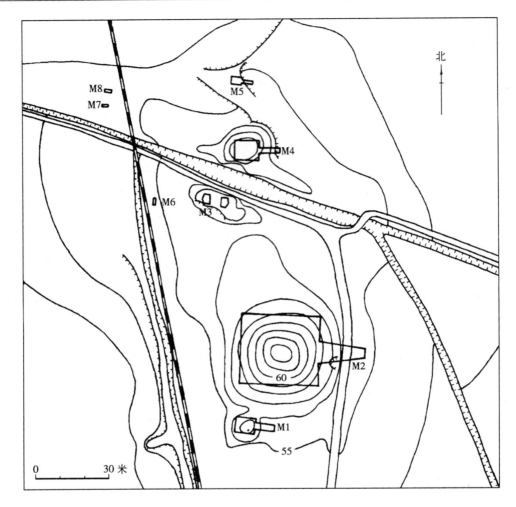

图9-2 荆门包山墓地墓葬分布图

(二) 大中型楚墓举要

1. 大型墓

属第一类的大型墓已发掘了5座，其中河南淅川下寺M2属春秋晚期，其余4座均属战国中期，即河南信阳长台关M1、湖北江陵天星观M1、荆门包山M2，湖南临澧九里M1。如果说时代偏早的下寺M2还有不少中原文化因素的话，那么到了战国中期，大型楚墓已显现出更多的自身特色。这4座战国中期的大型楚墓，在葬制上有着较强的一致性。与春秋晚期的淅川下寺M2相比，各墓都增设了一条斜坡墓道，墓圹四周有多层台阶，已出现椁内分室现象，木椁分别以隔梁或隔板分隔为奇数的五至七室，主椁室内置三四重棺。随葬品虽均以成套的青铜礼乐器为主，但程度不同地随葬有陶礼器或陶实用器。

(1) 淅川下寺M2。在前述淅川下寺墓地的24座楚墓中，作为乙组墓主墓之一的M2最引人注目 (图9-3)。墓圹内有巨大的木构椁室，椁室西部并列摆放两具漆棺，其中南

第九章 东周时期南方地区的墓葬 363

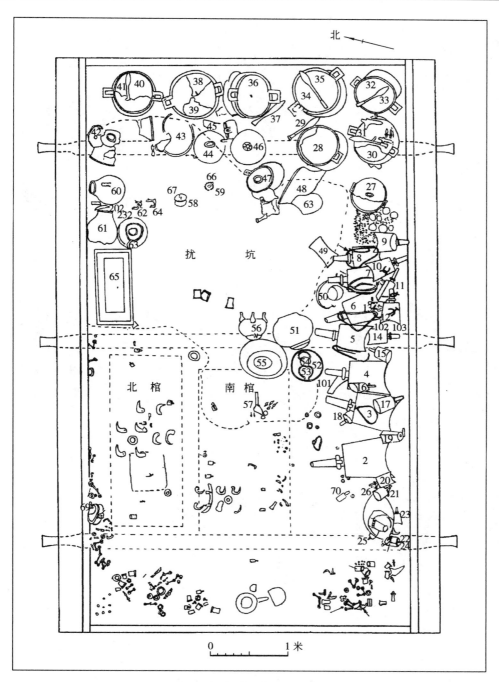

图 9-3 淅川下寺 M2 平面图

2~26.编钟 27、28、30、32、38、40、42~44、46~48、56.铜鼎 29、31、33、35、37、39、41、66、67.铜匕 45.铜铲 49.铜俎 50.铜鉴 51、55.铜缶 52.铜盘 53.铜匜 54.铜鉨 57.铜斗 58、59.铜鬲 60、61.铜尊缶 62、64.铜勺 63、232.铜盆 65.铜禁 68.铜盏 69.铜盆 101~113.石磬 202.铜簠 204.铜豆

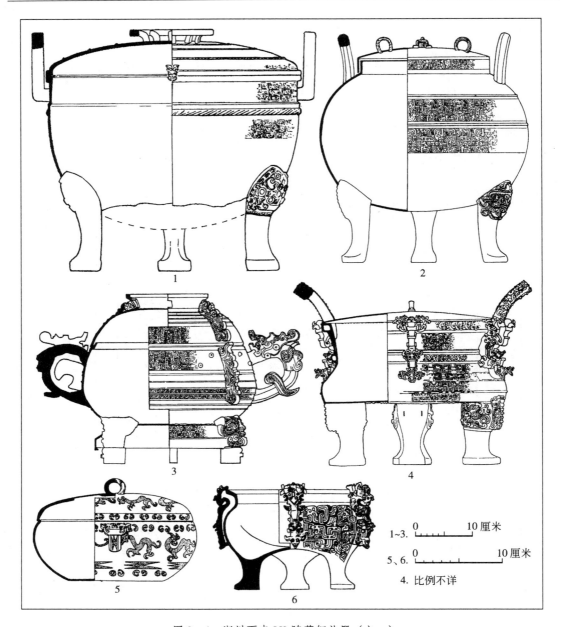

图 9-4 淅川下寺 M2 随葬铜礼器（之一）
1. 鼎（M2:44） 2. 鼎（M2:56） 3. 簠（M2:63） 4. 鼎（M2:38） 5. 铍（M2:54） 6. 鬲（M2:59）

棺较大，北棺较小，均已腐朽。但两棺之上仍残留有大量的金箔，北棺上还发现有多层漆皮痕迹。其墓室规模虽比 M1 稍小，且经盗扰，但仍残存有大量遗物。椁内棺外均放置有随葬品，墓室东部主要放置大型礼器和少量乐器，墓室南部主要放置乐器，西南角则放置大量的车马器及兵器等。在双棺与椁室西壁之间还放有大量车马器、兵器和大片金箔等。此外，南棺内还有许多小型玉器。全墓计出土青铜器 550 余件，其中含以 7 件一组的升鼎

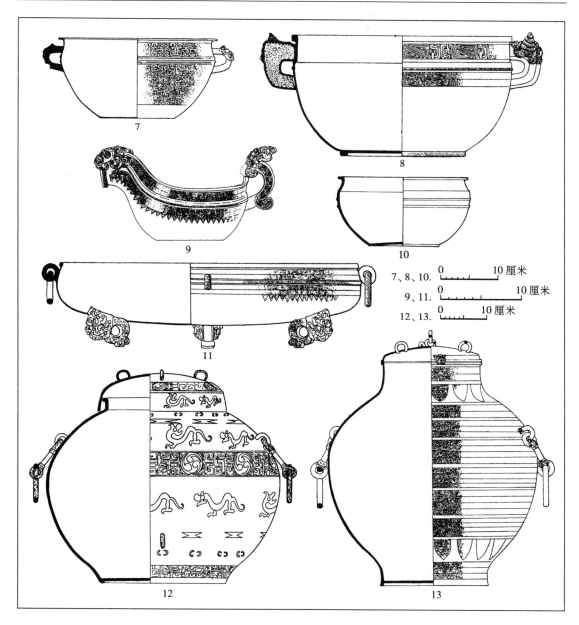

图 9-4 淅川下寺 M2 随葬铜礼器（之二）
7. 盨（M2:68） 8. 鉴（M2:50） 9. 匜（M2:53） 10. 盆（M2:69） 11. 盘（M2:52）
12. 缶（M2:51） 13. 尊缶（M2:60）

为主的礼乐器 155 件（图 9-4；图版 22-1、2）。此外，还有玉、石、骨器 900 余件，海贝 4000 余枚。

M2 附属的车马坑位于主墓之西偏北，相距 31 米。坑呈横长方形，南北残长 21.1 米，东西宽 4.5~4.6 米。坑内至少埋车 7 辆，马 19 匹。车横列放置，马分置于车辕两侧。

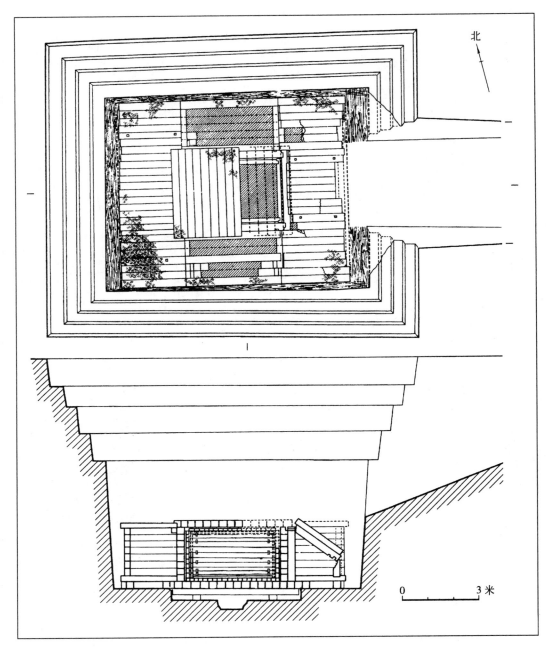

图 9-5 信阳长台关 M1 平面、剖面图

M2 出土升鼎 7 件，盖与腹部均铸有铭文。鼎盖铭"倗之䰩"，鼎腹铭文中有"王子午……自作䰩彝䰩鼎……令尹子庚，殹民之所亟"的记叙。据此，发掘者推断，铭文中言及的"王子午"、"倗"应即楚"令尹子庚"，三者当为一人。依《左传》及杜预注，王子午为楚庄王之子，先任司马，后任令尹，死于楚康王八年，时为公元前 552 年，M2 的年代也当在

这一年或稍晚。也有学者认为 M2 之墓主人佣应即《左传》所载继王子午之后任楚令尹的䓕子冯,卒于楚康王十二年(公元前 548 年)。从 M2 的规格看,墓主人的身份与楚国令尹这一等级是相合的,随葬遗物所反映出的时代特征属春秋晚期早段,也与上述推论大体一致。

M1 和 M3 位于 M2 之南北两侧,与 M2 并列。二者随葬的青铜器都较少,且无兵器和车马器,而作为装饰品的玉器则较多,墓主人当为女性。M1 墓室较 M2 为大,随葬青铜礼器 36 件,纽钟和石磬各一套。在出土的 20 件有铭铜器中,有 6 件佣器,另有孟滕姬自作浴缶 2 件。该墓应为孟滕姬之墓。M3 墓室较 M2 小,随葬青铜礼器 24 件,无编钟和编磬。墓主身份应较 M1 墓主为低。在出土的 12 件有铭铜器中,也有 6 件佣器。另有蔡侯为其女鄳中姬丹所作媵器 2 件。鄳中姬丹可能是 M3 的墓主。上述二墓并列于 M2 之南北,两墓均出土有佣器,表明其与 M2 之墓主人关系密切,可能是 M2 墓主人令尹子庚的两位夫人。

(2) 信阳长台关 M1。位于信阳市北 20 公里、淮河北岸的一个土岗上,东北距东周时期的城址楚王城约 400 米。岗脊上分布着 6 个土冢,应属该城址郊外的墓葬区。M1 系带墓道的大型土坑竖穴墓。墓口东西长 14.5 米,南北宽 12.05～12.55 米,墓口至墓底 10.05 米[1]。墓壁有四级台阶。斜坡墓道位于墓室东侧,坡长 17.3 米。墓室底部中央有一腰坑,坑内埋小鹿一只。墓室下部、椁室周围及腰坑中填塞青膏泥(图 9-5)。

椁室长 8.95 米,宽 7.60 米,高 3.25 米,由 539 根方木筑成。椁内分隔为主室、前室、右侧室、左侧室、后室、左后室、右后室等七个墓室。主室居中,内置木棺两重。外棺表面涂有微呈紫色的黑漆,内髹朱漆。棺盖上覆麻布之类纺织品,以绳束棺。内棺底板表面髹黑漆,盖板与壁板皆在黑漆上施彩绘,均为以带状云纹组成的变形兽面,色彩绮丽,图案精美。

墓中出土随葬品 903 件。其中前室随葬器物最多,达 392 件,放置有悬于钟架上的青铜编钟、彩绘鼓、木瑟等乐器,鼎、敦、壶、盘、匜等铜礼器,竹简以及陶质和漆木质的礼器和日常用器等。主室中,内、外棺内随葬玉器及错金铁带钩等日常用器。左侧室放置冥车车盖,周围有各种车马器、铜戈等兵器和两个长袖木俑。右侧室置各类彩绘漆木器及陶器。后室中部有一彩绘木雕镇墓兽及木俑若干。左后室放置床与竹席,以及铜炉、漆木器、彩绘木俑、文具和竹简等。右后室置陶瓮、漆木器、竹器及木跪俑(图 9-6)。

出土竹简计 148 枚,出自前室东部的 119 枚系一部久已佚失的竹书;出自右后室的 29 枚,是记载随葬品名称和数量的"遣策"。乐器中包括铜编钟一组共 13 枚,大小和重量依次递减,其中一件钟体上有铸铭 12 字。青铜礼器与杂器 30 余件,多数器表无纹饰,其中包括有盖圆腹鼎一套 5 件及与之相配的其他器种。另有成套的仿铜陶礼器及大量漆木器等。

墓葬的形制和随葬品的组成,都显示出墓主人较高的社会地位。该墓的时代则大体上可确定属战国中期。

(3) 江陵天星观 M1。西距楚都纪南城约 30 公里。墓上有呈平顶圆锥状的大型封土堆,发掘时南北长 25 米,东西长 20 米,高 7.1 米[2]。其附近还有 4 座高大的土冢,5 座

---

[1] 河南省文物研究所:《信阳楚墓》,文物出版社,1986 年。
[2] 湖北省荆州地区博物馆:《江陵天星观 1 号楚墓》,《考古学报》1982 年第 1 期。

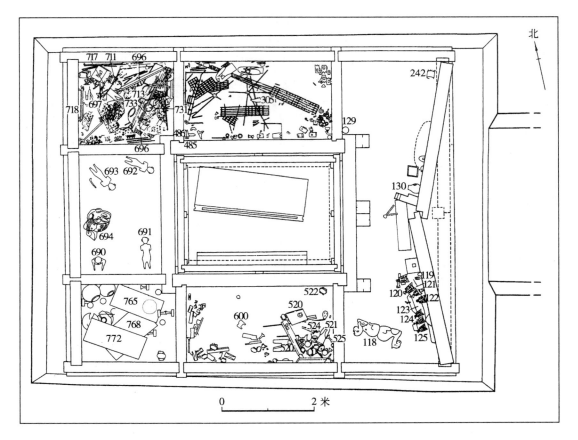

图 9-6 信阳长台关 M1 椁室平面图

118. 鼓座　119~125. 铜编钟　129. 铜镜　130. 铜壶　242. 铜鋞　305、306、521、690~693、697、717、783. 木俑　314、485、486. 铜戈　519、522. 杯　520、604、679、718、765、768、772. 漆案　523、530. 杯豆　524、525、580~583. 陶豆　570、576. 漆俎　600、626、713、744. 陶鼎　661. 陶簠　694. 镇墓兽　696. 床　711. 陶罐　724、725. 陶盘　726. 陶匜　729. 陶盉　731. 铜盉　735. 铜匜　736. 铜壶　738. 铜簠　740. 铜盘　742. 铜炉

土冢自西向东呈弧形排列，组成一个冢群。

　　墓圹平面呈长方形，南北残长 30.4 米，东西残宽 33.2 米；原坑口长 41.2 米，宽 37.2 米。墓壁设十五级生土台阶，逐级内收，形制规整。墓口至墓底深 12.2 米。墓道位于墓室之南，底部呈坡状，长 32.8 米。葬具为一椁三棺，椁长 8.2 米，宽 7.5 米，高 3.16 米。内分 7 室，各室内壁大多有彩绘壁画。中室置大小相套的三重木棺，由外及内分别是长方形外棺、长方盒形棺和悬底弧形内棺（图 9-7）。因遭盗扰，墓主人骨骼已无存，葬式不清。

　　在 7 个墓室中，仅北室遗物保存完好。残存遗物有青铜器、陶器、玉石器、漆器和竹简等，总计 2440 余件。其中南室和北室主要放置青铜容器、漆木器等；东室放置乐器；西室放置兵器、车马和竹简等；中室放置有少量玉石器。墓中出土的青铜容器与杂器共计 33 件，可辨器形有鼎、壶、盥缶、盉、盘、匜等。礼器中残存有镬鼎、升鼎、羞鼎的鼎足。乐器共 114 件，有编钟、编磬及瑟、笙、虎座鸟架鼓等。此外还随葬了大量的兵器、

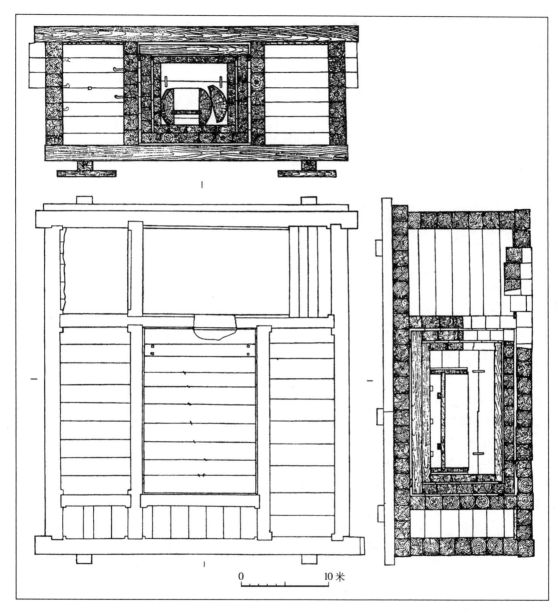

图 9-7 江陵天星观 M1 棺椁结构图

车马器和竹简。竹简中整简 70 余枚，其余残断，简文内容有"卜筮记录"和"遣策"，总计约 4500 余字。

竹简"卜筮记录"中出现的贞人与江陵望山 M1 竹简中的贞人相同，墓中所出铜器形制也与望山 M1 中的同类器相近，可知两墓的年代应相差不远，当均为战国中期。简文中有三条记有"秦客公孙鞅"，应是商鞅在秦受封之前的年代，可知该墓墓主的年代与公孙鞅相差不远，其下葬年代应晚于公元前 361 年，而在公元前 340 年前后，即楚宣王或威王

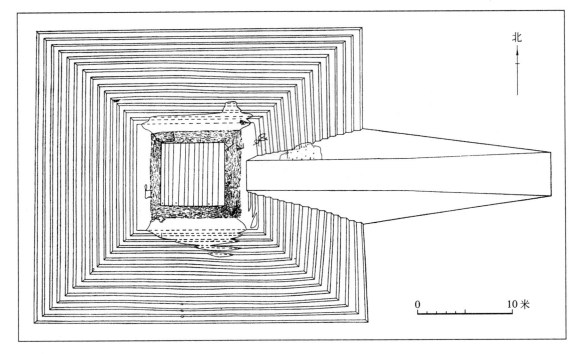

图9-8 荆门包山 M2平面图

时期。由简文可知墓主为"邸阳君番勳",与楚王有较密切的关系。从墓葬形制及随葬器物看,墓主当属楚国的封君。天星观墓地共有五个大冢,可能是番勳的家族墓地。

(4) 荆门包山 M2。如前所述,荆门包山 M2 是该家庭墓地的主墓。墓圹平面呈长方形,东西长34.4米,南北宽31.9米,深12.45米,墓壁设十四级生土台阶,逐级内收[1]。墓室东壁开一斜坡墓道,坡长32.8米(图9-8;图版23-1)。墓坑底部中间有一腰坑,内葬一幼山羊。葬具由两椁三棺组成。外椁长6.32米,宽6.26米,高3.1米,以隔板分为五室。内椁置于外椁中室内。内椁之中,放置了套合紧密的三重木棺,由外及内分别是长方盒形棺、悬底弧形棺和彩绘长方形棺(图版23-2、3)。中棺和内棺上均有多层丝织饰物。墓主人为中年男性,仰身直肢,骨架上残留有较多的腐烂丝织物。

墓内共随葬器物1900余件。其中东室主要随葬礼器和装盛果、食之器物;南室放兵器、车马器;西室主要放置可供出行所用的折叠床等起居生活用器;北室为竹简和日常用具;中室棺内放置墓主人的佩剑、玉璧、衣物等贴身之物。

在59件青铜礼器中,鼎共有19件,其中作为正鼎的有盖圆腹鼎2套(实用鼎7件一套,明器鼎5件一套)、升鼎2件、镬鼎2件和汤鼎1件。其他器物如簠、缶、敦、壶等多为偶数组合,与鼎制相配(图9-9)。此外,墓中还随葬铜铙1件及漆木瑟、鼓等乐器。

M2 的东、南、西、北四室还出有竹简448枚(其中有字简278枚,总字数达12400余

---

[1] 湖北省荆沙铁路考古队:《包山楚墓》,文物出版社,1991年。

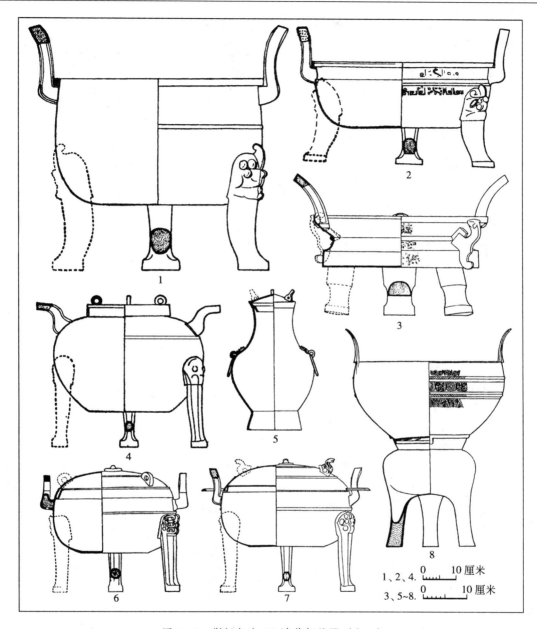

图 9-9 荆门包山 M2 随葬铜礼器（之一）
1. 鼎（M2:124） 2. 鼎（M2:146） 3. 鼎（M2:137） 4. 鼎（M2:390） 5. 壶（M2:154）
6. 鼎（M2:132） 7. 鼎（M2:106） 8. 甗（M2:79）

个），竹牍1枚（154字）。其内容分为文书、卜筮祭祷记录、遣策三大类。这是新中国成立后发现的字数最多、保存较好的一批楚文字资料，对楚国历史、考古学和古文字学的研究都具有重要价值。

通过对 M2 出土的简牍材料的梳理，可知该墓墓主系楚国主管司法的左尹、"大夫"邵

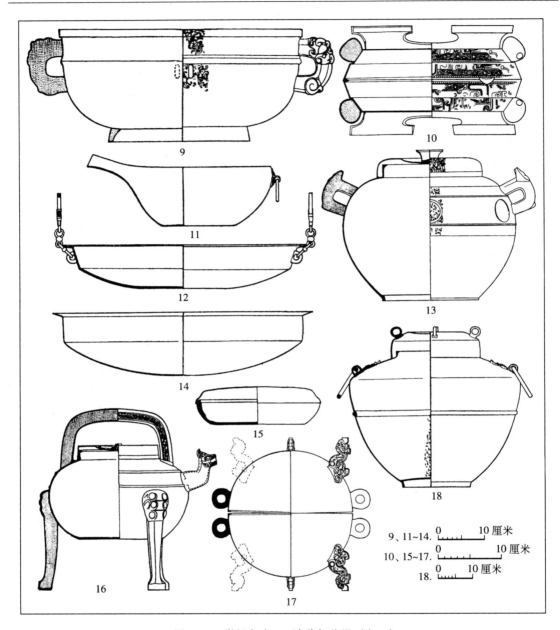

图 9-9 荆门包山 M2 随葬铜礼器（之二）

9. 鉴（M2:119） 10. 匜（M2:169） 11. 匜（M2:125） 12. 提链盘（M2:82） 13. 缶（M2:289）
14. 盘（M2:128） 15. 盒（M2:90） 16. 盉（M2:392） 17. 敦（M2:175） 18. 缶（M2:426）

鸵。M2 下葬的绝对年代，应为公元前 316 年。

2. 中型墓

迄今为止已发掘的属第二类的中型墓，总计达数十座。较为典型的有河南淅川下寺 M8、M10；湖北荆门包山 M1、M4，江陵藤店 M1，望山 M1、M2，鄂城百子畈 M5；湖南长沙浏城桥 M1，湘乡牛形山 M1、M2 等。其中绝大多数墓葬的年代在战国中期左右。中型墓埋葬制度的变化与大型墓大体同步，规格上则等而下之。

（1）长沙浏城桥 M1。浏城桥位于长沙市东区，M1 为长方形土坑竖穴，墓口长 8.65 米，宽 7.02 米，深 7 米[1]。发掘时墓壁残存 4 级台阶，有斜坡墓道[2]。葬具为一椁二棺，椁长 4.5 米，宽 2.88 米，高 2.04 米。木椁四周上下填塞白膏泥。棺室位于椁内偏北。外棺为平底长方形；内棺弧形悬底，外髹黑漆，内髹朱漆，以绳捆缚。墓主人仰身直肢，已朽。棺椁之间的东、南、西三面均留有空间，形成彼此相通的三个边箱（图9-10）。随葬器物多放置于三个边箱内。西边箱通南边箱处还横置一陪葬小棺，棺外也用绳索捆缚，棺内空无一物。

随葬器物共 262 件。棺内置铜剑及玉器等日常用器。东边箱放置漆木用具、镇墓兽、兵器、皮甲以及少量陶器；西边箱放置鼓、瑟等乐器及车马器等，南边箱内则放置陶、铜礼器和兵器等（图9-11）。随葬品中的青铜器有铜鼎 4 件，陶礼器则包含了鼎、簠、缶和鼎、敦、壶的组合，并有升鼎和簠。

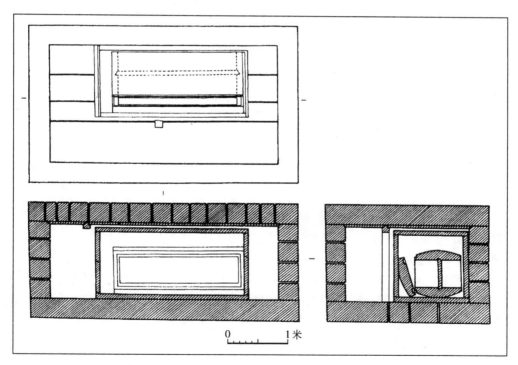

图 9-10　长沙浏城桥 M1 椁室平面、剖面图

---

[1] A. 湖南省博物馆：《长沙浏城桥一号墓》，《考古学报》1972 年第 1 期。
　　B. 湖南省博物馆、湖南省文物考古研究所、长沙市博物馆、长沙市文物考古研究所：《长沙楚墓》，文物出版社，2000 年。
[2] 郭德维：《楚系墓葬研究》第 61 页表 1，湖北教育出版社，1995 年。

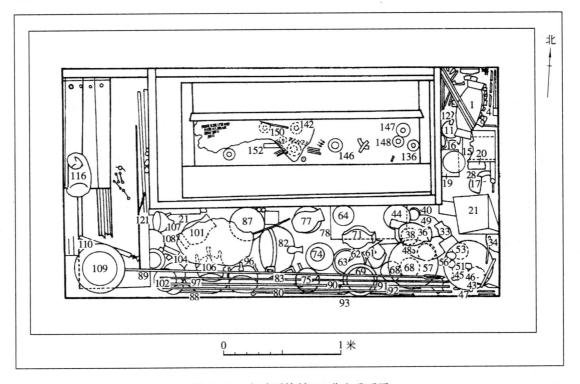

图 9-11 长沙浏城桥 M1 墓室平面图

1、4. 漆几　10、110. 铜剑　11、16. 陶豆　12、19. 陶簋　15. 木俎　17、20、28、40、54. 陶簠　21. 镇墓兽　33、36、64、74、77、101. 陶壶　34、53、63、82、96、97、102、104、108. 陶鼎　38、44、71. 陶方壶　43、45、88~90. 铜矛　46、80、92、93、121. 铜戈　47、57. 铜勺　48、49、69、75. 铜鼎　51、61、68、106、107. 陶鬲　56. 陶匜　62、83. 陶盘　78、87. 陶鉴　91. 铜戟　109. 鼓　116. 木鹿　136、142、146~148. 玉璧　149. 玉璜　150. 玉琮　152. 带鞘铜剑

其器物组合与形制特征介于随州曾侯乙墓与信阳长台关 M1、江陵望山 M1 之间，大体相当于战国早期偏晚。

(2) 江陵藤店 M1。东南距楚都纪南城约 9 公里，墓葬在一较高的岗地上，发掘时地面已无封土堆。该墓为带有斜坡墓道的长方形土坑竖穴墓。墓口平面东西残长 11 米，南北宽 9.6 米，墓深 6.6 米[1]。墓道位于墓圹东侧，坡长 9.7 米。墓口以下有五级台阶。椁室四周填塞白膏泥。葬具为一椁二棺。椁长 4.26 米，宽 2.42 米，高 2 米。外棺置于椁内西北部，内涂朱漆。椁与外棺之间的空隙，以梁柱分隔出头箱和边箱。内棺为悬底弧形棺，棺木缚以绳索，棺外涂黑漆，棺内漆朱漆。墓主人骨架大致保存完整，为仰身直肢葬，以竹席包裹。

墓内出土各类随葬品共 300 余件，大部分放在头箱和边箱内。头箱内放置生活用品、皮甲和越王州句铜剑。边箱内除生活用品外，还有兵器、车马器、乐器、漆木器和竹简。

[1] 荆州地区博物馆：《湖北江陵藤店一号墓发掘简报》，《文物》1973 年第 9 期。

棺内则放有随身兵器和装饰品。随葬品中的青铜礼器有成对的鼎、豆、壶以及盘、匜等，此外还有不少陶礼器与日用器，乐器有鼓和瑟。兵器中以越王州句剑最为著名。剑长56.2厘米，剑茎上满缠丝绳，剑身近格处有两行错金鸟书铭文8字"戉（越）王州（朱）句（勾）自乍（作）用金（剑）"。

由随葬品的组合与形制特征分析，该墓的时代约当战国中期偏早，略早于江陵望山M1。

（3）望山M1、M2。望山墓地是楚郢都纪南城外重要的楚国墓地之一，位于纪南城西北约7公里。M1、M2均为有封土堆、带墓道的长方形竖穴土坑木椁墓，二者相距约500余米[1]。二墓的封土堆均系夯筑而成，底部直径10余米，残高2米余。M1墓口东西长16.1米，南北宽13.5米，墓口至墓底深8.4米，墓壁设五级生土台阶，逐级内收（图9-12）。M2的规模比M1略小，墓口东西长11.8米，南北宽9.4米，墓口至墓底6.6米，墓壁设三级生土台阶。二墓均于墓坑东壁正中设斜坡墓道，M1墓道坡长17.7米，M2墓道坡长11.2米。棺椁均置于墓室正中，椁室周围填塞白膏泥。

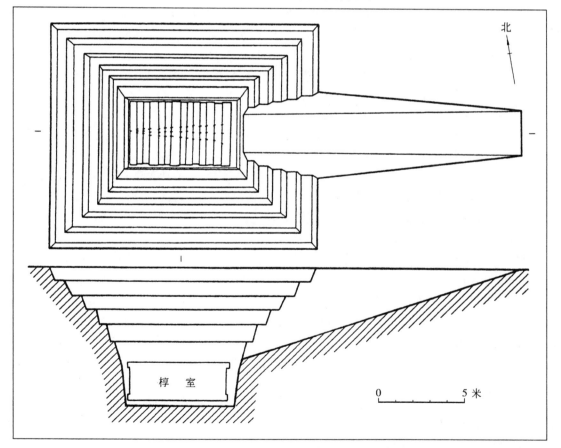

图9-12 江陵望山M1平面、剖面图

[1] 湖北省文物考古研究所：《江陵望山沙冢楚墓》，文物出版社，1996年。

M1 和 M2 的长方形木椁均分为三室。棺室位于椁室西北部，以隔板分隔出放置随葬品的头箱和边箱。其中 M1 的葬具为一椁二棺。木椁长 6.14 米，宽 4.08 米，高 2.28 米。棺室内放置两层套棺。M2 的葬具为一椁三棺。木椁长 5.08 米，宽 2.96 米，高 2.5 米（含下部的横垫木）。棺室内置三重套棺。二墓的外棺均为长方盒状，棺外髹黑漆，棺内髹红漆。M1 的内棺和 M2 的中棺为悬底弧形棺。M2 的内棺的形制与其外棺相似。二墓的内棺分别用粗麻绳与丝带捆缚并裹以丝帛等物。墓主人葬式均为仰身直肢，头向东，骨架上下有包裹尸体的衣衾残迹。M1 的墓主人经鉴定属成年男性，M2 的墓主人则为女性，年龄在 50 岁以上。

M1 未遭盗扰，墓内共出土随葬器物 780 余件，包括成组的铜、陶礼器、兵器、车马器、乐器、漆木竹用具以及少量的玉石佩饰和文书工具等。其中头箱内放置铜、陶礼器、陶制生活用器、铜兵器、镇墓兽和漆文书工具盒等；边箱放置漆木竹生活用器、漆木铜车马具、虎座鸟架鼓和竹简等；内棺则放置包括越王勾践剑（图版 27-1）在内的少量兵器和服饰器。越王剑整个剑身两面饰满黑色的菱形花纹；近格处有两行鸟篆铭文："越王勾践自作用剑。"保存完好，刃部锋利。该墓出土陶鼎 14 件，其中含镬鼎 1 件，升鼎 3 件，作为正鼎的有盖圆腹鼎 4 对 8 件，汤鼎 1 件。其他器物如陶鬲、簠、敦、壶、簋、缶、豆（图 9-13）等器物大多为偶数组合。在 20 余件青铜礼器中，鼎共 9 件，其中 8 件为盖纽不同的圆腹鼎，共 3 种 4 对。此外还有敦、缶、壶、盘、匜等，也大多成对出现。

M2 虽早年被盗，仍出土了随葬器物 617 件，包括成组的铜、陶礼器、兵器、车马器、乐器、漆木竹用具、木俑和玉饰品等。其中头箱内主要放置陶、铜礼器和漆木器；边箱主要放置漆木用具、车马器、兵器和竹简等；棺室内人骨架上下及周围放置 20 余件玉饰品，应是入葬时穿系于死者衣着上的组玉。该墓出土陶鼎 11 件，其中镬鼎 1 件，升鼎 2 件，作为正鼎的有盖圆腹鼎 3 对 6 件，汤鼎 1 件。其他器物如陶敦、壶、簠、缶等均成对出现。青铜礼器中含有盖圆腹鼎 1 对 2 件及小型铁足鼎 3 件。此外还有敦、缶、壶、尊、盘、匜等，一般也成对出现。乐器中有虎座鸟架鼓和漆瑟。

M1 所出竹简中，有 5 枚简文的内容系以事纪年，从对简文纪年及墓中随葬铜、陶礼器，以及所出越王勾践剑分析，可推定该墓的时代约当战国中期偏晚。M2 所出铜、陶礼器的组合与 M1 基本相同，时代也应与其大体同时。二墓均为有封土堆、斜坡墓道和多重台阶，一椁二棺或三棺，椁分三室，随葬成组铜、陶礼器的中型墓，属本文楚墓分类中的第二类墓。M1 的墓主人，一般认为即简文中多处出现的"悼固"，为楚国王族，其身份应相当于下大夫。M2 墓主人的身份也应与其大体相当。望山墓地很有可能是楚国王族悼氏的家族墓地，而 M2 的墓主人当为悼氏家族的成员之一。

（4）鄂城百子畈 M5。位于鄂城县城南约 2 公里的洋澜湖北岸的台地上，这里共发现了 4 座大体同时的东周楚墓，M5 是其中最大的一座。该墓墓口长 6.92 米，宽 5.44～5.90 米[1]。墓壁有二层台。葬具为一椁二棺。椁室长 4.66 米，宽 3.24 米，高 1.95 米。椁内分为五室，相互套合的两具木棺置于中室。棺内见有墓主人残骨遗迹。椁室西南和西北二

---

[1] 湖北省鄂城县博物馆：《鄂城楚墓》，《考古学报》1983 年第 2 期。

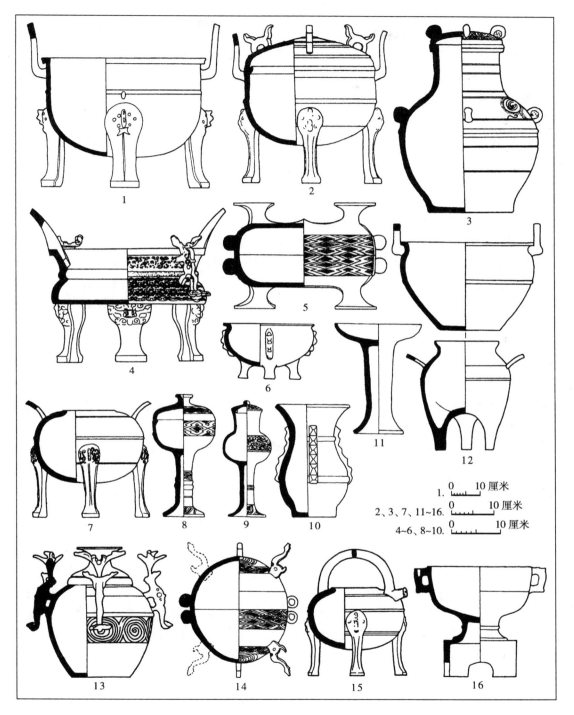

图 9-13 江陵望山 M1 随葬陶礼器

1. 鼎（M1:T98） 2. 鼎（M1:T82） 3. 缶（M1:T61） 4. 鼎（M1:T65） 5. 簋（M1:T155） 6. 鬲（M1:T190）
7. 鼎（M1:T136） 8. 豆（M1:T134） 9. 壶（M1:T133） 10. 壶（M1:T125） 11. 豆（M1:T152） 12. 甑（M1:T151）
13. 缶（M1:T90） 14. 敦（M1:T137） 15. 盂（M1:T135） 16. 簠（M1:T160）

端还放置有二具陪葬棺，棺较主棺矮小，棺内也仅见残存遗骨痕迹，葬式不明。

随葬器物大都分布于椁室东头箱和南北两边箱内，少数放置于主棺内，计有陶、铜、玉、漆木、竹器等40件。出土遗物以鼎、簠、敦、豆等陶礼器和日用器为主，铜器仅见有壶盖和带钩各一。另有漆木质镇墓兽、飞鸟及日常用器等。

该墓的时代约当战国中期偏晚。

(5) 湘乡牛形山M1、M2。牛形山系湘乡县城东北一条丘陵的余麓，M1、M2即位于其上，相互毗邻。两墓均保存有较大的封土堆，M1的封土堆底径29米，残高4.4米；M2封土底径31米，残高5.57米[1]。两墓均为带墓道的土坑竖穴墓，斜坡式墓道位于墓坑东侧。M1墓口长13.75米，宽11.78米，深15米，墓壁设五级台阶，墓道长19米。M2墓口东西长20.6米，南北宽18.3米，墓壁设九级台阶，墓道长20余米。

两墓棺椁均置于墓底正中，椁的上下四周填塞青膏泥。棺椁结构均为二椁三棺，中棺均为弧形棺。M1外椁长4.9米，宽3.65米；M2的外椁长5.2米，宽3.9米。两墓均以内外椁之间的空间，构成头箱、足箱（M1无）和左右边箱，陈放随葬器物。墓内的三重棺均髹漆，一般棺内髹朱漆，棺外髹黑漆。M1的内棺施夔凤纹和三角形云雷纹彩绘，棺内置笭床；M2的中棺和内棺施几何云雷纹和龙凤纹等图案。

两墓均早年被盗，破坏较严重，但仍出土了一批较为珍贵的漆木器、陶器、铜器、竹编织品和琉璃器等。M1共出土器物223件。其中有以鼎、敦、壶为基本组合的2套陶礼器，包括镇墓兽、鼓、俑、单辕车模型在内的大量漆木器和铜镜等。M2的漆木器中有虎座鼓架、镇墓兽和木俑，残存铜器有兵器、铜饰件、构件和车马器若干，此外还见有竹编织品以及绢类织物。

M2的封土压在M1的封土之上，可知M2略晚于M1，但两墓的墓葬结构及随葬品特征大致相同，故年代应相去不远，约当战国中晚期之交。两墓相连，当是同茔并穴的夫妇合葬。M2规模稍大，且出土有铜兵器，墓主人可能为男性，M1的墓主人可能为女性。

四　小型楚墓的埋葬制度及其演变

在整个楚墓分布区中，地处楚国腹心地区的江汉区墓葬最具代表性。其中又以楚都纪南城和当阳季家湖楚城附近的发现最为集中，墓地延续时间长，墓葬类别齐全。迄今为止，这一地区已发现楚墓分布点50多处，已发掘的楚墓达3000余座，主要属小型楚墓，即前述墓葬分类中的第三、四、五类。而发掘墓数众多，已系统发表材料的墓地，要数江陵雨台山[2]、九店[3]和当阳赵家湖[4]三处。这三处墓地共发掘东周时期的墓葬1443座。分析这3批墓葬的情况，可使我们对小型楚墓的埋葬制度及其演变有一较清晰的认识。

---

[1] 湖南省博物馆：《湖南湘乡牛形山一、二号大型战国木椁墓》，《文物资料丛刊》3，文物出版社，1980年。

[2] 湖北省荆州地区博物馆：《江陵雨台山楚墓》，文物出版社，1984年。

[3] 湖北省文物考古研究所：《江陵九店东周墓》，科学出版社，1995年。

[4] 湖北省宜昌地区博物馆、北京大学考古系：《当阳赵家湖楚墓》，文物出版社，1992年。

(一) 墓葬形制分类

除九店墓地发掘的 5 座洞室墓（属战国晚期晚段）之外，其余墓葬均为土坑竖穴墓，共 1438 座。其中的 50 座葬具已朽、形制不清，余下的 1388 座墓按葬具的不同可分为四类，计一椁重棺墓 5 座、一椁一棺墓 705 座、无椁单棺墓 627 座、无葬具者 46 座。另有一椁双并棺墓 2 座、无椁双并棺墓 3 座，均为合葬墓，葬制上分别相当于一椁一棺墓和单棺墓。从墓葬规模上看，这些墓葬属楚墓中的中型偏小和小型墓，其甲、乙、丙、丁四类墓葬大体相当于上述楚墓分类的第三、四、五类（表 9-1）。

墓坑填土为五花土，多经夯实。有的在棺椁四周和顶部填有黏性强密度大的青灰泥或白膏泥。仅在赵家湖墓地发现少量带生土台阶者[1]。

在三处墓地总计 1438 座墓中，带墓道的墓 101 座，占总数的 7%。墓道均为斜坡式，多设于南壁。从时间上看，带墓道的墓仅见于战国时期，最早出现于战国早期晚段，而主要兴盛于战国中期至战国晚期早段。从类别上看，带墓道的墓在甲、乙、丙三类墓葬中的比例分别为 32.4%、5.7% 和 0.9%，可见墓道的有无与墓葬的等级成正比。

另外，各类墓在墓坑的宽窄上也存在着较明确的差别，甲类墓基本上都是宽坑墓，乙类墓大多为宽坑墓，丙、丁类墓则几乎均为窄坑，部分墓设壁龛放置随葬器物。

(二) 墓葬分期

雨台山、赵家湖、九店三处墓地的墓葬材料，提供了一个迄今为止最为详尽的、楚国腹心地区自春秋早期至战国晚期的楚墓分期序列。总体上看，这些纵贯整个东周时期的墓葬可分为三个大的发展阶段。

第一阶段为春秋早、中期。

江汉地区该阶段的墓葬数量少，类别低，其究竟属周文化的江汉类型抑或属楚文化的早期发展阶段，尚有待探索。但周文化因素占主流，独立的楚文化风格尚未形成，是可以肯定的。这一认识目前已成为学术界的共识。该阶段的偏晚阶段，开始了逐渐"楚化"的过程。

三处墓地可确切分期的墓葬中，属第一阶段的墓共 56 座，其中相当于春秋早期早段的 4 座，均为日用陶器墓。春秋早期晚段至春秋中期，似以日用陶器墓为主。日用陶器的组合较为稳定，主要是鬲、盂、豆、罐，从这一阶段一直沿用至战国晚期，早晚关系主要表现在器物形态的变化上。总体上看，日用陶器的形制与中原地区同类器有一定差别，应为当地西周时期原有文化传统的延续。

同时，赵家湖墓地出现了随葬铜礼器和含有陶鼎一类礼器的磨光黑陶器的墓，九店墓地也有数墓出现了含有陶礼器簋的磨光黑皮陶的器物组合，制器作风与中原地区所出同类器相似，应源于西周时期的周器。至春秋中期，个别器类已显露出楚式风格。但上述磨光黑（皮）陶礼器，还不同于下一阶段开始出现的以灰陶为主的鼎、簋、缶，鼎、敦、壶组合的仿铜陶礼器。

---

[1] 赵家湖共发掘带台阶的墓 28 座，散见于自春秋早期至战国晚期的各类墓葬中，目前还看不出这类墓在墓葬分类上的意义，这些台阶的修建应主要是出于墓室营建过程中安全与方便的考虑。

表 9-1　　　　　　　　雨台山、九店、赵家湖墓地墓葬分类分期表

		甲 类				乙 类				丙 类				合计
		A	AB	B	C	A	AB	B	C	A	AB	B	C	
春早	早											九1	赵3	4
	晚		赵1	赵1			赵2	九2			赵1		赵2	9
春中	早		赵2				赵2	九6			赵1		赵5	16
	晚		赵3	赵1		赵1		九2	九6		赵2	雨7	九1 赵4	7	20
春晚	早					赵1			赵1				赵9	11
	晚					赵1		九2 赵1	雨9 赵1		赵1	雨56	九1 赵6	65	13
战早	早			九1 赵2				雨38(d1)	九6 赵12			雨4 赵3	雨41 九7 赵1(d1)	113	21
	晚			雨6					九1 赵32	雨10 九3		赵6			42
战中	早	雨1(二棺,d) 九3	雨24(d11) 九5 赵2(d)			雨2(d1)	雨4(d1)	雨87(d10) 九23(d1) 赵17(d4)	雨3(d1 九5)	雨1	雨6 九2 赵2	雨13(d1) 九16 赵6		215
	晚	雨1 九1(d)	雨5(d1) 九4(d1) 赵1(d1)		雨1	雨2 九12	雨2	雨17(d2) 九113(二棺1) 赵19(d8)	雨4 九7	九2	雨2 九15 赵3(d2)	雨22 九39 赵2		283
战晚	早	九1	雨1(2棺,d) 九3(二2,d棺1) 赵2(d1)			雨1 九10(d1)	雨1 九1	雨14(d1) 九53(d1) 赵2	九6	九1	雨22 九48	雨22 九34		201
	晚							九16				九16	九2	34
合计		3	13	61	1	30	8	459	63	4	1	134	278	1054
			77				560					417		

说明：
1. 甲类：一椁一棺（椁长3米以上）；乙类：一椁一棺（椁长3米以下）；丙类：单棺。
　A. 随葬铜礼器；AB. 铜、陶礼器并用；B. 随葬陶礼器；C. 随葬日用陶器；d. 带墓道者。
2. 本表仅收入三墓地中能够分期的墓葬，计雨台山423座、赵家湖168座、九店463座。
3. 战国中期晚段的雨台山和赵家湖墓地共发现一椁并棺墓3座，葬制上同于一椁一棺墓，故归入甲乙类墓中。
4. 九店墓地春秋中期前段的墓葬为其《报告》所分甲组墓；该墓地的5座洞室墓未收入表内。
5. 赵家湖墓地春秋时期诸墓所出陶礼器指磨光黑陶器，与战国时期的仿铜陶礼器有异。

属春秋早中期的鼎、簋等铜器,与中原周式同类器基本一致,只是有的器物在铸造上较为轻薄简陋,略具地方特征。春秋中期以后,铜器的组合与形制演变开始显现出较为独特的风格,为中原地区少见或不见。可以认为,春秋中晚期是楚墓铜器在吸收周式作风的基础上逐渐"楚化"的时期。

第二阶段为春秋晚期至战国晚期早段。

这是独具特色的楚文化形成及兴盛时期。据三处墓地墓数的统计,这一阶段的墓葬数量占三个阶段墓葬总数的90.7%,而仿铜陶礼器墓成为此期墓葬的主流。葬具上盛行悬底弧棺和悬底方棺。

丙类墓随葬仿铜陶礼器出现于春秋晚期,但仅占该期同类墓的1.4%,进入战国后墓数逐渐增多,从战国早期、战国中期早段的21%左右,上升至战国中期晚段的30.8%,至战国晚期的早、晚段,更分别剧增至66%和88.8%。与此形成鲜明对比的是,春秋晚期乙类墓随葬日用陶器者占乙类墓总数的68.8%,至战国早期降至12.7%,战国中期和战国晚期早段则更降至6%左右,战国晚期晚段基本绝迹。由此可见体现周礼的仿铜陶礼器逐渐取代日用陶器的历史发展进程。

成套的楚式风格的仿铜陶礼器组合,始见于春秋晚期晚段。最具特色的是以灰陶为主的鼎、簋、缶和鼎、敦、壶组合。春秋晚期至战国早期,仿铜陶礼器的组合还较为单一,有浓郁的仿铜器作风,制作规范精细,器表多涂白。战国中期至战国晚期前段,是仿铜陶礼器的鼎盛期,这一时期器类增多,组合形式丰富,器物的形态特征有了较大变化。器体变大,器表普遍施彩绘。伴随楚系青铜器文化体系的出现,具有楚文化特色的仿铜陶礼器群也最终形成。

第三阶段为战国晚期晚段。

这一阶段约当公元前278年白起拔郢至秦统一,为楚系墓葬文化的衰落期。就江汉地区而言,这一时期的墓葬数量急遽减少,众多墓地荒废,少见类别较高的墓葬。流行于上一阶段的悬底弧棺绝迹,多见长方盒状棺。出现了随葬日用陶器的秦式洞室墓。

楚式仿铜陶礼器的器类组合形式减少,器体变小,彩绘器锐减,制作粗劣。在仿铜陶礼器墓中,鼎、簋、缶的组合基本不见,除延续上一阶段鼎、敦、壶的组合外,还新出现了鼎、盒、壶的组合。这一阶段的器物组合与形制一直沿用至汉初。

(三)棺椁制度

战国早中期,一椁一棺或重棺墓中开始出现椁内分室的现象,至战国中期已较为普遍。在墓葬类别上,椁内分室主要见于甲类墓,一般为二室即棺室、头箱,少数为三室即棺室、头箱、边箱(图9-14)。雨台山和九店墓地发现的8座椁分三室的墓,均属甲类墓,其中九店M104还有陪葬的车马坑。可见,分室与否与墓葬的等级成正比。

墓内的棺、椁均由盖板、两边壁板、两端挡板及底部垫木组成。椁室外观呈长方盒状,棺则分为悬底方棺、悬底弧棺和平底方棺三种,其中悬底弧棺的数量最大,最具楚墓特色(图9-15)。

战国早期以前,悬底方棺是各类墓棺式的主流,此后,甲类墓以悬底弧棺为主,乙类

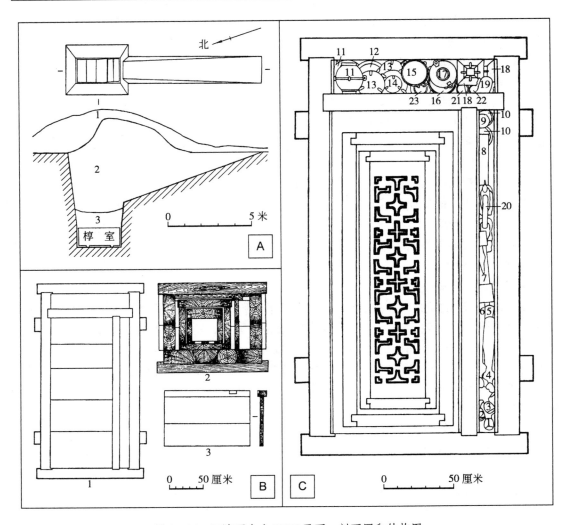

图 9-14 江陵雨台山 M555 平面、剖面图和结构图
A. 平面、剖面图 1. 白山土 2. 五花土 3. 青灰泥
B. 棺椁结构图 1. 椁室平面 2. 棺椁横剖面 3. 头厢隔梁及隔板立面
C. 墓室平面图 1~6. 木俑 7. 漆镇墓兽 8. 漆几 9. 铜镜 10. 陶盘 11. 陶壶 12. 陶盒 13. 陶敦 14. 陶罍 15、16. 陶鼎 17. 陶环耳鼎 18. 陶钫 19. 漆耳杯 20. 漆虎座凤鸟悬鼓 21. 陶斗 22. 玉环 23. 陶鐎壶

墓悬底弧棺与悬底方棺并用，丙类墓则多用悬底方棺。平底方棺数量较少，多见于重棺墓，单独使用的年代较晚，约当战国中晚期，并一直延续至秦汉时期。

木棺多用麻绳捆扎，大多横三道或横三道纵二道。有些墓棺盖上覆以竹帘，个别甲类墓使用丝织荒帷饰棺。

随着椁内分室，少数墓开始在隔板上开设门或窗，更为形象地模拟生人居室。战国中晚期的墓中，有的棺内设有笭床。

（四）墓向与葬式

这些墓葬的方向以南北向为主，墓向以向南者居多，占墓葬总数的60%以上。墓葬均为仰身直肢葬，双手交于腹上。从保存较好的墓葬看，敛尸先用织物包裹，以丝带纵横捆缚，其外再用竹席包裹。

（五）随葬制度

各类墓在随葬品类别、组合及数量的多寡上都显现出较为明显的差别。首先，甲类墓中无日用陶器组合墓，铜礼器墓、铜陶礼器并用墓和仿铜陶器墓分别占3.9%、16.9%、79.2%。乙类墓中这三类器物组合墓及日用陶器墓分别占5.3%、1.4%、82.2%、11.1%，与甲类墓相比，铜陶礼器并用墓减少，仿铜陶礼器墓增多。丙类墓中的前三类器物组合墓分别降为0.95%、0.25%和31.7%，日用陶器墓则剧增至67.1%。

有椁室的墓，铜、陶、漆、木器中的日用器皿、装饰品及镇墓兽等，多放置于头箱或棺椁间的头端。兵器、车马器一般置于边箱或棺椁间一侧或两侧的空隙处，丝麻织品大都放于棺内。无椁单棺墓和无葬具墓，随葬品一般放置在人骨架头向一端的墓坑内。兵器则多置于棺外两侧的墓坑内。有壁龛的墓，随葬品一般放置在龛内（图9-16）。

（六）墓主人身份与墓地性质

这三处墓地中的墓葬为小型或中型偏小的墓，应为楚国下层贵族——士阶层和庶民墓。墓葬一般无封土（三处墓地仅发现封土墓2座，均为战国中晚期的甲类墓），分布极为密集。如雨台山山冈南端8.4万平方米的范围内就发现墓葬700余

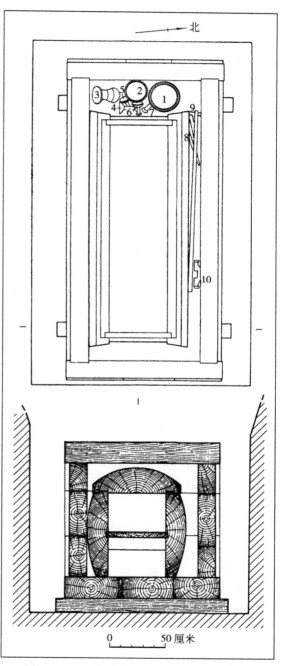

图9-15 江陵雨台山M420平面、剖面图
1.陶鬲 2.陶盂 3.陶壶 4~7.陶豆 8.铜剑
9.铜戈 10.木盾柄

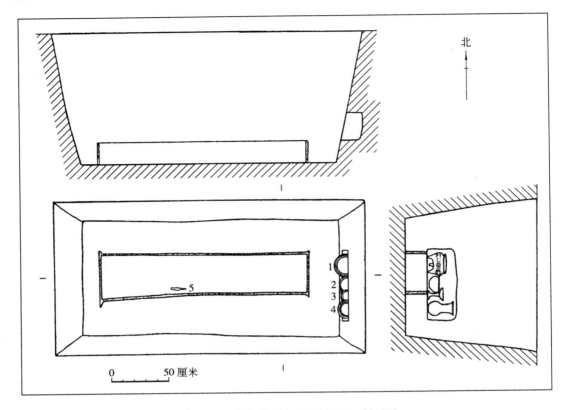

图 9-16 当阳金家山 M183 平面、剖面图
1. 陶鬲 2. 陶盂 3. 陶豆 4. 陶壶 5. 铜矛

座。且成群成组排列,不同类别的墓交错埋葬,但彼此间基本无打破现象,应属《周礼·春官》中所说族坟墓制度下的"邦墓地"。

五 楚墓的特点

楚文化的埋葬制度在其形成过程中,逐渐形成了一些有别于中原及其他地区的特点。经过学术界多年的探索,现在我们已可以对其作大致的归纳。

(一)墓葬结构和棺椁制度

就目前的考古发现而言,春秋时期的楚墓和中原地区的墓葬,一般都不见带有封土、台阶和墓道者。中原地区各诸侯国的墓葬,至战国时期,特别是战国中晚期才有墓道,但发现较少,且仅限于较大型的墓葬。与之形成鲜明对比的是,战国楚墓中的中型墓(墓主相当于"士"阶层)以上的墓葬,普遍有封土和斜坡墓道,且四壁有多级台阶。同时,中原地区的大型墓或有陵寝建筑,陪葬车马坑的埋葬礼俗也不见或罕见于楚地。中原地区春秋壁龛墓少,而战国时反倒增多;春秋时期的楚平民墓则多见壁龛,应是楚人特有的葬俗，前者的出现可能是受了后者的影响[1]。中原地区战国时期的中型墓墓坑只填经夯筑的五花土，自战国晚期起即出现了洞室墓，而秦白起拔郢前的楚墓则均为土坑竖穴木棺椁墓，木椁四周填青（白）膏泥。

春秋楚贵族墓的葬具一般是一椁一棺，承袭了周代多见的"井椁"之制；棺木只发现悬底方棺一种，至战国时期盛行悬底弧棺和平底方棺。中原地区的墓葬则一直使用平底方棺。贵族墓棺上一般都有棺束，战国时期多见有二至四层套棺，椁内分室，且一直流行到西汉前期，也与中原地区的情况相异。

（二）墓向与葬式

楚国贵族墓葬往往作东西向，头向东；一般中、小型墓因墓地和地区而各异，甚至一个墓地，方向也不一致，江陵地区的中、小型墓葬以向南为主。中原地区东周墓葬的墓向则以向北为主。楚墓葬式几乎均为仰身直肢葬，中原地区各诸侯国的墓葬葬式则以仰身直肢葬为主，屈肢葬在战国时期的某些地区如洛阳等地较为多见。

（三）墓地制度

楚墓墓地布局在许多方面，如昭穆左右，尊卑前后，实行族墓地制度，夫妻异穴合葬等方面都大体上循周制。同时也有不同之处，如已知为夫妻关系的墓葬不同制，妻比夫低一级，这与同时期中原地区各诸侯国葬制上夫妻同制的情形不相一致，应是楚国墓葬制度的特点之一。

（四）随葬器用制度
1. 铜礼器和仿铜陶礼器的典型组合

可分为两大类，即鼎、簠、缶组合和鼎、敦、壶组合。

铜器鼎、簠、缶组合关系的形成是在春秋中期，一直延续到战国末期寿县楚王墓。需指出的是，鼎、簠、缶的组合，是最先在楚的上层贵族中出现和应用的，作为陶器的鼎、簠、缶组合，仅存在于楚地，时代主要在春秋晚期至战国晚期，使用者主要为中、下层贵族。簠作为礼器之一，在楚国的地位，要远远超过中原。鼎、簠加上楚特有的浴缶或奠缶（尊缶），就构成一种较稳固的、为楚所特有的组合形态。用鼎、簠、缶组合以有别于中原的组合，意味着楚与中原礼制的分道扬镳，反映的是独立于周王朝之外，"不与中国号谥"的特征。

楚地形成颇具特色的鼎、敦、壶组合，是在春秋晚期，而以战国时期最为盛行。在春秋晚期至战国末期，其与鼎、簠、缶组合是共存的。就使用范围而言，使用青铜鼎、簠、缶的，多为中层以上贵族；使用仿铜陶鼎、簠、缶的，多为下层贵族。除少数贵族使用铜鼎、敦、壶外，多数下层贵族乃至平民则更多地使用仿铜陶鼎、敦、壶。因此使用鼎、敦、壶的地域、阶层更广泛。有的贵族墓同时使用上述两种组合，或有铜、陶并用者，混

---

[1] 高崇文：《春秋楚墓特征及其形成诸因素初探》，《中原文物》1985年第1期。

合使用的情况较为复杂。战国时期楚地鼎、敦、壶的组合，与中原同期盛行的鼎、盖豆、壶的组合形成鲜明的对比。

2. 鼎制及其特色

上述鼎、敦、壶的组合，一般成偶数出现。这种以偶数鼎列为中心的偶数器物群组合，目前仅见于楚地。楚高级贵族墓从春秋到战国一般都是用奇数鼎列，完全按周制；中下层贵族墓的组合，在春秋一般还是按周制，到战国不论是铜鼎还是陶鼎多成对出现，进一步形成了战国楚墓的特征。高级贵族墓用奇数鼎制，中下层贵族多用偶数鼎制，是楚国用鼎制度在社会阶层间的不同。在楚墓出土的各种类型的鼎中，升鼎是最具代表性的典型器。

升鼎，是一种流行于楚系文化区域的、具有较强的地域性特征的器物，其形制为立耳、束腰、浅腹、大平底，往往自铭为"鼎"。这种楚式升鼎与周式升鼎不仅形制上迥异，而且组合、用法上也不相同。周式升鼎为大小相次的奇数列鼎。楚墓中所见升鼎则不论出几件，均不是大小相次，除王和令尹等高级贵族循周制为奇数外，其余多为偶数。从春秋中期开始，升鼎已成为一种代表高级贵族身份的专用鼎之一。楚式升鼎的出现，标志着楚已完全独立于中原文化系统之外，从而形成自己的文化系统。春秋时期楚国高级贵族均以升鼎为正鼎计数，如下寺M2随葬7件铜升鼎[1]。至战国时期，铜升鼎只有最高层统治者才能享用，如寿县楚幽王墓仍以升鼎为正鼎，葬九鼎[2]；中下层贵族墓中偶见仿铜陶升鼎，但数目不一，并与其他鼎数相矛盾，明显不合制。可以认为，中下层贵族墓中的陶升鼎仅仅是作为一种等级标志，而不是作为正鼎出现的。

战国时期的中下层贵族一般用有盖圆腹鼎为正鼎，这种鼎附耳、圈底，其早期形态与中原铜鼎几乎别无二致，似由中原铜鼎发展而来。但与所记载的《礼记·郊特牲》中原姬周文化"鼎俎奇而笾豆偶"的普遍规律迥然不同的是，此类鼎在楚墓中却往往成偶数出现，这也是东周楚文化中一个十分显著的个性特征。

楚墓中还常见有一种小口罐形鼎，其自铭为"鐈（汤）鼎"和"浴缶"。这种鼎仅见于楚国和受楚影响极深的地区如曾国和蔡国。从其本身的铭文及有些器物底部有烟炱痕迹看，它应是一种与南方的生活习惯相适应的温水器[3]。也有学者认为"鐈（汤）鼎"是用作煮肉汤的鼎，而"浴缶"则是作为烧水用的鼎。前者可划归食器类，后者可划归水器类[4]。

此外，在楚墓的礼器组合中还见有主要用作热水器的燋壶、用作贮水器的浴缶、用作酒器的尊缶等，都是流行于楚地的颇具特色的器物；而铜器附件及纹饰以龙为母题，更是传统楚文化的一个典型特征。

---

[1] 河南省文物研究所、河南省丹江库区考古发掘队、淅川县博物馆：《淅川下寺春秋楚墓》，文物出版社，1991年。
[2] 俞伟超、高明：《周代用鼎制度研究》，《北京大学学报（哲学社会科学版）》1979年第1期。
[3] 郭德维：《楚系墓葬研究》，湖北教育出版社，1995年。
[4] 刘彬徽：《楚系青铜器研究》，湖北教育出版社，1995年。

3. 日用陶器的典型组合

日用陶器中最具特色的是楚式鬲及以其为主构成的鬲、盂（钵）、罐、豆组合。楚式鬲以高颈、高裆、高足（后由高锥变为高柱）为特点，足、裆皆由矮变高，成为一种风格迥异的区域文化的典型器；而中原地区的周式陶鬲却朝着另一个方向发展，其裆部越来越低矮，足根也越加短小。实际上周式鬲在春秋阶段已在衰退，中原地区的战国墓中，鬲已较为少见，陶器墓中往往以鼎代鬲。而楚式鬲直到战国晚期以后才消失，所以，战国时期的楚式鬲已显然不再属中原文化系统。鬲、盂（钵）、罐、豆也是中原地区一般平民的随葬之器。春秋中期前后，楚与中原陶器墓的组合及器物形态大体一致，均以鬲、盂（钵）、罐、浅盘豆为主。从春秋晚期开始，中原地区已基本没有鬲、盆、罐、豆的组合，而普遍代之以鼎、盖豆、罐，成了一种仿铜陶礼器和日用陶器相混杂的文化形式。可是春秋晚期的楚陶器墓，却一方面保留着大量的鬲、盆、罐、豆类日用陶器组合，一方面又出现了鼎、簋、敦、壶类仿铜陶礼器组合。其中以楚式鬲为主体的日用陶器组合，已显然不同于中原地区同类器的组合。当楚式鬲出现之后，与之组合的盂（钵）、罐、豆，也均显现出了各自的形制和纹饰上的特色。

从春秋晚期开始，楚墓的随葬器物中还出现了一些新的器形，例如楚式"长颈壶"，既不见于同期中原文化，也难从前期中原文化中找出它的直接母型，应属典型楚器。从器物形态上看，不少陶器的演变轨迹也迥异于中原地区。例如盖豆，至春秋晚期已成为中原陶器墓的典型器物，在楚文化墓中也时有所见。但中原地区春秋晚期陶盖豆的柄一般较高，战国早、中期逐渐变矮，直至战国晚期乃至更后完全消失渐变成盒；可春秋晚期的楚式陶盖豆却一概为矮柄，类似圈足，由其始见便与中原盖豆分属不同的系统，其后柄部逐渐变高变细，与中原盖豆的差异进一步增大。

4. 漆木器与兵器

战国楚墓的漆木器数量多而且很精美是又一个显著特征。春秋时期仅少数墓出土木器，很少有漆器。战国时，墓主身份稍高的，几乎每墓必备漆木器。漆木器中最具楚文化风格的是镇墓兽、虎座鸟架鼓和虎座飞鸟等。镇墓兽的形象为方座上立一兽首，头插双鹿角，或有一座双头相连者。虎座鸟架鼓，系由双伏虎上立双鸟组成的乐器悬鼓。虎座飞鸟的基本形态皆为一展翅飞鸟立于一虎座之上，在鸟背上还插有一对鹿角。这些带有浓郁宗教神话色彩的特殊器物造型均为楚人所特有，反映了楚人的爱好与崇尚，是楚人某种思想意识和信仰的产物。

楚墓中男性墓随葬兵器的现象极为普遍。其墓葬单位随葬兵器数量之多，佩剑遍及各阶层之广是他国所无法比拟的。这应是楚人尚武精神在墓葬中的反映。

第二节　蔡侯墓与曾侯墓

东周时期，分布于楚国邻境的南方地区诸国，都与楚有过程度不同的社会与文化上的交流，受到兴盛的楚文化的影响，后来又多为楚所灭。这些小国的墓葬，在考古学文化面貌上一般显现出较为浓厚的楚文化风格，同时又具有一定的自身特色。这些小国的墓葬遗存，大体上可纳入楚系墓葬的范畴。以寿县蔡侯墓为代表的蔡国墓葬，和以曾侯乙墓、擂鼓墩 M2 为代表的曾国墓葬是其中最具代表性的实例。

一 蔡侯墓

目前可确认属蔡国国君的墓葬有两座，均发现于蔡国的晚期都城州来（即今安徽省寿县）一带，即寿县蔡侯墓和淮南蔡侯墓。

寿县蔡侯墓[1]位于安徽省寿县县城西门内，1955 年发现并清理。该墓为土坑竖穴墓，平面近正方形，无墓道和台阶，南北长 8.45 米，东西宽 7.1 米，深 3.35 米。墓坑正中稍偏南处，有长 2.4 米、宽 0.8 米的漆棺痕一处，满铺朱砂。朱砂下有排列整齐的佩玉及玉饰，并有各种形状的金叶放置其间。偏东的一边有铜剑一把。墓主人骨架已无存，但由上述随葬品的排列次序与位置，可推知是头北足南。墓坑的东南角有一残朽的人骨架，无葬具，应为殉人。

墓坑南部发现绘彩的漆皮痕迹，西侧的一处为长方形，长 4.2 米，宽 2 米，其上附有排列有序的各种形制的金叶，随葬品多置于其上，有车马器、兵器、玉饰、残漆器和贝等，围绕在墓主人周围。漆皮和残漆器痕迹下也发现若干车马器及其他小件器物，与漆皮和漆器痕迹上的器物互相重叠。北部放置乐器和礼器，大部分在发掘前已被掘出，经正式发掘的部分较为整齐地放置着各种礼器和编钟、编镈。

墓内共出土随葬品 584 件。以青铜器为大宗，计 486 件。其中礼器及生活用器 90 余件，含镬鼎 1 件、升鼎 7 件、带盖鼎 10 件，簠 8 件，鬲 8 件，其他如簋、敦、豆、匜、方壶、缶（尊缶和盥缶）、鉴、盘等均为偶数，成组出现。器物形制特征与装饰作风也与楚器相似，如以细密的蟠虺纹装饰器物全身，与河南淅川下寺春秋楚墓的装饰手法近同。其中镶嵌红铜的夔龙纹方鉴、夔龙纹敦及夔龙纹盥缶，以及镶嵌绿松石的剑和车马器等，极尽精工，为不可多得的青铜珍品。青铜礼器多自记其名，由此可以确定器物的准确名称。出土乐器 32 件，含甬钟、编钟、编镈各一套，其中甬钟 12 件、编钟 9 件、编镈 8 件。兵器 60 件，有戈、矛、剑、斧、镞等。害、辖、銮、衔、镳、铃、节约等车器与马饰共 200 余件。此外还有玉器、金饰、骨角器、残漆器和贝若干。

墓中所出青铜礼、乐、兵器上，近 70 件有铭文，最长者达 90 余字，铭文中多有"蔡侯"字样，可以确定此墓系蔡侯之墓。铜器中也有少数属吴国制器，如两件吴王光鉴是吴王嫁女于蔡的媵器。这些铭文不仅记述了当时蔡国的历史情况，也提供了春秋晚期蔡、楚、吴三国关系的重要材料。史载春秋晚期的蔡昭侯二十六年（公元前 493 年），蔡国避楚就吴，迁都州来，亦称下蔡，即今寿县一带。蔡国于公元前 447 年灭于楚，所以这批蔡器的年代应在公元前 493 年至前 447 年之间。墓中出有吴王光（即吴王阖闾）嫁女之器，而吴王光在位 19 年，其元年即蔡昭侯五年，卒年当蔡昭侯二十三年（公元前 496 年），也可证这批蔡器不会早于蔡昭侯。从迁都州来至灭国，蔡国经昭侯、成侯、声侯、元侯、侯

---

[1] 安徽省文物管理委员会、安徽省博物馆：《寿县蔡侯墓出土遗物》，科学出版社，1956 年。

齐五世，历46年。关于墓主人属哪一代蔡侯，尚存争议，而以昭侯申（公元前518年至前491年）说较为可信[1]。此时作为小国的蔡国，介于相互争霸的吴、楚两大国之间，蔡侯既要"左右楚王"，又要与吴联姻以"敬配吴王"，其境况与昭侯前段的历史相符。

蔡侯墓中所出大量青铜器是春秋晚期的标准器，可以作为东周时期铜器断代的标尺。同时，鉴于这批铜器与楚墓所出青铜器有较多的一致性，它对深化楚文化的研究也具有重要的学术价值。

淮南蔡侯墓[2]地处安徽省淮南市八公山区的蔡家岗，东北距寿县县城约7.5公里。该地有南北并列的两座封土墓，相距约200米，早年均被盗。1958~1959年进行了清理。

其中，M1的封土颇大，残高约4米，直径约24米；M2封土残存1~2.4米。两墓均为长方形土坑竖穴墓，有斜坡墓道，有二层台。方向北略偏东。M1墓口长5.05米，宽4.25米，深3.7米。M2墓口长5米，宽4.13米，深3.1米。未见葬具和墓主人遗骸。两墓残存的随葬品主要是青铜兵器、工具和车马器，种类有剑、戈、矛、匕首、镞、镢、削、耒、辖、衔及各种饰件等，总计112件。此外还见有玉璧、骨管和残金叶等。

在M2的东壁二层台下发现了两处重叠堆放的青铜器，共74件。其中一处集中放置铜剑10柄，在4柄剑上发现有错金鸟篆体铭文。由铭文知，其中3柄为"蔡侯产"用剑，1柄为"工□太子姑发"用剑，属吴器。墓中另出有4件有铭铜戈，也包括吴王夫差戈。蔡家岗墓地位于州来（寿县）附近，墓中又出土有蔡侯产用器，因而发掘者推断该墓为蔡侯产之墓。蔡声侯产是蔡国迁都州来后的第三代国君，即位于公元前471年，即吴国灭亡后的第二年，卒于公元前457年。因此，M2的时代当在此年或稍后。墓中蔡器与吴器共出，印证了文献所载蔡、吴两国的密切关系。

二　曾侯墓

曾侯乙墓（擂鼓墩M1）位于湖北省随州市城关镇西北郊擂鼓墩附近。墓葬坐落于丘陵尽头的一座小山冈上，山冈高出河旁平地约20余米。该墓发现于1977年，1978年5~6月正式发掘[3]。

此墓为岩坑竖穴木椁墓，平面呈不规则多边形，无墓道。墓口东西最长处21米，南北最宽处16.5米，面积220平方米。墓坑系凿穿红色砾砂岩建造而成。因墓坑之上遭破坏，有无封土已无法确定。残存墓口距墓底深度为11米，墓坑原深度当在13米左右。墓壁较为规整，基本垂直。在墓坑的中部偏北，发现一个盗洞，但墓室仅轻微被扰。

墓坑内填五花土、黄褐土和青灰土并施夯，中部平铺一层稍经加工的大石板，靠近木椁填有木炭和青膏泥。青膏泥厚0.1~0.3米，其下为木炭。木炭填塞于椁顶之上与椁的四周，一般厚在0.5米左右，估计墓内使用木炭的总量在6万公斤以上。

---

[1] A. 陈梦家：《寿县蔡侯墓铜器》，《考古学报》1956年第2期。
B. 殷涤非：《寿县蔡侯墓铜器的再研究》，《考古与文物》1984年第4期。
[2] 安徽省文化局文物工作队：《安徽淮南市蔡家岗赵家孤堆战国墓》，《考古》1963年第4期。
[3] 湖北省博物馆：《曾侯乙墓》，文物出版社，1989年。

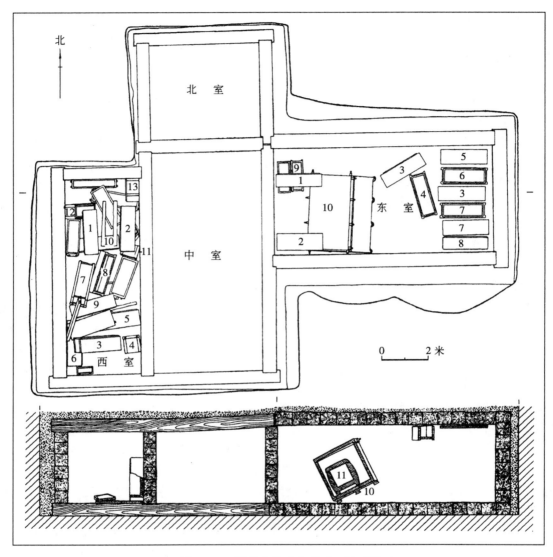

图 9-17　随县曾侯乙墓平面、剖面图
东室　1~8. 陪葬人棺　9. 殉狗棺　10、11. 墓主人棺
西室　1~13. 陪葬人棺

木质椁室置于墓坑底部，由底板、墙板、盖板共 171 根长条方木垒成，高达 3 米以上。椁室正南北向，平面呈不规则的多边形，分为东、北、中、西四室（图 9-17；图版 7-1），这不同于在一个长方形的椁室内隔成若干个箱（室）的结构。北室与中室在一条中轴线上，西室与中室并列而略短，东室单独向东伸出。在每个室之间，其底部都有方形门洞相通。整个椁室南北最长 15.72 米，东西最宽 19.7 米。木椁用材全部为梓木，共用成材木料约 380 立方米。椁盖板上铺有竹席，竹席上铺一层绢，绢上再铺一层竹网，最后覆土填封。

墓的主棺置于东室，正南北向，分内外两重。两重棺均内外髹漆，外棺为长方盒形，外表施彩，镶有青铜框架，底部有10个蹄形铜足；内棺的盖板和壁板外弧，外表绘以繁复的花纹。墓主人仰身直肢，尸体以多层丝织物包裹。经鉴定系男性，年龄在42～45岁之间。棺内随葬玉器、骨角器和金器等300余件。

墓内还发现陪葬棺21具。其中东室8具，西室13具。陪葬人均为青少年女性，仰身直肢，以竹席和丝织物裹尸，随葬有少量玉器、木梳等物。在东室内墓主人棺旁，另有殉狗棺一具。

墓中共出土随葬品15400余件，主要置于中室、北室、东室和墓主人棺内。按质地可分为青铜、漆木、铅锡、皮革、金、玉、竹、麻、陶等；按用途可分为乐器、礼器、兵器、车马器、甲胄、生活用品及竹简等。东室内墓主人棺周围放置兵器、乐器、漆木衣箱、车舆、车马器和漆豆等物。金器均置于墓主人棺下。中室主要放置礼乐器。南部全是青铜礼器，出土时成组成排，井然有序。紧贴中室南壁，置束腰大平底鼎两排9件，近旁置8件簠及若干件小型鬲和鼎形器，其南置5件盖鼎。西南部放置1件提链鼎、4件铜盥缶和2件陶缶。中部并排放置2件大铜鼎、4件簠和1件甗。编钟架呈曲尺形紧靠中室西壁及南部偏中，编磬靠近北壁，钟、磬组成三面环绕的形式。贴近中室东壁，放置尊盘、过滤器、鉴缶、联禁大壶及建鼓。在它们与钟磬组成的空间内放置瑟、笙、排箫、篪等乐器以及食具箱、酒具箱、耳杯、俎等漆器（图版7-2）。北室主要放置有华盖、伞、车軎、戟、殳、矛、戈、弓、矢、盾、皮甲胄等车马器和兵器，以及一对大型铜尊缶和竹简。箭镞、甲胄等原来可能置于中部的木架上。西室内陪葬棺以外仅出土有小件玉器等杂器若干。

曾侯乙墓出土的青铜礼器达117件，器形包括鼎、鬲、簠、簋、豆、壶、缶、鉴、盘、匜等。此墓所出青铜礼器数量多，品类全，铸造精，且保存完好。许多器物造型奇特，纹饰华美，有的使用了浮雕、镂空、错嵌等精湛工艺，为前所未见的艺术珍品（图版24-1、2）。其中2件无盖大鼎应为镬鼎，9件平底无盖鼎应为升鼎。另配以方座簋8件、簠4件、鬲9件，其他器各一二件。这种以九鼎八簋为中心的青铜礼器组合形式，基本上沿用了周礼的国君之制。升鼎立耳外撇、束腰平底，系典型的楚器作风。小口提链鼎与淅川下寺所出小口浴鼎近似，亦应仿自楚器。此外，铜器纹饰中盛行的梭形纹边饰、三分或四分圆涡纹或动物纹等，都与楚器的装饰风格近同。

乐器计有编钟、编磬、鼓、瑟、琴、笙、排箫、篪等8种，共125件。其品类之齐全，保存之完好，均属罕见。其中竹排箫、十弦琴、五弦琴、篪都是首次发现，建鼓、笙在我国已出土的同类乐器中则是年代最早的。乐器中最珍贵的是一套65件青铜编钟，分为纽钟、甬钟和镈钟三种。整套编钟的总重量达2500多公斤。出土时依形状大小和音质，分三层有序地悬挂在铜木结构的曲尺形钟架上。钟架横梁髹漆彩绘，两端有浮雕和透雕龙纹或花瓣形纹的青铜套。中下层各有三个佩剑铜人以手和头承托横梁。中部各有一铜柱承托加固。全套钟架由245个木件组成，可以拆卸，设计精巧（图9-18）。石质编磬共32件，分上下两层悬挂于铜质磬架上。编钟、钟架、编磬和木质磬匣上共有铭文约4000字。编钟上的铭文多为错金篆文，共2800余字，内容绝大部分为关于标音与乐律方面的内容。乐律铭文记有乐律名称53个，其中35个是过去所不知道的。测音结果表明，编钟音律准

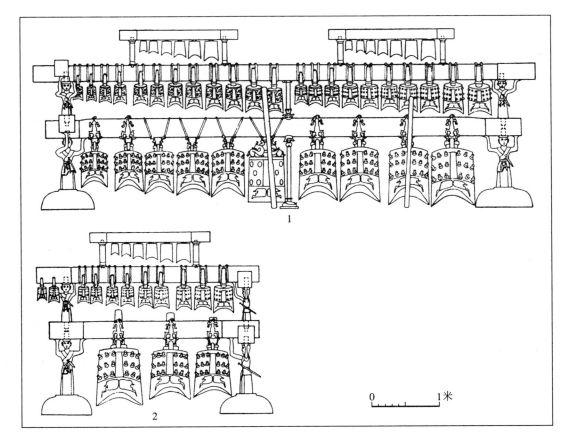

图 9-18 随县曾侯乙墓出土铜编钟
1. 西架 2. 南架

确,每个钟都能敲击出两个相差三度的乐音,且与钟铭所标乐音相符。整套编钟的音阶结构与当今国际通用的 C 大调七声音阶同一音列。总音域包括五个半八度。中心音域的三个半八度 12 个半音齐备,可以旋宫转调。乐律铭文中还有当时曾国与楚、晋等国各种律名、阶名、变化音名之间对应关系的记载,反映了当时各国之间在文化艺术领域里相互交流的情况。

兵器共 4700 余件,包括青铜兵器戈、戟、殳、矛以及弓、箭、盾、甲胄等。其中二戈戟和三戈戟是首次发现的古代兵器。两种不同形制的铜殳,因器物自铭而得到确认。有的青铜兵器明显地带有楚器的作风。车舆和车马器共 1127 件,包括车舆、伞、华盖、车軎、马衔、马镳、马饰等。此外还出土有大量作为生活用品的漆木器,主要有衣箱、食具箱、酒具箱,各类盒、豆、杯、勺、俎、几、禁、案、架、梳以及彩绘梅花鹿等。所出漆木器从造型到纹饰都与楚墓所出颇为相似。其中头插真鹿角的木雕盘鹿和彩绘梅花鹿、彩绘鸳鸯漆盒、浮雕盘龙纹和蟠螭纹的盖豆等,制作均极为精巧,系不可多得的艺术珍品。墓中还出有不少精美的金质器皿和玉质装饰工艺品,以及陶、石、骨、角、水晶、料、玻璃、竹质用具及丝麻织品等。

曾侯乙墓中还出土了240多枚竹简，总字数达6600字。简文为墨书篆体，内容主要为丧仪所用车马兵甲的记录。所记车马赙赠者中有不少楚国王公贵族，以及楚国的封君、令尹、左尹、右尹等楚国职官，反映了当时曾楚之间联系密切，曾国的职官制度与楚国接近。除竹简之外，还发现有各种铜器铭文、石磬刻文、漆木器上的漆书和刻文，墓中出土文字资料的总字数在1万字以上，包含了较为丰富的历史信息。

在该墓所出各类青铜器中，有200余件上有"曾侯乙"的铭文，绝大部分为"曾侯乙乍（作）□（持）甬（用）□（终）"7字。墓主人棺旁所出一件铜戈上有"曾侯乙之寝戈"铭文。墓中出土的一件铜镈钟上的铭文明确记述该器系楚惠王在位五十六年（公元前433年）时铸造并赠送给曾侯乙的。说明墓主人即是曾侯乙，而此墓的年代当在这一年或稍晚。从出土遗物的特征分析，该墓亦约当战国早期。

该墓的出土物具有较为浓厚的楚文化风格，但在墓葬的总体面貌上又显现出一定的特色。如没有战国时期楚国贵族墓盛行的长斜坡墓道和台阶，墓坑中铺有大石板并积炭的做法则又不见于楚墓，而与中原地区的贵族葬俗相近。另外，楚墓随葬品中较常见的一些典型器物也不见于该墓。同时，采用以九鼎八簋为中心的铜礼器组合，包括其形制纹饰，都显现出中原文化的特征。因此该墓属楚墓的可能性似可排除。曾侯乙其人不见于史籍记载，从墓葬的规模及出土随葬品的情况看，其墓葬规格当不在已发现的同时期各诸侯国国君墓之下，曾侯乙应为曾国国君。

擂鼓墩M2[1]位于曾侯乙墓以西约100米处的另一座小山岗上，1981年进行了清理发掘。该墓亦为岩坑竖穴木椁墓。残存墓口近方形，长7.3米，宽6.9米。正东西方向。墓室残深1.4米。墓内棺椁已朽，仅见残痕。木椁痕长5.74米，宽5.47米，其中有内、外棺残痕。内棺范围内残存有人骨架，附近有玉器、料珠和一层白色穿孔蚌饰。墓的西南角有一具陪葬棺残痕，棺痕内也残存人骨。墓底有20厘米厚的青膏泥。此墓早年被盗扰，但扰乱范围不大。

随葬器物成组成排放置于椁室内，共出土遗物2770余件。其中中部和东部主要放置青铜礼器；南部主要放置编钟、编磬等乐器；西部有编钟7件，青铜鼓座1件及车马器若干；东北角有鹿角一对，可能是镇墓兽朽后留下的（图9-19）。

墓内所出青铜乐器包括编钟、青铜鼓座和石编磬共49件。其中编钟36件，皆为甬钟。其中大型编钟8件，形制相同，大小递减。小型编钟28件，形制、花纹均相同，大小不一。几件大型编钟上浮雕神人双手操蛇图像盛行于楚地，但在编钟上属首次发现。青铜礼器和杂器共计70件。礼器的种类有鼎、鬲、甗、簋、豆、簠、壶、缶、盘、匜等，包括镬鼎1件、升鼎9件、盖鼎6件、小口提链鼎1件，鬲10件，簋8件，簠4件，其他器各1件。10件铜鬲皆为仿陶器的矮裆矮足"楚式鬲"。所出车马器有车軎、马衔、马镳、马饰共155件。墓中还出有陶器9件，均为陶豆。其他随葬品有玉石器、料珠等小型饰品。

该墓所出青铜器中有不少器物明显晚于曾侯乙墓；同时，制器作风趋于粗放，许多器

---

[1] 湖北省博物馆、随州市博物馆：《湖北随州擂鼓墩二号墓发掘简报》，《文物》1985年第1期。

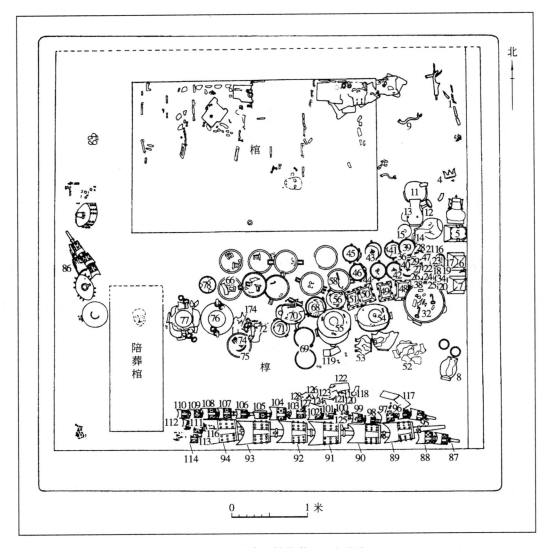

图 9-19 随县擂鼓墩 M2 平面图
1. 鹿角 4、5. 铜方壶 6、7. 铜方缶 8、52. 铜壶 11. 铜釜 12、15. 铜豆 13、14. 铜缶 16、19~21、23、25、26、28、29、78. 铜鬲 17、18、22、24、27、34、36、37、47. 陶豆 32、54~56、58、66、68~71. 铜鼎 38. 铜方豆 39~46. 铜簠 48~51. 铜簋 53. 铜甗 72. 铜炭盆 74. 铜匜 75. 铜盘 76、77. 铜盥 86~114、116. 编钟 117~128. 编磬 174. 铜箕

物为素面，纹饰则以变形蟠螭纹为大宗。从总体风格上看，已具有战国中期特征。但又有一些器物与曾侯乙墓所出同类器近同。因此，此墓的年代应稍晚于曾侯乙墓，约当战国中期前段。

此墓距曾侯乙墓不远，随葬九鼎八簠，应为诸侯一级的葬制。其随葬品组合和器物风格都与曾侯乙墓相似，在具有较浓厚的楚文化特征的同时，又与楚墓有一定的区别，应同属曾墓。墓中未见兵器随葬，墓主人可能为曾国国君的夫人。

1983年发掘的擂鼓墩M13[1],出土了12件铜器。铜礼器组合为鼎、敦、壶,这是战国中晚期楚墓中常见的铜(陶)礼器组合形式。该墓所出铜器多素面器,鼎已出现了铁足,其年代较擂鼓墩M2为晚,属战国中期偏晚阶段。该墓所出椭圆球形敦及铜剑为这一时期楚墓中所习见;两件铁足铜鼎,亦为典型的楚式鼎。可知至战国中期偏晚阶段,这一地区的文化面貌已以楚文化为主体。

自20世纪60年代以来,在曾侯乙墓所在地的随州及其邻近的京山、枣阳和河南的新野等县,多次发现两周时期的有铭曾国铜器。这些青铜器大多属于春秋时期,应主要出自墓葬,但多未经正式发掘[2]。这些有铭曾国铜器,以及属战国早期的曾侯乙墓的发现,说明这一带确实曾存在一个曾国,地跨南阳盆地和鄂北地区。史载东周时期,楚国北境地区小国林立,后来相继为楚所兼并。已有的材料表明,春秋时代曾国青铜礼器和列鼎形式及组合特征,反映了曾国贵族遵循的是中原系统的周礼。至战国时期,铜器风格发生了较大的变化,来自楚文化的影响日渐增强。曾侯乙墓的材料表明,曾与楚的关系极为密切,政治上已成为楚的附庸。至战国中期偏晚,曾国文化已完全被"楚化"[3]。

在随州季氏梁一座春秋中期墓葬出土的两件铜戈上,有铭文确切记载这个曾国为姬姓诸侯国[4]。但依据古代文献,随州一带并无姬姓的曾国,而只有一姬姓的随国。在《春秋》、《左传》、《国语》等古籍中,都有关于随国的史料。这些记载说明至迟到西周晚期,在成周(今河南洛阳市)的南方已有一个姬姓随国。它至少在春秋末期还存在。关于其地望,从《左传》桓公六年"汉东之国,随为大"的记载中,知其地处包括随州在内的汉东地区。又据《汉书·地理志》、《水经注·溳水》和《括地志》等的记述,可以推断随国都城即在今随州范围内。然而在随州一带,却屡见有铭的曾国铜器出土,而不见有随国的遗存。关于这一问题,目前学术界尚有不同的认识。一般认为,鉴于这一曾国与文献记载中的随国族姓相同,地望相合,存在时代一致,应为一国二名[5]。但何以存在曾、随两个名称,则有待于进一步的考古发现和研究。

---

[1] 随州市博物馆:《随州擂鼓墩砖瓦厂十三号墓发掘简报》,《江汉考古》1984年第3期。
[2] A. 鄂兵:《湖北随县发现曾国铜器》,《文物》1973年第5期。
B. 湖北省博物馆:《湖北枣阳县发现曾国墓葬》,《考古》1975年第4期。
C. 河南省博物馆、新野县文化馆:《河南新野古墓葬清理简报》,《文物资料丛刊》2,文物出版社,1978年。
D. 随县博物馆:《湖北随县城郊发现春秋墓葬和铜器》,《文物》1980年第1期。
E. 程欣人:《随县溳阳出土楚、曾、息青铜器》,《江汉考古》1980年第1期。
F. 随州市博物馆:《湖北随县安居出土青铜器》,《文物》1982年第12期;《湖北随县新发现古代青铜器》,《考古》1982年第2期;《湖北随县发现商周青铜器》,《考古》1984年第6期;《随州东城区发现东周墓葬和青铜器》,《江汉考古》1989年第1期。
[3] 杨宝成:《试论随枣地区的两周铜器》,《中国考古学会第七次年会论文集》,文物出版社,1992年。
[4] 随县博物馆:《湖北随县城郊发现春秋墓葬和铜器》,《文物》1980年第1期。
[5] 李学勤:《东周与秦代文明》,文物出版社,1984年。

第三节 吴越地区的东周墓

长江下游一带，在两周时期属吴、越两国所辖。吴国自商末周初建国，至春秋末年（公元前473年）被越国所灭，约历700年左右的时间。春秋时期，吴、越两国大体以太湖一带为界，吴国位于越国西北方。吴国在春秋中晚期国力最强盛时，曾据有今江苏大部、上海、安徽和浙江的一部分。越国在灭吴后，曾一度北上称霸，疆土有今浙江北部、江西东部、安徽南部、江苏大部及山东南部。进入战国后，越国国势渐衰，约在公元前306年灭于楚。

由于吴文化和越文化地域分布与文化面貌近同，相互关系密切，因而两者常被并称为吴越文化。这种文化上的近同在墓葬制度上也有充分的体现。例如，盛行以平地掩埋、堆土成墩为特征的土墩墓和土墩石室墓，就是为吴越文化所共有的一种特殊葬俗。但自春秋时期尤其是春秋晚期以来，在与中原文化和楚文化日趋频繁的交流中，这种富有特色的传统葬俗开始衰落，土墩墓或土墩石室墓逐渐为竖穴土坑木椁墓所取代，随葬制度上也出现了相应的变化。这种变化最突出地表现于等级较高的大型墓葬中，而中小型墓的形制结构与随葬习俗则变化不大，基本上固守着"平地起封"、以印纹硬陶和原始瓷器随葬的文化传统。我们从大型墓葬形制结构的演变过程中，可以看到东周时期吴越文化的埋葬制度，在一定程度上保留传统习俗的同时，又受到中原与楚文化葬制的强烈影响，从而形成了具有时代感的地域特色。本节对东周时期吴越地区埋葬制度的综述与分析，即拟以此区的大型墓葬为重点展开的。

吴越地区东周时期的大型墓葬，大多葬于山脊或高地上，仍保留了西周以来墓室上堆筑封土的传统。封土墓的封土底径一般在20~30余米之间，大者可达60~70米；高3~6米，个别的高达8米以上；皆一墓一墩。无论有无封土，墓葬都下挖有或深或浅的墓坑而以深坑居多，墓坑一般长4~15米余，最长的达40余米；墓向多为东西向；有的有墓道、漆木质葬具或人祭人殉；一般随葬青铜礼乐器、车马器和兵器。这些墓葬的周围一般都分布有成群的中小型墓葬，形成规模不等的墓葬群。

属春秋早中期的大型墓发现较少，典型墓葬有丹阳大夫墩墓[1]，丹徒磨盘墩墓[2]、粮山M2[3]等。属春秋晚期至战国初期的大型墓有六合程桥M1~M3[4]，丹徒北山顶

---

[1] 大夫墩考古队：《丹阳市河阳大夫墩发掘报告》，《通古达今之路——宁沪高速公路（江苏段）考古发掘报告文集》，《东南文化》1994年增刊（二号）。
[2] 南京博物院、丹徒县文管会：《江苏丹徒磨盘墩周墓发掘简报》，《考古》1985年第11期。
[3] 刘建国：《江苏丹徒粮山石穴墓》，《考古与文物》1987年第4期。
[4] A. 江苏省文物管理委员会、南京博物院：《江苏六合程桥东周墓》，《考古》1965年第3期。
　　B. 南京博物院：《江苏六合程桥二号东周墓》，《考古》1974年第2期。
　　C. 南京市博物馆、六合县文教局：《江苏六合程桥东周三号墓》，《东南文化》1991年第1期。

墓[1]、王家山墓[2]、粮山 M1[3]，苏州真山 9 号墩 M1[4] 等。属春秋末至战国初期的大型墓有六合和仁墓[5]，绍兴 M306[6] 以及印山大墓[7] 等。这里以其中规格较高的丹阳大夫墩墓，丹徒粮山 M2、北山顶墓，苏州真山 D9M1，绍兴 M306 以及印山大墓为例介绍之。

一　春秋早中期大型墓葬

（一）丹阳大夫墩墓

大夫墩位于丹阳市西北约 7.5 公里，地处茅山山脉以东、沿江山脉南侧的平原地区。现存土墩底径东西约 60 米，南北残存约 40 米，高约 12 米。

墓坑位于墩体的中部偏西，仍是在地面以上的墩内下挖的"熟土"竖穴。墓口平面略呈梯形，东西长 15.6 米，南北宽 4.5～6.6 米。坑底平面略呈凸字形。墓坑东半部距坑口 2.8～4 米处用大量石块堆砌成一处积石遗存，平面略呈凹字形，积石表面及立面均较为平整，中部砌成长方形狭道，面向墓室的西侧不封口，底部平铺一层石块，向西下斜。狭道两侧积石平台台面中部各铺有一层苇席，狭道底部石块上有较大面积的木炭，估计原铺有木板。墓坑的其余三面经木棒拍打加固，或以竹篱笆为挡墙。

积石遗存西面，墓坑底部发现了较为完整清晰的竹席痕迹，呈长方形，长 4 米，宽 2.5 米，席面中心下凹。下为一长方形竖穴坑，坑长 3.3 米，宽 2.25 米，深 0.7 米。坑底东北部发现青铜泡 3 件，西部发现原始瓷罐、碟各 3 件，原始瓷器部分被压在石块之下，较为破碎，从打击点观察，应为有意打碎后放入。坑的西南部和东北角还发现有漆皮 2 处，应为漆器痕，形制不明。墓内未能发现明确的遗迹现象说明墓主人究竟是葬于此坑内，抑或葬于东部的积石遗存中。无论如何，该墓的墓道与前此的土墩墓一样，仍为竖穴式结构（图 9-20）。

由随葬器物特征，可知墓葬的年代大体相当于春秋早期。尽管墓内出土的随葬器物较少，但该墓有高大的封土堆，墓室规模庞大，结构复杂，墓中的大量石块，经考察也系远途搬运而来，墓主人应为具有一定社会地位的上层贵族。

（二）丹徒粮山 M2

位于镇江市东约 20 公里的粮山顶部，西北距粮山 M1 约 1.5 公里。粮山是长江南岸宁镇丘陵山脉的余支，海拔 78.32 米。封土墩即建于山顶，底径 14 米，高 4 米。封土墩内有 2 层

---

[1]　江苏省丹徒考古队：《江苏丹徒北山顶春秋墓发掘报告》，《东南文化》1988 年第 3、4 期合刊。
[2]　镇江博物馆：《江苏镇江谏壁王家山东周墓》，《文物》1987 年第 12 期。
[3]　镇江博物馆：《江苏丹徒出土东周铜器》，《考古》1981 年第 5 期。
[4]　苏州博物馆：《真山东周墓地——吴楚贵族墓地的发掘与研究》，文物出版社，1999 年。
[5]　吴山菁：《江苏六合县和仁东周墓》，《考古》1977 年第 5 期。
[6]　浙江省文物管理委员会、浙江省文物考古所、绍兴地区文化局、绍兴市文管会：《绍兴 306 号战国墓发掘简报》，《文物》1984 年第 1 期。
[7]　浙江省文物考古研究所、绍兴县文物保护管理所：《浙江绍兴印山大墓发掘简报》，《文物》1999 年第 11 期。

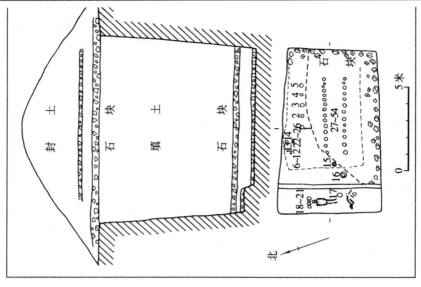

图 9-21 丹徒粮山 M2 平面、剖面图
1、3、4、18~21. 原始瓷碗　2、5. 原始瓷罐　6~10. 针
11. 铜盂　12. 铜器盖　13、14、22~26. 玉石饰　15、17.
16、27~54. 印纹硬陶罐

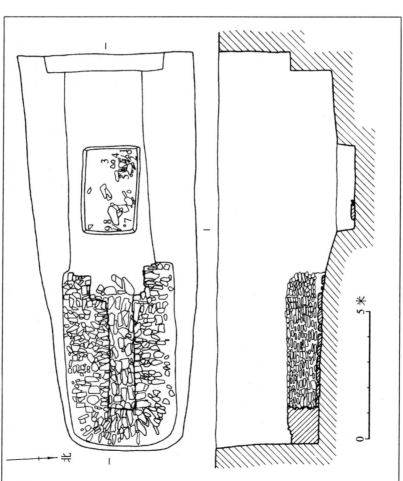

图 9-20 丹阳大夫墩墓平面、剖面图
1~3. 原始瓷碟　4、5. 原始瓷罐　7~9. 青铜泡

砂夹石子层，在第二层夹层上曾出土20余件罐、碗等原始瓷器及青铜盉1件。

封土墩下即为在基岩上人工凿成的斗式竖穴，墓口及底都近长方形。墓口东西长11.2~12米，南北宽6.4~7米，墓深9米。墓底西端有一高出底面约0.6米的窄长石台。墓主人骨架已朽，见于墓底偏北部，未见葬具痕迹。墓主人头西侧出有残铜盉、铜削等，胸部位置有一组玉饰品。墓室中部的墓主人足端放置大量的原始瓷器。二层石台的中段有一未成年的儿童骨架，仰身直肢，头向与墓主人同。头外侧置4件原始瓷碗，脚端有一陶鼎及马头、牙和肢骨，其身份应属殉葬者（图9-21）。

墓室随葬器物共计55件（组）。其中有青铜盉1件、残器盖1件、盉1件、削5件；红陶鼎2件，印纹硬陶罐2件，原始瓷罐13件、碗26件；玉璜、玦、管、珠等装饰品7件（组）。另有蚌壳6枚，散布于墓底中部。据出土遗物的形制纹饰特征分析，该墓的时代应大体属春秋中期前后。这一带属吴国的西部重地，是春秋吴墓集中分布的地区之一。墓葬规模较大，营建墓穴所凿石方估计近1000立方米。墓中设置二层台，有人殉和马牲，又用较多玉饰品及原始瓷器随葬，墓主人应属吴国贵族。

二　春秋晚期至战国初期大型墓葬

（一）丹徒北山顶墓

北山系江苏省丹徒县长江南岸沿江山脉中的一个主峰，海拔81.6米。在沿江山脉的山顶和山下，分布着大大小小的土墩。北山顶墓（编号84DBM）即位于北山的顶部。其封土平面近椭圆形，底部东西长径32.25米，南北短径30.75米，高5.5米。封土下的墓坑系将山顶的岩石风化土整平后再向下挖掘而成的。墓葬由长方形墓室和长条形墓道组成。平面呈刀形。墓向正西。墓室东西长5.8米，南北宽4.5米，深1.35~1.45米。墓坑底部的基岩经过修整。墓道偏在墓室的西北，长5.8米。墓道与墓室之间的底部有一道凸起的石脊作为分界（图9-22）。

墓坑南、北两面分别有一长约18米、宽约7~13米的土台，台上各有一附葬人，并有少量的随葬品。二人均随葬有青铜削、小刀，北侧的附葬人还随葬1件青铜鉴，南侧的附葬人颈部有3颗水晶珠。从铜鉴内有动物骨渣及鉴下有木炭和烧土痕来看，似为就地烧煮食物后再行封土，推测土台上的二人可能为人祭。

墓室早年被盗，从封土内发现带环青铜棺钉看，原应有葬具，但已无存。墓室西南角残留有青铜大矛1件，青铜容器、泥质陶器和印纹硬陶的残片若干。墓道内未经盗掘，遗迹遗物保存完好。西北角偏上堆放着青铜盖弓帽、盖斗帽等。南侧偏下殉葬一中年女性，从痕迹看，估计尸体原应有丝织物包裹。随葬有硬陶罐1件、黑陶盆1件、灰陶壶1件、黑陶纺轮2件。墓道底部放置青铜鼎、缶、鸠杖等礼仪用器，镎于、悬鼓、丁宁、编钟、编磬等军乐器和成套乐器，钟架等木质漆器，戟、矛、斧、斤、镞等兵器，以及车马器和工具等数百件。

根据随葬品的形制特征，可知墓葬的年代约当春秋晚期。墓葬规模、形制、人祭人殉及随葬品等方面，都表明墓主人生前应有显赫的社会地位。从墓道内堆陈的车马器数量看，应为三车七马。乐器由镈钟5件、纽钟7件组成编钟，编磬也为12件。墓道中出土的

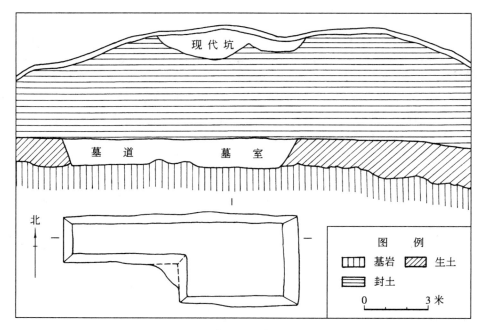

图 9-22 丹徒北山顶墓平面、剖面图

铜礼器中含三鼎，分别盛放羊、猪和鱼，似属陪鼎。墓室内应有更多的青铜礼器，惜被盗掘严重，所出的陶器残片中至少含 4 件陶鼎。据文献记载，丹徒为春秋时期吴国的朱方邑。青铜器中除个别由铭文得知为徐国制器外，余者皆为吴器风格。其中尸祭缶盖和余眛矛，更是在吴国疆域内出土的人名确凿的吴王之器。发掘者推断墓主的身份应为吴王，最有可能是卒于公元前 527 年的吴王余眛。

墓葬为带墓道的大型竖穴土坑墓，显然系仿照中原墓葬的葬制。但将墓营建于高山之巅，上堆高大的封土，墓葬中用人殉和人牲而附葬人无墓坑，又带有浓厚的地域特色。随葬品中的青铜鸠杖镦和悬鼓环上 5 个跪坐的人，均断发文身，脑后有椎髻，表现的应是吴人的形象。

（二）苏州真山 D9M1

该墓位于苏州市西北至太湖之间的真山主峰上，海拔约 70 米，其附近的低矮丘陵和平原上还发现有大量的土墩墓。该墓系凿山为穴，墓口之上堆筑高大的封土。现存封土底径东西长 70 米，南北宽 32 米，墓底至封土顶残高 8.3 米。为加固封土，封土内用石块垒筑 20 余道南北向石墙，封土外设挡土墙。墓室直接开凿于基岩之上，四壁颇不规整。墓口呈不规则长方形，东西长 13.8 米，南北最宽处 8 米，最高处距墓底 1.8 米。墓坑四周凿有不规则的二层台。东部有一斜坡墓道直通墓室，长 3.6 米，宽 3 米（图 9-23）。

墓室内棺椁已朽，根据残留漆皮的位置和范围推断，棺椁应位于墓室中部偏西，置于用石块与泥土混合堆砌的棺床上。棺床上尚遗存厚厚的多层漆皮，可确认为多重棺椁。椁板的内外两面均髹漆，外黑内红。彩绘漆棺上饰兽面纹。在棺床东部有一长方形平台。

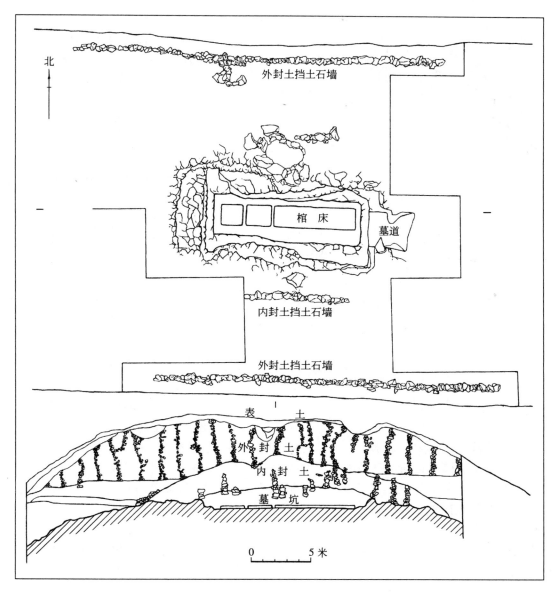

图 9-23 苏州真山 D9M1 平面、剖面图

随葬器物早年被盗，墓室内的棺床和平台上尚残存大量遗物，以玉石器为主，此外还有原始瓷器、印纹硬陶、陶器、漆器和海贝等。玉器中最为精美的是由玉虎形饰、瑗（图9-24）、拱形饰和长方束腰形饰组成的玉覆面。值得注意的是出土于棺床范围内的有孔牌形玉饰和数量达1万多件的绿松石和孔雀石串饰。这些牌形饰和串饰可能是玉甲与珠襦，而两者相并当是汉代王侯贵族的丧衣，即"珠襦玉柙"或"珠玑玉衣"的雏形。

据墓葬中出土遗物的形制特征分析，此墓的年代应属春秋晚期前段。至于墓主人的身份，发掘者通过对该墓所处地域、规模、棺椁及玉殓葬制度的分析，推断墓主是吴国的某位

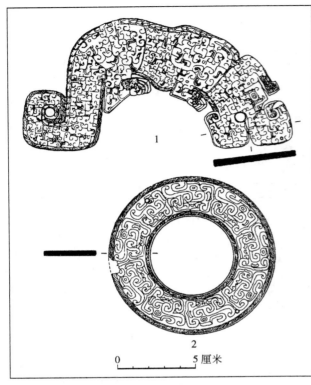

图 9-24 苏州真山 D9M1 出土玉器
1. 虎形饰（D9M1:49-2） 2. 瑗（D9M1:49-6）

国君，极有可能是第一代吴王寿梦；而邻近真山的树山被盗春秋墓、严山春秋玉器窖藏[1]，都有可能是吴王之墓，吴王陵即应分布于苏州西部山区。

（三）绍兴 M306 战国墓

位于绍兴市区以南约 9 公里的坡塘镇，会稽山向北延伸的余脉狮子山的北坡，狮子山顶高出周围地面约 50 米。墓葬为土坑竖穴墓，带有阶梯墓道和壁龛。墓的西部已被破坏。墓底南北长 8.14 米，南端残宽 5.4 米，北端残宽 2.5 米，深 2.8 米。墓道位于墓室东壁南端，东西向，宽 3.4 米，长仅 1.5 米，有四级台阶。壁龛设于墓室南壁。

墓室曾遭盗掘扰乱，南部散布着大量的玉、水晶、玛瑙及松石质的装饰品，其分布范围大致呈东西向长方形，西端已被破坏，残长 2.35 米，宽约 0.8 米。在饰物间偶见零星骨渣，可知这一范围应是墓主人棺木所在。从现象判断，墓内原有木椁。

墓室南壁设壁龛，西部已被破坏。龛内置铜鼎 2 件、铜甗 2 件、陶罐 2 件、陶豆 1 件、铜质房屋模型 1 座。龛内还发现若干髹漆残痕，龛口可能原有木门封堵。壁龛下方有土台。土台东段置铜洗 1 件、铜质灌铅的方形插座 1 件、铜尊 1 件（可能由壁龛内跌落），土台以东发现大量漆器印痕，器形以方形和长方形盒为多，间有圆形的盘、奁和耳杯。一批铜刀、削和刻刀等文具、小型铜器、嵌玉耳的金舟、小陶器、小玉璜及零星的松石珠、玛瑙珠等发现于漆盒及漆器印痕中。发掘者推测土台上出土的小件器物原都置于各种漆器之内。土台西端被破坏的部分，尚留有圆形弧腹铜器的印痕，发掘前已被取出的铜罍、铜鉴等大型器可能放置于此，而汤鼎、镳盉等可能放置于壁龛内。

已清理出的随葬器物共 1200 余件。包括铜礼器和杂器 17 件，玉器 49 件，金器 6 件，各类文具 51 件，此外还有陶器和大量小件饰物等。其中 3 件铜器上铸有铭文，2 件可确认属徐国制器。铜质房屋模型为四坡式攒尖顶，顶心立一柱，柱顶塑一大尾鸠。室内六人跪坐，其中二人双手置于小腹前，似为歌者，其余四人分别作击鼓、吹笙、弹琴状。六人均未见衣着痕迹。二人束发于顶，前胸乳突明显，其余四人均未见乳突，结发于脑后，似有

---

[1] 吴县文物管理委员会：《江苏吴县春秋吴国玉器窖藏》，《文物》1988 年第 11 期。

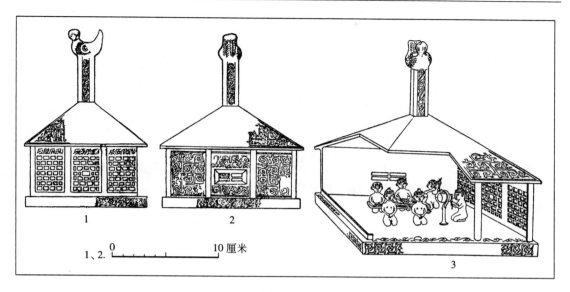

图 9-25 绍兴坡塘 M306 出土铜屋
1. 侧视图 2. 后视图 3. 正面透视图

性别上的差异（图9-25）。发掘者认为这一铜房屋模型应是越族专门用作祭祀的庙堂建筑的模型[1]。

从随葬器物的特征看，墓葬的时代约属春秋晚期至战国初期。关于墓主人的族属与国别，尚存争议。有学者由墓中所出徐国青铜器，推论该墓为徐国墓葬[2]。但总体上看，墓内随葬品具有较多的"越式"风格。如铜质房屋模型上的鸠形雕塑，与越地传统的鸟图腾相符；庙堂式铜屋及其内部跪坐的乐人之形态，以及四跪人承背的插座等，均具有浓厚的地域性特征；青铜容器中，深腹圜底鼎与这一带常见的一种原始瓷鼎风格相近，又如瓿、盉、盂形尊、鉴等，均可称为"越式器"；随葬的三件陶器均属印纹软陶，其中两件拍印有方格纹，用印纹软陶这种生活用具随葬，更具越墓特征。上述特征可以说明该墓应是一座越国墓葬。由墓葬的规模与随葬品情况分析，可推知墓主人属越国高级贵族。

同时，该墓的形制结构又显现出越文化传统葬制的重大变革，最显著之处是埋葬方式已由原先的土墩墓改为土坑墓。该墓所采用的长方形竖穴土坑，一边设有阶梯斜坡墓道，墓壁设有壁龛，使用木椁等，应是受到中原或楚文化的影响。当然，它也具有自身的一些特色，如墓坑壁较为垂直，墓道设在边角且呈阶梯状等。随葬品中青铜器的器形与纹饰也已程度不同地显示出楚文化的影响。

（四）绍兴印山大墓

位于绍兴县城西南约13公里的兰亭镇，东距前述的绍兴 M306 约4公里。印山系一座

---

[1] 牟永抗：《绍兴306号越墓刍议》，《文物》1984年第1期。
[2] 曹锦炎：《绍兴坡塘出土徐器铭文及其相关问题》，《文物》1984年第1期。

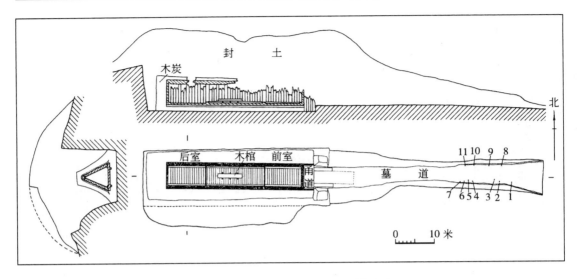

图 9-26 绍兴印山 M1 平面、剖面图
1~11. 柱洞

相对独立的小丘，海拔 41.7 米，相对高度 20 米。建有巨大封土墩的印山 M1，就坐落在高约 20 米的印山之巅。封土墩略呈椭圆形，东西长径 72 米，南北短径 36 米，中心高约 9.8 米。印山大墓的外围四周，还设有人工挖掘的隍壕围护，形成陵园。隍壕平面近方形，每面中间留有通道。包括隍壕在内，陵园东西宽 265 米，南北长 320 米，整个陵园占地面积达 85000 平方米。

这是一座带有宽长墓道的长方形竖穴岩坑木椁墓。墓坑全部于山顶岩层中挖凿而成，平面呈长方形，东西向。现存墓口长 46 米，宽 14~19 米，深约 12.4 米。据初步推算，营建墓葬挖去岩石近 1 万立方米。墓道设于墓坑东壁正中，以甬道与墓室相接，全长 54 米（图 9-26）。该墓的填筑十分讲究，防水、防腐措施严密科学。在墓坑之内，墓室以下及其外围分别铺垫木炭和包裹树皮，填炭总量达 1400 立方米左右，包裹树皮约 140 层；其上夯填青膏泥，青膏泥厚约 6.6 米，使用量近 5700 立方米。墓室以上再夯筑巨大的封土墩。这些填筑方法和措施，对墓室的防腐保护起到了积极的作用。

墓室用巨大的枋木构筑而成（图版 25-1），呈狭长的两面斜坡状，横断面呈等腰三角形。墓室外长 34.8 米，外底宽 6.7 米，现存室内高度 4.7 米，复原高度在 5.6 米左右，室内面积达 160 多平方米。墓室内分前、中、后三室，各室之间设有门槛和门梁，原先应有木板隔墙。构筑墓室的巨大枋木加工极其规整平直，均三面髹漆，构筑整齐合缝，室内壁面与底面均平整如板，充分显示出当时高超的木材加工技术和装饰、构筑技术。置于中室的木棺系一大型有盖独木棺（图版 25-2），棺长 6.05 米，宽 1.12 米，内高 0.4 米，内外髹黑漆。棺内尸骨已无存。

因多次被盗，墓内的随葬品基本被洗劫一空。仅在中室出土了石矛、玉剑、玉镞、玉镇、龙首形玉件、长方形玉饰、微型玉管珠、漆木杖、残漆木器等 30 多件遗物。这些遗物制作精良，玉器大多有精美的卷云状花纹。前室和后室也残留有破碎的泥质陶器和石环、漆皮等。另外，从墓葬的填土中还发现了青铜铎1件和木质夯具2件。

根据残存遗物提供的线索，发掘者推断大墓的年代在春秋末期。从墓葬的规模、墓室结构以及墓地四周的隍壕设施等方面分析，可以断定该墓的主人当为越国的某位国君。这是迄今为止经正式发掘并被确认的第一座越国王陵。发掘者结合文献记载，认为印山大墓应即史书记载中的"木客大冢"，墓主人应为卒于公元前497年的越王勾践之父允常。

印山大墓不但规模巨大，且墓室的形制结构特殊，这种用木材构筑的两面斜坡式、断面呈三角形的狭长墓室及巨大的独木棺都极具地方特色。特殊的墓室结构与一般的木椁墓有显著的区别，而与当地两周时期流行的石室土墩墓具有很大的相似性。同时，带墓道的竖穴岩坑式墓葬结构，椁室外堆筑青膏泥和木炭，都并非越地固有的传统墓制，后者应是接受了楚文化和中原文化的结果。

总体上看，吴越地区春秋早中期的大型墓葬中仍以建于土墩内的竖穴墓为主，有墓道者亦均为竖穴墓道；随葬品主要为原始青瓷，配以较少的泥质陶和几何印纹硬陶；随葬的青铜器中，礼乐器的数量还较少，且不成套成组出现，而多见兵器和工具。至春秋晚期，大型墓葬的形制以规整的长方形为主，竖穴墓坑的规模更大，墓坑变深；墓坑内置椁已成定制；新出现了二层台或祭祀台结构；一般带长斜坡墓道或长条形墓道；多有凿山为穴，将墓坑建于基岩上的情况；带有殉人和附葬墓。大型墓中较为普遍地随葬青铜礼乐器、兵器、车马器和生产工具，多成套成组出现。这一时期的墓葬深受中原礼制文化的影响，将江南的土墩墓的传统与中原礼制紧密地结合起来，形成吴越地区墓葬制度的显著特色。

进入战国中期以后，以往吴越文化的中心区域成了越、楚之间争战交锋的漩涡地带，疆域不断变化，各种文化因素进退相持，尤其是楚文化的东渐，对此区的文化面貌影响颇大。这一带所出墓葬在墓葬形制、棺椁和随葬制度上也多具有浓厚的楚系和中原文化因素，而与此前的埋葬习俗有显著的差异，如江苏武进孟河[1]、无锡施墩[2]、吴县何山[3]、上海嘉定外冈[4]、青浦福泉山[5]、绍兴凤凰山[6]等地所见。这反映了楚越文化的融合以及楚文化逐渐占据主导地位的历史态势。与此相应，颇具地域特色的吴越文化的埋葬习俗，也随着兴盛了数百年的吴国与越国的衰亡而仅见于级别较低的墓葬，随后逐渐消融于秦汉文化之中。

---

[1] 镇江市博物馆：《江苏武进孟河战国墓》，《考古》1984年第2期。
[2] 谢春祝：《无锡施墩第五号墓》，《文物参考资料》1956年第6期。
[3] 吴县文物管理委员会：《江苏吴县何山东周墓》，《考古》1984年第5期。
[4] 黄宣佩：《上海市嘉定县外冈古墓清理》，《考古》1959年第12期。
[5] 上海市文物保管委员会：《上海青浦县重固战国墓》，《考古》1988年第8期。
[6] 绍兴县文物管理委员会：《绍兴凤凰山木椁墓》，《考古》1976年第6期。

第十章 东周时期的生产技术

第一节 东周时期的铁器

一 中国人工冶铁技术的开端

冶铁技术的发明，在人类历史上具有划时代的意义。铁制生产工具的广泛应用，标志着新的生产力的出现，因而极大地促进了社会经济的发展。我国的人工冶铁技术始于何时，是学术界长期探讨的重要课题。随着考古发掘工作的深入开展，大量铁器不断出土，加之科学检测手段日臻完备，我国应用人工冶铁制品起始时间的研究已取得显著成果。

人类对铁的认识和使用是从陨铁开始的。以陨铁加工成的制品含有较高的镍和钴，并且有高低镍钴分层，这在人工冶铁条件下是不可能形成的。据考古资料，早在公元前14世纪左右，商代的先民就已经对陨铁进行加工，并制成兵器[1]。

1990年3月至1991年5月，在河南三门峡市上村岭虢国墓地的考古发掘中，M2001出土了一件玉柄铁剑（图版18-1）和1件铜内铁援戈，M2009出土1件铜骹铁叶矛。经北京科技大学冶金与材料史研究所鉴定，铜内铁援戈是块炼铁制品，玉柄铁剑和铜骹铁叶矛是块炼铁渗碳钢制品[2]。这两座墓均为国君级大墓。M2001墓主人为虢季，M2009墓主人为虢仲。铁剑的铜柄镶以美玉及绿松石，戈、矛铜柄部亦镶嵌绿松石，表明人工冶铁为贵重和稀少的材料，是早期出现的特征。关于M2001和M2009两座大墓的年代，大致在西周晚期。玉柄铁剑、铜内铁援戈和铜骹铁叶矛应为西周晚期之物。

研究结果表明，块炼铁制品是最早的人工冶铁制品。块炼铁是在较低温度（800~1000℃）下，用木炭还原铁矿石，得到比较纯净，但质地疏松的铁块。经过锻打，可以制作出适用的器物。这种炼铁方法称为块炼铁法。由于铁的还原未经液态，故又称为低温固态还原法。以块炼铁为原料，锻成所需物件，并在炭火中长时间的反复锻打，使块炼铁渗碳钢变硬，从而创造出块炼铁渗碳钢技术。三门峡上村岭虢国墓地M2001和M2009出土的玉柄铁剑、铜内铁援戈和铜骹铁叶矛即以固态还原法冶炼的块炼铁制成，并应用了块炼铁渗碳钢技

---

[1] A. 李众：《关于藁城商代铜钺铁刃的分析》，《考古学报》1976年第2期。
　　B. 北京市文物管理处：《北京市平谷县发现商代墓葬》，《文物》1977年第11期。
[2] 韩汝玢、姜涛、王保林：《虢国墓出土铁刃铜器的鉴定与研究》，《三门峡虢国墓》，文物出版社，1999年。

术。M2001 和 M2009 的考古新发现，将中原地区使用人工冶铁制品的时间提前到西周晚期。

值得注意的是，新疆地区发现的某些考古文化遗存经碳十四测定表明，约在公元前 1000 年至前 500 年，即相当于我国内地的西周至春秋时期，已经使用铁器。而且从新疆东部的哈密，经中部的和静、轮台，直至最西边的帕米尔高原塔什库尔干等地都曾发现铁器，有剑、刀、锥、釜、戒指、残铁块等，发掘者判定均属人工冶铁制品[1]。国际学术界一般认为，公元前 14 世纪以前的西亚地区已经发明冶铁术。所以，新疆冶铁制品的出现很可能与西亚有密切关系。不过新疆出土的这些早期铁器均未作过技术分析鉴定，具体成分和性质还不清楚。此外，学术界对出土铁器的遗址和墓葬年代的判定也尚存歧见。故此，对新疆早期铁器的认识还有待科学鉴定，新疆早期铁器与中原铁器的关系也需深入探讨。

二 春秋时期的铁器

迄今为止，出土春秋时期铁器的地点有 10 余处，见于甘肃、宁夏、山西、山东、河南、江苏、湖北、湖南等省。出土铁器之中，农具有锸、锄、铲、耙、镶等，手工业工具有锛、削、凿、斧等，用具有鼎，以及刀、剑等兵器。陕西宝鸡益门村 M2 春秋晚期墓出土的铁器多达 20 余件，有金柄铁剑（图 10-1；图版 18-2）、金环首铁刀（图 10-2）、金方首铁刀和金环首料背铁刃刀等[2]。

春秋时期的铁器多为块炼铁制品。湖南长沙杨家山 M65 出土的春秋晚期钢剑（图 10-3-1），通长 38.4 厘米，金相组织为铁素体基体及碳化物，是含碳 0.5% 左右的退火中碳钢。在剑身断面上可以观察到反复锻打的层次，约 7~9 层[3]。此外，江苏六合程桥 M2 出土的铁条也是块炼铁锻制而成[4]。

春秋早期开始出现生铁制品。生铁是在较高温度（1146°C）下，用木炭还原铁矿石得到含碳量较高（超过 2%）的液态铁，这种炼铁方法称作高温液态还原法。液态生铁可以直接铸造各种器物，并能批量生产，因而明显提高了生产效率。我国早在商代就发展起来的炼铜技术，为冶炼生铁术的出现创造了坚实的基础，促使我国古代人工冶铁很快从低温固态还原法跃进到高温液态还原法，从块炼铁跃进到可以直接用于铸造的生铁。山西天马—曲村遗址发掘出土春秋早期铁条一件、春秋中期铁条两件，均为残器[5]。经鉴定，其金相组织均显示为过共晶白口铁，显示出生铁与块炼铁同时发展是中华民族古代钢铁技术发展的独特途径。春秋时期的生铁制品已多有所见。长沙杨家山 M65 出土的春秋晚期鼎形器为生铁所制（图 10-3-3），其金相组织是莱氏体共晶白口铁。长沙窑岭 M15 出土的春秋战国之际铁鼎（图 10-3-2），重量已超过 3 公斤，亦为生铁铸造，基体为亚共晶生

---

[1] 陈戈：《新疆出土的早期铁器——兼谈我国开始使用铁器的时间问题》，《苏秉琦考古五十五年论文集》，文物出版社，1989 年。
[2] 宝鸡市考古工作队：《宝鸡市益门村二号春秋墓发掘简报》，《文物》1993 年第 10 期。
[3] 长沙铁路车站建设工程文物发掘队：《长沙新发现春秋晚期的钢剑和铁器》，《文物》1978 年第 10 期。
[4] 南京博物院：《江苏六合程桥二号东周墓》，《考古》1974 年第 2 期。
[5] 北京大学考古学系商周组、山西省考古研究所：《天马—曲村》，科学出版社，2000 年。

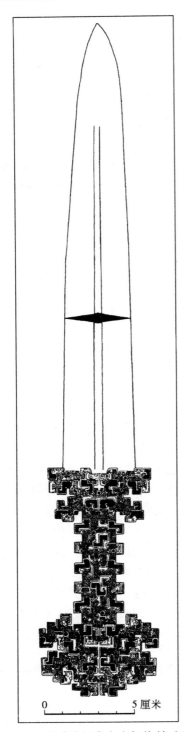

图 10-1 宝鸡益门出土金柄铁剑（M2:1）

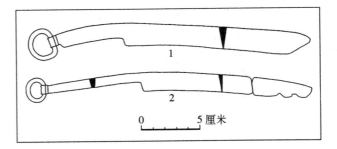

图 10-2 宝鸡益门出土金环首铁刀
1. M2:4　2. M2:18

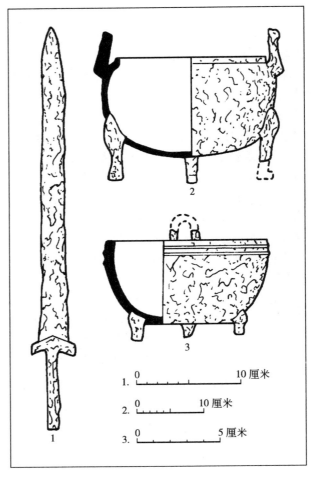

图 10-3 东周铁器
1. 钢剑（杨家山 M65）　2. 铁鼎（窑岭 M15）
3. 铁鼎（杨家山 M65）

铁组织，并析出少量条状菊花形石墨[1]。六合程桥 M1 出土的铁块，经鉴定，也是白口铁[2]。早期生铁多为白口铁。白口铁中的碳主要呈渗碳体状态，性脆而硬。春秋晚期的生铁制品常见白口铁，正是早期生铁的特征。

西亚和欧洲块炼铁技术出现的时间虽然早于中国，但是迟至 13、14 世纪才掌握冶炼生铁的技术。中国发现最早的生铁制品至少比西方提前 1800 余年。

三　战国时期的铁器

战国是铁器广泛应用的时期。铁矿大规模开发，铁器也大批量生产。铁器的使用已渗入到社会经济生活的各个领域。据初步统计，战国铁器的出土地点（含冶铸铁遗址）已超过 350 处，见于黑龙江、吉林、辽宁、内蒙古、河北、河南、山西、山东、陕西、甘肃、宁夏、新疆、湖北、湖南、安徽、江西、江苏、浙江、广东、广西、四川、云南、贵州等 23 个省、自治区。秦、楚、燕、齐、赵、魏、韩诸国的广大地区都有铁器出土。其中楚国所辖的湖北、湖南出土铁器的地点多达 70 余处，燕国辖地河北的地点有 40 余处。湖南长沙约有 200 余座战国楚墓出土铁器。

战国时期的铁农具和手工工具的种类与春秋时期大致相同。铁兵器和用具的种类则更为繁杂。铁兵器有剑、戟、矛、刀、匕首、镞、弩机、胄等，铁制用具有鼎、釜、盘、权、带钩、环、管、钉、车器等，甚至出现颈锁、脚镣等刑具。

战国时期的铁器中，生产工具所占比例很大。200 余处出土铁器的地点见有铁制生产工具，其中铁农具数量较多。河南洛阳东周王城 62 号战国粮仓出土的铁农具和手工工具有 32 种 126 件，总重量达 400 余公斤[3]。辽宁抚顺莲花堡燕国遗址出土铁器 80 件，全部是生产工具，其中农具约占 85%[4]。

铁兵器逐渐取代铜兵器是战国兵器的时代特征。1965 年发掘的河北易县燕下都 M44，是一座战国武士丛葬坑，现存人骨 22 具。墓中埋葬的死者可能与一次战争或屠杀有关。墓中共出土铁器 79 件，包括剑 15 件、矛 19 件、戟 12 件、镦 11 件、刀 1 件、匕首 4 件、胄 1 件、锄 1 件、钁 4 件、带钩 3 件和几件零星器物（图 10-4），另有铁廓底座铜弩机 1 件、铁铤铜镞 19 件。青铜兵器仅剑、戈各 1 件。这些武器分散于死者的身旁，推断是死者生前所使用。上述统计，可能反映出在当时战争中所使用的铜、铁兵器的比例[5]。燕下都 M44 出土的铁制兵器，尺寸多较长大，有较强的杀伤力。"卜"字形铁戟形制进步，已初步具有汉代兵器的作风。墓中出土的铁胄，系用 89 片铁片连缀而成（图 10-4-1）。它的编法是上层压下层，前片压后片，全高 26 厘米。类似的甲胄在燕下都屡有出土。铁胄的出现，表明当时已有铁制防护装备。

---

[1]　长沙铁路车站建设工程文物发掘队：《长沙新发现春秋晚期的钢剑和铁器》，《文物》1978 年第 10 期。
[2]　江苏省文管会、南京博物院：《江苏六合程桥东周墓》，《考古》1965 年第 3 期。
[3]　洛阳博物馆：《洛阳战国粮仓试掘纪略》，《文物》1981 年第 11 期。
[4]　王增新：《辽宁抚顺市莲花堡遗址发掘简报》，《考古》1964 年第 6 期。
[5]　河北省文物管理处：《河北易县燕下都 44 号墓发掘报告》，《考古》1975 年第 4 期。

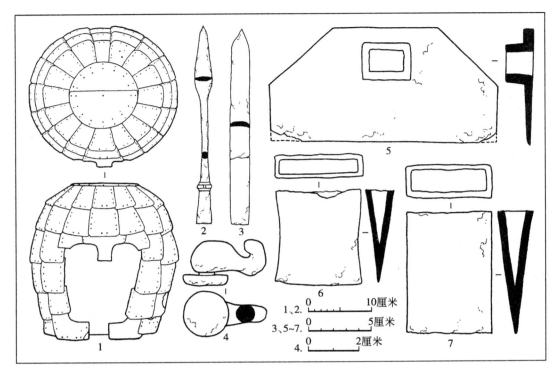

图 10-4 易县燕下都 M44 出土铁器
1. 胄（M44:2） 2. 矛（M44:69） 3. 匕首（M44:75） 4. 带钩（M44:81） 5. 锄（M44:13）
6. 镬（M44:80） 7. 镬（M44:32）

铁器在一个遗址或一个墓群中大批量出土的现象十分普遍，铁生产工具多见于墓葬的填土之中。河南辉县固围村魏国贵族墓中出土的生产工具镬、锄、铲等数十件，几乎全部见于墓道或墓室的填土中[1]。长沙市郊发掘的小型土坑竖穴楚墓，铁铲和铁斧等也都出自墓室填土中，很可能为民工遗弃之物[2]。大量的考古资料表明，在战国时期铁器已非珍稀之物。

社会经济的迅速发展，对高质量铁器的需求日益增加，促使人工冶铁技术不断提高。战国冶铁技术的进步突出表现在块炼铁渗碳钢和铸铁柔化退火工艺的推广，以及铁铸范的使用。

陕西西安半坡 M98 出土的 1 件铁凿，经检验推测其工艺过程是用含碳量较高的钢，经过多次加热锻打，逐步由表层至内部改变含碳量而制成的[3]。河北易县燕下都遗址 M44 出土的 79 件铁器中有锻件 57 件。对其中 6 件铁兵器的检测表明，除 1 件由块炼铁直接锻成外，其余剑、戟、矛、镞 5 件兵器均由块炼铁渗碳钢锻成，剑、戟并经过淬火。

---

[1] 中国科学院考古研究所：《辉县发掘报告》，科学出版社，1956 年。
[2] 吴铭生：《长沙市郊战国墓与汉墓出土情况简介》，《文物参考资料》1956 年第 4 期。
[3] 金学山：《西安半坡村战国墓葬》，《考古学报》1957 年第 3 期。

铸铁柔化技术，即铸铁退火处理技术，是中国古代铸铁技术的一项重要发明。由于生铁性脆，在使用生铁铸造工具过程中，势必促使人们寻找使铸铁具有韧性的方法，从而导致铸铁柔化技术的发明。将铸铁件加热并持续保温，使铸铁中的自由渗碳体分解，脱碳或石墨化，从而改善铸铁的脆性，并获得一定韧性，形成展性铸铁。据目前所知，至迟在战国早期，我国已发明铸铁柔化技术。1974 年，位于河南洛阳水泥制品厂的战国早期灰坑中出土铁𫔎 2 件、铁铲 1 件。铁铲已基本锈蚀，仅肩部有厚 1 毫米的金属残留。经金相检验证明是白口铁经柔化处理得到的展性铸铁，基本为纯铁素体脱碳层，有发展比较完善的团絮状退火石墨。铁𫔎已大部分锈蚀，仅銎部还残留部分金属。经金相鉴定，证明具生铁特有的莱氏体组织。靠近銎的表面尚存 1 毫米厚的珠光体带，使白口铁铸件具一定的韧性，可知也经过退火处理[1]。战国中晚期的铁器，经金相检验发现为展性铸铁的实例更多。如 1957 年长沙出土的铁铲[2]，大冶铜绿山出土的六角锄[3]，易县燕下都 M44 出土的铁镬、六角锄和锛，均为展性铸铁。战国时期创造的铸铁锻化退火技术和展性铸铁工艺，极大地推进了战国乃至秦汉生产力的发展。在欧洲，展性铸铁的出现和应用是在 1720 年之后，晚于我国 2000 年以上。

对铜绿山和燕下都出土的两件六角锄进行的考察，可知当时还利用退火的技术，创造出表面为低碳纯铁，中心为硬度高的珠光体和莱氏体的复合铸铁器件，借以提高农具的性能，从而解决了某些农具要求有坚硬锋利耐磨的刃口而又具韧性的矛盾。在战国晚期，北起燕赵，南达荆楚的广袤范围内已普遍应用这种方法。

四 冶铸铁遗址

春秋时期的冶铸铁遗址尚未发现。战国时期的冶铸铁遗址则见于河北、河南和山东。河北发现的地点最多。以易县燕下都城址一带最为密集。此外还有兴隆寿王坟、邯郸市区赵王城[4]，平山三汲中山国灵寿城遗址[5]。河南的冶铸铁遗址则集中于新郑郑韩故城附近[6]，还有登封古阳城[7]和商水扶苏故城遗址[8]。山东的冶铸铁遗址见于临淄齐国故城[9]、滕

---

[1] 李众：《中国封建社会前期钢铁冶炼技术发展探讨》，《考古学报》1975 年第 2 期。
[2] 华觉明、杨根、刘恩珠：《战国西汉铁器的金相学考察初步报告》，《考古学报》1960 年第 1 期。
[3] 大冶钢厂冶军：《铜绿山古矿井遗址出土铁制及铜制工具的初步鉴定》，《文物》1975 年第 2 期。
[4] A. 邯郸市文物管理所：《河北邯郸市区古遗址调查简报》，《考古》1980 年第 2 期。
　　B. 河北省文物管理处、邯郸市文物保管所：《赵都邯郸故城调查报告》，《考古学集刊》第 4 集，中国社会科学出版社，1984 年。
[5] 河北省文物研究所：《𰯼墓——战国中山国国王之墓》，文物出版社，1995 年。
[6] A. 刘东亚：《河南新郑仓城发现战国铸铁器范》，《考古》1962 年第 3 期。
　　B. 河南省博物馆新郑工作站、新郑县文化馆：《河南新郑郑韩故城的钻探和试掘》，《文物参考资料丛刊》3，文物出版社，1980 年。
[7] 河南省文物研究所、中国历史博物馆考古部：《登封王城岗与阳城》，文物出版社，1992 年。
[8] 商水县文物管理委员会：《河南商水县战国城址调查》，《考古》1983 年第 9 期。
[9] 群力：《临淄齐国故城勘探纪要》，《文物》1972 年第 5 期。

县薛国故城[1]和曲阜鲁国故城[2]。

许多战国冶铸铁遗址的规模很大。1961~1962年在易县燕下都故城发现冶铸铁作坊四处，21、23号遗址分处于虚粮冢以东，5号遗址在高陌村西北，18号遗址在武阳台西北，皆发现有大量铁块、炼铁渣、炉渣、红烧土、草泥土和草灰等。23号是遗址中面积最大的一处，约17万平方米，在南半部采集有两块炼铁锅残片以及其他铸铁遗物多件。18号遗址发现铁镞铤，此处可能为兵器作坊。

河南登封阳城战国冶铸铁遗址，始于战国早期，盛于战国晚期，延续至汉代以后。遗址范围23万平方米，发掘面积400平方米。出土遗物有熔铁炉残块、鼓风管残块、铸模、铸范及铁器，还发现烘范窑、退火脱碳炉。熔炉壁残块有单一材料和复合材料两种。单一材料熔炉壁是用草拌泥或夹砂泥材料、多层次构筑而成。复合材料熔炉由里及外各层是：细砂质炉衬层、粗砂质炉圈层、草泥质层、泥质或砂质炉砖层、草泥炉表层。熔炉的结构，自上而下由炉口、炉腹、炉缸、炉基组成。各部位的残块均有发现。从发掘所获熔炉残存遗物的分析结果可以看出，战国早期的熔铁炉形制是沿袭当时的熔铜炉形制而来。由于熔铁的温度较高，所以不断对熔铁炉壁的厚度、使用材料和结构等进行一系列的改进。至战国中期，创造出具有复合材料的、结构比较完善的熔铁竖炉，并沿用到汉代。

春秋晚期以陶范铸造铁器。陶范的使用只能是一次性的。但是制作陶范需大量重复的劳动，这自然影响生产效率。战国时期在采用陶范的同时又发明了铁范，使铸造工艺出现很大变化。河北、江西等地都出土有铁质铸范。1953年河北兴隆寿王坟遗址出土铁范共42副87件，重量超过95公斤，其中锄范3件、双镰范2件、镬范47件、斧范30件（图10-5）、双凿范2件、车具范2件。铁范分内范、外范、单合范和双合范多种[3]。1959年河北磁县也出土战国铁范[4]。1976年江西新建大塘赤岸山战国遗址出土1件铁斧范，背面带环钮[5]。铁范的造型和结构合理，本身就是质量精良的白口铁铸件。用这种范铸造出的铁器，表面不粗糙，一般不用再加工，并且这种硬型模具使用寿命长，较之陶范可大幅度提高劳动生产率。

登封阳城的铸模可分为铸制金属模具的陶模和翻制泥芯的陶模两大类。翻制泥芯的陶模数量居多，有镬芯模、锄芯模、斧芯模等。翻制镬芯的陶模又分单腔镬芯模和二腔镬芯模两种，有芯座或无芯座。铸范按质料分陶范和石范两种，石范较少。器类则以镬、锄等农业生产工具的铸范最多（图10-6），约占出土铸范总数的90%以上。此外还出土条材范和板材范等。陶范多羼合砂质和植物质粉末。战国晚期粗砂质范的数量增多，并普遍使用红、褐等色涂料。此外，出土残铁器1158块，重110公斤，以镬、锄和板材最多。

---

[1] 庄冬明：《滕县古薛城发现战国时代冶铁遗址》，《文物参考资料》1957年第5期。
[2] 山东省文物考古研究所、山东省博物馆、济宁地区文物组、曲阜县文管会：《曲阜鲁国故城》，齐鲁书社，1982年。
[3] 郑绍宗：《热河兴隆发现的战国生产工具铸范》，《考古通讯》1956年第1期。
[4] 河北省文管处：《磁县下潘汪遗址发掘报告》，《考古学报》1975年第1期。
[5] 彭适凡：《江西先秦农业考古》，《农业考古》1985年第2期。

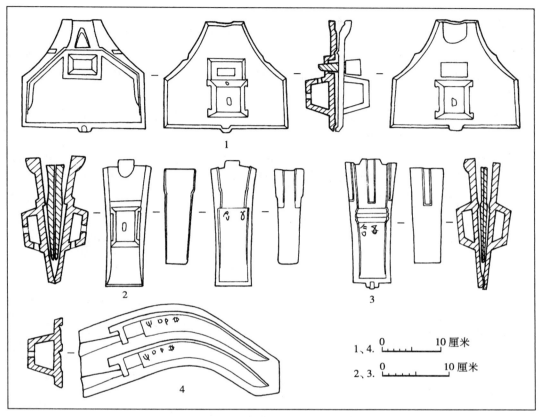

图 10-5 兴隆寿王坟出土铁质铸范
1. 锄范 2. 镢范 3. 斧范 4. 双镰范

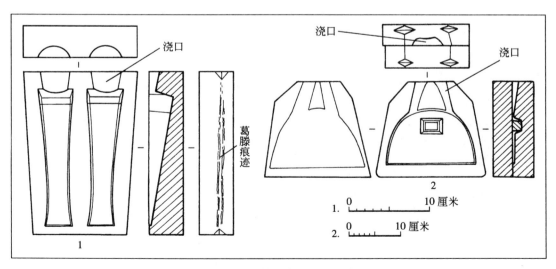

图 10-6 登封阳城出土陶质铸范
1. 二腔镢模（YZHT5①:5） 2. 半圆形锄范（YZHT6L3:70）

随着冶铁技术的进步，东周时期的冶铁生产规模不断扩大。冶铁业的收入可观，是重要的财政来源。冶铁业的生产能力和技术水平也是国力强弱的显著标志。所以，列国政府多设置官吏，直接控制冶铁生产。战国年间，许多富商大贾也经营冶铁业，并将铁器作为商品，来往于列国之间广泛贸易，以获取巨额利润。冶铁业和铁器贸易是战国工商业的重要支柱。

东周时期历经人工冶铁的初始阶段和发展时期，在我国的冶金史上占有十分重要的地位。铁制生产工具逐渐取代青铜生产工具，使手工业，尤其是农业生产发生重大变革。铁犁的应用使牛耕进一步推广，精耕细作渐趋形成。铁制生产工具的大量铸造，也使大规模水利设施得以建设，从而大幅度提高了农作物的产量。铁器的广泛应用促进了封建经济的形成和发展，对封建制度的确立有着不可低估的意义。

第二节　东周时期铜矿的开采和铸铜技术的革新

东周时期，周王室衰微，诸侯割据，战乱频繁。与此同时，列国青铜器数量激增。诸侯、卿大夫，甚至家臣，竞相铸造青铜器，以此显示权力和财富。随着礼乐制度的破坏，青铜器的使用更为广泛，已深入社会生活的各个领域，地方色彩也日渐浓厚。诸侯、贵族墓葬中出土的青铜器，种类丰富，制作精良，不仅有许多大型的青铜容器和成套的乐器，还有灯、炉、带钩、铜镜等生活用具，以及玺印、符节、度量衡、货币等。铁兵器虽然已经出现，但是青铜戈、矛、剑、镞、弩机等仍占相当大的比例。青铜建筑构件在窖藏中也多有发现。山西侯马上马晋墓[1]，河南陕县后川[2]和辉县魏墓[3]，山西长治分水岭韩墓[4]，河北平山中山王墓[5]，安徽寿县蔡侯墓[6]，湖北随县曾侯乙墓[7]，河南淅川下寺[8]和信阳长台关楚墓[9]等东周墓葬都出土大批青铜器，为世人所瞩目。湖北当阳赵

---

[1]　山西省考古研究所：《上马墓地》，文物出版社，1994年。
[2]　中国社会科学院考古研究所：《陕县东周秦汉墓》，科学出版社，1994年。
[3]　中国科学院考古研究所：《辉县发掘报告》，科学出版社，1956年。
[4]　A. 山西省文物管理委员会：《山西长治分水岭古墓的清理》，《考古学报》1957年第1期。
　　B. 山西省文物管理委员会、山西省考古研究所：《山西长治分水岭战国墓第二次发掘》，《考古》1964年第3期。
　　C. 边修成：《山西长治分水岭126号墓发掘报告》，《文物》1972年第4期。
　　D. 山西省文物工作委员会晋南工作组、山西省长治博物馆：《长治分水岭269、270号东周墓》，《考古学报》1974年第2期。
[5]　河北省文物研究所：《䥑墓——战国中山国国王之墓》，文物出版社，1995年。
[6]　安徽省文物管理委员会、安徽省博物馆：《寿县蔡侯墓出土遗物》，科学出版社，1956年。
[7]　湖北省博物馆：《曾侯乙墓》，文物出版社，1989年。
[8]　河南省文物研究所、河南省丹江库区文物发掘队：《淅川下寺春秋楚墓》，文物出版社，1991年。
[9]　河南省文物研究所：《信阳楚墓》，文物出版社，1986年。

家湖以中小型墓葬为主的楚墓群[1]，迄今已清理近300座，出土青铜器1000余件，从一个侧面反映了楚国的社会阶级状况。大量的考古资料表明，东周时期青铜器较西周时期青铜器，无论在铸造技术，还是在装饰工艺上，都有明显的创新和进步。尽管时有战乱纷争，东周时期的青铜文化仍呈现高度繁荣的局面。

一 矿冶遗址

东周时期的铜矿冶遗址见于报道的地点，多分布在长江流域，主要有湖北大冶铜绿山[2]、阳新港下[3]，湖南麻阳九曲湾[4]，江西瑞昌铜岭[5]等处。其中，铜绿山古矿冶遗址以其宏大的规模和极其丰富的内涵，以及通过多学科综合研究所揭示的采矿、冶炼水平，为国内外学术界所瞩目。

1. 铜绿山矿冶遗址

位于湖北大冶县西约3公里处，包括铜绿山、大岩阴山、小岩阴山、柯锡太村、螺蛳塘、乌鸦卜林塘等处，南北长2公里，东西宽1公里。古矿井附近有古炼炉遗存，因被古代炉渣掩埋而保留下来。炉渣覆盖层厚达1米多，占地14万平方米左右，总量估计约40万吨。由此推算，累计产铜不少于5~10万吨。古矿井的年代，经碳十四测定，大致可分为两个时期。早期约在春秋或更早，晚期则自战国延续至西汉。古矿井多集中在大理岩和火成岩的接触带上。接触带的铜矿石主要有孔雀石、硅孔雀石、赤铜矿和自然铜等。因岩石破碎，含铜品位高，易于开采。已知的12个矿体中即有9个被古人所开采（图版8-1、2）。1973~1985年对6个矿体进行考古发掘，共清理出地下采矿区7处，采矿井巷近400条，炼铜区3处，炼炉多座，出土许多用于采掘、运载、提升、排水的铜、铁、竹、木、石等生产工具，以及陶器、铜锭和铜兵器等遗物。

古矿井的结构有竖井、横巷等形式。竖井由当时的地面垂直向下开拓，深达40~50米。竖井挖掘至含富铜矿之处，便向侧壁开掘横巷。横巷有的接近水平，有的则呈倾斜状。这种情况与矿脉走向及排水等原因有关。横巷的底部常见向下挖掘的竖井。由于井口并不直通地面故称之为盲井，这些盲井大多用于向深处采掘矿石，但并不排除其中有的作为储水仓的可能。为防止井巷周壁发生崩塌，危及安全生产，在采掘过程中，须对井巷加以支护。早期竖井的支护为木构方形框架，以四根木料用榫卯法互相穿接而成（图10-7-1），凿有榫眼的木料两端还削出尖头，以便楔入井壁而使框架得以固定。框架与井壁之间还围衬席子、木板等物，并以竹索、木棍夹卡。整座竖井即以这种方形框架逐层平行叠压而成。斜井少见，所用框架的形制与竖井基本相同。晚期竖井的木构框架主要以"密

---

[1] 湖北省宜昌地区博物馆、北京大学考古系：《当阳赵家湖楚墓》，文物出版社，1992年。
[2] A. 夏鼐、殷玮璋：《湖北铜绿山古铜矿》，《考古学报》1982年第1期。
　　B. 黄石市博物馆：《铜绿山古矿冶遗址》，文物出版社，1999年。
[3] 港下古铜矿遗址发掘小组：《湖北阳新港下古矿井遗址发掘简报》，《考古》1988年第1期。
[4] 湖南省博物馆、麻阳铜矿：《湖南麻阳战国时期古铜矿清理简报》，《考古》1985年第2期。
[5] 江西省文物考古研究所铜岭遗址发掘队：《江西瑞昌铜岭商周矿冶遗址第一期发掘简报》，《江西文物》1990年第3期。

集法搭口式"构成（图10-7-2），与早期竖井榫卯式框架的结构有所不同。它是把圆木的两端砍出台阶状搭口榫，由四根搭接成一副方框。整个竖井用这样的方框层层叠压而成。早期竖井马头门所用圆木料较细，晚期木料粗大（图10-7-3），出现方形木柱。马头门与横巷连接的一侧或两侧留出通道口，其余侧面皆衬以横向的圆木棍或木板作围护。早期横巷的支护也是以榫卯法构成的方形框架。两侧的立柱为圆木，圆木的两端出圆柱形榫，以榫卯法同上面的横梁和下面的地栿相连接（图10-7-4）。立柱的外侧以木棍等作为背板。横梁之上则以排列整齐的木棍构成顶板。在横巷的拐弯或两条横巷连接处，顶板多作十字交错排列。晚期横巷的支护框架也不用榫卯法。横梁置于两侧立柱上端的支杈上。为防止立柱内倾，在横梁下紧贴一根"内撑木"，两端抵紧木柱。地栿的两端则以搭口式与立柱相接（图10-7-5）。晚期的框架一般较早期高大，表明井巷的

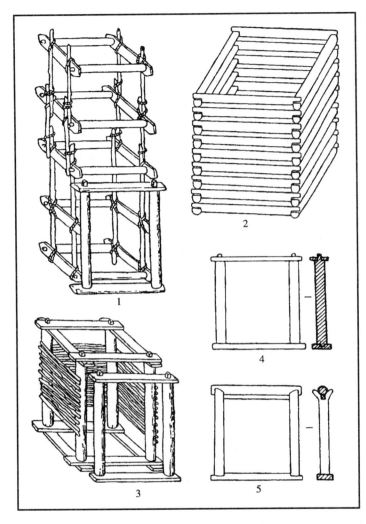

图10-7 大冶铜绿山矿冶遗址木质框架支护结构
1. 早期竖井框架 2. 晚期竖井框架 3. 马头门
4. 早期横巷框架 5. 晚期横巷框架

净采掘面增大，矿井支架承受压力也相应增加，因而是采掘技术进步的反映。

Ⅶ号矿体1号点的发掘揭露出一组古代采矿时开拓的采掘网。这组已清理的井巷由7条横巷围绕3座竖井作扇面形展开，横巷的底部又掘出7座盲井，同时还发现完整的排水系统（图10-8）。上述井巷及排水道的组合，充分反映当时的采掘工艺，具有相当高的水平。古代矿工在采掘中已掌握提升、排水、通风诸方面的技术。

竖井底部和横巷中出土的一些采掘工具，有石锤、木铲，以及金属制的凿、锄、斧、锤、耙等（图10-9-1~5、7~9）。早期的金属工具为铜制，晚期的为铁制。此外，在巷道中还发现一些生活用具，如木制耳杯、葫芦瓢、竹篮和陶器残片等，其中竹篮的数量较

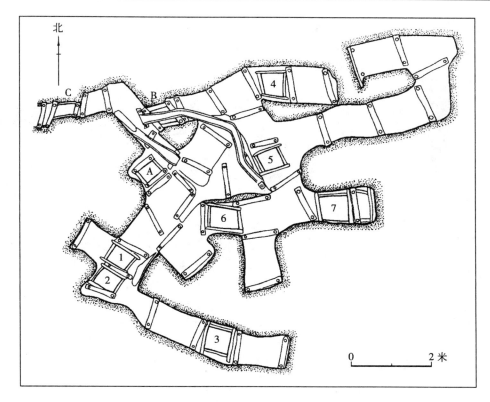

图 10-8　大冶铜绿山矿冶遗址一组井巷平面图
A～C.竖井　1～7.盲井

多，当为盛置食物之用。

矿井的提升工具，出土物有木钩、绳索、平衡石、辘轳等。发现的一根辘轳轴，全长250厘米，轴木两端砍成较小的轴头，可以安放在井口两侧支架的立柱上。轴木两端近轴头处各有两排环绕一圈疏密不同的长方孔，孔眼可以插入长方形木条。木钩在早晚期的井巷中均有所见。钩柄上或刻出浅槽，以便扎绑绳索。发现的装载工具有竹篮、竹篓、藤篓、木桶等。提升采用分段式，即从盲井至横巷，再由横巷经竖井至地面。

矿井的排水系统有两种形式。一种是利用废弃的巷道或专设泄水巷道。泄水巷道一般较采掘用巷道矮小。另一种是在横巷一侧贴背板的地方铺设排水木槽（图10-9-13），每节水槽的长度为65～260厘米不等。各节水槽相互连接，置于地栿之上，以一定的高差向水仓或排水井流去。每两节水槽的连接处，均涂一层青灰膏泥，以防渗漏。当水槽通过提升矿石的竖井和主巷时，为了不影响采掘和运输，就在水槽上边铺垫一层木板，使之成为暗槽，其设计颇具匠心。为了将水仓中积满的水排出地面，便以木瓢戽水，盛于木桶（图10-9-10～12）中，经竖井提升至地面。此外，还采用充填巷道的方法，防堵和减少地下水的侵灌。

为了促使空气流通，以维持矿工在井巷内长时间从事繁重劳动的能力，除依靠井口高低

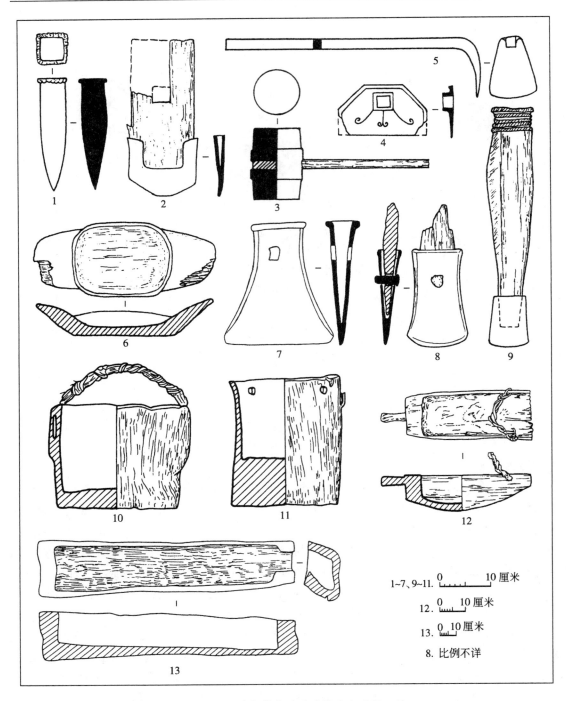

图 10-9 大冶铜绿山矿冶遗址出土采掘工具
1. 铁凿 2. 凹形铁锄 3. 铁锤 4. 铁锄 5. 铁耙 6. 船形木斗 7~9. 铁斧 10、11. 木桶 12. 木瓢 13. 木水槽

不同产生的气压差所形成的自然气流,以调节空气外,及早关闭废巷也是促使新鲜空气顺利通向深处采掘面的重要措施。

古矿井所在范围内,矿石的含铜品位是不平衡的。依循舍贫矿,取富矿的原则,古代矿工不仅以目力选矿,还利用类似"淘金斗"那样的船形木斗(图10-9-6)进行"重力选矿",鉴定矿石品位的高低,以确定开采方向。采掘很可能凭借经验对矿石就地进行目力鉴定,将筛选出的富矿石运送至地面,贫矿和毛石则充填废巷,从而减少不必要的运输,使生产效率大为提高。

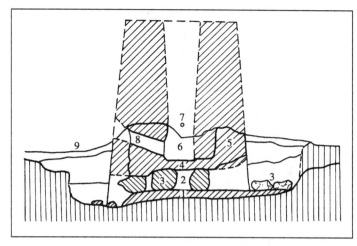

图10-10 大冶铜绿山矿冶遗址炼铜竖炉结构复原示意图(剖面)
1. 炉基 2. 风沟 3. 风沟垫石 4. 炉缸底 5. 炉壁 6. 炉缸
7. 风眼 8. 金门 9. 工作面

古矿井附近发现的几座古代炼炉,从地层和出土物推定,均属春秋时期。炉型为炼铜竖炉,它包括炉基、炉缸和炉身三部分(图10-10)。炉基在当时的地表之下,内设"一"字形或"T"形风沟(又称防潮沟)。风沟的沟壁经过烘烤,质地坚硬。沟底或残留木炭、灰烬。炉缸筑在炉基之上,炉缸的截面呈椭圆形或长方形。炉缸内径在40~70厘米之间。炉缸的侧壁设金门和鼓风口。金门的形状,内宽外窄,内低外高。因炉身倒塌,其高度已不可知。古炼炉周围的工作面上还发现当年搭盖棚架时遗留的柱穴,碎矿石用的石砧和石球以及陶罐、铜锛、铜块、炉渣、矿石等。

仿古模拟生产的实验结果表明,铜绿山发现的炼铜竖炉,其冶炼工艺是铜的氧化矿还原熔炼。使用这种竖炉炼铜,只要保证必要的风压、风量,使炉内木炭燃烧充分,就能进行正常的冶炼过程。渣和铜的排放都通过金门。由于渣、铜的比重不同,铜液沉在炉缸下部,渣则浮在上部。排放时,只需在金门的上部或下部分别开口,即可将渣和铜排放炉外。实验表明,这种竖炉可以连续投料,连续排渣和连续放铜,不间断地进行冶炼。竖炉具有较高的功效,并易于检修。

古炉周围发现的炉渣,大多冷凝成薄片状,表面有水波纹样,说明古炉渣排放时的流动性很好。据分析,古炉渣的含铜量为0.7%,其他化学成分也相当稳定,酸度适宜,渣型合理,反映当时的冶铜技术已达到较高的水平。

铜绿山古铜矿的开采、冶炼与青铜器铸造业是分地进行的。矿山脚下多次采集到重约1.5公斤的圆饼形铜锭,可能就是古代外运时遗失所致。此外,采矿与冶炼业之间已经有所分工,甚至其内部还有更细致的分工。

2. 阳新港下矿冶遗址

位于湖北阳新富池镇鸡笼山之东,北距长江不足10公里。1985~1986年曾进行正式发掘。阳新港下遗址发现支护框架为"口"字形和"曰"字形的两种竖井和平巷。"曰"字形框架，有五根圆木构件。四根圆木较粗，直径约为 25 厘米，另一根圆木较细，直径约为 15 厘米。两根较长的圆木两端砍削成凹叉状，由里向外分别撑住两根较短的圆木，构成一组长方形框架，以支护竖井四壁。因两长边跨度较大，便在中间加一根横撑木。井框支架便成为"曰"字形。"曰"字形框架用于口部较大的竖井，对矿井上下提升的影响不大。此种形式的支护为铜绿山古矿井所不见。经碳十四测定，阳新港下古矿冶遗址的年代约当西周晚期至春秋早期。

3. 麻阳矿冶遗址

位于湖南湘西沅麻盆地的九曲湾，南依沅水支流辰水。麻阳铜矿是以自然铜为主的砂岩型富铜矿床。自然铜含量占铜矿物总量的 85％。1982 年发掘清理古矿井 14 处，其中露天采坑 1 处，出土许多木、铁制工具及陶器等。麻阳古铜矿的开采是发现矿脉露头后沿矿脉下掘进行的。"老隆"露采遗址保存部分迹象，其余古矿井仅可见井下采掘遗迹。依据古矿井内出土的大口粗颈绳纹圜底陶罐、圆柱形柄浅盘式陶鬲的形制特征以及碳十四测定的数据，推定麻阳古矿冶遗址的年代为战国时期。

4. 铜岭矿冶遗址

位于江西瑞昌市西北，与湖北大冶铜绿山古矿冶遗址相距仅约百余公里。铜岭古矿冶遗址不仅存留地下采矿系统，还保存着露天采矿遗迹。1988 年发掘所见的井、巷支护形式基本相同。竖井采用间隔框架支护，平巷采用间隔排架式支护。框架外侧与围岩间隙中衬以木板或木棍，以防止围岩脱落。发掘中出土许多生产工具和生活用具。铜器有斧、凿，木器有辘轳、锨、铲、盘、钩、水槽等，竹器有盘和筐。冶铜遗址在矿区附近，可见大量炼渣堆积和成片的红烧土层。炼渣多呈片状，色黑，表面有波纹，表明炉况正常，炉渣排放时有较好的流动性。根据出土的陶器以及碳十四测定的数据，推断铜岭古矿冶遗址年代的上限为商代二里岗期，下限为春秋时期。

5. 林西大井矿冶遗址

位于内蒙古大兴安岭南麓西拉木伦河上游[1]。1976 年于方圆 2.5 平方公里的范围内发现 40 余条古采坑，最长的达 500 米。采坑均准确地开凿在品位很高的矿脉上，以充填法开掘，即于采矿的同时，又把废石填在废弃的矿坑内。山坡上石制工具遍布，可见当时矿址规模之大。以石制工具露天开采，说明当时的生产尚处于较落后的状态。采石工具种类繁多，大小各异。大型的石锤重达 7.5 公斤，还有中小型石锤以及斧形、片状、凿形石钎等。铜凿仅发现 1 件。炼炉有马蹄形、多孔串炉等多种，炉门开在低洼的西北方向，还发现马首状鼓风管。炼炉旁堆放着均匀的碎矿石块。上述现象表明，当时的矿工已经掌握了一定的开采、选矿和冶炼技术。矿址内发现 7 块残陶范，外范 5 块，内范 2 块，皆泥质。其中 1 件呈半圆柱状，可能是鼎足的内范。1 件外范内壁残留铜渣。由此估计，矿址内也可能有铸铜作坊。第 5 号古矿坑上部有房址三座，所出陶鬲属夏家

---

［1］辽宁省博物馆文物工作队：《辽宁林西县大井古铜矿 1976 年试掘简报》，《文物资料丛刊》7，文物出版社，1983 年。

店上层文化，结合对炼炉旁采集木碳标本测定的碳十四数据，推定大井古铜矿的时代应当在西周中期至春秋早期。

二 铸铜遗址和铸造技术

铸铜遗址在山西侯马[1]，河南新郑[2]，河北易县[3]，山东临淄[4]、曲阜[5]，湖北江陵等地的东周城址及其附近均有发现。其中以侯马铸铜遗址的发掘规模最大，收获也最丰富。侯马铸铜遗址位于侯马市西北牛村古城南，面积 4.7 万多平方米。年代为春秋中期偏晚到战国早期。遗址内发现房址、水井、灰坑、窖穴、陶窑、烘范窑以及熔铜炉、鼓风管、坩埚、陶范、铜锭、铅锭等遗存。据此可以大体了解当时从选料、制范到合范、浇铸等铸造铜器各项工序的技艺水平。陶范的数量多达 5 万余块，其中完整或能配套的近千件。陶范铸件种类有礼器、乐器、兵器、工具、车马器、货币和生活用具等，可辨识的器形有鼎、鬲、壶、簋、豆、鉴、舟、匜、编钟、剑、戈、矛、镞、镬、铲、凿、车軎、当卢（图版 28－2）、空首布、带钩、镜等。陶范的纹饰繁复，包括人形（图版 28－1）、蟠螭、兽面、龙、凤、虎、牛、花朵、垂叶、绹索、云纹、三角菱形纹等 25 种。其中蟠螭纹最为常见。侯马铸铜遗址陶范花纹在传统纹饰的基础上，又有许多新的发展变化。繁缛华丽的浮雕怪异蟠螭动物形象；构图简洁，生动活泼的写实动物纹；以及各种几何纹纹样，皆具鲜明的时代特色和地域特色，也为其后的三晋青铜器所继承。

东周时期的青铜铸造仍以泥范法为主，传统的浑铸、分铸技术进一步提高，多种方法综合利用。失蜡法、叠铸法以及模印范铸法的出现是东周时期青铜铸造工艺的重大进步。

用复合范组型铸造复杂的器物是商代以来的传统方法。东周时期甬钟的制造使复合范组型铸造技术得到充分的发挥。为使甬钟音质纯正，和谐，钟体和枚不宜铸接或焊接，而需一次浑铸而成。以曾侯乙墓编钟中层第三组的甬钟为例（图 10－11），甬钟的铸型由甬部铸范、泥芯和钟体铸范、泥芯组成。为保证装配准确，钟体泥芯正中划有十字线，铸后在钟腔留有相应的铸痕。整个铸型分两段四个层次，使用范芯 136 块，一次浇铸成形[6]。制型过程中，需用模具 12 种。为使大量的泥范不干裂，焙烧不变形，陶范拼合严密，制作技艺之高，难度之大，可以想见。

东周时期的青铜器还广泛采用传统的分铸法，但在技术上有所进步。突出表现在先铸法的发展。先铸法在商代已经产生，即先铸附件再放入陶范和器体铸接的分铸方法。一般采用榫卯式的铸接，多用于斝、尊的柱帽与器体的连接。自春秋时期开始，鼎等大型器

---

[1] 山西省考古研究所：《侯马铸铜遗址》，文物出版社，1993 年。
[2] 河南省博物馆新郑工作站、新郑县文化馆：《河南新郑郑韩故城的钻探和试掘》，《文物资料丛刊》3，文物出版社，1980 年。
[3] 河北省文化局文物工作队：《河北易县燕下都故城勘探和试掘》，《考古学报》1965 年第 1 期。
[4] 群力：《临淄齐国故城勘探纪要》，《文物》1972 年第 5 期。
[5] 中国科学院考古研究所山东工作队、曲阜县文物管理委员会：《山东曲阜考古调查试掘简报》，《考古》1965 年第 12 期。
[6] 华觉明：《中国古代金属技术——铜和铁造就的文明》，大象出版社，1999 年。

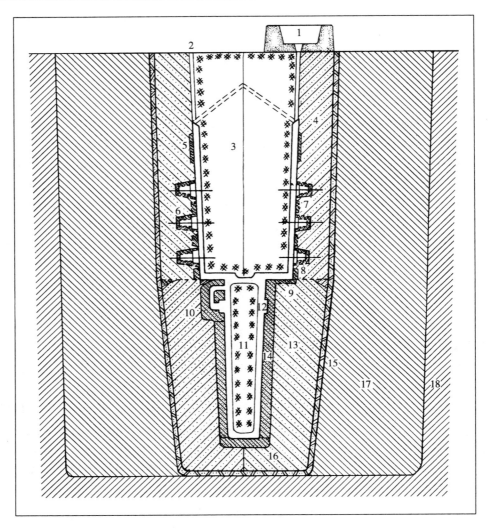

图 10-11 随县曾侯乙墓出土铜甬钟的铸造工艺示意图
1. 浇口范 2. 排气孔道 3. 钟体泥芯 4. 钟体铸范 5. 鼓部花纹范片 6. 枚分范 7. 篆带花纹范片 8. 钟缘花纹范片 9. 舞部范片 10. 幹范 11. 甬芯 12. 钟甬 13. 甬范 14. 甬部分范 15. 草拌泥层 16. 衡范 17. 填土 18. 夯土

物的铸造也采用先铸法[1]。鼎足先铸，将足的泥芯挖去一部分，在和鼎体铸接时形成机械连接。采取这种连接方式，由于鼎底壁薄而凸块较厚大，又被泥芯和鼎足紧固，断裂部位是在鼎足与鼎腹的结合部。这种连接相当牢固，因而被长期沿用。战国时期，耳、足先铸已成定式。寿县蔡侯鼎即以此法铸造。

东周时期的青铜器铸造不仅分铸鼎的耳、足等小附件，而且还分铸大件的器体。曾侯

---

[1] 华觉明：《中国古代金属技术——铜和铁造就的文明》，大象出版社，1999 年。

乙墓的两件大尊缶，从内外壁可以明显的看出是分两次铸成的。先铸器身的上半部，浇铸时，器的口部朝下，在器身上半部加下半身的范、芯，然后浇铸。从器的内壁可以清楚地看出浇铸下半部溢漫出来的铜液，包住上半身衔接的部位，故此有人称之为"包铸法"。为使铸接部位衔接牢固，器的内外壁在衔接处都明显加厚，器身外部表现为凸起一周很粗的凸弦纹。曾侯乙墓的两件联禁大壶则是分三节铸造的。

分铸焊接法和分铸销接法是东周出现的新技术。分铸焊接法有铜焊、铅锡合金焊接等多种，在曾侯乙墓铜器上皆有应用。铜焊是将熔融的铜合金浇铸于两个或多个部件的结合处，使被焊件局部加热，并与焊接合金连接起来，类似于后世所称的大焊。铜焊的熔点高，强度大。曾侯乙墓的铜焊技术已十分成熟，如联禁大壶的龙耳即以铜焊与主体相接。以铅锡合金焊接的曾侯乙墓铜尊圈足的焊料含铅41.4%，锡53.41%。铅锡合金熔点低，以其为焊料多用于受力较小，不需要很高联结强度的部位，操作亦较铜焊简便。分铸销接法见于湖北当阳赵家湖楚墓出土的铜簋（图10-12-5）。簋耳与簋体分别铸造，以销钉将二者连接固定为一体。

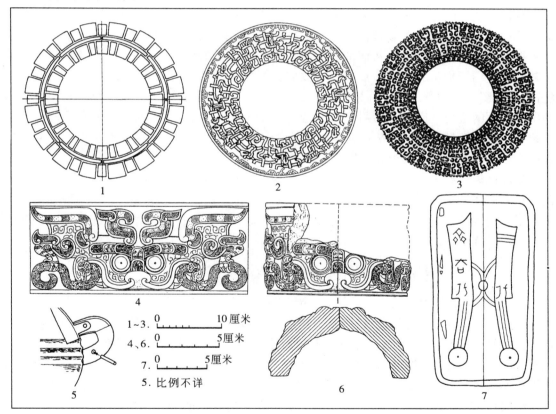

图 10-12　东周铜器铸造工艺和陶范

1. 铜尊（曾侯乙墓 C.38）颈部透空附饰花纹组成示意图　2. 铜尊（曾侯乙墓 C.38）颈部透空附饰联接示意图　3. 铜尊（曾侯乙墓 C.38）上视图　4. 兽面衔虺纹陶模（侯马铸铜遗址ⅡT86③:23）纹样展开　5. 铜簋（当阳赵家湖）耳、体分铸销接示意图　6. 兽面衔虺纹陶模（侯马铸铜遗址ⅡT86③:23）　7. 齐刀币陶范盒（临淄出土）

多种方法的综合利用，是东周青铜器铸造的特色。曾侯乙墓出土的建鼓底座，以翻转腾跃的群龙穿插攀附构成，巧妙地运用分铸、铜焊和铅锡焊，经修正加工而成，是综合利用多种技术铸造的典型器物。

失蜡法的出现，是铸造史的重大突破。失蜡法即熔模铸造法。失蜡法解决了铸造浮雕、镂孔等造型复杂器物的技术难题，铸件无范缝，纹饰清晰。关于我国失蜡法的起始年代，学术界尚无定论。湖北随县曾侯乙墓和河南淅川下寺楚墓发掘所获资料，使学术界对我国失蜡法的起始年代有了新的认识。曾侯乙墓的尊、盘（图版24-2）大多数部件都有用组合陶范的可能，唯独器颈透空附饰必须使用熔模[1]。在战国初期的技术条件下，模料当是用蜂蜡一类材料制成的。鉴于各花纹元件整齐划一，有可能用模具成批制作蜡质元件，在模具中按预定图案组合，然后逐层连接蜡梗和蜡条使其成整体结构。铸型经干燥、脱蜡、烘烤、浇铸、修正等工序，得到成品（图10-12-1~3）。淅川下寺M1所出铜盏的耳、足和盖钮，M2所出铜禁（图版22-2）的主体及兽形附饰也以失蜡法铸造。淅川下寺M1、M2的年代为春秋晚期。中国失蜡铸造法的起源，至迟当在春秋晚期以前。

叠铸工艺目前可上溯至春秋晚期。叠铸，即将许多相同的陶范叠合组装，用同一个浇铸系统进行浇铸。既节省金属和造型材料，又减少造型面积，从而提高生产效率。山西侯马铸铜遗址出土的叠铸范，两面都有型腔，属于较原始的卧式叠铸[2]。战国时期的叠铸工艺广为应用于货币的大量铸造。齐国故城临淄出土的两件齐刀币铜范盒[3]，与罗振玉《古器物范图录》中著录的一件相同（图10-12-7）。该范盒呈长方形，四面弧角，正面周围有较厚的边框，底部分列两枚齐法化模，两模一正一反，翻制的两片泥范恰好组成一副铸型，每副铸型有两个齐法化的型腔。范盒中心的圆柱形成叠铸范的直浇口，四旁的分叉则形成内浇道，两侧的榫卯用以定位。

模印范铸法始见于春秋。首先制出一个规格化的模具，然后翻印出许多同样花纹的范，拼合后浇铸成的器物表面即出现连续重复的纹样。模印范铸法减少了雕刻精细花纹的工作量，使生产效率大为提高，是制范工艺的重要改革。山西侯马铸铜遗址就出土许多图案繁复的纹样模（图10-12-4、6）。

三 铜器的装饰工艺

在东周时期，镶嵌、填漆、错红铜、错金银、包金、贴金、鎏金银等装饰工艺盛行。战国中晚期，又常将多种工艺集于一器，使青铜器缤彩纷呈。此外，刻纹也是东周时期出现的新工艺。殷商和西周镶嵌绿松石的青铜器主要是兵器和小型器物。春秋时期绿松石镶嵌的青铜器范围逐渐扩大。战国时期镶嵌工艺广泛应用于各种器物，镶嵌绿松石的大型青铜器多有所见。如河北平山中山王墓出土的牺尊，首、身由绿松石与银丝相配，构成绚丽的图案。此外，镶嵌物还有孔雀石、琉璃、玉、玛瑙等，皆在青铜器表面铸就的纹槽中嵌进。

---

[1] 华觉明：《中国古代金属技术——铜和铁造就的文明》，大象出版社，1999年。
[2] 华觉明：《中国古代的叠铸技术》，《中国冶铸史论集》，文物出版社，1986年。
[3] 王献唐：《齐国铸钱的三个阶段》，《考古》1963年第11期。

以漆填嵌于青铜器表面纹槽的装饰工艺始见于商代晚期。河南罗山蟒张商代墓出土铜鼎的云纹、夔纹、涡纹和蝉纹即以黑漆填嵌[1]。战国时期青铜器的填漆工艺更达到高超的水平。河北平山 M6 出土的银首人俑灯，俑身服饰为填黑漆和红漆的卷云纹[2]。湖北江陵望山 M2 出土的变形龙纹铜尊，腹部及盖面均有錾刻的变形龙纹，刻线内皆填黑漆，经过错磨，极似金银错[3]。同墓出土的铜缶腹部所饰圆涡纹，亦填漆而成。

金属错嵌工艺包括错铜、错金和错银。其工艺是将金、银、铜等不同金属细条或丝镶嵌于青铜器的纹槽中，捶打坚实后再加磨错。

错红铜工艺在春秋晚期和战国早期已臻成熟。山西浑源李峪村出土的春秋时期青铜豆[4]，器表以红铜嵌错两组狩猎纹。河南汲县山彪镇战国墓出土的错红铜水陆攻战纹铜鉴（图 10-13-1），图案内容丰富，分上、中、下三层[5]。陕西凤翔高王寺窖藏出土的战国时期青铜壶，以红铜嵌错出射猎、宴饮和歌舞的动人场景[6]。

错金工艺出现的时间约为春秋晚期，或稍早，用于错嵌铭文，如江陵马山 M5 出土的吴王夫差矛（图版 27-2）。战国时期错金工艺水平进一步提高，错嵌的花纹和文字更为繁复精致。长治分水岭 M126 出土的舟（图 10-13-2），饰错金蟠螭纹、斜角云纹、垂叶纹，是错金铜器的上佳之作。随县曾侯乙墓出土编钟、兵器上的铭文和花纹，磬架、车器、鹿角、立鹤上的花纹等皆错金而成。安徽寿县出土的鄂君启节是楚怀王六年（公元前 323 年）发给鄂君启的符节[7]，以错金篆铭。其中舟节一枚达 165 字，车节一枚 150 字，是目前发现错金铭文最多的器物。

错银工艺的出现较晚，洛阳中州路车马坑中出土的错银铜器[8]已属战国早期。辉县固围村战国墓出土的错银器物，多为车马器和各种饰物。河北平山中山王墓出土的一对双翼神兽（图 10-13-4），周身纹饰以错银的漫卷云纹为主，气韵生动，栩栩如生。

战国中期以后，错金、错银工艺多同时使用。平山中山王墓出土的错金银器数量众多。虎噬鹿器座上（图 10-13-5），周身错金银的猛虎叼咬一只呈拼命挣扎状的错金银幼鹿。此外还有错金银神兽、牛屏风插座、犀屏风插座和龙凤方案等。

黄金具有良好的延展性，不易氧化，色泽鲜明，可制成金箔和金丝，用以装饰器物。包金工艺至春秋晚期、战国早期趋于兴盛。如安徽寿县蔡侯墓包金辔饰、山东临淄郎家庄 M1 包金铜贝[9]、河南陕县后川 M2040 包金铜管络饰泡等。此时又出现贴金技术。辉县琉

---

[1] 信阳地区文管会、罗山县文化馆：《河南罗山县蟒张商代墓地第一次发掘简报》，《考古》1981 年第 2 期。
[2] 巫鸿：《谈几件中山国器物的造型与装饰》，《文物》1979 年第 5 期。
[3] 史树青：《我国古代的金错工艺》，《文物》1979 年第 5 期。
[4] 容庚、张维持：《殷周青铜器通论》，科学出版社，1958 年。
[5] 郭宝钧：《山彪镇与琉璃阁》，科学出版社，1959 年。
[6] 韩伟、曹明檀：《陕西凤翔高王寺战国窖藏》，《文物》1981 年第 1 期。
[7] 殷涤非、罗长铭：《寿县出土的鄂君启金节》，《文物参考资料》1958 年第 4 期。
[8] 洛阳市博物馆：《洛阳中州路战国车马坑》，《考古》1974 年第 3 期。
[9] 山东省博物馆：《临淄郎家庄一号东周殉人墓》，《考古学报》1977 年第 1 期。

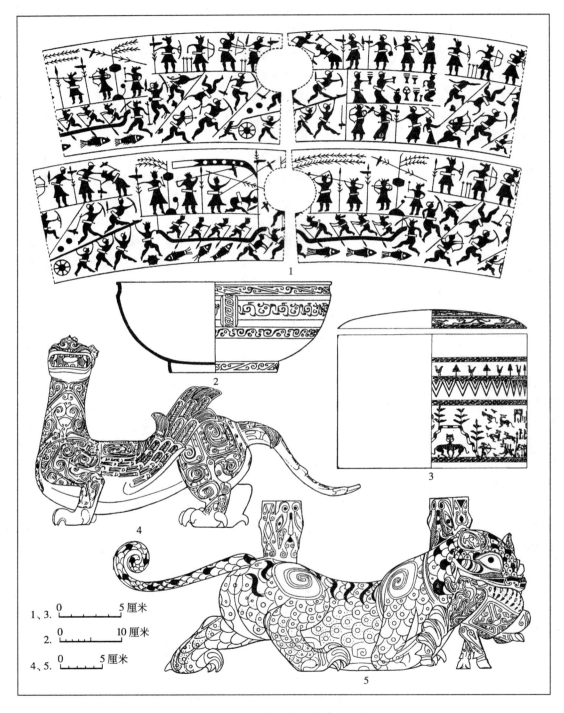

图 10-13 东周铜器的装饰工艺
1. 铜鉴（山彪镇 M1:56）上的错红铜水陆攻战纹 2. 铜舟（分水岭 M126）上的错金蟠螭纹 3. 铜奁（琉璃阁 M1:51）上的刻纹 4. 错银双翼铜神兽（中山王墓 XK:58） 5. 错金银虎噬鹿铜器座（中山王墓 DK:23）

璃阁 M60 出土的青铜剑剑首、茎以及格上皆贴有一层厚约 0.2 毫米的金箔。从剑格与剑首正面已剥落的金箔可以看出，薄金叶是从整张金箔中按所要张贴的剑体部位形状剪下，然后贴至剑上的，而后用槌仔细敲打，与剑紧贴。贴金纹饰上又镶嵌绿松石作为兽眼或虫眼，色彩鲜艳，光泽可鉴。湖北随县曾侯乙墓的马饰、山西长治分水岭 M12 的铜泡和车軎等亦皆施贴金工艺。包银器物甚为少见，所知者如辉县固围村 M3 的包银铜泡。

鎏金工艺出现于春秋、战国之际。其加工方法是把黄金碎片在坩埚中加热至 400℃ 左右，然后熔于汞中（金、汞比例约为 3:7 或 2:8），将制成的金汞合剂涂抹在铜器表面，经火烤使汞蒸发，金便牢固地附于铜器表面。山东曲阜春秋、战国之际的 M3 出土的鎏金长臂猿是目前所知最早的鎏金铜器[1]。战国中晚期，鎏金器逐渐多见。河南信阳长台关楚墓以及洛阳烧沟附近的战国墓中，都曾出土鎏金铜带钩[2]。

刻纹工艺出现于春秋早期，以战国时期为多见。以写实内容为图案的刻纹铜器数量最多。江苏镇江王家山春秋晚期墓出土的铜鉴[3]，六合和仁战国早期墓出土的铜匜[4]，河南辉县赵固战国中期墓出土的铜奁[5]等，其刻纹图案，有人物、鸟兽、台榭楼阁、车马，以及宴乐、歌舞与战斗等场景。辉县琉璃阁战国中期墓出土的铜奁，即以刚劲的线条，刻划出宴乐射猎的景象（图 10-13-3），内容充实，风格明快。

第三节　东周时期的制玉工艺

玉器雕琢是东周时期重要的手工行业。东周玉器承袭商殷、西周的传统，制玉技术向精巧、华丽的新工艺方向发展。经历春秋早、中期的过渡，至春秋、战国之际，制玉技术有长足的进步。战国时期玉器种类丰富多样，造型优美，纹饰绚丽繁缛，不仅镂雕及连锁技术精湛，而且制玉与金银细工结合，创造出许多精美的上乘佳作。

东周玉器见于报道的出土地点已逾百处，大体在中原地区的周、虢、三晋、齐、鲁、燕诸国；关中地区的秦国；江汉地区的楚国及邻近诸侯国三个区域。东周玉器作坊遗址已发现多处，一般在列国的都城附近。由于铁制工具的广泛使用，推动了制玉工具，尤其是砣具的改进，加之开始采用硬度大的金刚砂粉作为磨料，使东周的制玉技术进一步提高。

一　春秋时期的玉器

春秋列国的玉器既有共同的时代风格，又有日渐浓厚的地方色彩。河南洛阳中州路西工

---

[1] 山东省文物考古研究所、山东省博物馆、济宁地区文物组、曲阜县文管会：《曲阜鲁国故城》，齐鲁书社，1982年。
[2] 王仲殊：《洛阳烧沟附近的战国墓葬》，《考古学报》1954年第8期。
[3] 镇江博物馆：《江苏镇江谏壁王家山东周墓》，《文物》1987年第12期。
[4] 吴山菁：《江苏六合县和仁东周墓》，《考古》1977年第5期。
[5] 郭宝钧：《山彪镇与琉璃阁》，科学出版社，1959年。

段东周墓[1]，陕县上村岭虢国墓[2]；山西侯马秦村盟誓遗址[3]，太原金胜村赵卿墓[4]；陕西凤翔秦公墓地[5]，河南淅川下寺楚墓[6]，光山宝相寺黄君孟夫妇墓[7]；江苏吴县严山吴国窖藏[8]等处出土的玉器，可大致代表春秋制玉工艺的时代风格和地区特色。

　　河南洛阳是周平王东迁后的王都，附近分布很多的东周墓葬群。1954年，在洛阳中州路西工段，共发掘春秋墓73座，包括春秋早期墓6座、中期墓30座、晚期墓37座。其中47座墓随葬玉石器，质料有玉、玉髓、玛瑙、绿松石和大理石等多种。这些玉石器以片状者居多，立体的很少。成组的玉石器，在数量上由少渐多，形制亦由简单趋于复杂。春秋早期的M2415出土的玉兽面，体扁平，上宽下窄，下部雕琢阴线纹的眉、目、口、鼻、须和向左右伸张的角，上端琢阴线双勾云纹。春秋晚期的M2729，墓主人两耳各附片状石玦和水晶，绿松石珠，面部覆盖长方形石片，颈饰为水晶和绿松石串珠，腹部佩玉为齿边玉璜。上述墓葬虽然等级不高，但或多或少地用玉石器随葬，足以说明玉作业的普及。即使在平民的生活中玉器也占有相当重要的地位。洛阳中州路春秋墓玉石器的特点是，随葬的饰物多以石代玉，墓主人生前佩戴的装饰品虽以玉制作，但纹饰较为简单。

　　1956年冬至1957年，在河南陕县上村岭虢国墓地发掘的西周晚期至春秋早期的234座墓葬中，出土玉、鸡血石等装饰品近2000件，器形有璧、璜、玦、环、簪、带饰、串饰等，其中鱼形、龙形、两头兽形、马蹄形、蚕形、卵形和牙形等串饰数量甚多，可视为虢国玉器的代表性品类。虢国玉器少见立体圆雕，多呈片状，纹饰也比较简单，与洛阳中州路春秋墓葬出土的玉石器相近。M1820是一座随葬装饰品非常丰富的墓葬，椁盖放有石戈、石璧，棺椁间放一组青铜器和一组串饰。墓主人耳部有玉玦，口中放着5件碎石片和2件石贝，颈部挂串饰。颈饰由101枚鸡血色石珠、10枚马蹄形石片、1枚椭圆形玉片和2枚小石饰组成。鸡血色石珠用双线串成两行，每隔若干珠子，以双线并穿入1枚马蹄形玉片。马蹄形玉片正面刻双阴线和勾连纹。椭圆形玉片垂于整组项饰的下方，正面刻双附线和勾连纹。颈饰红白相间，色彩绚丽，是虢国墓地出土玉器中最为精致的串饰，具有珍贵的艺术价值。

　　1965年，在山西侯马秦村发现晋国盟誓遗址，其年代属春秋晚期。出土的5000余件盟书中，三分之一为玉石质料，有圭、璜形及不规则形。在存放盟书的竖坎壁龛里，还放置祭玉，有璧、圭、璋、环、璜、珑、珮、玦、刀、戈、珥、笏等。多以青玉、白玉等琢磨而成。璧、圭较常见的片状者更薄，璜的边缘加宽，呈扇面状扩大，显示出晋国玉工切

---

[1] 中国科学院考古研究所：《洛阳中州路（西工段）》，科学出版社，1959年。
[2] 中国科学院考古研究所：《上村岭虢国墓地》，科学出版社，1959年。
[3] 山西省文物工作委员会：《侯马盟书》，科学出版社，1976年。
[4] 山西省考古研究所、太原市文物管理委员会：《太原晋国赵卿墓》，文物出版社，1996年。
[5] 赵丛苍：《记凤翔出土的春秋秦国玉器》，《文物》1986年第9期。
[6] 河南省文物研究所、河南省丹江库区考古发掘队、淅川县博物馆：《淅川下寺春秋楚墓》，文物出版社，1991年。
[7] 河南信阳地区文管会、光山县文管会：《春秋早期黄君孟夫妇墓发掘报告》，《考古》1984年第4期。
[8] 吴县文物管理委员会：《江苏吴县春秋吴国玉器窖藏》，《文物》1988年第11期。

割和琢磨技术的高超水平。太原金胜村春秋晚期赵卿墓出土玉石器545件，器形有璧、环、圭、璋、瑗、玦、珮（图10-14-11、12）、剑珌、玛瑙杯、水晶珠串饰等。青褐色的玉剑珌器表雕琢蟠螭纹、龙首、鹅身、鱼尾等多种动物形象，并施以镂空工艺。青白色的玉盾形饰（图10-14-17），正中起十字脊，将器表分成四区，满布卧蚕纹，两侧边透雕出长方形穿孔。赵卿墓还出土一件未完成最后工序的半成品玉环，玉的侧缘尚存切割时遗留的毛茬，表面可见雕琢前描画的部分勾云纹底稿。此环的加工痕迹，可提供晋国玉工制作璧、环类玉器的工艺流程大体是：选料，切片，成型，钻孔，器表磨碾光滑，在玉表面起纹样底稿，琢磨内外边缘轮廓线和纹样。

1978年发掘的河南淅川下寺楚国贵族墓中出土百余件玉器，时代多属春秋晚期。玉器的种类有璧、璜、玦、簪、牌（图10-14-15）、角形饰和虎、兔等动物形玉饰。这批玉器在楚国玉器中是迄今所知年代较早的，工艺精致，不乏珍品。春秋晚期M1出土的一对虎形璜（图10-14-8），其工艺最具特色。玉料黄色，虎呈卧姿，身体蜷曲。玉工以剔地的技法雕琢出虎身躯上的纹饰，又以粗细不同的阴线纹装饰虎的头尾和耳目。二虎颜色、形体完全相同。虎身上仍留有切割的痕迹，很可能用同一件玉料从中平剖而成。春秋晚期M10出土的一件铁匕首上接有一个玉柄，以汉白玉雕成，表面饰卷曲纹和卷云纹，皆阴刻于器表。顶端钻銎，以纳匕首。属于春秋早、中期的楚国墓葬目前发现尚少，出土玉器的工艺水平也不高。但是春秋晚期楚国的琢玉技术却有明显进步，数量也骤然增多。究其原因，当是楚国以强大武力，兼并邻国，进而充分吸收先进文化所致。例如黄国的玉作工艺十分发达，但国小势微，春秋中期被楚成王所灭，其先进的玉作工艺自然流入楚国。

1983年发掘的河南光山宝相寺春秋早期黄君孟夫妇墓出土玉器185件。品种有璧、环、璜、玦、虎鸟珮、蚕蛾饰、人头雕饰等（图10-14-1～3、5、7、9、10、14、19、20）。黄氏墓玉器多为薄片状，刻划线条以双勾阴线为主，保留了西周玉器流行的云纹、涡纹、卷曲纹、蝉纹、虎纹、鸟纹等纹样，又出现春秋早期以后至战国流行的繁缛的蟠螭纹。束绢纹，形似一束缚扎的绫罗，仅见于黄氏墓出土的牌形玉饰上，因而独具特色。玉器中立体圆雕虽少，但玉雕人头、兽头和鸳鸯都是难得的艺术珍品。尤其是玉雕人头，以黄褐色玉料制成，高3.8厘米，宽2.5厘米，厚1.8厘米。头戴冠，眼圆睁，蒜头鼻，口微张（图10-14-19），形象生动逼真，已脱离殷代立体玉人象征性的图案化的作风。殷代和西周玉璧一般纹饰较为简单。黄氏墓出土的玉璧一面光素，一面饰细密的蟠螭纹，开创一代新风。黄国玉器以小巧精致著称，这与其国力单弱，又缺乏玉料资源有关，但玉工技艺却十分高超。

1986年，江苏吴县严山东麓出土一批春秋晚期吴国宫廷的玉器窖藏，出土玉器402件。种类有璧、环、璜、琮、镯、珌、珑、玦、管、珠及各类玉佩饰（图10-14-4、6、13、16、18）等。纹饰有卷云纹、绚纹、弦纹、鳞纹、羽状纹、几何纹以及形态不同的蟠螭纹、蟠螭纹、兽面纹、夔纹、鸟纹等。纹饰的雕琢多采用减地浅浮雕，西周流行阴刻一面坡线的手法已很少见到。由于玉料来之不易，吴国玉工常以前世玉器改制其他作品。吴国窖藏中出土多件良渚文化的璧和琮。其中一件琮作为玉料经切割仅余半爿，另一半已改制成别的器物。由此亦可见璧、琮在春秋已逐渐失去礼天祭地的作用。改制前代玉器的现

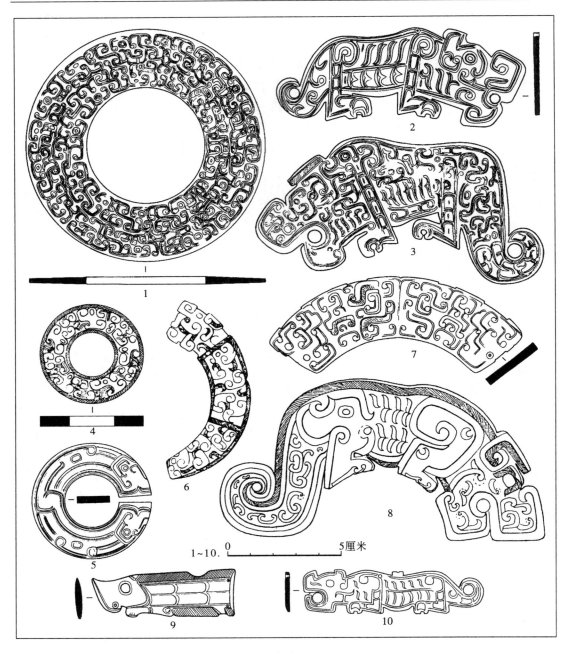

图 10-14 春秋玉器（之一）
1. 璧（光山 G1:B1） 2. 虎（光山 G2:27B105、106） 3. 虎（光山 G1:B13） 4. 璧（吴县 J2:12）
5. 玦（光山 G2:25B24、25） 6. 珑（吴县 J2:61:1） 7. 璜（光山 G2:25B2） 8. 虎（淅川 M1:3）
9. 鱼（光山 G2:25B23） 10. 虎（光山 G2:25B10）

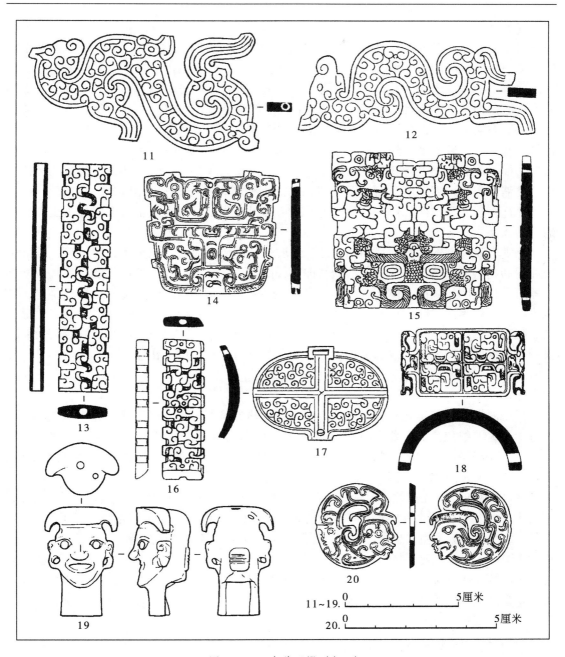

图 10-14 春秋玉器（之二）
11. 珮（太原 M251:453） 12. 珮（太原 M251:445） 13. 珮（吴县 J2:71） 14. 兽面（光山 G1:B5）
15. 牌（淅川 M1:12） 16. 珮（吴县 J2:80） 17. 珮（太原 M251:357） 18. 饰件（吴县 J2:93）
19. 人头（光山 G2:27B107） 20. 人头饰（光山 G1:B8-9）

象在列国屡有发现，如大器改成小器，或璧改环，环改璜等。器物形状虽然变动但大多仍残留原器的纹饰。因纹饰的轮廓走向难免与改制成的新器物的造型有所抵牾，故易于辨识。吴国玉器中的创新作品以两件拱形器最具特色。一件双系拱形脊饰，其整体造型突破了固定单一的传统形式。在瓦状形器身上下两端，分别琢成兽头系与连接活动环。兽面形象作省略处理，突出圆目与宽嘴。下端系、环之间活榫相连。器身中脊凸起，四角作圆弧处理。形态简洁生动，衔接巧妙自然。这种在器物上配以双系活环，形成既独立又连为一体的造型开创了后世多节玉作的先河。另一件鹦鹉首拱形饰（图 10-14-18），用筒瓦形玉坯料加工而成。玉工将其两端琢成互相对称的侧面鹦鹉头像，身躯部分为适应玉坯弧度作了压缩和省略，表现出强烈的图案意识。两端鹦鹉首的形象则突出勾喙、肉冠及眼部，其尺寸远大于实际比例。作品在写实的基础上加以夸张处理的表现手法形成吴国玉器独特的造型风格。

综观春秋时期的玉器，早中期玉器延续殷代和西周遗风，玉器种类以璧、环、璜等传统礼器和动物形佩饰为常见；玉器的纹饰比较简单，多采用阴线一面坡的雕刻手法。晚期礼器所占比例明显减少，佩饰激增，并出现玉剑珌、玛瑙杯等新的种类；玉器纹饰趋于繁缛华丽，刻划手法向减地浅浮雕的方向发展。列国玉器的琢制工艺较西周时期有明显提高，就出土资料而言，尤以中原的晋国，关中的秦国和江汉地区的黄国、吴国最为突出。吴国宫廷玉器窖藏出土的双系活环拱形脊饰是具划时代意义的玉作佳品。

二 战国时期的玉器

战国时期是制玉工艺高度发展的辉煌时期，达到殷周以来新的高峰，在中国玉器史上占有十分重要的位置。河北平山中山王墓[1]；山东曲阜鲁国故城[2]；河南辉县固围村魏墓[3]，信阳楚墓[4]，叶县楚墓[5]；湖北随县曾侯乙墓[6]等处出土的玉器最具代表性，它们从不同侧面反映出战国制玉工艺的高超水平。

1974～1978 年，在河北平山三汲发掘的 30 座墓葬中，中山王室墓虽经早年盗掘和焚烧，仍出土 3000 余件玉器，其质料有各种颜色的玉、水晶、玛瑙和彩石。以浮雕作品居多，圆雕少见。纹饰以阴刻为主，也采用阴起、凸凹透雕等工艺。玉器的种类有珮、环、璜、玦、饰版、串饰、玉人、剑珌、带钩、梳、鼻塞等（图 10-15-2～7）。各种纹饰的玉版最富特色，皆以隐起的雕琢技法，使龙、凤等动物图案呈半浮雕状态现于版面之上，给人以既神秘又自然的感觉。M6 出土的战国晚期玉龙纹版，墨玉，长方形，扁平体。图案为隐起雕琢的四龙

---

[1] 河北省文物研究所：《䜣墓——战国中山国国王之墓》，文物出版社，1995 年。
[2] 山东省文物考古研究所、山东省博物馆、济宁地区文物组、曲阜县文管会：《曲阜鲁国故城》，齐鲁书社，1982 年。
[3] 中国科学院考古研究所：《辉县发掘报告》，科学出版社，1956 年。
[4] 河南省文物研究所：《信阳楚墓》，文物出版社，1986 年。
[5] 河南省文物研究所、平顶山市文物管理委员会、叶县文化馆：《河南省叶县旧县一号墓的清理》，《华夏考古》1988 年第 3 期。
[6] 湖北省博物馆：《曾侯乙墓》，文物出版社，1980 年。

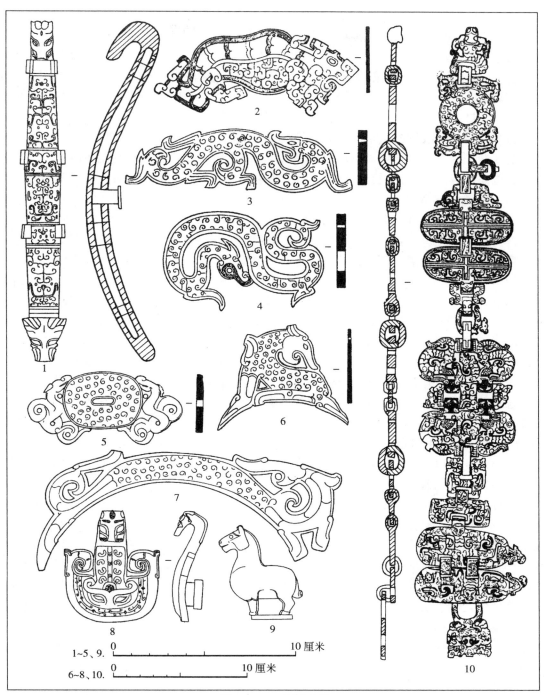

图 10-15 战国玉器

1. 带钩（曲阜 M3:9） 2. 虎形珮（平山䰸墓 XK:333） 3. 龙形珮（平山䰸墓 XK:324） 4. 龙形珮（平山䰸墓 XK:326） 5. 虎耳谷纹璧（平山䰸墓 XK:361） 6. 虎形珮（平山䰸墓 XK:490） 7. 龙形珮（平山䰸墓 XK:504） 8. 带钩（曲阜 M58:31） 9. 马（曲阜 M3:8） 10. 龙凤珮饰（随县曾侯乙墓 EC11:65）

纹对称蟠绕形象。图案充分利用有限的版面，设计别具匠心。雕琢玉版饰为中山国所独创，尚未见于其他诸侯国的玉制品。M1 出土数十件有墨书文字的玉器。书写玉器的名称、某人姓名或纪事。例如"它玉珩"、"它玉环"、"它玉琥"、"桓子"、"集子"等，为研究战国玉器的用途、定名提供了难得的实物资料。M1 出土的墨玉带钩，通体青色间墨点。首尾俱琢隐起兽头，身呈弓形，表面琢变形夔纹和斜格纹，并饰以细如发毫的阴线勾勒的各种几何纹饰。这种隐起主纹，配以发丝刻划的技法，是中山国玉器的典型作风。

山东曲阜鲁国故城乙组东周墓葬，已发掘 16 座。其中战国早、中期的 M3、M52、M58 出土的玉器最为丰富，有璧、环、璜、玦、组玉珮、镶嵌绿松石带钩（图 10 - 15 - 1、8）、玉马、玉博具等。M3 出土的玉马（图 10 - 15 - 9），呈青色，杂棕色斑纹。马为立姿，昂首竖耳，口微张，举目前视，马尾挽髻，四肢略短，前腿直立，后腿微曲，立于方座之上。玉马造型生动逼真，雕琢精细，艺术手法简洁，是鲁国玉器的代表作。M52 出土的一组玉博具，呈青棕色，共 6 枚，均为立体正方形，皆磨去棱角，器表光素无纹。同墓还出土象牙博具、筷形牙筹、筷形银筹等，是研究鲁国上层贵族娱乐生活的重要实物资料。

1950 年末至 1951 年初发掘的河南辉县固围村战国中期魏王室墓和祭祀坑内出土许多玉器，有环、璜、珮饰、玉鸟、圭、简册，以及金嵌玉琉璃珠、银带钩等。M1 的两个祭祀坑皆以朱色绢铺垫坑底。1 号坑东侧放置玉环、蓝白色料珠和玉柄饰 2 件。2 号坑北侧壁龛内藏玉器、料珠等 105 件。其中玉册以青玉白斑半透明的简片编成，片长约 22.5 厘米，宽 1.2 厘米，厚 0.11 厘米，50 片编为一册。这种完整的战国玉册尚属首次发现。龙形大玉璜呈弧形，外距全长 20.2 厘米，由 7 块玉和 2 个鎏金兽头组成。龙身皆饰勾连纹，两端各雕龙头，昂首前视。龙形璜以铜条贯穿其中，连为一体。铜件露出龙口的部分，又制成鎏金小兽头，口衔椭圆形透雕勾连纹玉片。龙形大玉璜构思奇巧，雕琢细腻，堪称"玉器冠冕"，是战国玉器中的精品。M5 出土的包金镶玉琉璃珠银带钩，长 18.4 厘米，表面为包金蟠龙嵌以白玉玦和料珠，银托底，钩部用白玉雕琢成回首鸭头状。此器可视为魏国玉器中复合工艺制作的代表性物件。

1957 年发掘的河南信阳 M1，时代属于战国中期。出土玉器有璧、璜、双夔龙纹珮、错金嵌玉铁带钩、错金带钩等 40 件。玉双夔龙纹珮，呈白色泛黄，体扁平，扇面形。主纹由连体的双夔龙和牛首纹组成。双夔龙相背连尾，躯体蜷曲。牛首位于夔龙下方以口衔龙身。夔龙爪、牛首双目皆镂空，可供穿系。玉工以隐起的技法使珮饰表面呈浅浮雕状，并以阴线雕曲线纹、勾云纹和小方格纹，装饰夔龙的颈侧和牛首的面部，使珮饰分外华丽。这件夔龙珮饰反映出楚国工匠掌握了娴熟的玉雕琢工艺。错金嵌玉铁带钩，呈扁条形，钩端为错金鸟兽，器身镶嵌蟠螭纹金质浮雕四块，其中一块作三角形，表面铸两螭一首浮雕，另有三块作方形，表面铸蟠螭盘绕，旁立一兽。另有三块青色卧蚕纹方玉，分别镶嵌在金雕饰之间，带钩的周边饰以金银错细线、菱形、三角勾云纹等装饰。带钩的主体材料虽系铁质，但加之金、玉等不同材料，以错金、镶嵌、雕琢、铸造等极其复杂的工艺流程，创造出精美的艺术杰作。

河南叶县 M1 出土玉器 14 件，有璧、璜、玉条形饰、龙形璜等。其中以玉龙形璜工艺最为卓绝。璜呈碧绿色，镂空透雕蟠绕的四龙、四凤、二蛇，表面阴刻极细的网纹、线纹和卷云纹。这件玲珑剔透的佩饰，润泽晶莹，造型优美，是一件难得的艺术珍品。

1978年湖北随县擂鼓墩战国早期曾侯乙墓的发掘，是战国考古的重大发现。墓中出土的玉、石器共528件。器类繁多，有璧、玦、环、璜、琮、镯、带钩、珮、挂饰、剑、管、玉人，葬玉中的琀包括牛、羊、狗、鸡、鱼、口塞、握等。其中以四节龙凤玉珮和十六节龙凤玉珮造型最为精致。四节玉佩呈青白色，体扁平，以一块玉料透雕出三环四节而成，中间为活环，三环首尾相接，组成龙纹。各节雕镂龙凤布列左右。珮上端中部钻一小孔，可以穿绶系珮。两面均以细线刻划出龙凤眼、角、冠、嘴、爪、鳞甲和羽毛。第二节上刻四条龙纹。十六节珮（图10-15-10），亦呈青白色。全器为长带形，分五组主体构件，套扣成似龙状的整体。其中有四个活环，以金属榫插接。另八个活环取镂空技法制作，不可拆卸。各节构件的主纹为龙、凤和兽面，兼备正侧面的形象。主纹表面再饰蚕纹，杂以弦纹、绚索纹，繁缛华丽。此器集切割、平雕、分雕、阴刻、剔地、透镂、接榫、碾磨等多种工艺于一体，难度超绝。玉琀共21件，器小如豆，皆仿生圆雕，其中12件工艺最精，且形象逼真。玉牛翘首，弯角张口，挺胸收腹，腰脊微凸，四足分立。玉羊昂首竖角，臀部略高，四足直立。玉猪昂首噘嘴，躯体窄长，颈部阴刻鬃毛，腹部下垂。玉犬昂首张口，竖耳挺胸，作吠叫状。玉鸭扁嘴微张，翅尾雕阴线翎毛，双足分立。诸器形体颇小，玉工琢制难以控制，但独具匠心，仍然达到栩栩如生的艺术效果。

战国时期玉器的应用范围较春秋时期更为扩大。除传统礼器和珮饰外，生活器皿明显增加。纹饰繁缛而又富于变化，是战国玉器的突出特征。春秋以前的素璧，战国时已极少见，取而代之的是各种饰纹璧。既有单一的谷纹、乳丁纹、蒲纹璧，也有变化多端的龙纹、鸟纹、谷纹等混合纹璧。中山国王室墓的墨玉带钩，表面饰隐起夔纹和斜格纹为主纹，加饰以发丝刻划的几何纹，其繁复华丽的程度，令人惊叹。战国玉器已逐渐摆脱商代和西周玉器的图案艺术风格向写实方向发展。由于琢玉技术和工具的进步，战国玉器的镂空和连锁工艺流行，玉器雕琢与金银错、鎏金等细工巧妙结合，并广泛应用。战国时期各地玉器中的精绝之品甚多，其中以曾侯乙墓出土的四节和十六节龙凤玉佩饰最为杰出，是战国玉器划时代意义的代表作。

第四节 东周时期的丝绸织物

东周时期，各诸侯国鼓励发展蚕桑和丝绸的生产，加之铁器的推广使用，促进手工机具的不断革新，丝织技术迅速提高，丝织物的品种也更加丰富多样，成为中国丝绸史上的重要发展时期。

古代总称丝绸为帛或缯。考古发掘所见东周时期的丝绸大致有绢、纱、绨、缣、绉、罗、组、绦、绮、锦、绣等品种[1]。

绢是平纹组织、经纬线细密的丝织品。织物表面均匀平整，质地轻薄，织造工艺比较

---

[1] 朱新予：《中国丝绸史·通论》，纺织出版社，1992年。

简单,是东周丝绸中最常见的品种。绢的称谓很多,素、纨、缟等指的是绢中的精品。

纱的结构稀疏,丝线纤细,是轻薄方孔的平纹丝织物。

绨为厚实、缜密而有光泽的平纹丝织物,多染成各种颜色,经纬线较粗。

缣的经丝或纬丝是双根的细线,为重平组织的并丝织品,因而结构较绢致密。

绉这种平纹素织物的特征是不仅有纱一样的方孔,而且表面起细致、均匀呈粟形细小颗粒状的皱纹,故又称縠。

罗是纬丝相互平行排列,而经丝分为绞经和地经两组,相互扭绞,与纬丝交织而成的极为轻薄的丝织品,表面呈均匀的椒孔状。

组无纬线,只用丝质经线斜向交叉纺织而成。

绦是一种丝织窄带,按组织结构可分为纬线起花绦和针织绦两类。纬线起花绦有两色或更多色的纬线,其中一种为地纬,其他为花纬。针织绦,是把丝线弯曲成线圈,并串连起来而成的绦带。古籍中又称之为扁绪或紃。

绮类是提花丝织物,以织纹在平纹地上起斜纹花。花纹结构因不顺经纬方向而倾斜。在织物外观上具有一定的小花纹效果。这种丝织物在织造时一般是素白的,织成后再染色。绮的组织比平纹复杂,属较为贵重的丝织品。

锦类是一种绚丽多彩的提花织物。以彩色丝线或彩色丝线加织纹来显示花纹和图案,其色彩大都在两种以上,少数也有单色的。锦的花纹表现力强,织纹复杂,图案精美,上述特点使之兼具实用和观赏的性能,因而显得十分珍贵。

刺绣是在丝织物上以绣花针添附各色丝线,绣出繁复华美的彩色花纹或图案。刺绣是以针代笔的绘画艺术品,故其观赏性也更高于锦。

一 春秋时期的丝绸

春秋时期丝绸迄今见于报道的考古发现不多,主要出土地点有河南光山宝相寺[1]、安徽舒城凤凰嘴[2]、山东临淄郎家庄[3]。

1983年发掘的河南光山宝相寺春秋早期黄君孟夫妇墓中发现6件丝织品残片。其中紫色绣绢2件,一件残存长21厘米,宽17厘米(图10-16-4),另一件残长22厘米,宽16厘米。绢的质地比较均匀,以锁绣针法绣窃曲纹,纹饰互不雷同,未见稿线,可能是绣工信手而作。绣线三色或四色。绣纹颜色上下行交替,有的绣纹呈斜向排列。绢一件,经纬线密度为每平方厘米82.5根和43根。另三件为缣织物,经线双根,偶见3根,经纬线均加捻。

1971~1972年发掘的山东临淄郎家庄M1春秋晚期墓出土绢、锦、刺绣等丝织品。绢为平纹组织,每平方厘米经线76根,纬线36根。锦为经二重组织,每平方厘米约经线56×2根,纬线32根。不同颜色的两组经丝互换位置起花,是典型的两色织锦。刺绣为绢地,经纬线密度每平方厘米48根和43根。经碾砑加工,织物不仅表面平滑,而且看不出

---

[1] 河南信阳地区文管会、光山县文管会:《春秋早期黄君孟夫妇墓发掘报告》,《考古》1984年第4期。
[2] 安徽省文化局文物工作队:《安徽舒城出土的铜器》,《考古》1964年第10期。
[3] 山东省博物馆:《临淄郎家庄一号东周殉人墓》,《考古学报》1977年第1期。

图 10-16　东周丝绸织物的图案
1. 动物花卉纹绣绢（望山 M2）　2. 凤鸟纹刺绣（包山 M2）　3. 二色大菱形纹锦（包山 M2）
4. 紫色绣绢（光山黄君孟墓）　5. 蟠龙飞凤纹绣（马山 M1）

明显的孔隙。锁绣法，以二道至三道并成块面花纹。绣工风格粗放疏朗，针脚长短不甚整齐。用丝也略分粗细，目的在于增强纹饰的表现力。

二　战国时期的丝绸

有关战国时期丝绸的考古资料比较丰富，见于报道的出土地点主要在湖南和湖北，尤以长沙附近最为集中，有五里牌[1]、左家公山[2]、杨家湾[3]、左家塘[4]、广济桥[5]、

---

[1]　中国科学院考古研究所：《长沙发掘报告》，科学出版社，1975 年。
[2]　湖南省文物管理委员会：《长沙左家公山的战国木椁墓》，《文物参考资料》1954 年第 12 期。
[3]　湖南省文物管理委员会：《长沙杨家湾 M2006 号墓清理简报》，《文物参考资料》1954 年第 12 期；《长沙出土的三座大型木椁墓》，《考古学报》1957 年第 1 期。
[4]　熊传新：《长沙新发现的战国丝织物》，《文物》1975 年第 2 期。
[5]　湖南省文物管理委员会：《长沙广济桥第五号战国木椁墓清理简报》，《文物》1957 年第 2 期。

浏城桥[1]等。湖北的出土地点则有江陵雨台山[2]、马山[3]、望山[4]，荆门包山[5]和随县擂鼓墩[6]等。此外，河南信阳长台关[7]也有丝绸出土。

1978年发掘的湖北随县擂鼓墩战国早期曾侯乙墓出土丝织品217块，品种有绢、纱、锦、绣等四种。用绢的地方较多，有死者身着的衣衾，椁板上的铺盖物，还有装饰品和穿缀系结的带子等。经过鉴定的5块残绢，均为深棕色，经纬密度最大的一块为每平方厘米104根和36根，较春秋时期的绢细密。纱为丝麻交织，是迄今所知我国最早的混纺织物。麻线主要是麻纤维，亦夹有大麻纤维。纱的经线用丝和麻相间排列，纬线则均用丝。经纬密度一般为每平方厘米30根和25根。纱孔方正且较均匀。用纱制作的织物似为纱袋，可能用来装漆瑟。较完整的一件，原裁成长方形，四边缘向内卷二层，再对折缝合，仅留出口。锦，经鉴定是单层暗花织物，其经纬线颜色仅一种。锦的图案经拼合为连续的菱形花纹。龙纹绣以深棕色绢为绣地，表面有明显的畦纹。经纬密度每平方厘米96根和24根。彩锁绣法，以单链状环套的基本针法绣花蕾，又采用2根和4根绣线并列绣成满布的卷曲纹，使花纹更加突兀而丰富。

1957年在湖南长沙左家塘发掘的一座战国中期楚墓中出土了一批质地保存较好的丝织品，颜色依然十分鲜艳。绢、纱和锦皆用于包裹死者的衣衾。绢为黄、棕、褐色，其组织为单层平纹。黄色绢的经纬密度为每平方厘米75根和45根，棕色绢的经纬密度为84根和50根，褐色绢的经纬密度与黄色绢相同。纱为藕色手帕，单层平纹，并有稀疏的方孔眼。锦的纹样繁缛，有深棕地红黄色菱纹锦3块，褐地矩纹锦的黄绢边上墨书"女五氏"三字，锦面上盖长方形朱印一枚。推测很可能是当时织造者姓氏和丝织业作坊的标识。各纹样织锦的组织结构为二重经锦组织或三重经锦组织。朱条暗花对龙对凤纹锦的经纬线，其朱色彩条系采用矿物颜料朱砂染成（所谓"石染"），其他的采用植物染料染成（所谓"草染"）。这些都是研究古代染织工艺有价值的资料。

1965~1966年在湖北江陵望山发掘的两座战国中期楚墓出土一批丝织品，有绢地绣、锦地绣和彩绦锦。M1的花卉纹绢绣，绣地是浅棕色平纹绢，经纬密度每平方厘米36根和27根，与湖北随县曾侯乙墓出土的龙纹绣地绢的致密度比较，应属平纹粗绢。在粗经粗纬构成的矩形纹绢地上用棕色丝线，以开口和闭口锁绣两种针法，绣出卷曲花卉图案。M2出土的动物花卉纹绢绣，在浅黄色绢地上绣出一个长方形边框，用棕色绣线，亦以开口和闭口锁绣两种针法，绣出四组动物花卉纹图案（图10-16-1）。绣纹粗细相配，绣技精巧

---

[1] 湖南省博物馆：《长沙浏城桥一号墓》，《考古学报》1972年第1期。
[2] 湖北省荆州地区博物馆：《江陵雨台山楚墓》，文物出版社，1984年。
[3] 湖北省荆州地区博物馆：《江陵马山一号楚墓》，文物出版社，1985年。
[4] 湖北省文物考古研究所：《江陵望山沙塚楚墓》，文物出版社，1996年。
[5] 湖北省荆沙铁路考古队：《包山楚墓》，文物出版社，1991年。
[6] 湖北省博物馆：《曾侯乙墓》，文物出版社，1980年。
[7] 河南省文物局文物工作队第一队：《我国考古史上的空前发现——信阳长台关发掘一座战国大墓》，《文物参考资料》1957年第9期。

娴熟。这种在长方形边框中绣动物花卉的组合纹样，在东周丝绸中尚属首次发现。绣品的纹饰与同墓出土的木雕漆器花纹特征比较接近，充分显示出楚文化的艺术风格，M1 出土的菱纹锦绣的绣地是石字纹锦，经线的颜色有甲乙两种，也称两色锦。甲经深棕色，乙经是土黄色起出花纹。由于其单元纹样酷似"石"字，故称为石字纹锦。在锦面按画稿以后世称为钉线绣的技法，用双股深棕色线绣出波浪形图案。望山 M1 出土的对兽纹彩绦锦，是作为铜剑上的包裹物而被存留下来的。由棕色和浅棕色两种彩线组成双色暗花锦，主要纹饰为鲜见的虎状阴阳对兽。

1986～1987 年发掘的湖北荆门包山 M2 出土衣衾 15 件，以及网、器封、系带、纱罩和扇形绢等丝织物。丝织品的种类则有绢、纱、绮、锦、组、绦、绣等。绢的用量最大，有棕、黑、褐色绢和条纹绢。绢的经纬线粗细和疏密度差距较大。密度最大的绢是凤鸟纹绣夹衾的绢地，经纬密度为每平方厘米 104 根和 47 根。密度最小的绢是内棺盖上残存的深棕色绢衣缘，经纬度为每平方厘米 30 根和 15 根。大体上看，经纬密度较小的绢，多用作器封和中小型衾的面或里。经纬密度较大的绢，多用作绣底或衣里、衣面。纱的颜色有褐色、灰褐色、棕色、深棕色、黑色、土黄色等多种，主要作器物封口的内层，也有少量用作小衾的里、面或纱罩。绮仅残存 1 件，用作凤鸟纹绣夹衾的里，花纹呈菱形。锦，根据经线配色的不同，可分作二色锦和三色锦，颜色有土黄、深棕和深红，多用作衾面和衣物的缘。依纹样又可区分为小菱形纹锦、大菱形纹锦和凤鸟凫几何纹锦。大菱形纹锦的纹样组合较复杂。一种为二色，大菱形内填充中、小型菱形纹、耳环形菱纹、曲折形、三角形、Z 形、S 形、V 形等小纹样（图 10-16-3）。第二种亦为二色，基调为大菱形，其内所填纹样大致与第一种相同，唯多出一种相背对称麦穗纹样。第三种为三色，由连贯的大菱形纹组成。大菱形纹内所填小纹样除与第一种相同者外，还有矩形纹样。刺绣均为单色绢地，花纹锁绣。残存绣品共 3 件，主要用于衾及器物包裹。绣线一般由双股合成，颜色有深红色、深棕色、土黄色。部分绣品花纹相同而用针风格有别，可知整匹绣品常由多人完成。绣品的花纹以龙、凤为主，但在图案的配置上有所变化。一种为一凤三龙相蟠纹绣，另一种为凤鸟纹绣（图 10-16-2），第三种为一凤三龙相嬉纹绣。包山 M2 出土的组为经线交叉纺织的单色带状织物，主要用作带饰。绦已炭化严重，纺织方法不清。

1982 年发掘的湖北江陵马山 M1，出土的丝织品种类丰富，几乎包括东周时期丝织品的全部品种，是东周丝织品的一次最集中的重要发现。出自棺内的衣衾共 19 件，计绵袍 8 件（图版 29-1、2）、单衣 3 件、夹衣 1 件、单裙 2 件、绵绔 1 件、绵衾 3 件、绵 1 件。此外还有目、巾、镜衣、囊、枕套、棺套，以及木俑身着的衣裙等。丝织品的种类有绢、绨、纱、罗、绮、锦、绦、组、绣等。

在出土的衣物中，以绢的用量最大，颜色以黄色居多，还有藕色、灰白色、深棕色、深褐色、红棕色等。绢的疏密度差异很大。用作衾里经纬密度最稀疏的灰白色绢为每平方厘米 44 根和 32 根。绨仅见于麻鞋面，土黄色。外观经线密集，呈明显的纬向凸条，光泽好，并有正反两面相同的效果。纱，保存较好的是竹笥中用作巾的深褐色纱。素罗，灰白色，用作绣地，见于龙凤虎纹绣罗单衣。彩条纹绮，外观为顺经线方向排列的深红、黑、土黄三色相间的窄长条，用于蟠龙飞凤纹绣浅黄绢面衾的上缘和一凤一龙相蟠纹绣紫红绢面单衣。出土的锦都是平纹地经线提花织物，根据织造时经线所配用的不同颜色，又可分为二色锦和三色锦两大类。二色锦的组织比较稀疏，三色锦则紧密、厚实。锦的用量仅次于绢，多用于衣衾的面和缘。锦的纹样以几何形图案为主题，有菱形、S形、六边形等，其中菱形纹最富于变化。动物纹，有龙、凤鸟、麒麟等。另外还有人物纹。这些纹样有序地结合在一起，加上巧妙的配色，形成五彩缤纷，花纹多变的图案。依纹样的不同组合，可分为塔形纹锦、凤鸟凫几何纹锦、凤鸟菱形纹锦、条纹锦、小菱形纹锦、十字菱形纹锦、大菱形纹锦、几何纹锦、舞人动物纹锦等9种。其中前六种为二色锦，后三种为三色锦。绣品共21件，花纹各不相同，主要用作衣衾的面和缘。绣地以绢为主，只有一件绣品以罗为地。刺绣的针法为锁绣。花纹的主体部分一般用多行锁绣将绣地完全覆盖。有些部位以单行或数行锁绣排成稀疏的线条。所见绣线的颜色有棕、红棕、深棕、深红、朱红、橘红、浅黄、金黄、土黄、黄绿、绿黄、钴蓝。刺绣花纹的主题是龙和凤（图版29-3、4），但其形态各异，绝不雷同。图案编排富于变化，有蟠龙飞凤纹（图10-16-5）、对凤对龙纹、龙凤相蟠纹、舞凤逐龙纹、舞凤飞龙纹、龙凤相搏纹、飞凤纹、凤鸟纹、凤鸟花卉纹、凤鸟践蛇纹、龙凤虎纹等。在一些衣物上保留有墨书文字和朱印文，多位于织物的幅边。墨书有"门"、"柬"等字。印文皆不清晰。绦是用于装饰衣物的一种丝织窄带，分为纬线起花绦和针织绦两种。前者花纬的织入方法有"抛梭法"和"穿绕法"，见于衣袍的领；后者均以手工编织而成，有横向连接组织绦和复合组织绦之分，见于衾面和袍面。

三 东周时期丝绸工业的发展

从新石器时代平纹丝织品的发现，可知原始素织机已经投入使用。商代的绮类丝织品则须以提花机具才能织造。西周锦的出现和东周锦的大量生产，进一步表明当时已经有了比较先进的提花织锦机。《诗经·小雅·大东》："杼柚其空。"朱熹《诗集传》解释说："杼，持纬者也，柚，受经者也。"杼是缠上纬线的梭子，柚便是缠上经线的机轴。轴端要安装棘齿（轴牙）以固定轴子。这种可旋转、调整的轴子是我国首先用于织机上的。西方古代的织机，不论竖直式，或是平放式的，经线两端均固定，经线长度有限，因之布帛的长度受到很大制约。我国的织机，提花织物的经线可延长，牵经就织，入筘和穿综的次数减少，节时省工，生产效率大为提高。所以，机轴之能旋转，以卷经线和布帛，是织机上一个重要的技术改进[1]。

春秋时期的丝绸资料目前所见虽然不多，但是有一定的时代和地区特征。春秋早期黄君孟夫妇墓发现的缣织物，从经线偶见3根，纬线偶见双根分析，其生产技术尚处于肇始阶段，因而是我国纺织史研究中极为重要的实物标本。

山东的丝绸业在东周时期已十分发达。齐都临淄成为北方丝绸业的生产中心，其织作技术具有很高的水平。临淄郎家庄春秋晚期墓出土的锦，是经线起花的平纹重组织织物，不同颜色的两组经线互换位置起花，通体作小单位的几何纹样，为早期织锦的通式，在织造工艺方面已臻于成熟。绣花的绢地经碾砑加工，织物不仅表面平滑，而且无明显的孔

---

[1] 夏鼐：《我国古代蚕、桑、丝、绸的历史》，《考古》1972年第2期。

隙。在此前的绢类中尚属少见。

战国丝绸的出土遗物多见于楚墓。曾国长期附属于楚国，所以曾侯乙墓出土的丝绸大体也应归于楚国丝绸的范畴。故此，迄今所见的战国丝绸，实际上主要也就是楚国的丝绸。战国时期楚国辖境以外地区的丝绸发现较少、保存欠佳，对其织造水平的认识，尚待今后的考古发现。

绨、组、绦是战国时期出现的丝绸新品种，绨、组出土遗物所见甚少，绦在马山 M1 中出土的数量则较多。纬线起花绦和针织绦是战国丝织技术的重要创造。针织绦带结构复杂，除横向连接组织外，还应用提花技术，编织方法巧妙，把我国针织技术起源的历史提前到公元前 3 世纪左右。

绢在战国丝绸中用量最大，其织造技术不断提高。曾侯乙墓的绢，经纬密度最大的为每平方厘米 104 根和 36 根。马山 M1 的绢，经纬密度最大者更达到每平方厘米 158 根和 70 根，远比春秋时期的绢细密。染色绢的品种也有所增加。包山 M2 的一种条纹绢，黑色与褐色，或黑色与土黄色相间，是染色绢中的精品。

锦是楚国丝绸最富特色的种类之一，长沙左家塘、荆门包山、江陵望山、马山等地楚墓出土的锦，不仅有二色锦还有三色锦，大体以黄、棕、红色丝线织造而成。在传统的连续菱形纹的基础上，构图又创新意。左家塘墓有朱条暗花对龙对凤纹锦，望山 M1 有对兽纹彩绦锦。马山 M1 的锦种类最多，二色锦有塔形纹锦等 6 种，三色锦有舞人动物纹锦等 3 种。舞人动物纹锦的纹样横贯全幅，织造时使用 143 个提花综，充分反映当时已有相当先进的提花织机和娴熟的织造技术。

楚国的刺绣绚丽多彩，代表了楚国丝绸工艺的高水平。刺绣多以绢为地，以罗为地者也偶有所见。望山 M1 出土的石字菱纹锦绣，证明锦上添花（绣）在战国时期确已出现。楚绣的纹样多以龙凤为主题，包山 M2 刺绣有一凤三龙相蟠的纹样，马山 M1 出土的 11 种刺绣纹样之中，龙凤共存的纹样多达 6 种。此外，望山 M1 石字菱纹绣和 M2 的凤鸟花卉纹绣 的图案也别具一格。楚国刺绣多采用通常习见的锁绣法。望山 M1 石字菱纹绣则采用钉线绣法。学术界过去一般认为钉线绣法在辽宁法库县叶茂台辽墓（公元 960 年左右）出土的对鹿花卉纹绣帽和盘金银绣香囊上才初次使用。望山 M1 的发现将钉线绣技法的使用年代大为提前。马山 M1 的 21 件绣品，花纹各不相同，绣地以绢为主，只一件绣品以罗为地。其刺绣技术集中代表了楚绣的风格。针法虽然比较单一，但锁扣十分均匀、整齐、线条流畅。较多地运用改变线条方向、排列方式、稀疏密度的方法来表现各种禽兽的细部，突破了单调、呆板的传统，给人以生动、多变之感。刺绣纹样的构图讲究对称平衡，动静结合，色彩搭配适当。图案的内容充满神话色彩，鲜明地反映了楚文化浪漫主义的特色，对后世刺绣的发展产生深刻的影响。

第五节　东周时期的漆器制作

漆器生产是东周时期重要的手工业。在商殷和西周漆器的基础上，东周时期的漆器制作又有新的发展。尤其是战国时期漆器，不仅分布地域广，产量大，品种多，而且制作技艺十分精湛。其中，以楚国出土的漆器数量最多。楚国漆器造型新颖，作风华丽，制作精致，反映战国时期的髹漆工艺已达到了很高水平，在我国漆器发展史上占有重要的位置。

一 春秋时期的漆器

据目前所知的资料，春秋时期漆器的出土地点主要有，河南陕县上村岭[1]，光山宝相寺[2]；湖北当阳曹家岗[3]、赵巷[4]，襄阳山湾[5]；山东临淄郎家庄[6]；山西长治分水岭[7]，长子牛家坡[8]等。

1957年发掘的河南三门峡陕县虢国墓地M1704春秋早期墓出土的4件漆豆，盘壁外侧均镶有6个蚌泡。另2件漆豆和4件漆盘分别出自M1702和M1707，均已残毁。

1983年发掘的河南光山宝相寺春秋早期黄君孟夫妇墓的木棺，通体髹黑漆，周边皆以朱漆勾绘窃曲纹。随葬的漆器有豆、斗、盖等。

1984年发掘的湖北当阳曹家岗M5春秋中期墓随葬的漆瑟，以朱黑色彩绘的龙凤为主体，间配勾连雷纹等图案，纹饰繁复，色彩鲜明（图10-17-1）。

1988年发掘的湖北当阳赵巷M4春秋中期墓随葬的方壶、簋、豆、俎、镇墓兽、瑟等漆器，多以整块木料剜成，髹黑漆地，绘红色花纹，并间以金、银、黄色勾画点染，色彩艳丽，层次感强。俎面髹红漆，以红漆描绘12组30只瑞兽珍禽。瑞兽为鹿头，四肢修长，偶蹄，长尾，身饰珠点纹。有的生枝杈状角，有的无角，体态亦有肥壮或细长，匍匐或弓背之别。珍禽昂首，长颈，短身，翘尾，变形长腿，身饰珠点纹。

1971~1972年发掘的山东临淄郎家庄M1春秋晚期墓出土的漆器有豆、镇墓兽、器皿等。这批漆器均朽蚀过甚，大体能辨识的图案有长方形和圆形两类，基本都是黑地朱彩，个别是红地黑彩，偶见白色勾边。题材有几何图案和写实两种。一件圆形漆器的写实图案最为生动逼真。图案分内外两层，中心圆内绘三兽翻滚，相咬嬉戏；外层作屋宇之下两人，其一双手举物过首，另一双手接物状，间以鸟、鸡、花草填补空隙（图10-17-2）。

1972年发掘的山西长治分水岭M269和M270春秋晚期墓随葬的漆箱，多为朱地黑彩，也有少量的黑地朱彩，画面为互相蟠绕的龙纹图案，以及蟠螭、窃曲纹等。

1977年发掘的山西长子M7春秋晚期墓出土的漆器独具特色，不仅有常见的盒，还有

---

[1] 中国科学院考古研究所：《上村岭虢国墓地》，科学出版社，1959年。
[2] 河南信阳地区文管会、光山县文管会：《春秋早期黄君孟夫妇墓发掘报告》，《考古》1984年第4期。
[3] 湖北省宜昌地区博物馆：《当阳曹家岗5号楚墓》，《考古学报》1988年第4期。
[4] 宜昌地区博物馆：《湖北当阳赵巷4号春秋墓发掘简报》，《文物》1990年第10期。
[5] 湖北省博物馆：《襄阳山湾东周墓葬发掘报告》，《江汉考古》1983年第2期。
[6] 山东省博物馆：《临淄郎家庄一号东周殉人墓》，《考古学报》1977年第1期。
[7] 山西省文物工作委员会晋东南工作组、山西省长治市博物馆：《长治分水岭269、270号东周墓》，《考古学报》1974年第2期。
[8] 山西省考古研究所：《山西长子县东周墓》，《考古学报》1984年第4期。

图 10-17 春秋漆器的彩绘图案
1. 瑟（曹家岗 M5∶13） 2. 圆形器（郎家庄 M1∶54）

舟、扁壶等少见的器形。

春秋时期漆器的制作工艺承袭西周漆器的作风，仍存留早期漆器的某些特征。例如，上村岭 M1704 漆豆盘壁外侧皆镶嵌 6 个蚌泡。光山宝相寺黄君孟夫妇墓棺上所绘的窃曲纹，则是西周中期以后开始流行的铜器花纹。当阳赵巷 M4 的漆器，木胎较厚，多以整木刳成，花纹粗放。镇墓兽雕刻简单，仅具雏形。但春秋时期的漆器也有明显的进步。如漆器彩绘图案的主题更加丰富，艺术风格也更为生动。当阳曹家岗 M5 漆瑟上的龙凤、勾连纹图案继承和发展了传统的作风，绘画技法十分细腻。临淄郎家庄 M1 出土的圆形漆器上的图案是一幅生活气息浓郁的绘画。在直径仅 19 厘米的圆周内共绘出 4 座对称的房宇、12 个人物、4 株花草、4 只飞禽和 12 只鸡。这是古代绘画艺术中描绘建筑和人物，题材新颖，时间较早的写实图案。图中的禽、鸟、花草不仅恰当地填补了画面，使之更为严谨，而且也有效地烘托了主题，增加了画面的生活气息。

二　战国时期的漆器

战国时期，冶铁技术的改进使木作工具更为犀利，促进了木胎漆器生产的发展。夹纻胎等新的漆器品种也开始出现。漆器的应用已广泛深入社会生活的各个领域。目前发现的战国漆器大部分见于南方，以楚国的中心腹地湖北江陵附近出土最多，有雨台山[1]、太晖观[2]、天星观[3]、拍马山[4]、望山[5]、溪峨山[6]、马山[7]等地点。湖北荆门包山[8]、当阳赵家湖[9]、湖南长沙浏城桥[10]、河南信阳长台关[11]等地的楚墓中，漆器亦多有出土。此外，湖北随县曾侯乙墓[12]出土漆器的数量也很大。湖北云梦[13]战国晚期秦墓出土漆器是秦漆器的重要发现。相比之下，北方出土战国漆器的地点则较少，主要有

---

[1] 荆州地区博物馆：《江陵雨台山楚墓》，文物出版社，1984 年。
[2] 湖北省博物馆：《湖北江陵太晖观楚墓清理简报》，《考古》1973 年第 6 期。
[3] 湖北省荆州地区博物馆：《江陵天星观 1 号楚墓》，《考古学报》1982 年第 1 期。
[4] 湖北省博物馆、荆州地区博物馆发掘小组、江陵县文物工作组：《湖北江陵拍马山楚墓发掘简报》，《考古》1973 年第 3 期。
[5] 湖北省文物考古研究所：《江陵望山沙塚楚墓》，文物出版社，1996 年。
[6] 湖北省博物馆江陵工作站：《江陵溪峨山楚墓》，《考古》1984 年第 6 期。
[7] 湖北省荆州地区博物馆：《江陵马山一号楚墓》，文物出版社，1985 年。
[8] 湖北省荆沙铁路考古队：《包山楚墓》，文物出版社，1991 年。
[9] 湖北省宜昌地区博物馆、北京大学考古系：《当阳赵家湖楚墓》，文物出版社，1992 年。
[10] 湖南省博物馆：《长沙浏城桥一号墓》，《考古学报》1972 年第 1 期。
[11] 河南省文物研究所：《信阳楚墓》，文物出版社，1986 年。
[12] 湖北省博物馆：《曾侯乙墓》，文物出版社，1989 年。
[13] A. 湖北孝感地区第二期亦工亦农文物考古训练班：《湖北云梦睡虎地十一座秦墓发掘简报》，《文物》1976 年第 9 期；《湖北云梦睡虎地十一号秦墓发掘简报》，《文物》1976 年第 6 期。
B. 云梦睡虎地秦墓编写组：《云梦睡虎地秦墓》，文物出版社，1981 年。
C. 云梦县文物工作组：《湖北云梦睡虎地秦汉墓发掘简报》，《考古》1981 年第 1 期。
D. 湖北省博物馆：《1978 年云梦秦汉墓发掘报告》，《考古学报》1986 年第 4 期。

河南泌阳官庄[1]，河北平山中山王墓[2]，山东栖霞[3]等。

1975～1976年发掘的湖北江陵雨台山558座东周墓，自春秋中期延续至战国晚期。其中224座墓出土漆器，绝大多数属战国时期。漆器的种类达20余种，900多件，有耳杯、盒、卮、樽、豆、鼓、瑟、笙，以及镇墓兽、虎座飞鸟等。木胎的制作方法有斫制、镟制和雕刻三种。雕刻技术除用于器形制作之外，还用于纹饰的加工。复杂的器物往往分几部分做成，然后拼合为一个整体。一般在器表髹黑漆，内壁髹红漆。彩绘纹饰均施于黑漆地上，以金、黄、红、赭色居多。M427出土的鸳鸯形漆豆（图10-18-5），盖与豆盘合雕成一只鸳鸯，作盘颈侧视状，双翅收合，蹲爪，尾略翘。鸳鸯的各部位分用红、金、黄等色描绘，艳丽夺目。M471战国早期墓出土的漆卮，器表满饰相绕的红、黄色彩蟠蛇。盖上的8蛇，其中4条红色蛇头伸向盖顶正中，4条黄色蛇头伸向盖沿四周。卮身周边12条红、黄色彩蛇，亦相互蟠绕。此图案构思独特，别具匠心。M161和M554战国中期墓出土的2件漆樽，其制作工艺与扣器接近。所谓扣器，就是将金属圈套箍在漆器的口沿或底部，起加固防护和装饰作用。雨台山楚墓的漆樽，盖作子母口，正中有一套环钮；器身较高，圆筒直壁，两侧有对称的铜铺首；底部附3只兽首形铜足。器内髹红漆，器表髹黑漆。这两件漆樽口沿外镶铜铺首，器底镶3只兽首形铜足，亦起到加固器身的作用。

1971年发掘的湖南长沙浏城桥M1战国早期墓出土的一件漆几（图10-18-3），通体髹黑漆。几面作长条形，用一块整木雕成。几面浅刻云纹，两端刻兽面，下各有圆柱状足，4根直立承托几面，下插入几底横木，另2根从横木两端斜交叉于几面下部，使几足更牢。

1957～1958年发掘的河南信阳2座战国中期墓。除铜、铁、陶、玉器和丝织品外，还出土大量的漆器，有俎、匜、杯、豆、壶、盒、案、几、床、枕、镇墓兽、俑等，造型精巧别致，图案绚丽多彩，光亮如新。M1的漆器尤为典型，集中展示了楚国漆器的特色。其中的一件漆案，案面长方形，髹朱漆地，以绿、金、黑色绘36个圆涡纹，排列成4行，每行9个。案边缘绘金、黄、红、绿色交织成的连云纹。案的四隅各嵌铜角。案两侧镶嵌铜铺首衔环和蹄状矮足。漆床用竹、木为栏，以铜镶角，通体髹黑漆，床身周围绘朱色连云纹，床足透雕卷云纹。彩绘锦瑟是漆器中的佳品。在黑漆地上绘对称的连续金银彩变形卷云纹和作乐、宴享、狩猎图案。手持麾节，登坛作法的巫师，人面鸟身和鸟头人身的怪物，互相厮杀的龙蛇，两犬逐鹿，武士肩抬野兽，仆人跪地烹调，乐人弹瑟吹竹等场面，生动活泼，惟妙惟肖，充分展示出楚国画工高超的绘画技艺。

1965年在湖北纪南城发掘的望山M1、M2及沙塚M1战国中期楚墓，出土200余件漆木器，有酒具盒、豆、盘、壶、耳杯、勺、俎、案、座屏、瑟、镇墓兽等。望山M1出土的彩绘木雕小座屏（图10-18-1），屏座两端着地，中部悬空，上承玲珑剔透的动物雕屏，巧夺天工，充分反映了楚国木雕与漆绘工艺的高超水平。座屏上有凤、鸟、鹿各4

---

[1] 驻马店地区文管会、泌阳县文教局：《河南泌阳秦墓》，《文物》1980年第9期。
[2] 河北省文物研究所：《䝨墓——战国中山国国王之墓》，文物出版社，1995年。
[3] 山东省博物馆：《山东栖霞县战国墓》，《考古》1963年第8期。

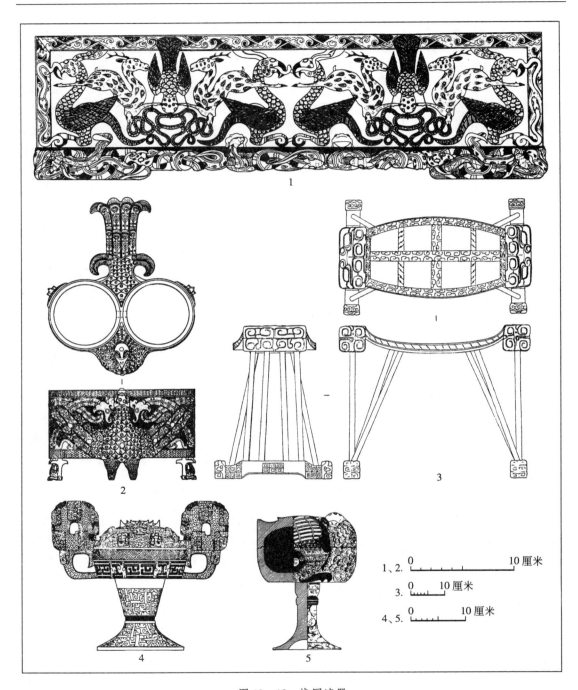

图 10-18 战国漆器
1. 座屏（望山 WM1:B84） 2. 双连杯（包山 M2:189） 3. 几（长沙浏城桥 M1）
4. 盖豆（曾侯乙墓 E.118） 5. 鸳鸯豆（雨台山 M427:4）

只，蛙 2 只，小蛇 15 条和大蟒 26 条。各种动物缠葛争斗，栩栩如生。座屏以黑漆为地，用红、蓝、黄、银灰色描绘凤鸟的羽毛，鹿的梅花斑点，蟒、蛇的鳞片，以及卷云纹、兽头纹等。

1986～1987 年发掘的湖北荆门包山 M2 战国中晚期楚墓出土的双连杯（图 10-18-2），造型新奇，图案华丽。双连杯以竹、木结合制作，呈凤负双杯状。双翼在两杯的前壁展开，似飞翔状。凤首、腹嵌银 8 处，以堆漆法浮凸出器身。杯内髹红漆，外髹黑漆地，以红、黄、金色彩绘羽毛纹、波浪纹、圆圈纹、勾连云纹和蟠龙纹等。M2 出土的子母口奁，通体红漆，外髹黑漆，用深红、橘红、土黄、棕褐、青等色彩绘各种纹饰。盖顶面为龙凤图案。盖外壁绘有 26 个人物、4 乘车、10 匹马、5 株树、1 头猪、2 条狗和 9 只大雁组成的出行迎宾图，场面浩大，描绘细腻，是古代漆画中的杰作。

1982 年发掘的湖北江陵马山 M1 战国中晚期楚墓出土的漆奁，盖顶为斫制的木胎，器壁为卷木胎。器表髹黑漆，内髹红漆，绘龙、凤和卷云纹图案。卷木成型，是将木片卷起做成器物的胎体。楚墓中奁、卮等的器壁一般均以此法制成。变挖制为卷制，不仅节省木料而且也使器物轻巧美观。马山 M1 出土的漆盘，为夹纻胎，器内外皆黑地朱绘各种云纹和凤鸟等图案，夹纻胎漆器是在以麻织品成型的胎体上反复多次涂抹漆灰。然后表面磨光，再髹漆彩绘。夹纻胎漆器胎薄体轻，美观实用，其成型技术也是楚国漆器胎体制造工艺的重大进步。

1978 年发掘的湖北随县擂鼓墩战国早期曾侯乙墓出土大量漆木器，有箱、盒、豆、杯、桶、禁、案、几、架、琴、笙等。曾侯乙墓漆器胎体的木作工艺与楚器大体相似。胎体基本以木块或木板斫削或剜凿而成。有些较大件的器物，如箱、桶等，均为整木剜制。少数器物是各部件分别制作，再加以组装而成。如案的台面和腿，就是分别雕刻，然后拼组的。食具箱、酒具箱则以扣榫结合制成。为使器具牢固，在接榫部位还使用铅锡钉子砸实。纹饰的表现方法主要有两种。一种是浮雕或透雕，如案面、禁面四角是浮雕，禁面当中是透雕，有的浮雕还具明显的仿铜作风，如盖豆与禁上的附饰。另一种是彩绘，多以黑漆为地，再以朱漆、金漆（或黄漆）描绘图案。漆器的纹饰繁复多样，有成幅的绘画，如衣箱上的"后羿弋射"，鸳鸯盒上的羽毛纹，盖豆与禁之附饰上龙身的鳞甲纹等。曾侯乙墓许多漆器的设计极具巧思，将各种不同用途的器具成套组合，便于携带。如两件长方形黑漆箱，其外皆有穿绳的铜弯扣，器身当中皆以板分隔。C129 漆箱两半部套装铜盒、铜鼎各 1 件；C60 漆箱，一半置铜罐和铜勺各 1 件，另一半置三层方笼格形盒，其上又设小隔板，隔板的方孔内嵌高筒漆盒。盖豆是曾侯乙墓漆器中的雕镂精品（图 10-18-4），工艺十分繁杂。盖顶及双耳皆浮雕缠绕的蟠龙，首、耳、目、口刻划入微，形态逼真。曾侯乙墓的内外棺也颇具特色。外棺以 10 根青铜柱构成框架，嵌以 10 块木板。棺外髹黑漆，绘朱红、金黄色花纹。内棺以红漆为地绘金黄和黑色纹饰。手执双戟的守卫神像，或长须有角，或背生双翼，形态怪异，富神秘色彩。

1978 年发掘的湖北江陵天星观 M1 战国中期楚墓出土的镇墓兽（图 10-19-1），高达 170 厘米，在同类漆器中属少见。镇墓兽由座、身、鹿角三部分榫接，方形座上立身首背向的双头兽，头各插双鹿角。兽首两侧和方座四侧各饰一衔环铺首。通体髹黑漆，红黄金

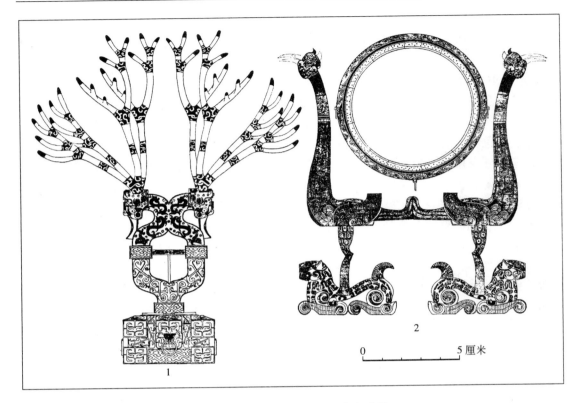

图 10-19　江陵天星观 M1 出土漆器
1. 镇墓兽（M1:88）　2. 虎座凤鸟悬鼓（M1:135～137）

三色绘兽面纹，颈部饰夔纹、勾连云纹，方座饰菱形纹、云纹、兽面纹。同出的还有虎座凤鸟悬鼓（图 10-19-2）。

1975～1978 年，在湖北云梦睡虎地和大坟头先后进行的三次发掘，清理墓葬 49 座，时代为战国晚期至西汉初年，发掘者认为是秦人墓地。楚人多随葬陶礼器，而这些墓随葬的是陶生活用具，与秦人习俗相同。许多墓中随葬的铜蒜头壶、鍪、秦式鼎等器，也是秦人所用的传统器物。此外，出土竹简所载内容亦与秦人密切相关。随葬的漆器约 600 件，有圆盒、双耳长盒、盂、奁、卮、樽、扁壶、耳杯、凤形勺等。木胎的制作方法主要有挖、削、卷等。器物多内髹红漆，外髹黑漆，少数器物内外皆髹黑漆。大部分器物还在黑漆地上，用红、褐漆和金色绘凤纹、鸟纹、云气纹、卷云纹、柿纹、变形鸟纹和点纹等。许多漆器上还有烙印和针刻文字。品种繁多的漆器，大部分保存完好，色泽艳丽如新，花纹勾连交错，线条流畅，图案优美，反映秦漆器的工艺已经达到很高的水平。

1978 年在河南泌阳官庄 M3 秦墓发现的 2 件有纪年刻铭的漆圆盒，经考证，当是秦国所虏获的卫国漆器。南椁室出土的 1 件漆盒，器内髹红漆，略有黄色，器表髹黑漆，在黑漆地上用红、棕、黄色漆彩绘云气纹、变形凤纹、花朵纹和几何纹。北椁室出土的 1 件漆盒，身、盖均以镀银的红铜镶边，盖顶及器底的圈足也用红铜制作，并镀银。器内髹褐漆，略有金黄色，器表髹黑漆微带灰色。在黑漆地上用红、褐、金黄色漆，彩绘云气纹、蟠龙纹、变体雷纹和几何鸟头花纹。

1974~1978年河北平山中山国墓地出土的漆器虽已腐朽，但仍保留明显的痕迹和许多金属饰件，其中可判知器形者有鼎、豆、壶、盒、盘、盆、屏风、钟架、箱、镇墓兽等。器胎有木、夹纻等。如东库的一件漆扁壶的盖、口、足的铜扣内还残留朽木，长方形盆的数十层绢帛的朽痕，可知其为夹纻胎。

1957年山东栖霞出土的漆器皆已成残片，在山东尚属漆器的首次发现。夹纻胎漆器为黑地朱红花纹，遗留镶饰的痕迹以及铆钉穿孔。

1996年发掘的山东临淄齐国故都贵族墓地，以M6出土的漆器数量最多，有簋、豆、盖豆、壶、盘、罍等，与该墓同出的铜礼器及陶礼器的种类几乎相同。尤其是簋，应属礼器而非一般实用器。因此，这批漆器也当属礼器的性质。

战国时期的漆器较春秋时期有长足的进步。楚国的漆器制作尤为发达，不仅漆器生产数量巨大，而且具有很高的工艺水平。大中型楚墓中随葬的漆器动辄数十件，乃至上百件。小型楚墓随葬漆器的现象也十分普遍。说明漆器的使用已深入社会的基层。楚国漆器的种类繁多，生活用品有奁、盒、箱、几、床；饮食用具有杯、盘、豆、壶，乐器有琴、瑟、笙、鼓，武器有弓、盾、甲胄，此外还有镇墓兽以及各种髹漆动物雕刻等。镇墓兽造型新颖，充满神秘色彩，是楚国漆器最富特征的典型器物。楚国漆器的木胎制作在沿用传统的斫制、镟制成型工艺的同时，又开始采用卷木成型的新技术。夹纻胎漆器具有不易变形和开裂的优点，而且开拓了漆器胎体用料的新途径，是楚国漆工的杰出创造。木胎雕刻成型是楚国漆器胎体制作工艺的特色。湖北长沙浏城桥M1出土的漆几，即以整木雕出几面，再与几足拼接成器。湖北江陵望山M1的彩绘透雕座屏，工艺卓绝。透雕的禽、兽、爬虫等动物形象逼真，栩栩如生，巧夺天工，堪称楚国透雕漆器的精品。楚国漆器的髹饰工艺在春秋时期的基础上又有进一步的提高，彩绘技艺更为成熟。楚国漆器彩绘使用最多的颜色是黑色和红色，以黑地朱绘为主，承袭了商周以来的传统，此外还有金、银、黄、绿、蓝、赭、黑、灰等多种颜色，形成楚国漆器艳丽多彩的风格。描金是彩绘的一种重要技法，楚国漆器的制作中多有使用。江陵雨台山M427出土的鸳鸯豆，鸳鸯的头部、双翅及豆上的许多纹饰都是以金色描绘的。楚国漆器彩绘的内容非常丰富，不仅有各种繁复的几何纹饰，还有表现人物、狩猎、宴享、歌舞以及禽兽的写实图案，形象生动，极富生活气息。荆门包山M2出土漆奁上的迎宾图，气势宏大，描绘逼真。楚人信巫鬼，重淫祀，许多漆器图案对此有所反映。信阳长台关M1出土彩绘漆瑟上的巫师作法图，即是颇具特色的代表作。楚国漆器附加铜饰件的技术在战国时期又有新的提高。扣器的装饰加固技术已经形成。雨台山楚墓漆樽的镶铜铺首和兽首形铜足，其制作工艺与扣器接近。曾侯乙墓出土漆器种类之多，数量之大，制作工艺之精，举世瞩目。曾国在战国之初即附属于楚国，曾侯乙墓漆器的制作工艺与楚国漆器也大体一致，所以理应归属楚国漆器的范畴。

楚国漆器制造业的发达与其得天独厚的地理环境有直接关系。楚国地处长江中游流域，与黄河流域比较，气候温暖湿润，有利漆树的生长，适宜漆器制造，易于生产光泽度强的高质量漆器。即使民间工匠，也得以熟练掌握漆器的生产技术。因而楚国漆器数量多，行销广，自然成为当时制造漆器的中心。

湖北云梦秦人墓所出漆器多有产地标识。睡虎地 M46 战国晚期墓 14 号漆圆盒的盖上以及外壁烙印文字为"咸亭"和"咸亭包"。M49 战国晚期墓 5 号彩绘漆圆奁外底烙印"咸亭"。上述事实清楚表明，这些漆器虽出土于湖北云梦，产地却在陕西咸阳，自当属秦国漆器。云梦 M46 随葬的漆器有圆盒、双耳圆盒、圆奁、盂、卮、耳杯。M49 随葬的漆器有扁壶、圆奁和耳杯。此种漆器的组合与楚漆器不同，却与巴蜀漆器十分接近。公元前 329 年，秦灭巴蜀后，在巴蜀漆器的影响下，秦国的漆器制造业有了迅速的发展。巴蜀漆器有标明产地的习惯，秦漆器也继承了这一传统作风。

迄今发现的北方地区战国漆器，无论是出土地点还是出土数量均远较南方为少。究其原因，一方面固然与楚墓埋葬时采用棺椁外封白膏泥等技术手段，使漆器易于保存有关；另一方面也客观反映出因大部分北方地区气候干燥，漆器生产难度较大，故此北方漆器的制作主要是为少数贵族提供奢侈品和礼器，生产及使用自然不如南方普及。北方漆器生产规模虽小，但因具有为统治阶层服务的性质，其工艺水平仍然很高。金属装饰和扣器工艺的应用，是北方漆器的重要特点。北方漆器以黑地朱绘为多见，彩绘的颜色还有黄、棕、褐、绿等，以云纹、雷纹、凤纹、蟠龙纹等构成单独或连续的图案，仍大体延续商周以来髹饰工艺的传统风格。

第十一章　东周时期的社会生活

第一节　东周时期的金属货币

中国最早的金属铸币出现于春秋中晚期，战国时逐渐繁荣起来，形成了四大货币体系：以东部的齐国、燕国为代表的刀币系统；以中原地区东周和三晋为代表的布币系统；以西部秦国为代表的圜钱系统及以南方楚国为代表的蚁鼻钱。

一　齐国、燕国的铜刀币

一般认为刀币是从实用的刀削脱胎演化而来。弧背，弧刃，刀首多向内斜，柄端有一圆环。按形制分可分为大刀（齐刀）、尖首刀、折刀（明刀）和直刀等类。

（一）大刀（齐刀）

大刀多出在山东境内齐国故地出土，又被称为齐刀或齐大刀。其刀体宽大，是刀币中形体最大，铸造最为精美的。常见的齐刀币上的铭文有"齐法化"、"齐之法化"、"安阳之法化"、"即墨之法化"、"即墨法化"、"齐建邦𨱒法化"等。出土的齐刀币中以"齐法化"数量最多。1972年海阳汪格庄发现一钱币窖藏，出土刀币1800多枚，其中完整的有1587枚[1]。出土时每20或20多枚为一束，长方形排列，刀头与刀头、刀柄与刀柄相叠放，不见有绳索捆缚的痕迹，但刀币堆积周围有腐朽的杉木灰，推测可能盛装于木箱之中。这批刀币中含"齐法化"1469枚，"齐之法化"46枚，"即墨之法化"29枚，"安阳之法化"40枚，"齐建邦𨱒法化"3枚（图11-1），是历年所发现的齐币窖藏中数量最多的。据发掘者统计，"即墨之法化"与"齐之法化"形体最大，通常长在18.5厘米，宽在2.8~3厘米；"即墨之法化"重量在59~61克，"齐之法化"一般在47.5~48.5克。"齐法化"通长为17.8~18.7厘米，宽2.8厘米，重量一般在45~47克。"齐建邦𨱒法化"最轻，一般为43克左右。汪格庄的这批钱币窖藏是所有发现的齐币窖藏中经过测重和量尺的唯一一批。

山东临淄安合村西南的一处铸钱遗址，位于齐国故城宫城南部近城墙处，出土夹砂陶质

---

[1] A. 朱活：《谈山东海阳出土的齐国刀化——兼论齐刀的购买力》，《文物》1980年第2期。
　　B. 孙善德：《山东海阳出土一批齐刀化》，《文物》1980年第2期。

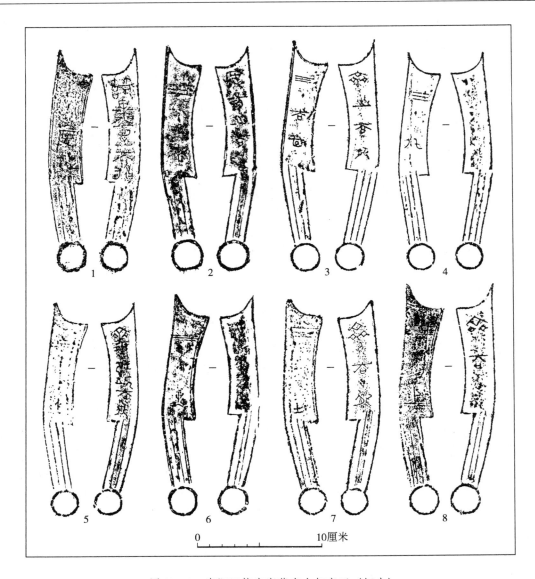

图 11-1 海阳汪格庄窖藏出土铜齐刀（拓本）
1."即墨之法化"　2."安阳之法化"　3、4."齐之法化"　5."齐建邦张法化"　6~8."齐法化"

齐刀币范，共8方，均为"齐法化"之范[1]。这批钱范虽残，但钱模各部分皆有，能观其全貌。"齐法化"刀币长度在18~18.5厘米，币模长为19.5厘米，注槽长6.5厘米，这样可知整范长至少要有27厘米，宽13.5厘米（图11-2）。据说，临淄还曾发现过"齐法化"石范及铜质齐刀范母，但数量不多[2]。见于著录的还有3件铜母范，均为"齐法化"母范。

---

[1] 张龙海、李剑：《山东齐国故城内新出土刀币钱范》，《考古》1988年第11期。
[2] 王献唐：《齐国铸钱的三个阶段》，《考古》1963年第11期。

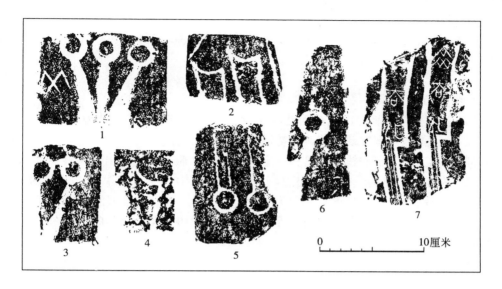

图 11-2　临淄安合村铸钱遗址出土"齐法化"陶范（拓本）
1~7. 安02、06、04、07、01、03、05

有的学者据齐币的重量、出土情况、铭文、字体等，认为带"之"字的法化是姜齐所铸的货币，"齐建邦㐰法化"为田氏代齐时所发行的纪念币，"齐法化"为田齐发行的货币[1]。虽然到目前为止尚没有发现出土于墓葬和地层中的齐刀币，可以证实其纪年。但各种齐刀币的早晚关系从其窖藏情况也可窥得一二。山东崂山南庄村出土齐刀币397枚[2]，即墨毛家岭四村出土齐刀币30枚[3]，均为"齐法化"；栖霞潘家庄出土齐刀币196枚，完整的143枚，其中"齐法化"123枚，"即墨之法化"14枚，"安阳之法化"4枚，"齐之法化"1枚，"齐建邦㐰法化"1枚[4]；博兴田家村出土齐刀币105枚，其中"齐法化"99枚，"齐之法化"和"安阳之法化"各1枚，"賹四化"4枚[5]；田家村的另一批窖藏出土齐刀币254枚，其中"齐法化"210枚，"即墨之法化"6枚，"齐之法化"5枚，"安阳之法化"1枚，另有"賹化"钱32枚[6]；济南五里牌坊出土钱币759枚，其中圜钱601枚，刀币59枚以"齐法化"为主[7]；日照竹园村出土的319枚钱币中，刀币占60%，其中"齐法化"188枚，圜钱122枚[8]。江苏赣榆河东尚庄村出土齐刀币40余枚，除少数

---

[1] 朱活：《古钱新探》，齐鲁书社，1984年。
[2] 崂山县文物管理所：《山东崂山县发现战国齐刀币》，《考古》1988年第1期。
[3] 江志礼、王灵光：《山东即墨出土一批战国刀币》，《考古》1995年第5期。
[4] 李元章：《山东栖霞县出土一批齐刀化》，《文物》1985年第1期。
[5] 常叙政：《山东博兴出土齐国货币》，《文物》1984年第10期。
[6] 李少南：《山东博兴县出土齐国货币》，《考古》1984年第11期。
[7] 朱活：《古钱新探》，齐鲁书社，1984年。
[8] 刘心健、杨深赴：《日照县出土两批齐国货币》，《文物》1980年第2期。

为"齐之法化"和"齐建邦张法化"外,绝大多数为"齐法化"[1]。齐圜钱是战国末期在秦国的影响下出现的,从齐刀币的出土及其伴出的情况看,"齐法化"应是齐刀币中较晚的铸币。

(二) 尖首刀

尖首刀是燕国的早期铸币,在河北的中部、北部原燕国境内有大量出土,辽宁、天津、北京、山东等地也有发现。其典型特征是刀首宽大尖锐呈斜坡状,与中原地区商周时的青铜刀削近似,无固定的钱文。具有一定的原始性。燕下都遗址出土尖首刀共1854枚,完整的1196枚(图11-3),分四批出土[2]。军营村计1843枚,郎井村、高陌村(两批)的刀币窖藏均以明刀为主,尖首刀分别为8枚、2枚和1枚。尖首刀的铸行年代,学者争论不一,近年来普遍认为为春秋中期至战国初年铸行。1966年,易县郎井村东出土一尖首刀五刀背面范[3],泥质,范面平整,上刻五枚尖首刀背面铸腔,刀化铸腔通长14.4~14.5厘米,刀首最宽1.8厘米,环径1.4~1.6厘米,范坯底端11.8厘米,上端宽约10.4厘米,厚2~2.3厘米。侧面有二道阴线合范号,浇注口及浇注槽道均残缺。

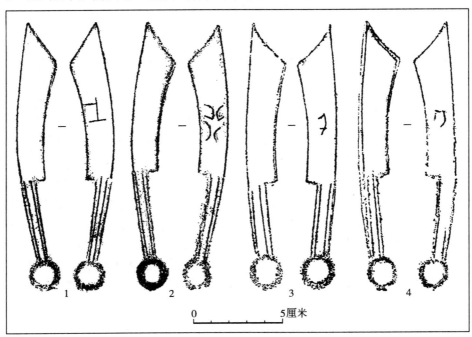

图 11-3 易县燕下都出土铜尖首刀(拓本)
1~4. 79JY:01:673、556、721、61

---

[1] 李克文:《江苏赣榆县河东尚庄村出土齐刀币》,《考古》1997年第10期。
[2] 石永士、石磊:《燕下都东周货币聚珍》第4页,文物出版社,1996年。
[3] 石永士、石磊:《燕下都东周货币聚珍》第286页,文物出版社,1996年。

尖首刀是刀币的最初形制，其后发展成为燕明刀，这一点已被大多数学者所认同。

尖首刀中有一种特殊类型，其刀首尖细如针，被称为针首刀。它主要发现于河北的张家口、承德及辽东等地，数量很少，这一地区在春秋战国之际为燕人与少数民族山戎、东胡杂居之处，有些学者据此认为这是生活在这一地区的山戎、东胡部族依据燕币的形制所仿铸的。

另外，在山东地区还出有一种被称为截首刀的刀币，即将尖首刀由其刀背中部向刀刃上部斜着截去刀首。此刀币的铸行时间及国别不明，有待考古新发现来解决。

（三）折刀（明刀）

折刀（明刀）出土范围广泛，在河北、北京、山西、山东、河南、陕西、辽宁、吉林等省及内蒙古自治区均有数量不等的发现。出土数量极多，据不完全统计，有重量、数量可查者，已达3800余市斤和58000余枚[1]。折刀的共同特点是在其刀币上均以"明"字作为面文，曾被释为"明"字，所以常被称为"明刀"，今学者多释"明"作"匽"字。

明刀按其形制可分为弧背刀和折背刀两种。弧背刀刀身圆折，弧背，凹刃，身较宽，柄略短。所铸"匽"字两笔外撇，呈新月状。早期的弧背刀背文与尖首刀钱文相同，形制也基本相同，承袭关系十分明显。折背刀刀身方折，刀首坡度小，刀身上下基本相等，面文"匽"字呈眼形。与弧背刀相比，折背刀铜质较差，含铅量明显增多，锈蚀严重。

1999年，辽宁凌源西南三十家子村出土明刀[2]，小陶罐内有明刀80余枚，针首刀3枚。明刀弧背，呈黑绿色，刀口毛边，通长为14~14.7厘米，宽1.8~2.2厘米，重14~18.5克（图11-4），为明刀的早期形式。河北承德地区出土了几批明刀币[3]，双峰寺镇老西营村出土明刀币11933枚，上谷乡大郭杖子村出土2734枚，五道河乡十一道河村出土明刀818枚。上述几批明刀币均为弧背与折背混出，其中折背刀均多于弧背刀。河北涞水西武泉村出土刀币62枚[4]，其中尖首刀1枚，明刀61枚。明刀中有折背刀53枚，锈蚀严重。

明刀多在燕国旧地出土，为燕国官铸货币已无疑议。但在山东的东部和北部及燕齐交界的河北境内也曾发现有明刀出土。1990年，山东平度发现一"明"刀钱范[5]。此范为泥质，已残，尚存刀首与刀身部分，残长7厘米，宽13厘米，最厚处为2.9厘米，范上刻有钱模5枚。"明"字字体细长方折，与所说的齐明刀情况相符。齐国境内所铸的明刀究竟是燕占齐时在齐国境内的铸币，还是齐国的自铸货币，学界尚无定论。近来，有学者对燕明刀、齐刀、齐明刀三者进行了合金成分分析，其结果表明，齐明刀的合金成分与燕明

---

[1] 石永士、王素芳：《燕国货币的发现与研究》，《中国钱币论文集》第二辑，中国金融出版社，1992年。
[2] 黄锡全、赵仁久：《近年出土的早期明刀、尖首刀》，《中国钱币》2001年第2期。
[3] 承德县文物保护管理所：《承德出土战国钱币》，《文物春秋》1993年第4期。
[4] 朱学武：《河北涞水西武泉村出土燕国货币》，《文物春秋》1991年第1期。
[5] 杨树民：《山东平度发现战国"明"刀钱范》，《考古与文物》1994年第5期。

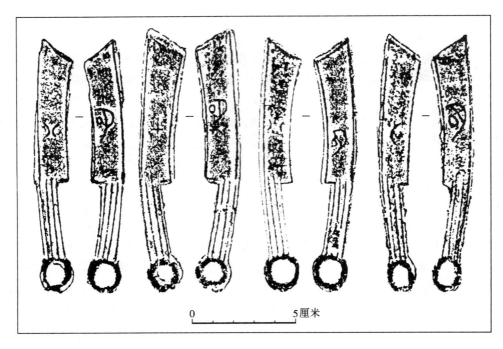

图 11-4　凌源三十家子村窖藏出土铜明刀（拓本）

刀接近，而有别于齐刀[1]。河北沧县萧家楼战国遗址曾发现一大批明刀，基本完整的共计 10399 枚，出土时叠置坑中，捆扎成束，并有陶瓮和残铁镬同出[2]，长度为 13.8～14.5 厘米，绝大多数含铅量达 50% 以上，含铜量超过 50% 的仅 30 余枚，最重的每枚 25.3 克，轻的仅 12.7 克，质量较差。这批明刀均作弧背，"明"字外笔多长而下垂，圆折或方折，与过去公认的齐明刀（即博山刀）十分接近，但背文不见"齐化"两字。这批刀币为何国所铸，尚有争议。

（四）直刀

直刀是赵国仿效燕刀、齐刀铸行的又一种刀币，其主要特点是形体轻薄，背、刃略见弧形，刀首圆钝，又被称为钝首刀。面文多为地名，如"甘丹"、"白人"等，背以素面居多。在山西、河北等赵国旧地均有出土。

与"甘丹"、"白人"刀形状相似的"成帛"刀在河北平山的中山国灵寿故城有大量出土。灵寿故城五号遗址西南角处发现的两座战国中期刀币窖藏，共出土"成帛"刀币 1501 枚，占总量的 78%；另外还有明刀 374 枚，"甘丹"和"白化"刀币 47 枚共出，出土时捆扎有序[3]。在铸铜作坊遗址西北部发现一件"成帛"刀币石范，为青板石磨制而成，有

---

[1]　周卫荣：《再论"齐"明刀》，《中国钱币》1996 年第 2 期。
[2]　天津市文物管理处：《河北沧县肖家楼出土的刀币》，《考古》1973 年第 1 期。
[3]　陈应祺：《中山国灵寿城址出土货币研究》，《中国钱币》1995 年第 2 期。

明显的使用痕迹,流咽经高温变白,断裂后被废弃[1]。"成帛"刀币集中出土于中山国境内,其他地区少有发现。

刀币主要流行于战国时东部诸国,齐、燕故地有大量出土。中原地区的赵国、中山国也有刀币及币范发现,尚没有证据表明中原地区的刀币在形制上与东部诸国有何承袭关系,但受其影响或为了商品贸易的需要而仿制是可以理解的。在刀币的研究中,诸如"博山刀"、"成帛刀"、"针首刀"及"截首刀"等诸多问题还有待更多材料的发现。

二 三晋地区的铜布币

布币被认为是由铲一类的青铜农具演化而来。按其形制将其分为空首布、平首布、圆足布及殊布等。布币的最初形态为空首布,即上端有銎,下端有宽大的铲形钱面。

(一) 空首布

空首布在山西、河南等地多有发现。1990年山西曲沃曲村出土两枚空首布,形制相同,均空首,平肩微耸,弧裆,尖足,高度分别为15厘米、15.2厘米,重量分别为70.2克和84.5克。这两枚空首布埋藏于一个小窖穴中,据地层分析,这两枚布币的时代应为春秋中期,这是目前所知考古发现年代最早的空首布[2]。春秋晚期至战国中期,空首布在上述地区大量出土。山西侯马牛村古城两次发现空首布窖藏:1959年发现大型耸肩尖足空首布12枚[3],1986年发现200枚以上[4],两次发现的布币形制大小、重量十分相近。有人认为那里发现有炼炉残迹和坩埚碎片,又有大量的空首布内范,表明这些空首布大概是在当地铸造的[5]。另在山西的新绛、稷山也发现与侯马铸币形制相同的空首布。

河南出土的空首布集中在洛阳、汝州一带。伊川富留店村出土753枚空首布[6],其中大型平肩的604枚,另有斜肩的149枚。大型平肩空首布通长9.3~10.1厘米,重量多为30克左右,钱文多达九十种。斜肩空首布通长8.5~8.8厘米,净重一般19.3克,钱文均为"武"字(图11-5)。新安牛丈村的钱币窖藏出土空首布401枚[7],除1枚钱文有异外,均为小型平肩的"安臧"布,通长6.3~7.4厘米,净重多为15.3克左右。发掘者认为上述两处窖藏的时代属于春秋中期和晚期稍后。洛阳小屯村发现一罐空首布,共354枚,分为平肩和斜肩两类。平肩空首布277枚,其中大型布8枚,中型布14枚,小型布255枚;斜肩空首布77枚,中型布76枚,小型布1枚[8]。此窖藏位于东周王城的西北角,

---

[1] 陈应祺:《中山国灵寿城址出土货币研究》,《中国钱币》1995年第2期。
[2] 赵云峰:《记山西曲沃县出土的春秋布币——兼谈布币的渊源问题》,《中国钱币》1996年第2期。
[3] 山西省文管会侯马工作站:《1959年侯马"牛村古城"南东周遗址发掘简报》,《文物》1960年第8期。
[4] 周忠:《山西侯马发现春秋晚期空首布》,《中国钱币》1994年第2期。
[5] 中国社会科学院考古研究所:《新中国的考古发现和研究》,文物出版社,1984年。
[6] 洛阳博物馆:《洛阳附近出土的三批空首布》,《考古》1974年第1期。
[7] 洛阳博物馆:《洛阳附近出土的三批空首布》,《考古》1974年第1期。
[8] 李红、岳梅:《洛阳小屯村发现东周空首布》,《文物》1998年第12期。

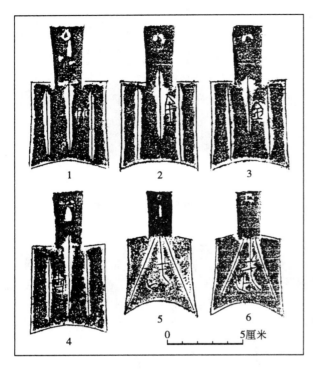

图 11-5　伊川富留店窖藏出土铜空首布（拓本）
1~4. 大型平肩空首布　5、6. "武"字斜肩空首布

时间为战国早期或略晚。汝州自 20 世纪 50 年代以来共出土空首布约 1000 余枚[1]，均为大型平肩弧足空首布，通常长在 9.3~9.7 厘米，带范芯重为 32~34 克。多数铸字，有钱文五十余种。宜阳花庄村窖藏，共出空首布 1789 枚，总重 61 公斤[2]。出土时首部朝外，层层叠压，圈圈相套。这批布币均斜肩弧足，钱面中间皆有文字，两旁各有一道斜纹，文字有"武"、"卢氏"、"三川釿"等，通常长在 7.8~8.8 厘米之间，重 18.6~27.2 克，皆为中型布。1986 年临汝雷湾村出土 29 枚平肩弧足空首布，分为大型、中型、小型三种[3]。

目前最早发现的空首布是在春秋中期，下限大约延至战国中期，在使用过程中，经历了币形由大变小的过程。耸肩尖足空首布多发现于山西，基本上为晋国货币，也有出于赵国的；平肩空首布和斜肩空首布多出于周王畿之内及韩国、晋国故地。

（二）平首布

平首布的出土数量较空首布多，形状也比较复杂，分布的范围更加广泛，在北京、天津、山西、河南、河北、内蒙古、辽宁、吉林、陕西、江苏、安徽、山东等许多地区都有发现，集中出土于山西、河南、河北三地。

山西阳高天桥村战国晚期窖藏，出土的平首布数量最多，总重 102 公斤，共计 13000 枚[4]。放置整齐，呈宽 0.33 米、长 0.66 米的一堆，布币的首部还能看出绳索捆扎的痕迹。这批布币以平肩方足布为主，共 11630 枚，占总数的 90%；平肩尖足布 417 枚，另有耸肩方足布近千枚（图 11-6）。平肩方足布中形制较小的占三分之二以上，长 4.5~4.7 厘米，宽 2.5 厘米，重 5~5.5 克；体形较大的长 5 厘米，宽 3 厘米，重 12~14 克。尖足布长 5.5 厘米，宽 2.6 厘米，重 6.5~7 克。这些布币钱文的七十个地名中除 1 枚为"东周布"和少数的燕币外，大体为三晋货币，其中属赵国的占多数，共计 7000 余枚。400 枚尖

---

[1] 陈宏焱：《河南汝州出土的空首布》，《中国钱币》1996 年第 2 期。
[2] 赵安杰、张怀银：《河南宜阳花庄村出土一批空首布》，《文物》1986 年第 10 期。
[3] 米士诚、郭凤娥：《河南临汝出土空首布币》，《文物》1990 年第 7 期。
[4] 山西省文物管理委员会：《山西阳高天桥出土的战国货币》，《考古》1965 年第 4 期。

足布有十几个地名，出现最多的是"晋阳"、"兹氏"和"平周"，各百枚左右。方足布中所记地名以"安阳"较多。

郑州沟赵乡出土的 2065 枚布币盛装于一战国灰陶绳纹圜底罐内[1]。布币平肩方足，用细绳捆成小捆，每捆 10 枚，出土时绳已腐朽。在经过整理的 1665 枚布币中，"安阳"布共计 951 枚，其中大型的 26 枚，高 5.14 厘米，宽 3.3 厘米；中型共 924 枚，高 4.5 厘米，宽 2.8 厘米；小型的只有 1 枚，高 4 厘米，宽 2.3 厘米。另有"平阳"、"梁邑"、"宅阳"、"襄垣"、"蔺"等币文 63 种。多属于三晋货币，其中赵币占多数。

河北灵寿东城南村的钱币窖藏，一陶瓮出土货币 300 公斤，现存约 100 公斤，有布币 1253 枚。其中以平肩方足布为主，共 629 枚，从钱文看，均为三晋之地。另出耸肩尖足布 2

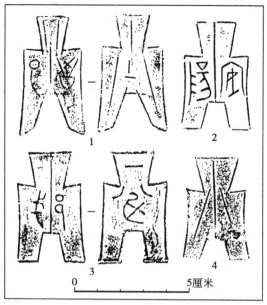

图 11-6　阳高天桥窖藏出土铜平首布（拓本）
1. 平肩尖足布　2. 平肩方足布　3、4. 耸肩方足布

枚，平肩尖足布 4 枚[2]。此窖藏中另有大量的明刀出土，共 2503 枚，占整个窖藏货币数量的 50%。其他还有赵刀 400 余枚，其中"甘丹"刀 101 枚，"白化"刀 83 枚。

内蒙古凉城地区曾先后发现了"安阳"布的石范和铁范。1958 年，包头窝尔吐壕附近的战国遗址出土"安阳"方足布石范 3 件[3]；1989 年凉城郭石匠沟村发现 1 件铁布范[4]，此范近正方形，长 10 厘米，宽 9 厘米，厚 1.4 厘米，重 900 克。正面横列下凹约 0.3 厘米的平肩方足布钱模两个，右侧钱模阴刻反书"安阳"，左侧阴刻反书"戈邑"，铁范下方中部有一梯形浇铸流槽，范四角各有一与背范定位的深约 0.5 厘米的凹坑。背范平整。

除此之外在辽宁地区也有平首布出土。庄河曾先后发现过数个货币窖藏，其中经过整理的四批总重为 60.5 公斤[5]。均为布币与圜钱混出或布币、圜钱、刀币混出。以燕钱为主，其他还有韩、赵、魏等国。所出布币计 3066 枚，方足布占绝大多数，可辨识的尖足布均为赵币。钱文有"武安"、"大阴"、"蔺"、"平州"、"晋阳"、"兹釿"、"中阳"、"襄平"、"安阳"、"益昌"、"皮氏"、"梁邑"等。与上述布币共出的还有圜钱 4987 枚和刀币 110 枚。圜钱圆形方孔，均为燕国"一化"钱；刀币均为燕明刀，其中折背刀较多。

到目前为止，出土的平首布窖藏多属于战国晚期阶段，出土的平首布币中方足布数量

---

[1] 赵新来、陈娟：《郑州市郊沟赵乡出土一批战国布币》，《中原文物》1985 年第 2 期。
[2] 陈丽凤、张慧：《河北灵寿东城南村出土战国窖藏货币整理研究》，《文物春秋》2000 年第 4 期。
[3] 李逸友：《包头市窝尔吐壕发现安阳布范》，《文物》1959 年第 4 期。
[4] 张文芳：《内蒙古凉城县发现安阳、戈邑同范铁范》，《中国钱币》1996 年第 3 期。
[5] 王嗣洲、孙德源、赵华：《辽宁庄河市近年出土的战国货币》，《文物》1994 年第 6 期。

较多，周、三晋地区及燕地均有发现。尖足布均为赵国货币，其他地区绝少见到。

（三）圆足布

在传世的东周布币中还有一种圆足布，其特征是圆首，圆肩，圆足，近年来在山西、河北、河南、陕西及内蒙古等地有少量出土。目前发现钱文有"蔺"和"离石"两种。山西繁峙大李牛村一战国墓中出土5枚圆足布[1]，其中"离石"布1枚，"蔺"字布4枚。通长7.8厘米，宽3.6厘米，重15~18.5克（图11-7-1、2）。中山国灵寿故城出有圆足布范和布币1枚（图11-7-3~5），均为"蔺"字布[2]。河南新郑郑韩故城铸铜遗址出有"蔺"字布陶范55件，"离石"布面陶范13件[3]；后又在城址内小高庄西遗址出圆足布面范、背范110余件，两次共出147件[4]。

圆足布中有一种在首及双足上各有一孔的，被称作"三孔布"。由于三孔布多为传世品，发掘品几乎不见，对三孔布的铸行国学术界有战国秦占领赵地后铸行说[5]、赵国铸币说[6]和战国中山国铸币说[7]三种。持秦铸说和赵铸说者均认为三孔布为战国晚期所铸，

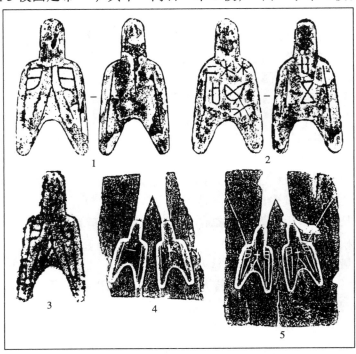

图 11-7 铜圆足布和陶、石布范（拓本）
1. 铜圆足布（大李牛村战国墓） 2. 铜圆足布（大李牛村战国墓）
3. 铜圆足布（灵寿故城） 4. 陶圆足布范（灵寿故城）
5. 石圆足布范（灵寿故城）

---

[1] 朱华、李有成：《简析山西省出土的圆足布》，《中国钱币》1990年第3期。
[2] 陈应祺：《中山国灵寿城址出土货币研究》，《中国钱币》1995年第2期。
[3] 河南省文物考古研究所：《河南新郑新发现的战国钱范》，《华夏考古》1994年第4期。
[4] 蔡全法、马俊才：《新郑郑韩故城出土的战国钱范，有关遗迹及反映的铸钱工艺》，《中国钱币》1995年第2期。
[5] A. 郑家相：《中国古代货币发展史》，三联书店，1958年。
B. 朱活：《古钱新探》，齐鲁书社，1984年。
[6] A. 裘锡圭：《战国货币考·圆肩圆足三孔布汇考》，《北京大学学报》1978年第2期。
B. 李学勤：《战国题铭概述》，《文物》1959年第8期。
C. 张弛：《三孔布考辨》，《中国钱币论文集》第二辑，中国金融出版社，1992年。
[7] 汪庆正：《三孔布为战国中山国货币考》，《中国钱币论文集》第二辑，中国金融出版社，1992年。

持中山国铸说者认为其铸行时间为战国中期。

除上述外，在南方的楚国还铸行一种布币，其形体狭长，平肩方足，腰部稍内凹，首部有一圆孔，体形较大的通长 11 厘米，重 34～35 克，与大型空首布的重量相当，被称为"殊布"。这种布钱主要出于楚疆的东部，即江苏、安徽、山东等地，铸造年代应为战国中期以后。

三　秦国及其他各国的铜圜钱

圜钱为秦国的主要货币，除秦外，齐、燕、魏、赵等国也曾铸造过圜钱。

秦之圜钱分为圆孔圜钱和方孔圜钱两类。圆孔圜钱铸造较早，形态较为原始，直径在 3.6～3.7 厘米，重量在 14 克左右，面文均有"一两"二字。目前所见多为传世品。方孔圜钱直径在 3.5 厘米左右，一般重在 7 克左右，个别重达 10 克以上，面文有"两甾"和"半两"，在墓葬和窖藏中均有发现。1979 年四川青川郝家坪 M50 出秦"半两"钱 7 枚（图 11-8-6～9）。同墓所出的木牍，记载了秦武王二年，王命左丞相甘茂更修田律等事[1]。陕西咸阳黄家沟战国墓出土秦"半两"4 枚[2]；长安张堡发现一釜内出"半两"钱 976 枚，"益化"2 枚（图 11-8-1～5）[3]。

齐燕两国的圜钱均为方孔钱。齐国圜钱的面文分别为"賹六化"、"賹四化"和"賹化"三种，重量分别在 9 克、6 克和 1.5 克左右。主要发现于山东地区，且多与齐刀币同出。燕国的圜钱面文多为"一刀"，重量一般在 1.4～1.5 克之间。在河北、内蒙古、辽宁、吉林等地有大量出土。

三晋地区的圜钱为圆孔圜钱，面文多铸一字，如"垣"、"共"等。

东周各国的圜钱均为战国末期所铸。秦、齐、燕三国的圜钱币文均为币值，三晋地区的多记地名。关于圜钱的始铸国，学术界说法不一：有人认为三晋两周的圜

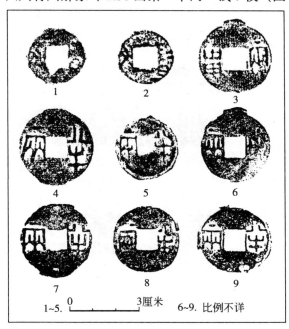

图 11-8　东周秦国铜圜钱（拓本）
1、2."益化"钱（张堡窖藏）　3."两甾"钱（张堡窖藏）
4、5."半两"钱（张堡窖藏）　6～9."半两"钱（郝家坪 M50）

---

[1]　四川省博物馆、青川县文化馆：《青川县出土秦更修田律木牍——四川青川县战国墓发掘简报》，《文物》1982 年第 1 期。
[2]　秦都咸阳考古队：《咸阳市黄家沟战国墓发掘简报》，《考古与文物》1982 年第 6 期。
[3]　A. 陈尊祥、路远：《首帕张堡窖藏秦钱清理报告》，《中国钱币》1987 年第 3 期。
　　B. 陈尊祥、钱屿：《陕西长安张堡秦钱窖藏》，《考古与文物》1987 年第 5 期。

钱形制属秦制，魏圜钱是受到秦币的影响而出现的[1]；也有学者据钱的形制、重量认为圜钱首行于魏国的可能性极大[2]。

四 楚国的铜贝和金版

楚铜贝为楚国所特有的金属铸币，其钱身椭圆，正面突起，背平或内凹，上狭下宽，旧称"蚁鼻钱"、"鬼脸钱"。在战国时期的楚境发现较多，湖北、湖南、河南、安徽、江苏、浙江、山东等都有发现。据不完全统计，全国已出土楚铜贝100余次，约计15万余枚[3]。

山东曲阜董大城村出土的铜贝共计15978枚，均为"咒字贝"。出土时盛于一陶瓮中，并有大小"半两"钱各1枚同出[4]。这批钱分为大、中、小三种，最大的长1.8厘米，宽1.2厘米，重4.2克；最小的长1.2厘米，宽0.7厘米，重0.6克，重量相差六倍。湖北孝感野猪湖出土的一批，共计4745枚，一般长2厘米，宽1.3厘米，平均重4.37克，也有重5.4克和3.5克的[5]，重量大于董大城村所出。安徽肥西新仓乡出土铜贝11279枚，其中"咒字贝"11231枚，重量平均为2.62克[6]。河南固始出土的"咒字贝"4700余枚，重量在1.1~2克之间[7]。楚贝的铜范目前见于报道的共四件，均从废品中拣选而来。

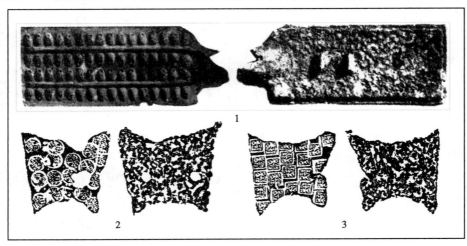

图11-9 东周楚国铜贝范和金版
1.铜贝范（繁昌窖藏） 2."卢金"金版拓本（西门窖藏） 3."郢爯"金版拓本（西门窖藏）

---

[1] 朱活：《古钱新探》，齐鲁书社，1984年。
[2] 黄锡全：《先秦货币通论》，紫禁城出版社，2001年。
[3] 黄锡全：《先秦货币通论》，紫禁城出版社，2001年。
[4] 朱活：《蚁鼻新续解——谈山东省曲阜县董大城村出土的楚国蚁鼻钱兼论鲁国的货币经济》，《古钱新探》，齐鲁书社，1984年。
[5] 程欣人：《湖北孝感野猪湖中发现大批楚国铜贝》，《考古》1964年第7期；《孝感县发现的楚贝整理完毕》，《文物》1965年第12期。
[6] 吕长孔、梅凌：《安徽肥西县新仓乡出土蚁鼻钱》，《中国钱币》1994年第3期。
[7] 方宇光：《一批珍贵的楚贝币》，《中国钱币》1990年第3期。

1982年安徽繁昌发现的二件铜贝范基本完整，长方形，一端有半圆筒形浇铸口。一件残长27厘米，宽10.7厘米；厚0.9厘米；另一件残长25厘米，宽10.8厘米，厚0.9厘米。正面有四行贝型范作对称排列，每行有16枚贝型范，共64枚（图11-9-1）。其中一件在浇铸槽沟分叉处多一枚贝型范。浇铸槽由浇铸口分两支进入每个贝型范。贝型范中刻阳文"巽"[1]。另外二件为上海博物馆在上海冶炼厂废铜中拣选而得[2]，一件完整，一件残破。

楚铸金版是楚国的另一种货币，主要见于安徽、江苏、河南、陕西等省。1979年安徽寿县门西村出土金版19块[3]，其中钤印"卢金"圆形印记的5块（图11-9-2），有4块近方形，分别为21、19、18、16枚，另有1块存约四分之三；钤印"郢爯"方印的共2块（图11-9-3），均为22枚；另有12块无印迹。这批金币多为不规则的方形，通长7~8厘米，宽5~6厘米，厚35毫米，重量一般在260~265克左右。最重的一块系由圆饼切割而近三角形，重量为416.7克。"卢金"含金量为94%~95%，其余的含金量为97%~98%。1974年河南扶沟古城村出土金币392块[4]，重8183.3克，盛一铜壶内，另同出一铜鼎内盛银币18块。金币中有金版195块，金饼197块。金版中钤印有"郢爯"、"陈爯"、"鄟爯"、"卣"等字样。

第二节 东周时期的度量衡器

度量衡制的形成有着相当长的发展过程，它是在人类自身和人类社会不断发展的过程中出现并逐渐成熟的。尺度是度量衡制中出现最早，并较早发育成熟的。

一 尺度

从考古发掘获取的材料可以看出，远在新石器时代，随着原始的建筑如房屋、祭坛等的出现，简单的测量手段就已经出现了。到目前为止我们所能见到的尺的最早实物是据传出土于河南安阳殷墟的二把牙尺（现分别藏于中国历史博物馆和上海博物馆）和一把骨尺（原藏中央博物馆）。三把尺的长度均在16~17厘米之间[5]。

到目前为止，我们所能见到东周时期的尺共5件。

1986年，甘肃天水放马滩战国秦墓中出土一把木尺[6]，系长条方木制成。尺全长90.5厘米，宽3.2厘米，厚2厘米。其一端有一长柄，空出20.5厘米无刻度；另一端呈圆形，空出10厘米无刻度；中间一段刻26条线纹，间距为2.4厘米，不刻分，每5度为一

---

[1] 陈衍麟：《安徽繁昌拣选的楚铜贝范》，《考古与文物》1989年第2期。
[2] 陆松麟：《上海博物馆藏贝铜范》，《中国钱币》1983年第2期。
[3] 涂书田：《安徽省寿县出土一大批楚金币》，《文物》1980年第10期。
[4] 河南省博物馆、扶沟县文化馆：《河南扶沟古城出土的楚金银币》，《文物》1980年第10期。
[5] 丘光明：《中国历代度量衡考》，科学出版社，1992年。
[6] 甘肃省文物考古研究所、天水市北道区文化馆：《甘肃天水放马滩战国秦汉墓群的发掘》，《文物》1989年第2期。

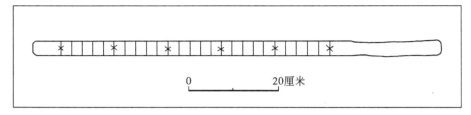

图 11-10 天水放马滩秦墓出土木尺 （M1:24）

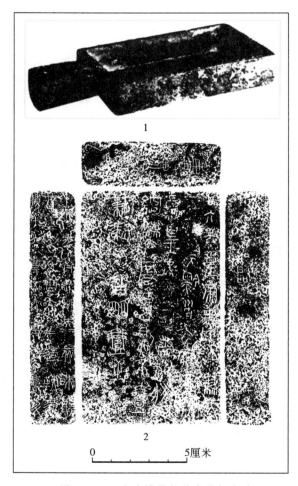

图 11-11 上海博物馆藏商鞅铜方升
1.商鞅铜方升　2.商鞅铜方升铭文拓本

组，用"×"表示，正背面刻度相同，刻度部分长 60 厘米，每尺合 24 厘米（图 11-10）。这把木尺尺寸较大，刻度不精，却是目前为止唯一一件经科学发掘出土的东周尺。所标刻度与商鞅量尺相差不大，发掘者认为是民间木工用尺，也有人认为用于地形测量。

商鞅铜方升为秦国的标准量器（图 11-11），其以度审容，提供了战国时秦国一尺的标准长度。其铭文为："十八年，齐遣卿大夫众来聘，冬十二月乙酉，大良造鞅爰积十六尊五分尊壹为升……" 1935 年，唐兰对商鞅量尺进行了推算，"'商鞅量'之内容，长'刘歆铜斛尺'五寸四分，广三寸，深一寸，以从广相乘，得幂十六寸又五分寸之一，又以深一寸乘之，得积十六寸又五分寸之一。"[1] 从而证明商鞅量尺的长度恰与"刘歆铜斛尺"相同，即为 23.1 厘米。1977 年，上海计量测试管理局协同上海博物馆对商鞅量进行了实测，得出商鞅尺的平均长度为 23.2 厘米[2]，与唐兰所推算的尺长 23.1 厘米仅差了 0.1 厘米。商鞅铜方升在秦孝公时铸造使用，至始皇统一六国后重又颁诏推广至全国，作为国家的标准量器，由其所测

---

[1] 唐兰：《商鞅量与商鞅尺》，《国学季刊》第五卷，第四号，1936 年。
[2] 上海博物馆青铜器研究组：《商鞅方升容积实测》，《上海博物馆馆刊》第一期，上海人民出版社，1981 年。

算出的秦尺长度即应为秦国一尺之标准。

现存较为重要的东周尺是相传出土于河南洛阳金村古墓的战国铜尺[1]，长 23.1 厘米，宽 1.7 厘米，厚 0.4 厘米。横断面略呈拱形，正背面均无刻度，仅在一侧刻 10 寸。第 1 寸刻 11 格，其余 9 寸未刻分。5 寸处刻交午线，一端有孔。金村古墓为东周时期墓群，1931 年前后被盗，所出遗物均属战国晚期器物。这件尺刻度不精，制作不甚规整，但长度与秦一尺长度相同，或许即为此期东周一尺之长。

现存的三把战国时期楚国的铜尺出土于长沙和寿县：长沙铜尺分别长 22.7 厘米、23 厘米，寿县铜尺长 22.5 厘米，皆与秦国一尺的长度相近。另外，相传出土于寿县的二支"王铜衡杆"长均为 23.1 厘米，刻 10 等分，其长度恰与秦国一尺的长度相同[2]。

战国时期的度器在很大程度上表现出了极强的趋同性，秦国一尺的长度由商鞅铜方升测算而来，为秦国一尺的标准量值，东周及楚的一尺长度为 23.1 厘米，或与此相近，这样从远在西陲之地的秦到中原腹地的东周，再到南土，一尺的标准均在 23 厘米左右。

二　量器

相对于尺而言，量器的发现要丰富得多，从中可以看出春秋战国时期各国均建立了自己完整的量制体系，有了自己严密的管理系统，但各国之间在称量单位、名称及进制等方面有所不同。

（一）齐国量器

齐国的量器在诸国存世器中数量较多，其中铜量器 9 件，陶量器 3 件。

子禾子铜釜，侈口，束颈，圆鼓腹，平底，腹部最大径处铸耳一对（图 11-12-1）。腹壁刻铭文九行，大意为：子禾子命某某往告陈得：左关釜的容量以仓廪之釜为标准，关䤾以廪䤾为标准，如关人舞弊，增益或减少其容量，均当制止。如关人不从命，则论其事之轻重，施以相当刑罚。

陈纯铜釜，器形与子禾子铜釜相似。腹壁铸铭文七行，大意为陈猶莅事之年的某月戊寅，命左关吏督造左关所用之釜，并要求以仓廪的标准釜进行校量，治器人陈纯。

左关铜䤾，敞口，圜底，口沿处有一流。器外壁刻"左关之䤾"四字铭文（图 11-12-2、3）。

以上三器均为 1857 年山东胶县灵山卫出土[3]，为战国时齐国器，是现存有铭文、能说明年代和量值最早的量器。子禾子铜釜和陈纯铜釜容量相似，经实测子禾子铜釜容 20460 毫升，1 升合 205 毫升；陈纯铜釜容 20580 毫升，1 升合 206 毫升；左关铜䤾即为子禾子铜釜铭文中所提到的"关䤾"，其容量为 2070 毫升，1 升合 207 毫升。

---

[1] 丘光明：《中国历代度量衡考》，科学出版社，1992 年。
[2] 刘东瑞：《谈战国时期的不等臂秤"王"铜衡》，《文物》1979 年第 4 期。
[3] 丘光明：《中国历代度量衡考》，科学出版社，1992 年。

图 11 – 12　东周齐国量器
1. 子禾子铜釜（胶县灵山卫）　2. 左关铜䎒（胶县灵山卫）　3. 左关铜䎒（胶县灵山卫）铭文拓本
4. 公豆陶量（临淄）铭文拓本　5. 公豆陶量（临淄）

右里铜量，共 4 件。其中 2 件相传出土于山东淄博临淄区[1]，另 2 件一大一小，出土于临淄区梧台乡一战国窖穴中[2]。这四件铜量皆平沿敞口，器身为圆斗状，斜腹平底，口沿下有一圆柱状长柄向外斜出，与器身相交处有一方形铸片，上端与器沿平齐。器腹部均刻有四字铭文"右里敀鋻"。四件铜量的容积分别为 206、1025、204、1024 毫升，大者约为小者的 5 倍。

䂮宫乡郼里铜量 2 件，也是一大一小。1992 年出土于临淄永流乡刘家庄战国遗址内[3]。器形与"右里铜量"相同，腹部刻铭为"䂮宫乡郼里"五字。容积分别为 1025、205 毫升，亦呈 5 倍关系。

公豆陶量，传山东临淄出土[4]。敞口，深腹，圜底。腹壁有印文两处，一处为阳文"公豆"，一处阴文，字迹不清（图 11 – 12 – 4、5）。容积为 1300 毫升。

公区陶量，传山东临淄出土。器形与公豆陶量相似，腹壁戳印铭文两处，一处阳文"公区"，一处阴文"蘷圜里人忑"。容积为 4847 毫升[5]。

市井陶量，1972 年山东济南天桥区出土[6]，其外壁凸弦纹下戳印一方，释为"垛"。陶量容蒸馏水 4276 毫升。

齐国的量制是东周时期各国量制中唯一有文献记载的。《左传·昭公三年》载"齐旧

---

[1]　丘光明：《中国历代度量衡考》，科学出版社，1992 年。
[2]　魏成敏、朱玉德：《山东临淄新发现的战国齐量》，《考古》1996 年第 4 期。
[3]　魏成敏、朱玉德：《山东临淄新发现的战国齐量》，《考古》1996 年第 4 期。
[4]　国家计量总局：《中国古代度量衡图集》，文物出版社，1981 年。
[5]　国家计量总局：《中国古代度量衡图集》，文物出版社，1981 年。
[6]　朱活：《谈山东海阳出土的齐国刀化》，《文物》1980 年第 2 期。

四量，豆区釜钟，四升为豆，各自其四，以登於釜，釜十则钟。陈氏三量，皆登一焉，钟乃大矣"。由此可知春秋时齐国的量制有新旧之别，旧制以四为进制。至田氏代齐时，改为五进制。但"陈氏三量，皆登一焉"的记述十分简单，以致后代学者对此看法不一[1]。

上文列举的 12 件量器中，除公区、公豆尚有争议外，其他 10 件量器为田氏代齐之后的新量已得到公认。这其中"右里铜量"4 件、"奉宫乡鄅里铜量"2 件皆为 5 倍关系，两两成对出土，小者的容量均为齐国 1 升的容积，大者即应为升的上级进制"豆"，再与文献所载相印证，齐国新量的进位关系即为：5 升为 1 豆，4 豆为 1 区，5 区为 1 釜，10 釜为 1 钟。其量值如下：

1 升约为 205 毫升
1 豆约为 1025 毫升　　（5 升）
1 区约为 4100 毫升　　（20 升）
1 釜约为 20500 毫升　　（100 升）
1 钟约为 205000 毫升　　（1000 升）

所得出的 1 釜之值与子禾子铜釜、陈纯铜釜实测容积相近，1 区与市井陶量的容积相近。

公豆陶量和公区陶量的量值均大于我们所推算的 1 豆、1 区之值，或为齐国旧的量器，其标准值如何，尚有待于新的发现来测算。

值得一提的是"左关铜𨨏"的"𨨏"为文献记载所不见。左关铜𨨏容量为 2070 毫升，约为 1 区量值的一半，即 1 𨨏为 10 升，将𨨏加到豆、区之间后，齐的新量值的进位关系如下：1 豆为 5 升，1 𨨏为 10 升，1 区为 20 升，1 釜为 100 升，1 钟为 1000 升。齐国容量制度已从四进制和十进制同时并用，发展到统一使用十进制了[2]。

（二）秦国量器

东周时期的秦国量器目前只发现了 2 件。

商鞅铜方升，为秦孝公十八年（公元前 344 年）商鞅任"大良造"时颁发的标准量器。器身为长方形，有一短柄，器壁及底部均刻有铭文。经实测，方升容积为 202 毫升。

---

[1] A. 晋杜预《春秋经传集解》载："登，加也，加一谓加旧量之一也，以五升为豆，五豆为区，五区为釜，则区二斗，釜八斗，钟八斛。"即 5 升为 1 豆；5 豆为 1 区；5 区为 1 釜；10 釜为 1 钟。
B. 孙诒让《左传齐新旧量义》（《籀庼述林》卷二）认为："今考陈氏新量之釜，盖十斗非八斗也。依《传》文当以四升为豆不加，而加五豆为区，则二斗，五区为釜，则斛，积至钟则十斛。所谓'三量皆登一'者，谓四量唯豆不加，故登者止三量，而钟亦在三量之中也。"即 4 升为 1 豆；5 豆为 1 区；5 区为 1 釜；10 釜为 1 钟。
C. 莫枯《齐量新议》（《上海博物馆馆刊》第 3 期，1986 年）指出齐的新量的进位关系应为 5 升为 1 豆；4 豆为 1 区；5 区为 1 釜；10 釜为 1 钟。
D. 丘光明《中国历代度量衡考》（科学出版社，1992 年）在对齐国量器进行实测、进位制和量制单位研究的基础上，肯定了孙诒让之说。

[2] 丘光明：《中国历代度量衡考》，科学出版社，1992 年。

陶量，1976年湖北云梦睡虎地 M7 出土[1]。平口，直壁，平底，器身呈圆筒形，外壁饰凹弦纹 10 余道。云梦地区在战国晚期属秦国南郡。M7 的墓室门楣上刻有"五十一年曲阳徒邦"八字，可知此墓下葬于秦昭襄王五十一年（公元前 256 年），即此陶量制作的下限时代。经实测此陶量容量为 2000 毫升。

除上述 2 件量器外，尚有许多刻铭容量的容器，不一一叙述。

秦国的量器虽发现不多，但有商鞅铜方升这样记容准确，渊源清晰的国家标准量器，战国时秦国的容量制度已大致清楚，即 1 升为 202 毫升。

秦国的容量单位从器物上只见有升、斗两级，从文献中还可以见到桶、甬、斛等，后三者在战国时期时常混用，均为十斗之量。由此秦国的量制为：1 斛为 10 斗，1 斗为 10 升。

（三）楚国量器

现已发现楚国铜量 6 件。

"郢大府"铜量，1976 年安徽凤台出土[2]。平沿，敞口，平底，器身为圆筒形，器身中部有环形柄（图 11-13-1、2）。外壁有"郢大府之□笭"刻铭。经实测此铜量容积为 1110 毫升，折算每升为 222 毫升。

"王"铜量，1957 年安徽淮南出土[3]。器形与上器相似。器壁刻铭两处，近柄处有"王"字，另一处难以辨认（图 11-13-4）。实测容积为 1125 毫升，若以 5 升计算，合 1 升为 225 毫升。

1933 年安徽寿县朱家集出土铜量 2 件[4]。器形与上述 2 器相似。实测容积分别为 1140 毫升（合 1 升为 228 毫升）和 200 毫升。

1984 年湖南长沙塗家冲废

图 11-13　东周楚国量器
1."郢大府"铜量（凤台）　2."郢大府"铜量铭文拓本　3."邢客"铜量铭文拓本　4."王"铜量（淮南）　5."邢客"铜量（长沙）

---

[1]　云梦县文化馆：《云梦睡虎地秦墓出土陶量——秦斗》，《文物》1978 年第 7 期。
[2]　安徽阜阳地区展览馆文博组：《安徽凤台发现楚国"郢大府"铜量》，《文物》1978 年第 5 期。
[3]　国家计量总局：《中国古代度量衡图集》，文物出版社，1981 年。
[4]　国家计量总局：《中国古代度量衡图集》，文物出版社，1981 年。

铜仓库中拣选的"邗客"铜量，器形与上述四器相似[1]。外壁刻铭文六行56字（图11-13-3、5）。实测容积2300毫升，合1升为230毫升。

1985年湖北大冶出土的铜量[2]已残，形制与上述诸量器相同，出土时倒扣在环权垒成的宝塔形上。计算容积为746.7立方厘米，折算1升为224毫升。

楚国的量器形制与中原地区大不相同。其环柄杯状的造型十分独特，为其他地区所不见。由于所发现的容器中均没有关于容量值及计量单位的刻铭，所以只能根据其他诸国1升约合200毫升作为参考，测出楚国1升的容量在226毫升左右。

（四）三晋及中山等国量器

三晋地区所发现的量器除韩国的3件陶量外，另有25件记铭容器[3]，其中赵国3件，韩国4件，魏国18件。

韩国的3件陶量1977年出土于河南登封告城古阳城炼铁遗址[4]。这3件陶量器形相似，直腹平底，器身呈圆筒形。

廪陶量，口沿处有三方"廪"字印文，为仓廪中所用的量器。经实测容水1830毫升，为1斗之量，折算1升合183毫升。

阳城陶量，口沿有"阳城"印文三方。测容为1860毫升，1升合186毫升。

阳城陶量，残留"阳城"印文二方，复原后实测容水为1855毫升，合1升为186毫升。

韩国的计量单位为"斗"、"升"，1升的量值应在185毫升左右。

三晋中的赵、魏二国没有发现量器，我们从其现有的计容容器中对其计量单位、量值略作推测。赵国记铭容器3件，按其刻铭和实测容积得出的1升量值相差甚大。魏国记铭容器18件，其中8件为圆鼎。鼎球腹，蹄足，双耳厚重，有盖或失盖，盖上三环形纽。在这8件铜鼎上均刻有一记容单位"齋"（与韩国一件带此铭文的鼎器形相似），"齋"为三晋所独有的记容单位，且均出现在这种圆鼎之上，据推算，1齋容积在7143~7228毫升之间[5]。另外，据在"安邑下官铜钟"[6]上的二次刻铭，第一次在腹部，刻"大斛一斗一益少半益"。第二次刻铭在唇部"十三斗一升"。安邑原为魏国都城，后为秦所得，钟腹部刻铭为魏人所刻，唇部刻铭为秦人得此钟后重新标记的容量。经测此钟至唇部容25900毫升，合秦之1升量为197.7毫升，与商鞅铜方升的1升量值近似。至腹部容24600毫升，若魏刻铭"大斛一斗一益少半益"释作"十一斗一益又三分之一益"，那么，魏国1益当合221毫升。据此钟所得的三晋各国的计容单位为升、益、斗、斛等。

---

[1] 周世荣：《楚邗客铜量铭文试释》，《江汉考古》1987年第2期。
[2] 丘光明：《中国历代度量衡考》，科学出版社，1992年。
[3] 丘光明：《中国历代度量衡考》，科学出版社，1992年。
[4] 中国历史博物馆考古组、河南省博物馆登封工作站：《河南登封告城发现战国陶量》，《考古》1980年第6期。
[5] 丘光明：《中国历代度量衡考》，科学出版社，1992年。
[6] 咸阳市博物馆：《陕西咸阳塔儿坡出土的铜器》，《文物》1975年第6期。

图 11-14　东周邾国"廩"陶量及铭文（拓本）

中山国陶量14件均为1986年河北平山三汲乡中山国灵寿故城出土[1]。陶量皆为泥质灰陶，平沿敞口，平底，器身为圆筒形或为覆斗形，饰有弦纹、绳纹或素面。经实测容量除1件为2250毫升外，其他分别是5件为900毫升，4件为1800毫升，4件为3600毫升，呈倍数递增。中山国的这14件陶量多出于冶铁、冶铜或制陶遗址，陶器上的刻铭可见到"邦左二"、"邦□中"等官职名称，却不见计量单位与量值的铭刻，如果以升、斗为单位，1800毫升为1斗，那么中山国的1升应为180毫升[2]。

邾国存世的3件陶量均为仓廩中使用的量器[3]，器形相似，敞口、平沿，颈微束，腹略鼓，平底，腹部有对称的器柄（图11-14）或柄已残。经实测容积在19520～20200毫升之间，与秦1斛或齐的1釜量值相近，若按齐、秦之制折算，邾国1升应在195～202毫升之间。

战国时各国量制单位以升（益）、斗、斛为多，齐国的计量单位有别于他国，但与秦国已成互通之势。目前尚不能确定计量单位的有邾国、中山国和楚国。就器物造形来说陶量以平沿敞口直腹圆筒形为多，此造形在齐、秦、韩、中山等国均有发现，齐之单柄铜量也似为这一造形之变，唯楚国的环柄杯状的量器造形十分独特。各国的单位量值尚有一定出入，最大者如楚1升约合226毫升，最小者韩国1升约合185毫升，其他如齐、秦等国1升的单位量值在195～207毫升之间。

三　衡器

衡制在度量衡三制中或许是出现最晚的。西周青铜器铭文中已见到了"勻"、"孚"等重量单位，但至今却没有衡器出土。我们所见到的最早的两件衡器是春秋时的铜权[4]。其中右伯君铜权（图11-15-1、2）为春秋时齐国衡器，此权的鼻纽半圆体造型与秦权相似，实重198.4克，因无重量刻铭无法推算其量值。

秦国存世的衡器只有"高奴禾石铜权"1枚[5]，此权平底鼻纽，正面铸突起阳文；另

---

[1]　李恩佳：《战国时期中山国的陶量》，《文物》1987年第4期。
[2]　丘光明：《中国历代度量衡考》，科学出版社，1992年。
[3]　A. 山东省文物管理处、山东省博物馆：《山东文物选集》，文物出版社，1959年。
　　B. 丘光明：《中国历代度量衡考》，科学出版社，1992年。
　　C. 邹县文物保管所：《邾国故城出土的两件陶量》，《文物》1982年第3期。
[4]　国家计量总局：《中国古代度量衡图集》，文物出版社，1981年。
[5]　陕西省博物馆：《西安市西郊高窑村出土秦高奴铜石权》，《文物》1964年第9期。

一面加刻秦始皇廿六年诏书和"高奴石"三字（图11-15-3、4），并加刻秦二世元年诏书。由此看来，这枚铜权从铸造之后直至秦亡长期使用，秦国的衡制在此阶段保持着相对的稳定性。秦代的衡制为1石为120斤合30000克，1斤为16两合250克，1两为24铢合15.6克，1铢合0.65克。这枚高奴禾石铜权重30750克，按120斤计算，1斤合256克，1铢合0.67克。

1966年陕西咸阳塔儿坡出土的"私官铜鼎"[1]，刻铭"十三斤八两十四朱"，测其重3500克，折算1斤重259克，1铢重0.67克。

战国时秦1斤的重量约在255克左右。

图11-15 东周齐国、秦国衡器
1. 右伯君铜权（传世品） 2. 右伯君铜权（传世品）铭文拓本
3. 高奴禾石铜权（传世品） 4. 高奴禾石铜权（传世品）铭文拓本

赵国存世的铜权有3件。"司马禾石铜权"纽已残，刻铭中有"禾石半石甾平石"的重量记述[2]。此铜权重30350克，按1禾石为120斤折算，每斤重253克，修复后每斤合258克。"公瓮半石铜权"传1934年出土于山西介休[3]。权身铸"公瓮半石"四字铭文。为官府征收瓮粟时所用的标准权器。"侯兴铜权"刻铭"侯兴寸（铸）半甹三"六字，重70.7克[4]。"半甹"应为记重，单位不明。

上述三件铜权均属于战国时期，计重单位有铢、两、石等。1斤重量应在253克左右。

1976年河北平山中山王墓出土1件铜权[5]。权身为瓜棱形，底略收，上有纽。实测重量为312.6克。因无铭文，计重单位和单位量值不清。

---

[1] 咸阳市博物馆：《陕西咸阳塔儿坡出土的铜器》，《文物》1975年第6期。
[2] 国家计量总局：《中国古代度量衡图集》，文物出版社，1981年。
[3] 罗振玉：《贞松堂集古遗文续编》卷下，1934年。
[4] 国家计量总局：《中国古代度量衡图集》，文物出版社，1981年。
[5] 河北省文物管理处：《河北省平山县战国时期中山国墓葬发掘简报》，《文物》1979年第1期。

从出土的计重铜器中可知中山国的计重单位有石、刀。经折算 1 刀约 12 克左右；1 石为 800 刀，约 9600 克。

洛阳金村古墓曾出土了 7 件东周记重铜器和 2 件银器。铜器上的计重单位为"孚"、"冢"；银器上为"两"、"朱"。"孚"这一重量单位见于西周时期的铜器铭文。"冢"却不见记载。为搞清两者之间的进位关系，有的学者曾用代数方程的方法求得 1 冢约合 23 克；1 孚约合 1230.3 克，1 孚约合 53.5 冢[1]。但考察金村出土的 7 件铜器所刻铭文与实重数值相差很大，仅凭其中两件记重铜器所得可信度不高。有的学者假定 1 孚等于 50 或 100 冢，计算出每 1 孚的量值，然后取平均值。通过计算，认为孚和冢之间的进位关系应为 100 较合理，即 1 孚应在 1300 克左右[2]。

楚国的衡器在湖南、湖北、安徽等楚国旧地有大量出土，有些权值成倍数递增，量值关系十分清楚。1945 年长沙近郊出土一套 10 枚铭为"钧益"的铜环权（图 11-16-1），重量

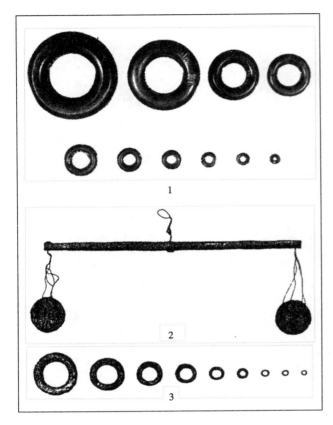

图 11-16 东周楚国衡器
1. "钧益"铜环权（长沙） 2. 天平杆及天平铜盘（长沙左家公山 M15） 3. 铜砝码（长沙左家公山 M15）

大体以倍数递增，分别为 0.69 克、1.3 克、1.9 克、3.9 克、8.0 克、15.5 克、30.3 克、61.6 克、124.4 克、251 克，10 枚相加约为 500 克[3]。

据统计，楚国的权衡器仅长沙一地就出有 327 件，其中天平 12 件，砝码 315 件[4]。

与铜环权配套使用的楚国衡器为一等臂天平。1954 年湖南长沙左家公山一战国木椁墓出土一套完整的权衡器[5]，由衡杆、铜盘和铜环权组成（图 11-16-2）。衡杆为木质，

---

[1] 林巳奈夫：《戦国時代の重量単位》，《史林》第 51 卷第 2 号，1968 年。
[2] 丘光明：《中国历代度量衡考》，科学出版社，1992 年。
[3] 高至喜：《湖南楚墓中出土的天平与法马》，《考古》1972 年第 4 期。
[4] 湖南省博物馆、湖南省文物考古研究所、长沙市博物馆、长沙市文物考古研究所：《长沙楚墓》，文物出版社，2000 年。
[5] 湖南省文物管理委员会：《长沙左家公山的战国木椁墓》，《文物参考资料》1954 年第 12 期；《长沙出土的三座大型木椁墓》，《考古学报》1957 年第 1 期。

扁条形，长 27 厘米，杆正中钻一孔，孔内穿丝线作为提纽。杆两端 0.7 厘米处各穿一孔，内穿 9 厘米丝线以挂天平铜盘。铜盘 2 个，底略圜，边缘有四个对称的小孔。9 件环权重量大体以倍数递增，分别为 0.6 克、1.2 克、2.1 克、4.6 克、8 克、15.6 克、31.3 克、61.8 克、125 克。推算 1 斤当在 250 克左右。值得一提的是传出安徽寿县的王铜杆在等臂天平的形制上略加改变，铜衡杆上刻十等分，正面中部刻尖端向下的夹角，并为中心线所平分，衡杆配上已知重量的砝码，可以构成不等臂的天平，这样已知重量的砝码在衡杆上来回移动，保持天平平衡，将砝码重量和悬挂处标称数字相乘就可以得被称物的重量。不等臂天平的出现是衡制发展史上的一大进步。

战国末期，以石、斤、两、朱为计重单位是各国的普遍趋势。从目前已知材料可知秦国、赵国在此时期的计重单位即如此。东周的小银器上已出现了两、朱的计重单位，楚国的衡器上因无铭刻，单位尚不清楚，但按此计重单位折算，其 1 斤的单位值为 250 克左右，与秦 1 斤之值相同。此期间各国的单位量值已日渐统一，秦、楚、赵、魏四国 1 斤的单位值均在 250 克左右。其他东周和中山两国计重单位较为特殊，与"斤"的换算关系尚不清楚。

楚国的衡器为等臂天平，铜环权的功用同砝码。但鼻纽半圆体权究竟为天平上的砝码还是秤杆上的秤砣，争议很大，这一问题有待更多材料的发现。

第三节　东周时期的青铜钟

青铜钟是先秦时期遗留最多的有关音乐方面的文物，在我国的中原、南方及西南等地区有许多发现。国内已有不少学者就其形制演变、礼乐制度、音律变化等进行过深入研究。

西周时期的青铜乐器多出土于陕西地区，目前见到的最早的青铜钟是陕西宝鸡竹园沟 M7 出土的 3 件一套的甬钟，年代大约为康王之际。西周早期的钟所见甚少。纵观西周一世，钟的形制结构无明显变化，但各部位之间比例的发展变化较复杂，钟体由瘦长渐变为粗短，舞部和钟口与体高的比例逐渐增大，同时钟厚与体高的比例、舞部和钟口的纵横之间比例又基本不变[1]。西周时期钟的纹饰朴实简练，有学者按照西周钟纹饰中界格的变化将其分为四型：细乳钉界格钟、细阳线界格钟、阴线界格钟、粗阳线界格钟，各型又分有若干式[2]。西周早期的钟承商铙旧制以 3 件为一组；中晚期以 8 件为一组，并于右鼓部出现标音纹样。

东周时期的青铜乐器处于迅速发展繁荣和急剧衰落的阶段，按其发展变化，可分为三个发展阶段：春秋早期为青铜钟的发展期，春秋中期至战国中期为其繁盛期，战国晚期为其衰落期。现按此分期就东周时期的墓葬和典型窖藏出土的青铜乐器略作叙述和分析。

---

[1] 蒋定穗：《陕西出土西周钟研究》，《中国艺术研究院首届研究生硕士学位论文集（音乐卷）》，文化艺术出版社，1987 年；《试论陕西出土的西周钟》，《考古与文物》1984 年第 5 期。

[2] 王世民、陈公柔、张长寿：《西周青铜器分期断代研究》，文物出版社，1999 年。

一 青铜钟的发现

(一) 中原地区

中原地区东周时期出土青铜乐器的墓葬及窖穴共43座，出土青铜乐器670件。所发现的青铜钟基本为合瓦体，纹饰以云纹、窃曲纹、夔龙纹、鸟纹、兽面纹等为主。甬钟多柱形甬，或上细下粗，平舞，铣部微侈，弧于，钲部两面共有枚36只。纽钟形体与甬钟相似，泡形枚，舞上为单纽。镈钟一般形体较大，平于，枚呈泡形。

1. 春秋早期

有山东长清仙人台 M6[1] 等。

仙人台墓地为邿国贵族墓地。M6出土铜甬钟11件，纽钟9件，石编磬10件。纽钟的钲部有枚24个，鼓部有较大的圆圈纹，有的在右侧鼓部，另一个圆圈纹在正鼓。铜礼器有鼎15件，其中列鼎8件；簋8件，分为两组。此墓属于春秋早期偏晚阶段。

2. 春秋中期

有山西侯马上马墓地 M1004[2]、M13[3]，临猗程村 M1001、M1002[4]；河南新郑郑韩

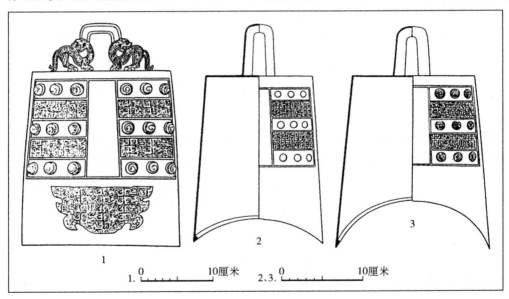

图11-17 中原地区春秋中期铜钟
1. 镈钟（上马 M1004:1） 2. 纽钟（程村 M1001:11） 3. 纽钟（程村 M1002:11）

---

[1] 山东大学考古系：《山东长清县仙人台周代墓地》，《考古》1998年第9期。
[2] 山西省考古研究所：《上马墓地》，文物出版社，1994年。
[3] 山西省文物管理委员会侯马工作站：《山西侯马上马村东周墓葬》，《考古》1963年第5期。
[4] 中国社会科学院考古研究所、山西省考古研究所、运城市文物局、临猗县博物馆：《临猗程村墓地》，中国大百科全书出版社，2003年。

故城第 4 号乐器坑[1]，山东沂水刘家店子 M1[2] 和蓬莱柳格庄 M6[3]；陕西宝鸡杨家沟太公庙乐器窖藏[4]。

上马墓地 M1004 出土铜编镈 9 件（图 11-17-1），石编磬 10 件；铜礼器有鼎 5 件，豆 4 件。M13 出土铜纽钟 9 件，石编磬 10 件。铜礼器有鼎 7 件，簋 4 件。

程村的 M1001 和 M1002 均为五鼎墓，各出土铜编钟一组，每组 9 件。纽钟形制相同，泡形枚，每钟 36 枚，篆饰变形夔纹，鼓部无纹饰（图 11-17-2、3）。另程村 M0001 和 M0002 也分别出有铜编钟[5]。M0001 出纽钟 8 件；M0002 出纽钟 9 件，镈钟 9 件。由于均被盗掘，所获编钟均为收集所得。

郑韩故城东城西南部发现 16 座用于祭祀的礼乐器坑，其中乐器坑 11 座，共出土编钟 206 件，为春秋中期郑国乐器。已发表的 4 号乐器坑内出土铜纽钟 2 套 20 件，镈钟 1 套 4 件（图 11-18）。均用丝绸包裹后，分三排置于钟架上。其音域承西周以来五正声传统，从低音到高音跨三个八度以上的音程，有较多的半声音阶。

刘家店子 M1 出土乐器共 38 件。铜甬钟 19 件，依纹饰分为三组：甲组 9 件，钲间篆

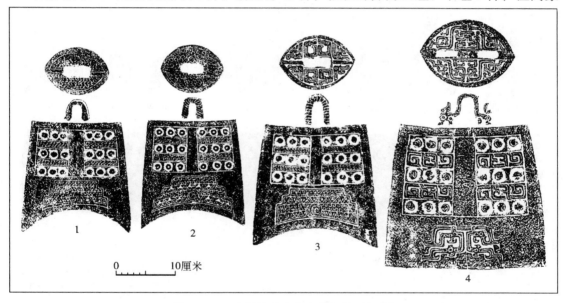

图 11-18 中原地区春秋中期铜钟（拓本）
1. 纽钟（郑韩故城 K4:A4） 2. 纽钟（郑韩故城 K4:A3） 3. 纽钟（郑韩故城 K4:B2） 4. 镈钟（郑韩故城 K4:2）

---

[1] 河南省文物考古研究所新郑工作站：《郑韩故城青铜礼乐器坑与殉马坑的发掘》，《华夏考古》1998 年第 4 期。
[2] 山东省文物考古研究所、沂水县文物管理站：《山东沂水刘家店子春秋墓发掘简报》，《文物》1984 年第 9 期。
[3] 烟台市文物管理委员会：《山东蓬莱县柳格庄墓群发掘简报》，《考古》1990 年第 9 期。
[4] 宝鸡市博物馆、宝鸡县文化馆：《陕西宝鸡县太公庙村发现秦公钟、秦公镈》，《文物》1978 年第 11 期。
[5] 赵慧民、李百勤、李春喜：《山西临猗县程村两座东周墓》，《考古》1991 年第 11 期。

带饰夔纹；乙组7件，钲间篆带饰变异夔纹；丙组3件，枚细高，素面。还有铜纽钟（自铭"铃钟"）9件，编镈6件，錞于2件，钲1件。随葬铜礼器有鼎16件，其中平盖鼎11件，簋7件，鬲9件，壶7件。葬有大量的人殉。

柳格庄M6出土铜纽钟9件，较小的2件正鼓部刻两圆圈，余7件在鼓部刻一圆圈。有钟架已朽，出土时，纽钟由大而小自东向西依次挂于木质钟架上。

宝鸡太公庙春秋窖藏出有秦公铜甬钟5件，秦公镈3件（图11-19）。甬钟出土时附有

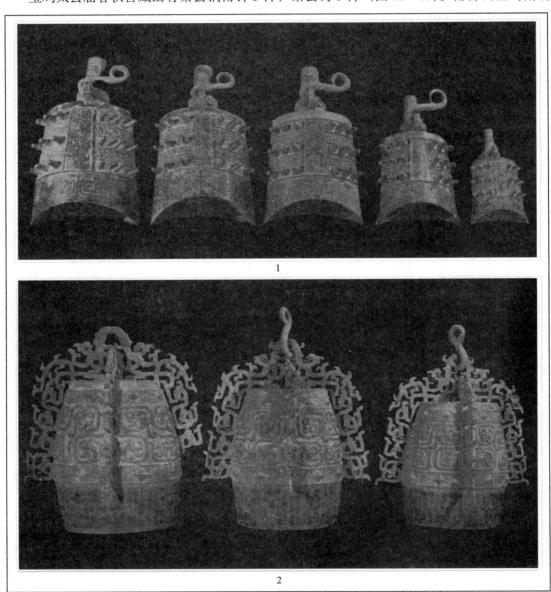

图11-19 中原地区春秋中期铜钟
1. 秦公钟（太公庙窖藏） 2. 秦公镈（太公庙窖藏）

钟钩。镈为椭方体，鼓腹，铣侧及两钲间铸有飞棱。据测音和铭文推测，甬钟可能原为6件。

3. 春秋晚期

有河南汲县山彪镇 M1[1]，辉县琉璃阁 M60、M75、M 甲[2]；山西太原金胜村晋国赵卿墓[3]，上马墓地 M5218[4]，万荣庙前东周墓[5]，长治分水岭 M269、M270[6]；山东海阳嘴子前 M4[7]，莒南大店 M1、M2[8]，临沂凤凰岭东周墓[9]。

山彪镇 M1 出土铜镈二组，分别为5件、9件；石编磬10件。铜礼器有鼎14件，其中列鼎5件。

琉璃阁 M60 出土铜甬钟8件；纽钟二组17件，其中复纽编钟一组8件，单纽编钟一组9件；编镈一组4件。石编磬11件。铜礼器有列鼎三组，其中二组为9件，一组为5件；簋6件。M75 出土铜甬钟8件，单纽纽钟9件，编镈4件，石编磬10件。出土列鼎5件。M 甲出土铜甬钟8件，复纽纽钟9件，单纽纽钟9件，编镈4件；石编磬11件。铜礼器有鼎15件；簋14（或12）件，其中一组为8件簋。

金胜村晋国赵卿墓出有铜编镈二套19件（图11-20）。其中夔龙夔凤纹镈5件，形体高大；散虺纹镈14件。石磬13件。出土鼎27件，其中升鼎三组，各组分别为7件、6件、5件，还有羞鼎5件。随葬的车马坑，葬马44匹，葬车15辆。

上马墓地 M5218 出土铜编镈两组，分别为9件、4件（似为明器），石编磬10件。礼器有鼎5件。

万荣庙前东周墓出土铜编镈9件，石磬10件。随葬铜礼器有鼎7件，分别为5件、2件一组；簋2件。

分水岭 M269 出土铜编钟18件，其中甬钟、纽钟各9件。还有石编磬10件，出土时两堆叠放。鼎9件，其中有盖鼎4件，无盖鼎5件。M270 出有铜编钟二组17件，其中甬钟8件，纽钟9件；石编磬11件。铜礼器有鼎10件，其中有盖鼎5件，无盖鼎5件。

嘴子前 M4 一椁两棺，出土铜编钟9件，7件较大的为甬钟，2件较小的为纽钟，甬钟的形制及纹饰基本一致。铜礼器有鼎7件，其中无盖鼎6件。

莒南大店两墓均被盗掘。M1 出土纽钟9件，镈1件。随葬铜礼器有鼎2件，敦3件，

---

[1] 郭宝钧：《山彪镇与琉璃阁》，科学出版社，1959年。
[2] 郭宝钧：《山彪镇与琉璃阁》，科学出版社，1959年。
[3] 山西省考古研究所、太原市文物管理委员会：《太原金胜村251号春秋大墓及车马坑发掘简报》，《文物》1989年第9期；《太原晋国赵卿墓》，文物出版社，1996年。
[4] 山西省考古研究所：《上马墓地》，文物出版社，1994年。
[5] 杨富斗：《山西万荣县庙前村的战国墓》，《文物参考资料》1958年第12期。
[6] 山西省文物工作委员会晋东南工作组、山西省长治市博物馆：《长治分水岭269、270号东周墓》，《考古学报》1974年第2期。
[7] 烟台市文物管理委员会、海阳县博物馆：《山东海阳嘴子前春秋墓的发掘》，《考古》1996年第9期。
[8] 山东省博物馆、临沂地区文物组、莒南县文化馆：《莒南大店春秋时期莒国殉人墓》，《考古学报》1978年第3期。
[9] 山东省兖石铁路文物考古工作队：《临沂凤凰岭东周墓》，齐鲁书社，1988年。

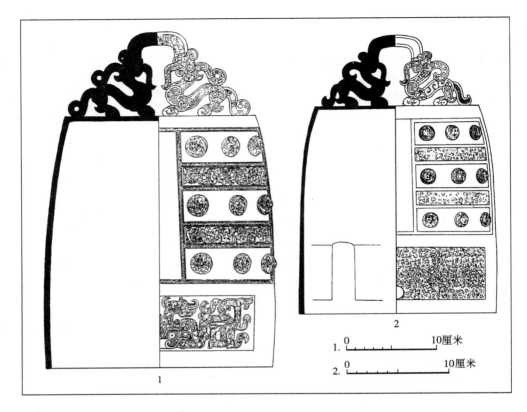

图 11-20 中原地区春秋晚期铜钟
1. 夔龙夔凤纹镈钟（金胜村晋国赵卿墓） 2. 散虺纹镈钟（金胜村晋国赵卿墓）

壶 1 件，盘 1 件。M2 出土铜纽钟 9 件，另出残存石编磬 12 件。两墓均有仿铜陶礼器，各有陶鼎 7 件。

凤凰岭东周墓出土乐器有纽钟 9 件，编镈 9 件，铎 1 件。随葬铜礼器有列鼎 6 件。

4. 战国早期

有山西潞城潞河 M7[1]，新绛柳泉 M302[2]；山东淄博临淄区淄河店 M2[3]。

潞河 M7 为土坑竖穴墓，一椁重棺，随葬铜乐器有甬钟 16 件、镈钟 4 件、纽钟 8 件（图 11-21），共 28 件。甬钟二组，每组 8 件；纽钟枚作圆圈，内填云纹，铸造粗糙。还有石编磬 10 件。青铜礼器有鼎 13 件，盖豆 4 件。此墓主人为韩国下大夫。

柳泉 M302 一棺一椁，被盗。出铜乐器 12 件，其中甬钟 6 件，纽钟 6 件，钟体纹饰相同，饰于篆部的四个一组的方折纹十分独特。编磬 10 件。位于其西侧的 M301 一棺一椁，

---

[1] 山西省考古研究所、山西省晋东南地区文化局：《山西省潞城县潞河战国墓》，《文物》1986 年第 6 期。
[2] 山西省考古研究所侯马工作站：《新绛柳泉墓地调查、发掘报告》，《晋都新田》，山西人民出版社，1996 年。
[3] 山东省文物考古研究所：《山东淄博市临淄区淄河店二号战国墓》，《考古》2000 年第 10 期。

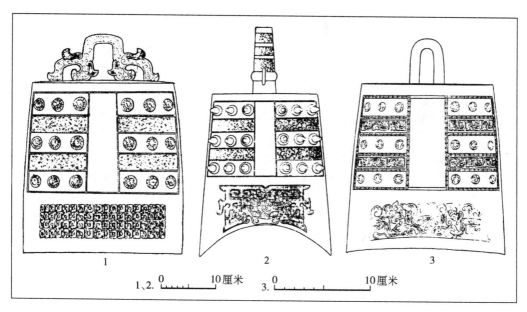

图 11-21 中原地区战国早期铜钟
1. 镈钟（潞河 M7:11） 2. 甬钟（潞河 M7:5） 3. 纽钟（潞河 M7:59）

被盗，残留物中有钟枚 2 件，据此推测，钟高超过 1 米。石磬皆破碎不全。发掘者认为此墓为晋公墓，而 M302 为其夫人墓。

淄河店 M2 平面为甲字形，一椁两棺。随葬乐器有铜甬钟 16 件、纽钟 10 件、镈钟 9 件。甬钟二组，甬呈圆角方柱状，上细下粗。纽钟形体较小，大小相次，应为成组编钟。镈钟分为两组：形体较大的一组 4 件，复式纽呈双夔龙相对峙，口含尾状；形体较小的一组 4 件，环形纽，铣边无棱。石磬三组 24 件。还出土铜礼器有鼎 13 件，列鼎为 7 件、5 件；簋 6 件，壶 8 件。墓北侧有殉马坑，殉马 69 匹。

5. 战国中期

有山西长治分水岭 M14[1]、M25[2]；河南陕县后川两墓[3]；山东郯城二中 M1[4]，诸城臧家庄战国墓[5]，章丘女郎山 M1[6]；河北平山中山王墓[7]。

---

[1] 山西省文物管理委员会：《山西长治市分水岭古墓的清理》，《考古学报》1957 年第 1 期。
[2] 山西省文物管理委员会、山西省考古研究所：《山西长治分水岭战国墓第二次发掘》，《考古》1964 年第 3 期。
[3] 中国社会科学院考古研究所：《陕县东周秦汉墓》，科学出版社，1994 年。
[4] 刘一俊、冯沂：《山东郯城县二中战国墓的清理》，《考古》1996 年第 3 期。
[5] 山东诸城县博物馆：《山东诸城臧家庄与葛布口村战国墓》，《文物》1987 年第 12 期。
[6] 济青公路文物考古队绣惠分队：《章丘绣惠女郎山一号战国大墓发掘报告》，《济青高级公路章丘工段考古发掘报告集》，齐鲁书社，1993 年。
[7] 河北省文物研究所：《䶮墓——战国中山国国王之墓》，文物出版社，1995 年。

分水岭 M14 出土铜甬钟 2 件，体较大。纽钟一组 8 件，皆以回纹饰之。石编磬二组 22 件。出土铜鼎 9 件。M25 出土铜甬钟一组 5 件，纽钟一组 9 件，编镈一组 4 件。另有石编磬一组 10 件。铜礼器有鼎 6 件。

后川 M2040 出土铜甬钟 16 件，另有大型甬钟 4 件，枚内甬内均保留有泥芯；铜编镈一组 9 件，均为明器。还有石编磬 10 件。同时出土铜鼎共 18 件，有盖鼎 7 件，无盖鼎 6 件；簋 2 件，盖豆 4 件。M2041 出土纽钟 9 件，舞内仍有泥芯，为明器。还有石编磬 10 件，铜礼器有鼎 5 件。

郯城二中 M1 出土铜纽钟一组 8 件，另出陶磬 13 件。

臧家庄战国墓为长方形竖穴土坑墓，有两个随葬坑。出土乐器有铜钟 9 件，铜编镈 7 件，石编磬 13 件。铜礼器有鼎 5 件，豆 5 件。

女郎山 M1 出土铜纽钟 7 件，铜镈钟 5 件，钟架 2 副；石编磬二套，其中一套仅存 1 件，另一套为 7 件。

中山王墓墓室平面呈方形，双墓道，五棺一椁，长木垒砌成题凑，早年被盗。西库出土铜纽钟 14 件，葬船坑中又出 3 件（图 11-22）；石磬 15 件。随葬铜礼器有鼎 15 件，其中列鼎 9 件、另一组 5 件；鬲 4 件，豆 4 件，簠 4 件。

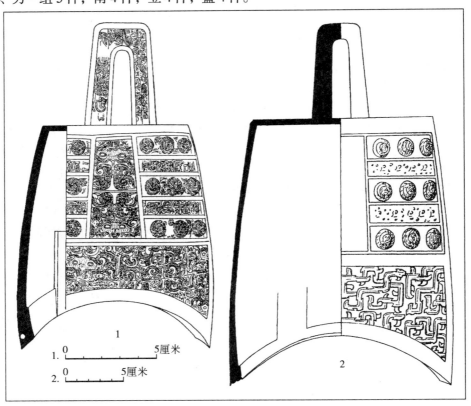

图 11-22 中原地区战国中期铜钟
1. 纽钟（中山王䇾墓 ZCK:3） 2. 纽钟（中山王䇾墓 XK:40）

6. 战国晚期

有位于东周洛阳王城遗址内的 M131[1]。

M131 墓室为长方形竖穴土坑，随葬乐器有铜甬钟 16 件，出土时分两组排列，每组 8 件（图 11-23）；石编磬 6 件。铜礼器有鼎 5 件，豆 4 件，壶 4 件。墓主人为卿大夫一级。

中原地区出土的东周青铜乐器散布于山西、山东、河南、河北、陕西、江苏等省，以山西、山东、河南三地发现最多，西周时多有乐器出土的陕西在此阶段仅见一例窖藏乐器出土。春秋早期是青铜乐器的发展时期，形制与组合承袭西周中晚期旧制，所选上述诸单位在此期尚没有镈钟的发现。春秋中期至战国中期为青铜乐器的繁荣阶段，目前发现的青铜乐钟多集中于这一阶段，纽钟和镈钟的出土明显多于甬钟的发现，出土件数以纽钟最多。及至战国晚期青铜乐器出土量锐减。乐器组合甬钟多以 8 件为一组，纽钟多以 9 件为一组，镈钟以 4 件一组为多，也见有 6 件、7 件、8 件、9 件一组的。

甬钟承西周时旧制，形体变化不大，但随着礼乐制度的完善也有所发展。西周中晚期出现的右侧鼓部位的立鸟纹在春秋时期普遍使用。甬多为圆柱形，上细下粗或上下等粗（庙前曾出有八棱柱形甬钟），春秋中期以后均为实心。钟体由早期阶段的短体，钲部较长，发展为瘦长体，且钲短鼓长。出于方便击奏的需要，春秋中期以后栾部渐鼓；长枚，多呈圆柱形或二层台式。纹饰由早期的朴素单一日渐丰富多变。

纽钟大致出现于西周晚期或春秋早期，一种无枚且钟体没有明确钲、篆、鼓部区分的，为纽钟的原始形态，与当时的铃十分相似。春秋中期以后纽钟的形制基本固定，有明确的钲、篆、鼓等，整体形状与甬钟贴近，但其枚状如泡形。因此纽钟的形制发展，据其枚的状况分为两个阶段：春秋中期以前钟体无枚，中期以后形成泡形枚。纹饰发展一如甬钟。

西周之时的镈钟多呈椭方体，形制繁复，常见有四条或两条飞棱，钟体遍布纹饰。前文提到的秦公镈，钟体椭方，飞棱发达，即为这一早期形制的孑遗。春秋以后的镈钟以合瓦体为主，形制趋向简化，飞棱已基本不见。无棱、钲部有泡状乳钉纹的镈钟在中原地区极为流行，这一形制亦与同期甬钟形制十分相近。

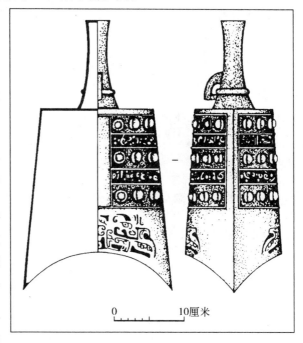

图 11-23 中原地区战国晚期铜钟（西工 M131:8）

---

[1] 蔡运章、梁晓景、张长森：《洛阳西工 131 号战国墓》，《文物》1994 年第 7 期。

（二）南方地区

南方地区出土青铜乐器的墓葬共有22座，出土青铜乐器371件。此地区的青铜乐钟深受中原地区的影响，其出现之初形制与中原乐钟形制相同，后逐渐形成地域风格。总体来说，南方的青铜乐钟形体瘦长，纹饰繁缛。

1. 春秋中期

有湖北随县季氏梁墓[1]、刘家崖春秋墓[2]；河南淅川和尚岭M2[3]。

季氏梁墓出铜纽钟5件，纽呈方形，两铣部下垂，侧视口呈弧形，有4件钟体满饰兽面纹。为春秋时期曾国器。附近的八角楼出土纽钟2件，其造型和纹饰与季氏梁墓所出相似（图11-24）。

刘家崖墓出土铜编纽钟5件，皆纽钟，钟内有一个扁状舌，舞部与纽铸缝相接，素面，无敲击痕迹，系明器。

和尚岭M2出土铜纽钟9件，铜编镈8件，石磬12件。出土时纽钟在上，镈钟在下，悬于朽木架上，编镈有铜挂钩和铜梢。铜礼器有鼎7件。

2. 春秋晚期

有河南淅川下寺楚墓[4]，固始侯古堆M1[5]；江苏六合程桥M1[6]、M2[7]，邳州九女墩M2[8]、M3[9]；安徽寿县蔡侯墓[10]，舒城九

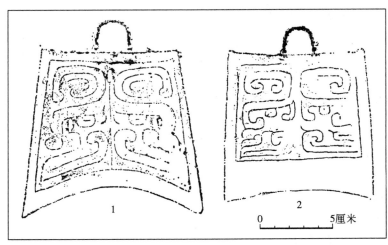

图11-24 南方地区春秋中期铜钟（拓本）
1. 纽钟（八角楼）　2. 纽钟（季氏梁墓）

---

[1] 随县博物馆：《湖北随县城郊发现春秋墓葬和铜器》，《文物》1980年第1期。
[2] 随州市博物馆：《湖北随县刘家崖发现古代青铜器》，《考古》1982年第2期。
[3] 河南省文物研究所、南阳地区文物研究所、淅川县博物馆：《淅川县和尚岭春秋楚墓的发掘》，《华夏考古》1992年第3期。
[4] A. 河南省丹江库区文物发掘队：《河南省淅川县下寺春秋楚墓》，《文物》1980年第10期。
    B. 河南省文物研究所、河南省丹江库区考古发掘队、淅川县博物馆：《淅川下寺春秋楚墓》，文物出版社，1991年。
[5] 固始侯古堆一号墓发掘组：《河南固始侯古堆一号墓发掘简报》，《文物》1981年第1期。
[6] 江苏省文物管理委员会、南京博物院：《江苏六合程桥东周墓》，《考古》1965年第3期。
[7] 南京博物院：《江苏六合程桥二号东周墓》，《考古》1974年第2期。
[8] 南京博物院：《江苏邳州九女墩二号墩发掘的主要收获》，《东方文明之韵——吴文化国际学术研讨会论文集》，岭南美术出版社，2000年。
[9] 孔令远、陈永清：《江苏邳州市九女墩三号墩的发掘》，《考古》2002年第5期。
[10] 安徽省文物管理委员会、安徽省博物馆：《寿县蔡侯墓出土遗物》，科学出版社，1956年。

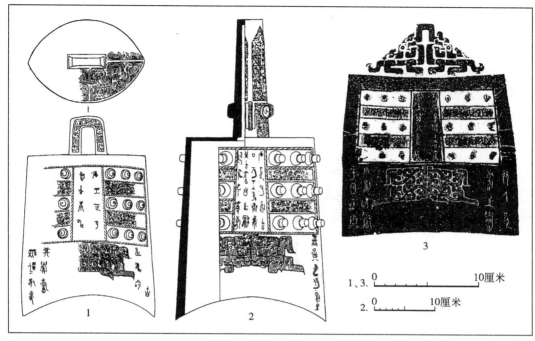

图 11-25　南方地区春秋晚期铜钟
1. 纽钟（下寺楚墓 M1:22）　2. 甬钟（下寺楚墓 M2:11）　3. 镈钟（下寺楚墓 M10:76 拓本）

里墩春秋墓[1]。

下寺楚墓 M1 一椁两棺，出铜纽钟一套 9 件（图 11-25-1），石磬 13 件，石排箫 1 件；铜礼器中有鼎 13 件。M2 出王孙诰铜甬钟 26 件，包括 8 件一组和 9 件两组，钲间及左右鼓均铸有铭文（图 11-25-2）。还有石磬 13 件。随葬铜鼎 19 件以上。M10 出铜乐器共 17 件，其中镈钟 8 件（图 11-25-3），纽钟 9 件。还有石磬 13 件。随葬铜鼎 4 件。

侯古堆 M1 出土有铜纽钟 9 件，铭文中的原有人名均被铲除，再刻上"鄁子成周"。铜编镈 8 件，有铭文。出土时编镈与纽钟并排相列。另有钟架、钟槌、木瑟、鼓等。铜礼器有鼎 9 件。墓葬平面为甲字形竖穴墓，殉 17 人，墓主为 30 岁左右女性，简报认为宋景公之妹勾敔夫人。

程桥 M1 出土铜纽钟 9 件，有铭文。M2 为土坑墓，出土铜纽钟 7 件，也有铭文。还有铜编镈 5 件。此二墓均为春秋时吴国墓。

九女墩 M2 墓葬平面呈"T"字形。出土铜纽钟 8 件，枚的分布占腔体高的二分之一。铜编镈 6 件，钲部及左右鼓有铭文，枚的分布占腔体高的二分之一。石编磬 12 件。为吴国器。铜礼器有鼎 3 件。M3 有 3 米高的封土，出土乐器有铜甬钟一组 4 件，铜纽钟一组 9 件，铜镈钟一组 6 件，石编磬 13 件，铜礼器有鼎 6 件，豆 5 件。发掘者认为此墓为徐国王族墓。

---

[1]　安徽省文物工作队：《安徽舒城九里墩春秋墓》，《考古学报》1982 年第 2 期。

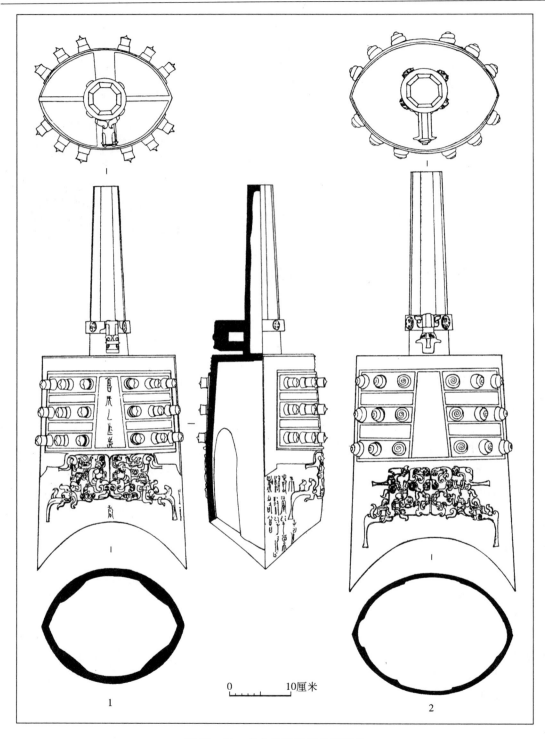

图 11-26 南方地区战国早期铜钟
1. 甬钟（曾侯乙墓中 3.4） 2. 甬钟（曾侯乙墓中 1.10）

蔡侯墓出土铜甬钟12件（又有残片较多），铜纽钟9件，铜镈钟8件。另有铜钲1件，錞于1件。铜礼器有鼎9件、7件，簋8件。墓主为卒于公元前496年的蔡昭侯。

九里墩春秋墓曾两次被盗。出土铜甬钟4件，石磬5件，另有鼓座1件。甬钟旁边有钟架的遗迹。此墓为春秋晚期舒国贵族墓葬。

3. 战国早期

有湖北随州擂鼓墩M1[1]、M2[2]；河南叶县旧县M1[3]，信阳两座楚墓[4]。

擂鼓墩M1（曾侯乙墓）出土铜编钟65件。其中甬钟45件（图11-26），分六组挂于钟架中、下层横梁上。长甬内有泥芯。纽钟19件，分三组悬于钟架上层三根横梁上。镈1件，直壁平腹，铣边无棱，全钟共四组20枚。编磬32件，鼓3件，竽3件，瑟7件，笙4件，排箫2件，篪2件。擂鼓墩M2为土坑竖穴木椁墓。出土铜甬钟36件，其中大型的8件，小型的28件，大型甬钟钟体与M1的镈十分相似。石编磬12件。另有青铜鼓座12件，木瑟2件。铜礼器有鼎17件，其中升鼎9件；簋8件。

旧县M1为长方型土圹竖穴墓，斜坡形墓道，被盗。农民曾取出铜鼎八九件，纽钟六七件。后经发掘出土铜纽钟6件及木质编钟架。为楚国大夫墓。

信阳M1出土铜纽钟一组13件，并列挂在一彩绘木质钟架上，钟纽用兽面形插销穿挂于钟架上。另外还出有木瑟和鼓等。铜礼器有鼎5件。M2出有木质纽钟13件，形制与M1的铜纽钟相类。还有木质编磬18件，另有瑟、鼓。

4. 战国中期

有河南上蔡楚墓[5]；湖北江陵天星观M1[6]、M2[7]。

上蔡楚墓出土铜纽钟13件，制作精致。随葬有铜带盖鼎2件，敦1件。

天星观M1是一座有封土、有墓道的长方形土坑竖穴木椁墓，一椁三棺。早年被盗。出土铜纽钟4件（图11-27），出土时其中2件用纽销悬在钟架的横梁上。钟架1具，上梁下端凿有大小依次递减的22个长方孔。编磬件数不详。另出有笙6件，瑟5件，鼓2件。墓主人为相当于上卿的封君。天星观M2与M1并列埋葬，应为M1之夫人墓。出土乐器32件，其中纽钟二组各11件，编镈一组10件，石磬1件。另有漆木乐器鼓、瑟、笙等，出编钟架、编磬架各1件。推测M1为楚国上卿墓，官职在令尹、上柱国之列。

东周时期南方地区青铜文化大致分为楚文化区和吴越文化区。各文化区在接受中原文化的基础上均融入了浓郁的地方特色。青铜乐器亦表现出鲜明的地域风格。

楚墓的发掘数量极多，但出有青铜乐器的墓葬总计不到10座，仅占楚墓总数的千分

---

[1] 湖北省博物馆：《曾侯乙墓》，文物出版社，1989年。
[2] 湖北省博物馆、随州市博物馆：《湖北随州擂鼓墩二号墓发掘简报》，《文物》1985年第1期。
[3] 河南省文物研究所、平顶山市文物管理委员会、叶县文化馆：《河南省叶县旧县1号墓的清理》，《华夏考古》1988年第3期。
[4] 河南省文物研究所：《信阳楚墓》，文物出版社，1986年。
[5] 李芳芝：《上蔡县发现一座楚墓》，《中原文物》1990年第2期。
[6] 湖北省荆州地区博物馆：《江陵天星观1号楚墓》，《考古学报》1982年第1期。
[7] 荆州市博物馆：《湖北省荆州市天星观二号墓发掘简报》，《文物》2001年第9期。

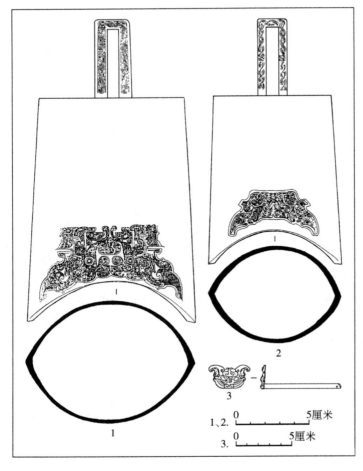

图 11-27　南方地区战国中期铜钟及附件
1. 纽钟（天星观 M1:33）　2. 纽钟（天星观 M1:12）　3. 插销（天星观 M1）

之二[1]。其邻近地区诸国受楚文化的影响，墓葬所出青铜钟也表现出强烈的楚文化风格。楚文化区发现的青铜钟均属于春秋中晚期以后，春秋早期基本没有见到，它是在中原地区钟的基础上发展起来的，发展演变规律一如中原地区。

甬钟长甬，体高和甬高之比在 1.5 左右（中原地区甬钟体高与甬高之比多在 1.6～2 之间），甬多呈八棱形，上均饰以细密的蟠螭纹。出土单位明显少于纽钟和镈钟的发现。春秋战国之际甬钟的组合件数最多的已达到 45 件，为曾侯乙墓出土。其他各出土单位的甬钟数量也明显高于同时期的中原地区。

纽钟是楚文化区出土单位和出土数量最多的青铜乐器。在楚地发现的早期形态纽钟为春秋中期，春秋中晚期时纽钟多以 9 件为一组，战国中期时多已达 13 件为一组。镈钟的发展一如本地区其他乐钟。

总体来说，楚钟饰有繁杂的纹饰，钟体较中原地区略瘦长，大弧于。伴出乐器除编磬外，还常见有钲、錞于、鼓、瑟和笙等。

二　青铜钟的组合

在现代技术手段的帮助下，青铜钟的测音工作得以开展，音阶结构的研究有了较大的发展。20 世纪 80 年代初期，在对西周青铜器的研究中发现了周钟双音的结构[2]。并根据乐钟的测音情况，对青铜钟的音阶结构进行了分析和研究[3]。

---

[1]　王世民：《春秋战国葬制中乐器和礼器的组合情况》，《曾侯乙编钟研究》，湖北人民出版社，1992 年。
[2]　马承源：《商周青铜双音钟》，《考古学报》1981 年第 1 期。
[3]　A. 黄翔鹏：《先秦编钟音阶结构的断代研究》，《江汉考古》1982 年第 2 期。
　　B. 李纯一：《中国上古出土乐器综论》，文物出版社，1996 年。

甬钟是所有青铜乐器中测音工作做得较多的。西周中晚期时的甬钟一般为 8 件一组，全部的音阶避免"商"音，是三声羽调即"羽、宫、角"模式。从第三钟至第八钟把同体的隧音与鼓旁音调成小三度的关系。春秋早期的编钟在"隧音"系列中补足了"商"音，构成了完整的五声音阶。春秋中期以后，甬钟组合以 8 件和 9 件一组为多，在正鼓音中增加了商、徵两个正音，进而增加一个或两个变音，从而六声或七声齐备，在调式上较多地使用了徵调和商调式。到战国时编钟的音列从不够完整的半音阶发展成了完整的半音阶。

纽钟的测音较甬钟少，它的组合是七声徵调模式，音域跨中高音区的三个八度。镈钟的音列结构尚不明确，在乐钟组合中，其具有低音和声功能。

音阶结构的发展与青铜乐器的发展相统一，因此加强测音工作的开展，对青铜乐器的组合研究有着极大的促进作用。

青铜乐器作为重要的礼器对于东周时期的礼乐制度的研究有着重要的意义。曾有学者将东周时期的青铜乐器的组合情况与同出礼器进行排比分析，阐释了其中的礼制状况[1]：(1) 纽钟（或甬钟）一组，共 9 件。这类组合在北方地区的 43 座墓葬中（不含郑韩故城礼乐器坑及太公庙窖穴）见 6 座，楚文化区有 5 座，其中信阳两座楚墓所出纽钟一组为 13 件。(2) 纽钟、编磬两种各一组（或为钟两组）之组合，总数 20 件左右，多见纽钟和编磬的组合。这类组合北方地区 10 座，楚文化区 5 座。其中郯城二中 M1 虽不见石质编磬，却以 13 件陶磬相代，也归入此组。(3) 钟二组、磬一组（或钟三组），总数在 30 件左右。(4) 钟三组（或三组以上）、编磬一组（或一组以上），总数近 40 件或超过 40 件。

上文所举之墓葬单位只是考古发现的部分，而这一部分中的有些材料由于盗掘等原因而失去其完整性，但从中也可以看出其礼仪状况。前三种类型的墓葬出有青铜列鼎的都是 5 件或 7 件，一般都有相当数量的兵器和车马器，表明墓主身份为大夫。

第四类墓葬中所出铜礼器中凡有升鼎的为 9 件。墓主身份明确又居国君地位的有蔡侯墓、曾侯乙墓、中山王墓，地位可能接近的有沂水刘家店子 M1、擂鼓墩 M2。

通过上述乐器组合的分析，可知当时贵族享用乐器的繁简情况，确实同他们身份的高低密切相关，似乎只有国君及个别上卿方能配置起合声作用的大型低音钟镈，而其他有资格享用"金石之乐"的贵族（主要是大夫），则仅备中高音编钟和编磬。

第四节　战国时期的简帛

简策作为先秦时期人们书著文字的最主要的形式，它的出现至少可以追溯到殷商时期。然而对于先秦简牍的了解，却晚至 20 世纪 50 年代才随着中国考古学的发展逐渐为人们所认识。20 世纪 70 年代后，出土的战国简策，不仅数量浩繁，而且呈现出众多前所未见的竹书，从而为先秦考古学、历史学、古文字学、古典哲学、先秦思想史、古代文献学、简策制度以及其他相关问题的研究积累了丰富资料，因此具有重要的意义。

---

[1]　王世民：《春秋战国葬制中乐器和礼器的组合情况》，《曾侯乙编钟研究》，湖北人民出版社，1992 年。

一　简帛的发现

（一）简牍

目前所见战国简牍有楚简、曾简和秦简，先后共发现 34 批，其中以楚简和秦简为大宗。

1. 楚简

共发现 25 批，出土地点主要集中于两湖和河南地区。

湖南楚简前后出土 6 批。1951 年，长沙五里牌 M406 出土竹简 37 枚，长沙仰天湖 M25 出土竹简 43 枚，内容均为遣策[1]。1954 年，长沙杨家湾 M6 出土竹简 72 枚，其中书字简 54 枚[2]。20 世纪 80 年代后，湖南地区出土的楚简更趋丰富。1980 年，临澧九里楚墓出土 100 余枚残断的竹简，内容不详[3]。1983 年，常德夕阳坡 M2 出土竹简 2 枚，内容为纪年记事文书[4]。1987 年，慈利石板村 M36 出土残竹简 4557 片，约 800～1000 枚，内容为记事性古书，以记吴、越二国史事为主，如黄池之会、吴越争霸，似与《国语·吴语》、《越语》或《越绝书》有关[5]，其他内容则或为《管子》、《宁越子》等佚文[6]，极为珍贵。

湖北楚简的发现集中在江陵和荆门地区，出土楚简数量最多，共有 17 批。1965 年，江陵望山 M1 出土竹简 207 枚，内容为卜筮祭祷记录[7]。次年，望山 M2 又出竹简 66 枚，内容为遣策[8]，涉及器物名称达 320 种之多，许多不见于文献记载，所记器物排列有序，与出土实物对观也基本符合，颇便考定随葬器物之名称。1973 年，江陵藤店 M1 出土竹简 24 枚，内容也为遣策[9]。1978 年，江陵天星观 M1 出土竹简，其中完整者 70 余枚，另有残简若干，内容为卜筮祭祷记录和遣策[10]。1981 年，江陵九店 M56 出土竹简 205 枚，一种内容为《日书》，另一种似为农书[11]；1989 年，九店 M621 又出竹简 127 枚，其中书字简 89 枚，内容为

---

[1] A. 中国科学院考古研究所：《长沙发掘报告》，科学出版社，1957 年。
　　B. 湖南省文物管理委员会：《长沙仰天湖第 25 号木椁墓》，《考古学报》1957 年第 2 期。
　　C. 史树青：《长沙仰天湖出土楚简研究》，群联出版社，1955 年。
[2] 湖南省文物管理委员会：《长沙杨家湾 M006 号墓清理简报》，《文物参考资料》1954 年第 12 期；《长沙出土的三座大型木椁墓》，《考古学报》1957 年第 1 期。
[3] 熊传新：《临澧县发掘一座大型战国木椁墓》，《湖南日报》1980 年 12 月 13 日（转引自楚文化研究会：《楚文化考古大事记》124 页，文物出版社，1984 年）。
[4] A. 杨启乾：《常德市德山夕阳坡二号楚墓竹简初探》，《楚史与楚文化》，《求索》杂志增刊，1987 年。
　　B. 刘彬徽：《常德夕阳坡楚简考释》，纪念徐中舒先生诞辰百年暨国际汉语古文字学研讨会论文，1998 年 10 月。
[5] 湖南省文物考古研究所、慈利县文物保护管理研究所：《湖南慈利石板村 36 号战国墓发掘简报》，《文物》1990 年第 10 期。
[6] 张春龙：《慈利楚简概述》，新出简帛国际学术研讨会论文，北京大学，2000 年。
[7] 湖北省文物考古研究所：《江陵望山沙塚楚墓》，文物出版社，1996 年。
[8] 湖北省文物考古研究所：《江陵望山沙塚楚墓》，文物出版社，1996 年。
[9] 荆州地区博物馆：《湖北江陵藤店一号墓发掘简报》，《文物》1973 年第 9 期。
[10] 湖北省荆州地区博物馆：《江陵天星观一号楚墓》，《考古学报》1982 年第 1 期。
[11] 湖北省文物考古研究所：《江陵九店东周墓》，科学出版社，1995 年。

先秦佚籍；M411 出土竹简 2 枚[1]。1982 年，江陵马山砖瓦厂 M1 出土竹简 1 枚，内容为遣策[2]。1987 年，江陵秦家嘴 M1、M13 和 M99 分别出土竹简 7 枚、18 枚和 16 枚，内容为卜筮祭祷记录和遣策[3]。同年，荆门包山 M2 出土竹简 448 枚，其中书字简 278 枚，存 12472 字，内容为卜筮祭祷记录、司法文书和遣策，司法文书简中自书篇题的有《集箸》、《集箸言》、《受期》、《疋狱》四种，此外还出竹牍一枚，亦赗方之属[4]。1991 年，江陵鸡公山 M18 出土竹简，内容为遣策[5]。1992 年，江陵砖瓦厂 M370 出土竹简 6 枚，内容为司法文书[6]；老河口战国墓也出一批竹简，内容为遣策[7]。1993 年，荆门郭店 M1 出土竹简 804 枚，存 13000 余字，内容为先秦典籍[8]，其中兼及儒道学说的佚籍有《语丛》四种；道家著作有《老子》（图 11-28）甲、乙、丙三种抄本，丙本同抄佚籍《太一生水》，系对《老子》哲学之核心思想的精详阐释；儒家著作则包括《缁衣》、《穷达以时》、《五行》及数种佚籍，如《鲁穆公问子思》、《唐虞之道》、《忠信之道》、《成之闻之》、《尊德义》、《性情》和《六德》，《缁衣》与今传本不同，《穷达以时》近于《荀子·宥坐》、《孔子家语·在厄》、《韩诗外传》卷七及《说苑·杂言》，《五行》又见于马王堆汉墓帛书，乃《荀子·非十二子》指斥之思孟五行学说。这些文献珍异非常，对研究中国古代哲学具有特殊的价值。同年，黄冈曹家冈 M5 出土竹简 7 枚，内容为遣策[9]；江陵范家披 M27 出土竹简 1 枚，内容不详[10]。1994 年，上海博物馆自香港购归入藏战国楚简 1200 余枚，存 35000 余字[11]，似亦出土于荆门地区，内容涉及约百种先秦典籍，包括儒、道、兵、杂各家，如《易经》、《子羔》[12]、《容成氏》、《缁衣》、《性情》、《孔子闲居》、《彭祖》、《礼乐》、《曾子》、《武王践阼》、《赋》、《子路》、《恒先》、《曹沫之陈》、《夫子答史蒥问》、《四帝二王》、《曾子立笑》、《颜渊》、《乐书》等，多为古佚书。除个别典籍为今本的不同传本外，《易经》为迄今所见时代最早的抄本，《子羔》篇有关孔子论《诗》的内容是先秦《诗》学的重要著作，对研究孔子与《诗》的关系，探讨《诗》义、《诗序》的形成、《诗》教的作用等问题都有着极为重要的意义。此外，香港中文大学文物馆于近年购藏竹简 10 枚，内容为典籍[13]。

河南楚简发现 2 批。1957 年，信阳长台关 M1 出土竹简 148 枚，内容分两种，一种为

---

[1] 湖北省文物考古研究所：《江陵九店东周墓》，科学出版社，1995 年。
[2] 荆州地区博物馆：《湖北江陵马山砖厂一号墓出土大批战国时期丝织品》，《文物》1982 年第 10 期。
[3] 荆沙铁路考古队：《江陵秦家嘴楚墓发掘简报》，《江汉考古》1988 年第 2 期。
[4] 湖北省荆沙铁路考古队：《包山楚墓》，文物出版社，1991 年。
[5] 张绪球：《宜黄公路仙江段考古发掘工作取得重大收获》，《江汉考古》1992 年第 3 期。
[6] 滕壬生、黄锡全：《江陵砖瓦厂 M370 楚墓竹简》，《简帛研究》，2001 年。
[7] 陈振裕：《湖北楚简概述》，《简帛研究》第 1 辑，1993 年。
[8] A. 湖北省荆门市博物馆：《荆门郭店一号楚墓》，《文物》1997 年第 7 期。
　　B. 荆门市博物馆：《郭店楚墓竹简》，文物出版社，1998 年。
[9] 黄冈市博物馆：《湖北黄冈两座中型楚墓》，《考古学报》2000 年第 2 期。
[10] 滕壬生：《楚系简帛文字编·序言》，湖北教育出版社，1995 年。
[11] 马承源主编：《上海博物馆藏战国楚竹书（一）》，上海古籍出版社，2001 年。
[12] 含《孔子诗论》章及《鲁邦大旱》章。
[13] 陈松长：《香港中文大学文物馆藏简牍》，香港中文大学，2001 年。

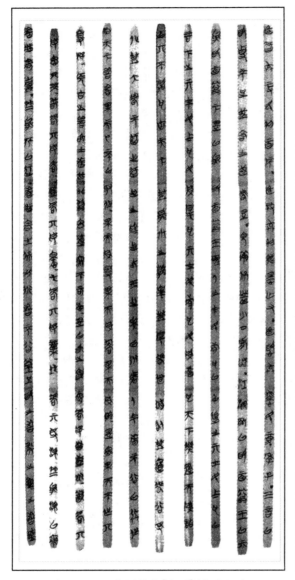

图 11-28　战国楚简《老子》(郭店 M1)

图 11-29　战国秦简《编年记》(睡虎地M11)

遣策，另一种似为先秦墨学佚籍[1]。2002 年，新蔡平夜君成墓出土竹简 1500 余枚，内容为卜筮祭祷记录和遣策，卜筮祭祷记录又有三种不同的内容[2]。

---

[1] A. 河南省文物研究所：《信阳楚墓》，文物出版社，1986 年。
　　B. 李学勤：《长台关竹简中的〈墨子〉佚篇》，《简帛佚籍与学术史》，台湾时报出版公司，1994 年。
[2] 河南省文物考古研究所、河南省驻马店市文化局、新蔡县文物保护管理所：《河南新蔡平夜君成墓的发掘》，《文物》2002 年第 8 期。

2. 曾简

出土于湖北随州曾侯乙墓，计 240 余枚，6600 余字。内容为遣策，所记以车马、兵甲为主，对解决古代车制等问题很有裨益[1]。由于楚、曾地域毗邻，曾简所记之文字与官制均近于楚简。

3. 秦简

战国秦简共见 8 批，出土地点多在湖北云梦、江陵地区，湖南、四川及甘肃也有发现。1975 年，湖北云梦睡虎地 M11 出土竹简 1155 枚，另有 80 余片残简，内容有《编年记》（图 11－29）、《语书》、《秦律十八种》、《效律》、《秦律杂抄》、《法律答问》、《封诊式》、《为吏之道》及《日书》甲、乙二本[2]。次年，睡虎地 M4 又出土木牍 2 枚，内容为家书[3]。1986 年，江陵岳山 M36 出土木牍 2 枚，内容为《日书》[4]。1990 年，江陵扬家山 M135 出土竹简 75 枚，内容为遣策[5]。1993 年，江陵王家台 M15 出土竹简 800 余枚，内容为《效律》、《日书》、《归藏》及星占书；另有竹牍 1 枚[6]。1979 年，四川青川郝家坪 M50 出土木牍 2 枚，其中一枚正面书录秦武王二年（公元前 309 年）颁布的《更修田律》，背面则书"不除道日干支"[7]。1986 年，甘肃天水放马滩 M1 出土竹简 460 枚，内容为《日书》甲、乙本及《邸丞告书》[8]。此外，2002 年湖南里耶古城遗址 1 号井出土简牍 2 万余枚，其中少部分的时代可早至战国末期，内容有算数书及官署档案等[9]。

（二）帛书

20 世纪三四十年代出土于湖南长沙子弹库楚墓。据帛书上的朱栏、墨栏及文字的大小疏密判断，原本应有五六种之多[10]。今分藏美国赛克勒美术馆及湖南省博物馆。这些帛书资料个别已经公布[11]，其余则仍待整理[12]。1973 年，湖南省博物馆对该墓进行发掘，

---

[1] 湖北省博物馆：《曾侯乙墓》，文物出版社，1981 年。
[2] 云梦睡虎地秦墓编写组：《云梦睡虎地秦墓》，文物出版社，1981 年；《云梦睡虎地竹简》，文物出版社，1990 年。
[3] A. 湖北孝感地区第二期亦工亦农文物考古训练班：《湖北云梦睡虎地十一座秦墓发掘简报》，《文物》1976 年第 9 期。
　　B. 黄盛璋：《云梦秦墓两封家信中有关历史地理的问题》，《文物》1980 年第 8 期。
[4] 湖北省江陵县文化局、荆州地区博物馆：《江陵岳山秦汉墓》，《考古学报》2000 年第 4 期。
[5] 湖北省荆州地区博物馆：《江陵扬家山 135 号秦墓发掘简报》，《文物》1993 年第 8 期。
[6] 荆州地区博物馆：《江陵王家台 15 号秦墓》，《文物》1995 年第 1 期。
[7] 四川省博物馆、青川县文化馆：《青川县出土秦更修田律木牍——四川青川县战国墓发掘简报》，《文物》1982 年第 1 期。
[8] 甘肃省文物考古研究所、天水市北道区文化馆：《甘肃天水放马滩战国秦汉墓群的发掘》，《文物》1989 年第 2 期。
[9] 《龙山里耶出土大批秦代简牍》，《中国文物报》2002 年 8 月 9 日。
[10] 曾宪通：《商锡永先生与楚帛书之缘及其贡献》，《古文字研究》第二十四辑，中华书局，2002 年。
[11] A. 蔡季襄：《晚周缯书考证》，石印本，1945 年。
　　B. 商志𩑺：《记商承祚教授藏长沙子弹库战国残帛书》，《文物》1992 年第 11 期。

图 11-30 战国帛书（子弹库楚墓出土，摹本）

获得一件罕见的战国帛画，并据随葬器物组合的研究，判定帛书的完成时间当在战国中晚期之交[13]。

帛书中完整的一件写于一块正方形的缯上（图 11-30），由内外两部分内容组成，内层为方向互逆的两篇文字，首篇《创世章》居右，共 8 行 3 节，次篇《星占章》居左反置，共 13 行 2 节。外层分帛书四周为十六等区，其中居于四隅的四区分别绘有青、赤、白、黑四色木，其余十二区则依次绘有十二月神将，月将之间则书月令章，月名形式同于《尔雅·释天》。帛书以"创世章"为始，自内而外旋读。对楚帛书的早期研究旨在通释全

---

[12] 李零：《楚帛书的再认识》，《中国文化》第 10 期，1994 年。
[13] 湖南省博物馆：《新发现的长沙战国楚墓帛画》，《文物》1973 年第 7 期；《长沙子弹库战国木椁墓》，《文物》1974 年第 2 期。

文，辨明性质，但苦于文字漫灭，阙疑待问之处颇多[1]。20世纪70年代后，有学者开始利用帛书红外照片考释文字，疏通语意，使对帛书内容及性质的认识转臻成熟[2]。

出土简帛的墓葬除个别小型墓外，多为大中型墓，棺椁自一椁一棺至多重棺椁不等，墓主级别一般较高。遣策则多见于大夫以上的贵族墓葬之中，马山砖瓦厂 M1 仅为一小型土坑竖穴墓，竹简似为亲友馈赠物品的记录，数量最少，也最短小，可谓特例。典籍的出土则因墓主人身份的不同而各有差异。郭店楚墓漆耳杯铭"东宫之师"，墓主似为太子傅，故多随葬儒道文献。王家台秦墓随葬品有式盘、算筹、骰子及占卜用具，墓主似为卜官，故多随葬卜筮文献。

诸种简帛的时代，除曾简当战国早期外，一般多属战国中、晚期之物。湖北云梦睡虎地 M11 所出竹书《编年记》记事止于秦始皇三十年（公元前 217 年），故同墓所出其他竹书的书录年代可溯至战国末期。

战国简牍层出不穷，数量已近 9000 枚，存文逾 19 万，资料丰富，价值弥重，简牍学及战国文字学也因之迅速兴起。学者据以印证楚世族源传说，发覆楚秦史制度，考稽历法，建说官制，比察名物，释证地理，探究葬俗，研究战国历史及文字，成就斐然。

二　先秦简牍制度

简牍发展至战国时期，其形制显然已相当完善。竹简由成竹劈破成条，去节杀青，刮削整治而成，制作多较精细。简宽一般在 0.6～0.9 厘米之间，个别较宽者可达 1.2 厘米，而最窄者仅 0.4 厘米。竹简依其长短由二或三道编绳缀连成策，竹简一侧边缘，大部分刻有不同形状的契口，用以固定编绳，有些竹简于出土时还留有编绳痕迹，甚至残存丝质编绳朽痕。长台关部分楚简的编连是每四枚为一束，两两相对，字面向里，先编连，后书写，颇具特点。竹简的首尾两端多经修整，或呈圆形，或呈梯形，也有相当部分为平头形。天水放马滩简的天地头两面多粘有深蓝色布片，推测编册后曾用布包裹粘托以示装帧。少数简背有用刀刻出的斜线或用笔划出的墨线，应该是在简策编成后所做的标识记号，以备编绳朽断后据此重缀散简时不致混乱。

简牍的制作也已遵循一定的制度，但这种制度似乎并不完全体现在简牍尺寸的整齐划

---

[1] A. 蔡季襄：《晚周缯书考证》，石印本，1945 年。
B. 安志敏、陈公柔：《长沙战国缯书及其有关问题》，《文物》1963 年第 9 期。
C. 商承祚：《战国楚帛书述略》，《文物》1964 年第 9 期。
D. 陈梦家遗著：《战国楚帛书考》，《考古学报》1984 年第 3 期。

[2] A. Barnard, Noel (1973), The Ch'u Silk Manuscript: Translation and Commentary, Studies on the Ch'u Silk Manuscript Part 2, *Monographs on Far Eastern History* 5. The Australian National University, Camberra.
B. 曾宪通：《楚月名初探》，《中山大学学报（社会科学版）》1980 年第 1 期。
C. 陈邦怀：《战国楚帛书文字考证》，《古文字研究》第五辑，中华书局，1981 年。
D. 李零：《长沙子弹库战国楚帛书研究》，中华书局，1985 年。
E. 饶宗颐、曾宪通：《楚帛书》，（香港）中华书局，1985 年。

一，而表现于用简者地位的尊卑高下以及简书内容对于简牍形制的影响[1]，楚简制度尤其如此。从目前所见具有不同内容的简策看，楚简遣策的尺寸一般较长，除马山砖瓦厂楚墓所出拴在竹笥上的一枚竹简长仅 11 厘米，杨家湾简遣策长 13.5 厘米，仰天湖简遣策长 22 厘米，约合其时半尺、六寸或一尺外，其余均在 59.6～75 厘米之间，其中曾侯乙墓时代最早，品级最高，所出遣策的长度为 72～75 厘米，在所见遣策中也最长。

同墓所出遣策形制的差异无疑反映了遣策内容对其形制的影响。包山简遣策共有四组，出于东室而记食品与食器的遣策长 64.8～68 厘米，简文自称其所记内容为"飤室之飤"与"飤室之金器"；出于西室的遣策皆残损，最长者 64.5 厘米，所记为日用行器；出于南室葬器之下而记青铜礼器与漆木器的遣策长 72.3～72.4 厘米，简文自称其所记内容为"大兆之金器"与大兆之"木器"；出于南室葬器之中的遣策长 72.3～72.6 厘米，所记为车马器与兵器。事实上，四组遣策的长度可以划分为两种，这意味着其时的遣策之制又以记录食品及日用行器的简稍短，而记录礼器、车马器及兵器的简略长。曾简遣策以记车马兵器为主，正合此制。似遣策应以时制三尺为准，而随墓主地位之尊卑及所记内容的不同或有伸缩。

包山简中的卜筮祭祷简长 64.4～69.7 厘米，司法文书简长 55～69.4 厘米，与记食品及行器的遣策相近或稍短；德山夕阳坡文书简长 67.5～68 厘米，也与此符合。盖文书简之制不出三尺，似为当时通制。

典籍类竹简的长度虽均短于遣策和文书简，但形制悬殊，最短者如郭店简《语丛》，长仅 15 厘米，最长者为上海博物馆藏简，可达 57.2 厘米。九店简《日书》、农书简长 46.2～48.2 厘米，长台关简墨学佚籍和慈利石板村史籍简皆长 45 厘米，均不出此范围。郭店简除《语丛》外，长度均在 26.4～32.5 厘米之间，似乎差别不大。然而尽管上海简的全部资料尚未公布，但同一种古籍具有不同形制的特点仍然反映得相当清楚。郭店简《老子》甲、乙、丙本三组简的长度分别为 32.3 厘米、30.6 厘米、26.5 厘米，互有出入；郭店简与上海简同见《缁衣》与《性情》，但郭店简二书同长 32.5 厘米，上海简则分别长 54.3 厘米和 57 厘米；差异明显。其中所涉及的简策制度问题或可能比较复杂。

秦简的形制较楚简单一，遣策、文书与典籍并无悬隔不容。扬家山简遣策、睡虎地简《编年记》及《日书》乙本、天水放马滩简《邸丞告书》及《日书》乙本、王家台简《归藏》，长为 23～23.5 厘米；睡虎地简《语书》、《为吏之道》、《秦律十八种》、《效律》、《秦律杂抄》及放马滩简《日书》甲本，长为 27～27.5 厘米；睡虎地简《法律答问》、《封诊式》及《日书》甲本，长为 25～25.5 厘米；是秦简制度一般为时制一尺至一尺二寸。王家台《效律》与《日书》简长 45 厘米，似仿木牍之制而不逾，当属特异。

牍制与简制一样，秦楚也有不同。秦牍长度似以一尺为准，倍尺为制。睡虎地木牍长 23.1 厘米，宽 3.4 厘米，岳山木牍长 23 厘米，宽 5.8 厘米，虽有家书、《日书》之别，但牍长无异。青川郝家坪木牍长 46 厘米，宽 3.5 厘米，恰为一尺之倍。楚牍有包山竹牍，长 48 厘米，宽 2 厘米，较秦制为长。

---

[1] 胡平生：《简牍制度新探》，《文物》2000 年第 3 期。

简牍上的文字皆用毛笔蘸墨缮写，而无契刻成文。笔毫大都较硬，故文字常可写得十分细小。竹书文字一般写于篾黄，篾青留白，但也有少数竹简书于篾青，或于简的篾黄、篾青两面缮写，颇为特别。木牍竹牍则两面缮写。零星刊误似由刀契后补书，但长篇误书漏书则需补抄。上海简《性情》一般满简36字，但简1、40、41三简每简46字，似为补抄所致。九店M56竹简成卷入葬，内裹墨盒和削刀，盒内盛墨，为当时的书写工具。

战国时期已出现熟谙楚文字或秦文字的职业抄手，在郭店简与上海简这些相对集中的竹书资料中，均反映了具有不同风格的抄手的作品。竹书文字多单行满简书写，然而有时也可在相当窄的竹简上双行书写，足显缮写之精。某些抄手习惯于在竹书的天头地脚留白，但像上海简《子羔》篇《孔子诗论》章那样将其中的一些简于上下编绳之外大段留白，且留白简与满写简混编的情况却极为少见。

竹书的书写格式也有很大变化，除通简书写之外，也可分栏书写。睡虎地简《编年记》分为上、下两栏，《为吏之道》则分为五栏。有的甚至在同一部竹书中共存不同的分栏形式，睡虎地简《日书》乙本自通简书写而至二栏、三栏、四栏不等，而《日书》甲本则自通简书写而至二栏、三栏、四栏、五栏、六栏、八栏，变化不定。分栏书写一般都画有规律的格线，个别竹书如《为吏之道》虽无格线，但栏间则用利刃划出横线，以保证文字书写得整齐。有的横线以朱笔绘出，十分美观。

竹书与帛书虽以文字为主，但有些则又配以插图。子弹库楚帛书于文字之外配绘图像，而睡虎地《日书》则配绘《艮山图》、《人字图》等，表明制作精好的竹书，简面密接平滑，便于作画。

为便于诵读竹书帛书，各种符号也应运而生。句读的表示符号一般为小墨节（一）、墨块（■）和小墨钩（﹂），皆写于文字的右下。分章分节则多使用墨杠（—），横贯于简，楚帛书则使用空墨杠（▭），宽同文字。文章结束或以大墨钩（乚）标识，书于文字右下。泾渭分明。

有些竹书原有篇题，每每写于卷首或卷尾数支简的篾青一面，即竹书卷在最外面的简上，有时也可以书于篇首简的启首处。这些知识对于我们研究古书的体例与流传都具有重要价值。

第五节　战国时期的绘画

尽管三代及其以前装饰于各种器物之上的图案及壁画残迹已反映出当时的人们所具有的强烈的审美意识和丰富的艺术表现形式，但真正严格意义上的早期绘画遗物的出土，目前则仅见于战国时期。这些作品不仅表现出与中国传统绘画一脉相承的特点，而且大略反映了当时绘画艺术的概貌，使文献有关其时绘画成就的记载得以印证。很明显，作为造型艺术中的一个重要门类，中国古代的绘画发展至战国时期已经进入了新的重要阶段。

迄今所见战国时期的绘画作品大致包括帛画、漆画、青铜器镶嵌和针刻图像以及壁画，绘画题材丰富，表现手法多样，其审美观念及表现形式都已相当成熟。

一 帛画

目前发现绘制于丝帛上的战国帛画共有三幅，其中两幅为帛画，另一幅则以配画形式与帛书同绘。

女子升仙图，1949年湖南长沙陈家大山楚墓盗掘出土。帛画原折叠置于竹笥[1]。帛画高28厘米，宽20厘米。画面构图由上下两部分组成。下部画面于中央偏右绘一右向的成年女子侧像，体态窈窕，头后挽有发髻，双手拱于胸前，广袖，束腰，长裙曳地，下摆腾起。衣裳呈黑白两色，其上描饰绣纹，袖口及领襟皆有黑白斜纹。人物头部勾画清晰，细眉高鼻，两目直视前方，姿态虔诚。上部画面于女子头上绘有一巨大的凤鸟，凤鸟右向飞翔，昂首展翅，华尾卷扬，双足前后迈开作奔腾状，仿佛引领女子前行。凤鸟的前方又绘一条向上浮游的飞龙，龙体细长，扭摆伸首而升向天空（图版30-1）。由于画面保存欠佳，过去曾以为只绘有一足，因而被认为是似龙而一足的夔[2]。但经修复和仔细辨识，知其并非一足，故定为双足的龙[3]。帛画内容当与葬仪有关，表现了以龙凤引导死者灵魂升天的场景。

男子升仙图，1973年湖南长沙子弹库楚墓发现。帛画平置于椁盖板下的隔板之上，其上缘裹有一条纤细的竹条，竹条当中处系有悬挂用的棕色丝绳[4]，推知帛画性质当属葬仪中悬挂的旌幡类物品。帛画高37.5厘米，宽28厘米。画面中心绘右向而立的成年男子侧像，束发高冠，结系于颔下，长衣曳地，衣袖宽肥，腰侧佩剑，头顶上有华盖。足踏一巨龙，首尾上翘似船，当寓写龙舟，其下以云朵承托，龙前下侧绘一条前游的鲤鱼以寓天河。龙首下系长辔，男子双手执辔御龙，于天河中破浪前进。华盖下的流苏、人像颔下的系带向后飘舞，更表现出疾行的速度和升仙过程的强烈动感。龙尾绘一苍鹭，昂首独立（图版30-2）。帛画内容同样表现了男子乘龙升天的场景。

两幅帛画虽表现了相同的题材，但画面的设计则有所不同。龙显然是这一主题中引导灵魂升天的主要灵物，但女子升仙图中对凤的强调，则似乎暗寓了龙与凤在引领亡灵升仙时的性别差异。由于帛画是用毛笔绘成，从而鲜明地表现了古代书画同源而独重线条勾勒的传统绘画特点。整幅画面构图严谨，人物、动物呼应自然，紧凑稳定；线条刚劲流畅；平涂设色，或运用渲染技法；绘工精细，造型生动准确，形神兼备，写实与想像互为补充，表现了很高的艺术水平。

四维月将图，属帛书的配图，20世纪三四十年代出土于湖南长沙子弹库楚墓[5]。作

---

[1] 郭沫若：《关于晚周帛画的考察及补充说明》，《考古论集》，科学出版社，1992年。

[2] 郭沫若：《关于晚周帛画的考察》，《人民文学》1953年第11期；《关于晚周帛画的考察及补充说明》，《考古论集》，科学出版社，1992年。

[3] 熊传新：《对照新旧摹本谈楚国人物龙凤帛画》，《江汉论坛》1981年第1期。

[4] 湖南省博物馆：《新发现的长沙战国楚墓帛画》，《文物》1973年第7期；《长沙子弹库战国木椁墓》，《文物》1974年第2期。

[5] Barnard, Noel (1973), The Ch'u Silk Manuscript: Translation and Commentary, Studies on the Ch'u Silk Manuscript Part 2, *Monographs on Far Eastern History* 5. The Australian National University, Camberra.

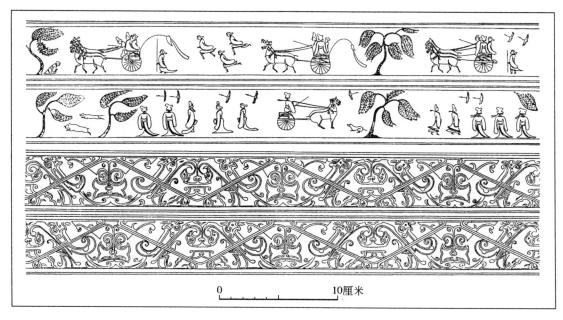

图 11-31 战国漆画（包山 M2）

品为正方形的帛书，除中央及四边的十四段文字外，四周还绘有图像，其中居于四维的四区分别绘有青、赤、白、黑四色木，余十二区则依次绘有十二月神将，为帛书十二月宜忌文字的附图（图 11-31）。图像或项生三头，或独臂长角，或长舌一足，或有足无头，或口中衔蛇，皆以线条勾勒造型，中施青、棕、红等颜色，想像力丰富，反映了渊源甚久的神祇崇拜思想。这些神怪形象或许可以帮助我们了解《天问》所描述的战国时期的楚先王庙及公卿祠堂壁画中所描绘的部分内容。

二 漆画

漆画作为战国时期与帛画共存的一类绘画品种，其所表现的艺术风格及特点已开后世漆画之先河，具有很高的艺术成就。目前所见的战国漆画遗作多出土于湖北、湖南、河南、山东等地的墓葬。就漆画原附的器物来分，一类是单纯与丧葬有关的遗物，如漆棺；另一类则是日常用器。就漆画题材而论，主要是与宗教内容相关的简单装饰，一些葬仪图、乐舞图及天文图的设计虽稍繁缛，然仅以线条勾勒轮廓，技法略显单调，但同时也出现了构图复杂的具有写实风格的描写社会生活的画卷。

较重要的描写社会生活类题材的漆画作品，目前所见共有两件。

聘礼行迎图，绘于漆奁盖壁一周，1986 年湖北荆门包山 M2 出土[1]。通幅长 87.4 厘米，高 5.2 厘米。画面由出行与迎宾两部分内容组成（图 11-31）。出行场面隆重，男女

---

[1] A. 湖北省荆沙铁路考古队：《包山楚墓》，文物出版社，1991 年。
B. 胡雅丽：《包山 2 号墓漆画考》，《文物》1988 年第 5 期。

主人分乘一乘三马和二马挽车，公子乘三马挽车随后。车上均有御者和参乘。车后皆有旜旗，或随风飘摆，车舆均施彩饰；男主人车后尚有四名襦衣青帻随从，其中一人持杖；公子乘车之后也有一名青衣戴帻持杖随从。男主人着黄色褒衣深服，戴黄冠；女主人和公子皆着黄衣正坐。御者和参乘或着青衣，或宽服博带。迎宾场面以一黄衣戴冠者俯首拜迎开始，其后之侍者青衣垂手侍立，候主人出迎。左前二人黄服导引前行，皆深衣博带，冕冠垂缨。之后停一乘二马骈车，御者执辔顾首，等待主人上车。主人着黄衣趋行，前有二侍者分着黄衣、青衣拱手恭请，后有二侍者着青衣垂手而侍。其间衬托树木，枝条随风摆舞，饶富生趣；又绘犬、豕、雁等动物，姿态生动。整幅画面内容完整连贯。画面以黑漆为底色，以红、黄、棕、青等色彩绘，设色鲜明。马分红、棕两色，或飞蹄疾奔，或仰天嘶鸣。人物、动物刻画细致入微，造型准确生动，已运用透视法，属战国漆画的上乘之作。

女乐图，绘于漆奁盖壁一周，20 世纪 30 年代湖南长沙出土[1]。该画主题为 11 位美女乐舞的场面，画的上下则绘饰云朵以为装饰。画中两座凉厅分置左右，一厅中两人相对跽坐；另一厅三人跽坐，两人正面，一人侧面。两厅之间，一边有两人对舞；另一边四人，其中两人面向三人厅而舞，另二人静立面向二人厅，似与坐者一同观赏。舞者纤腰袅娜，丰姿绰约。漆奁以黑漆为底，于画面部分施红粉带，并于其上以红、橙、褐、蓝、白、黑、灰等颜色施绘，色彩柔和明快。人物造型生动，顾盼姿生，眉目传神，丰光流动，表现出笔势的轻灵。

三　镶嵌及针刻图像

战国时期青铜器工艺借用绘画艺术以线条造型的基本技法，或复杂的构图采用镶嵌及针刻技术以装饰器物外表，形成了独特的艺术形式。这类绘画形式创作的题材主要有宴乐、狩猎、战争、社会生活及神异。由于技法的局限，此类绘画只能表现所绘对象的轮廓，构图古拙，富于装饰性，故画面呆板而不够生动。有些对象采用立体表现法，手法新颖，如四足的兽或双轮的车，或采用从中剖开、左右伸展半体的处理方法，或将双轮平列在车舆之下[2]。此类绘画作品所表现的主题场面宏大，人物众多，为我们了解战国历史和文化提供了珍贵的形象资料。

镶嵌与针刻图像的处理方式也有很大差异。镶嵌技法主要装饰于形体较大、腹壁较厚的青铜器的外表，以整体轮廓分栏分区表现事物，内容多反映现实生活。目前所见较重要的作品如河南汲县山彪镇出土的水陆攻战图铜鉴[3]、四川成都百花潭出土的宴乐攻战图铜壶[4]、故宫博物院藏宴乐攻战图铜壶[5]，以及北京保利艺术博物馆藏两件宴乐攻战图

---

[1] A. 商承祚：《长沙楚器发现纪略》，《金陵大学中国文化研究所长沙古器物展览目录》，《长沙古物闻见记》，中华书局，1996 年。
　　B. 郭沫若：《关于晚周帛画的考察及补充说明》，《考古论集》，科学出版社，1992 年。
[2] 杨泓：《战国绘画初探》，《文物》1989 年第 10 期。
[3] 郭宝钧：《山彪镇与琉璃阁》，科学出版社，1959 年。
[4] 四川省博物馆：《成都百花潭中学十号墓发掘记》，《文物》1976 年第 3 期。
[5] 杜恒：《试论百花潭嵌错图像铜壶》，《文物》1976 年第 3 期。

铜壶[1]。此外，河南、山东、安徽、四川等地的战国墓葬也相继发现过此类作品，传世文物中也有不少镶嵌图像的青铜器如青铜鉴、豆等器，所绘题材多为车猎、弋射、采桑等。其中尤以保利艺术博物馆的两件铜壶嵌错图画最称精致。该画分上下四层，上层绘习射采桑图，第二层绘射仪乐舞图，第三层绘水陆攻战图，下层绘斗兽对兽图，另于壶盖盖顶错绘走兽。整幅画面虽构图复杂，但错落有致，疏密得当，表现出较强的审美情趣。

针刻图像则多装饰于薄壁器皿上，常刻于盘、洗、匜等器的内壁和缶、奁外表，只有极少数内外兼刻。所绘对象完全以线条或连续刻出的点所组成的线条勾勒表现，形象纤细，构图繁缛，题材以写实的社会生活图景为主，也有不少描绘神怪的作品。河北、山东、江苏、河南、湖南、山西、陕西等地的战国墓葬中均有出土，其中重要的有河南辉县赵固出土的鉴、陕县后川出土的盘和匜、山西长治分水岭出土的匜、江苏六合和仁出土的匜、湖南长沙黄泥坑出土的匜、故宫博物院和上海博物馆收藏的盘和椭栝等器，以及江苏淮阴高庄战国墓出土的盘、匜和算形器等[2]。

四 壁画

如果说，1998 年发现于甘肃秦安大地湾新石器时代的地画可以视为原始的壁画作品的话[3]，那么到殷周时期，壁画的发展似乎已经相当成熟[4]。战国时代，随着建筑技术的进步，列国的殿堂宗庙等建筑日趋宏伟，壁画的绘制也日益兴盛[5]。然而随着建筑的毁灭，当时有关壁画的情况除在《天问》、《家语》等文献中尚有存留外，实物已难得一见。战国末期至秦统一时筑于秦都咸阳的宫殿遗址中一处廊道壁面尚存部分壁画[6]，可以窥见当时的壁画成就。

壁画绘于廊道东、西壁，东壁壁画以仪仗图为中心，绘有仪仗和车马出行的场面。西壁壁画绘有建筑图和麦穗图。所绘对象皆以线条勾勒，或遒劲严谨，或飘逸轻灵，造型准确，形象逼真。设色主要以平涂，局部渲染，重彩部分一般还要以墨线勾勒外部轮廓和需要突出表现的部分。颜料主要有朱砂、石绿、石英、赭石等矿物颜料。墙壁画面和底色则为白色蛤粉，历久不衰。画面色彩浓淡相间，层次分明，甚至同一种颜色也有深浅的区分，致使壁画炫灿丰富[7]。显然，战国晚期的壁画创作已经综合运用了帛画、漆画等不同绘画形式的表现技法，而且更趋向以生动、古朴的艺术形式表现现实主义题材。

---

[1] 《保利藏金（续）》编辑委员会：《保利藏金（续）》，岭南美术出版社，2001 年。
[2] 杨泓：《战国绘画初探》，《文物》1989 年第 10 期。
[3] 甘肃省文物工作队：《大地湾遗址仰韶晚期地画的发现》，《文物》1986 年第 2 期。
[4] A. 中国科学院考古研究所安阳发掘队：《1975 年安阳殷墟的新发现》，《考古》1976 年第 4 期。
B. 罗西章：《陕西扶风杨家堡西周墓清理简报》，《考古与文物》1980 年第 2 期。
[5] 杨泓：《战国绘画初探》，《文物》1989 年第 10 期。
[6] 咸阳市文管会、咸阳市博物馆、咸阳地区文管会：《秦都咸阳第三号宫殿建筑遗址发掘简报》，《考古与文物》1980 年第 2 期。
[7] 刘庆柱：《试谈秦都咸阳第三号宫殿建筑遗址壁画艺术》，《考古与文物》1980 年第 2 期。

第十二章　两周时期周边地区的考古学文化

第一节　辛店文化

辛店文化是以甘肃临洮辛店遗址命名的考古学文化。1923~1924 年，瑞典考古学家安特生为验证中国古代文化西来说这个假说，到甘青一带进行考古调查，采集到一些陶器，并对一些遗址作了发掘，在后来出版的著作中将甘青一带的有关遗存分为前后相继的六期，其中将辛店遗址所出陶器称为"辛店期"[1]。1956 年在甘肃东乡唐汪川采集的一批辛店文化陶器，或称之为"唐汪式陶器"，因与辛店所出有一定区别，故将后者称为甲组，认为是典型辛店文化遗存，而称前者为辛店文化乙组，甲组晚于乙组。并认为辛店文化是齐家文化之后兴起的一支新文化，年代可能相当于中原地区的殷周时期[2]。1958~1960 年间发掘了甘肃永靖张家咀[3]和姬家川遗址[4]，发掘面积大，出土遗物丰富，在此基础上将辛店文化分为姬家川、张家咀两个类型[5]。20 世纪 80 年代以来，又先后发掘了一些辛店文化的墓地，其中甘肃临夏莲花台和永靖马路塬遗址[6]的发掘，结合有关碳十四测年数据，可知姬家川类型要早于张家咀类型。

辛店文化分布于黄河上游及其支流洮河、大夏河、湟水、渭水上游流域，西北至青海的大通、湟中县一带，东南达甘肃陇西附近。

---

[1] A. 安特生著、乐森璕译：《甘肃考古记》，《地质专报》甲种，1925 年第 5 号，农商部地质调查所印。

　　B. Andersson, J.G. (1943), Researches into the Prehistory of the Chinese, *Bulletin of the Museum of Far Eastern Antiquities*, No.15.

[2] 安志敏：《略论甘肃东乡县唐汪川的陶器》，《考古学报》1957 年第 2 期。

[3] 黄河水库考古队甘肃分队：《甘肃永靖县张家咀遗址发掘简报》，《考古》1959 年第 4 期。

[4] 黄河水库考古队甘肃分队：《甘肃临夏姬家川遗址发掘简报》，《考古》1962 年第 2 期。

[5] A. 中国社会科学院考古研究所甘肃工作队：《甘肃永靖张家咀与姬家川遗址的发掘》，《考古学报》1980 年第 2 期。

　　B. 谢端琚：《略论辛店文化》，《文物资料丛刊》9，文物出版社，1985 年。

　　C. 中国社会科学院考古研究所：《新中国的考古发现和研究》，文物出版社，1984 年。

[6] A. 中国社会科学院考古研究所甘肃工作队：《甘肃永靖莲花台辛店文化遗址》，《考古》1980 年第 4 期。

　　B. 甘肃省文物工作队、北京大学考古系甘肃实习组：《甘肃临夏莲花台辛店文化墓葬发掘报告》，《文物》1988 年第 3 期。

一　典型遗址

辛店文化的遗址发现较多，典型遗址有姬家川、张家咀、山家头、莲花台等处。

1. 姬家川遗址

姬家川遗址位于永靖南部、黄河西岸的台地上，面积约 1 万平方米。遗址包含齐家文化和辛店文化姬家川类型的遗存。1960 年作了发掘，揭露面积 675 平方米，发现姬家川类型叠压齐家文化的层位关系，清理姬家川类型的房址、墓葬各 1 座，灰坑 41 个，出土了大量文化遗物。

2. 张家咀遗址

张家咀遗址位于永靖西南 20 公里，在大夏河汇入黄河的入口处，面积约 2 万平方米，遗址包含齐家文化和辛店文化张家咀类型的遗存。1958、1959 年间作了发掘，揭露面积 995 平方米。发现了张家咀类型叠压齐家文化的层位关系，清理张家咀类型的灰坑 165 个，出土遗物丰富。

3. 莲花台遗址

莲花台遗址位于临夏北 20 公里，东北距永靖 23 公里，原属永靖管辖。遗址在大夏河西岸的瓦渣咀、黑头咀两个台地上，在其以南的山坡上有单独的墓葬区。1956 年文物普查时发现，1959 年进行第一次发掘，发掘面积 889 平方米。在瓦渣咀发掘 621 平方米，发现张家咀类型的灰坑、墓葬等遗迹；黑头咀揭露面积 268 平方米，只发现姬家川类型的房址、灰坑等遗迹，出土大量文化遗物。1984 年对居址南面的墓地作了发掘，发现墓葬 18 座，并发现姬家川类型的墓葬 M10 打破山家头类遗存的墓葬 M11 的层位关系。

二　文化特征

遗物以陶器最多，特征鲜明。陶质有夹砂、泥质两类，夹砂陶占绝对数量，其中掺有砂粒、陶末以及蚌壳和云母的碎片等。器表比较粗糙。陶色以褐色或近似褐色的橙黄色为主，陶色多不纯正。彩陶比例较高，颜色有黑、白、红、紫红、褐色，主纹用黑、红、紫红色，图案种类多，有双钩纹、直线纹、回纹、网格纹、三角纹、波浪纹、S 纹以及动物纹如狗、羊、鸟、鹿纹等，一些彩陶还饰白、橙黄色底色。未上彩者器表或为素面，或饰短条状附加堆纹、划纹、绳纹等。器类有鬲、甗、盆、豆、钵、单耳杯、双颈耳罐、腹耳罐、鼎形器等，其中以双耳盆、双颈耳罐、腹耳罐最为典型。小件工具有石质的斧、刀、铲、镰、凿、臼，骨质的铲、锥、镞、针、梳以及铜铃、泡、锥、刀、凿等。装饰品较常见，有玛瑙珠、铜珠、骨管、绿松石等。

辛店文化的聚落遗址发现较多，但由于揭露面积小，对其布局、结构等了解不多。单个的遗迹包括房址、灰坑等。房址发现很少，发现的两座均属于姬家川类型，其中姬家川发现的一座为半地穴式，保存完好，地面长 4.6～5 米，宽 3.3～3.5 米，残高 0.2 米。地面中部有一个灶坑，直径 1 米，深 0.2 米。房西有一条斜坡式门道，宽 0.9 米。在莲花台遗址东部的黑头咀发现的一座房址面积更大一些。房址四角近圆，灶坑一侧还有三个圆

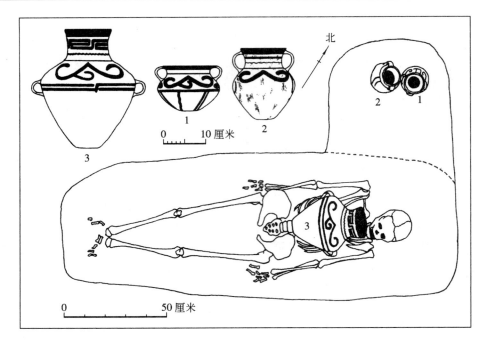

图 12-1 临夏莲花台 M8 及随葬陶器
1. 盆 2. 双颈耳罐 3. 双腹耳罐

坑，研究者推测它们可能是用于放置陶罐的地方[1]。

灰坑有三种：一种口部近圆，呈锅形；一种口部为圆形，口大底小，壁较平滑，呈袋状；还有一种口部为长方形，壁近直，底部平整。后两种可能原本是窖穴。另在黑头咀的一座袋状坑中埋有两具人骨，男性为仰身直肢，女性侧身屈肢，身首已分离。

在张家咀遗址发现炼铜炉残块，外面挂着铜渣，说明附近有冶炼遗迹。遗址中还出有铜容器残片、铜矛，表明当时已有较发达的青铜手工业。

墓地发现较多。墓葬主要是长方形土坑竖穴式，还有部分偏洞室墓。很多墓坑四角近圆，有的墓坑甚至近似椭圆形或圆角三角形。一些墓的一端还有壁龛（图 12-1）。已发现者多为小型墓，墓坑很窄，头、脚端略宽敞。有的墓略大，长 3 米以上，宽 2 米以上。部分墓葬有木棺。葬式多样，有的地方以直肢葬为主。有的地方流行二次葬，骨骼零乱；有的地方则多见屈肢葬。墓葬出土遗物主要是陶器，一般仅两三件，器类多双颈耳罐、腹耳罐等，有的还出双耳盆等。墓中常出有小件工具和装饰品，后者多出于人的头、颈、胸部。此外，墓中常有牛、羊等动物肢骨。

三 文化类型

根据辛店文化遗存的地域特征，现在可分为姬家川、张家咀两个类型。

---

[1] 中国社会科学院考古研究所：《新中国的考古发现和研究》，文物出版社，1984 年。

1. 姬家川类型

姬家川类型主要分布于黄河及其支流洮河、大夏河流域，东南到渭水上游的陇西附近[1]，西北达青海乐都一线。典型遗址有甘肃临夏姬家川、莲花台、盐场[2]；青海乐都柳湾[3]，民和核桃庄[4]等。

陶器器类有分裆袋足鬲、甗、盆、单耳杯、双耳杯、双颈耳罐、腹耳罐等，其中以双耳盆、单耳杯、双颈耳罐、腹耳罐最为典型（图12-2）。器物的底部小，多为凹圈底。各类罐的腹部最大径偏上；盆多为敛口，折腹，最大径在折腹处；鬲为分裆袋足鬲，居址所

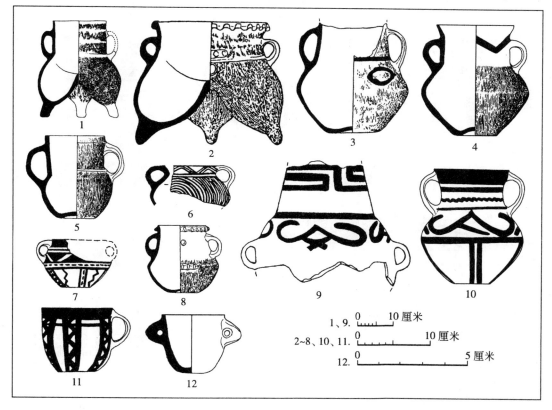

图 12-2　辛店文化姬家川类型陶器

1. 鬲（莲花台 H163:8）　2. 鬲（姬家川 H13:3）　3. 双颈耳罐（姬家川 TC:1）　4. 双颈耳罐（莲花台 H212:1）
5. 双颈耳罐（莲花台 H177:4）　6. 盆（姬家川 H10:1）　7. 盆（姬家川 H8:11）　8. 双颈耳罐（姬家川 H13:3）
9. 双腹耳罐（姬家川 H8:16）　10. 双颈耳罐（莲花台 H193:4）　11. 单耳杯（姬家川 H8:18）
12. 双耳杯（姬家川 H10:4）

---

[1] 甘肃省博物馆：《甘肃省文物考古工作三十年》，《文物考古工作三十年》，文物出版社，1979年。
[2] 甘肃省文物考古研究所、甘肃省博物馆历史部：《甘肃临夏盐场遗址发现的辛店文化陶器》，《考古与文物》1994年第3期。
[3] 中国社会科学院考古研究所、青海省文物管理处考古队：《青海柳湾》，文物出版社，1984年。
[4] 青海省文物管理处：《青海民和核桃庄小旱地墓地发掘简报》，《考古与文物》1995年第2期。

出者通体有绳纹，墓葬所出者还有彩绘。彩绘陶的制作是先将器物局部的绳纹抹去，然后上彩，因而很多陶器上纹饰、彩绘共存。彩绘颜色多为单彩，以黑彩为主，少数为红、紫红彩，图案有双钩纹、直线纹、回纹、波浪纹、网格纹、三角纹、S纹带以及狗、鸟、羊等动物形象。未上彩器物或通体饰绳纹，印痕浅而细密，或为素面。

2. 张家咀类型

张家咀类型的中心分布区与姬家川类型相同，即主要分布于黄河及其支流洮河、大夏河流域，但分布区的东界已向西收缩，即东不过临洮一带，西边则比原姬家川类型的区域有了扩大，向西推进至大通、湟中一带。典型遗址有张家咀遗址、盐场、核桃庄等。

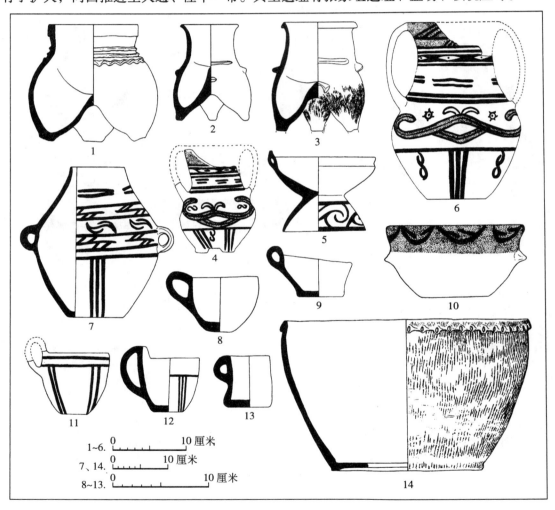

图 12-3 辛店文化张家咀类型陶器

1. 鬲（张家咀 H118:3） 2. 鬲（张家咀 T66:2） 3. 鬲（莲花台 T23:5） 4. 双颈耳罐（张家咀 H39:1） 5. 豆（张家咀 H20:3） 6. 双颈耳罐（张家咀 H118:1） 7. 双腹耳罐（张家咀 H144:1） 8. 单耳杯（张家咀 H164:1） 9. 单耳杯（莲花台 H71:6） 10. 盆（张家咀 H63:2） 11. 单耳杯（张家咀 T21:4） 12. 单耳杯（莲花台 H25:2） 13. 单耳杯（莲花台 T1:1） 14. 瓺（张家咀 H173:3）

陶器器类与姬家川类型基本相同。主要器类有鬲、盆、单耳豆、单耳杯、双颈耳罐、腹耳罐等（图12-3）。多平底器，无圜底器，其他还有圈足、三足器。与姬家川类型相比，各类罐体略显瘦长，长颈，腹最大径偏下；盆为敞口，折腹，器物最大径在口部。双颈耳罐上普遍有彩绘。单耳豆的豆盘部较深，粗柄，鬲体瘦高，多通体为素面，有的裆上饰短附加堆纹带。彩陶比例高，多为复彩，颜色有黑、红色等两种以上。彩绘纹样除姬家川类型常见的双钩纹、直线纹、三角纹等纹样外，还有大量变形S纹、变形鸟纹、涡纹、太阳纹等，线条比较流畅。

四 年代与族属

关于辛店文化的年代，在姬家川、张家咀遗址均发现辛店文化打破齐家文化的层位关系，可知前者的上限要晚于后者。

至于姬家川类型的年代，其上限可从以下方面说明。在莲花台墓地中发现M10打破M11（图12-4），其中M10属于姬家川类型，M11属于山家头类遗存；从同类陶器如双颈

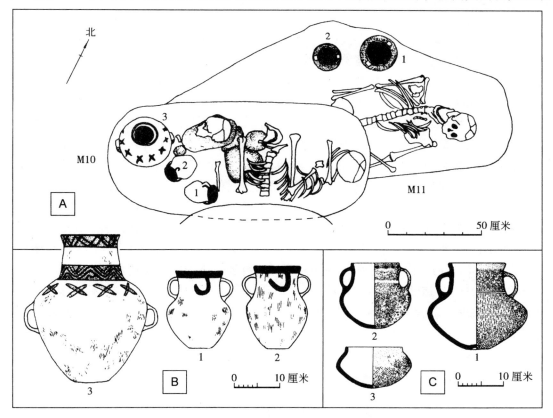

图 12-4 临夏莲花台 M10、M11 打破关系及随葬陶器
A. M10、M11 打破关系图
B. M10 随葬陶器　1、2. 双颈耳罐　3. 双腹耳壶
C. M11 随葬陶器　1、2. 双颈耳罐　3. 钵（打破关系图中未显示）

耳绳纹罐、腹耳罐等器物的形制来看，各地姬家川类型的这些器物应晚于山家头类遗存的同类器物，说明姬家川类型应晚于山家头类遗存。

张家咀类型的年代，根据典型陶器的形制分析，应晚于姬家川类型。核桃庄 M256 出土标本的碳十四测年数据经树轮校正为 BP3085 ± 80 年，大体相当于中原地区的商代末期。

辛店文化的族属，一般认为属于羌人。

此外，在涉及辛店文化的研究方面，还有两个问题需要作一说明。

一个是关于"唐汪式陶器"的问题。1956 年在东乡唐汪川的山神庙采集的一批陶器，器类有单颈耳罐、双颈耳罐、单耳豆、腹耳罐等。彩陶特征较突出，以红色为底纹，主纹多为黑彩涡纹。正由于这些独特特征，所以被称为"唐汪式陶器"或"唐汪文化"[1]。又因其与辛店村所出的典型辛店文化陶器风格既有区别，又有一定联系，故将典型辛店文化遗存称为甲组，将唐汪式陶器称为辛店文化乙组，甲组晚于乙组。后来，研究者将这类遗存归入辛店文化或卡约文化。从有关发现看，这种陶器主要散见于辛店文化张家咀类型的遗存中。1989 年通过对山神庙遗址的再次调查，可知该遗址包含姬家川、张家咀两个类型的遗存，并以张家咀类型为主[2]。研究者据此认为这类遗存应属于张家咀类型。

另一个是山家头墓葬的归属问题。1980 年在青海民和山家头发掘一批墓葬，其中有一类墓葬的随葬品与辛店文化的陶器有密切关系。研究者据此提出了辛店文化山家头类型的命名，认为它的年代属于辛店文化的早期阶段[3]。这类遗存的分布地域与辛店文化姬家川类型大体相同，多见墓葬，随葬陶器以双耳盆、双颈耳罐、腹耳罐为基本组合。相比之下，这类遗存与辛店文化姬家川类型有一定相似之处，而与其他文化区别较大。与姬家川类型比较，两者都有作为主要器类的双颈耳罐，但山家头遗存主要为圜底器，器表多饰绳纹，彩陶少；姬家川类型流行凹圜底，彩陶发达，两者的腹耳罐、盆各自的形制区别很大，其间不存在演变关系。因此，仅就目前所见资料似乎难以将山家头这类遗存纳入辛店文化中。这些情况显示，甘、青一带商、周时期的考古学文化及其与周邻其他考古学文化的关系是相当复杂的，对有关遗存的文化性质的判定应该在比较丰富的资料的基础上进行探讨。因此，山家头这类遗存的归属也需要通过对典型遗址的发掘以后再作进一步研究。

关于年代，在山家头墓地中发现张家咀类型墓葬打破山家头类墓葬，莲花台墓地中姬家川类型的 M10 打破山家头类墓葬 M11，民和小旱地墓地中山家头类墓葬 M360 被张家咀类型的 M228 打破[4]，再结合陶器形制分析，这类遗存应晚于齐家文化、早于姬家川类型[5]。

---

[1] 安志敏：《略论甘肃东乡自治县唐汪川之陶器补记》，《中国新石器时代考古论集》，文物出版社，1983 年。

[2] 张学正、水涛、韩翀飞：《辛店文化研究》，《考古学文化论集（三）》，文物出版社，1993 年。

[3] 青海省文物管理处：《青海民和核桃庄山家头墓地清理简报》，《文物》1992 年第 11 期。

[4] 青海省文物管理处：《青海民和核桃庄小旱地墓地发掘简报》，《考古与文物》1995 年第 2 期。

[5] 南玉泉：《辛店文化序列及其与卡约、寺洼文化的关系》，《考古类型学的理论与实践》，文物出版社，1989 年。

第二节 寺洼文化

寺洼文化是以甘肃临洮寺洼山墓葬命名的一个考古学文化，也是 20 世纪 20 年代安特生在甘肃一带调查时发现的，最初称之为"寺洼期"[1]。1945 年，夏鼐在当地发掘了六座寺洼文化墓葬，并对这类遗存的族属作了推断[2]。1947 年，裴文中也在此清理一座墓葬[3]。50 年代，在洮河流域进行考古调查，发现了多处寺洼文化的墓地和遗址。当时根据这些发现判断寺洼文化分布于甘肃中部的洮河流域一带[4]。1958 年在甘肃平凉安国镇出土了一批"安国式陶器"[5]，后来认为也属于寺洼文化，由此可知寺洼文化的分布地域可达甘肃东部。70 年代以来，在白龙江流域进行了考古调查[6]，并重点发掘了甘肃庄浪徐家碾[7]、西和栏桥[8]、合水九站[9]等寺洼文化遗址，对该文化的分布、年代、特征有了比较全面的认识[10]，从而使寺洼文化的研究进入新的阶段。寺洼文化主要分布于甘肃中、南部的洮河、白龙江、西汉水，东部的泾水及其上游的支流一带。

一 典型遗址

寺洼文化的遗址发现不少，但经发掘的不多，典型遗址有寺洼山、徐家碾、九站等。

1. 寺洼山遗址

寺洼山墓地是已知寺洼文化遗址中偏西的一处。对寺洼山遗址的工作主要在 1949 年以前，先后在此清理了一些墓葬，为土坑竖穴墓，有仰身直肢葬、乱骨葬和火葬。随葬品

---

[1] A. 安特生著、乐森㺬译：《甘肃考古记》，《地质专报》甲种，1925 年第 5 号，农商部地质调查所印。
  B. Andersson, J.G. (1943), Researches into the Prehistory of the Chinese, *Bulletin of the Museum of Far Eastern Antiquities*, No.15.
[2] 夏鼐：《临洮寺洼山发掘记》，《中国考古学报》第四册，1949 年。
[3] 裴文中、米泰恒：《甘肃史前考古报告初稿》，油印本，1948 年。
[4] 甘肃省博物馆：《甘肃古文化遗存》，《考古学报》1960 年第 2 期。
[5] 甘肃省博物馆：《甘肃古文化遗存》，《考古学报》1960 年第 2 期。
[6] 长江流域规划办公室考古队甘肃分队：《白龙江流域考古调查简报》，《文物资料丛刊》2，文物出版社，1978 年。
[7] 中国社会科学院考古研究所泾渭工作队：《甘肃庄浪县徐家碾寺洼文化墓葬发掘纪要》，《考古》1982 年第 6 期。
[8] 甘肃省文物工作队、北京大学考古学系、西和县文化馆：《甘肃西和栏桥寺洼文化墓葬》，《考古》1987 年第 8 期。
[9] 北京大学考古系、甘肃省文物考古研究所：《甘肃合水九站遗址发掘报告》，《考古学研究（三）》，科学出版社，1997 年。
[10] A. 胡谦盈：《试论寺洼文化》，《文物集刊》2，文物出版社，1980 年。
  B. 赵化成：《甘肃东部秦和姜戎文化的考古学探索》，《考古类型学的理论和实践》，文物出版社，1989 年。

基本为陶器，器表多为素面，器类简单，有罐、瓮、鬲、鼎形器等，另出有小件铜器和石器。其中以马鞍形口罐为核心的一组陶器最为典型，成为寺洼文化的代表性器物。

2. 徐家碾遗址

徐家碾墓地位于村西北的坡地上，西南距庄浪县城3.5公里。以前曾在此做过调查，并采集到一些寺洼文化的陶器[1]。1980年发掘寺洼文化墓葬104座，墓葬形制清楚，随葬品较丰富。该墓地的发掘，对寺洼文化的埋葬制度有了比较全面的了解。

3. 九站遗址

九站遗址位于甘肃合水九站村，是寺洼文化遗址中偏东的一处。包括居址和墓葬两部分。居址区压在现代村落下，面积16万平方米，墓葬区在村边斜坡山地上。1958年文物普查时发现，1978年又作了较详细的调查，并采集到寺洼文化的陶器[2]。1984年进行了正式发掘，揭露居址面积75平方米，墓葬82座。九站遗址，发现的有关寺洼文化的生活居址遗迹，可分为三期。这在其他寺洼文化遗址中是少见的，同时也对该文化的墓葬特征有了进一步了解。

二　文化特征

出土遗物中陶器是寺洼文化的主要器物，特征鲜明。陶质有夹砂、泥质两类，主要是夹砂陶，其中夹有粗砂粒、陶末。烧制火候不高。陶色以褐色或近似褐色的橙黄色为主，陶色多不纯正。器表多为素面，部分器物上有短条状附加堆纹、划纹、绳纹等，一些陶器上还刻有符号。有少量彩绘陶，所用颜色有黄、黑色，图案简单。器类有分裆鬲、联裆鬲、甗、盆、豆、钵、单耳罐、无耳罐、双颈耳马鞍形口罐、双颈耳平口罐、折肩罐、腹耳罐、三足瓮等，其中以双颈耳马鞍口形罐、双颈耳平口罐、分裆鬲、豆、

图12-5　庄浪徐家碾M80平面、剖面图
1.人头骨　2.串珠　3、4、6、21、22.陶簋　5、8、9、18.长颈陶罐　7、10、11.马鞍形口陶罐　12~14、19、20.陶壶　15.双耳陶罐　16.陶瓮　17.石块

---

[1] A. 甘肃省博物馆：《甘肃庄浪县柳家村寺洼墓葬》，《考古》1963年第1期。
　　B. 丁广学：《甘肃庄浪县出土的寺洼陶器》，《考古与文物》1981年第2期。
[2] 胡谦盈：《试论寺洼文化》，《文物集刊》2，文物出版社，1980年。

单耳罐、无耳罐、腹耳罐最为典型。工具有石刀、蚌刀、石斧和骨匕、铲、镞等，兵器有铜戈、镞。

寺洼文化的居址现仅见于九站遗址，有房址、灰坑、水槽等。发现房址1座（F1），已被严重破坏。为地面建筑，范围30平方米左右。基址经夯打，发现柱洞2个，口径分别为0.15米，0.26米。火塘为圆角长方形，东西宽0.66米，南北长0.9米，深0.1米。灰坑的口部近圆，壁较直，较深。如H8的口径1.8米，底径2.1米，残留深度1.7米。

墓葬多为长方形土坑竖穴墓，个别为洞室墓。多为小型墓，部分墓葬略大。一些墓葬头两端有壁龛，多数墓有生土或熟土二层台。葬具多为单棺，个别墓为一棺一椁。葬式有仰身直肢葬、身躯肢解葬和乱骨葬，一般为单人葬，个别为两人或多人合葬。小型墓随葬品少，略大的墓随葬品稍多（图12-5）。出土遗物主要是陶器，器物种类、数量不定，少者一两件，多者数十件。少数墓中还出有动物遗骨，其他还有石、骨、铜质的兵器、工具和饰物等（图12-6）。此外，极少数墓中有殉人，一般一人。

在寺洼文化的典型遗存中，寺洼山墓葬出土一些罐的形体矮胖而近似盆，形制接近辛店文化的同类器物，这与徐家碾、九站等地寺洼文化遗存的同类器物表现为瘦高的特征有一定区别。同样，徐家碾和栏桥墓葬随葬的马鞍形口罐的口部多为双马鞍形，豆多为簋式豆，铜戈多为三角援戈（戟）。九站遗址则主要为单马鞍口形罐，口沿下曲的弧度相对要小，豆多为浅斜腹盘形豆，流行双颈耳平口罐，器物的口沿多近平，马鞍形口较少。这说明各地寺洼文化遗存有一定差异，在此基础上可以划分为不同的文化类型。随着今后资料

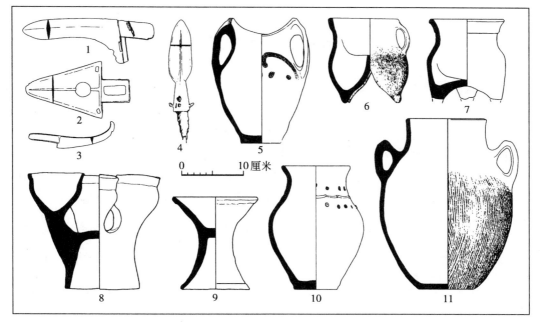

图12-6　庄浪徐家碾寺洼文化墓葬出土遗物
1. 铜戈（M70:7）　2. 铜戣（M95:41）　3. 铜刀（17:4）　4. 铜矛（M70:3）　5. 马鞍形口陶罐（M78:12）
6. 陶鬲（M12:9）　7. 陶鬲（M77:47）　8. 五连陶杯（M84:2）　9. 陶豆（M77:27）　10. 陶罐（M72:17）
11. 双耳陶罐（M77:31）

的不断积累，需要对该文化的地域特征作进一步研究。

在寺洼文化遗存中存在大量周邻其他考古学文化的因素。最明显的就是周文化因素，如联裆鬲、联裆甗、折肩罐等为典型周文化风格；九站墓地出土直内戈的形制也与西周文化的同类器物完全相同；在徐家碾墓地出土的三角援戈见于以关中为中心的周文化遗存，它更是陕南汉中一带的蜀文化遗存的典型器物。这说明寺洼文化与这些文化有一些联系。

三 年代与族属

关于寺洼文化的年代，以往都认为应晚于齐家文化，早于西周文化。20世纪70年代，宝鸡竹园沟一座西周墓中出有双颈耳马鞍形口罐等寺洼文化的典型陶器[1]，据此可知该文化至少与西周早期文化并行。

九站遗址的发掘，获得了进一步确定寺洼文化年代的有力证据。在九站遗址的寺洼文化遗存中，寺洼文化、周文化的器物共出，表明在某个阶段寺洼文化曾与周文化并存。因典型周文化的序列现已建立，年代比较清楚，据此可判定寺洼文化与周文化的年代对应关系。通过比较，九站一期相当于西周早期，上限或可早到商末，出于H6的标本经碳十四测年，数据为3050±120BC（未经树轮校正）[2]也可作参考；二期相当于西周晚期。由此证明，九站遗址寺洼文化的年代大体相当于西周时期。

关于寺洼文化的族属，20世纪40年代夏鼐认为属于羌人，目前一般认为属于羌人或其支系。

第三节 沙井文化

沙井文化以甘肃民勤沙井遗存命名。20世纪20年代，安特生在甘青一带进行考古工作时，将以沙井遗址为代表的文化遗存定为沙井期，认为是甘青古文化六期中最晚的一期[3]。1948年，原中央地质调查所组成的西北地质调查队赴甘肃、青海考察，裴文中再次调查了民勤柳湖墩、沙井附近的几处遗址。后来撰写的报告中使用了"沙井文化"这一名称，认为该文化从马厂期发展而来[4]。1956年，在省文物普查时，又对沙井柳湖墩遗址作了调查[5]。1979年，对永昌三角城（今属金昌）遗址和蛤蟆墩墓地进行了发掘[6]。

---

[1] 卢连成、胡智生：《宝鸡强国墓地》，文物出版社，1988年。
[2] 北京大学考古系、甘肃省文物考古研究所：《甘肃合水九站遗址发掘报告》，《考古学研究（三）》，科学出版社，1997年。
[3] 安特生著、乐森璕译：《甘肃考古记》，《地质专报》甲种，1925年第5号，农商部地质调查所印。
[4] 裴文中：《中国西北甘肃河西走廊和青海地区的考古调查》，《裴文中史前考古学论文集》，文物出版社，1987年。
[5] 甘肃省博物馆：《甘肃古文化遗存》，《考古学报》1960年第2期。
[6] 甘肃省博物馆文物工作队、武威地区展览馆：《甘肃永昌三角城沙井文化遗址调查》，《考古》1984年第7期。

20世纪80年代以来又作了一些工作。通过有关工作的开展，尤其是永昌三角城遗址[1]、蛤蟆墩墓地的发掘，对沙井文化有了新的认识[2]。

沙井文化主要分布在河西走廊东部，向北深入到现在的腾格里沙漠腹地的民勤一带。比较重要的遗址有民勤沙井、永昌（即今金昌）三角城、蛤蟆墩等。

一 典型遗址

1. 沙井遗址

位于沙井村南的柳湖墩附近，有聚落性质的居址和墓地。1924年8月，安特生来到民勤，在沙井村南调查并发掘了柳湖墩附近的聚落遗址和一处墓地。其中聚落遗址为一座有围墙的圆形遗址；墓地在柳湖墩西260米处，面积近2万平方米，发掘墓葬44座。20世纪50年代调查所见，遗址东西450米，南北300米，堆积厚度0.3米，遗物有陶、石器；个别地方还暴露有墓葬。20世纪80年代调查时，遗址已经被沙漠覆盖。

2. 三角城遗址与蛤蟆墩墓地

三角城遗址位于金昌东北20公里，这里地势西高东低，开阔平坦。1979年在城内发掘面积430平方米，在城址内西北部发现房址4座，窖穴14个。对南门、西北角豁口也做了解剖。

蛤蟆墩墓地位于三角城以西1000米，1979年发掘清理墓葬20座。

二 文化特征

城址一座，即金昌三角城城址。平面大致呈长方形，但西北角向外凸出，故俗名为三角城。城址南北长154米，东西最宽处为132米，面积2万余平方米，这是所见的沙井文化中最大的一座城址。墙基厚8米。保存较好，最高达4米。南墙正中一门，宽2.6米。城墙用黄土依天然地势垒筑。城内西北部发现房址4座，窖穴14个，出土大批文化遗物。在城址西1000米有蛤蟆墩墓地，在城址东1500米的上土沟岗、300米的西岗、城址东北700米的柴湾岗等地也有多处墓地。这些情况显示，三角城大概是一处具有城堡性质的较高级别的遗址。

还有一种略小的聚落遗址。如柳湖墩遗址，直径50米，圆形，四周有泥土堆积的围墙。遗址高出周围地表约1.5米，围墙内中间低，四周高。西墙内侧表土以下1.7米有黑土层，出土陶鬲、豆、碗和石器、铜刀、金耳环、骨针等遗物。

房址有圆形、椭圆形两种，均平地起建。如三角城F4，平面为圆形，直径4.5米，门朝东南，宽0.48米。地面垫实，并经火烤，呈红色，平整坚硬。中间有锅形灶坑，直径

---

[1] 甘肃省文物考古研究所：《永昌三角城与蛤蟆墩沙井文化遗存》，《考古学报》1990年第2期。
[2] A. 蒲朝绂：《试论沙井文化》，《西北史地》1989年第4期。
B. 李水城：《沙井文化研究》，《国学研究（二）》，北京大学出版社，1994年。
C. 水涛：《甘青地区青铜时代的文化结构和经济形态研究》，《中国西北地区青铜时代考古论集》，科学出版社，2001年。

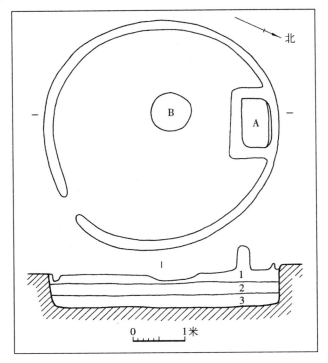

图 12-7 金昌三角城 F4 平面、剖面图
A. 火塘 B. 灶坑 1~3. 红烧土层

0.76 米，深 0.15 米。北墙边有长方形火塘，长 1.6 米，宽 0.74 米，深 0.5 米。房址四周有宽 20 厘米、深 18 厘米的沟槽，沟两边填塞石块陶片。据分析沟槽应是房址的墙基槽。室内出有被火烘烤的抹泥墙皮（图 12-7）。

窖穴大多在房址附近，一般相距 2~3 米，多为圆筒形，口径 1.2~1.3 米，深 1.4 米左右。有的口部呈椭圆形。坑壁规整，底平。出土卜骨、石斧、铁器和鬲足、纺轮等陶片。

墓葬形制分偏洞室（图 12-8）、土坑竖穴两种。流行单人仰身直肢葬，也有侧身屈肢、乱骨葬、二次迁葬和合葬墓。蛤蟆墩墓地的墓葬方向在正北到 40 度之间，头朝北或东北。葬俗也很有特色，半数在墓底铺垫石灰和草席，墓主身上盖草席，有的还将头、脚用草席包裹。有的墓内头骨周围撒有赤色颜料。有的口含绿松石珠，或在双目部位覆盖有皮眼罩。有的墓内骨骼被火烧过。流行殉牲，绝大多数竖穴墓在墓主头部一侧的填土出有牛、羊、马头骨及蹄骨，有的还残留皮毛。有的墓中羊头骨多达 24 块。清理的墓葬都有随葬品，多为小件铜器、装饰，还有少量木器、毛、麻纺织品、皮革制品和铁器，陶器很少。

柳湖墩墓葬全为土坑竖穴墓，方向为南北向，头朝北。流行单人仰身直肢葬，个别为

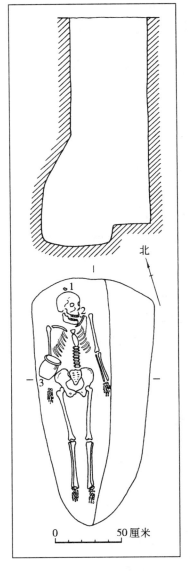

图 12-8 金昌蛤蟆墩 M16
平面、剖面图
1. 赭石 2. 绿松石珠 3. 双耳红陶罐

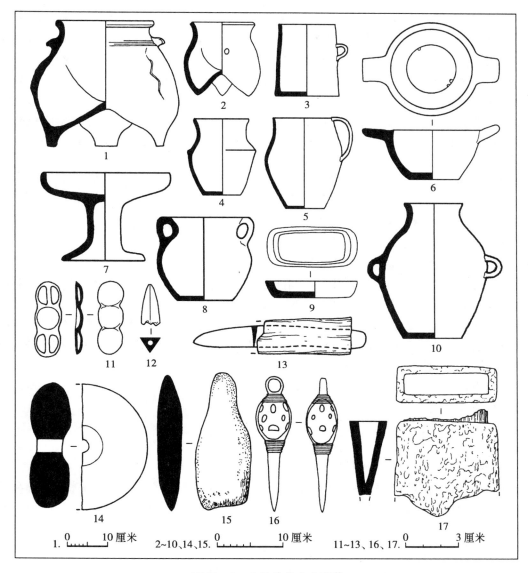

图 12-9 金昌沙井文化遗物
1. 陶鬲（三角城 F1:1） 2. 陶鬲（三角城 T1②:4） 3. 单耳陶杯（三角城采集） 4. 陶罐（三角城 T1②:5） 5. 单耳陶罐（蛤蟆墩 M2:1） 6. 双錾陶漏盆（三角城 T1②:6） 7. 陶豆（三角城 T1②:8） 8. 双耳陶罐（蛤蟆墩 M16:3） 9. 木盒（蛤蟆墩 M18:2） 10. 双耳陶罐（三角城采集） 11. 三联珠铜饰（蛤蟆墩 M6:6） 12. 铜镞（三角城采集） 13. 铜刀（蛤蟆墩 M15:6） 14. 环状有孔石器（三角城 F4:2） 15. 石斧（三角城 T1②:3） 16. 铜锥（三角城 F2:4） 17. 铁锛（三角城 H1:1）

侧身屈肢。半数墓葬有随葬品，有陶器、小件铜器等。个别墓葬头部部位撒有赤色颜料。从分布看，大多数墓葬集中在墓地的东、南两地，并可分两群。

出土文化遗物有陶、铜、铁、木、石、骨器等（图 12-9）。

居址出土陶器较多。据三角城遗址所见，多为夹砂陶，泥质陶极少见。夹砂陶掺有砂粒，砂粒较大。陶片绝大多数为红褐陶，陶色不纯正，常有红褐、灰褐。灰陶极少，比例不到百分之五。陶器都是手制，有的系用泥条盘筑法，口沿内有手指转抹痕迹；小型器物用手直接捏塑而成，故器形不甚规整。陶胎厚重，有的形体较大。大多火候较高，质地坚硬，也有少量的质地疏松，一触即碎。纹饰多见附加堆纹、锯齿纹，还有竖绳纹、划纹、弦纹、水波纹、突棱纹、乳丁纹和少量的蛇纹等。附加泥条和锯齿纹多饰在口沿上，绳纹在器腹下部、底部，有的被抹平。很多器物的颈、肩部施红彩，有的通体饰紫红色陶衣，有的陶片内外都饰红彩，有的外为暗红、内饰鲜红彩。带耳、鋬的陶器较多，鋬、耳都是器物成形后粘贴的，易于脱落。器类以平底器最多，三足器和圜底器次之，圈足器较少。主要器形有罐、鬲、杯、豆、盆和碗等。以单耳或双耳的圜底罐、桶状杯、平底罐、鬲最为典型。

铜器较多，均为小件工具、武器，有铃、刀、锥、斧、镞、联珠饰、耳环等。铁器较少，有臿、锛等工具和刀、剑等武器。

木器仅见于蛤蟆墩墓地，有盒、筒两类。

石器有斧、杵、球、环状穿孔器、刮削器、纺轮、磨盘、臼等。环状穿孔器及部分斧多为打制，其他为磨制而成。骨器有骨镞、牌饰、骨匕等。

关于沙井文化的经济形态，从一些墓葬殉葬很多牲畜的情况看，畜牧业可能比较发达。再从遗址出土数量较多的石球、陶球，以及墓葬中发现箭镞、箭杆、弓弭来分析，狩猎活动在经济领域中也占有一定地位。此外，遗址中石铲、石刀、铁臿以及粮食加工工具如石臼、石杵、石磨盘、石磨棒的存在，说明当时也存在农业活动。相比之下，畜牧业的色彩似更浓一些。

三 年代与族属

关于沙井文化的年代，可从以下几个方面推定。

1979 年在三角城遗址 H1 中发现铁锛 1 件，1980 年发掘三角城以东 300 米的西岗墓葬，其中 M223 出土铁器 1 件；1981 年，发掘三角城东北的柴湾岗墓葬，其中 M103 出铁剑 1 柄，显示沙井文化的人们已经使用铁器。从中国内地的考古发现看，春秋以来出现了较多的铁器。说明其年代当不早于春秋。

三角城 F1 出土的带鋬铲足鬲[1]多见于甘肃南部、东部地区，与甘谷毛家坪出土的春秋时期的同类鬲[2]比较，三角城出土者明显偏晚。

有关沙井文化的碳十四数据已有 9 个，除 2 个数据明显偏早外，7 个数据经树轮校正后的精确年代落在公元前 900 年至公元前 409 年之间。

综合来看，沙井文化的年代大致相当于西周晚期至战国早期这个时间范围。

---

[1] 甘肃省文物考古研究所：《永昌三角城与蛤蟆墩沙井文化遗存》，《考古学报》1990 年第 2 期。

[2] 甘肃省文物工作队、北京大学考古学系：《甘肃甘谷毛家坪遗址发掘报告》，《考古学报》1987 年第 3 期。

关于沙井文化居民的族属问题尚在讨论中，一说认为属于西迁以前的大月氏人[1]，一说为乌孙人[2]，一说认为是羌戎的一支[3]。

第四节 夏家店上层文化

一 类型和分期

夏家店上层文化是以内蒙古赤峰夏家店遗址的发掘而得名[4]，主要分布于西拉木伦河和老哈河流域。划分为龙头山类型和南山根类型。自从 20 世纪 60 年代初确立该文化以来，经过几十年的调查和发掘，取得了重要的进展，是目前资料最为丰富且研究较为深入的青铜时代晚期文化。

夏家店上层文化可以划分为早晚两期：早期以龙头山类型前期遗存为代表，年代相当于商周之际至西周中期（约公元前 11 世纪至公元前 9 世纪）。主要分布于西拉木伦河流域，包括北至西拉木伦河北属支流，南达老哈河和教来河下游，西起大兴安岭东麓，东至上辽河西段。重点遗址和墓地有：克什克腾旗龙头山[5]、翁牛特旗大泡子[6]、巴林右旗大板南山[7]等，以及林西县大井古铜矿遗址[8]。龙头山遗址包括大型祭祀遗址、灰坑、墓葬、壕沟等。祭祀遗址呈半椭圆形，周围有石砌围墙，保存最好处基宽 1.65 米，高 1.2 米。墙外有一条壕沟。墙内发现圆形袋状祭坑，内弃 1～6 人不等，其中大部分为火烧坑，内有陶器及燃灰，有的陶器内发现焦化谷粒。祭祀址范围内还发现房址。遗址中部发现墓葬 10 余座。龙头山类型的年代上限相当于商周之际，龙头山遗址 M1 碳十四测定年代经树轮校正为距今 3240±150 年。

夏家店上层文化早期遗存具有鲜明的地域特点。房址为袋状半地穴式，中间有柱洞（图 12-10A）。窖穴呈圆形袋状，有的坑壁经火烧烤。墓葬形制为竖穴土坑，内置石椁和

---

[1] A. 蒲朝绂：《试论沙井文化》，《西北史地》1989 年第 4 期。
   B. 甘肃省文物考古研究所：《永昌三角城与蛤蟆墩沙井文化遗存》，《考古学报》1990 年第 2 期。
[2] 赵建龙：《关于月氏族文化的初探》，《西北史地》1992 年第 1 期。
[3] 李水城：《沙井文化研究》，《国学研究（二）》，北京大学出版社，1994 年。
[4] 中国科学院考古研究所内蒙古工作队：《内蒙古赤峰药王庙、夏家店遗址试掘简报》，《考古》1961 年第 2 期；《赤峰药王庙、夏家店遗址试掘报告》，《考古学报》1974 年第 1 期。
[5] A. 齐晓光：《内蒙古克什克腾旗龙头山遗址发掘的主要收获》，《内蒙古东部区考古学文化研究文集》，海洋出版社，1991 年。
   B. 内蒙古自治区文物考古研究所、克什克腾旗博物馆：《内蒙古克什克腾旗龙头山遗址第一、二次发掘简报》，《考古》1991 年第 8 期。
[6] 贾鸿恩：《翁牛特旗大泡子青铜短剑墓》，《文物》1984 年第 2 期。
[7] 董文义：《巴林右旗发现青铜短剑墓》，《内蒙古文物考古》创刊号，1981 年。
[8] A. 辽宁省博物馆文物工作队：《辽宁林西县大井古铜矿 1976 年试掘简报》，《文物资料丛刊》7，文物出版社，1983 年。
   B. 王刚：《林西县大井古铜矿遗址》，《内蒙古文物考古》1994 年第 1 期。

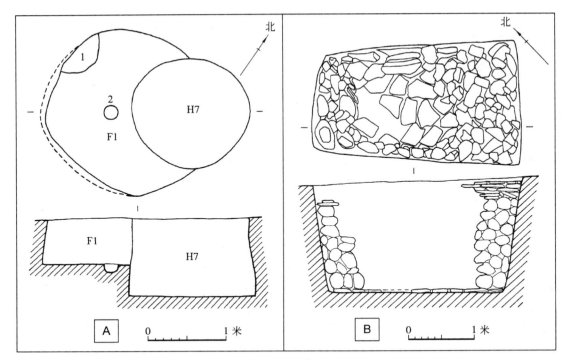

图 12-10　夏家店上层文化房址和石椁墓
A. 龙头山 F1 平面、剖面图　1. 灶　2. 柱洞
B. 南山根 M101 平面、剖面图

木棺，墓向东北。出土遗物有陶器、青铜器、石器等。陶器均为手制夹砂陶，火候较低，多呈红褐色，少量灰褐及黑褐色。纹饰有圆涡纹、附加堆纹、粗篦点纹。典型器类有筒腹鬲、深腹鼎、筒形罐及盆、豆、甗等。石器以椭圆形穿孔石刀和各种石锤为代表。铜器有銎柄直刃剑和曲刃剑、镞、斧、刀、素面镜、鹿形牌饰、联珠形饰等。大井铜矿遗址的发现，为研究夏家店上层文化的铸铜业提供了难得的实物资料。这是一处集采矿、选矿、冶炼、铸造为一体的联合作坊。在方圆 2.5 公里的范围内发现 40 余条采坑。使用石制工具进行露天开采，又说明当时的生产还处于较原始阶段。矿址内发现陶范，表明当时在矿区内也能铸造铜器。碳十四测年数据为距今 2970±115 年和 2720±90 年，说明该铜矿遗址延续使用的时间较长。

晚期以南山根类型为代表，主要分布于老哈河流域，年代相当于西周晚期至春秋中期（公元前 9 世纪至公元前 7 世纪），是夏家店上层文化最为繁荣的时期。经科学发掘的遗址和墓地有：赤峰夏家店、药王庙[1]、蜘蛛山[2]、宁城南山根[3]、敖汉旗周家地[4]等。

---

[1] 中国科学院考古研究所内蒙古工作队：《内蒙古赤峰药王庙、夏家店遗址试掘简报》，《考古》1961年第 2 期；《赤峰药王庙、夏家店遗址试掘报告》，《考古学报》1974 年第 1 期。
[2] 中国社会科学院考古研究所内蒙古工作队：《赤峰蜘蛛山遗址的发掘》，《考古学报》1979 年第 2 期。
[3] A. 李逸友：《内蒙古昭乌达盟出土的铜器调查》，《考古》1959 年第 6 期。

另外，在赤峰红山后[5]、宁城小黑石沟[6]、汐子北山嘴[7]、瓦房中[8]、天巨泉[9]、梁家营子[10]、孙家沟[11]、敖汉旗山湾子[12]、热水汤[13]、东井[14]、大哈巴齐拉[15]、千斤营子[16]等地也有很重要的发现。南山根类型是夏家店上层文化发展的鼎盛时期，集中表现在铸铜业的高度发达，出现了像南山根 M101、小黑石沟 M8501、M9601 等部落首领或贵族的大型石椁墓，随葬的青铜器多达数百件甚至上千件。

南山根类型的房址主要有圆形半地穴式和地上建筑两种，平面呈方形或圆形。房址附近有袋形或筒形窖穴。有些房屋的墙壁涂抹草拌泥，有些房屋和窖穴的壁用土坯或石块垒砌。有的房址附近发现用石块垒砌的矮坝，在夏家店遗址还发现用天然石块砌造的台阶。

墓葬形制主要有石椁墓、石板墓和土坑墓三类：石椁墓以夏家店、南山根和小黑石沟墓地为代表，通常是竖穴土坑，有木质葬具，坑壁和木质葬具之间填充石块，葬具的上面和下面铺盖石板，构成石椁（图 12-10B）。石板墓发现较少，一般没有木质葬具，土圹四周砌以石板，上面盖有石板。土坑墓以周家地墓地为代表，长方形竖穴，有木质葬具（图

  B. 辽宁省昭乌达盟文物工作站、中国科学院考古研究所东北工作队：《宁城县南山根的石椁墓》，《考古学报》1973 年第 2 期。

  C. 中国科学院考古研究所内蒙古工作队：《宁城南山根遗址发掘报告》，《考古学报》1975 年第 1 期。

  D. 中国社会科学院考古研究所东北工作队：《内蒙古宁城县南山根 102 号石椁墓》，《考古》1981 年第 4 期。

[4] 中国社会科学院考古研究所内蒙古工作队：《内蒙古敖汉旗周家地墓地发掘简报》，《考古》1984 年第 5 期。

[5] 滨田耕作、水野清一：《赤峰红山后》，《东方考古学丛刊》甲种第六册，1938 年。

[6] A. 项春松：《小黑石沟发现的青铜器》，《内蒙古文物考古》第 3 期，1984 年。

  B. 宁城县文化馆、中国社会科学院研究生院考古系东北考古专业：《宁城县新发现的夏家店上层文化墓葬及其相关遗物的研究》，《文物资料丛刊》9，文物出版社，1985 年。

  C. 赤峰市博物馆、宁城县文物管理所：《宁城小黑石沟石椁墓调查清理报告》，《文物》1995 年第 5 期。

[7] 宁城县文化馆、中国社会科学院研究生院考古系东北考古专业：《宁城县新发现的夏家店上层文化墓葬及其相关遗物的研究》，《文物资料丛刊》9，文物出版社，1985 年。

[8] 宁城县文化馆、中国社会科学院研究生院考古系东北考古专业：《宁城县新发现的夏家店上层文化墓葬及其相关遗物的研究》，《文物资料丛刊》9，文物出版社，1985 年。

[9] 宁城县文化馆、中国社会科学院研究生院考古系东北考古专业：《宁城县新发现的夏家店上层文化墓葬及其相关遗物的研究》，《文物资料丛刊》9，文物出版社，1985 年。

[10] 宁城县文化馆、中国社会科学院研究生院考古系东北考古专业：《宁城县新发现的夏家店上层文化墓葬及其相关遗物的研究》，《文物资料丛刊》9，文物出版社，1985 年。

[11] 宁城县文化馆、中国社会科学院研究生院考古系东北考古专业：《宁城县新发现的夏家店上层文化墓葬及其相关遗物的研究》，《文物资料丛刊》9，文物出版社，1985 年。

[12] 邵国田：《内蒙古敖汉旗发现的青铜器及有关遗物》，《北方文物》1993 年第 1 期。

[13] 邵国田：《内蒙古敖汉旗发现的青铜器及有关遗物》，《北方文物》1993 年第 1 期。

[14] 邵国田：《内蒙古敖汉旗发现的青铜器及有关遗物》，《北方文物》1993 年第 1 期。

[15] 邱国彬：《内蒙古敖汉旗大哈巴齐拉墓地调查》，《北方文物》1996 年第 3 期。

[16] 邵国田：《内蒙古敖汉旗发现的青铜器及有关遗物》，《北方文物》1993 年第 1 期。

12-11；图版 31-2）。墓内多单人葬，仰身直肢。随葬品多寡不一，种类有陶器、石器、青铜器、石器及少量金器。

二 文化特征

陶器很不发达，皆为夹砂陶，手制。陶质疏松，火候较低。多呈红褐色。器壁厚薄不均，表面经粗略压磨。纹饰很罕见，只有少量附加堆纹。器形有鬲、甗、鼎、罐、壶、豆、盆、钵等（图12-12-2、3、7）。

青铜器的种类包括生活用具、兵器、工具、车马器、装饰品及丰富多彩的动物纹装饰艺术品，以及来自中原地区的青铜礼器。生活用具包括罐、双联罐或四联罐、鼎、鬲、豆形器、勺、匙、匕等（图12-12-1、5）；兵器包括短剑、剑鞘、戈、盔、镞、盾、管銎斧和戈（图12-13-1~13）等；车马器包括衔、镳、轭、铃、銮铃（图12-13-14~18）等；工具包括刀、刀鞘、斧、锛、凿、锥、镐、锄（图12-12-4、8~12）等；装饰品有动物纹牌饰、镜形饰、环形饰、铃形饰、锥形饰、杖首、联珠形饰、泡饰、动物形饰等（12-12-13~18、20）。

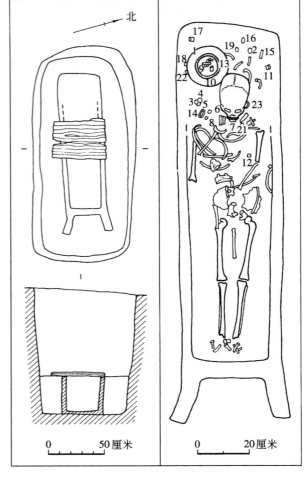

图 12-11 敖汉周家地 M43 平面、剖面图
1. 陶罐 2~9、16、19、21. 铜泡 10~12、17、18、22. 蚌饰
13. 绿松石 14、15、23. 铜耳环

青铜器中最具代表性的是兵器、车马器，以及青铜器上的动物纹装饰艺术。兵器中以各式短剑最具特色（图12-13-1~7），包括銎柄式直刃或曲刃剑、短茎式曲刃剑、T形柄曲刃剑、直柄直刃剑等。其中T形柄曲刃剑由剑身、剑柄和剑把头三部分组成，剑柄部分通常装饰复杂的几何纹样。直柄直刃剑的柄部或剑身常装饰群鸟、群鹿、群虎及三蛇纠结、双龙纠结、伫立状动物等形象。南山根东区石椁墓出土的柄首作阴阳人形象曲刃剑，南山根 M101 出土的柄作对虎纹曲刃剑，小黑石沟墓地出土的柄端和格作鸟头及柄部装饰群豹纹、剑身中脊饰群牛（或熊）纹直刃剑，小黑石沟 M8501 出土的镶嵌绿松石"T"形柄曲刃剑等，代表了这一时期短剑中的精品，在其他同时期文化中所未见。车马器中衔和镳的形式最为繁缛。衔主要是双环相套式，两端呈单环、双环、三环或马蹄形，有的两端作成倒刺，有的则装饰伫立状虎或卷曲成环的豹形象。镳的一端作鹿头形，中间有环内接镂空联珠形饰。动物纹装饰艺术非常发达，种类繁多，制作

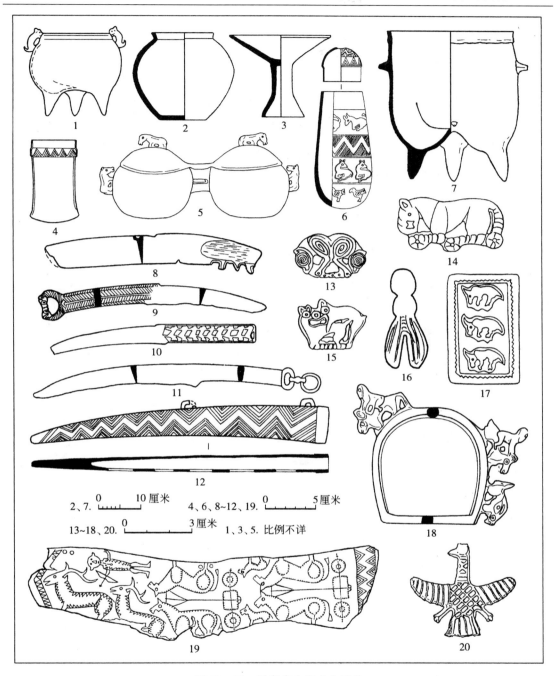

图 12-12 夏家店上层文化遗物

1. 铜鬲（南山根 M101） 2. 陶罐（夏家店） 3. 陶豆（夏家店） 4. 铜斧（小黑石沟 M8501） 5. 铜双联罐（南山根 M101） 6. 铜圜底罐（小黑石沟 M8501） 7. 陶鬲（夏家店） 8. 铜刀（水泉城子 M7801） 9. 铜刀（小黑石沟 M8501） 10. 铜刀（小黑石沟 M8501） 11. 铜刀（天巨泉 M7301） 12. 铜刀鞘（小黑石沟 M8501） 13~15. 铜动物纹饰（小黑石沟 M8501） 16. 铜双尾垂饰（周家地 M2） 17. 铜动物纹饰（小黑石沟 M8501） 18. 铜环（南山根 M3） 19. 刻纹骨牌饰（南山根 M102） 20. 鸟形铜饰（南山根 M4）

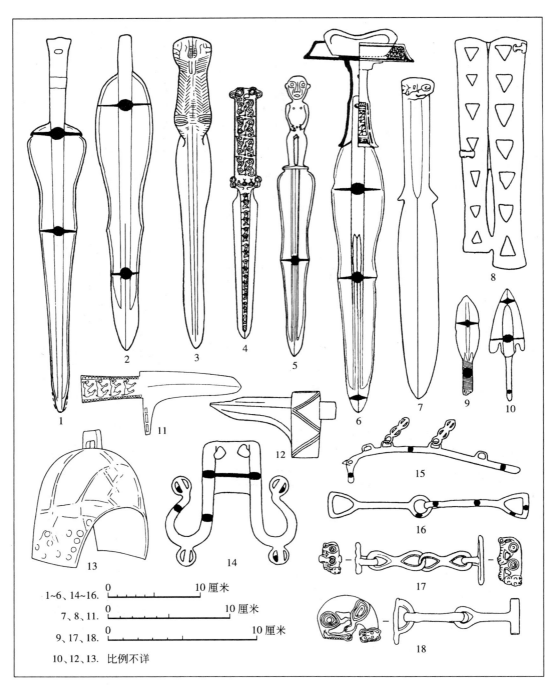

图 12-13 夏家店上层文化铜兵器和车马器

1. 短剑（小黑石沟 M8061） 2. 短剑（山湾子） 3. 短剑（南山根 M101） 4. 短剑（小黑石沟） 5. 短剑（南山根东区石椁墓） 6. 短剑（孙家沟 M7371） 7. 短剑（南山根东区石椁墓） 8. 剑鞘（小黑石沟 M8501） 9. 镞（龙头山 M1） 10. 镞（红山后 D 区 M2） 11. 戈（南山根东区石椁墓） 12. 管銎戈（南山根东区石椁墓） 13. 盔（南山根 M101） 14. 銮铃（小黑石沟 M8061） 15. 镳（小黑石沟 M8061） 16. 衔（天巨泉 M7301） 17、18. 衔（小黑石沟 M8501）

精致。除上述装饰短剑和马具的各种动物纹样外，有些铜刀柄部也装饰群鸟、伏卧状兔、牛头、马头或立兽等形象。青铜容器上也往往装饰动物纹样，如鬲的口沿及双联罐盖纽和腹部作成立兽。尤其小黑石沟墓地出土的两件器物更值得称道：一件是浅盘高柄豆，豆盘口沿上依次铸有 11 个伫立状虎[1]；另一件是深腹圜底罐，其腹部装饰群犬、群鹿和群鸟三组动物纹样（图 12-12-6），造型异常生动。此外，还有大量作为服饰和带饰的动物纹装饰品，诸如虎、羊、兔、鸟、虎食羊、双鹿交媾纹等透雕牌饰，群牛纹浮雕牌饰，骑马追兔及兽头、人头等圆雕形象。种类繁多的兵器和车马器，以及丰富多彩的动物纹样构成南山根类型的显著特点。

三　社会生活

夏家店上层文化的居民过着定居的生活，从事一定的农业并兼营畜牧狩猎业。根据遗址中发现的双孔半月形石刀、石锄、石铲等农业工具判断，当时的农业种植方法还比较简陋，表明农产品在经济生活中并未起决定性的作用，而畜牧狩猎业则占有相当大的比重。遗址中普遍发现马、牛、羊、猪、狗等家畜的骨骼，还有鹿。在动物纹造型艺术中也广泛塑造这些动物的形象。造型艺术中有大量鸟、兔、鹿、熊、野猪、虎、豹等形象，说明当时的野生动物资源相当丰富。在造型艺术品中有两件器物对当时的狩猎生活进行了生动的刻画：一件是南山根 M3 出土的铜环，其环周铸出双人骑马追兔的情景（图 12-12-18），这是迄今所知年代最早的反映围猎场面的形象作品；另一件是南山根 M102 出土的刻纹骨牌饰，其上刻画人物狩猎和车马图形（图 12-12-19）。图案的一侧为两辆车，均为双轮、单辕、长方形车厢，驾双马，车前立双犬。图案的另一侧为手持弓矢的男子和两只马鹿，生动地刻画出猎人张弓射杀马鹿的情形。这是一幅极其难得的民俗画，生动地再现了夏家店上层文化居民的社会生活。

夏家店上层文化墓葬明显地反映出贫富和等级的差别，像南山根 M101、小黑石沟 M8501 和 M9601、汐子北山嘴 M7501 等大型石椁墓，出土遗物之多，种类之繁，与那些普通墓葬形成了鲜明的对照。尤其小黑石沟 M8501 出土器物 400 余件（组），其中除了本民族特有的青铜兵器、车马器外，仅来自中原诸侯国的青铜礼器就有 20 件。此墓还出土一批金器，包括牌饰、丝环、指甲形器等。其中一件圆形牌饰制作非常精致，表面镂一周 16 只鸭形装饰。此外，小黑石沟遗址出土的柄端孔内穿套金环的青铜短剑[2]、宁城小城子出土的回首蹲踞状马形金牌饰[3]等，都是难得的精品。毫无疑问，这些大型石椁墓及珍贵器物的拥有者，显然是社会地位显赫的部落首领或贵族。

四　与相邻文化的关系

夏家店上层文化同相邻诸文化乃至同欧亚大陆草原早期游牧人文化之间发生过频繁

---

[1]　上海博物馆：《草原瑰宝——内蒙古文物考古精品》，上海书画出版社，2000 年。
[2]　上海博物馆：《草原瑰宝——内蒙古文物考古精品》，上海书画出版社，2000 年。
[3]　上海博物馆：《草原瑰宝——内蒙古文物考古精品》，上海书画出版社，2000 年。

的接触。其中同中原诸侯国的关系在考古发现中得到了充分的反映,因为在南山根、小黑石沟、北山嘴等大型石椁墓中均出土了中原地区的青铜礼器,种类有簋、鼎、罍、盂、簠、尊、匜、壶等,年代包括商末周初至春秋初期的各时代之物[1]。其中有3件铜器有铭文,小黑石沟M8501出土的簋内底铭"许季姜作尊簋其万年子子孙孙永宝用"。同出的尊也有4字铭文,上为亚某族徽,下书"父丁"二字。小黑石沟M9601出土的一件铜簋,铭文多达90余字。此外,在赤峰霍林河矿区附近发现邢姜太宰它簋和簠各一件,年代相当于西周晚期至春秋早期。同出的还有圈足铜镞、联珠形铜饰等[2]。除了这些来自中原诸侯国的产品之外,在当地铸造的某些青铜器上吸收源于南部地区的文化因素,如装饰夔龙纹的短剑、兽面纹或群兽纹的戈等。所有这些发现生动地展示出夏家店上层文化的居民同中原诸侯国之间存在着十分密切的关系,尤其是大量青铜礼器在大型墓内的发现,充分说明夏家店上层文化所代表的部落首领或贵族仿效中原诸侯国的礼俗。

夏家店上层文化与东邻地区青铜文化的关系也十分密切。以往人们将分布于大凌河中下游的青铜文化遗存,诸如辽宁朝阳十二台营子[3]、锦西乌金塘[4]、寺儿堡[5]、喀左南洞沟[6]等墓地,均划归夏家店上层文化并称之为"十二台营子类型"[7]或"凌河类型"[8]。近年来有的学者认为它们与夏家店上层文化之间存在着明显的区别,而同辽河中游地区以沈阳郑家洼子墓地为代表的青铜文化遗存有着更多的相似之处,从而将它们从夏家店上层文化中区分出来并命名为"十二台营子文化"[9]。尽管夏家店上层文化同十二台营子文化之间在青铜器、陶器及埋葬习俗方面存在着明显区别,但某些青铜器如短茎式和T形柄曲刃剑、盔、齿柄刀、镜形饰、衔、镳等却非常相似,表明它们之间存在着十分密切的联系。至于短茎式和T形柄曲刃剑的起源问题,学术界存在着"由西向东"和"由东向西"传播两种截然相反的观点,目前还难以取得一致的认识,有待进一步探索。此外,匕首式直刃剑、直柄曲刃剑及銎柄直刃剑等,反映出夏家店上层文化与玉皇庙文化之间的联系。而夏家店上层文化的联珠形铜饰、双尾铜饰等装饰品,同鄂尔多斯地区出土的同类器物类似,说明它们之间也存在一定的联系。

夏家店上层文化是长城地带最为发达的青铜时代晚期文化。正因为它地处欧亚大陆草原的东端,同先进的黄河流域农业文明相毗邻,这就决定了它在欧亚大陆草原古代文化中的重要地位。如众所知,欧亚大陆草原早期游牧人文化以兵器、马具和"野兽纹"艺术

---

[1] 林沄:《东胡与山戎的考古探索》,《环渤海考古国际学术讨论会论文集》,知识出版社,1996年。
[2] 张柏忠:《霍林河矿区附近发现的西周铜器》,《内蒙古文物考古》第2期,1982年。
[3] 朱贵:《辽宁朝阳十二台营子青铜短剑墓》,《考古学报》1960年第1期。
[4] 锦州市博物馆:《辽宁锦西县乌金塘东周墓调查记》,《考古》1960年第5期。
[5] 孙守道、徐秉琨:《辽宁寺儿堡等地青铜短剑与大伙房石棺墓》,《考古》1964年第6期。
[6] 辽宁省博物馆、朝阳地区博物馆:《辽宁喀左南洞沟石椁墓》,《考古》1977年第6期。
[7] 靳枫毅:《论中国东北地区含曲刃青铜短剑的文化遗存(上、下)》,《考古学报》1982年第4期、1983年第1期。
[8] 郭大顺:《试论魏营子类型》,《考古学文化论集(一)》,文物出版社,1987年。
[9] 刘国祥:《夏家店上层文化青铜器研究》,《考古学报》2000年第4期。

(所谓"斯基泰三要素")最具特色,特别是以风格相近的斯基泰—西伯利亚文化著称于世。近年来的研究表明,成熟的"斯基泰三要素"的形成期为公元前7世纪后半叶[1],而夏家店上层文化的繁荣期为公元前9世纪至公元前8世纪,已具备了丰富的兵器、马具和"野兽纹"装饰艺术。迄今为止欧亚大陆草原其他地区同一时期考古学文化无法与此相媲美。夏家店上层文化的某些短剑、马具和野兽纹的母体,如柄首装饰动物纹样的直刃剑、马蹄形或带倒刺的衔、伏卧状鹿及卷曲成环的猛兽形象等,在欧亚大陆草原广为流行,说明它们之间的确存在着文化上的联系,特别是蒙古国、俄罗斯外贝加尔及图瓦地区的出土遗物与其有着更多的相似之处。然而这些相似的文化因素沿何种轨迹加以传播,目前还没有一个为学术界所认可的见解。但起码夏家店上层文化的某些文化因素出现的年代并不比其他地区晚,有的甚至早于其他地区。因此那种认为欧亚大陆草原早期游牧人文化源于一个共同中心的观点,确实有重新考虑的必要。

五 渊源和族属

夏家店上层文化的渊源问题,目前因资料的缺乏,认识还比较模糊。有人认为可能源于高台山文化,因为分布于辽北地区的高台山文化的陶器和龙头山类型陶器相近,认为在商代后期高台山文化沿西拉木伦河进入赤峰地区,成为夏家店上层文化的主要构成因素[2]。从目前的发现来看,夏家店上层文化的早期遗存均见于西拉木伦河流域,而分布于南部老哈河流域的遗存年代都偏晚,可见夏家店上层文化似有由北向南拓展的趋势。这与高台山文化居民的迁移或影响是否有直接的关系,目前还难以作出肯定的结论。

关于夏家店上层文化的族属问题,目前学术界也存在不同的认识。第一种意见认为是山戎、东胡的遗存[3],即春秋时的山戎,战国时称东胡;第二种意见认为是东胡,而燕山地区东周时期的少数族遗存才是山戎[4];第三种意见则认为是山戎的遗存[5]。我们认为第三种意见比较符合实际。因为根据文献记载,西周至春秋时燕北最为强大的是山戎,夏家店上层文化的年代正与此相当。而且考古发现证明夏家店上层文化在当时的北方草原地区是最为繁荣的,它所代表的部落应该是非常强大的,因此视夏家店上层文化为山戎的遗存不无道理。至于夏家店上层文化衰亡之后,在其分布区域内出现了像林西县井沟子[6]、敖汉旗铁匠沟[7]这类遗存,其文化内涵同夏家店上层文化有一定的承袭关系,这些发现只是为探索夏家店上层文化的去向提供了一定的线索,今后尚需进一步探索。

---

[1] М. Г. Мошкова, Предисловие // Степная полоса Азиатской части СССР в скифо-сарматское время. Москва, 1992.
[2] 董新林:《高台山文化研究》,《考古》1996年第6期。
[3] 刘观民、徐光冀:《内蒙古东部地区青铜时代两种文化》,《内蒙古文物考古》创刊号,1981年。
[4] 靳枫毅:《夏家店上层文化及其族属问题》,《考古学报》1987年第2期。
[5] 林沄:《东胡与山戎的考古探索》,《环渤海考古国际学术讨论会论文集》,知识出版社,1996年。
[6] 王刚:《林西县井沟子夏家店上层文化墓葬》,《内蒙古文物考古》1998年第1期。
[7] 邵国田:《敖汉旗铁匠沟战国墓地调查简报》,《内蒙古文物考古》1992年第1、2期。

第五节　玉皇庙文化

一　分布与分期

玉皇庙文化以北京延庆玉皇庙墓地（图版31-1）的发掘而得名[1]。根据目前的发现，玉皇庙文化主要分布于冀北山地，包括军都山和燕山，山间有不少盆地。经科学发掘和清理的墓葬除玉皇庙400余座墓外，还有北京延庆军都山葫芦沟150余座[2]、西梁垙18座[3]、龙庆峡别墅工程12座[4]；河北怀来北辛堡4座[5]，张家口小白阳48座[6]、白庙108座[7]，滦平梨树沟门56座[8]、虎什哈炮台山35座[9]等，共计830余座。此外，在河北怀来甘子堡[10]，隆化三道营骆驼梁[11]，滦平窑上[12]、苘子沟[13]，张家口泥河子[14]，涿鹿倒拉嘴村[15]等地也有很多重要的发现。

---

[1] A. 北京市文物研究所山戎文化考古队：《北京延庆军都山东周山戎部落墓地发掘纪略》，《文物》1989年第8期。
B. 北京市文物研究所：《东周时期的山戎文化》，《北京考古四十年》，燕山出版社，1990年。
[2] A. 北京市文物研究所山戎文化考古队：《北京延庆军都山东周山戎部落墓地发掘纪略》，《文物》1989年第8期。
B. 北京市文物研究所：《东周时期的山戎文化》，《北京考古四十年》，燕山出版社，1990年。
[3] A. 北京市文物研究所山戎文化考古队：《北京延庆军都山东周山戎部落墓地发掘纪略》，《文物》1989年第8期。
B. 北京市文物研究所：《东周时期的山戎文化》，《北京考古四十年》，燕山出版社，1990年。
[4] 北京市文物研究所：《延庆龙庆峡别墅工程中发现的春秋时期墓葬》，《北京文物与考古》第4辑，1994年。
[5] 河北省文化局文物工作队：《河北怀来北辛堡战国墓》，《考古》1966年第5期。
[6] 张家口市文物事业管理所、宣化县文化馆：《河北宣化县小白阳墓地发掘报告》，《文物》1987年第5期。
[7] 中国社会科学院考古研究所：《考古精华——中国社会科学院考古研究所建所四十年纪念》图版一九三、一九四，科学出版社，1993年。
[8] A. 承德地区文物保护管理所、滦平县文物保护管理所：《河北省滦平县梨树沟门墓群清理发掘简报》，《文物春秋》1994年第2期。
B. 滦平县博物馆：《河北省滦平县梨树沟门山戎墓地清理简报》，《考古与文物》1995年第5期。
[9] 河北省文物研究所、承德地区文化局、滦平县文物管理所：《滦平县虎什哈炮台山山戎墓地的发现》，《文物资料丛刊》7，文物出版社，1983年。
[10] 贺勇、刘建中：《河北怀来甘子堡发现的春秋墓葬》，《文物春秋》1993年第2期。
[11] 郑绍宗：《中国北方青铜短剑的分期及形制研究》，《文物》1984年第2期。
[12] 郑绍宗：《中国北方青铜短剑的分期及形制研究》，《文物》1984年第2期。
[13] 郑绍宗：《中国北方青铜短剑的分期及形制研究》，《文物》1984年第2期。
[14] 张学武、陶宗冶：《河北张家口市泥河子村出土一批青铜器》，《文物》1983年第7期。
[15] 陈信：《河北涿鹿县发现春秋晚期墓葬》，《文物春秋》1999年第6期。

玉皇庙文化的年代相当于春秋早期至战国中期即公元前8世纪至公元前4世纪。可划分为早晚两期：早期以玉皇庙、西梁垙、葫芦沟、龙庆峡、小白阳、甘子堡等墓地为代表，年代相当于春秋时期即公元前8世纪至公元前5世纪；晚期以北辛堡、梨树沟门、虎什哈炮台山等墓地为代表，年代相当于战国早中期即公元前5世纪至公元前4世纪。

二 文化特征

玉皇庙文化的遗存主要是墓葬。墓葬形制为竖穴土坑墓，大型墓呈抹角梯形或凸字形，中小型墓多为长方形。大多单人葬，仰身直肢。葬具有木棺、木椁、象征性石椁及木椁加象征性石椁等多种。墓内普遍殉牲，以马、牛、羊、狗的头和腿为主（图12-14）。殉牲数多寡不一，大型男性墓殉牲较多，如玉皇庙M250，共殉马10匹、牛9头、狗5只、羊4只。中小型墓殉牲数减少，而且没有殉马的现象。普遍殉狗是该文化的一个显著特点。

陶器以夹砂红陶或红褐陶和泥质灰陶为主，夹砂陶多手制，素面，火候较低。器形主要是罐、壶、豆等（图12-15-1~6）。早期的青铜兵器和工具有短剑、銎戈、刀、镞、锛、凿、斧、锥、锥管等。其中短剑最具特色，出土数量也相当可观，迄今为止已发现200余件，仅延庆几处墓地就出土100余件。短剑是该文化最重要的短刺兵器，制作精致、形式多样，包括环首、双环首、蘑菇形首、一字形首及銎柄剑，格呈蝴蝶形或一字形，并常见镂空和镶嵌绿松石工艺（图12-15-8~12）。有些短剑柄首装饰虎、豹、鹿、马、羊、蛇等形象。有的短剑柄部装饰锯齿纹、双龙纹等。镞以双翼式和三翼式为主（图12-15-21~23）。刀多为环首刀，有的柄部装饰锯齿纹、群鸟纹，有的柄首装饰立鸟。环首削刀也很普遍，这与相邻其他文化有所不同。锥管和铜锥也构成该文化的一个显著特点，铜管一般呈长方体或长圆体，表面往往装饰虎、豹、马、犬等写实动物纹样及几何形图案（图12-15-24）。铜管内装有用麻布或皮革缠裹的铜锥。铜锥是该文化的居民必备的工具，有的安装木柄或骨柄。马具也很发达，种类有衔、镳、节约、泡饰等。衔均系两节相套式，两端呈圆形、马蹄形或圆环外加马蹄形（图12-15-13~15）。镳非常讲究，有的作成虎或豹形，有的作成犬、龙或蛇形，有些则两端装饰马头或鸟头，做工也很精细（图12-15-16~18）。装饰品的种类也很多，主要有带扣、带饰、各种动物纹牌饰等（图12-15-20、25~32）。这些装饰品大多是男性武士腰间的饰物，带扣多呈环形，牌饰多装饰各种动物纹样。生活用具中最有代表性的是铜鍑，其特点是圈足，口沿上有两个环形立耳，在玉皇庙和甘子堡墓地均有出土（图12-15-7）。这种铜鍑在整个欧亚大陆草原早期游牧人中广为流行，玉皇庙出土者可以早到春秋早期，属于年代较早的标本。值得注意的是，在北京延庆西拨子铜器窖藏中也有一件铜鍑，年代可以早到西周晚期至春秋早期[1]。这些发现为探讨双耳圈足铜鍑的起源及其传播问题，提供了非常重要的实物资料。此外，还有铜勺（图12-15-19）。

晚期青铜器的种类和类型都发生了某些变化，除变形双环首短剑、环首削刀、铃形饰、马形牌饰、双环马衔等继续存在外，短剑的形式明显减少，装饰也趋于简单，尤其以

---

[1] 北京市文物管理处：《北京市延庆县西拨子村窖藏铜器》图二：1，《考古》1979年第3期。

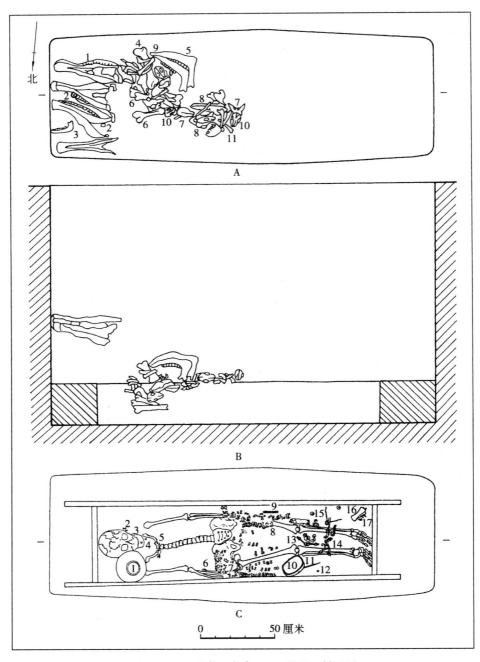

图 12-14 延庆玉皇庙 M156 平面、剖面图

A. 殉牲平面图　1. 马头骨　2. 骨环　3. 狗下颌骨　4. 牛腿骨　5. 牛下颌骨　6. 马腿骨　7. 山羊头骨　8. 绵羊头骨　9. 羊腿骨　10. 狗头骨　11. 狗腿骨

B. 纵剖面图

C. 墓底平面图　1. 陶壶　2. 绿松石珠　3. 金耳环　4. 覆面铜扣　5. 动物形铜牌饰　6. 青铜短剑　7. 铜削　8. 铜带饰　9. 铜锥管　10. 铜舟　11. 铜锥　12. 蚌环　13. 铜衔　14. 铜镳　15. 铜泡　16. 铜锛　17. 铜镞、骨镞

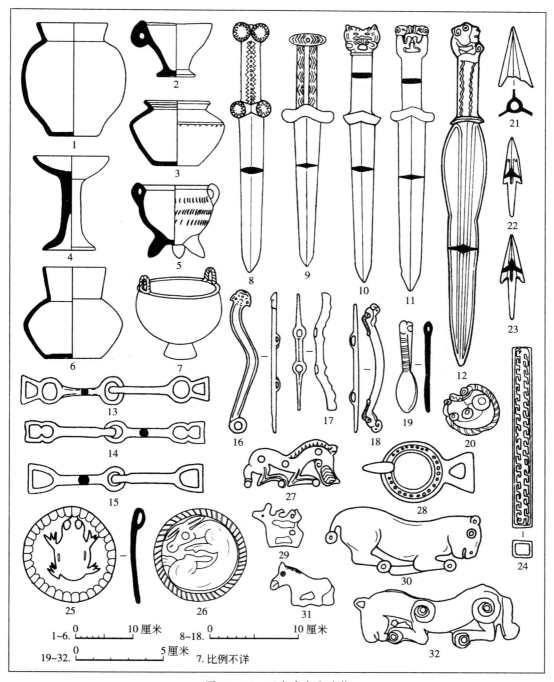

图 12-15 玉皇庙文化遗物

1. 陶罐（玉皇庙 M190） 2. 陶杯（葫芦沟 M57） 3. 陶罐（玉皇庙 M224） 4. 陶豆（葫芦沟 M61） 5. 陶三足罐（葫芦沟 M52） 6. 陶壶（玉皇庙 M221） 7. 铜镬（玉皇庙） 8. 铜短剑（龙庆峡 M36） 9. 铜短剑（甘子堡 M8） 10. 铜短剑（甘子堡 M12） 11. 铜短剑（玉皇庙 M95） 12. 铜短剑（隆化下旬子墓） 13. 铜衔（甘子堡 M5） 14. 铜衔（甘子堡 M3） 15. 铜衔（甘子堡 M8） 16. 铜镳（甘子堡 M18） 17. 铜镳（甘子堡 M1） 18. 铜镳（甘子堡 M5） 19. 铜勺（小白阳 M33） 20. 动物纹铜饰（骆驼梁 M8） 21. 铜镞（玉皇庙 M17） 22. 铜镞（玉皇庙 M52） 23. 铜镞（玉皇庙 M17） 24. 管状铜饰（玉皇庙 M32） 25. 动物纹铜饰（梨树沟门） 26. 动物纹铜饰（龙庆峡 M36） 27. 动物纹铜饰（小白阳 M31） 28. 铜带扣（玉皇庙 M13） 29. 动物纹铜饰（小白阳 M32） 30. 动物纹铜饰（葫子沟 M16） 31. 动物纹铜饰（梨树沟门） 32. 动物纹铜饰（玉皇庙 M129）

圆柄首或无首直刃剑为主。到了该文化的末期如炮台山墓地，除埋葬习俗和某些器物如铜铃、衔、镳、项饰、鸣镝等保留北方草原文化的传统作风外，大部分随葬品如圆柄首直刃剑、铜敦、铜戈、陶豆、带钩、麟趾金等已完全具有南邻燕国器物的作风。

玉皇庙文化的动物纹装饰艺术很有自身的特点，除装饰短剑、马镳、锥管等器物的各种动物纹样外，如下几种艺术题材颇具典型意义：一是卷曲成环的动物纹样。譬如龙庆峡 M36 出土 1 件铜牌饰，装饰卷曲成环的马形象（图 12-15-26）；甘子堡 M6 出土 1 件铜泡饰，装饰卷曲成环的虎形象；M8 和 M20 各出土 1 件卷曲兽形铜泡；骆驼梁 M8 出土 1 件卷曲虎形铜牌饰；保康出土 1 件卷曲虎形铜牌饰[1]。上述卷曲动物纹样大多表现猫科猛兽形象，通常动物头尾相接，眼、口、鼻及足端、尾端常常用圆圈纹来表示。如众所知，卷曲成环的猛兽形象是斯基泰—西伯利亚"野兽纹"的重要题材之一，在欧亚大陆草原其他地区也很流行。因此，玉皇庙文化的这类发现，为探索其起源及早期游牧人之间的相互关系问题，提供了难得的实物资料。二是马、鹿、虎形铜牌饰，在军都山、龙庆峡、小白阳、甘子堡、梨树沟门等墓地均有出土。值得注意的是，这些动物纹样具有一致的造型风格，同其他相邻文化的动物纹样有所区别。特别是大型墓葬如玉皇庙 M18 出土的金虎牌饰，系用纯金铸制，光彩熠熠。尽管表现手法同虎形铜牌饰类似，但做工更为精细，器型较大，且形象逼真。这种金虎牌饰均见于死者的颈下，是墓主社会地位较高的标志。

玉皇庙文化的居民具有佩戴动物纹牌饰、螺旋形铜饰或金耳环以及由各种质料珠饰穿连成的项链等习俗。玉皇庙墓地出土的由各色珠饰和大型海贝穿连成的项链，代表了这一时期装饰品的最高水平，同时反映出玉皇庙人的审美情趣。另外，死者面部常见铜扣饰物，其背面有纽并遗留有麻布痕及尚未腐朽的麻线，表明死者面部盖有用麻布类织物缝制的覆面巾。这种覆面习俗在夏家店上层文化中也很流行。

三 与相邻文化的关系

玉皇庙文化与相邻诸文化之间存在着密切的联系。早期墓地出土的柄饰群马纹和柄首装饰立兽的短剑、銎柄短剑、齿柄刀、圆牌饰以及石椁结构等，显然是受了夏家店上层文化的影响。柄首装饰相对鸟头的"触角式"短剑、长方形透雕动物纹牌饰、卧鹿纹牌饰，以及墓向呈东西向、普遍殉牲的习俗等，同毛庆沟文化存在一定的联系。特别应当指出的是，玉皇庙文化受到来自燕国和中原文化的强烈影响，表现在青铜兵器、礼器、货币、漆器等诸多方面。兵器中的铜戈、圆柄首短剑及某些短剑柄部装饰的夔龙纹图案；青铜礼器在玉皇庙、西梁垙、龙庆峡、甘子堡、北辛堡、虎什哈炮台山等地的墓葬中均有出土，共计 16 种器物 58 件，包括鼎、鬲、罐、壶、罍、缶、匜、鉴、盘、甗、敦、豆、匕等[2]。甘子堡墓地出土的一件铜匜（孟姬匜），器内底铸铭文 7 行 36 字，内容为蔡叔季之孙赁为

---

[1] 河北省文化局文物工作队：《河北省几年来在废铜中发现的文物》图 2，《文物》1960 年第 2 期。
[2] 靳枫毅、王继红：《山戎文化所含燕与中原文化因素之分析》，《考古学报》2001 年第 1 期。

其女孟姬所铸的嫁妆[1]。另外，玉皇庙墓地出土的残漆器、北辛堡墓地出土的漆棺、箱、盒等，以及铜尖首刀币、带钩、车辖、髹漆车篷、车轮，泥质灰陶折肩罐、高领壶、高柄豆等，无疑来自中原地区。这些发现生动地展示出玉皇庙文化的居民同相邻燕国及中原地区的农耕民族之间有着频繁的接触。至该文化的末期，除保留传统的埋葬及殉牲习俗、双鸟回首短剑、弹簧式耳环外，随葬品所反映出的文化内涵具有浓厚的中原文化因素，充分说明玉皇庙文化逐渐与中原文化相融合。

如前所述，玉皇庙文化的遗存均系墓葬，迄今为止尚未发现与定居生活有关的居住遗址。根据墓内普遍殉牲及成套马具的发现，以及充满浓郁草原文化气息的动物纹装饰艺术，反映出该文化的居民主要从事畜牧和游猎生活。在早期偏晚的墓葬中发现猪的下颌骨，在葫芦沟晚期祭祀遗迹中还发现完整的猪头，表明春秋晚期之后玉皇庙文化的居民已开始驯养家猪，部分居民开始过着半定居或定居的生活，出现了用猪下颌或猪头殉牲的现象。

玉皇庙文化处于青铜时代末期及向早期铁器时代过渡的阶段。尽管该文化的遗存中尚未发现铁器，但这并不能排除其向早期铁器时代过渡的性质。这种现象在欧亚大陆早期游牧人文化中是屡见不鲜的。譬如分布于俄罗斯米奴辛斯克盆地的塔加尔文化（公元前7世纪至公元前2世纪）是一支发达的早期铁器时代文化，然而在已发掘的2000余座墓葬中，迄今为止尚未发现任何铁器[2]。该文化的青铜器却非常发达，这与玉皇庙文化的情况很相似。玉皇庙文化的年代上限略早于毛庆沟文化、桃红巴拉文化和杨郎文化，但春秋中期至战国早期这些文化共存了相当一段时间。毛庆沟文化、桃红巴拉文化和杨郎文化的墓内已有铁器出土，这与玉皇庙文化有所不同。造成这种现象的原因可能是多方面的。一是根据目前的考古发现，铁器是由西向东传播，在整个欧亚大陆草原也是这样的传播轨迹。因为黑海北岸的斯基泰人很早就使用铁器，甚至在前斯基泰时期（公元前9世纪至公元前8世纪）有些兵器和马具已用铁制造。而东部草原地带早期游牧人文化，如分布于阿尔泰地区的巴泽雷克文化、图瓦地区的乌尤克文化等，在公元前7世纪以后的遗存中才开始发现铁器。二是铁的原料来源匮乏，而青铜器在当地有长期的传统，基础雄厚，工艺发达，因此铁器的使用及取代青铜器的时间要晚于其他地区。

四　族属和渊源

关于玉皇庙文化的族属问题，目前学术界存在着不同的认识。一种意见认为是山戎，主要是根据《史记·匈奴列传》记载："唐、虞以上有山戎、猃狁、荤粥，居于北蛮"。山戎的活动地域，据《史记·匈奴列传》记载在"燕北"一带，认为"燕北"当指今冀北山地、燕山山脉附近地域[3]。一种意见认为从时代和地望来看，应该是被赵国所灭的"代"。理由是该文化的遗物大部分系战国初以前流行的式样，而没有战国中期以后才出现

---

[1] 河北省博物馆、文物管理处：《河北省出土文物选集》图版94，文物出版社，1980年。
[2] Э.Б.Вадецкая, Археологические памятники в степях Среднего Енисея. Ленинград, 1986.
[3] 靳枫毅、王继红：《山戎文化所含燕与中原文化因素之分析》，《考古学报》2001年第1期。

的器物。这与《史记》所载赵襄子元年（公元前457年）灭代的时间相符合。另外，代国的地望在燕然山地区即桑乾河谷的东部，而正是在这一地区发现了春秋战国之际非常发达而突然衰落的遗迹群[1]。还有一种意见认为是白狄。这与第二种意见相符，因为"代"是白狄的一支。最主要的根据是古籍所记齐桓公"北伐山戎，过孤竹"，说明山戎的活动地域在孤竹之北即今辽西以北地区[2]。正因为族属问题还未取得一致的意见，目前不宜将这类遗存冠之以具体的族称，故本文采纳了以经科学发掘的玉皇庙墓地而命名为"玉皇庙文化"的意见[3]。

至于玉皇庙文化的渊源问题目前也有不同意见：一种意见认为军都山东周墓这类遗存并非土生土长，是由西部传入的，时间在夏家店上层文化南山根类型之后，在当地没有它的源头[4]。另一种意见认为在冀北山地、辽西山地及辽河丘陵地区，曾发现多批相当于商代晚期至西周时期典型的北方草原文化青铜器，其中的某些短剑、刀、管銎斧、管銎戚、啄戈等，与山戎文化青铜器在形制风格与特征上是一脉相承的[5]。西部传入之说目前还得不到考古学上的证实，当地起源之说还有些缺环有待填补，这是今后玉皇庙文化研究中需要进一步探索的问题。

第六节　桃红巴拉文化

一　分布与分期

桃红巴拉文化以内蒙古杭锦旗桃红巴拉墓地的发掘而得名[6]。主要分布于黄河河套内的鄂尔多斯高原，东、西、北三面环绕黄河，北过黄河便是阴山。经科学发掘的墓葬有桃红巴拉墓地6座和伊金霍洛旗公苏壕1座[7]。此外，在准格尔旗玉隆太[8]、速机沟[9]、瓦尔吐沟[10]、西沟畔[11]、宝亥社[12]、杭锦旗阿鲁柴登[13]、伊金霍洛旗石灰沟[14]、明安

---

[1] 林沄：《关于中国对匈奴族源的考古学研究》，《内蒙古文物考古》1993年第1、2期。
[2] 韩嘉谷：《从军都山东周墓谈山戎、胡、东胡的考古学文化归属》，《内蒙古文物考古文集》，中国大百科全书出版社，1994年。
[3] 靳枫毅：《军都山玉皇庙墓地的特征及其族属问题》，《苏秉琦与当代中国考古学》，科学出版社，2001年。
[4] 韩嘉谷：《从军都山东周墓谈山戎、胡、东胡的考古学文化归属》，《内蒙古文物考古文集》，中国大百科全书出版社，1994年。
[5] 靳枫毅、王继红：《山戎文化所含燕与中原文化因素之分析》，《考古学报》2001年第1期。
[6] 田广金：《桃红巴拉的匈奴墓》，《考古学报》1976年第1期。
[7] 田广金：《桃红巴拉的匈奴墓》，《考古学报》1976年第1期。
[8] 内蒙古博物馆、内蒙古文物工作队：《内蒙古准格尔旗玉隆太的匈奴墓》，《考古》1977年第2期。
[9] 盖山林：《内蒙古自治区准格尔旗速机沟出土一批铜器》，《文物》1965年第2期。
[10] 内蒙古文物工作队：《内蒙古出土文物选集》图80~83，文物出版社，1963年。
[11] 伊克昭盟文物工作站、内蒙古文物工作队：《西沟畔匈奴墓》，《文物》1980年第7期。
[12] 伊克昭盟文物工作站：《内蒙古准格尔旗宝亥社发现青铜器》，《文物》1987年第12期。

木独村[15]，东胜碾房渠[16]及陕西神木纳林高兔[17]等地都有很重要的发现。

桃红巴拉文化的年代相当于春秋中晚期至战国晚期即公元前7世纪至公元前3世纪。可划分为早晚两期：早期以桃红巴拉、公苏壕墓地及西沟畔M3为代表，年代相当于春秋中晚期至战国早期即公元前7世纪至公元前5世纪。桃红巴拉墓地有两个碳十四测年数据，分别为距今2615±105和2540±105即约公元前665和公元前590年。另据桃红巴拉和公苏壕墓地出土的青铜短剑、鹤嘴斧、带扣、兽头形饰、管状饰等判断，年代不会晚于毛庆沟墓地第1期。因此，桃红巴拉文化的年代上限断在春秋中期为宜；晚期以西沟畔M2、玉隆太及其余墓葬和窖藏为代表，年代相当于战国中晚期即公元前4世纪至公元前3世纪。

二 文化特征

桃红巴拉文化具有浓郁的北方草原早期游牧人文化的特征。墓葬分布非常分散，迄今为止尚未发现集中的墓地。墓葬结构比较简单，均系长方形竖穴土坑墓（图12-16），南

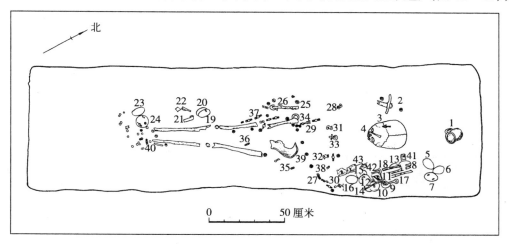

图 12-16 杭锦桃红巴拉 M1 平面图
1.陶罐 2.铜鹤嘴斧 3.铜镞 4.铜锥 5~16、19、20、23、24.马面铜饰 17、18.铜衔 21、22.铜刷柄 25.铁刀 26.铜带扣 27.铜扁环 28、31、32.鸟形铜饰 29.兽头铜饰 30.十字形铜饰 33、34.铜环 35、36.长方管形铜饰 37、38.圆管形铜饰 39.钉形铜饰 40.联珠形铜饰 41.四孔骨器 42.木镳 43.木块

---

[13] 田广金、郭素新：《内蒙古阿鲁柴登的匈奴遗物》，《考古》1980年第4期。
[14] 伊克昭盟文物工作站：《伊金霍洛旗石灰沟发现的鄂尔多斯式文物》，《内蒙古文物考古》1992年第1、2期。
[15] 伊克昭盟文物工作站、伊金霍洛旗文物保护管理所：《内蒙古伊金霍洛旗匈奴墓》，《文物》1992年第5期。
[16] 伊克昭盟文物工作站：《内蒙古东胜市碾房渠发现的金银器窖藏》，《考古》1991年第5期。
[17] 戴应新、孙嘉祥：《陕西神木县出土匈奴文物》，《文物》1983年第12期。

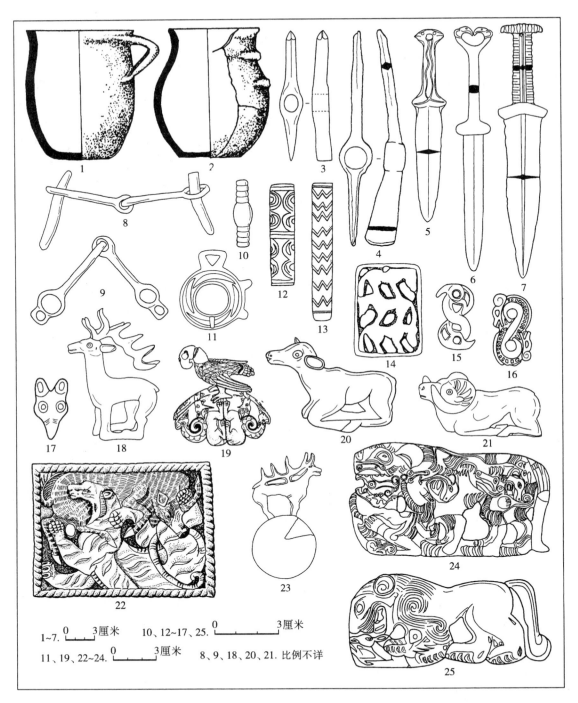

图 12-17 桃红巴拉文化遗物

1. 陶罐（桃红巴拉 M1） 2. 陶罐（桃红巴拉 M2） 3. 铜鹤嘴斧（公苏壕 M1） 4. 铁鹤嘴斧（玉隆太） 5. 铜短剑（西沟畔 M3） 6. 铜短剑（公苏壕 M1） 7. 铜短剑（呼鲁斯太 M1） 8. 铜衔（桃红巴拉 M1） 9. 铜衔（鄂尔多斯） 10. 管状铜饰（呼鲁斯太 M2） 11. 铜带扣（桃红巴拉 M2） 12、13. 管状铜饰（桃红巴拉 M1） 14. 动物纹铜饰（桃红巴拉 M5） 15. 动物纹铜饰（桃红巴拉 M1） 16. 动物纹铜饰（鄂尔多斯） 17. 动物纹铜饰（桃红巴拉 M1） 18. 动物纹铜饰（速机沟） 19. 动物纹金饰（阿鲁柴登） 20、21. 动物纹铜饰（瓦尔吐沟） 22. 动物纹金饰（西沟畔 M2） 23. 动物纹铜饰（呼鲁斯太 M1） 24. 动物纹金饰（碾房渠） 25. 动物纹银饰（石灰沟）

北向，多单人葬，仰身直肢，头向北，未见葬具。墓内普遍殉牲，主要是马、牛、羊的头和蹄，未见殉猪和狗的现象。殉牲数量也多于毛庆沟文化，如桃红巴拉 M1 殉马头 9 具、牛头 4 具及羊头 2 具，M2 殉羊头 42 具、马头 3 具、牛头 4 具及蹄若干具。

桃红巴拉文化的陶器很不发达，墓内随葬的陶器很少。桃红巴拉和公苏壕墓地发现完整陶罐 3 件，均系夹砂褐陶，素面，手制，火候较低，质地疏松，制作粗糙，器形也很简单，以单耳罐为主（图 12-17-1、2）。金属器包括兵器、马具、工具及装饰品。早期以青铜短剑、鹤嘴斧、刀、衔（图 12-17-8、9）、马面饰、带扣（图 12-17-11）、针（锥）管、管状饰（图 12-17-10、12、13）、兽头形饰、双鸟形饰、联珠形饰为代表。短剑为双鸟头相对的"触角式"剑（图 12-17-5~7），这种剑在毛庆沟文化、杨郎文化和玉皇庙文化中都有发现。鹤嘴斧也具有早期的形制（图 12-17-3）。环形带扣及各种装饰品（图 12-17-14~18、20、21、23）与毛庆沟文化和杨郎文化早期的同类器物相同。发现少量铁刀及残铁器，表明该文化的早期阶段已开始使用铁器；晚期铁器明显增多，出现了铁短剑、鹤嘴斧（图 12-17-4）、马衔、马镳等。青铜车马器有车軎、装饰各种动物形象的杆头饰件等；工具有刀、锛；装饰品有带扣、环、扣饰、联珠形饰、变形双鸟纹饰牌、几何纹饰牌等。这一时期出土的装饰各种动物纹样的金银器（图 12-17-19、22、24、25）及金、银项圈等最具特色。

桃红巴拉文化的动物纹装饰艺术最为丰富多彩，包括圆雕、浮雕和透雕形象。早期除短剑柄首铸成相对的双鸟头形象外，还有鸟形、双鸟形或兽头形铜牌饰。桃红巴拉 M5 出土的三马纹长方形透雕带饰（图 12-17-14）可以作为早期动物纹艺术的代表作。传世品中所见带边框的长方形透雕双马或四马、双鹿或四羊纹带饰，应该都属于这一时期。呼鲁斯太 M1 出土的立鹿纹牌饰也很有特色（图 12-17-23）。晚期的动物纹装饰艺术品不仅数量明显增加，种类繁多，而且制作精细，工艺精湛，达到了相当高的艺术境界。圆雕动物形象包括蹲踞或伏卧状马、伫立或伏卧状鹿、盘角羊、羚羊、刺猬、鹤头等。其中鹿的造型发现最多，往往雌雄相伴，成对发现。鹿的躯体浑圆，两眼炯炯有神。雄鹿巨角贴背，分作枝叉，异常生动。这一时期出土大量装饰动物纹样的金银器，充分反映出桃红巴拉文化的发展水平。这些金银器包括冠饰、剑鞘、带饰、扣饰、项圈、耳坠、串珠等。金银器上的动物及虚幻的怪兽形象，有圆雕、浮雕和透雕，也有同一件器物采用浮雕和圆雕技法完成。特别是阿鲁柴登墓葬出土的鹰形金冠饰（图 12-17-19；图版 32-2）、虎牛相斗纹金带饰、虎鸟纹金牌饰及虎背鹿纹银牌饰；纳林高兔墓葬出土的怪兽纹金冠饰、伫立状银虎及伏卧状银虎；西沟畔 M2 出土的虎豕咬斗纹金牌饰（图 12-17-22）、怪兽纹、伏卧状鹿及马纹金银饰片；碾房渠窖藏出土的虎狼咬斗纹金带饰（图 12-17-24）；石灰沟墓葬出土的虎食鹿纹银牌饰（图 12-17-25）、双虎咬斗纹银牌饰及刺猬形银牌饰等，代表了这一时期动物纹造型艺术的最高水平，是同一时期其他文化所不能比拟的。

三 与相邻文化的关系

桃红巴拉文化与其他北方早期游牧人文化的关系，既有明显区别又有很多相似的因素。桃红巴拉文化的墓葬结构及墓向，同毛庆沟文化和杨郎文化有明显区别。桃红巴拉文化的陶器与杨郎文化和玉皇庙文化的陶器不同，单耳罐和双耳罐的作风则接近于杨郎文化的陶器。丰富多彩的金银器，尤其是金冠饰、虎食牛纹金带饰、装饰各种动物纹样的金箔等为其他地区所未见。而且，金银器的制作工艺也有所不同，因为金银器的背面有布纹痕迹，显然是采用失织失蜡法制作的结果。

桃红巴拉文化是最为典型的早期游牧人文化。墓葬分散，未见相关的居住址。盛行殉牲习俗且数目可观，有的马口中含有穿骨镳的衔，显然是死者生前所骑乘之马。这些发现生动地展示出"居无常处，逐水草迁徙"的游牧生活情景。游牧人的最大特点是流动性大，在本部落所辖区域内随水草迁徙，因此同其他部族联系更为广泛，这一点在考古遗存中得到充分的反映。该文化的殉牲习俗同其他早期游牧人一样，均以马、牛、羊为主，说明桃红巴拉人的主要财富和生活来源正是这些家畜。他们用这些家畜同农耕民族交换生产和生活必需品。桃红巴拉文化墓葬中发现的铜车軎、镳及铁衔、锥、勺等都是来自中原的产品。特别应当指出的是，西沟畔 M2 出土的两件虎豖咬斗纹金带饰的背面，分别刻有汉字铭文："一斤五两四朱少半"、"故寺豖虎三"和"一斤二两廿朱少半"。同出的 7 件银节约的背面，分别刻有"二两二朱"至"二两廿一朱"不等的重量单位，而且其中一件刻有"少府"两字，其余的刻有"寺工"两字。根据考证，"少府"系官名，始于战国，可掌管皇室手工制造业；"寺工"为官府手工作坊。银节约上的"两"字与战国布币上的"两"字相同。金牌饰上所刻"斤"、"故"、"豖"等字，其书写作风接近于秦小篆；"两"字与"秦半两"的"两"字相同。可见同一座墓内出土的金带饰和银节约，分别由战国时期的赵国和秦国所制造[1]。另外，宝亥社墓葬出土的 2 件豆形器和 1 件器盖，其形制和纹饰具有春秋铜器的风格。所有这些发现说明桃红巴拉文化的代表者，同中原诸侯国之间存在着十分密切的关系。

桃红巴拉文化同相邻的毛庆沟文化和杨郎文化之间的关系也很密切。该文化早期的青铜短剑、鹤嘴斧、鸟形饰、双鸟形饰、兽头形饰、针（锥）管、管状饰、联珠形饰、环形带扣等，在毛庆沟文化和杨郎文化中也都是常见之物。晚期铁器明显增多，很多兵器、马具、工具已用铁制作，甚至某些装饰品也有铁制者。这种铁器由少到多的发展过程，在北方早期游牧人文化中基本上是同步的。

桃红巴拉文化的遗物也反映出同境外同时期文化之间的某些联系。柄首装饰双鸟头相对形象的"触角式"短剑、鹤嘴斧、衔、环形带扣等，在蒙古国西部的乌兰固木文化[2]、俄罗斯阿尔泰地区的巴泽雷克文化[3]和图瓦地区的乌尤克文化[4]中都有发现。俄罗斯南

---

[1] 伊克昭盟文物工作站、内蒙古文物工作队：《西沟畔匈奴墓》，《文物》1980 年第 7 期。

[2] Э.А.Новгородова, Древняя Монголия. Москва, 1989.

[3] М.П.Грязнов, Алтай и приалтайская степь//Степная полоса Азиатской части СССР в скифо-сарматское время. Москва, 1992.

[4] А.М.Мандельштам, Ранние кочевники скифского периода на территории Тува//Степная полоса Азиатской части СССР в скифо-сарматское время. Москва, 1992.

西伯利亚米奴辛斯克盆地塔加尔文化的"触角式"短剑、动物纹装饰艺术品，同桃红巴拉文化等中国北方早期铁器时代文化有颇多相似之处。特别应当指出的是，在战国中晚期，桃红巴拉文化和杨郎文化的造型艺术中，出现了虚幻的动物形象。譬如，西沟畔 M2 出土的鹿身鹰喙或马身鹰喙金饰片及马身鹰喙铜带扣，有的怪兽背上还配以鹰头，造型非常怪异；阿鲁柴登出土的兽身鹰头金饰牌、纳林高兔出土的怪兽形金冠饰更具典型性，怪兽躯体似鹿，但嘴呈鹰喙状，尾端和巨角的枝端均配以鹰头。根据目前的发现，证明这种怪异动物纹样是受阿尔泰艺术的影响。因为巴泽雷克文化的巴泽雷克期（公元前 5 世纪至公元前 3 世纪）为该文化的繁荣期，具有非常独特的"野兽纹"艺术，其中怪异动物纹样占有非常突出的地位。例如图艾克塔和卡坦达巨冢出土的狮身鹰头、狮身鹰喙及身上配以三个鹰头等木雕器[1]；巴泽雷克 2 号冢出土的一件鹿头饰，其鹿角的每个枝端都有鹰头形象。该墓死者身上的文身图案清晰可辨，其中最突出的图案是鹿身鹰喙怪兽形象，除口呈勾形鹰喙状外，角枝叉顶端、尾端及颈部均有鹰头形象。近年在阿尔泰南部又发现一座封冻的墓葬，死者身上也绘有同样的文身图案[2]。由此可见，这种兽身鹰喙及兽身配以鹰头的形象，显然是阿尔泰艺术最为典型的表现形式。

四 族属

桃红巴拉文化的某些墓葬出土遗物非常丰富，像西沟畔 M2、阿鲁柴登、纳林高兔等。阿鲁柴登出土金器 218 件，重 4000 余克。金冠饰（图版 32-2）由鹰形顶饰和冠带饰两部分组成，其中金冠饰的下部为一半球体，表面浮雕四组狼咬羊图案；半球体之上立一圆雕的展翅雄鹰，其头和颈部用绿松石做成。整个冠饰表现雄鹰俯视狼咬羊的情景，异常生动逼真。冠带饰由三条半圆形金条组成，金条的两端分别装饰浮雕虎、马、盘角绵羊形象。腰带上装饰长方形浮雕虎食牛纹金带饰。另外还有金项链、耳坠、各种金银饰片等。享用如此高档金银器，尤其头戴金冠，腰佩金带饰者，显然是地位显赫的酋长或王。西沟畔 M2 出土金银器的数量也相当可观，主要是服饰品和装饰剑鞘的金片，表面均装饰精美的动物图案。另外，碾房渠和石灰沟出土的金银器也相当可观。因此，这些金银器的所有者也绝非是一般人，而是各部落的上层人士。

桃红巴拉文化的族属，目前还无法作出肯定的结论。有人根据文献记载和分布的地望，认为春秋时期居住在陕西北部及鄂尔多斯地区的是北狄的一支——白狄。又根据《史记·匈奴列传》载："晋北有林胡、楼烦之戎"；《史记·赵世家》载：赵武灵王二十年（公元前 306 年）"西略胡地，至榆中。林胡王献马"。可见，战国晚期桃红巴拉文化的分布区生活着林胡的部落[3]。从文化内涵来看，桃红巴拉文化早晚期之间有一脉相承的关系，只是族称前后有所不同，春秋时称白狄，入战国后称之为林胡。

---

[1] С.И.Руденко, Культура населения Центрального Алтая в скифское время. М.—Л., 1960.
[2] А.П.Деревянко, В.И.Молодин, Феномен алтайских мумий. Новосибирск, 2000.
[3] 田广金：《桃红巴拉的匈奴墓》，《考古学报》1976 年第 1 期。

第七节　毛庆沟文化

一　分布与分期

毛庆沟文化是以内蒙古凉城毛庆沟墓地的发掘而得名[1]。主要分布于黄河以北、蛮汗山麓的丘陵地带。经科学发掘的墓地有凉城县毛庆沟 79 座（其中属毛庆沟文化墓葬 67 座）、饮牛沟 15 座（其中 9 座为毛庆沟文化墓葬）[2]，崞县窑子 25 座[3]，和林格尔店子乡 56 座[4]，以上四处墓地共发掘毛庆沟文化墓葬 157 座。此外，在凉城前德胜村[5]、兴和沟里头[6]、和林格尔范家窑子[7]、土默特旗水涧沟门[8]等地也有很重要的发现。

该文化的年代相当于春秋中期至战国晚期（公元前 7 世纪至公元前 3 世纪）。毛庆沟墓地发掘的 67 座东西向墓，原报告将其划分为四期，其中第一、二期的年代断为春秋晚期或稍早至战国早期，第三、四期的年代断为战国中晚期。崞县窑子墓地划分为三期，年代相当于毛庆沟第一、二期，即相当于春秋晚期或稍早至战国早期。毛庆沟墓地第一期的碳十四测年数据为距今 2690±125 年，约公元前 740 年，第四期的碳十四测年数据为距今 2295±135 年，约公元前 345 年。另据毛庆沟第一期墓葬出土的青铜短剑、戈、带钩等判断，毛庆沟文化的年代上限断在春秋中期为宜，年代下限不会晚于战国晚期。因此，毛庆沟文化的年代可以划分为早晚两个发展阶段：早期以毛庆沟第一、二期墓葬、崞县窑子墓地及范家窑子、水涧沟门墓葬为代表，年代相当于春秋中晚期至战国早期即公元前 7 世纪至公元前 3 世纪；晚期以毛庆沟第三、四期墓葬、饮牛沟墓地为代表，年代相当于战国中晚期即公元前 4 世纪至公元前 3 世纪。

二　文化特征

毛庆沟文化的遗存主要是墓葬，迄今为止已发掘墓葬 150 余座，基本反映了该文化的特征。墓葬形制以长方形竖穴土坑墓为主，少数墓葬有头龛或二层台。一般无葬具，极少数有棺或椁。墓坑基本呈东西向，单人葬，仰身直肢，头向东。墓内普遍殉牲，以马、牛、羊的头和蹄为主，有的殉羊肩胛骨。崞县窑子墓地除殉马、牛、羊的头和蹄外，有的墓内还随葬猪、狗或马鹿，饮牛沟墓地则有殉狐狸头的现象。殉牲数多寡不一，如毛庆沟

---

[1] 内蒙古文物工作队：《毛庆沟墓地》，《鄂尔多斯式青铜器》，文物出版社，1986 年。

[2] 内蒙古自治区文物工作队：《凉城县饮牛沟墓葬清理简报》，《内蒙古文物考古》第 3 期，1984 年。

[3] 内蒙古文物考古研究所：《凉城崞县窑子墓地》，《考古学报》1989 年第 1 期。

[4] 内蒙古文物考古研究所：《和林格尔县春秋战国时期狄人氏族墓地》，《中国考古学年鉴（2000 年）》，文物出版社，2002 年。

[5] 盖山林：《内蒙古乌盟南部发现的青铜器和铜印》，《考古》1986 年第 2 期。

[6] 崔利明：《内蒙古兴和县沟里头匈奴墓》，《考古》1994 年第 5 期。

[7] 李逸友：《内蒙古和林格尔县出土的铜器》，《文物》1959 年第 6 期。

[8] 内蒙古自治区文物工作队：《大青山下发现一批铜器》，《文物》1965 年第 2 期。

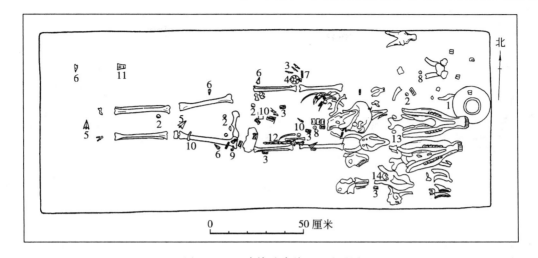

图 12-18　凉城毛庆沟 M6 平面图
1. 陶罐　2. 铜钮饰　3. 双鸟纹铜饰　4. 铜带扣　5. 铜镞　6. 骨镞　7. 管状铜饰　8. 料珠　9. 铜饰
10. 骨觿　11. 骨扣　12. 铁短剑　13. 牛头骨　14. 羊头骨

M6（图 12-18）殉牛头 2 具及羊头 12 具；崞县窑子 M19 殉牛头、猪头 10 具和狗头 6 具；饮牛沟 M9 殉羊头 1 具和狐狸头 5 具。从墓内随葬品和殉牲的多寡可以看出贫富的差别，店子乡一座贵族墓死者的颈部戴有半月形金项圈，左肩上置一青铜戈，腰间束铜带饰。墓内殉牛头 18 具、马头 4 具及羊头 22 具，是迄今为止所见殉牲最多的墓葬。

毛庆沟文化的制陶业比较发达。陶器以泥质灰陶和泥质红褐陶为主。制法有轮制和手制两种，红褐陶多为手制，器壁较厚，器形不太规整，烧制火候较低，表面颜色也不均匀。灰陶和灰褐陶多为轮制，器形规整，陶胎较薄，火候较高，器表常留有轮制的旋纹。陶器以素面为主，纹饰有细绳纹、刻划纹、旋纹、压印纹等，有的陶器肩部有一至三道波折纹，类似于后来匈奴陶器上的纹饰。陶器的器形比较简单，以罐和壶为主，包括双耳壶、单耳罐、双耳罐、鼓腹平底罐和鬲等（图 12-19-1、2）。

金属器包括兵器、工具、马具及各种装饰品。兵器有短剑、鹤嘴斧、镞等。早期以青铜短剑为主，毛庆沟墓地出土 6 件，柄首作环形、双环形及双鸟头相对形。格呈蝴蝶形或一字形，有的做成两个相背的鸟形象。这些青铜短剑制作非常精致，尤其是双鸟头相对的"触角式"剑最具特色（图 12-19-5、6、8）。鸟头颇具写实性，鸟的喙、眼、耳均清晰可辨，有的柄部装饰锯齿纹，整个造型异常生动。毛庆沟墓地第二期的 M6 已出铁短剑，到了晚期青铜短剑已被铁短剑所取代，毛庆沟和饮牛沟墓地出土的铁短剑，其形制以环首和蝴蝶形格居多（图 12-19-7），有的剑首作一字形，个别铁短剑附有木质剑鞘。鹤嘴斧发现较少，出土的几件均属于晚期的铁鹤嘴斧（图 12-19-9）。马具仅见双节环形马衔（图 12-19-10）和节约（图 12-19-12），表明骑马术没有玉皇庙文化、桃红巴拉文化和杨郎文化那么盛行。

各种形式的装饰品极具特色，早期以环形带扣（图 12-19-18）、锥管、鸟形饰、双

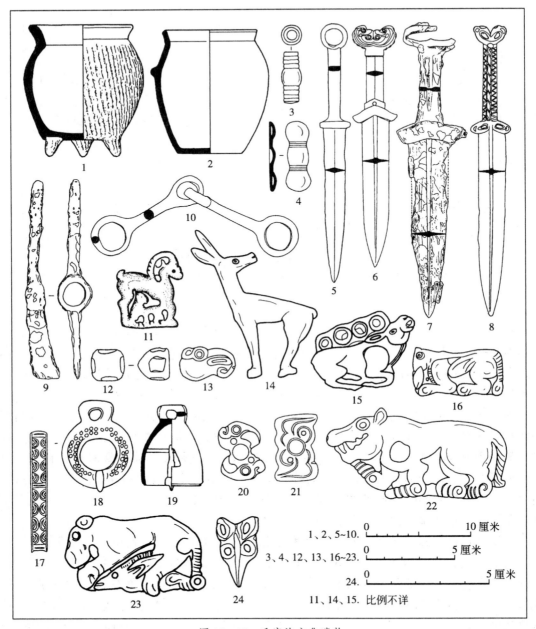

图 12-19 毛庆沟文化遗物

1. 陶鬲（毛庆沟 M39） 2. 陶罐（毛庆沟 M58） 3. 管状铜饰（崞县窑子 M1） 4. 联珠形铜饰（崞县窑子 M22） 5. 铜短剑（毛庆沟 M55） 6. 铜短剑（毛庆沟 M59） 7. 铁短剑（毛庆沟 M38） 8. 铜短剑（毛庆沟 M70） 9. 铁鹤嘴斧（毛庆沟 M38） 10. 铜衔（毛庆沟 M59） 11. 双羊纹铜饰（凉城蛮汗山） 12. 铜节约（毛庆沟 M59） 13. 动物纹铜饰（崞县窑子 M12） 14. 动物纹铜饰（水涧沟门） 15. 动物纹铜饰（呼和浩特） 16. 动物纹铜饰（范家窑子墓） 17. 管状铜饰（毛庆沟 M10） 18. 铜带扣（崞县窑子 M31） 19. 铃形铜饰（崞县窑子 M5） 20. 动物纹铜饰（崞县窑子 M5） 21. 动物纹铜饰（毛庆沟 M43） 22. 动物纹铜饰（毛庆沟 M55） 23. 动物纹铜饰（崞县窑子 M12） 24. 动物纹铜饰（毛庆沟 M66）

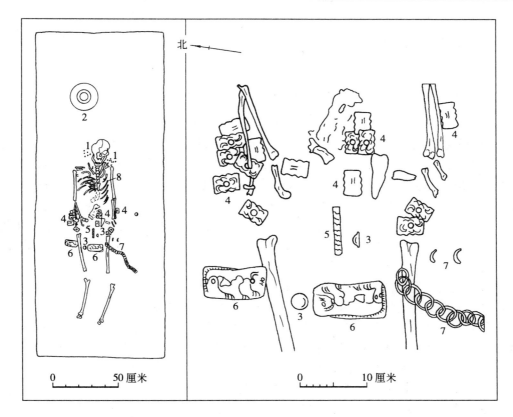

图 12-20 凉城毛庆沟 M5 及随葬品
1. 料珠 2. 陶罐 3. 铜扣饰 4. 双鸟纹铜饰牌 5. 管状铜饰 6. 长方形虎纹铜饰牌
7. 铜连环 8. 梅花状铜扣饰

鸟形饰、兽头形饰（图 12-19-13、20、21、24）、管状饰、铃形饰、联珠形饰（图 12-19-3、4、17、19）等为代表，并出现了双羊、伏卧状鹿、蹲踞虎形、伫立状虎形、虎踏羊头、虎食羊等透雕动物纹带饰（图 12-19-11、15、16、22、23），在水涧沟门还发现圆雕铜鹿形象（图 12-19-14）；晚期鸟形饰、兽头形饰等小件装饰品逐渐消失，双鸟形牌饰、虎形带饰等开始用铁制作。特别应当指出的是，毛庆沟文化由各种珠料组成的项饰，由带扣、鸟形牌饰、双鸟纹牌饰等组成的腰带饰独具特色。仅毛庆沟墓地就发现 15 条完整的腰带，其构成可分为三类：一是由带扣和双鸟纹、鸟纹牌饰组成；二是由联珠形饰或鸟形饰牌组成；三是由一个或两个大型虎纹透雕带饰和鸟纹牌饰组成。其中以第三类最为典型，以毛庆沟第一期的 M5 为例，有两个虎纹带饰置于人骨腰部左右两侧，带饰的两端有孔，用以缝制在腰带上。另外，在腰带上还装饰 17 件双鸟纹牌饰（图 12-20）。这些双鸟纹牌饰没有任何带扣的功能，纯粹是作为装饰品。墓内发现的带有扣舌和孔钮的环形带扣才具有系结腰带的作用。总之，毛庆沟文化完整腰带的发现，不仅揭示了各种牌饰的用途及穿连方法，而且为探索透雕动物纹带饰的起源提供了有力的证据。

毛庆沟文化早晚期的器物组合有明显变化，小件青铜装饰品如鸟形饰、管状饰、兽头形饰在晚期已消失。"触角式"短剑被环首铁短剑所代替，鹤嘴斧也变成铁制品。腰带上的双鸟纹铜牌饰逐渐减少，而铁牌饰则逐渐增多。带扣的钮部变成圆牌状，成为晚期流行的主要样式。

三 与相邻文化的关系

毛庆沟文化同邻境诸文化比较，既有明显区别又有很多相似的因素。它们之间的区别集中表现在墓葬结构及某些随葬品方面。毛庆沟文化的墓葬基本为东西向，一般无葬具，显然不同于桃红巴拉文化的南北向墓和杨郎文化的洞室墓。毛庆沟文化的制陶业比桃红巴拉文化和杨郎文化发达，出土的陶器数量较多，但动物纹装饰艺术品远没有桃红巴拉文化和杨郎文化那么丰富多彩。桃红巴拉文化装饰各种动物纹样的金银器、杨郎文化形式多样的带扣等也与毛庆沟文化有显著区别。另一方面，毛庆沟文化的遗物反映出同相邻文化之间存在着密切的关系。毛庆沟文化与东邻的玉皇庙文化关系也十分密切，特别是北京以西的玉皇庙文化墓葬出土的短剑、带扣、针（锥）管、管状饰及双耳陶罐等，同毛庆沟文化的同类器物类似。毛庆沟文化同分布于鄂尔多斯地区的桃红巴拉文化和甘宁陇山地区的杨郎文化之间关系更为密切。这里出土的双鸟头相对的"触角式"短剑、鹤嘴斧、环形带扣、鸟形饰、双鸟形饰、兽头形饰、管状饰、铃形饰等，在桃红巴拉文化和杨郎文化中都很流行。毛庆沟文化的居民同南邻农耕民族的关系也很密切，这里出土的中胡二穿铜戈、铜矛、带钩等显然都是来自中原地区的产品。特别值得提出的是，毛庆沟墓地和饮牛沟墓地都有两种类型墓葬同处于一个墓地的现象。毛庆沟墓地67座东西向墓属于毛庆沟文化墓葬，12座南北向墓属于农耕民族墓葬；饮牛沟墓地东西向墓有9座，南北向墓有6座。这两种墓葬的形制和葬俗完全不同，南北向墓大部分有棺或椁葬具，个别中型墓还棺椁齐备，但随葬品很少，除带钩外很少发现其他遗物，更没有发现随葬北方系器物的现象，也未见殉牲。这些南北向墓的结构、葬俗及随葬品，均与中原诸侯国墓葬无殊。这些南北向墓的年代都属于毛庆沟文化的晚期，说明黄河流域从事农耕的居民进入到毛庆沟文化的分布地域内，同以从事畜牧业为主的人群共用一处墓地，这是一个值得重视的现象，说明从事畜牧业为主的少数族同农耕民族交错杂居的传统由来已久。

四 社会生活与族属

毛庆沟文化遗存中从始至终含有铁器，只是有一个由少到多的发展过程。毛庆沟墓地的早期墓葬中发现少量铁器，包括短剑、鸟形牌饰、带钩等。晚期铁器明显增多，短剑、鹤嘴斧、刀、双鸟纹牌饰等都已用铁制作，甚至长方形虎纹带饰也变成了铁制品。这些发现充分说明毛庆沟文化已步入早期铁器时代。

毛庆沟文化是一支地域特征鲜明的土著文化。墓内普遍殉牲，表明该文化的代表者主要从事畜牧业。但和其他地区不同的是，这里有殉狐狸头的现象，说明狩猎业在经济生活中占有一定的比重。墓内普遍随葬陶器，在毛庆沟墓地附近还发现同一时期的陶窑遗址，特别是墓内发现猪和狗的骨骼，反映出该文化的居民从事一定的养猪业和农业。由此可以推测，当时的人们过着比较稳定的半定居生活，生产经济以畜牧业为主，兼营一定的农业和狩猎业。

关于毛庆沟文化的族属问题，目前还难以作出准确的结论，只能根据其分布地域结合文献记载作些初步的推论。前已指出，毛庆沟文化分布于蛮汗山南部、太行山的北部，这里正是东周时期的晋北地区。根据文献记载，春秋时期活动于这一地区的少数族统称为北狄。春秋末至战国时期出现了林胡和楼烦之称，《史记·匈奴列传》："晋北有林胡、楼烦之戎"，可见林胡、楼烦是晋北地区两个强大的部落集团。因此有的学者推测毛庆沟文化可能与楼烦有关[1]。

毛庆沟文化的发现，为研究长城地带早期游牧人文化的形成及其分布提供了重要的资料。中国北方草原地带作为欧亚大陆草原的重要组成部分，尤其同先进的黄河流域农业文明相毗邻，生活在这一地区的早期游牧人都曾扮演非常重要的角色。毛庆沟文化以其丰富的文化内涵，展示出独具特色的早期游牧人文化类型，这种以畜牧业为主兼营农业的经济形态给人以新的启示，即所谓早期游牧人并非都过着"居无常处，逐水草迁徙"的生活。另外，毛庆沟文化为探索匈奴部落联盟的形成提供了重要线索。我们知道，匈奴崛起的战国晚期，正是毛庆沟文化走向衰落的时期，很可能毛庆沟文化的居民成为匈奴部落联盟的成员。考古发现为此提供了某些线索。毛庆沟文化的管状铜饰、动物纹带饰及饰波折纹的绳纹陶罐等，都是早期匈奴文化遗存中的常见之物。毛庆沟人的体质特征与蒙古人种东亚类型的现代华北组接近，与北亚类型差别明显，只是在面部轮廓扁平性上与华北类型有些相似[2]。但这并不能排除毛庆沟人加入到匈奴部落联盟的可能性，因为匈奴征服北方各部落而形成的部落联盟，包含了漠南和漠北两大部落集团，这也成为后来匈奴分裂为南北匈奴，南匈奴降汉入居塞内的原因所在。

第八节　杨郎文化

一　分布与分期

杨郎文化是以宁夏固原杨郎乡马庄墓地的发掘而得名[3]。主要分布于宁夏中南部及其毗邻的甘肃东南部，尤以宁夏固原和甘肃庆阳地区最为密集。年代相当于春秋中晚期至战国晚期（公元前7世纪至公元前3世纪）。经过科学发掘的除马庄墓地外，还有宁夏固原彭堡乡于家庄墓地[4]。这两处墓地共发掘墓葬77座，为研究该文化的分布、年代、分期及其文化特征提供了科学的依据。此外，在宁夏固原县、西吉县、彭阳县、中卫县、中宁县；甘肃东部的庆阳县、宁县、正宁县、镇原县及秦安县境内也有很多重要的发现。从其分布地域来看，主要是以陇山为中心的西北黄土高原东部，属于山地丘陵地带，其间有

---

[1] 内蒙古文物工作队：《毛庆沟墓地》，《鄂尔多斯式青铜器》，文物出版社，1986年。
[2] 潘其风：《毛庆沟墓葬人骨的研究》，《鄂尔多斯式青铜器》，文物出版社，1986年。
[3] 宁夏文物考古研究所、宁夏固原博物馆：《宁夏固原杨郎青铜文化墓地》，《考古学报》1993年第1期。
[4] 宁夏文物考古研究所：《宁夏彭堡于家庄墓地》，《考古学报》1995年第1期。

清水河、泾河、葫芦河、茹河等源于陇山的河流，水草肥美，雨量充足，适宜从事畜牧业的民族生存。

根据目前的发现，杨郎文化的遗存大体可划分为早晚两个发展阶段：早期又可划分为早晚两段，早段以中卫狼窝子坑[1]、中宁倪丁村墓地[2]为代表。狼窝子坑墓地出土的啄戈、倪丁村墓地出土的管銎斧，都是典型的北方草原文化青铜器。类似的啄戈在秦安县城关也有出土[3]。管銎斧和啄戈是商周时期北方草原青铜文化最具代表性的兵器，但春秋中期以后已消失。结合共存的短剑、刀、装饰品等铜器判断，其年代不会晚于春秋中期（公元前7世纪至公元前6世纪）。早期晚段以马庄早期墓葬及于家庄墓地为代表，年代相当于春秋晚期至战国早期（公元前6世纪至公元前5世纪）。属于这一时期的还有：宁夏固原鸦儿沟[4]、蒋河村[5]、大北山[6]、石喇村[7]、吕坪村[8]、撒门村[9]、侯磨村[10]，西吉陈阳川村[11]，彭阳张街村[12]、米塬村[13]、苋麻村[14]；甘肃庆阳地区宁县袁家村[15]，正宁后庄村[16]、镇原庙渠村[17]、红岩村[18]、庆阳五里坡[19]等墓地。上述墓地中很多地点均出土中原式中胡或长胡三穿铜戈，为断定这类墓葬的年代提供了重要的依据。晚期以马庄墓地晚期墓葬、固原撒门村M3[20]及庆阳吴家沟圈[21]等墓葬为代表，年代相当于战国中晚期（公元前4世纪至公元前3世纪）。

---

[1] 周兴华：《宁夏中卫县狼窝子坑的青铜短剑墓群》，《考古》1989年第11期。
[2] 宁夏回族自治区博物馆考古队：《宁夏中宁县青铜短剑墓清理简报》，《考古》1987年第9期。
[3] 秦安县文化馆：《秦安县历年出土的北方系青铜器》图一：9～11，《文物》1986年第2期。
[4] 宁夏博物馆：《宁夏固原县出土文物》，《文物》1978年第12期。
[5] 宁夏博物馆：《宁夏固原县出土文物》，《文物》1978年第12期。
[6] 钟侃、韩孔乐：《宁夏南部春秋战国时期的青铜文化》，《中国考古学会第四次年会论文集》，文物出版社，1985年。
[7] 罗丰：《宁夏固原石喇村发现一座战国墓》，《考古学集刊》第3集，中国社会科学出版社，1983年。
[8] 固原博物馆：《宁夏固原吕坪村发现一座东周墓》，《考古》1992年第5期。
[9] 罗丰、韩孔乐：《宁夏固原近年发现的北方系青铜器》，《考古》1990年第5期。
[10] 罗丰、韩孔乐：《宁夏固原近年发现的北方系青铜器》，《考古》1990年第5期。
[11] A. 罗丰、韩孔乐：《宁夏固原近年发现的北方系青铜器》，《考古》1990年第5期。
B. 延世忠、李怀仁：《宁夏西吉发现一座青铜时代墓葬》，《考古》1992年第6期。
[12] 杨宁国、祁悦章：《宁夏彭阳县近年出土的北方系青铜器》，《考古》1999年第12期。
[13] 杨宁国、祁悦章：《宁夏彭阳县近年出土的北方系青铜器》，《考古》1999年第12期。
[14] 杨宁国、祁悦章：《宁夏彭阳县近年出土的北方系青铜器》，《考古》1999年第12期。
[15] 刘得祯、许俊臣：《甘肃庆阳春秋战国墓葬的清理》，《考古》1988年第5期。
[16] 刘得祯、许俊臣：《甘肃庆阳春秋战国墓葬的清理》，《考古》1988年第5期。
[17] 刘得祯、许俊臣：《甘肃庆阳春秋战国墓葬的清理》，《考古》1988年第5期。
[18] 刘得祯、许俊臣：《甘肃庆阳春秋战国墓葬的清理》，《考古》1988年第5期。
[19] 庆阳地区博物馆、庆阳县博物馆：《甘肃庆阳城北发现战国时期葬马坑》，《考古》1988年第9期。
[20] 罗丰、韩孔乐：《宁夏固原近年发现的北方系青铜器》，《考古》1990年第5期。
[21] 刘得祯、许俊臣：《甘肃庆阳春秋战国墓葬的清理》，《考古》1988年第5期。

二 文化特征

杨郎文化的遗存主要是墓葬。墓葬形制从始至终没有明显的变化，可分为竖穴土坑墓和土洞墓两大类，其中以土洞墓居多。竖穴土坑墓呈长方形。土洞墓有多种形制，通常先挖一长方形竖穴墓道，然后在其东壁或北壁掏出洞室，由于洞室开凿的位置不同而形成多种形制，有的居中呈凸字形、有的开在两角呈凹字形、有的开在一角呈刀形等。死者置于洞室内，多单人葬，仰身直肢，足高头低，头向东，一般无葬具。人骨两侧放置随葬品。墓内普遍殉牲，以马、牛、羊的头和蹄为主，也见有羊颌骨。殉牲多放置在人骨的足端，洞室墓通常置于靠近洞室的墓道内（图12-21）。殉牲的数量多寡不一，最多的如于家庄M4殉羊头53具、牛头2具和羊颌骨130具；马庄Ⅲ M3殉羊头40具、马头10具和牛头4具。一般来说，土洞墓殉牲的数量要多于竖穴土坑墓。

杨郎文化的陶器很不发达。墓内随葬的陶器为数不多，于家庄28座墓的随葬品中陶器仅有7件，马庄49座墓出土陶器只有6件。陶器均为夹砂褐陶，器类有单耳罐和双耳罐（图12-22-1、2）。由此可见，该文化早晚期在墓葬结构、埋葬习俗及陶器方面看不出有明显的变化。但在兵器、马具和装饰品方面可以看出早晚发展的脉络。早期早段的遗存目前发现较少，青铜器以短剑、管銎斧、啄戈、矛、斧、衔、环形带扣、鞋底形当卢等为主，未见后期广为流行的鹤嘴斧、形式多样的带扣、各种动物纹带饰及圆雕动物形象，而管銎斧和啄戈在后期遗存中已消失。这一时期的短剑、矛、衔、环形带扣、铃形饰、镜形饰、管状饰等则显示出同后期遗存的紧密联系。

早期晚段是杨郎文化的繁荣期，出土的遗物最为丰富。尽管出现了铁器，但仍以青铜器为主，包括兵器、车马器、工具、生活用具及各种装饰品。兵器有青铜短剑、矛、鹤嘴斧、镞等。短剑以环首或蘑菇形首短剑为主，剑格多呈一字形或蝴蝶形。柄首作双鸟头相对的"触角式"剑继续存在，不仅数量有所增加，而且制作更为精致，同时还出现了柄首作双兽头相对的"触角式"剑（图12-22-6~8）。值得注意的是，有些墓内随葬短小且不很精致的短剑，有的不足20厘米，最短者只有15厘米。可见此类短剑显然不宜作为兵器使用，而是专为随葬而制作的。鹤嘴斧中间有圆形或椭圆形銎，一端呈斧状有扁平刃，另一端作鹤嘴状（图12-22-12、13），有的銎内残存木屑。矛身呈菱形，骹作圆形且较长（图12-23-3）。镞有短铤三翼式或三棱窄翼式（图12-22-4）。车马器比较发达是该文化的显著特点，马具有衔、镳（图12-22-22）、当卢、节约、铃、马面饰、泡饰、马甲片等。衔有单节棍式和两节相套式两种。单节棍式两端呈圆环形；双节中间两环相扣，两端为圆环或两端圆环外附以方形钮（图12-22-11、14）。这种双节式衔在整个欧亚大陆草原早期游牧人文化中广为流行。车器有軎、车辕饰、毂、杆头饰等。工具有刀、斧、凿。生活用具有锥、勺、针（锥）管（图12-22-18）。装饰品的种类较多，有带扣、带饰、带钩、环、铃形饰、鸟形饰、兽头形饰、联珠形饰、各种动物纹牌饰等（图12-22-10、15、16、19~21、24、26、28、29）。该文化的带扣最具特色，包括环形、葫芦形、长方形、椭圆形、不规则形等多种形式，有的纽部做成动物或动物交媾形象（图12-22-9、17）。带饰的种类也很多，有的呈简化的鸟形牌饰，有的做成兽头连双纽状，有的做成两

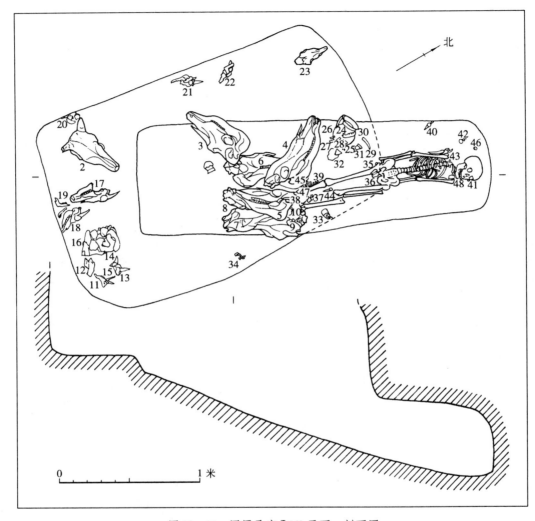

图 12-21 固原马庄ⅠM2平面、剖面图
1、2、5.牛头骨 3、4、6~10.马头骨 11~23、33.羊头骨 24.陶罐 25.残骨器 26~28、31.骨节约 29、30、36.骨镳 32.陶片 34.肢骨 35.骨器 37、38、46.铜泡 39.铜带饰 40.铜鹤嘴斧 41、42.银耳环 43.骨坠饰 44.残铁块 45.铁刀 47.残铁牌饰 48.骨串珠

个相向牛头状，有的则做成虎食兽形象。该文化的骨器不仅种类繁多，而且制作精致，有些镳（图12-22-23）、节约、当卢及各种饰件上雕刻有复杂的图案，构成该文化的又一个显著特点。

晚期青铜短剑、鹤嘴斧、戈、镞、车軎及鸟形饰等装饰品虽然继续存在，但数量明显减少。装饰圆雕动物形象的杆头饰及以动物相斗纹题材的装饰品则较前期有所增加。这一时期最为显著的变化表现在铁器数量的大量增加，包括短剑（图12-22-5）、矛、衔、镳等兵器和马具，刀、锥、镯、环等工具和装饰品，甚至长方形带饰也有铁制者，表明铁器已渗透到社会生活的各个方面。

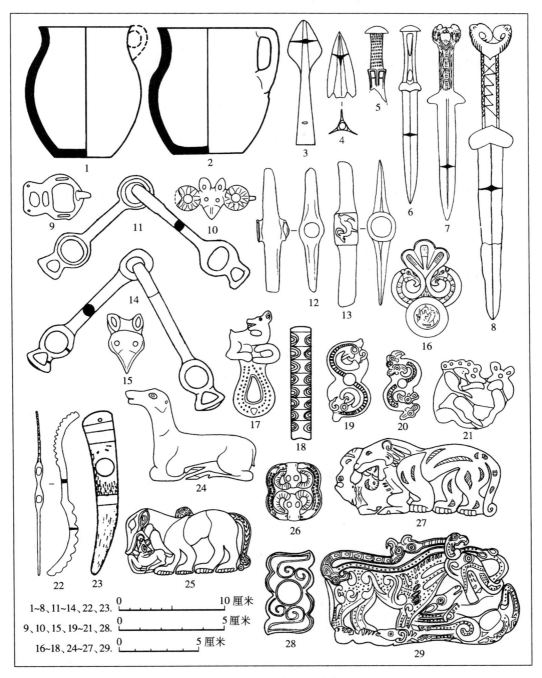

图 12-22 杨郎文化遗物

1. 陶罐（于家庄 M17） 2. 陶罐（于家庄 NM2） 3. 铜矛（马庄Ⅱ M18） 4. 铜镞（彭阳米塬村） 5. 铜柄铁剑（陈阳川村） 6. 铜短剑（苋麻村） 7. 铜短剑（撒门村 M3） 8. 铜短剑（庆阳李沟） 9. 铜带扣（马庄Ⅰ M3） 10. 动物纹铜饰（于家庄 M12） 11. 铜衔（马庄Ⅰ M11） 12. 铜鹤嘴斧（马庄Ⅰ M2） 13. 铜鹤嘴斧（镇原庙渠村） 14. 铜衔（彭阳米塬村） 15. 动物纹铜饰（于家庄 M5） 16. 动物纹铜饰（陈阳川村） 17. 铜带扣（马庄Ⅰ M7） 18. 管状铜饰（镇原庙渠村） 19. 动物纹铜饰（彭阳张街村） 20. 动物纹铜饰（彭阳张街村） 21. 动物纹铜饰（于家庄 M12） 22. 铜镳（苋麻村） 23. 骨镳（撒门村 M2） 24. 动物纹铜饰（撒门村 M1） 25. 动物纹铜饰（彭阳白杨林村） 26. 动物纹铜饰（马庄Ⅲ M6） 27. 动物纹铜饰（陈阳川村） 28. 动物纹铜饰（固原芦子沟嘴） 29. 动物纹铜饰（陈阳川村）

杨郎文化的动物纹装饰艺术也很有特色,除毛庆沟文化和桃红巴拉文化中常见的鸟形饰、双鸟形饰、兽头形饰等装饰品外,在早期晚段开始出现圆雕卧鹿、羊、狗、鸭头、鸟头等形象。晚期透雕动物纹带饰明显增多,尤以动物相斗或猛兽噬咬食草动物的题材居多。譬如陈阳川村墓地出土的虎食羊纹(图 12-22-27)、怪兽食鹿纹带饰;彭阳白杨林村墓葬出土的虎食鹿纹带饰(图 12-22-25)[1]、姚河村墓地出土的伫立状虎纹带饰[2]、吴家沟圈村墓地出土的虎食羊纹带饰及马庄墓地出土的卧鹿纹牌饰等,都达到了相当高的艺术水平。值得注意的是,桃红巴拉文化中的圆雕动物形象尽管种类繁多,制作精致,但年代偏晚,都不早于战国中期。毛庆沟文化和北辛堡文化中这类器物非常罕见。杨郎文化的圆雕动物形象则出现较早,在春秋晚期至战国早期的墓葬中已发现这类器物。另外,杨郎文化装饰品中猛兽噬咬食草动物纹铜带饰(图版 32-1),不仅种类繁多,而且出现的年代也较其他地区为早。如众所知,兵器、马具和动物纹装饰艺术构成早期游牧人文化的主要内涵,也是体现草原游牧文化形成的重要标志。从这个意义上说,杨郎文化为中国北方早期游牧人文化的形成和发展作出了重要的贡献。

杨郎文化的性质问题,即属于青铜文化还是早期铁器时代文化的问题,有必要加以澄清。以往人们将该文化作为青铜文化来研究是不妥的,从整个欧亚大陆草原来看,尽管各地区由青铜时代过渡到早期铁器时代的时间早晚有所不同,但公元前 9 世纪至公元前 7 世纪期间相继跨入早期铁器时代。如果将中国北方相当于东周时期的文化遗存作为青铜文化,那么与实际情况不相符合。因为杨郎文化的早期早段墓葬中已有铁器出土,如狼窝子坑 M1、M3 各出土 1 件铜柄铁剑,年代相当于春秋中期。春秋晚期至战国早期的有:固原马庄ⅠM3 出土 1 件铁剑,于家庄 M17 出土 1 件长方形牌饰,于家庄墓地[3]和官台村墓地[4]各出土 1 件铜柄铁剑;宁县袁家墓地出土 1 件铁矛,正宁后庄和庆阳县五里坡墓地各出土 1 件铜柄铁剑。战国中晚期使用铁器更为普遍。由此可见,杨郎文化已进入早期铁器时代文化的范畴,是不争的事实。

三 与相邻文化的关系

该文化同分布于内蒙古中南部地区的毛庆沟文化和桃红巴拉文化之间,既有明显区别又有颇多相似之处。他们之间的区别突出表现在墓葬结构和埋葬习俗方面,土洞墓结构在甘青地区自古以来就很流行。新石器时代至青铜时代的半山类型、马厂类型及火烧沟文化、齐家文化、卡约文化中都流行土洞墓,因此杨郎文化的墓葬结构显然是承袭了西北地区土洞墓的传统,表明该文化同西部地区古代文化之间存在着更为密切的联系。死者足高头低也是该文化所特有的葬俗。铜柄铁剑、各种装饰动物纹样的带扣、柳叶形或鞋底人面形当卢、镜形饰、雕刻精致的骨器等,表现出同相邻文化之间的区别。另一方面,青铜器

---

[1] 罗丰、韩孔乐:《宁夏固原近年发现的北方系青铜器》图一二:1,《考古》1990 年第 5 期。
[2] 罗丰、韩孔乐:《宁夏固原近年发现的北方系青铜器》图一二:4,《考古》1990 年第 5 期。
[3] 延世忠:《宁夏固原出土战国青铜器》图二,《文物》1994 年第 9 期。
[4] 罗丰、延世忠:《1988 年固原出土的北方系青铜器》图一:14,《考古与文物》1993 年第 4 期。

中的鸟形饰、双鸟形饰、兽头形饰、环形带扣、动物纹带饰等装饰品；短剑、鹤嘴斧等兵器；衔、镳等马具，同毛庆沟文化和桃红巴拉文化的同类器物非常类似。圆雕的卧鹿、卧羊、盘角羊头等在桃红巴拉文化中也非常流行。这些发现表明该文化的居民同毛庆沟文化和桃红巴拉文化的代表者之间存在着紧密的联系。

杨郎文化的居民从事畜牧业。如前所述，该文化的遗存主要是墓葬，至今尚未发现居住遗址，也未发现同农耕有关的遗迹和遗物。这说明当时的人们过着半定居的游牧生活，这一点已为埋葬习俗和具有浓郁草原文化气息的随葬品所证实。至于游牧畜牧业经济的形成，是由很多因素促成的。其中一个很重要的原因是气候由温暖湿润向寒冷干燥的变化，已很不适合农作物的耕种，原本从事半农半牧的民族，随着畜牧业的发展及环境的变化，单一的畜牧业便应运而生。另一方面，以黄河流域农业文明为依托是游牧经济得以形成并长期存在的又一个重要原因。杨郎文化的居民从农耕民族那里获得生活必需品，该文化的墓葬中所发现的铜柄铁剑、铜戈、车害、带钩、龙纹透雕带饰、人面蛇纹牌饰等，显然是来自中原诸侯国的产品，反映出该文化的居民同相邻农耕民族之间的交往关系。

四　族属

杨郎文化的研究工作刚刚起步，很多问题还有待深入研究。关于该文化的来源、去向，以及同相邻的其他早期游牧人文化之间的关系等问题，目前还都有待进一步探索。关于其渊源问题，有人认为在陇山周围地区只有陕西扶风刘家的姜戎墓地，在某些方面表现出同杨郎文化遗存的相似性。因为姜戎墓葬绝大部分为偏洞室墓，死者仰身直肢，头向东北。出土的双联小铜泡、铜铃和铜管等同杨郎文化的同类器物类似。尽管姜戎墓葬的年代要早于杨郎文化，但两者之间似有某种联系，是探索杨郎文化渊源不可忽视的重要资料[1]。另外，杨郎文化同卡约文化的关系也很值得重视。诚然，卡约文化的内涵比较复杂，但分布于湟水流域的卡约文化墓葬中流行洞室墓，也盛行殉马、牛、羊、犬肢体的习俗。墓内出土的管銎斧、矛、刀、铃形饰、泡饰及圆雕鸟、犬狼相斗形象杆头饰等，反映出同杨郎文化存在着某种联系。至于族属问题也存在着各种不同的见解，有人认为同春秋时期"西戎八国"关系密切[2]，有人认为同春秋时期的朐衍戎及其先民有直接的关系[3]，有人结合文献记载对"西戎八国"的具体位置进行了推测，认为义渠戎的活动地域在庆阳，乌氏之戎则居于固原地区[4]。上述意见尽管表述有所不同，但根据《史记》、《汉书》的记载，杨郎文化的分布地域正是古代戎人的聚居区，由此可以推测杨郎文化应该是有别于匈奴系和东胡系的戎人的文化遗存。

---

[1] 宁夏文物考古研究所：《宁夏彭堡于家庄墓地》，《考古学报》1995年第1期。
[2] 宁夏文物考古研究所：《宁夏彭堡于家庄墓地》，《考古学报》1995年第1期。
[3] 周兴华：《宁夏中卫县狼窝子坑的青铜短剑墓群》，《考古》1989年第11期。
[4] 罗丰：《固原青铜文化初论》，《考古》1990年第8期。

第九节 巴蜀文化

四川地区的考古学文化，西周时期主要是受中原文化影响的蜀文化。东周时期的文化面貌则较为复杂，早期的蜀文化继续发展，同时，巴文化、楚文化、秦文化和中原文化都对这一地区产生了明显影响，这一阶段的文化一般被称为巴蜀文化。

一 西周时期的聚落遗址

西周时期四川地区最重要的考古发现主要集中在成都平原，这些发现以遗址为主。在所发现的遗址中，比较重要的是成都十二桥遗址[1]。该遗址最早的地层下曾发现相当于商代的大型木构建筑。十二桥遗址最下面的四层堆积及出土遗物可分为三期（图12-23）。早期的陶器主要有折腹平底罐、尖底罐、尖底盏、尖底杯等。中期新出现了鼓腹凹底罐、

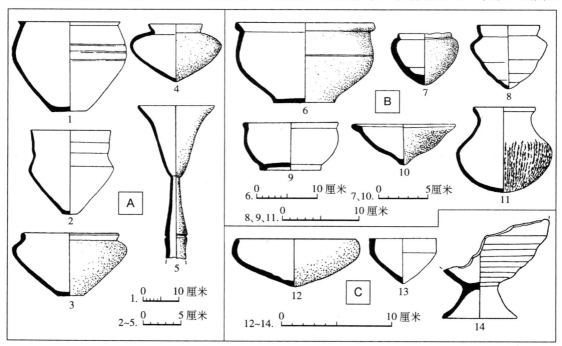

图12-23 成都十二桥遗址出土陶器

A. 早期 1. 罐（T6⑬:11） 2. 尖底杯（T50⑬:8） 3. 罐（T3⑬:9） 4. 尖底罐（T50⑬:14） 5. 豆（T40⑬:32）
B. 中期 6. 罐（T11⑫:13） 7. 尖底杯（T5⑫:9） 8. 尖底罐（T30⑫:5） 9. 碗（T11⑫:14） 10. 尖底盏（T12⑫:3） 11. 釜（T15⑫:65）
C. 晚期 12. 尖底盏（T43⑪:8） 13. 尖底杯（T43⑪:10） 14. 豆（T30⑪:5）

---

[1] 四川省文物管理委员会、四川省文物考古研究所、成都市博物馆：《成都十二桥商代建筑遗址第一期发掘简报》，《文物》1987年第12期。

绳纹圜底釜、碗等。晚期有尖底盏、尖底杯和豆等。三期的时代大致为商代至周初。以上发现反映出十二桥遗址同广汉三星堆遗址在年代和文化面貌上的联系。而在十二桥遗址更晚一些的地层中还发现有春秋末至战国初的大型房屋建筑遗迹。与十二桥遗址相关的遗址还有成都抚琴小区、青羊宫、方池街、指挥街等，它们同十二桥遗址一道组成了一个巨大的遗址群。这个遗址群可以分为三个时期，其时代大致分别相当于商代晚期至西周初期、春秋早期至战国初期、战国早期至秦汉之际[1]。

在成都发现的另一处重要遗址是位于十二桥遗址西北的金沙遗址。从已发掘的情况看，金沙遗址是一处以陶尖底盏、尖底杯、圈足罐、小平底罐、瓮、高柄杯形器等为代表的文化遗存，其初期阶段存在大量的三星堆文化因素，但主体部分则同十二桥遗址出土陶器具有相同特征。金沙遗址的时代约为商代晚期至春秋，并以商代晚期至西周的遗存最为丰富。根据已知材料，金沙遗址的面积在4平方公里以上，除大面积的一般居住区外，还有宗教礼仪活动区和大型房屋建筑居址区。在遗址的"梅苑"地点，已发现20余处祭祀遗存和大量青铜器、金器、玉石器和象牙等（图12-24），其中不少遗物同三星堆两个器物坑出土的同类遗物相近[2]。在"兰苑"地点，则发现了大量的木骨泥墙式房屋建筑、成排的窖穴、400余座灰坑、100余座竖穴土坑墓和3座陶窑，并出土了大批陶器和少量的玉石器、铜器与金器[3]。另外，在遗址中部摸底河边的台地上，还发现一处西周时期的墓地[4]。在金沙遗址北部的黄忠村，也分布有西周时期的遗址[5]。金沙遗址群可能是继三星堆遗址之后在成都平原出现的又一处中心遗址，并有可能是西周时期古蜀国的政治与文化中心。这一遗址的发现还表明，三星堆文化的一些传统并没有中断，而是一直延续到了西周时期。

除上述两大遗址群外，成都平原西周时期的重要遗存还有在彭县竹瓦街发现的两个窖藏[6]。这两个窖藏中出土了一批相当于西周早期的青铜器，包括9件罍、2件觯、1件尊和矛、钺等兵器。这批青铜器中，罍形体高大，盖、耳和肩上多装饰立体的动物形象，纹饰以兽面纹、蜗形夔纹、跪牛纹和涡纹为主，有比较鲜明的特色（图12-25）。觯和尊则更接近于中原的同类器物。成套的罍还体现了四川地区商周青铜器重叠的特点。

另外，在成都市郊的羊子山发现一个土台遗址，据推测这是相当于西周晚期至春秋前

---

[1] 孙华：《成都十二桥遗址群分期初论》，《四川盆地的青铜时代》，科学出版社，2000年。
[2] 成都市文物考古研究所：《成都金沙遗址Ⅰ区"梅苑"地点发掘一期简报》，《文物》2004年第4期。
[3] 成都市文物考古研究所：《成都市金沙遗址"兰苑"地点发掘简报》，《成都考古发现（2001）》，科学出版社，2003年。
[4] 成都市文物考古研究所：《金沙遗址蜀风花园城二期地点试掘简报》，《成都考古发现（2001）》，科学出版社，2003年。
[5] 朱章义、刘骏：《成都黄忠村遗址1999年度发掘的主要收获》，《成都考古发现（1999）》，科学出版社，2001年。
[6] A. 王家祐：《记四川彭县竹瓦街出土的铜器》，《文物》1961年第11期。
    B. 四川省博物馆、彭县文化馆：《四川彭县西周窖藏铜器》，《考古》1981年第6期。

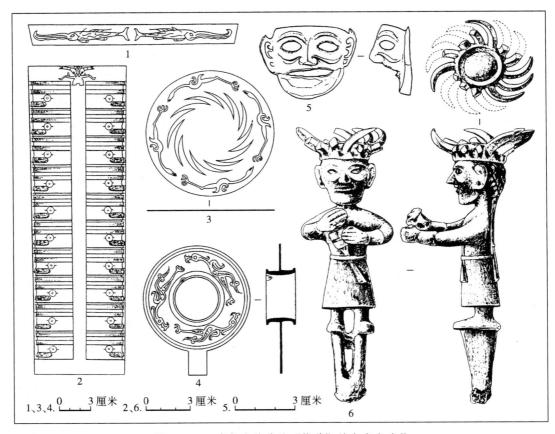

图12-24 成都金沙遗址"梅苑"地点出土遗物
1. 鱼纹金饰（2001CQJC:68711） 2. 玉琮（2001CQJC:61） 3. 四鸟绕日金饰（2001CQJC:477） 4. 铜璧形器（2001CQJC:588） 5. 金面具（2001CQJC:465） 6. 铜立人像（2001CQJC:17）

期的一处重要的礼仪性建筑[1]。该遗存为正方形的三级土台，周边用土坯垒砌高度不等的三级边墙，中间填夯土。台底面积约为103平方米，台顶面积约31平方米，台高10余米。对这一遗存的年代还有较大分歧，或认为土台始建于商代[2]，或认为始建于战国早期[3]。根据土台上的战国晚期墓葬，至少可以认为土台的使用年代应早于战国晚期。

重庆地区发现的相当于西周或稍晚时期的遗存主要分布在峡江地区。在忠县瓦渣地、哨棚嘴、中坝等遗址上均有这一时期的堆积，在云阳李家坝还有这一时期的墓葬。这些遗存中的陶器以圜底器为主，有部分尖底器和少数圈足器与平底器。器类主要有绳纹圜底釜、圜底盏、圜底瓮、角状尖底杯、尖底盏、圈足簋、圈足杯等。从陶器看，这些遗存所显现出的文化面貌与川西同时期遗址既有共性又有区别，比如都有圜底釜和尖底盏，但川

---

[1] 四川文物管理委员会：《成都羊子山土台遗址清理报告》，《考古学报》1957年第4期。
[2] 林向：《羊子山建筑遗址新考》，《四川文物》1988年第5期。
[3] 孙华：《羊子山土台考》，《四川文物》1993年第1期。

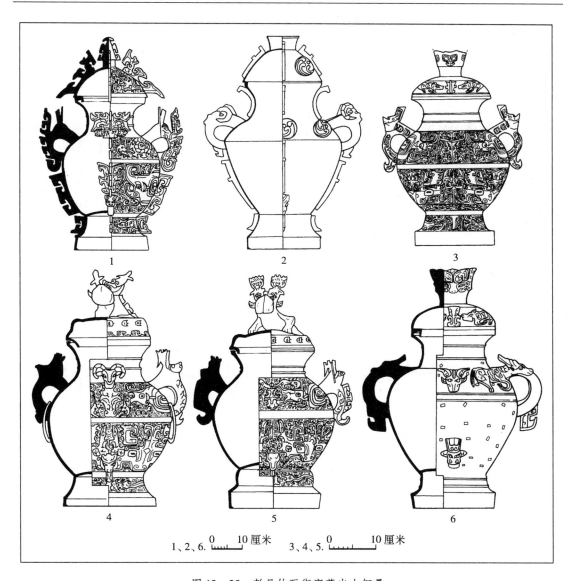

图 12-25 彭县竹瓦街窖藏出土铜罍
1. 象首夔纹罍 2. 涡纹罍 3. 兽面纹罍 4. 蟠龙盖兽面纹罍 5. 蟠龙盖兽面纹罍 6. 牛纹罍

西多尖底罐、长腹罐等,而重庆地区多尖底杯。因此,有观点认为它们分别为两个不同的文化类型[1]。

二 东周时期的墓葬

东周时期四川地区的文化面貌发生了较大的变化,除了原来的蜀文化和中原文化因素

---

[1] 孙华:《四川盆地青铜文化初论》,《四川盆地的青铜文化》,科学出版社,2000年。

外，巴文化、楚文化和秦文化也都进入这一地区，不同文化相互影响、融合。这一时期的重要遗址不多，考古发现以墓葬为主。墓葬主要有土坑木椁墓、船棺葬墓、石棺墓和悬棺墓等四类。

(一) 土坑木椁墓

土坑木椁墓以时代相当于战国早中期的新都墓[1]较为重要。该墓带斜坡墓道，椁室中央有一具独木棺，室内还有头箱、脚箱和边箱，椁下有腰坑（图12-26）。椁室四周填有白膏泥。墓内出土陶罐、釜、豆。青铜器多出自腰坑，有鼎、敦、豆、壶、盘、甗、鉴等（图12-27），以及大量的青铜兵器、工具和乐器。在这座墓中，很多青铜礼器、工具和兵器都是5件一套，组合非常规整。墓葬中除了具有传统的蜀文化因素外，还具有明显的中原文化和楚文化的因素。据推测，这应是某一代蜀王或是某高级贵族的墓葬。战国晚期的木椁墓则以成都羊子山土台M172[2]较为重要。该墓为长方形竖穴土坑墓，无墓道，有棺和椁。墓内出土铜鼎、甗、甑、釜、钫、罍、盘、匜，以及陶罐、漆器等。除了蜀文化因素外，该墓中还有一些秦文化的因素。因此也有意见认为该墓应为秦墓[3]。总之，该墓反

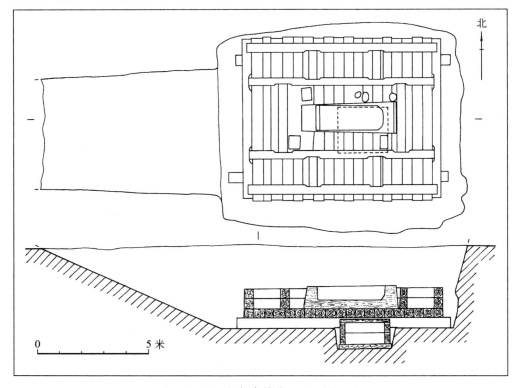

图12-26 新都木椁墓平面、剖面图

---

[1] 四川省博物馆、新都县文物管理所：《四川新都战国木椁墓》，《文物》1981年第6期。
[2] 四川省文物管理委员会：《成都羊子山第172号墓发掘报告》，《考古学报》1956年第4期。
[3] 宋治民：《略论四川战国秦墓葬的分期》，《中国考古学会第一次年会论文集》，文物出版社，1980年。

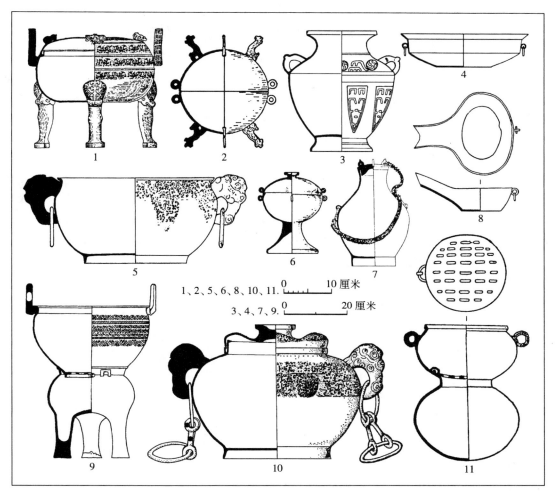

图 12-27 新都木椁墓随葬铜器
1.鼎 2.敦 3.罍 4.盘 5.鉴 6.豆 7.壶 8.匜 9.甗 10.缶 11.瓿

映了蜀文化最晚一个阶段的文化面貌。土坑墓在成都、峨嵋、郫县、犍为等地也有发现。

在涪陵小田溪也曾发现过一批竖穴土坑墓。小田溪墓的主要特点是除出土铜釜、甑、鉴、错银壶和剑、钺、矛等外，还出土錞于、钲和成套的错金编钟。这显示出小田溪墓同川西的土坑墓有一定区别。结合巴国先王陵墓所在的枳即在涪陵一带的历史记载，一般认为涪陵的这批墓葬应为巴国上层人物的墓葬[1]。

---

[1] A. 四川省博物馆、重庆市博物馆、涪陵县文化馆：《四川涪陵地区小田溪战国土坑墓清理简报》，《文物》1974 年第 5 期。
  B. 四川省文物管理委员会、涪陵地区文化局：《四川涪陵小田溪四座战国墓》，《考古》1985 年第 1 期。
  C. 四川省文物考古研究所、涪陵地区博物馆、涪陵市文物管理所：《涪陵市小田溪 9 号墓发掘简报》，《四川考古报告集》，文物出版社，1998 年。

(二) 船棺葬

船棺葬是战国时期四川地区最重要的一类墓葬,在很多地点都有发现。船棺葬的主要特点是将葬具制成独木舟状,用以装敛尸体和随葬品。但不同地点的船棺墓在葬具和随葬品等方面又存在一定区别。什邡发现一批船棺墓和土坑墓[1],出土了大批随葬品(图12-28)。其中船棺墓21座,独木棺一端上翘,一端平齐。有的棺舱较深,有的则较浅。棺内的死者均为仰身直肢,随葬品有陶尖底盏、釜、圜底罐、豆、甑,铜釜、鍪、矛、剑、戈、钺、削、印章和带钩等。据推测这批墓葬的时代从战国早期延至战国晚期。

成都商业街发现的船棺葬则是一座合葬墓[2]。在一个面积620平方米的墓坑内,共埋葬有按南北两部分整齐放置的17具船棺和独木棺。棺均带盖,棺下有枕木。因这批墓葬曾被破坏,所以只在5具棺内出土人骨。从所存人骨看,均为一棺一人的二次葬。随葬品主要有陶尖底盏、圜底釜、双耳瓮、平底罐、器盖、豆,铜斤、矛、戈、钺、印章、带钩等。另外,船棺中还出土大批木胎漆器,包括耳杯、盒、盘、簋、案、几、器座、鼓、葫芦竽等。不同类型的棺随葬品也有差别,如独木棺中不出漆木器,另有2具未被扰动的小

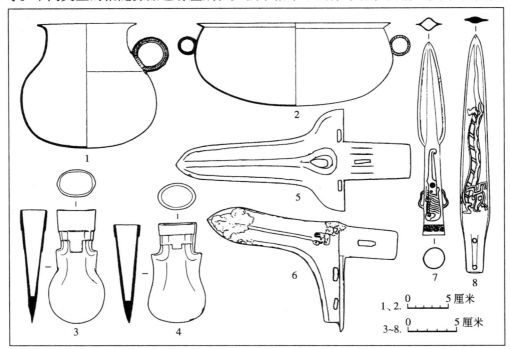

图 12-28 什邡战国墓随葬铜器
1. 鍪(M54:2) 2. 釜(M16:1) 3. 钺(M51:1) 4. 钺(M25:32) 5. 戈(M1:6) 6. 戈(M52:1)
7. 矛(M2:1) 8. 剑(M49:30)

---

[1] 四川省文物考古研究所、什邡市文物保护管理所:《什邡市城关战国秦汉墓葬发掘报告》,《四川考古报告集》,文物出版社,1998年。

[2] 成都市文物考古研究所:《成都市商业街船棺、独木棺墓葬发掘报告》,《成都考古发现(2000)》,科学出版社,2002年。

型船棺内只有随葬器物而不见人骨。因此，推测有一部分棺为陪葬棺。在墓坑周围还发现有一些木构遗迹，表明墓上可能有地面建筑。根据出土遗物，推测这座墓的时代为战国早期或略晚。这种二次合葬则可能是一次大规模迁葬的结果。

另外，在大邑和蒲江发现的船棺墓[1]中也分别存在一坑三棺和一坑两棺的情况。

巴县冬笋坝和广元昭化宝轮院是最早发现船棺葬的两个地方。冬笋坝发现31座船棺墓[2]，墓葬成排分布在江岸上。随葬品组合主要是陶圜底罐、豆、平底罐等，不出尖底器。铜容器主要是釜、甑、鍪，兵器为钺、剑、矛、戈，工具为铜削和铁斧，另外还出带钩、印章和半两钱。在昭化宝轮院，共发现17座船棺墓[3]。墓葬亦在面临清江的台地上成排分布。与冬笋坝船棺墓相比，宝轮院船棺墓的主要特点是，在一些船棺中另置独木棺或木板小棺，小棺用以敛尸及放置随身物品。冬笋坝和宝轮院两地船棺墓中出土有半两钱，由此推断墓葬的时代大约相当于战国晚期。

在荥经同心村也发现一批墓葬[4]，从墓坑和墓底的形状、棺木的朽痕以及随葬器物的放置情况看，这批墓葬可能也是船棺墓。同心村墓葬的陶器主要是豆、圜底罐、平底罐、釜、鍪、钵、盆、罍、瓮、器盖等。部分陶器上有彩绘。铜容器有釜、鍪、盆、钵、甑、瓿、罍，兵器和工具有戈、矛、剑、钺、斤、斧、刀，另有印章等。墓中也出土鍪、刀、斧、削等铁器。这批墓葬的时代应为战国晚期至秦。

除以上成批出土的船棺葬外，在成都百花潭[5]、彭县[6]、绵竹[7]、郫县[8]等地也有零散的战国时期的船棺墓。其中百花潭M10还出土具有中原铜器风格的狩猎纹铜壶。绵竹墓随葬器物非常丰富，仅铜器就出土150多件。

过去一般认为船棺墓为巴人墓葬，但从目前的发现看，船棺墓在川西、川北和重庆地区都有发现，各地船棺墓所反映的文化面貌也不尽相同。尤其是成都商业街的船棺墓，它同新都和涪陵小田溪的木椁墓都是规格很高的墓葬，但葬俗又各不相同。究竟哪类才是巴人墓，似乎还难以判定。另外，成都平原船棺墓的年代也比重庆冬笋坝的船棺墓更早，而一般认为巴人是先由清江流域至川东，最后才到川西。因此，对船棺葬的族属似需要作更多的考察。

在什邡、巴县和昭化，船棺墓都同狭长形土坑墓、长方形坑墓和方坑墓等分布在一

---

[1] A. 四川省文管会、大邑县文化馆：《四川大邑五龙战国巴蜀墓葬》，《文物》1985年第5期。
　　B. 四川省文物管理委员会、蒲江县文物管理所：《蒲江县战国土坑墓》，《文物》1985年第5期。
[2] 四川省博物馆：《四川船棺葬发掘报告》，文物出版社，1960年。
[3] A. 四川省博物馆：《四川船棺葬发掘报告》，文物出版社，1960年。
　　B. 四川省文物考古研究所、广元市文物管理所：《广元市昭化宝轮院船棺葬发掘简报》，《四川考古报告集》，文物出版社，1998年。
[4] 四川省文物考古研究所、荥经严道古城遗址博物馆：《荥经县同心村巴蜀船棺葬发掘报告》，《四川考古报告集》，文物出版社，1998年。
[5] 四川省博物馆：《成都百花潭中学十号墓发掘记》，《文物》1976年第3期。
[6] 四川省文管会：《四川彭县发现船棺葬》，《文物》1985年第5期。
[7] 四川省博物馆　王有鹏：《四川绵竹县船棺葬》，《文物》1987年第10期。
[8] 郫县文化馆：《四川郫县发现战国船棺葬》，《考古》1980年第6期。

起，不同类别的墓葬之间有较为清楚的变化过程，从中也可以看出船棺墓逐渐发展为土坑墓，以及不同文化经战国至秦汉最终相互融合的过程。

（三）石棺葬和悬棺葬

石棺葬在岷江上游、青衣江上游、大渡河流域和雅砻江流域都有发现，但战国时期的

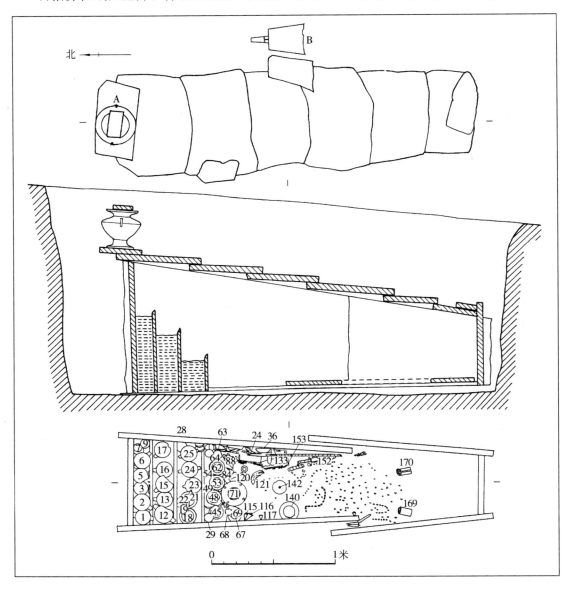

图 12-29　茂县牟托 M1 平面、剖面图

A. 铜罍　B. 铜甬钟　1~3、5、6、12、13、15~17、23~25. 陶簋　4、152、153. 铜剑　7、9、19、29、49、54、64. 陶杯　18、22、28、48、53、62、120. 陶罐　21. 漆绘陶罐　63. 陶器座　67. 铜鼎　68、69、84. 铜杯　71. 铜敦　88、124、133. 铜纽钟　115~117. 铜戈　121. 木剑鞘　136、140. 铜泡　142. 圆形铜牌饰　169、170. 铜护臂

石棺葬多集中在岷江上游。这种墓葬以石棺为葬具，随葬器物以陶单耳罐、双耳罐和铜剑为主。目前所发掘的石棺墓中，出土遗物最为丰富的是茂县牟托的M1[1]。该墓用石板砌成，棺头隔有三层头箱（图12-29）。随葬器物包括陶罐、簋、杯，铜罍、鼎、敦、杯、甬钟、纽钟、戈、矛、剑和装饰品（图12-30）。另外，M1附近还有三个器物坑，出土铜罍、鼎、敦、敦形器、甬钟、纽钟和剑等。这些器物间似有一定时间差距，比如铜罍、钟和部分戈、矛、剑等与陕西和成都平原等地出土的西周时期的同类铜器比较接近，而铜鼎、敦、敦形器，部分戈、剑和陶器则相当于春秋晚期至战国早期。因此，该墓的时代或为战国早期[2]。但也有人认为这座墓葬的时代应为战国中晚期，墓中除石棺葬本身的器物外，还含有巴蜀文化因素、中原文化系统（包括秦和楚）和北方戎狄文化因素[3]。与岷江上游的其他石棺葬相比，牟托M1的规格显得很高，所受到的中原文化和巴蜀文化的

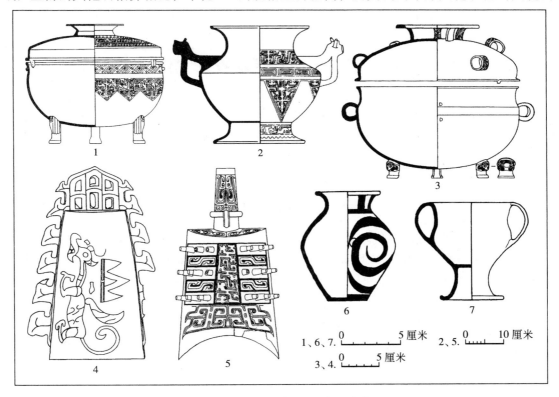

图12-30 茂县牟托M1出土遗物
1. 铜鼎（M1:67） 2. 铜罍（M1:A） 3. 铜敦（M1:71） 4. 铜纽钟（M1:124） 5. 铜甬钟（M1:B）
6. 陶罐（M1:62） 7. 陶簋（M1:24）

---

[1] 茂县羌族博物馆、阿坝藏族羌族自治州文物管理所：《四川茂县牟托一号石棺墓及陪葬坑清理简报》，《文物》1994年第3期。
[2] 施劲松：《关于四川牟托一号石棺墓及器物坑的两个问题》，《考古》1996年第5期。
[3] 宋治民：《四川茂县牟托1号石棺墓若干问题的初步分析》，《四川大学考古专业创建四十周年暨冯汉骥教授百年诞辰纪念文集》，四川大学出版社，2001年。

影响也更为突出。尤其出土了一批甬钟和纽钟，这无论是在石棺葬还是在四川地区的其他墓葬中都非常少见。因此，这座墓对于研究四川地区的石棺葬是非常重要的。另外，在茂汶县城[1]以及茂汶别立[2]、营盘山[3]等地也有石棺葬，其时代从战国早期延续至战国晚期。一般认为，岷江上游的石棺葬可能同古代的羌人有关。

在重庆峡江地区，还有不少战国至汉初的悬棺葬。这种葬俗是利用沿江悬崖峭壁上的天然洞穴来安放死者。木棺通常都是用整段木材挖空而成，随葬品主要是柳叶形铜剑。这类墓葬在奉节的盔甲洞、狮子洞和风箱峡都有发现。这些悬棺葬同船棺葬区别较大，而且延续的时间较长，应是当地少数民族的墓葬。

上述东周时期的各类墓葬尽管葬俗不同，族属不一，但有部分陶器和铜器却在不同类型的墓葬中都有发现，尤其是带有手、虎、鸟和花蒂等符号的柳叶形剑、短胡戈、带耳矛和折腰钺等巴蜀式兵器，出土非常普遍。这也反映了不同文化的相互影响与交流。

第十节　云南地区的青铜文化

云南两周时期的青铜文化是西南地区独具特色的地域性文化。根据不同地区出土的青铜器，又可分为不同的类型，如滇池地区、滇西地区、滇西北地区和滇南地区等四个类型[4]，或是滇池区域、洱海区域、红河流域、怒江和澜沧江上游、澜沧江中下游等五个类型[5]。

一　洱海地区

洱海地区青铜文化的时代较早，并以楚雄万家坝和祥云大波那的墓葬最具代表性。

在万家坝墓地共发掘了79座墓葬[6]。其中13座大墓分布在墓地中央，其他小墓则分布在西北和东面两侧。墓室基本为圆角长方形，有的墓穴边上竖有边桩，墓底铺有枕木，有的还带二层台和腰坑。大多数墓都有棺，棺分带盖复合棺、带盖独木棺和无盖棺等几种。

墓葬出土的遗物非常丰富，主要有铜锄、斧、凿、锥等农具和工具。铜兵器以剑、矛、镦最丰富，另有钺、镞、盾饰和臂甲等（图12-31-1~4）。青铜乐器有鼓、铃和羊角纽钟（图12-31-5、7、8），生活用器主要是铜釜（图12-31-6）、陶罐、木盘、木勺等。另外，墓中还有大量铜镯、牌饰和绿松石珠、玛瑙珠、玉镯等。

---

〔1〕四川省文管会、茂汶县文化馆：《四川茂汶羌族自治县石棺葬发掘报告》，《文物资料丛刊》7，文物出版社，1983年。

〔2〕茂汶羌族自治县文化馆：《四川茂汶别立、勒石村的石棺葬》，《文物资料丛刊》9，文物出版社，1985年。

〔3〕茂汶羌族自治县文化馆：《四川茂汶营盘山的石棺葬》，《考古》1981年第5期。

〔4〕张增祺：《云南青铜文化研究》，《云南青铜文化论集》，云南人民出版社，1991年。

〔5〕王大道：《云南青铜文化及其与越南东山文化、泰国班清文化的关系》，《考古》1990年第6期。

〔6〕云南省文物工作队：《楚雄万家坝古墓群发掘报告》，《考古学报》1983年第3期。

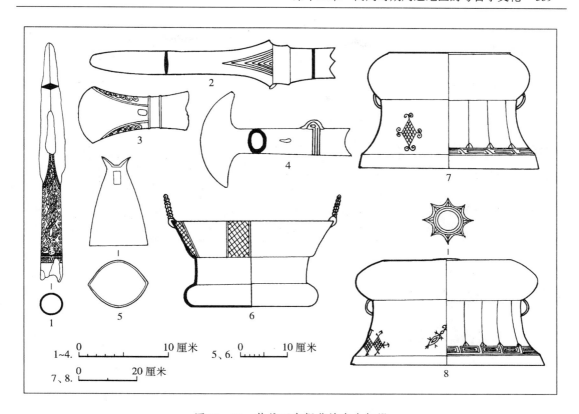

图 12-31 楚雄万家坝墓地出土铜器
1. 矛（M72:1） 2. 戈（M23:205） 3. 钺（M14:1） 4. 钺（M28:220） 5. 羊角纽钟（M1:13） 6. 釜（M1:1）
7. 鼓（M23:161） 8. 鼓（M23:159）

根据墓葬的分布、规模和随葬品的差异，可以将万家坝墓葬分为两类。第一类墓葬多数无棺、无边桩或垫木，随葬器物较少。这类墓的时代大约为西周至春秋早期。第二类墓既有棺木并出土大批随葬品的大墓，也有部分不出随葬品的小墓。这类墓葬的时代相当于春秋晚期至战国。

万家坝墓葬的葬俗和出土的青铜器都有浓厚的地方特色。万家坝出土 5 面铜鼓，其中有 4 面鼓出土时是倒置在 M23 棺下的垫木之上。一般认为这是目前所发现的最早的铜鼓。羊角纽钟 6 件成编，但与中原文化的编钟差别很大。这类钟多出现在云南、广西等地，应是西南地区古代民族的乐器。墓葬中出土的青铜农具较多，仅铜锄就有 99 件。特别是 M1 出土铜农具 82 件，其中锄 54 件。许多农具成组放置，有的还保留有完整的木柄。如此多的青铜农具在其他地区的两周墓中还很少见，这反映了农业生产的进步。兵器和工具也自成体系，与其他地区出土的同类器不同。

一般认为，在万家坝时代较早的第一类墓中，洱海地区的文化因素较多，而在时代较晚的第二类墓中，滇池地区的文化因素却较为明显。因此万家坝一带可能是洱海和滇池两种青铜文化类型的交汇地。

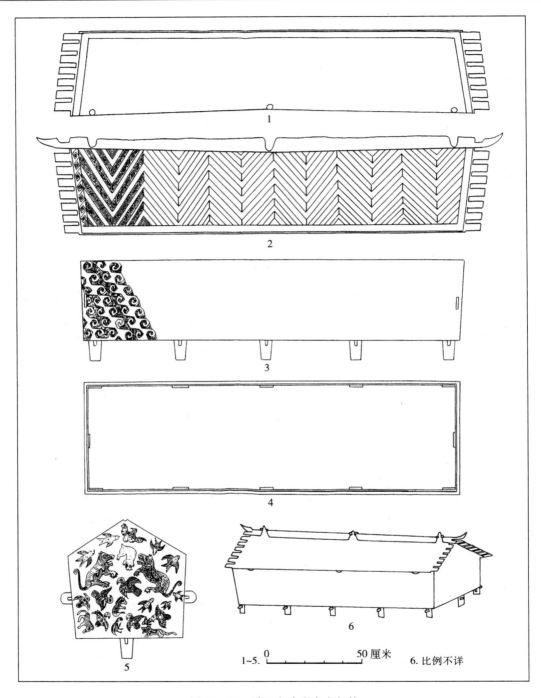

图 12-32 祥云大波那出土铜棺
1、2.顶板 3.侧壁板 4.底板 5.端板 6.铜棺结构示意

祥云大波那墓葬是一座竖穴土坑木椁铜棺墓[1]。椁室用长5米的条形巨木叠架而成，椁外有排列密集的木桩，椁内放置铜棺和随葬品。铜棺为两面坡顶、长方形，整个棺由7块铜板扣合而成。棺两端的外壁装饰以鹰、燕为主体的动物图案，两侧外壁和棺顶则饰几何形纹饰（图12-32）。随葬品有铜剑、矛、钺等兵器，锄、锛等工具和农具，鼓、环钮圆筒钟、葫芦笙等乐器，尊、杯、勺、豆、釜、匕等生活用具，以及干栏式房屋和马、牛、羊、猪、犬、鸡等模型（图12-33）。另外，还有锡手镯。据碳十四年代测定数据，墓葬的时代约为公元前4世纪前后。

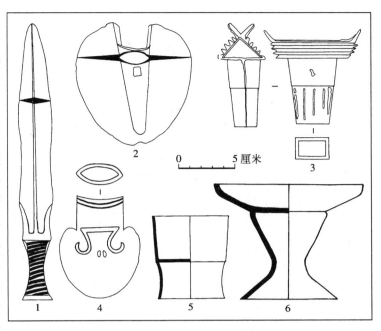

图12-33 祥云大波那铜棺墓出土铜器
1.剑 2.锄 3.干栏式房屋模型 4.钺 5.杯 6.豆

关于万家坝和大波那墓地的族属，一种意见认为墓葬所反映的经济面貌为"耕田有邑居"，结合《史记》对这一地区古代民族的记载，其族属应为靡莫之属[2]。另一种意见则认为其族属当为编发的昆明族[3]。

二 滇池地区

滇池地区两周时期的遗存，以曲靖八塔台和横大路发现的墓葬[4]较为丰富。在八塔台的353座青铜文化墓葬中，多为竖穴土坑墓，而且大多有随葬品。随葬品以铜兵器的种类最为繁多，包括剑、钺、戈、矛、啄、弩机等。铜工具有斧、凿、削，容器有鼓、鉴、簋、杯、碗、壶等，另外还有各种扣饰（图12-34-1～6、10）。这批墓葬可以分为四期，前三期为春秋早期至战国，第四期则大致相当于西汉。

横大路墓地的188座墓大多数也都是竖穴土坑墓，但随葬品以陶器为主。铜器较少，主要是戈、剑和装饰品（图12-34-7～9）。墓葬同样可分为四期，时代与八塔台墓地一致。

八塔台和横大路墓地均在曲靖盆地内，两者相距仅20公里，内涵和时代也都相同。

---

[1] 云南省文物工作队：《云南祥云大波那木椁铜棺墓清理报告》，《考古》1964年第12期。
[2] 童恩正：《近年来中国西南民族地区战国秦汉时代的考古发现及其研究》，《考古学报》1980年第4期。
[3] 张增祺：《滇西青铜文化初探》，《云南青铜器论丛》，文物出版社，1981年。
[4] 云南省文物考古研究所：《曲靖八塔台与横大路》，科学出版社，2003年。

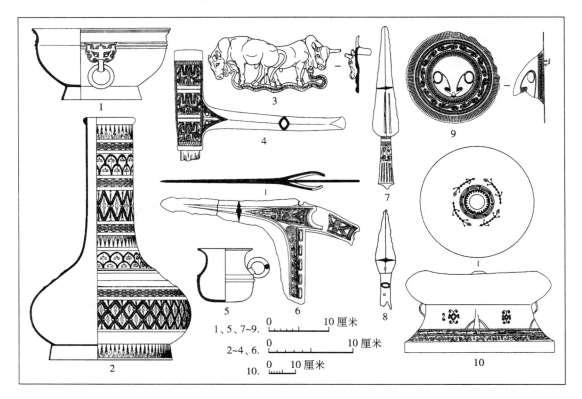

图 12-34　曲靖八塔台与横大路墓葬出土铜器

1. 簋（八塔台 M69:11）　2. 壶（八塔台 M69:13）　3. 双牛扣饰（八塔台 M69:21）　4. 啄（八塔台 M178:17）
5. 杯（八塔台 M6:1）　6. 戈（八塔台 M118:1）　7. 剑（横大路 M2:3）　8. 矛（横大路 M66:4）　9. 扣饰
（横大路 M40:4）　10. 鼓（八塔台 M4:1）

这两地的墓葬与滇池地区发现的其他墓葬具有共性，但又有一些自身特点，如墓葬从早到晚层层叠压而形成大土墩，有的墓带封土，陶器中有鼎和豆，铜兵器多钺，以及扣饰中以虎、狐等为装饰题材等。此外，一些器物还显示出与黔西和黔西北地区青铜文化的联系。因此，这两处墓地又被认为是滇文化的一个地方类型，其族属为劳浸、靡莫[1]。

滇池地区的晋宁石寨山和江川李家山墓地，也有少数墓葬的时代相当于战国时期。

三　滇西北和滇南地区

滇西北的青铜文化遗存多为石棺葬。时代最早的一批石棺葬是德钦纳古的 23 座墓[2]。这批墓均用石板在长方形浅坑内砌成，棺口盖有石板。葬式有侧身屈肢葬和直肢葬，均为一次葬。随葬品主要是陶双耳罐、单耳罐、钵，铜短剑、矛、牌饰等。纳古墓葬的石棺结构和陶器都与岷江上游的石棺葬相近，而铜器则与万家坝和李家山出土铜器相似，石棺葬

---

[1]　云南省文物考古研究所：《曲靖八塔台与横大路》，科学出版社，2003 年。
[2]　云南省博物馆文物工作队：《云南德钦县纳古石棺墓》，《考古》1983 年第 3 期。

的时代约相当春秋。另外，在宁蒗等地也有相当于战国中期的土坑墓[1]，出土的陶器、铜器等多与石棺墓所出者相同。在剑川鳌凤山发现一批土坑墓[2]，时代较晚，约相当于战国晚期至西汉初。

滇南地区的青铜文化遗址和墓葬多未正式发掘。在个旧石榴坝曾清理过22座战国时期的竖穴土坑墓[3]，出土一批铜戈、锛、凿、刀，以及陶盘、罐、纺轮等。铜器以戈为主，有刀，但却没有其他地区常见的矛。其族属可能为濮。滇南地区还出土过不少青铜器，其中一字格短剑、尖叶形锄、梯形斧等都与滇池地区的同类器物相同，其时代应为战国至西汉初；但凹口直肩斧和曲柄靴形钺等则不见于滇池和洱海地区[4]。

云南地区的青铜文化作为一种独特的地域性文化，面貌较为复杂。因此，学术界对于这一文化的类型划分、分期断代和族属等问题一直有不同的看法。但正是这种文化类型的多样性和复杂性，反映了古代的云南是一个不同文化的交汇点。通过这些不同的类型，我们可以了解到当地青铜文化同中原文化、巴蜀文化、北方游牧民族文化和西南其他土著文化的关系，以及云南青铜文化同东南亚古代文化的相互影响与交流。

---

[1] 云南省博物馆文物工作队：《云南宁蒗县大兴镇古墓葬》，《考古》1983年第3期。
[2] 云南省文物考古研究所：《剑川鳌凤山古墓发掘报告》，《考古学报》1990年第2期。
[3] 云南省博物馆文物工作队、个旧市群众艺术馆：《云南个旧石榴坝青铜时代墓葬》，《考古》1992年第2期。
[4] 张增祺：《云南青铜文化研究》，《云南青铜文化论集》，云南人民出版社，1991年。

后　　记

　　本书是《中国考古学》（九卷本）中的一卷。书的主要内容是对20世纪中国考古学西周和东周时期的考古发现、研究成果的综述。至于21世纪初的新的重要考古发现，只能留待今后去增补了。

　　筹划撰写《中国考古学》是从20世纪90年代中期开始的，原是为国庆50周年献礼的。在确立了撰写宗旨、拟定全书框架和体例后，即组织人员写作。这项研究课题得到国家社科基金评审委员会的重视，被批准为国家"九五"社会科学基金资助重点项目，并列入"十五"国家重点图书规划项目。

　　本书是一项集体写作的成果，参加撰写工作的主要是中国社会科学院考古研究所夏商周考古研究室的中青年研究人员。各章的撰写者分别是：绪论，殷玮璋；第一章，张良仁；第二章，柴晓明；第三章，王巍、唐锦琼；第四章，施劲松；第五章，牛世山；第六章，张长寿；第七章，徐良高；第八章，印群；第九章，许宏；第十章，李健民；第十一章，辛爱罡、冯时；第十二章，乌恩、牛世山、施劲松。

　　至2003年，初稿经多次修改后，由王巍副所长审阅了全稿，又由中国社会科学出版社编审张小颐通阅了全书，他们都提出了很多好的建议，我们都酌情作了修改。

　　在编辑过程中，张静对全书的体例、文字润色，李淼对插图的配置和编排都做了许多辛勤的工作。

　　我们也得到考古研究所的领导和全书编委会的大力支持，特别是王立邦为编写此书的倡议，为此深表谢意。

　　本书各章由于撰写者各异而各具特色，我们无力也无须在风格上强调统一，而任其保存各自的亮点。至于疏漏谬误之处，尚祈各方指教。

张长寿　殷玮璋
2004年10月